¿Qué sigue después de la escuela secundaria?

THOMSON
PETERSON'S™

Australia • Canada • Mexico • Singapore • Spain • United Kingdom • United States

Sobre The Thomson Corporation y Peterson's

The Thomson Corporation, con ingresos de US$7.8 mil millones en el año 2002, es líder mundial en el suministro de soluciones integradas de información para clientes comerciales y profesionales. Las acciones de la compañía se cotizan en las bolsas de New York y Toronto (TSX: TOC; NYSE: TOC). Sus empresas y marcas de educación satisfacen las necesidades de las personas, instituciones educativas, empresas y agencias gubernamentales con productos y servicios tanto para el aprendizaje tradicional como para el aprendizaje distribuido.

Peterson's (www.petersons.com) es un proveedor líder en información y asesoramiento educativo, con libros y recursos en Internet dedicados a la búsqueda educativa, preparación de exámenes y ayuda financiera. Su sitio Web ofrece bases de datos para investigar y herramientas interactivas para comunicarse con las instituciones educativas, exámenes de prática e instrucción en Internet y herramientas de planificación para obtener ayuda financiera. Peterson's presta servicio anualmente a más de 110 millones de consumidores en el ámbito de la educación.

Para obtener más información, comuníquese con Peterson's, 2000 Lenox Drive, Lawrenceville, NJ 08648; 800-338-3282; o visítenos en el sitio Web www.petersons.com/about.

RECONOCIMIENTOS: Peterson's desea reconocer a los siguientes autores por su contribución en esta publicación: Kenneth Edwards, Michele Kornegay, Emily Law, Brenna McBride, Charlotte Thomas y Amy Tomcavage.

Para solicitar autorización para usar material de este texto o producto, comuníquese con nosotros al:

Teléfono: 800-730-2214

Fax: 800-730-2215

Sitio Web: www.thomsonrights.com

ISBN: 0-7689-1355-1

Impreso en Estados Unidos de América.

10 9 8 7 6 5 4 3 2 1 04 03 02

Primera edición

Estimado estudiante:

Ya sea que la graduación esté a años luz o excesivamente cerca, nunca es muy temprano, o muy tarde, para pensar en qué sigue después de la escuela secundaria. ¿Sabes cuál será tu próximo paso?

Peterson's te ayudará a descubrirlo. Este libro fue diseñado para ayudarte a emprender una carrera, ya sea que signifique seguir estudiando o ingresar directamente a la fuerza laboral. Tienes miles de opciones y algunas decisiones muy importantes que tomar. En las siguientes páginas, hemos intentado darte un impulso para planificar el futuro adecuado para ti.

El libro está organizado en cuatro partes. La primera parte proporciona una información introductoria general sobre tus opciones después de la escuela secundaria y cómo usar tu educación secundaria para planificar la siguiente etapa de tu vida. La segunda parte ofrece información más detallada sobre la educación superior, ya sea que elijas una universidad con programas de dos o cuatro años, un instituto de capacitación profesional, una escuela universitaria técnica o el ejército. La tercera parte entrega información útil sobre el mundo laboral y cómo manejar el estrés, la presión de los compañeros, el conflicto y otros obstáculos que puedas enfrentar en el mundo real. Por último, la cuarta parte contiene un apéndice para cada estado que incluye una valiosa información de universidades con programas de dos y cuatro años y escuelas universitarias vocacionales. También encontrarás a lo largo del libro entrevistas realizadas a otros estudiantes hispanos y consejeros vocacionales. Dichas entrevistas ofrecen aportes y consejos valiosos que te ayudarán a ti y a tus padres a tomar decisiones sobre tu vida después de la secundaria.

Sinceramente,

Cuerpo de redacción de Peterson's

Contenido

Parte I

PON EN MARCHA TU FUTURO

VAMOS, ADMÍTELO. Tú sabes que la gran pregunta, ¿qué voy a hacer cuando me gradúe de la escuela secundaria?, ya está a la vuelta de la esquina. Algunos de tus compañeros de clase saben qué quieren hacer, pero a ti te está entrando el pánico con todas las decisiones que tienes que tomar.

Tienes muchas posibilidades entre las que puedes elegir. Quizá asistas a una universidad con programas de dos o cuatros años o a una escuela vocacional o técnica o te alistes en las fuerzas armadas. Tal vez ingreses directo al mundo laboral con un trabajo a tiempo completo. Pero antes de que te encamines en esta etapa para obtener tu diploma, este libro te ayudará a comenzar a pensar sobre tus opciones y a abrir puertas que no sabías que existían.

Capítulo 1

LO PRIMERO: UNA MIRADA INTERNA

Decidir qué hacer con tu vida es muy parecido a volar. Sólo tienes que pensar en todas las formas de volar que existen y en la gran cantidad de direcciones que puede tomar tu vida.

En una ocasión, una maestra les pidió a sus estudiantes que trajeran a clase algo que volara. Los estudiantes trajeron cometas, globos, modelos de aeroplanos, pequeños dirigibles, globos de aire caliente, helicópteros, naves espaciales, planeadores e hidroplanos. Pero cuando la clase comenzó, la maestra les explicó que la lección trataba sobre la planificación profesional, no sobre volar.

Su intención era establecer que los planes para la vida después de la escuela secundaria pueden adquirir muchas formas. Algunas personas toman vuelos directos en aviones de propulsión a chorro. Otras se dejan llevar por las circunstancias. Cómo hacer el viaje es un asunto individual. Por eso es importante que sepas quién eres y qué deseas antes de despegar.

Es posible que no elijas la carrera de tu vida basándote en la lectura de este libro, pero aprenderás cómo formar parte del proceso de tomar decisiones y descubrirás los recursos que pueden ayudarte a planificar tu futuro.

¿Listo para volar?

Hay muchas ocupaciones en las que no basta con tener un diploma de la escuela secundaria. Pero... ¡sorpresa!, tampoco es suficiente con un título universitario. Distintos tipos de trabajo requieren distintos tipos de capacitación. Por ejemplo, saber cómo funciona un tipo de equipo en especial, requiere aptitudes especiales y experiencia laboral que no se aprenden en la universidad. Los empleadores siempre desean contratar a las personas más calificadas disponibles, pero esto no significa que siempre elijen a los postulantes con más educación. El tipo de educación y capacitación que tú tienes es tan importante como la cantidad de educación y capacitación que poseas. En este momento, te encuentras en un punto de tu vida en el que puedes elegir la cantidad y el tipo de educación y capacitación que deseas recibir.

LOGROS EDUCATIVOS
Niveles de educación más altos obtenidos por personas de 25 años y más

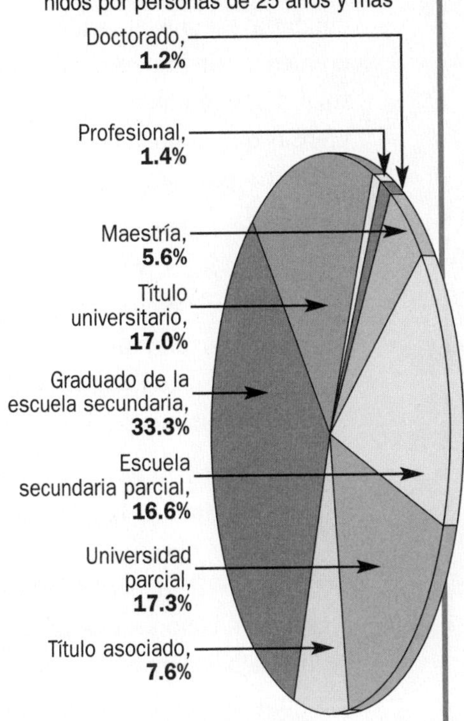

Fuente: Compendio de Estadísticas Educativas, Departamento de Comercio de EE.UU., Bureau of the Census (Oficina de Censos), Encuesta Demográfica Actual

Si tienes en mente un objetivo profesional definido, como ser médico, probablemente ya sabes lo que esto requiere en términos de educación. Te enfrentas a casi cuatro años de universidad, luego cuatro años en la facultad de medicina y, en la mayoría de los estados, a un año de residencia. Por otra parte, las cosmetólogas terminan un programa de capacitación estatal que dura entre ocho a dieciocho meses.

Pero para la mayoría de ustedes, decidir qué hacer después de la escuela secundaria no es tan fácil. Tal vez no has escogido un campo laboral todavía. Debes saber con certeza si deseas un trabajo que te dará cierto nivel social y un buen salario. O quizás sabes lo que deseas hacer, pero no estás seguro de qué tipo de educación necesitas para lograrlo. Por ejemplo, es posible que te encante arreglar automóviles y la idea de ser un mecánico automotriz suene espectacular. Pero debes decidir si aprender en el trabajo, ir a una escuela vocacional, buscar una práctica laboral o seguir una combinación de estas opciones.

LAS 10 RAZONES PRINCIPALES PARA CONTINUAR TU EDUCACIÓN

Continuar tu educación después de la escuela secundaria es una elección que puede darte un buen comienzo, sin importar cuál sea tu decisión profesional final. Existen muchas buenas razones para hacerlo. Si piensas que la universidad no es para ti, observa esto. Puede hacerte cambiar de parecer.

10. **Haz realidad un sueño...o comienza a realizarlo.** Algunas personas sueñan con convertirse en maestros o científicos. Para muchos, continuar su educación representa la oportunidad de hacer ese sueño realidad, para ellos mismos o para su familia.

9. **Diviértete.** Las clases son una parte importante de la educación continua, pero hay muchas oportunidades para divertirse. Hay cientos de deportes, clubes, grupos, actividades y asociaciones esperando a que te les unas. Muchas personas dicen que sus años universitarios fueron los mejores de sus vidas.

8. **Haz contactos que puedan ayudarte en futuros trabajos.** Los amigos, los profesores, los supervisores y los compañeros de clase que conoces después de la escuela secundaria te entregarán valiosos lazos para futuros trabajos, comités y asociaciones dentro de la comunidad.

7. **Sé parte de una mezcla cultural.** Como probablemente ya te has dado cuenta, no todos se parecen a ti, ni tampoco deberían parecerse. Asistir a la universidad es una buena manera de exponerte a muchos tipos de personas de diversos orígenes y ubicaciones geográficas, con distintos puntos de vista y opiniones. Es posible que descubras que te agradan las personas y las cosas que no sabías que existían.

6. **Conoce personas nuevas.** Si favoreces tu educación, ampliarás tu círculo de amistades y la posibilidad de entablar relaciones significativas que podrían durar toda la vida.

5. **Haz lo que te encanta hacer y obtén un salario a cambio.** ¿Alguna vez has presentado un examen durante el cual todo te resultó fácil o has jugado un juego de video y lo has comprendido de inmediato? Eso es lo que sucede cuando combinas la educación y la capacitación con el trabajo adecuado. Trabajar se convierte en un juego, mucho más satisfactorio y gratificante que solamente estudiar la teoría.

4. **Ejercita tu mente.** Así como el ejercicio físico mantiene tu cuerpo en forma, el ejercicio mental mantiene tu mente activa. No importa cuál sea tu área de interés, la educación tiene la llave a la información más interesante y estimulante que puedas imaginar. Explora tus límites personales y conviértete en un estudiante de por vida.

3. **Obtén un ingreso mayor.** Aunque el dinero no lo es todo, es necesario para sobrevivir. Una buena educación te prepara para convertirte en un sólido miembro de la sociedad. (Consulta la gráfica “Aumenta tu capacidad de obtención de ingresos”.)

2. **Aprende las aptitudes analíticas y de pensamiento crítico.** Más que cualquier otra aptitud, la educación te enseña a pensar. Favorecer tu aprendizaje te ayudará a pensar de manera crítica, a organizar y analizar la información y a escribir con claridad.

1. **No te quedarás atrás.** En el siglo veintiuno, necesitarás estar preparado para cambiar de trabajo y aprender continuamente nuevas aptitudes para mantenerte al día con los cambios de la industria, las comunicaciones y la tecnología. La educación y la capacitación te darán una base sólida.

AUMENTA TU CAPACIDAD DE OBTENCIÓN DE INGRESOS

Las personas con mayor educación tienden a ganar más dinero. Observa el promedio anual de los ingresos de los trabajadores mayores de 25 años según su nivel de educación.

Título profesional	$80,230
Doctorado	$70,476
Maestría	$55,302
Título universitario	$46,276
Título asociado	$35,389
Universidad parcial	$32,400
Diploma de la escuela secundaria	$28,807
Escuela secundaria parcial	$21,391

Fuente: Bureau of the Census; Bureau of labor Statistics (Instituto de Estadísticas Laborales).

Rompe las barreras para continuar con tu educación

Algunos de ustedes podrían decir: "No importan las razones por las que debería continuar mi educación. No puedo porque (complete el espacio en blanco)". Veamos si tus objeciones persisten después de ver esta lista.

Tú dices:

Nadie en mi familia ha ido a la universidad.

Peterson's dice:

¡Tú puedes ser el primero! Asusta un poco y no siempre es fácil, pero piensa en lo espectacular que te sentirás al ser la primera persona de tu familia en recibir un título, diploma o certificado.

Tú dices:

Mis calificaciones no son lo suficientemente buenas.

Peterson's dice:

No permitas que si tus calificaciones no son perfectas se interpongan en tu camino. Las distintas instituciones tienen distintos requisitos, entre ellos, las calificaciones que aceptan. Las escuelas también te evalúan como persona integral. Evalúan tu participación en actividades extracurriculares; tus habilidades académicas y deportivas y tu historia laboral y de voluntariado. También puedes tomar clases para mejorar tus aptitudes en distintas materias. Consigue un tutor o forma un grupo de estudio en la escuela secundaria para mejorar lo más posible tus calificaciones. Habla con tu consejero vocacional sobre el plan de estudios secundarios apropiado para ti. Así tendrás más opciones cuando tomes la decisión sobre continuar tu educación.

Tú dices:

No puedo costearlo.

Peterson's dice:

Muchas familias no pueden pagar completamente de su bolsillo los costos de la educación. Esa es la razón por la que existen numerosas oportunidades para obtener ayuda financiera, becas, subvenciones y programas de trabajo y estudio. Para los estudiantes que se toman el tiempo para investigar, hay una gran cantidad de recursos de ayuda financiera federales, estatales, subvencionados por universidades, privados y para carreras específicas disponibles. Habla con tu consejero vocacional, visita la biblioteca y busca en Internet. Para obtener más información acerca de cómo financiar tu educación continua, lee la sección "Costos y fundamentos de la ayuda financiera" de este libro. Sé creativo y persistente. Puede ser tu oportunidad.

Tú dices:

No sé cómo postular ni dónde tengo que ir.

Peterson's dice:

Afortunadamente, hay recursos que te ayudan a decidir cuál institución seleccionar. Habla con amigos, miembros de tu familia, vecinos, tu consejero vocacional, pastor, entrenador o bibliotecario. Observa al final del libro el apéndice de guía de las universidades que ofrecen carreras de dos y cuatro años, así como también escuelas vocacionales y técnicas de tu estado.

OCUPACIONES DE MÁS RÁPIDO CRECIMIENTO

¿Deseas seguir una carrera que te lleve a alguna parte? Revisa esta tabla para ver cuáles son las ocupaciones cuyo crecimiento se espera sea el más rápido para el año 2010 y qué tipo de capacitación necesitarás para obtener el trabajo.

Ocupación	Expectativas de nuevos empleos	Educación necesaria
Ingenieros en software computacional, aplicaciones	760,000	Título universitario
Especialistas en soporte computacional	996,000	Título asociado
Ingenieros en software computacional, software de sistemas	601,000	Título universitario
Administradores de sistemas de computación y de redes	416,000	Título universitario
Analistas de comunicaciones de datos y de sistemas de redes	211,000	Título universitario
Diseño gráfico	63,000	Capacitación vocacional de educación superior
Administradores de bases de datos	176,000	Título universitario
Ayudantes de atención personal y domiciliaria	672,000	Cursos de capacitación en el lugar de trabajo
Analistas de sistemas de computación	689,000	Título universitario
Auxiliares médicos	516,000	Cursos de capacitación en el lugar de trabajo
Auxiliares de servicios humanos y sociales	418,000	Cursos de capacitación en el lugar de trabajo
Auxiliares médicos	89,000	Título universitario
Técnicos en información de salud y registros médicos	202,000	Título asociado
Administradores de sistemas de computación y de información	463,000	Maestría
Ayudantes de salud domiciliaria	907,000	Cursos de capacitación en el lugar de trabajo
Ayudantes terapeutas físicos	53,000	Cursos de capacitación en el lugar de trabajo
Ayudantes terapeutas ocupacionales	12,000	Cursos de capacitación en el lugar de trabajo
Auxiliares terapeutas físicos	64,000	Título asociado
Audiólogos	19,000	Maestría
Instructores de aeróbica y acondicionamiento físico	222,000	Capacitación vocacional de educación superior
Especialistas en computación e informática	39,000	Doctorado
Auxiliares veterinarios y cuidadores de animales de laboratorio	77,000	Cursos de capacitación en el lugar de trabajo
Auxiliares terapeutas ocupacionales	23,000	Título asociado
Tecnólogos y técnicos veterinarios	69,000	Título asociado
Patólogos del habla y el lenguaje	122,000	Maestría
Trabajadores sociales en salud mental y abuso de sustancias	116,000	Maestría
Auxiliares dentales	339,000	Cursos de capacitación en el lugar de trabajo
Higienistas dentales	201,000	Título asociado
Maestros en educación especial, pre-kinder a sexto grado	320,000	Título universitario
Técnicos farmacéuticos	259,000	Cursos de capacitación en el lugar de trabajo

Fuente: Bureau of Labor Statistics, Occupational Outlook Handbook (Manual de perspectivas profesionales)

Tú dices:

Creo que puede ser demasiado difícil para mí.

Peterson's dice:

Piensa y recuerda algo que hayas hecho en tu vida que al principio te haya parecido demasiado difícil. ¿No descubriste que cuando comenzaste, te concentraste y te empeñaste en lograrlo, lo conseguiste? Si te concentras y estás dispuesto a esforzarte para alcanzarlo, puedes hacer casi cualquier cosa.

Tú dices:

No estoy seguro de poder adaptarme.

Peterson's dice:

Una de las mejores cosas acerca de favorecer tu educación es la oportunidad de conocer nuevas personas y ser parte de experiencias nuevas en ambientes nuevos. Las universidades y otras opciones para la educación continua atraen a una amplia variedad de estudiantes de distintos orígenes. Es muy probable que no tengas problemas en encontrar a alguien que comparta intereses similares a los tuyos. Debido a que las universidades difieren en tamaño, ubicación, estudiantado y estilos de vida, de seguro encontrarás alguna que satisfaga tus necesidades. Las visitas y las entrevistas por adelantado pueden ayudarte a determinar cuál universidad es la adecuada para ti.

Tú dices:

No tengo idea de lo que quiero hacer con mi vida.

Peterson's dice:

Muchos estudiantes no saben lo que desean hasta que experimentan algunas de las posibilidades. Haz el autodiagnóstico de la página 9 para determinar cuáles son tus intereses y talentos. Lee "Elegir tu especialidad" de la página 86 para que conozcas las especialidades universitarias más populares y sus carreras relacionadas.

Tú dices:

No puedo continuar mi educación a tiempo completo.

Peterson's dice:

Cada vez hay más estudiantes a tiempo parcial. De hecho, un estudio reciente determinó que el 43 por ciento de los estudiantes universitarios van a la universidad a tiempo parcial. La mayoría de las universidades ofrecen clases vespertinas y varias ofrecen oportunidades de trabajo y estudio para ayudar a los estudiantes a pagar su educación. Además, algunos empleadores te pagarán o reembolsarán si trabajas y deseas continuar tu educación. Si te inscribes a tiempo parcial te tomará más tiempo graduarte. Pero si no puedes inscribirte a tiempo completo, no cierres la oportunidad de continuar tu educación. Hay muchas maneras no tradicionales para alcanzar tus objetivos.

ELIGE UNA CARRERA QUE TE HAGA FELIZ

¿Sabías que de los 15 millones de personas que se estima buscan empleo en el mercado laboral estadounidense, aproximadamente 12 millones lo hacen para cambiar de trabajo o para cambiar de empleador? Es una cantidad impresionante de personas que no están felices con su trabajo. Seamos optimistas y pensemos que tú no serás uno de ellos si, mientras estás en la escuela, te tomas un tiempo para considerar qué es lo que verdaderamente deseas hacer. ¿Hay algún tipo de trabajo en especial con el que siempre hayas soñado? O tal vez eres uno de los muchos estudiantes de secundaria que dice:

"Tengo una idea de lo que deseo hacer, pero no estoy muy seguro".

Una buena manera de reunir información sobre ocupaciones potenciales es hablando con personas que han alcanzado objetivos similares a los tuyos. Habla con maestros, vecinos y amigos adultos sobre sus experiencias laborales. El nombre formal de esa actividad es "entrevista informativa". Tú los entrevistas sobre lo que ellos hacen, no para que te den un trabajo, sino para reunir información sobre sus trabajos.

Si no tienes contactos en un campo que despierta tu interés, investiga un poco en el lugar de trabajo. Por ejemplo, si te interesa la carrera de enfermería, podrías visitar un hospital, el consultorio de un médico o un hogar de ancianos. A la mayoría de las personas les encanta hablar de sí mismas, así que no temas pedirles que conversen contigo sobre su profesión. Ofrecer tus servicios voluntarios puede ser la mejor manera de saber si serás feliz haciendo ese tipo de trabajo.

"No tengo idea de lo que deseo hacer".

Si no tienes idea alguna de qué tipo de trabajo te gustaría hacer, comunícate con un orientador profesional que pueda ayudarte a explorar tus opciones y que posiblemente te formule algunos exámenes de aptitudes e intereses. También puedes considerar comunicarte con una oficina de planificación y colocación profesional universitaria, una oficina de colocación escolar vocacional, con los servicios de asesoría de agencias comunitarias o con un servicio de asesoría privado, el que posiblemente te cobre una tarifa. Muchas escuelas secundarias ofrecen programas de exploración de profesiones, en donde los estudiantes pueden realmente observar a alguien en una ocupación especial durante un día completo o más. No olvides que como estudiante de secundaria tu mejor recurso es el consejero vocacional de la escuela. Observa la lista de las ocupaciones de más rápido crecimiento que aparece en la página 6 para obtener un muestreo de las carreras que tienen proyectado el mayor crecimiento en los años venideros.

EN BUSCA DE LA INFORMACIÓN

Sin importar tu inseguridad en cuanto a lo que deseas hacer después de la secundaria, aquí te presentamos una lista de cosas que puedes hacer para obtener la información necesaria para avanzar en la dirección correcta. Muchas personas comienzan pensando que desean seguir una carrera y terminan haciendo algo completamente distinto. Pero ésta es una buena manera para comenzar:

- Investiga las carreras dentro y fuera de la escuela. Participa en las oportunidades de tutoría, exploración de profesiones y jornadas de orientación profesional cuando te sea posible.
- Obtén un poco de experiencia en el lugar de trabajo en un campo que te interese.
- Investiga las universidades que ofrecen carreras de dos y cuatro años, las escuelas técnicas y vocacionales y los programas de prácticas laborales.
- Participa en las actividades de desarrollo profesional de la escuela y del estado.
- Prepárate para presentar exámenes de aptitudes y de ingreso a la universidad.

Aquí te presentamos una serie de sitios Web en los que puedes obtener orientación valiosa al contestar un cuestionario de intereses profesionales o a través de la lectura sobre distintas ocupaciones:

Peterson's

www.petersons.com

En el sitio Web de Peterson's, puedes leer en inglés artículos útiles sobre el mundo laboral y buscar programas universitarios de grado y de certificación de orientación académica y profesional.

Occupational Outlook Handbook

www.bls.gov/oco

El Bureau of Labor Statistics, una agencia del Departamento de Trabajo de EE.UU., produce este sitio, el cual ofrece más información de la que podrías necesitar acerca de carreras específicas.

Mapping Your Future (Planificación de tu futuro)

www.mapping-your-future.org

En este sitio en inglés, con algunos artículos en español, puedes encontrar respuesta a cómo elegir una carrera y cómo alcanzar tus objetivos profesionales. También puedes obtener consejos útiles sobre la búsqueda de trabajo, cómo escribir un currículum vitae y técnicas de las entrevistas de trabajo. Este sitio también suministra un plan de diez pasos para determinar y alcanzar tus metas profesionales.

University of Waterloo Career Development Manual

www.cdm.uwaterloo.ca/

Este sitio en inglés proporciona una completa encuesta de intereses profesionales en Internet y puedes usar las estrategias para obtener el trabajo adecuado para ti.

Motivational Appraisal of Personal Potential (Evaluación motivacional del potencial personal)

www.assessment.com

Ofrece una evaluación profesional con 71 preguntas que analizan tu motivación y te indica cuáles son las diez mejores carreras para ti.

Monster.com

www.monster.com

Incluye información en inglés sobre cientos de ferias de trabajo y de exploración de carreras universitarias, consejos sobre el currículum vitae y mucho más.

INVENTARIO DE AUTODIAGNÓSTICO

Además de buscar información en fuentes externas, hay otra valiosa fuente de datos: tú mismo. Para saber lo que verdaderamente deseas hacer debes comenzar por conocerte a ti mismo: el verdadero tú. Esto significa que mientras mejor comprendas tus propios deseos y necesidades, podrás tomar las mejores decisiones sobre tus objetivos y sueños profesionales. Este inventario de autodiagnóstico puede ser útil.

¿A quién admiras más y por qué?

___

___

¿Cuál es tu mayor fortaleza?

___

___

¿Cuál es tu mayor talento?

___

___

¿Qué aptitudes tienes?

___

___

DESCRIBE CÓMO USAS ACTUALMENTE ESTAS APTITUDES EN LA VIDA:

Habilidad deportiva ___

Habilidad mecánica ___

Habilidad para trabajar con números ___

Aptitudes de liderazgo ___

Aptitudes para enseñar ___

Aptitudes artísticas ___

Aptitudes analíticas ___

MARCA LAS ÁREAS QUE MÁS TE INTERESAN

❒ Brindar un servicio práctico a las personas

❒ Expresión personal en música, artes, literatura o en la naturaleza

❒ Organizar y registrar datos

❒ Conocer personas y supervisar a otras

❒ Ayudar a otros con necesidades mentales, espirituales o físicas

❒ Resolver problemas prácticos

❒ Trabajar en silvicultura, agricultura o pesca

❒ Trabajar con máquinas y herramientas

❒ Cuidar animales

❒ Trabajo físico al aire libre

❒ Proteger al público a través del cumplimiento de las leyes o de la extinción de incendios

❒ Trabajo médico, científico o matemático

❒ Ventas, publicidad o promoción

¿QUÉ TE SATISFACE?

Responde a las siguientes preguntas con Verdadero (V) o Falso (F).

V F Me satisface ayudar a otros, más que obtener logros personales.

V F Me gustaría trabajar donde pueda usar mi imaginación y ser ingenioso.

V F En mi vida, el dinero tendrá un lugar prioritario con respecto a la seguridad laboral y a los intereses personales.

V F Mi ambición es causar un impacto directo en las vidas de otras personas.

V F No me gusta correr riesgos y preferiría una carrera segura.

V F Disfruto trabajando con las personas en vez de estar solo.

V F No sería feliz haciendo lo mismo todo el tiempo.

¿QUÉ ES LO MÁS IMPORTANTE PARA TI?

En una escala de 1 a 10, donde 10 es extremadamente importante y 1 significa que no tiene importancia, califica los conceptos de la lista que aparece a continuación.

___ Buena salud

___ Justicia

___ Matrimonio/familia

___ Fe

___ Fama

___ Belleza

___ Seguridad

___ Amistad

___ Respeto

___ Logros

___ Conocer el mundo

___ Amor

___ Diversión

___ Poder

___ Individualismo

___ Caridad

___ Honor

___ Inteligencia

___ Riqueza

¿QUÉ ACTITUD TOMARÍAS EN SITUACIÓN DE EMERGENCIA EN UNA TORMENTA DE NIEVE?

Marca la opción con la que más te identifiques.

❒ El líder

❒ El que le explica la situación a los demás

❒ El que mantiene la moral alta

❒ El que inventa una manera para abrigarse del frío y derrite nieve para obtener agua

❒ El que escucha las instrucciones y organiza las provisiones

❒ El que coloca las varillas y piedras en señal de SOS

UNA MIRADA AL PASADO Y UNA MIRADA AL FUTURO

¿Cuáles son tus objetivos para los próximos cinco años?

¿Dónde te gustaría estar en diez años?

¿Cuál ha sido tu curso favorito y por qué?

¿Cuál ha sido el curso que te ha gustado menos y por qué?

¿Quién fue tu maestro favorito y por qué?

¿Cuáles son tus pasatiempos?

¿Cuáles son tus actividades extracurriculares?

¿Qué trabajos has tenido?

¿Qué tipo de trabajo voluntario has realizado?

¿Has observado a algún profesional por un día? Si lo hiciste, ¿qué aprendiste?

¿Tienes un mentor? Si lo tienes, ¿quién es? ¿Qué has aprendido de esta persona?

¿Quieres permanecer cerca de tu casa o prefieres viajar a otra ciudad después de la escuela secundaria?

¿CUÁLES SON TUS OBJETIVOS PROFESIONALES?

Mis intereses, aptitudes y conocimientos que respaldan mis objetivos profesionales:

Para hacer realidad mis objetivos profesionales, necesitaré aptitudes especiales y conocimientos en:

Obtendré las aptitudes y el conocimiento adicional participando en las siguientes actividades educacionales:

Necesitaré un título, certificado o capacitación especializada en:

Cuando miro los avisos clasificados del periódico, me siento atraído por las siguientes descripciones de trabajo:

¿QUÉ NECESITARÁS PARA ALCANZAR TUS OBJETIVOS?

La información que he entregado indica que tomaré cursos que son principalmente:

- ❒ De trayectoria universitaria (Educación de dos o cuatro años que ofrece cursos de humanidades combinados con cursos de tu área de interés.)
- ❒ De trayectoria vocacional (Uno o más años de educación que incluye capacitación práctica para un trabajo específico.)
- ❒ Una combinación de ambas

¿CUÁLES SON TUS PLANES INMEDIATOS DESPUÉS DE LA ESCUELA SECUNDARIA?

Después de la escuela secundaria, mis planes son:

- ❒ trabajar a tiempo completo
- ❒ trabajar a tiempo parcial y asistir a la universidad
- ❒ asistir a tiempo completo a la universidad
- ❒ asistir a una escuela universitaria técnica
- ❒ ingresar al ejército

MI TRABAJO PERFECTO SERÍA ...

Deja volar tu imaginación. Puedes tener el trabajo que desees. ¿Cómo sería ese trabajo? Primero descríbete a ti mismo las siguientes condiciones de trabajo:

Condiciones de trabajo: ¿En qué horario estás dispuesto a trabajar? ¿Te sientes más satisfecho en un ambiente al aire libre o bajo techo, variado o metódico, ruidoso o silencioso o informal o tradicional?

Deberes: ¿Qué deberes te resultan más cómodos de realizar? ¿Deseas ser un líder o te desempeñas mejor como un miembro del equipo?

Personas: ¿Deseas trabajar con otras personas o de manera más independiente? ¿Cuánto contacto con personas deseas o necesitas tener?

Educación: ¿Cuánta capacitación o educación especial se necesita? ¿Cuánta educación estás dispuesto a buscar? ¿Puedes basarte en la educación o en la experiencia que tienes a la fecha? ¿Deberá ser necesario obtener educación o experiencia nueva?

Beneficios: ¿Cuál es el salario y los beneficios que esperas recibir? ¿Estás dispuesto a viajar?

Desventajas: En casi todos los trabajos hay desventajas. ¿Puedes imaginar cuáles serían esas desventajas? ¿Puedes confirmar o desaprobar estas creencias hablando con alguien o investigando más la industria o el trabajo? Si estas desventajas existen realmente, ¿puedes vivir con ellas?

Cualidades personales: ¿Cuáles son las cualidades que deseas que tenga quien finalmente elijas como empleador? ¿Cuáles son las cualidades más importantes que deseas en un supervisor? ¿En tus compañeros de trabajo?

Repasa tus respuestas a esta evaluación. ¿Ves temas recurrentes en tus respuestas que comiencen a mostrar qué tipo de carrera podría gustarte? Si eso no ocurre, hay muchas otras maneras de conseguir información para decidir dónde están tus intereses. Puedes acudir donde tu consejero vocacional para obtener ayuda. Puedes presentar las pruebas Campbell (TM) Interest and Skills Inventory (Diagnóstico del Inventario de Habilidades e Intereses Campbell (TM), el Strong Interest Inventory (Inventario de Intereses Principales), la Self-Directed Search (Búsqueda Vocacional Autodirigida) u otra prueba que tu consejero vocacional te recomiende.

LOS PRIMEROS PASOS HACIA UNA CARRERA PROFESIONAL

No te sorprendas demasiado cuando tu trabajo de verano se transforme en tu carrera.

La palabra "carrera" inspira cierto miedo cuando todavía estás en la escuela secundaria. Carrera es algo que se asocia con graduados de la universidad o con aquellos que han trabajado durante años. Pero, a menos que desde niño hayas sabido con seguridad que deseabas volar aviones o ser biólogo marino, ¿qué vas a hacer? Te agradará saber que es muy posible que los intereses que tienes ahora pueden llevarte a una especialidad universitaria o a una carrera. Por ejemplo, es posible que el trabajo en una tienda de ropa pueda ser el inicio de una carrera de diseño de vestuario, o que las horas que pasas persiguiendo a Laura Croft en *Tomb Raider* te lleven a una carrera de creación de juegos de video. Tal vez tu trabajo de cuidar niños y el amor por estar con ellos se transforme en la obvia elección de una carrera de maestra o que te fascinen los automóviles y descubras que deseas ganarte la vida arreglándolos.

Esta sección te mostrará cómo puedes comenzar a explorar tus intereses, algo así como cuando te metes a una piscina empezando con el dedo gordo del pie, en vez de zambullirte de una sola vez. Los programas vocacionales y profesionales y de preparación técnica, los trabajos de verano y los voluntariados son maneras en las que puedes probar diversas trayectorias profesionales y decidir si te gustan.

LA TRAYECTORIA EDUCATIVA VOCACIONAL Y PROFESIONAL

Si buscas una educación más incluida en el mundo real, únete a los casi 11 millones de jóvenes y adultos que experimentan en el lugar de trabajo mediante programas de educación vocacionales y profesionales que se ofrecen en las escuelas secundarias de todo el país. Estos programas están diseñados para ayudar a desarrollar tu capacidad en las aptitudes que necesitarás en el lugar de trabajo y en la escuela.

CONSEJO ESTUDIANTIL

P: ¿Qué es lo que te gusta de la capacitación vocacional?

R: El primer año que fui a un centro técnico fue cuando estaba en el undécimo año de la secundaria porque pensé que era una buena manera de salir de ahí. Sin embargo, a medida que pasó el año, me dije: "oye, este es un buen lugar porque me da experiencia laboral y estoy aprendiendo cómo vestirme y presentarme como si fuera un trabajo real". Voy durante las 3 primeras o las 3 últimas horas del día. Cuando estamos en clases, tenemos que hacer trabajos reales para personas que le piden ayuda a nuestros instructores. Luego nuestros maestros nos permiten echar a volar nuestras mentes creativas. Acabamos de diseñar la carátula de un CD. Un chico diseñó y construyó una motocicleta y ahora tres personas le están pidiendo que trabaje para ellos.

Trisha Younk
Tuscola County Tech Center
Reese High School
Reese, Michigan

Lo que diferencia este programa con respecto a los demás, es que a través de él aprendes en el salón de clases y en el "mundo real" del lugar de trabajo. No sólo adquieres las habilidades académicas en la escuela, sino que también obtienes una capacitación práctica mediante la exploración de profesiones, trabajando bajo la supervisión de un mentor y realizando un trabajo fuera de la escuela. Generalmente se consideran tus intereses y talentos y puedes elegir a partir de una variedad de programas de capacitación tradicionales, de alta tecnología y del sector de servicios. Mira las siguientes categorías y ve cuáles despiertan tu interés.

Educación agrícola. Estos programas preparan a los estudiantes para carreras de producción agrícola, producción y cuidado de animales, agroindustria, mecánica agrícola e industrial, gestión ambiental, agricultura, horticultura y paisajismo, procesamiento de alimentos y gestión de recursos naturales.

DE LA OFICINA DE ORIENTACIÓN

P: ¿Qué pasa si la universidad no es para mí?

R: Cuando los adultos les preguntan a los jóvenes qué quieren estudiar, ellos se sienten presionados pues creen que se espera que se identifiquen con una sola carrera. Sin embargo, existen más de 40,000 cargos que una persona puede tener. Les decimos a los jóvenes que primero escojan un camino. Cuando sales de la escuela secundaria, existen tres caminos que puedes tomar. Uno es entrar a la fuerza laboral. El otro lleva al ejército como una carrera o como un escalón. El tercero conduce a la educación superior, un título profesional, un título de programas de dos o de cuatro años. Ellos tienen que determinar el camino que les gustaría seguir.

Uno de los puntos a favor de obtener una educación profesional en la escuela secundaria es que casi todos los empleadores prefieren que tengas algo de experiencia antes de contratarte. En una carrera técnica, los estudiantes están en un entorno laboral y pueden tomarlo como experiencia laboral y tendrán empleadores anteriores que pueden dar fe de ello.

Lenore Lemanski
Consejera, Centro Tecnológico
Tuscola ISD
Caro, Michigan

Educación empresarial. Los estudiantes se preparan para carreras de contabilidad y finanzas y procesamiento de datos y computacional, así como también para puestos administrativos o de secretariado, administración o supervisión en ambientes profesionales (bancos, seguros, leyes, servicio público).

Ciencias de la familia y del consumidor. Estos programas preparan a los estudiantes para carreras de cuidado de niños, gastronomía profesional, confección y diseño de interiores, y hotelería y cuidado de instalaciones. Los elementos centrales incluyen el desarrollo personal, la vida en familia y la planificación familiar, la gestión de recursos y la nutrición y el bienestar.

Ocupaciones comerciales, industriales y de salud. Los estudiantes se preparan para carreras en campos como la mecánica, oficios en construcción, cosmetología, electrónica, gráfica, seguridad pública y soldadura. Los programas de ocupación en el sector salud ofrecen capacitación vocacional para carreras de auxiliar médico y dental, enfermería auxiliar, atención de salud domiciliaria y asistente para consultas médicas.

Educación de mercadeo. Estos programas preparan a los estudiantes para carreras de ventas, ventas al por menor, publicidad, mercadeo de alimentos y restaurantes y administración hotelera.

Existen muchos programas de educación vocacionales y profesionales y los tipos mencionados anteriormente representan sólo unas pocas posibilidades. Para hallar un programa que se adecue a tus intereses y que se encuentre cerca de ti, consulta el listado de escuelas en el apéndice de este libro. O si deseas obtener más información acerca de los programas de educación vocacionales, llama al 202-205-5451 o envía un correo electrónico al Departamento de Educación de Estados Unidos, a la Office of Vocational and Adult Education (Oficina de Educación Vocacional y para Adultos) en su sitio Web, www.ed.gov/offices/OVAE.

LA TRAYECTORIA PARA LA PREPARACIÓN TÉCNICA

La preparación técnica es una preparación aún más avanzada para el lugar de trabajo o un título asociado de una universidad. Es una trayectoria educacional que combina cursos de estudio de preparación universitaria y vocacionales y técnicos.

El curso de dos años se concentra en una mezcla de capacidades académicas y vocacionales y técnicas. Al momento de graduarte de la escuela, podrás entrar directamente a la fuerza laboral u obtener un título asociado. Pero si deseas seguir esta trayectoria, tienes que planear su comienzo cuando estés cursando noveno grado. Para obtener más información, pregúntale a tu consejero vocacional.

SACA PARTIDO DEL VERANO

Cuando estás en clases, un verano sin nada que hacer parece una idea muy atractiva. Pero después de que has escuchado todos tus CD, has jugado todos tus juegos de video, has paseado por el mismo y antiguo centro comercial y has hablado con tus amigos por teléfono sobre lo aburrido que estás ¿qué más te queda por hacer? ¿Qué te parece practicar windsurf en un lago frío y transparente de New England? ¿Andar a caballo por los asombrosos senderos de una montaña? ¿Parlez en français en Paris? ¿Realizar caminatas por las superficies del espectacular gran cañón o vivir con una familia en Alemania, Brasil, Suiza o Japón? ¿Explorar especialidades universitarias o posibles carreras? ¿Colaborar en una excavación arqueológica o en un proyecto de servicio de asistencia a la comunidad? En el camino, conocerás personas maravillosas y hasta es posible que hagas un par de amigos para toda la vida.

¿Te interesa? Prepárate para empacar y unirte al millón de adolescentes que tendrán el verano de su vida en miles de extraordinarios campamentos, programas académicos, clínicas deportivas, talleres de arte, pasantías, oportunidades de voluntariado y aventuras de viaje por toda Norteamérica y el mundo.

¿Piensas que no tienes suficiente dinero? No hay de qué preocuparse. Existen programas que se adaptan a cada presupuesto, hay talleres desde $50 hasta viajes por el mundo y sesiones por $4,500, con una duración que varía entre un par de horas hasta un par de meses.

Si deseas ver una lista de las oportunidades de verano, mira el apéndice de este libro. También puedes visitar el sitio Web www.petersons.com.

DE LA OFICINA DE ORIENTACIÓN

P: ¿Qué opciones tienen los estudiantes que toman clases profesionales y tecnológicas en la escuela secundaria y que sienten que no pueden ir a la universidad?

R: Los estudiantes tienen la oportunidad de desarrollar muchas aptitudes a través de las clases, organizaciones de estudiantes y clases profesionales y tecnológicas durante la secundaria. Estas aptitudes son una base esencial que ellos pueden usar para continuar la trayectoria a la universidad, ingresar al mercado laboral o participar en capacitación adicional luego de graduarse. Cuando los estudiantes pueden identificar dichas aptitudes y hacer la conexión al aplicar y ampliar sus aptitudes como estudiantes de por vida, entonces las posibilidades son infinitas.

Linda S. Sanchez
Orientadora profesional y tecnológica
South San Antonio I.S.D.
Career Education Center
San Antonio, Texas

COCINA HAMBURGUESAS Y APRENDE SOBRE LA VIDA

Muchos adolescentes que están ansiosos de ganar dinero extra pasan el verano trabajando en ventas al por menor o en servicios de comidas, ya que estos trabajos abundan en esta época. Si cocinas hamburguesas o ayudas a los clientes a encontrar una prenda especial, pensarás que lo único que obtendrás al terminar el trabajo es un salario, pero no es así. Te sorprenderás al descubrir que has ganado mucho más que eso.

Trabajando en estos campos, aprenderás a llevarte bien con clientes exigentes (y a veces claramente desagradables), a trabajar en equipo y a manejar dinero y pedidos de provisiones. No sólo en los trabajos de verano se aprenden aptitudes para la vida, sino que también en ellos se encuentran maneras de explorar posibles carreras. Es más, cuando postules a una universidad o a un trabajo de tiempo completo después de que te gradúes de la escuela secundaria, lucirá muy bien en tu solicitud mencionar que ya tienes experiencia laboral.

A veces, los trabajos de verano se convierten en lo que deseas hacer después en la vida. Antes de comprometerse con una especialidad universitaria, los trabajos de verano te entregan la oportunidad de probar en muchas direcciones. Los estudiantes que piensan que quieren ser ingenieros, abogadas o médicos pueden pasar el verano observando a un ingeniero, siendo recaderos en una firma legal o trabajando como voluntarios en un hospital.

Sin embargo, en lugar de quedarte con el primer trabajo que aparezca, descubre tus intereses y confía en lo que te resulte más natural. Las actividades que te resultan más fáciles son la clave para saber en qué eres bueno. Piensa en ese estante de libros que construiste, en aquellos niños que te encanta cuidar, o en la gran fiesta que organizaste. Tus ambientes preferidos también entregan otras indicaciones. Tal vez te sientes mejor en un garaje desordenado o en un lugar rodeado de gente. Eso sugiere ciertos tipos de trabajo.

Conseguir un trabajo de verano mientras estás en la escuela secundaria es el primer paso de una larga caminata de experiencia laboral que se aproxima. Mientras más experiencia tengas, conseguirás mejores trabajos a lo largo de tu vida. Para buscar trabajos de verano en Internet, visita www.petersons.com y haz clic en el botón Summer Opportunities (Oportunidades de verano).

PRUEBA SUERTE EN UNA PASANTÍA

Todos los años, miles de estudiantes en práctica trabajan en una variedad de lugares, como corporaciones, firmas legales, organismos gubernamentales, organizaciones de medios de comunicación, grupos de aficionados, clínicas, laboratorios, museos y sitios históricos. ¿Son muy comunes las pasantías? Considera las tendencias recientes. A comienzos de la década de los 80, sólo 1 de cada 36 estudiantes completaba una pasantía u otro programa de aprendizaje a través de la experiencia. Compara esto con el año 2000, donde un estudio descubrió que el 86 por ciento de los estudiantes universitarios habían completado pasantías y un 69 por ciento informó que había participado en dos o más. También hay un número creciente de estudiantes de la secundaria que se está inscribiendo para realizar una pasantía.

La perspectiva del empleador

Los empleadores consideran que las pasantías son una buena opción, tanto en las economías debilitadas como en las prósperas. En estas últimas, a menudo los gerentes se esfuerzan por llenar los puestos con trabajadores ansiosos que pueden adaptarse a las tecnologías cambiantes. Las pasantías dan la posibilidad de conseguir trabajadores a un bajo costo sin ofrecerles un puesto importante a tiempo completo. Por otro lado, en economías atribuladas, la reducción de personal hace necesario que el empleador despida trabajadores sin pensar en quién cubrirá sus responsabilidades. Las pasantías son una manera económica de compensar las pérdidas de empleos, producto de estos despidos perjudiciales.

La perspectiva del pasante

Si buscas comenzar una carrera o complementar tu educación con capacitación práctica, las pasantías son una buena opción por varias razones.

1. **Las pasantías constituyen una manera relativamente rápida para ganar experiencia y desarrollar aptitudes laborales.** Prueba con este ejercicio. Revisa los avisos de empleo que aparecen el domingo en el periódico. Elige un rango de avisos interesantes para puestos profesionales que consideres que podrías tomar. Haz una lista de las aptitudes laborales y experiencia necesarias que se especifiquen en el aviso. ¿Cuántas de estas aptitudes y experiencias tienes? Lo más probable es que si aún estás en la escuela o eres recién graduado, no tengas la mayoría de las aptitudes y experiencia que exigen los empleadores en sus contrataciones. ¿Qué hacer en ese caso?

La creciente realidad es que muchos puestos de nivel de entrada exigen aptitudes y experiencias que no se adquieren en las escuelas ni en trabajos a tiempo parcial. De seguro eres un experto en computadoras, tienes algo de experiencia en servicio al cliente, incluso es posible que hasta hayas editado el periódico de tu escuela u organizado tu baile de graduación. Sin embargo, aún no tienes las aptitudes más importantes y la experiencia en el lugar de trabajo que exigen los gerentes. Una pasantía bien elegida ofrece una manera para salir de este dilema común a través de la entrega de capacitación laboral en un campo profesional real. Las pasantías te ayudan a aplicar tu conocimiento y aptitudes existentes de forma que te ayuden a competir por mejores empleos.

2. **Las pasantías ofrecen una vía casi libre de riesgo para explorar una posible trayectoria profesional.** Aunque parezca mentira, la mejor pasantía puede indicarte lo que *no* quieres hacer por los próximos diez o veinte años. Piénsalo, si pones todas tus expectativas en tu trabajo soñado, ¿qué ocurriría si resulta ser exactamente lo contrario de lo que quieres o de lo que eres? Las pasantías son una oportunidad relativamente económica para "probar" un campo profesional y ver si es el adecuado para *ti*.

3. **Las pasantías ofrecen oportunidades reales de crear una red de contactos profesionales relacionados con tu carrera, lo que puede aumentar de manera importante tus oportunidades de conseguir un buen empleo a tiempo completo.** ¿Has oído el dicho: "No se trata de lo que sabes sino de a quién conoces"? Para bien o para mal, la realidad es que a quien conoces (o quien te conoce) puede hacer una gran diferencia en tu búsqueda de trabajo. Los estudios demuestran que menos del 20 por ciento de las ofertas de trabajo se presentan a través de métodos tradicionales de solicitud, como periódicos y avisos en publicaciones comerciales, agencias de empleo y ferias de trabajo. En cambio, el 60 a 90 por ciento de los trabajos se encuentran a través de contactos personales y solicitudes directas.

   Crear una "red de contactos" profesionales es el intercambio de información con otros para beneficio mutuo. A través de tu red de contactos profesionales puedes saber dónde hay trabajos y cómo competir por ellos. Es más conveniente desarrollar tus aptitudes para crear una red de contactos profesionales, cuando la apuesta no es muy grande, que después cuando debas competir con todo el resto por trabajos a tiempo completo. El proceso de contratación de pasantías y las semanas que realmente pasas en el trabajo proporcionan oportunidades excelentes para hablar con distintas personas sobre las carreras, tus aptitudes y las formas para triunfar.

PARTICIPA EN EL VOLUNTARIADO DE TU COMUNIDAD

Probablemente hayas oído el dicho que dice que el dinero no lo es todo. Bueno, eso es cierto, en especial cuando vas a un servicio de voluntariado y de asistencia a la comunidad. Los beneficios que obtendrás no se cuentan en dólares o centavos, pero te pueden abrir puertas en el futuro.

En una solicitud de ingreso a la universidad es bueno indicar que has trabajado en servicio de asistencia a la comunidad. Los miembros del personal de admisión se fijan en los postulantes que hayan trabajado en voluntariado y servicio de asistencia a la comunidad, además de poner atención a las calificaciones. Es posible que hayas obtenido calificaciones sobresalientes, pero si eso es todo lo que aparece en tu solicitud, no te considerarán como una persona que cumple con todos los requisitos.

El servicio de asistencia a la comunidad te permite probar las carreras. ¿Cómo vas a saber si te gusta cierto tipo de trabajo si no has visto cómo se hace? Por ejemplo, puedes creer que deseas trabajar en el campo de atención de salud. Un voluntariado en un hospital te permitirá saber si eso es realmente a lo que quieres dedicarte.

El servicio de asistencia a la comunidad es una tradición estadounidense. Podrás cumplir con algunas de las necesidades de la comunidad y unirte a todas las demás personas que han contribuido con su talento a nuestro país. No importa cuáles sean tus talentos, existen formas ilimitadas de servir a tu comunidad. Reconoce tus intereses y luego imagina de qué manera pueden aplicarse en la ayuda a otros.

Estas son algunas ideas para comenzar:

- ❑ **¿Te gustan los niños?** Trabaja de voluntario en tus parques locales y en el departamento de recreación, para un equipo de la Liga Menor o como "big brother/sister".
- ❑ **¿Estás planificando una carrera en el área de atención de salud?** Trabaja de voluntario en un banco de sangre, hospital, asilo u hospicio. Existen varias organizaciones que reúnen dinero para la investigación de enfermedades.
- ❑ **¿Te interesa el medio ambiente?** Trabaja de voluntario en un programa de reciclaje, crea un programa de embellecimiento para tu escuela o comunidad, planta árboles y flores o diseña un jardín para la comunidad.
- ❑ **Simpletmente di que no.** Ayuda a otros a permanecer alejados de las drogas y el alcohol, trabajando como voluntario en un centro de crisis, en una línea directa o en un programa de prevención. Ayuda a educar a los más jóvenes sobre los peligros del abuso de drogas.
- ❑ **Ayuda a los necesitados.** Recolecta dinero, alimento o ropa para personas sin hogar. Los bancos de alimentos, centros para personas sin hogar y organizaciones de beneficencia necesitan tu ayuda.
- ❑ **¿Tienes talento para el arte?** Comparte tu conocimiento y aptitudes con los más jóvenes, los ancianos u organizaciones de arte locales que dependen de voluntarios para ayudar a presentar sus obras, recitales y exposiciones.
- ❑ **Ayuda a combatir el crimen.** Forma una vigilancia vecinal u organiza un grupo para limpiar grafitos de las paredes.
- ❑ **Es posible que tu iglesia o sinagoga tenga proyectos que necesiten de jóvenes voluntarios.** United Way, la oficina de tu político local, los grupos de acción cívica y las organizaciones de interés profesional también entregan oportunidades excepcionales para servir a la comunidad. Si deseas ideas adicionales, pregúntale a tu director, maestros o consejeros.

Para obtener más información acerca de cómo unirse al espíritu del voluntariado juvenil, escribe al Consumer Information Center (Centro de Información al Consumidor), CIC-00A, P.O. Box 100, Pueblo, Colorado 81002 y solicita el folleto *Catch the Spirit (Únete al espíritu)* o llama al 719-948-3334. También revisa el sitio Web de CIC en www.pueblo.gsa.gov.

EL CAMINO HACIA LA EDUCACIÓN SUPERIOR

ALGUNAS PERSONAS se despiertan cuando tienen tres años y dicen que quieren ser médicos, maestros o biólogos marinos…y lo hacen.

Ellos son la excepción. Muchos estudiantes de la escuela secundaria no tienen ni la más mínima idea de lo que quieren ser. Le temen a la pregunta "¿qué vas a hacer después de graduarte de la secundaria?" Lamentablemente, algunas de esas mismas personas terminan en carreras que no los satisfacen.

No es necesario que planifiques hasta el último detalle del resto de tu vida, pero puedes comenzar dando pasos generales hacia tu futuro y estableciendo bases. Luego, cuando hayas decidido qué quieres hacer, podrás aferrarte a tu sueño y hacerlo realidad.

PLANIFICAR TU EDUCACIÓN EN LA ESCUELA SECUNDARIA

A algunas personas les gusta hacer planes. Idean un plan y lo ejecutan. También existen personas a quienes no les gusta planificar.

A LOS QUE NO LES gusta planificar, ven las palabras "plan" y "futuro" y dicen: "Sí, sí, ya lo sé". Mientras tanto, salen corriendo a una cita que se suponía que tenían hacía 5 minutos.

Lamentablemente, a la hora de perseguir seriamente sus metas e ilusiones, los que no planifican su futuro a menudo descubren que no hicieron lo que deberían haber hecho, limitando sus oportunidades después de la escuela secundaria. ¿Qué hay de aquellas clases que deberían haber tomado? ¿Y de aquellos trabajos para los que deberían haberse ofrecido como voluntarios? ¿Qué pasó con la beca que podrían haber obtenido si se hubieran dado cuenta a tiempo?

No obstante, no todo está perdido. Ahora que has reflexionado sobre tu futuro y lo que te gustaría hacer después de graduarte, puedes usar esta sección como ayuda para planificar lo que debes hacer mientras aún te encuentras en la secundaria y cuándo debes hacerlo.

Sin importar qué tipo de educación planifiques para después de la secundaria, he aquí un plan que te ayudará a encaminarte hacia tu ojetivo.

TU PLAN DE EDUCACIÓN

Usa este plan de educación como ayuda para asegurarte que realizas todo lo necesario para lograr las cosas a tiempo.

Noveno grado

- En cuanto te sea posible, reúnete con tu consejero para comenzar a hablar sobre universidades y carreras.
- Asegúrate de estar inscrito en los cursos preparatorios para la universidad o de preparación técnica adecuados.
- Es bueno que comiences con buenas calificaciones, ya que las que obtengas en noveno grado se considerarán en el promedio general (GPA) y para el puesto de promoción final de la escuela secundaria.
- Es posible que ahora la universidad te parezca muy distante, pero las calificaciones realmente cuentan para el ingreso a la universidad y las becas.
- Explora tus intereses y posibles carreras. Aprovecha las oportunidades de orientación profesional que te ofrecen en tu escuela.
- Participa en actividades extracurriculares (subvencionadas tanto por la escuela como por otras entidades).
- Habla con tus padres sobre planes para pagar los gastos de la universidad. Continúa con tu plan de ahorro para la universidad o comienza uno.
- Revisa la información de universidades disponible en la oficina de tu consejero y la biblioteca. Usa Internet para visitar sitios Web de

las universidades. Visita www.petersons.com para comenzar a hacer una lista de las universidades que podrían interesarte.

- Si es posible, recorre una universidad cercana o visita a parientes o amigos que vivan en un campus universitario o cerca de uno. Visita los dormitorios, ve a la biblioteca o al centro estudiantil y familiarízate con la vida universitaria.
- Investiga los programas de aprovechamiento de verano. Visita www.petersons.com para obtener algunas buenas ideas sobre las oportunidades del verano.

Décimo grado

Otoño

- En octubre, presenta la Preliminary SAT/ National Merit Scholarship Qualifying Test, PSAT/NMSQT (Prueba Preliminar SAT/ Prueba que da derecho a la Beca Nacional al Mérito) para practicar. Cuando completes tu hoja de examen, marca el recuadro que permite dar tu nombre a universidades para recibir sus folletos.
- Pregúntale a tu consejero vocacional sobre el programa de evaluación PLAN del programa del American College Testing, pre-ACT (Examen de Ingreso a Universidades Estadounidenses), que ayuda a determinar tus hábitos de estudio al igual que tu progreso e intereses académicos. Este examen te preparará para el ACT Assessment (Evaluación ACT) el próximo año.
- Toma cursos de geometría si aún no lo has hecho. Toma cursos de biología y un segundo año de lengua extranjera.
- Familiarízate con los requisitos generales de ingreso a la universidad.
- Participa en las actividades de desarrollo profesional de la escuela o del estado.
- Visita Petersons.com para obtener consejos acerca de los exámenes y los requisitos generales de ingreso a la universidad.

Invierno

- Analiza con tu consejero tus resultados en el PSAT.
- Las personas encargadas de leer las solicitudes de ingreso a la universidad no buscan sólo calificaciones. Por eso, participa en actividades fuera del salón de clases. Esfuérzate por alcanzar puestos de liderazgo en las actividades que más te gusten. Inscríbete en actividades de servicio a la comunidad y de voluntariado.
- Lee, lee y lee. Lee tantos libros como te sea posible a partir de una lista de lecturas completa, como la de las páginas 25 y 26.
- Lee el periódico todos los días para enterarte de los temas de actualidad.
- Mejora tus aptitudes de redacción, ya que las necesitarás pase lo que pase.
- Encuentra un maestro u otro adulto que te aconseje y estimule a redactar bien.

DE LA OFICINA DE ORIENTACIÓN

P: ¿Cuánto deben participar los padres en la selección de la universidad para su hijo?

R: Los padres deben participar lo más que puedan, especialmente en el caso de familias que provengan de la cultura hispana. Les recomiendo a los estudiantes que involucren a sus padres. Para muchos padres la universidad es un gran suceso para sus hijos, y para los hijos, existe el problema de dejar el hogar. Además, está la barrera del idioma, ya que algunos de los padres no hablan inglés. Les recomiendo a los padres que asistan con su hijo o hija al programa universitario nocturno de la escuela secundaria y que conversen con el consejero vocacional de él o ella para informarse sobre el sistema universitario en Estados Unidos. Realizamos presentaciones para los padres para informarles de lo que está sucediendo.

Mary Turner
English for Speakers of Other Languages, ESOL (Inglés para Hablantes de Otros Idiomas)
Spanish River High School
Boca Raton, Florida

Primavera

- Mantén calificaciones altas de manera que puedas tener el GPA y el puesto de promoción más alto posible.
- Pregúntale a tu consejero acerca de las opciones de inscripción en instituciones de educación superior y los cursos de Advanced Placement, AP (Nivelación Anticipada).
- Continúa explorando los intereses y carreras que crees que podrían gustarte.
- Comienza centrándote en el tipo de universidad que prefieres (de carreras de dos o cuatro años, pequeña o grande, rural o urbana). Para hacerte una idea de lo que hay disponible, revisa los perfiles de universidades en Petersons.com o lee libros acerca de la universidad.
- Si te interesa asistir a una academia militar como West Point o Annapolis, éste es el momento de empezar a planificar y conseguir información.
- Escribe a las universidades y pregunta por los requisitos académicos para ingresar.
- Visita otros recintos universitarios. Lee todo el correo que recibas de las universidades; es posible que encuentres algo que te guste.
- Asiste a las ferias de universidades.
- Mantén un ahorro para la universidad. Consigue un trabajo de verano.
- Considera presentar los SAT II Subject Tests (Exámenes por materia SAT II) en los cursos que tomaste este año mientras el material aún está fresco en tu mente. Estos exámenes se ofrecen en mayo y junio. Considera presentar el Subject Test en español, si ese es tu idioma nativo. Los exámenes de lenguaje se ofrecen en dos formatos: la versión en papel y la versión con un componente de compresión auditiva. Pregúntale a tu consejero cuál examen sería mejor para ti.

PERSPECTIVA DE LOS PADRES

P: ¿Cuánto deben participar los padres en la selección de la universidad para sus hijos?

R: Los padres se están involucrando más que antes en apoyar a sus hijos en el proceso de ingreso a la universidad. Esto se debe a dos factores:

Esta generación de padres se ha involucrado mucho más con sus hijos para lidiar con el mundo externo de lo que hicieron sus padres.

La inversión de los padres de hoy es mucho mayor que aquella de los padres 20 ó 30 años atrás. Puesto que los padres se centran en el valor de este costoso elemento, existe mayor interés en involucrarse, para obtener los beneficios adecuados.

Ciertamente los padres deben involucrarse en el proceso de selección y de postulación a la universidad. Estudios indican claramente que el apoyo de los padres en este proceso y durante los años universitarios puede hacer una gran diferencia en el éxito del estudiante. Sin embargo, este proceso también debe ser una oportunidad de aprendizaje en la toma de decisiones para los estudiantes. En ese aspecto, los padres no deben dirigir al estudiante sino aportar y proporcionarles un esquema para ayudarlos.

Los padres no deben sentirse incómodos al hacer sugerencias para ayudar a sus hijos durante el proceso de selección, especialmente cuando hay que identificar las universidades que pueden costear. Sin embargo, los hijos deben estar de acuerdo con la decisión final y debe tener la última palabra al momento de seleccionar la universidad. Cuando los estudiantes toman la decisión final, estos se sienten comprometidos puesto que han tomado parte en ella. Ellos tienen la responsabilidad de hacerlo bien y terminar sus estudios en dicho lugar.

Richard Flaherty
President, College Parents of America

Undécimo

Otoño

- Reúnete con tu consejero para revisar los cursos que has tomado y determinar cuáles te quedan por tomar.
- Averigua tu puesto de promoción. Si tus calificaciones hasta ahora no son muy buenas, nunca es tarde para mejorar. A las universidades les gusta ver una tendencia ascendente.
- Si no lo hiciste en el décimo grado, inscríbete y presenta la PSAT/NMSQT, porque además de las National Merit Scholarships (Becas al mérito), ésta es la prueba que da derecho al

National Scholarship Service and Fund for Negro Students (Fondo y Servicio Nacional de Becas para Estudiantes Afroamericanos) y al National Hispanic Scholar Recognition Program (Programa Nacional de Reconocimiento Académico para Hispanos).

SEIS TÉCNICAS DE ESTUDIO QUE LLEVAN AL ÉXITO

1. **ESTABLECE UN HORARIO REGULAR DE ESTUDIO.** En la universidad, nadie va a perseguirte para que hagas las tareas. Es en la secundaria en donde debes desarrollar los hábitos de estudio que te conducirán al éxito en la universidad. Todos los que alguna vez han tenido que pasar la noche estudiando saben cuánto se recuerda cuando se ha tomado la quinta taza de café y no se ha dormido ¡casi nada! Nada supera los hábitos de estudio constantes y consistentes.
2. **GUARDA TODO.** Para asegurarte de que tus notas de historia no terminen en tu cuaderno de matemáticas y tus trabajos de inglés no queden en el fondo del casillero de un amigo, desarrolla un sistema organizado para guardar tus trabajos. Mantén a la vista tus materiales y asegúrate de guardar pruebas y exámenes, porque siempre es sorprendente cómo algunas preguntas de un examen de marzo reaparecen milagrosamente en tu examen final.
3. **ESCUCHA.** Los maestros revelan lo que se incluirá en el examen y si pones atención a lo que dicen por medio de la repetición, probablemente notarás en lo que ponen énfasis. Si lo que el maestro dice en clases se repite en tus notas y en sesiones de repaso, hay probabilidad que ese material se incluya en el examen. Por eso, escucha.
4. **TOMA NOTAS.** Si el maestro se ha tomado el tiempo de preparar una clase, entonces lo que dice es lo suficientemente importante como para que lo escribas. Crea un sistema para revisar tus notas, después de cada clase, escríbelas, revísalas o léelas nuevamente. Trata de destacar los puntos importantes o hacer notas en los márgenes para que queden en tu memoria.
5. **USA LOS LIBROS DE TEXTO CON SENSATEZ.** ¿Qué puedes hacer con un libro de texto además de perderlo? Úsalo para respaldar o aclarar información que no entiendes cuando lees tus notas de clases. Leer cada palabra puede ser un esfuerzo que no se justifique; por eso, revisa el libro con inteligencia. ¿Qué hay en los recuadros o áreas destacadas? ¿Cuáles son los contenidos que se enfatizan? ¿Sobre qué tratan las preguntas en las secciones de revisión?
6. **FORMA UN GRUPO DE ESTUDIO.** Establece un grupo que permanecerá enfocado y háganse unos a otros las preguntas que creen que hará el maestro. Comparen las notas para ver si tienen todos los datos importantes. También discute tus pensamientos, pues si hablas de tus ideas puede servir de ayuda cuando tengas que responder a una pregunta de ensayo.

- Asegúrate de tener un número de seguro social.
- Analiza profunda y detenidamente por qué deseas continuar tu educación después de la escuela secundaria, de manera que puedas elegir la mejor universidad según tus necesidades.
- Haz una lista de universidades que cumplan con tus criterios más importantes (tamaño, ubicación, distancia del hogar, especialidades, rigor académico, residencia y costo). Considera cada uno de estos factores según la importancia que tengan para ti.
- Continúa visitando ferias de universidades; así podrás limitar tus selecciones o agregar una universidad a tu lista.
- Habla con los representantes de universidades que visitan tu escuela.
- Si deseas participar en deportes de División I o División II en la universidad, comienza el proceso de certificación. Verifica con tu consejero para cerciorarte de que tomarás un plan de estudios básico que cumpla con los requisitos de la Asociación Deportiva Universitaria Nacional (NCAA).
- Si te interesa una de las academias militares, habla con tu consejero para empezar el proceso de solicitud ahora.

Invierno

- Recopila información sobre procedimientos de solicitud de ingreso a la universidad, requisitos de ingreso, matrícula y aranceles, costos de alojamiento y comida, actividades estudiantiles, ofertas de cursos, composición del profesorado, acreditación y ayuda financiera. Internet es una buena forma de visitar universidades y obtener esta información. Comienza a comparar las universidades por los factores que tu consideras más importantes.
- Analiza con tu consejero tus resultados en el PSAT.
- Comienza a limitar tus opciones de universidades. Investiga si las universidades en las que estás interesado exigen SAT I, ACT Assessment o SAT II Subject Tests para ingresar.

- Inscríbete para el SAT I y los SAT II Subject Tests que se ofrecen varias veces durante el invierno y la primavera de tu undécimo año (refiérete a la sección “Cómo abordar los exámenes” para ver el plan anual). Puedes volver a presentarlos en el otoño del último año de secundaria si no quedas contento con tus resultados.
- Inscríbete para el ACT Assessment, que generalmente se presenta en abril o junio; también puedes presentarla nuevamente a fines del undécimo año o en el otoño del último año de secundaria, si fuera necesario.
- Comienza a prepararte para los exámenes que has decidido presentar.
- Conversa con tus padres acerca de las universidades en las que estás interesado. Analiza los recursos económicos y reúne información acerca de ayuda financiera. Revisa el capítulo de ayuda financiera que aparece más adelante en este libro para ver una explicación paso por paso de este proceso.
- Establece un sistema para archivar con carpetas individuales la correspondencia y el material impreso de cada universidad.

Primavera

- Reúnete con tu consejero para revisar la selección de los cursos del último año de secundaria y los requisitos para graduación.
- Revisa tus resultados en el ACT Assessment y SAT I con tu consejero. Inscríbete para presentar nuevamente el ACT Assessment o SAT I si deseas intentar aumentar tu puntaje.
- Analiza el ensayo para la universidad con tu consejero vocacional o maestro de inglés.
- Sigue participando en tus actividades extracurriculares. Las universidades buscan constancia y profundidad en las actividades que realizas.
- Considera a quién le pedirás que escriba tus recomendaciones. Piensa en maestros que te

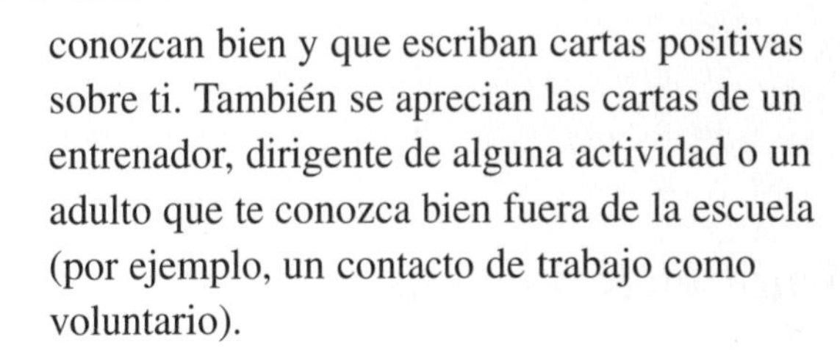
conozcan bien y que escriban cartas positivas sobre ti. También se aprecian las cartas de un entrenador, dirigente de alguna actividad o un adulto que te conozca bien fuera de la escuela (por ejemplo, un contacto de trabajo como voluntario).

- Pregunta sobre entrevistas personales en tus universidades favoritas. Llama o escribe para hacer citas tempranas en el verano y haz los arreglos necesarios.
- Visita a tu consejero para presentar una solicitud a programas de verano en el recinto universitario para estudiantes de secundaria. Busca un trabajo de verano o una pasantía. En el otoño tendrás que estar preparado para pagar la solicitud de ingreso a la universidad, la ayuda financiera y las cuotas de exámenes.
- Puedes pedir las solicitudes de las universidades en las que estás interesado por correo o Internet.

Verano

- Visita los recintos de tus cinco universidades preferidas.

CONSEJO PARA INGRESAR A LA UNIVERSIDAD

P: Aparte de las calificaciones y de los resultados de los exámenes, ¿cuáles son las cualidades más importantes que se buscan en un estudiante?

R: Consideramos los tipos de clases que el estudiante haya tomado. Una B en un curso de nivel superior es equivalente a una A en un curso regular. Buscamos no sólo estudiantes talentosos académicamente sino aquellos que son equilibrados. Ellos deben enviar sus intereses y actividades, cartas de recomendación y muestras de redacción además de los resultados en los exámenes. Buscamos a alguien que haya participado en su comunidad y en la escuela secundaria, alguien que mantenga posiciones de liderazgo y que tenga un equilibrio en las actividades extraacadémicas. Esto nos da una visión completa de la persona.

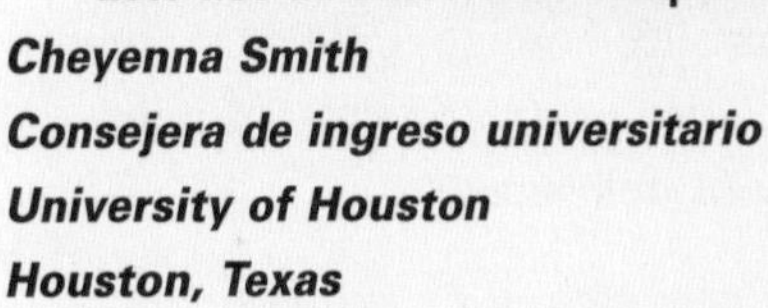
Cheyenna Smith
Consejera de ingreso universitario
University of Houston
Houston, Texas

- Después de cada entrevista en la universidad, envía una carta de agradecimiento al entrevistador.
- Habla con las personas que conoces que han asistido a las universidades que te interesan.
- Continúa leyendo libros, revistas y periódicos.
- Practica cómo completar solicitudes de ingreso y luego llena los formularios de solicitud finales o prepáralos en Internet a través de los sitios Web de las universidades en las que estás interesado.
- Trabaja de voluntario en tu comunidad.
- Escribe borradores preliminares de tus ensayos para la universidad y pídele a un maestro que los lea y los analice contigo. Púlelos y prepara los borradores finales. Corrige tus ensayos finales al menos tres veces.
- Crea un plan de solicitud de ayuda financiera, con una lista de las fuentes de ayuda, los requisitos para cada solicitud y un horario para cumplir con los plazos de presentación.

Duodécimo grado

Otoño

- Continúa tomando un programa completo de cursos de preparación universitaria.
- Sigue trabajando en tus calificaciones. Asegúrate de que has tomado los cursos necesarios para graduarte en la primavera.
- Continúa participando en actividades extracurriculares y de voluntariado. Demuestra iniciativa, creatividad, compromiso y liderazgo en cada una de ellas.
- Para los estudiantes varones: deben inscribirse para servicio selectivo cuando cumplan dieciocho años para tener derecho a solicitar ayuda financiera federal y estatal.
- Habla con tus consejeros, maestros y padres sobre tus elecciones finales de universidades.
- Haz un calendario que muestre los plazos de solicitudes de ingreso, ayuda financiera y becas.
- Revisa libros de recursos, programas de informática y tu oficina de orientación académica para obtener información sobre becas y subvenciones. Pregúntale a las universidades sobre becas para las que puedes calificar. Infórmate en Petersons.com sobre las becas.
- Entrega los formularios de recomendación a los maestros que has elegido, junto con sobres con franqueo previo y dirección, de manera que puedan enviarlos directamente a las universidades. Asegúrate de poner tu nombre, dirección y nombre de la escuela en la parte superior del formulario. Habla con las personas que escribirán las recomendaciones sobre tus objetivos y ambiciones.
- Entrégale los School Report Forms (Formularios de Informe de Escuela) a la oficina de orientación de tu escuela secundaria. Llénalos con tu nombre, dirección y cualquier otra información requerida en la parte superior. Verifica con tu consejero vocacional las universidades a las que enviarás certificados de calificaciones, resultados de exámenes y cartas. Dale a tu consejero los formularios necesarios con al menos dos semanas de anticipación a su vencimiento o de la fecha límite dada por tu consejero, según el más temprano.
- Inscríbete y presenta la ACT Assessment, SAT I o los SAT II Subject Tests, según sea necesario.
- Asegúrate de que has solicitado (por correo o Internet) que los resultados de tus exámenes sean enviados a las universidades que tú elegiste.
- Envía por correo tradicional o electrónico todas las solicitudes de decisión temprana de aceptación a la universidad, a más tardar el 1° de noviembre.
- Si es posible, visita universidades mientras los estudiantes están en clase.
- Si planeas solicitar una Beca ROTC, recuerda que tu solicitud vence el 1° de diciembre.

- Imprime copias extra o saca fotocopias de cada solicitud que envías.

Invierno

- Asiste a cualquier programa nocturno de preparación universitaria que se efectúe en tu escuela o que realicen organizaciones locales.
- Envía informes de calificaciones de mediados de año a las universidades y continúa concentrándote en tus tareas escolares.
- Llena la Free Application for Federal Student Aid, FAFSA (Solicitud Gratuita de Ayuda Federal para Estudiantes) y, si es necesario, el Financial Aid Profile, FAP (Perfil de Asistencia Económica). Puedes obtenerlos a través de tu consejero vocacional o visita www.ed.gov/offices/OPE/express.html para acceder a los formularios o llenarlos electrónicamente. Estos formularios no pueden procesarse antes del 1º de enero, por lo tanto, no los envíes antes.
- Envía por correo tradicional o electrónico las solicitudes restantes y los formularios de ayuda financiera antes de las vacaciones de invierno. Asegúrate de solicitar ingreso al menos a una universidad que sabes que puedes pagar y donde sabes que serás aceptado.
- Haz una continuación para asegurarte que las universidades han recibido toda la información de ingreso, incluidos los resultados de exámenes y las recomendaciones.
- Reúnete con tu consejero para comprobar que todos los formularios pertinentes se encuentren en orden y se hayan enviado a las universidades.

Primavera

- Revisa tu correo entre el 1º de marzo y el 1º de abril para ver si hay notificaciones de aceptación de las universidades.
- Revisa tu correo entre el 1º de abril y 1º de mayo para ver si hay notificación de que se te ha otorgado ayuda financiera.
- Compara los paquetes de ayuda financiera de las universidades donde te han aceptado.
- Haz tu elección final y notifica a las universidades sobre tu elección para el 1º de mayo. Si es posible, no tomes tu decisión sin hacer al menos una visita al campus. Envía tu depósito no reembolsable a la universidad de tu elección también para el 1º de mayo. Pide que tu consejero vocacional envíe a la universidad un certificado final de calificaciones en junio.
- Asegúrate de haber recibido un acuse de recibo de FAFSA.
- Si has solicitado una Beca Pell (en la FAFSA), recibirás una declaración para el Student Aid Report, SAR (Informe de Ayuda para el Estudiante). Revisa esta notificación de Pell y envíala a la universidad a la que piensas asistir. Haz una copia para tus archivos.
- Completa los papeles complementarios para la universidad que elegiste (programación, sesión de orientación, arreglos para residencia y otros formularios necesarios).

Verano

- De ser apropiado, solicita un Stafford Loan (Préstamo Stafford) a través de un prestamista. El proceso demora unas ocho semanas.
- Recibe el programa de orientación de tu universidad.
- Consigue la asignación de residencia de tu universidad.
- Obtén la programación de cursos y la información de costos.
- ¡Felicitaciones! Estás a punto de comenzar la mayor aventura de tu vida. Buena suerte.

CURSOS SUGERIDOS

Plan de estudios preparatorio para la universidad

INGLÉS. Cuatro unidades, con énfasis en composición (inglés 9, 10, 11, 12)

MATEMÁTICAS. Son esenciales tres unidades (álgebra I, álgebra II, geometría). Para algunos campos de estudio se recomiendan trigonometría, precálculo, cálculo e informática.

CIENCIAS SOCIALES. Tres unidades (historia de Estados Unidos, historia universal, gobierno/economía)

CIENCIAS. Cuatro unidades (ciencias de la Tierra, biología, química, física)

IDIOMA EXTRANJERO. Tres unidades (al menos 2 años en la misma lengua). Si tu idioma nativo es otro diferente a inglés o hablas otro idioma con fluidez, considera tomar cusos avanzados en ese idioma.

BELLAS ARTES. Una a dos unidades

OTROS. Mecanografía, aplicaciones de computación, informática I, informática II, educación física, salud

Plan de estudios preparatorio para la universidad combinado con un programa de educación profesional o vocacional

INGLÉS. Cuatro unidades

MATEMÁTICAS. Tres unidades (álgebra I, álgebra II, geometría)

CIENCIAS SOCIALES. Tres unidades (historia de Estados Unidos, historia universal, gobierno/economía)

CIENCIAS. Dos unidades (ciencias de la Tierra, biología)

IDIOMA EXTRANJERO. Tres unidades (al menos 2 años en la misma lengua)

BELLAS ARTES. Una a dos unidades.

OTROS. Mecanografía, aplicaciones computacionales, educación física y salud y media jornada en un Centro Profesional durante el undécimo y el duodécimo año de secundaria.

CLASES QUE DEBES TOMAR SI VAS A LA UNIVERSIDAD

¿Sabías que las clases que tomas desde el noveno grado te servirán de ayuda para entrar a la universidad? Asegúrate de tomar al menos los requisitos mínimos del plan de estudio de la escuela secundaria necesarios para el ingreso a la universidad. Aun cuando no tengas planes de ingresar a la universidad de inmediato, toma los cursos más exigentes que puedas manejar.

Revisa la lista de cursos sugeridos de esta página. Algunos cursos, categorías y nombres pueden variar de estado a estado, pero pueden usarse como guía. Habla con tu consejero vocacional para seleccionar el plan de estudios que mejor cumpla con tus necesidades y aptitudes.

Naturalmente, también se aprende fuera de la escuela. Aunque las actividades fuera de clase no compensan un mal rendimiento académico, las aptitudes aprendidas en trabajos, actividades extracurriculares y oportunidades de voluntariado te servirán de ayuda para transformarte en un estudiante más completo y fortalecerá tu solicitud de ingreso a la universidad o a un trabajo.

Conseguir un adelanto en los cursos universitarios

Puedes tomar cursos universitarios mientras aún estás en la secundaria, para que cuando estés en la universidad, vayas a la cabecera de todos los demás. El nombre formal es "postsecondary enrollment", inscripción en instituciones de educación superior, lo que significa que algunos estudiantes pueden tomar cursos universitarios y recibir créditos tanto de la escuela secundaria como universitarios. ¡Es como dos por uno!

La inscripción en instituciones de educación superior está diseñada para brindarles una oportunidad a los estudiantes de escuela secundaria calificados para que experimenten un trabajo académico más avanzado. La participación en un programa de inscripción como éste no propone reemplazar los cursos disponibles en la escuela secundaria, sino más bien mejorar las oportunidades educacionales para los estudiantes mientras están en la escuela secundaria. Existen dos opciones para inscripción en instituciones de educación superior:

Opción A: Estudiantes calificados del undécimo y duodécimo año de la escuela secundaria toman cursos para obtener créditos universitarios. Los estudiantes inscritos bajo la Opción A deben pagar por todos los libros, materiales, matrículas y cuotas relacionados.

Opción B: Estudiantes calificados del undécimo y duodécimo año de la escuela secundaria toman cursos para obtener créditos de la escuela secundaria y universitarios. Para estudiantes inscritos bajo esta opción, el distrito de la escuela local cubre los costos relacionados, siempre que el estudiante complete los cursos que seleccionó; de lo contrario, se le cobrarán los costos al estudiante y sus padres.

Deben cumplirse ciertas condiciones preestablecidas para inscribirse. Para más información háblale al consejero de tu escuela secundaria.

LISTA DE LECTURAS SUGERIDAS PARA ESTUDIANTES DE 9º A 12º GRADO.

En vez de lanzarte a ver TV o ponerte esos audífonos, ¿qué te parece leer un libro? La lectura no sólo te llevará a mundos maravillosos e inexplorados en tu imaginación; también hay razones prácticas. La lectura te da un fundamento más completo. Los encargados del ingreso a la universidad y los futuros empleadores se dan cuenta de eso. Y podrás responder a preguntas como "¿Leíste ese libro? ¿Qué piensas de él?" ¿Cuántos libros de la lista has leído?

Adams, Richard
La colina de Watership
Esopo
Fábulas
Agee, James
Una muerte en la familia
Anderson, Sherwood
Winesburg, Ohio
Anónimo
Pregúntale a Alicia
Asimov, Isaac
Cuentos completos
Austen, Jane
Emma
La abadía de Northanger
Orgullo y prejuicio
Sentido y sensibilidad
Baldwin, James
Ve y dilo en la montaña
Balzac, Honoré de
Papá Goriot
Beckett, Samuel
Esperando a Godot
Bolt, Robert
Un hombre para la eternidad
Brontë, Charlotte
Jane Eyre
Brontë, Emily
Cumbres borrascosas
Brooks, Gwendolyn
En La Meca
Agitación
Browning, Robert
Poemas
Buck, Pearl
La buena tierra
Butler, Samuel
El destino de la carne
Camus, Albert
La peste
El extranjero
Cather, Willa
La muerte llega para el arzobispo
Mi Antonia
Cervantes, Miguel de
Don Quijote de la mancha
Chaucer, Geoffrey
Los cuentos de Canterbury
Chéjov, Antón
El jardín de los cerezos
Chopin, Kate
El despertar
Collins, Wilkie
La piedra lunar
Conrad, Joseph
El corazón de las tinieblas
Lord Jim
Secreta alma gemela
Victoria
Crane, Stephen
La roja insignia del valor
Dante
La divina comedia
Defoe, Daniel
Moll Flanders
Dickens, Charles
Casa desolada
David Copperfield
Grandes esperanzas
Tiempos difíciles
Oliver Twist
Historia de dos ciudades
Dickinson, Emily
Poemas
Dinesen, Isak
Lejos de África
Dostoievski, Fedor
Los hermanos Karamazov
Crimen y castigo
Douglas, Frederick
La vida de Frederick Douglas
Dreiser, Theodore
Una tragedia americana
Nuestra Carrie
Early, Gerald
Tuxedo Junction
Eliot, George
Adam Bede
Middlemarch
El molino del Floss
Silas Marner
Eliot, T. S.
Crimen en la Catedral
Ellison, Ralph
El hombre invisible
Emerson, Ralph Waldo
Ensayos
Faulkner, William
Absalón, Absalón
Mientras agonizo
Intruso en el polvo
Luz de agosto
El sonido y la furia
Fielding, Henry
Joseph Andrews
Tom Jones
Fitzgerald, F. Scott
TEl gran Gastby
Suave es la noche
Flaubert, Gustave
Madame Bovary
Forster, E. M.
Un pasaje a la India
Una habitación con vistas
Franklin, Benjamin
Autobiografía de Benjamin Franklin
Galsworthy, John
La saga de los Forsyte
Golding, William
El señor de las moscas
Goldsmith, Oliver
Se inclina para conquistar
Graves, Robert
Yo, Claudio
Greene, Graham
El revés de la trama
El poder y la gloria
Hamilton, Edith
La mitología
Hardy, Thomas
Lejos del mundanal ruido
Jude el oscuro
El alcalde de Casterbridge
El regreso del oriundo
Tess, la de los D'Urbervilles
Hawthorne, Nathaniel
La casa de los siete tejados
La letra escarlata
Hemingway, Ernest
Adios a las armas
Por quién doblan las campanas
El sol también sale
Henry, O.
Cuentos
Hersey, John
Un solo guijarro
Hesse, Hermann
Demian
Siddhartha
El lobo estepario
Homero
La Ilidada
La Odisea
Hughes, Langston
Poemas
El inmenso mar
Hugo, Victor
Los miserables
Huxley, Aldous
Un mundo feliz
Ibsen, Henrik
Casa de muñecas
Un enemigo del pueblo
Los espectros
Hedda Gabler
El maestro contratista
El pato silvestre
James, Henry
El americano
Daisy Miller
Retrato de una dama
Otra vuelta de tuerca
Joyce, James
Dublineses
Retrato del artista adolescente

Kafka, Franz
- *El castillo*
- *La metamorfosis*
- *El proceso*

Keats, John
- *Poemas de John Keats*

Kerouac, Jack
- *En el camino*

Koestler, Arthur
- *Oscuridad a mediodía*

Lawrence, Jerome, and Robert E. Lee
- *La herencia del viento*

Lewis, Sinclair
- *El doctor Arrowsmith*
- *Babbitt*
- *Calle mayor*

Llewellyn, Richard
- *Cuan verde era mi valle*

Maquiavelo
- *El príncipe*

MacLeish, Archibald
- *J.B.*

Mann, Thomas
- *Los Buddenbrook*
- *La montaña mágica*

Marlowe, Christopher
- *Doctor Faustus*

Maugham, Somerset
- *Servidumbre humana*

McCullers, Carson
- *El corazón es un cazador solitario*

Melville, Herman
- *Billy Budd, marinero*
- *Moby Dick*
- *Taipi, un edén caníbal*

Miller, Arthur
- *Las brujas de Salem*
- *Muerte de un viajante*

Monsarrat, Nicholas
- *Mar cruel*

Naylor, Gloria
- *El bar de Bailey*
- *Las mujeres de Brewster Place*

O'Neill, Eugene
- *El emperador Jones*
- *Largo viaje de un día hacia la noche*
- *El luto le sienta bien a Electra*

Orwell, George
- *Rebelión en la granja*
- *1984*

Pasternak, Boris
- *Doctor Zhivago*

Poe, Edgar Allan
- *Cuentos*

Remarque, Erich
- *Sin novedad en el frente*

Rolvaag, O. E.
- *Gigantes en la Tierra*

Rostand, Edmond
- *Cyrano de Bergerac*

Salinger, D.J.
- *El guardián entre el centeno*

Sandburg, Carl
- *Abraham Lincoln: Los años de la pradera*
- *Abraham Lincoln: Los años de la guerra*

Saroyan, William
- *La comedia humana*

Sayers, Dorothy
- *Los nueve sastres*

Shakespeare, William
- *Obras y sonetos*

Shaw, George Bernard
- *Las armas y el hombre*
- *La comandante Bárbara*
- *Pigmalión*
- *Santa Juana*

Sheridan, Richard B.
- *La escuela del escándalo*

Shute, Nevil
- *La hora final*

Sinclair, Upton
- *La jungla*

Sófocles
- *Antígona*
- *Edipo rey*

Steinbeck, John
- *Al este del Edén*
- *Las uvas de la ira*
- *De ratones y hombres*

Stowe, Harriet Beecher
- *La cabaña del tio Tom*

Swift, Jonathan
- *Los viajes de Gulliver*

Thackeray, William M.
- *Vanity Fair*

Thoreau, Henry David
- *Walden, o Vida en los Bosques*

Tolstoy, Lev
- *Ana Karenina*
- *Guerra y paz*

Trollope, Anthony
- *Las torres de Barchester*

Turgenev, Ivan
- *Padres e hijos*

Twain, Mark
- *Wilson, el chiflado*

Updike, John
- *Corre, Conejo*

Virgilio
- *La Eneida*

Voltaire
- *Cándido*

Walker, Alice
- *El color púrpura*
- *Meridiano*

Warren, Robert Penn
- *Todos los hombres del Rey*

Waugh, Evelyn
- *Retorno a Brideshead*
- *Un puñado de polvo*

Wharton, Edith
- *La edad de la inocencia*

White, T. H.
- *Camelot*
- *La espada en la piedra*

Wilde, Oscar
- *La importancia de llamarse Ernesto*
- *El retrato de Dorian Gray*

Wilder, Thornton
- *Nuestra ciudad*

Williams, Tennessee
- *El zoo de cristal*
- *Un tranvía llamado deseo*

Wolfe, Thomas
- *El ángel que nos mira*

Woolf, Virginia
- *La señora Dalloway*
- *Al faro*

Wouk, Herman
- *El motín del Caine*

Wright, Richard
- *Mi vida de negro*
- *Hijo nativo*

Fuente: The National Endowment for the Humanities (Fondo Nacional para las Humanidades).

Para obtener más recomendaciones, consulta los que los profesores sugieren en **Arco's Reading Lists for College-Bound Students** *(Listas de lectura para postulantes a la universidad de Arco) en tu librería local.*

CÓMO ABORDAR LOS EXÁMENES

A menos que hayas estado en otro planeta durante los últimos dos o tres años, probablemente has escuchado a los estudiantes de cursos superiores de la escuela secundaria hablar de la lista de sopa de letras de exámenes para ingresar a la universidad: SAT, ACT y PSAT.

ALGUNOS DE LOS estudiantes que están preparándose para presentar alguno de estos exámenes parecen estar en un estado de histeria. Otros han estudiado durante meses, por lo tanto cuando abren sus bocas, se escucha la definición de "especioso" o la respuesta a "¿cuál es la razón de 3 libras a 6 onzas?" Bueno, las conversaciones que has oído acerca de estos exámenes son parcialmente ciertas. Estos exámenes son de gran importancia y pueden ser cruciales para tus planes académicos. Por otro lado, no tienes que presentarlos sin preparación. ¿Recuerdas la palabra "planificación"? Es mucho más agradable que la palabra "pánico". La preparación para los exámenes toma mucho tiempo y planificación, pero si estás leyendo esta sección, ya estás ganado tiempo.

ALGUNAS VERDADES SOBRE LOS GRANDES EXÁMENES

Los principales exámenes estandarizados que presentan los estudiantes en la escuela secundaria son PSAT, SAT I y ACT Assessment. Las universidades de todo el país los utilizan para obtener una idea de la aptitud del estudiante para ingresar a sus prestigiosas universidades. Estos exámenes o "boards" como lo llaman algunas veces, han llegado a ser muy conocidos por la importancia que pueden tener. Los rodea una mística, las personas hablan acerca del "número mágico" que los llevará a la universidad de sus sueños.

¡Ten cuidado! Circula mucha información errónea. Primero que todo, estos no son exámenes de inteligencia, son exámenes de razonamiento diseñados para evaluar tu manera de pensar. Evalúan las aptitudes y conocimientos básicos que has aprendido durante tus clases en la escuela y también el conocimiento que has ganado a través de las experiencias fuera de ella. El material de estos exámenes no se basa en los planes de estudio, pero sí pone énfasis en aquellas experiencias académicas que las instituciones educacionales consideran como buenos indicadores de tu probable éxito en la universidad.

EL ACT ASSESSMENT

El ACT Assessment es una evaluación de ingreso a las universidades estandarizada que mide conocimientos y aptitudes en inglés, matemáticas, comprensión de lectura y razonamiento científico y la aplicación de dichas aptitudes en las tareas académicas futuras. El ACT Assessment consta de cuatro pruebas de selección múltiple.

Prueba 1: Inglés

- 75 preguntas, 45 minutos
- Puntuación
- Gramática y uso
- Estructura de las oraciones
- Estrategia
- Organización
- Estilo

Prueba 2: Matemáticas

- 60 preguntas, 60 minutos
- Introducción al álgebra
- Álgebra elemental
- Álgebra intermedia
- Geometría de coordenadas
- Geometría plana
- Trigonometría

Prueba 3: Comprensión de lectura

- 40 preguntas, 35 minutos
- Prosa narrativa
- Humanidades
- Estudios sociales
- Ciencias naturales

DE LA OFICINA DE ORIENTACIÓN

P: ¿Qué consejo le darías a los estudiantes hispanos que desean presentar el SAT, pero que no hablan muy bien el inglés?

R: Los estudiantes hispanos que desean presentar el SAT u otros exámenes y están luchando con la barrera del idioma pueden solicitar sustituirlo por el Test of English as a Foreign Language, TOEFL (Examen de Inglés como Lengua Extranjera), o si la universidad a la que desean asistir no acepta el TOEFL, comenzar la trayectoria hacia la universidad asistiendo a un instituto de enseñanza para la comunidad. Con un título de dos años, te puedes transferir a cualquier universidad. Yo obtuve un título de dos años y luego asistí a una universidad con programas de cuatro años. En el instituto de enseñanza para la comunidad tuve dos años más para aprender inglés.

Yo era hija de inmigrantes que hablaban español y no sabía nada sobre las universidades estadounidenses, pero tuve un buen consejero en la escuela secundaria que me ayudó y marcó la diferencia. Por eso, pregunten.

Eunice Vivar Greenfield
Consejera bilingüe y bicultural.
Lake Worth High School
Lake Worth, Florida

Prueba 4: Razonamiento científico

- 40 preguntas, 35 minutos
- Biología
- Ciencias físicas
- Química
- Física

Cada sección tiene un puntaje entre 1 y 36, el cual asciende de acuerdo a las leves variaciones de dificultad. No se penaliza a los estudiantes por las respuestas incorrectas. El puntaje final es el promedio de los cuatro puntajes.

Para preparar el ACT Assessment, pídele a tu consejero vocacional la guía gratuita que se titula *Preparing for the ACT Assessment* (Preparación para la Evaluación ACT). Esta guía, además de entregar información general sobre la preparación del examen y estrategias adicionales para presentarlo, describe el contenido y el formato de las cuatro pruebas de distintas áreas del ACT Assessment, resume el procedimiento al momento de presentar el examen seguido por los centros de donde se administra el ACT Assessment e incluye una prueba de práctica.

EL SAT

El SAT I evalúa las habilidades de razonamiento verbal y matemático desarrollados, ya que éstas se relacionan con un exitoso rendimiento en la universidad. Su intención es complementar el expediente de la escuela secundaria y otras informaciones acerca del estudiante en la evaluación de su aptitud para ingresar a la universidad. Existe una sección experimental que no recibe puntaje, la cual se utiliza para propósitos de nivelación y ensayo del examen y puede cubrir tanto el área verbal como matemática.

Razonamiento verbal

- 78 preguntas, 75 minutos
- Analogías
- Completar oraciones
- Lectura crítica de un texto

Razonamiento matemático

- 60 preguntas, 75 minutos
- Respuestas elaboradas por los estudiantes
- Comparaciones cuantitativas
- Matemática regular

Sección experimental

- 30 minutos

Los estudiantes obtienen un punto por cada respuesta correcta y se descuenta una fracción del punto por cada respuesta incorrecta (excepto para las respuestas elaboradas por los estudiantes). Estos puntos se suman para producir puntajes en bruto, los que luego se nivelan para igualar los puntajes de acuerdo a las leves variaciones de dificultad para varias ediciones del examen. Tanto el rango de puntaje nivelado en la parte verbal como en la parte de matemáticas varía entre 200 y 800. El rango de puntaje nivelado total varía entre 400 y 1600.

FECHAS RECOMENDADAS PARA PRESENTAR EL EXAMEN

Estudiantes que cursan décimo grado

Octubre	**PSAT/NMSQT y PLAN para práctica, planificación y preparación**
Mayo a junio	**SAT II Subject Tests (si es necesario)**

Estudiantes que cursan el undécimo grado

Octubre	**PSAT/NMSQT para el National Merit Scholarship Program (Programa Nacional de Becas al Mérito) y práctica**
Enero a junio	**ACT o SAT I, SAT II Subject Tests (si es necesario) Para el ingreso a la universidad**

Estudiantes de último año de la escuela secundaria

Octubre a diciembre	**ACT o SAT I, SAT II Subject Tests (si es necesario) Para el ingreso a la universidad**

EL NUEVO SAT I

Probablemente has escuchado el rumor de que el SAT I está cambiando. El rumor es cierto, pero no te preocupes. Nada sucederá hasta el 2005. En caso de que no planees presentar el examen hasta entonces, esto es lo que tienes que prever:

- **Las temidas preguntas de Analogía en la sección verbal desaparecerán. En su lugar habrá más textos de Comprensión de lectura.**
- **La sección verbal tendrá un nuevo nombre: "Lectura crítica".**
- **Se agregará una tercera sección: Redacción. Ésta será similar al SAT II Writing Test (Prueba de Redacción del SAT II) con preguntas de uso de gramática de selección múltiple y la redacción de un ensayo en 25 minutos. Tu ensayo se leerá y se puntuará y luego se colocará en un sitio Web para que lo lean los funcionarios para el ingreso a la universidad cuando revisen tu paquete de solicitud de ingreso.**
- **Desaparecerán las Comparaciones cuantitativas de la sección de matemáticas y serán reemplazadas por preguntas de selección múltiple de Álgebra II.**
- **El examen actual debe completarse en 3 horas; el nuevo SAT I te tomará 3 horas y media para terminarlo.**
- **En vez de tener un puntaje máximo de 1600 puntos, el nuevo SAT I tendrá un puntuje máximo de 2400 puntos.**

Para prepararte para el SAT I, debes revisar cuidadosamente el folleto Taking the SAT I: Reasoning Test (Presentar SAT I: Prueba de razonamiento), que te deberá entregar tu consejero vocacional. También, la mayoría de las bibliotecas y librerías tienen una gran selección de material sobre el SAT I y otros exámenes estandarizados.

¿Cuál presentar, el ACT o el SAT?

No es mala idea presentar ambos. Esto te asegura que obtendrás los puntajes de exámenes que se requieren para ingresar a las universidades, ya que algunas aceptan los resultados de un examen y no del otro. Algunas instituciones utilizan los resultados de los exámenes para una nivelación adecuada de estudiantes en inglés y matemáticas.

Tu deberías presentar el ACT Assessment y SAT I durante la primavera de tu decimoprimer año de escuela, si no antes. Esto te permite volver a presentar el examen en el otoño de ese mismo año si no estás satisfecho con tu puntaje. También, hace posible que las instituciones reciban todos los puntajes de exámenes antes de fines de enero. Por lo general, las instituciones consideran el mejor puntaje al momento de determinar la admisión y nivelación. Puesto que la mayoría de las solicitudes a becas se procesan entre diciembre y abril del último año de escuela secundaria, puedes incluir en dichas solicitudes tu mejor puntaje.

PSAT/NMSQT

La Preliminary SAT/National Merit Scholarship Qualifying Test más conocida como PSAT/NMSQT, es una prueba práctica para el SAT I. Muchos estudiantes presentaron el PSAT más de una vez, ya que los puntajes tienden a aumentar con la repetición y porque le permite al estudiante sentirse más cómodo cuando presentan pruebas estandarizadas. Durante el undécimo grado, también se utiliza el PSAT como una prueba que da derecho al National Merit Scholarship Program y al National Scholarship Service and Fund for Negro Students. También se utiliza para designar los estudiantes para el National Hispanic Scholar Recognition Program. El PSAT incluye una sección de aptitudes de redacción, que consiste únicamente en preguntas de selección múltiple. Esta sección no aparece en el SAT.

¿QUÉ SE NECESITA PARA INGRESAR?

Política para ingresar a la universidad	*Puesto de promoción*	*Rango promedio ACT (1–36)*	*Rango promedio SAT (400–1600)*
Altamente selectiva	**Dentro del 10% superior de la clase, expediente académico excelente**	**27–31**	**1220–1380**
Selectiva	**Dentro del 25% superior de la clase, expediente académico muy bueno**	**22–27**	**1150–1230**
Tradicional	**Dentro del 50% superior de la clase, expediente académico bueno**	**20–23**	**950–1070**
Liberal	**Acepta a muchos de la mitad inferior de promoción**	**18–21**	**870–990**
Abierta	**Acepta a todos hasta el límite de capacidad**	**17–20**	**830–950**

Razonamiento verbal

- Aproximadamente 50 preguntas, dos secciones de 25 minutos
- Analogías
- Completar oraciones
- Lectura crítica de textos

Razonamiento matemático

- 40 preguntas, dos secciones de 25 minutos
- Respuestas elaboradas por los estudiantes
- Comparaciones cuantitativas
- Matemática regular

Aptitudes de redacción

- 39 preguntas, una sección de 30 minutos
- Identificación de errores en oraciones
- Mejoramiento de oraciones
- Mejoramiento de párrafos

Los estudiantes reciben un puntaje por cada área de contenido (verbal, matemáticas y redacción). Cada puntaje varía entre 20 y 80 y se suma con los otros para obtener el puntaje combinado. El puntaje total varía entre 60 y 240.

Índice de selección (utilizado para propósitos de National Merit Scholarship)

- Verbal + matemáticas + redacción
- Rango del puntaje: 60 a 240
- Media de puntaje de estudiantes de decimoprimer grado: 147

National Merit Scholarship Program

- Estado semifinalista: Selección
- Índice de 201 a 222
- Alumnos recomendados: Índice de selección de 199

SAT II SUBJECT TESTS

Algunas instituciones solicitan los Subject Tests para ingresar o nivelar en los cursos del primer año de la universidad. Cada examen por materia mide el conocimiento individual de un tema específico y la habilidad para aplicarlo. Los estudiantes deben revisar los requisitos específicos de cada institución. En general, se requiere que los estudiantes presenten tres Subject Tests (inglés, matemáticas y uno de su elección).

Los exámenes por materia se presentan en las siguientes áreas: alemán, biología, chino, coreano, destreza en lengua inglesa, español, física, francés, hebreo moderno, historia de Estados Unidos, historia universal, italiano, japonés, latín, literatura, matemáticas, química y redacción. Estos exámenes duran una hora y principalmente son de selección múltiple. Se pueden presentar tres exámenes por materia en un mismo día.

Al igual que en SAT I, los estudiantes obtienen puntos por cada pregunta correcta y pierden una fracción del punto por cada respuesta incorrecta. Los puntajes en bruto luego se convierten a una escala ascendente que varía entre 200 y 800.

EXAMEN TOEFL

El Test of English as a Foreign Language o TOEFL, (Examen de Inglés como Lengua Extranjera), está designado para ayudar a evaluar la comprensión de los estudiantes que no tienen el inglés como lengua materna. El rendimiento en el examen TOEFL puede ayudar a interpretar la sección verbal de SAT I. Este examen de tres horas de duración consta de cuatro secciones: comprensión auditiva, comprensión de lectura, estructura y expresión escrita y redacción. El examen se presenta en más de 1,260 centros en 180 países y es administrado por el Educational Testing Service o ETS, (Servicio de Evaluación Educativa). Para obtener más información, visita el sitio Web en inglés www.toefl.org.

CONSEJO PARA INGRESAR A LA UNIVERSIDAD

P: ¿Qué pueden hacer los estudiantes que no tienen la mejores calificaciones para aumentar sus posibilidades de ingresar a la universidad de su preferencia?

R: Les recomendamos a los estudiantes que presenten el SAT o el ACT más de una vez y vean cómo les va. Existen alternativas para los estudiantes que no cumplen con los requisitos académicos porque han tenido que trabajar o porque tienen más capacidades en otras áreas como arte o deportes, o tal vez han tenido que pasar por un momento trágico. Les solicitamos que envíen cartas o recomendaciones, una declaración personal y cualquier otro documento que podría ayudar a apoyar su caso. ¿Cuáles fueron los factores que afectaron sus calificaciones? ¿Qué más pueden ofrecer a la universidad?

A menudo les recomiendo a los estudiantes que aún no cumplen los requisitos que comiencen en un instituto de enseñanza comunitario y luego se transfieran. Compararemos sus créditos universitarios con sus créditos de la escuela secundaria. Ellos pueden demostrar que pueden manejar el plan de estudios de la universidad.

Cheyenna Smith
Consejera de ingreso universitario
University of Houston
Houston, Texas

¿QUÉ OTROS EXÁMENES DEBERÍA CONOCER?

Programa AP

Este programa le permite a los estudiantes de la escuela secundaria probar el nivel de trabajo de la universidad y desarrollar, en el proceso, aptitudes valiosas y hábitos de estudio. Las materias se exploran en mayor profundidad en los cursos AP que en otras clases de la escuela secundaria. Si obtienes un puntaje de cualificación en una prueba AP, el cual varía de escuela en escuela, podrás obtener créditos o nivelación anticipada. Si obtienes puntajes de calificación en una cantidad suficiente de exámenes, puedes obtener créditos para un año completo y una antigüedad de estudiante de segundo año de universidad en más de 1,400 instituciones de educación superior. Actualmente, existen treinta y dos cursos AP en dieciocho áreas, tales como arte, biología y ciencia computacional. Conversa con tu consejero vocacional para obtener información sobre la propuesta de tu escuela.

College-Level Examination Program (CLEP)

El CLEP (Programa de Evaluación de Nivel Universitario) permite a los estudiantes ganar créditos universitarios por lo que ellos ya saben, ya sea si lo aprendieron en la escuela, en forma independiente o a través de experiencias fuera del salón de clases. Más de 2,800 universidades otorgan créditos por los puntajes de cualificación en uno o más de los 34 exámenes CLEP. El examen, que tiene una duración de 90 minutos y consta principalmente de selección múltiple, se administra en las universidades participantes. Para más información, revisa el sitio Web en inglés www.collegeboard.com/clep

Armed Services Vocational Aptitude Battery (ASVAB)

El ASVAB (Examen de Aptitud Vocacional para las Fuerzas Armadas) es un programa de exploración de carreras que consiste en una serie de exámenes de aptitud múltiple que ayuda a los estudiantes a explorar sus intereses, habilidades y preferencias personales. Un manual de trabajo de exploración de carrera le entrega a los estudiantes información sobre el mundo del trabajo y un libro de recursos de información de carreras ayuda a los estudiantes a relacionar sus características personales con el mundo laboral. Finalmente, un manual de perspectivas profesionales describe en detalle aproximadamente 250 ocupaciones civiles y militares. Los estudiantes pueden utilizar el puntaje del ASVAB para alistarse en el ejército hasta dos años después de haber presentado el examen. Un estudiante puede presentar el examen ASVAB como estudiante de décimo, undécimo y último año de la secundaria, sin embargo, los estudiantes no pueden utilizar los resultados del último año de la secundaria para ingresar a las Fuerzas Armadas. Pide más información a tu consejera vocacional o en la oficina de reclutamiento local. Además, también puedes leer el Capítulo 10 de este libro, "Carreras militares".

Examen General Educational Development (GED)

Si no has terminado tu educación secundaria, puedes obtener una equivalencia al presentar el examen GED, auspiciado por el Departamento de Educación de tu estado. Sin embargo, tener la posibilidad de presentar el examen GED no es una razón legítima para retirarse de la escuela. De hecho, es más difícil ingresar a las Fuerzas Armadas sólo con el GED, y algunos empleadores tienen dificultad en promover a las personas sin un diploma de la escuela secundaria.

Tu puedes presentar el examen GED si no estás registrado en la escuela secundaria, aún no te has graduado de la secundaria, tienes al menos 16 años y cumples con los requisitos locales con respecto a la edad, residencia y tiempo desde que dejaste la escuela.

El examen GED consta de cinco secciones que son: aptitud de redacción, estudios sociales, ciencia, interpretación de literatura y arte y matemáticas. La parte II del Writing Skills Test (Prueba de aptitudes de redacción) requiere escribir un ensayo. El costo del GED es de aproximadamente $35, pero puede variar de estado en estado y la cuota puede ser eliminada bajo ciertas circunstancias. Te recomendamos que te comuniques con tu oficina del GED local para presentar tu examen. Para obtener mayor información y para saber cuál es tu oficina del GED local, llama al 800-62-MYGED.

¿QUÉ PUEDO HACER PARA PREPARARME PARA ESTOS EXÁMENES?

Conoce lo que te espera. Familiarízate con la estructura de los exámenes, cuánto tiempo tienes para hacerlo y las instrucciones para cada tipo de pregunta. Descansa mucho la noche anterior al examen y toma tu desayuno por la mañana.

Existe una gran variedad de productos disponibles, desde libros y software hasta videos, para ayudarte a preparar la mayoría de los exámenes estandarizados.

Encuentra tu mejor método para aprender. En cuanto a qué productos comprar, existen dos grandes categorías: aquellas creadas por las personas que redactan las pruebas y por empresas privadas. Lo mejor es hablar con alguien que ya haya pasado por lo mismo y preguntarle que producto o productos recomienda.

Algunos estudiantes presentan un significativo aumento en su puntaje luego de participar en programas de preparación. Con los programas de larga duración (40 horas) parece ser que se obtenga un aumento del puntaje mayor que con los programas de corta duración (20 horas), pero después de 40 horas, el aumento de puntaje es menor. Parece ser que los puntajes en matemáticas se benefician más de estos programas que los puntajes en verbal.

Recursos de preparación

Existe una gran variedad de maneras para preparar exámenes estandarizados, busca el mejor método que se adecue a tu horario y presupuesto. Pero la preparación es definitiva. Muchos estudiantes llegan a presentar los exámenes sin estar preparados, ya sea porque les asustan los exámenes estandarizados, les tienen fastidio o porque no tuvieron tiempo para estudiar. La clave es que estos exámenes son estandarizados, es decir, en todos los gobiernos son los mismos exámenes y siempre se preguntan los mismos conceptos. Tienen que hacerlo así o no podrían comparar los puntajes de las personas que presentaron el examen en fechas diferentes. Pueden cambiar los números o las palabras, pero no el contenido implícito.

Entonces, ¿cómo te preparas? Por lo menos, deberías revisar el material más importante, tales como fórmulas matemáticas y las palabras de vocabulario que comúnmente se preguntan y saber las instrucciones para cada tipo de pregunta y sección del examen. Deberías realizar, al menos, una prueba de práctica y revisar tus errores para que no los vuelvas a cometer el día del examen. Además, tú sabes mejor que nadie cuánta preparación necesitas. También encontrarás mucho material de ayuda en bibliotecas y librerías: libros y software de quienes redactan la prueba y de otras casas editoriales (incluida Peterson's) o clases en directo que van desde empresas de preparación de exámenes a nivel nacional hasta maestros de tu escuela que puedan ofrecer clases.

LAS 10 COSAS QUE SE DEBEN EVITAR AL PRESENTAR EL EXAMEN

10. **Tratar de memorizar todo la noche anterior al examen.**
9. **No estar familiarizado con las instrucciones antes de presentar el examen.**
8. **No estar familiarizado con el formato del examen antes de presentarlo.**
7. **No saber cómo se califica el examen.**
6. **Tomar mucho tiempo para responder una pregunta.**
5. **No revisar ortografía, gramática y estructura de las oraciones de los ensayos.**
4. **Dudar de ti mismo.**
3. **Olvidar respirar profundamente para abstenerse de...**
2. **¡Perderlo!**
1. **Escribir un ensayo de un sólo párrafo.**

LA BÚSQUEDA DE UNIVERSIDAD

Ahora que has revisado tus intereses, talentos, deseos y necesidades detalladamente, es tiempo de empezar a investigar las universidades.

LOS MEJORES RECURSOS

Existen cientos de universidades en Estados Unidos, por eso, antes de empezar a llenar solicitudes de admisión, es necesario que restrinjas tu búsqueda. Existe una cantidad de fuentes que te ayudarán a hacerlo.

BESTCOLLEGEPICKS: UNA MANERA FÁCIL DE SELECCIONAR LA UNIVERSIDAD

Las guías de universidades, folletos, sitios Web y las listas que clasifican universidades, son fuentes necesarias de información para postulantes, pero sólo muestran parte de la situación, ya que entregan datos acerca de estudiantes que ingresan, tal como el promedio general GPA y los puntajes de exámenes requeridos. Esta información es útil, pero es como averiguar qué materiales se usan en la producción de un automóvil, no los resultados de conducirlo. BestCollegePicks mira el registro de conducción de una universidad, haciendo encuestas a graduados sobre cómo los prepararon sus universidades para enfrentar el mundo real.

Después de llenar una encuesta general que indica tus aptitudes, habilidades y preferencias personales, obtendrás una lista de universidades cuyos graduados se adecuan con más precisión a tus objetivos, aspiraciones y valores, y cuyo tamaño, ubicación y tipo de institución se relaciona mejor con lo que estás interesado.

Luego, BestCollegePicks relaciona lo que tú dices que quieres con lo que los graduados dicen que han obtenido en una amplia gama de universidades. Puedes hacer la encuesta más de una vez y fijar diferentes objetivos. Por ejemplo, si no estás seguro de si quieres estudiar leyes o negocios, puedes hacer la encuesta dos veces, una para leyes y otra para negocios, suscribiéndote bajo un nombre diferente cada vez. Cuando obtengas la lista de universidades, puedes compararlas para ver cuáles coinciden. Si eliges asistir a una de esas universidades, sabrás que de una u otra manera, un alto porcentaje de graduados de esa universidad ha tenido éxito en negocios o leyes.

Los beneficios de BestCollegePicks son enormes. Te llevará a conocer universidades menos famosas y en las cuales nunca habrías pensado que sus graduados coinciden con tus planes futuros. Además, las vagas ideas que tienes acerca de lo que quieres de la universidad tomarán forma. Puedes averiguar sobre BestCollegePicks (en inglés) en www.bestcollegepicks.com.

Tu consejera vocacional

Tu consejera vocacional es tu mayor ventaja en el proceso de búsqueda de universidades, ya que tiene acceso a un extenso depósito de información desde boletines y catálogos de universidades hasta solicitudes de ayuda financiera. Sabe muy bien cómo se han desempeñado los graduados de tu secundaria en las universidades del país y probablemente ha visitado muchas de ellas para obtener conocimiento directo acerca de los lugares a los que ha enviado a sus estudiantes. Mientras más acudas a citas con tu consejera vocacional y más sepa de ti, más fácil le será ayudarte. Por lo tanto, asegúrate de pasar por su oficina a menudo, para hablar de tus progresos o sólo para saludarla.

Tus maestros

Considera que tus maestros también son recursos, porque muchos de ellos tienen entre veinte a treinta años de experiencia en su campo. Han enseñado a miles de estudiantes y los han visto partir a estudiar sus carreras en la universidad. A menudo, los maestros permanecen en contacto con los graduados y saben sobre su experiencia en la universidad y puede que estén familiarizados con aquellas a las que te interesa asistir. Pregúntale a tus maestros qué opinan acerca de la combinación entre tú y las universidades que elegiste y si creen que podrás tener éxito en ese ambiente.

Mamá y papá

Es necesario que tus padres o tutores sean una parte integral del proceso de selección de universidades, sin importar si van a financiar tu educación o no. Ellos tienen opiniones y consejos valiosos, así que escúchalos con atención y trata de considerar toda su información y ver si se aplica a ti. ¿Se adecua con lo que eres y lo que quieres? ¿Qué funciona y qué no funciona para ti? ¿Algo de lo que dicen es anticuado? ¿De cuándo datan sus experiencias y que tan pertinentes son hoy en día? Considera la información, agradéceles su preocupación, compara lo que han dicho con la información que reúnes y descarta lo que no se adecua.

Universidades

No olvides ir a ferias de universidades que por lo general se realizan en grandes ciudades durante la tarde, son gratuitas y están auspiciadas por tu asociación de consejeros vocacionales y la National Association of College Admissions Counselors o NACAC (Asociación Nacional de Consejeros para el Ingreso Universitario). A estas ferias asisten cada año consejeros de ingreso universitario de cientos de universidades, escuelas vocacionales y técnicas. No importa si tus preguntas son generales como el costo total de la educación en una institución particular o específicas como cuántas especialidades de biología tuvieron trabajos publicados el año pasado, ya que la oficina de admisión trabaja para ayudarte a ubicar a las personas que pueden responder tus preguntas. Lleva algo para guardar toda la información que conseguirás.

Los funcionarios de ingreso a la universidad también visitan las escuelas secundarias, por lo tanto, no olvides asistir a estas reuniones durante el undécimo y duodécimo año de escuela. Por lo general, los consejeros para el ingreso a la universidad van a una escuela para tener un sentido general de la secundaria y el calibre y personalidad del estudiantado. Aunque es difícil hacerse una impresión de cada uno en estas sesiones grupales, los consejeros de universidades sí escriben nombres en tarjetas para tener un contacto posterior y, ocasionalmente, los verás tomando notas en las tarjetas cuando los sorprenda algún entrevistador astuto. Es útil asistir a estas sesiones porque un contacto constante entre un estudiante y una universidad es rastreado por las universidades. Una decisión de ingreso a la universidad puede definirse al revisar el tamaño de tu carpeta de ingreso y el número de interacciones que has tenido con la universidad a través del tiempo.

DE LA OFICINA DE ORIENTACIÓN

P: ¿Cómo pueden ayudar los padres a sus hijos durante el proceso de postulación a la universidad?

R: Deben involucrarse. En la comunidad hispana, muchos padres no leen ni hablan inglés, por lo tanto dejan a sus hijos que llenen los formularios. Pueden obtener una copia de todos los formularios de solicitudes y del gobierno en español, por lo que no existen motivos para que los padres no participen en este proceso. Ellos pueden obtener los formularios en la oficina del consejero o en Internet.

Si los padres participan y leen la información sobre diferentes universidades y especialidades, comprenderán mejor por qué sus hijos desean ir a la universidad. Me han visitado padres llorando porque no se habían dado cuenta que su hijo se iba a ir de la casa para ir a la universidad. Algunos padres firman un formulario que sus hijos le ponen enfrente sin darse cuenta de que están firmando un préstamo.

La mayoría de los padres desean participar, pero no todas las escuelas secundarias tienen consejeros que hablen español. En caso de no haberlos, entonces los padres pueden obtener ayuda de institutos de enseñanza para la comunidad local, que deberían tener una Multicultural, International Student Affairs o ESOL Office (Oficina de Asuntos Estudiantiles Internacional y Multicultural).

Eunice Vivar Greenfield
Consejera bilingüe y bicultural.
Lake Worth High School
Lake Worth, Florida

También es bueno leer los folletos y catálogos de universidades, ya que después de hacerlo, descubrirás que algunas ofrecen información más objetiva que otras. Igualmente, aprenderás cuál información las universidades consideran que es esencial presentar. Eso es importante, porque si el folleto de una universidad no muestra la misma información que la mayoría de los otros, tienes que preguntarte por qué. ¿Qué podría indicar esto acerca de las propuestas académicas, programas deportivos, extracurriculares o de la vida en el campus? ¿Cómo se ve el campus? ¿Cómo se presenta el ambiente del campus en el folleto? Los folletos deben entregar claves sobre lo que las universidades sienten que son sus especialidades importantes, cuál es su misión y en qué gastan su presupuesto los departamentos. Tómate el tiempo de hacer pleno uso de estos recursos informativos, porque tienen mucho que decirte si los lees cuidadosamente.

CRITERIOS A CONSIDERAR

Dependiendo de tus intereses personales, debes tener en cuentas las siguientes características para restringir el campo de universidades.

AFILIACIÓN
- Pública
- Privada, independiente
- Privada, iglesia afiliada
- Propietaria

TAMAÑO
- Muy pequeña (menos de 1,000 estudiantes)
- Pequeña (1,000 a 3,999 estudiantes)
- Mediana (4,000 a 8,999 estudiantes)
- Grande (9,000 a 19,999 estudiantes)
- Muy grande (más de 20,000 estudiantes)

COMUNIDAD
- Rural
- Ciudad pequeña
- Suburbana
- Urbana

UBICACIÓN
- En tu ciudad natal
- A menos de 3 horas de tu casa
- A más de 3 horas de tu casa

RESIDENCIA
- Dormitorios
- Departamento fuera del campus
- Casa
- Instalaciones y servicios para estudiantes con discapacidades

ESTUDIANTADO
- Todos son varones
- Todas son mujeres
- Mixta
- Representación de minorías
- Principalmente una denominación religiosa
- Principalmente estudiantes a tiempo completo
- Principalmente estudiantes a tiempo parcial
- Principalmente estudiantes que no residen en el campus
- Principalmente estudiantes internos

AMBIENTE ACADÉMICO
- Especialidades ofrecidas
- Proporción entre estudiante y facultad
- Reputación de enseñanza de la facultad
- Enseñanza a través de profesores frente a asistentes de docencia
- Instalaciones (como salones de clases y laboratorios)
- Bibliotecas
- Estudio independiente disponible
- Estudio internacional disponible
- Pasantías disponibles

AYUDA FINANCIERA
- Becas
- Subvenciones
- Préstamos
- Programa de trabajo y estudio
- Trabajos a tiempo parcial y a tiempo completo

SERVICIOS DE APOYO
- Asesoría académica
- Orientación profesional o de nivelación
- Asesoría personal
- Instalaciones médicas para estudiantes

ACTIVIDADES O CLUBES SOCIALES
- Clubes, organizaciones
- Hermandades de estudiantes femeninas y masculinas
- Actividades deportivas entre estudiantes de la misma universidad
- Otras

DEPORTES
- División I, II o III
- Deportes ofrecidos
- Becas disponibles

PROGRAMAS ESPECIALIZADOS
- Servicios para estudiantes avanzados
- Servicios para estudiantes con discapacidad o necesidades especiales

El sitio Web de una universidad puede entregar una visión de la vida del campus que no aparece en el folleto y el catálogo de la universidad. Es cierto que el recorrido virtual te mostrará las oportunidades que el departamento de marketing de la universidad quiere que veas, es decir, te mostrará el campus en su mejor aspecto, pero en la página principal puedes observar otras cosas también. Lee el periódico estudiantil, visita las salas de conversación patrocinadas por la universidad, ve al departamento de la especialidad por la cual buscas información, o mira la Lista de Cursos para ver qué cursos se necesitan.

AYUDA EN INTERNET

Para ayudarte a encontrar universidades que ofrecen carreras de dos y cuatro años en tu región específica, mira el apéndice en la parte posterior de este libro donde encontrarás una lista de universidades en cada estado de tu región. Luego revisa los siguientes recursos en Internet para obtener información adicional sobre la elección de universidades, becas, información estudiantil y mucho más.

Canal universitario Peterson's. Petersons.com entrega información y herramientas que te servirán para prepararte, buscar y pagar una universidad. Puedes encontrar las universidades que BestCollegePicks relacionó contigo a fin de ver perfiles profundos o comparar una por una aquellas seleccionadas, o bien puedes buscar el nombre o ubicación de una universidad. Además de las herramientas de búsqueda y selección de universidades, el canal universitario en Petersons.com también ofrece consejos sobre ayuda financiera, preparación de exámenes y solicitudes en Internet.

National Association for College Admission Counseling. Esta página Web ofrece información (en inglés) para profesionales, estudiantes y padres y su dirección es www.nacac.com.

Departamento de Educación de Estados Unidos. El National Center for Education Statistics (Centro Nacional para Estadísticas Educacionales) de esta agencia federal produce informes de cada nivel de educación desde la primaria hasta postgraduados. Hay muchos de éstos para descargar y puedes conectarte con éstos y otros enlaces en www.ed.gov.

VISITAS AL CAMPUS

Habrás oído el dicho "Una imagen vale más que mil palabras". Bueno, una visita a un campus vale más que mil folletos, nada supera una caminata por un campus para acostumbrarse. Algunos estudiantes dicen que todo lo que necesitaron para saber si un campus les encantaba o lo odiaban fue dar una caminata por él. Luego está la historia verdadera del muchacho que se postuló a una universidad porque tenía un nombre prestigioso y lo aceptaron. No la visitó y cuando se mudó a los dormitorios, descubrió con horror que era una universidad sólo de varones. Una visita habría arreglado ese problema.

El mejor momento para experimentar el ambiente universitario es durante la primavera de tu undécimo año de la secundaria o el otoño del duodécimo. Aunque es posible que tengas más tiempo para hacer visitas a la universidad durante las vacaciones de verano, podrás hacer observaciones más precisas cuando veas el campus a toda marcha. Los días programados para visitas abiertas al público son una buena idea y te dan oportunidades para hablar con los estudiantes, miembros de la facultad y administradores. Escribe o llama por adelantado para realizar los recorridos por el campus efectuados por estudiantes y si es posible, quédate a dormir para ver cómo es realmente la vida en la universidad.

Trae tu certificado de calificaciones de manera que estés preparado para entrevistarte con funcionarios de ingreso a la universidad. Aprovecha esta oportunidad para hacer preguntas acerca de ayuda financiera y otros servicios que se encuentren disponibles para los estudiantes. También puedes obtener una imagen instantánea de la vida en el campus leyendo una copia del periódico estudiantil. El objetivo final de la visita al campus es estudiar la personalidad de la universidad y decidir si concuerda con la tuya. Tus padres deberían acompañarte a las visitas al campus, de manera que puedan compartir tus impresiones. A continuación te entregamos algunos consejos adicionales para las visitas al campus:

- Lee la información sobre el campus antes de visitarlo.
- Pregunta cómo llegar y viaja con suficiente tiempo.
- Haz una lista de preguntas antes de la visita.
- Ve con ropa y zapatos informales, pero limpio y bien arreglado.
- Pide conocer personalmente a un estudiante actual.
- Pide reunirte personalmente con un profesor de tu área de interés.
- Pide reunirte con un entrenador o deportista de tu área de interés.
- Da un firme apretón de manos.
- Usa una buena postura.
- Escucha y toma notas.
- Habla con claridad y mantén contacto visual con las personas con las que estás reunido.
- No interrumpas.

ESCRIBIR A UNA UNIVERSIDAD PARA SOLICITAR INFORMACIÓN.

Si ni tú ni tu consejero vocacional tienen una solicitud para una universidad en la que estés interesado, escribe una carta breve a la oficina de admisión de la universidad y solicita una.

Fecha

Tu nombre
Dirección
Ciudad, estado, código postal

Office of Admission
Nombre de la universidad
Dirección
Ciudad, estado, código postal

To Whom It May Concern:

I am a (freshman, sophomore, junior, senior) at (nombre de tu escuela secundaria) and plan to graduate in (mes) (año).

Please send me the following information about your college: a general information brochure, program descriptions, an admission application, financial aid information, and any other information that might be helpful. I am considering ________________ as my major field of study (opcional, si sabes tu especialidad).

I am interested in visiting your campus, taking a campus tour, and meeting with an admission counselor and a financial aid officer. I would also like to meet with an adviser or professor in the (tu campo de estudio preferido) department, if possible (opcional, si sabes tu especialidad). I will contact you in a week to set up a time that is convenient.

If you would like to contact me directly, I can be reached at (tu número de teléfono con código de área). Thank you.

Sincerely,

(Firma)

Nombre

- Sé honesto, directo y cortés.
- Ten conocimiento de información concreta, de manera que puedas hacer preguntas de comparación y evaluación.
- Ve preparado para responder preguntas sobre ti. Practica una entrevista simulada con alguien.
- No tengas miedo de explicar tu origen y el motivo por el cual estás interesado en la universidad.
- Haz preguntas sobre el origen y experiencias de las personas con las que estás reunido.
- Expresa tu interés de entrar en la vida del campus.
- Sé positivo y activo.
- No te sientas como si tuvieras que hablar todo el tiempo o dirigir la conversación.
- Relájate y diviértete.
- Agradece a aquellos con los que estás reunido, envía notas de agradecimiento cuando sea apropiado.

Después de que hayas hecho tus visitas a las universidades, usa la "Hoja de trabajo para comparación de universidades" de la página 43 para clasificar las universidades en las que estés interesado. Esto te ayudará a decidir no sólo a cuáles postular, sino también a cuáles asistir una vez que recibas tus cartas de aceptación.

LA ENTREVISTA DE LA UNIVERSIDAD

No todas las universidades exigen u ofrecen una entrevista, sin embargo, si te ofrecen una, usa este tiempo para evaluar la universidad en detalle y comunicarte con el funcionario de ingreso universitario. La siguiente lista de preguntas puede servirte para reunir la información que es posible que necesites saber.

- ¿Cuántos estudiantes se postulan cada año? ¿Cuántos son aceptados?
- ¿Cuál es el promedio de GPA, o el puntaje del SAT I o del ACT de los que fueron aceptados?
- ¿Cuántos estudiantes de primer año de universidad del año pasado volvieron para cursar el segundo año?
- ¿Cuál es la política de la universidad para los créditos de los cursos de Advanced Placement de escuela secundaria?
- Como estudiante de primer año de universidad, ¿me enseñarán los profesores o los asistentes de docencia?
- ¿Cuántos estudiantes hay por cada profesor?
- ¿Cuándo es necesario señalar una especialidad?
- ¿Es posible tener una doble especialidad o señalar una especialidad y una subespecialidad?
- ¿Cuáles son los requisitos?
- ¿Cómo funciona el sistema de asesoramiento?
- ¿Esta universidad ofrece estudios en el extranjero, programas cooperativos o programas académicos de honor?
- Debido a la gran cantidad de estudiantes, ¿cuál es la probabilidad que no haya vacantes en un curso que necesite tomar?
- ¿Cuál es la tecnología que se encuentra disponible?
- ¿Qué tan bien equipados se encuentran las bibliotecas y los laboratorios?
- ¿Hay pasantías disponibles?
- ¿Qué tan efectivo es el servicio de ofertas de trabajo de la universidad?
- ¿Cuál es el tamaño promedio de las clases en mi área de interés?
- ¿Alguno de los profesores de mi área de interés ha recibido recientemente alguna distinción o reconocimiento?
- ¿Qué métodos de enseñanza se utilizan en mi área de interés (lectura, análisis en grupo, trabajo de campo)?
- ¿Cuántos estudiantes se gradúan del programa de cuatro años en el área de mi interés?
- ¿Cuáles son los requisitos especiales para graduarme en mi área de interés?
- ¿Cómo es el estudiantado? ¿Edad? ¿Sexo? ¿Raza? ¿Origen geográfico?

(continúa en la pág. 43)

¡TODO DEPENDE DE *TI*! Lee cada pregunta y marca con un círculo S (Sí), N (No) o A (Ambas). Contesta todas las preguntas y vuelve al principio. Resalta cada acción que corresponda a tu respuesta y luego léela. Cuando escojas A, lee ambas acciones. ¿Existe algún patrón? ¿Pareciera que las preguntas te guían a cierto tipo de universidad? ¿De cierto tamaño? ¿En cierta ubicación? Para obtener más ideas, lee las sugerencias que aparecen al final de "Juego de correspondencia".

Pregunta	Sí/No/Ambas	Acción
1. ¿Tengo un objetivo en la vida?	S/N/A	S: Plantéalo. ______ N: No te preocupes, muchos estudiantes comienzan en la universidad sin saber qué es lo que quieren hacer. Investiga las universidades que se especializan en ciencias y arte.
2. ¿Sé lo que quiero lograr con un diploma universitario?	S/N/A	S: Señala específicamente cuáles son esos objetivos. ______ N: Piensa lo que te puede ofrecer la universidad.
3. ¿Deseo ampliar mis conocimientos?	S/N/A	S: Considera una universidad de artes liberales. N: Es posible que tengas que considerar otras opciones u oportunidades educativas.
4. ¿Deseo una capacitación específica?	S/N/A	S: Investiga universidades técnicas o programas de capacitación profesional en universidades. N: No sabes lo que quieres estudiar. Sólo el 20 por ciento de los estudiantes de último año de la escuela secundaria están seguros de lo que quieren estudiar cuando postulan a la universidad.
5. ¿Estoy dispuesto a trabajar duro?	S/N/A	S: Cuando visites las universidades, pregúntales a los estudiantes sobre la carga de trabajo. N: Revisa la carga laboral detenidamente. Si no hay nadie en el campus en un día de sol, puede que no sea la universidad para ti.
6. ¿Tengo la suficiente voluntad para terminar un programa universitario de cuatro años?	S/N/A	S: Considera sólo universidades con programas de cuatro años. N: Quizá un instituto de enseñanza para la comunidad o una universidad con un programa de dos años es una mejor manera para comenzar tu experiencia universitaria. Considera también una escuela universitaria técnica y vocacional.
7. ¿Sé qué es lo que hago bien?	S/N/A	S: Considera cómo tus capacidades se relacionan con las especialidades. Identifica algunas. ______ N: Ocupa un poco de tiempo en preguntarte acerca de tus intereses. Conversa con tu consejero y haz un inventario de intereses.
8. ¿Me gusta ocupar mi tiempo en aprender una materia más que otras?	S/N/A	S: Investiga cuáles son las especialidades en dicha área. ______ ______ N: Analiza los cursos de tu escuela secundaria. ¿Te gustan algunos más que otros? ¿Cuáles? ______
9. ¿Sé lo que es importante para mí y cuáles son mis valores?	S/N/A	S: Investiga las universidades que hablen acerca de los valores en sus campus. ¿Tienen un código de honor para los estudiantes? ¿Estás de acuerdo o en desacuerdo con los valores? N: Los valores no son tan importantes para ti, de modo que los lugares en los que realmente se exponen valores podrían limitarte.
10. ¿Necesito estar en un ambiente bien acomodado?	S/N/A	S: Investiga las universidades que proporcionan ese paquete. Investiga las universidades de artes liberales privadas y pequeñas. N: ¿Qué tan fuerte es tu reacción frente a este ambiente? Si es fuerte, investiga ambientes más grandes y variados como una universidad urbana.
11. ¿Voy a ir a la universidad por las ganancias económicas?	S/N/A	S: ¿Con cuál especialidad obtendrás lo que deseas? Investiga las universidades que imparten estudios empresariales o programas profesionales, como cursos preparatorios para el ingreso a la facultad de medicina. N: Si no te interesa la parte económica, investiga las especialidades de servicio social como consejería, enseñanza o trabajo social.
12. ¿Estoy bien encaminado?	S/N/A	S: Investiga los programas que te ofrecerán las mejores opciones. N: Evita aquellas universidades cuyos programas no son fuertes en tus áreas de interés.
13. ¿Soy conservador en mis opiniones y en mi comportamiento?	S/N/A	S: Las políticas de las universidades son importantes. Investígalas cuidadosamente. Podrías buscar en las universidades de la región central o sur de Estados Unidos. N: Si eres liberal, investiga más de cerca el clima político. Investiga las universidades de la costa noreste y oeste.

14. ¿Necesito estar cerca de personas similares a mí?	S/N/A	S: Si eres afroamericano, investiga las universidades a las que históricamente han asistidos personas de color. Si el nivel socioeconómico o las apariencias son importantes para ti, analiza detenidamente la población estudiantil durante las visitas a los campus. Si te interesa la orientación religiosa, investiga las universidades subvencionadas por una institución religiosa. N: Investiga universidades grandes, medianas y pequeñas en ambientes urbanos.
15. ¿Es importante para mí el nombre y el prestigio de la universidad?	S/N/A	S: Investiga las universidades de la "Ivy League" y en las competitivas para ver si eres apto para ingresar y qué es lo que te ofrecen. Amplía tu investigación para incluir otras universidades y compara sus propuestas para tus necesidades e intereses específicos. N: No excluyas las instituciones conocidas si te acomodan en todo los otros aspectos.
16. ¿Me gustan los deportes?	S/N/A	S: Las grandes universidades con grupos de División I te darán todos los deportes que necesitas, como competidor o fanático. Si no quieres competir a este nivel, revisa las universidades de otras divisiones. Revisa las universidades de artes liberales para deportistas. N: Investiga las universidades de artes liberales más pequeñas que tienen buenos equipos.
17. ¿Me gusta la tecnología?	S/N/A	S: Investiga los cursos de ingeniería en computación en las universidades técnicas y las grandes universidades cerca de los centros de investigación y las principales áreas empresariales en computación. Pregunta sobre conexión para computadoras, correo electrónico, y sistemas de computación antes de inscribirte. N: De todas maneras, te ayudará saber qué servicios de computación hay disponibles en el lugar que te inscribas.
18. ¿Necesito vivir en la ciudad o cerca de una ciudad?	S/N/A	S: ¿Qué tan cerca de una ciudad necesitas estar? ¿En la ciudad o a una hora de distancia? ¿De todas maneras quieres saber lo que sucede en el campus? Considera estas preguntas al momento de visitar los campus. N: ¿Necesitas espacio, belleza natural y alrededores tranquilos para pensar? Investiga universidades de artes liberales pequeñas en ambientes urbanos y suburbanos. Analiza las universidades de la región central y del sur de Estados Unidos.
19. ¿Necesitaré servicio de consejería para apoyo?	S/N/A	S: Analiza la calidad de los servicios estudiantiles y el mecanismo para acceder a ellos. A menudo las universidades pequeñas se enorgullecen de sus servicios. Investiga las universidades de artes liberales. Generalmente, las universidades asociadas a centros médicos proporcionan servicios amplios. N: De todas maneras es bueno saber qué es lo que te ofrecen.
20. ¿Necesito un entorno en el cual sean importantes los cuestionamientos?	S/N/A	S: Las universidades de artes liberales, universidades de honor y las universidades pequeñas ponen énfasis en el cuestionamiento académico. N: Te gusta escuchar los temas de análisis de otros, recopilar la mayor cantidad de información y opiniones que puedas y meditar sobre ellas. Prueba el ambiente universitario.

Sugerencias

Aquí te presentamos algunas ideas para que las consideres, basado en lo que contestaste anteriormente.

1. Si contestaste no a las preguntas 2 y 3, ¿por qué no investigas las prácticas laborales, escuelas vocacionales y técnicas, opciones de alistamiento militar y programas universitarios de certificación o de dos años de duración?
2. Si contestaste sí a las preguntas 4, 11 y 17, las escuelas universitarias técnicas o profesionales con capacitación práctica te pueden dar una indicación de lo que estás buscando.
3. Si contestaste sí a las preguntas 9, 10 y 20, te inclinas por un ambiente de artes liberales.
4. Si contestaste sí a las preguntas 5 y 6, analiza las universidades competitivas y de la "Ivy League".
5. Si contestaste no a las preguntas 9, 10, 14 y 20 y sí a las preguntas 16, 17 y 18, las grandes universidades pueden ofrecerte la mejor opción.

Cuando termines esta autoevaluación, tengas una decisión sobre si la universidad es adecuada para ti, tengas algunas ideas sobre tu personalidad y lo que te gusta y lo que no y puedas relacionarlo a las diferentes personalidades de las universidades, es tiempo para reunir información. Es necesario que ésta sea de calidad y de buena fuente. La calidad de la información que obtengas en tu búsqueda determinará si tu lista de universidades representa una buena o mala combinación.

- ¿Qué porcentaje de estudiantes vive en los dormitorios? ¿En departamentos fuera del campus?
- ¿Qué porcentaje de estudiantes va a sus casas durante el fin de semana?
- ¿Cuáles son algunas de las normas que se aplican a la vida en dormitorios?
- ¿Cuáles son las medidas de precaución que se toman en el campus y en los dormitorios?
- ¿La comunidad que la rodea es segura?
- ¿Existen problemas de abuso de alcohol y drogas en el campus?
- ¿Hay dormitorios disponibles en los que no se consuman drogas o alcohol?
- ¿Los miembros de la facultad y los estudiantes se reúnen de manera informal?
- ¿Qué tan importante es el arte en la vida del estudiante?
- ¿Qué instalaciones hay disponibles para eventos culturales?
- ¿Qué tan importantes son los deportes en la vida del estudiante?
- ¿Qué instalaciones hay disponibles para eventos deportivos?
- ¿Qué porcentaje del estudiantado pertenece a una hermandad femenina o hermandad masculina de estudiantes?
- ¿Cuál es la relación entre aquellos que pertenecen a las hermandades y aquellos que no?
- ¿Los estudiantes se involucran en el proceso de tomar decisiones en la universidad? ¿Son miembros de comités importantes?
- ¿En qué otras actividades se pueden involucrar los estudiantes?
- ¿Qué porcentaje de estudiantes recibe ayuda financiera según sus necesidades?

HOJA DE TRABAJO PARA COMPARACIÓN DE UNIVERSIDADES

Completa tus cinco primeros criterios de selección y algunos otros que sean importantes para ti. Una vez que hayas restringido tu búsqueda de universidades a cinco, completa las universidades en la fila superior. Utilizando una escala del 1 al 5, donde 1 es deficiente y 5 es excelente, evalúa cada universidad de acuerdo a tu criterio. Suma cada columna para ver cuál universidad obtuvo el puntaje más alto de acuerdo a tu criterio.

CRITERIO DE SELECCIÓN	UNIVERSIDAD 1	UNIVERSIDAD 2	UNIVERSIDAD 3	UNIVERSIDAD 4	UNIVERSIDAD 5
1.					
2.					
3.					
4.					
5.					
OTRO CRITERIO					
6.					
7.					
8.					
9.					
10.					
TOTAL					

Criterio de ejemplo: (Utiliza esta lista como un punto de partida, es posible que existan otros criterios importantes para ti que no aparezcan aquí.) Ambiente del campus, casas de hermandad masculina o de hermandad femenina de estudiantes, centro audiovisual, comedores, comunidad que la rodea, dormitorios, edificios de salones de clases y conferencia, especialidades ofrecidas, instalaciones artísticas, instalaciones deportivas, instalaciones religiosas, laboratorios de computación, perfil de estudiantes, perfil de profesores, proporción entre estudiantes y facultad, tamaño de las clases, unión de estudiantes.

- ¿Que porcentaje de estudiantes recibe becas según sus capacidades académicas?
- ¿Qué porcentaje de la oferta de ayuda financiera común es en forma de préstamo?
- Si mi familia demuestra necesidad financiera de acuerdo a la FAFSA (y FAF si se aplica), ¿qué porcentaje de la necesidad establecida se otorga generalmente?
- ¿Cuánto aumentó el costo del alojamiento y comida, matrícula y cuotas en relación al año pasado?
- ¿Aumentan cada año las oportunidades de ayuda financiera, becas o estudio y trabajo?
- ¿Cuándo es el fin del plazo para la solicitud?
- ¿Cuándo te notifican de su decisión de ingreso a la universidad?
- Si existe un requisito de depósito, ¿Es reembolsable?

Ten presente que no es necesario hacer todas estas preguntas, de hecho, ya te pueden haber contestado algunas de ellas en el catálogo, en el sitio Web o en la entrevista. Pregunta sólo por aquéllas para las que aún necesitas respuesta.

CONSEJO ESTUDIANTIL

P: ¿Qué deseas hacer después de la escuela secundaria y por qué?

R: Estoy interesada en leyes y ciencias políticas. Deseo ayudar a las minorías e hispanos a informarse sobre las oportunidades que tienen como ciudadanos. Cuando llegué a Estados Unidos, necesitaba información y consejos para todo, por eso sé como se sienten los demás. Con educación, tendrás un mejor futuro y mayores expectativas. Intentaré especializarme en leyes de inmigración o algo relacionado con medicina legal. Deseo ayudar a quienes no tienen acceso a la información.

Barbara García

Estudiante de duodécimo año de la escuela secundaria

Forest Hill High School

West Palm Beach, Florida

¿DEBERÍAS DECIDIRTE POR UNA UNIVERSIDAD DE LA "IVY LEAGUE"?

Determinar si postular a una de las ocho universidades de la "Ivy League" es algo que deberías pensar detenidamente. Por supuesto, no debería ser una molestia para ti postular si puedes costear la cuota de la solicitud y si tienes el tiempo para escribir los ensayos. Sin embargo, si quieres averiguar si podrías ser un candidato legítimo para que te acepten a una de estas universidades de alto nivel, debes comprender el tipo de estudiante que buscan y si estás a la altura, dice John Machulsky, consejero vocacional de Lawrence High School en New Jersey. Mira estas estadísticas:

- Estas universidades altamente competitivas aceptan sólo un 30 por ciento o menos de postulantes cada año.
- La mayoría de los estudiantes de las universidades de la "Ivy League" estuvieron dentro del 10 por ciento mejor de su promoción y obtuvieron puntajes en el SAT I de 700, tanto en verbal como matemáticas ó 29 o más en el ACT.
- Debido a que las universidades de la "Ivy League" son tan selectivas, desean una población estudiantil diversa, es decir, quieren estudiantes que no sólo representen los 50 estados, sino también una amplia selección de otros países.

Lirio Jiménez, consejero vocacional en New Brunswick High School en New Jersey, dice que para ser aceptado en una universidad de la "Ivy League" el proceso debe comenzar en noveno grado. Debes seleccionar cursos exigentes y mantener buenas calificaciones en aquellos cursos durante los cuatro años de escuela secundaria. También debes realizar actividades extracurriculares y, por supuesto, obtener buenos puntajes en los exámenes estandarizados. Cuando llegue el momento de postular a la universidad, selecciona al menos tres universidades: una ideal, una posible y una más segura. Si deseas, tu universidad ideal puede ser una de la "Ivy League".

Ciertamente, este libro no quiere desalentar tu postulación a una de estas prestigiosas universidades. Nosotros estamos a tu lado y deseamos que tengas la

CONSEJO ESTUDIANTIL

P: ¿Qué ha sido lo más difícil de ingresar a la universidad y como lo estás superando?

R: Lo más difícil fue presentar el SAT. Yo soy salvadoreña y he vivido en Estados Unidos durante seis años. El SAT tiene vocabulario demasiado difícil, incluso los estudiantes estadounidenses tienen problemas, pero es peor para aquellos que recién estamos aprendiendo inglés. Tomé clases después de la escuela y practicaba todos los días con un libro de preparación para el examen.

Rosario Gómez
Estudiante de duodécimo año de la escuela secundaria
Spanish River High School
Boca Raton, Florida

mejor educación posible. Sin embargo, a veces los estudiantes están más preocupados de ser aceptados que de investigar lo que las universidades tienen para ofrecerles. A menudo, una universidad menos competitiva que una de la "Ivy League" puede tener exactamente lo que necesitas para triunfar en el futuro. Ten en cuenta eso cuando selecciones las universidades que podrían ofrecerte lo que necesitas.

LOS ESTUDIANTES DE MINORÍAS VAN A LA UNIVERSIDAD

Los estudiantes afroamericanos, hispanos/latinos y nativos americanos de escuelas secundarias tienen muchas puertas abiertas para ingresar a la educación superior. De hecho, la mayoría de las universidades quieren responder a las desventajas sociales y económicas de algunos grupos de estadounidenses. Desean reflejar la globalización de nuestra economía. Desean que la población estudiantil se parezca al resto de Estados Unidos, es decir, personas de diferentes orígenes y grupos étnicos. Esto no es sólo habladurías. Te darás cuenta de que la mayoría de las universidades tienen al menos un miembro en su personal de ingreso que se especializa en reclutar minorías.

Una de las razones por las que el personal de ingreso de las universidades recluta minorías y desea acomodar sus necesidades, es porque existen más minorías que piensan en asistir a la universidad y graduarse. Hablemos de cifras. Según el Departamento de Educación, en 1976, el 16 por ciento de los estudiantes universitarios eran minorías, comparado con el 17 por ciento en 1997. Muchos de los cambios se pueden atribuir al aumento del número de estudiantes hispanos y asiáticos. La proporción de los estudiantes asiáticos y de las islas del Pacífico aumentó de un 2 por ciento a un 6 por ciento y la proporción de hispanos aumentó de un 4 a un 9 por ciento durante el mismo período. La proporción de estudiantes negros fluctuó durante la mayor parte de comienzos del período antes de aumentar levemente a un 11 por ciento en 1997, el último año del cual se tiene información acerca de este tema.

Peterson's tiene mucha información en esta sección para ayudarte a tomar la decisión acerca de qué universidad elegir y cómo pagarla. Tal vez la información más importante que te podemos dar es que si deseas ir a la universidad, puedes hacerlo. Existen muchas organizaciones listas para ayudarte. Entonces, hazlo. Observa la lista de organizaciones en esta sección y verifica la información en las universidades que te interesan, para comunicarte con la oficina de asuntos de minorías.

Recursos académicos para estudiantes de minorías

Además de iglesias, hermandades femeninas y masculinas de estudiantes y oficinas de asuntos de minorías, los estudiantes de minorías pueden recibir información y ayuda de las siguientes organizaciones:

ASPIRA

Una asociación de organizaciones basadas en la comunidad que proporciona liderazgo, desarrollo y servicios educacionales a jóvenes latinos.

1444 Eye Street, NW, Suite 800
Washington, D.C. 20005
202-835-3600
www.aspira.org

INROADS

Una organización de desarrollo profesional nacional que ubica y desarrolla estudiantes talentosos de minorías (afroamericano, hispanoamericano, nativo americano), en el comercio y la industria.

10 South Broadway, Suite 700
St. Louis, Missouri 63102
314-241-7488
www.inroadsinc.org

National Action Council for Minorities in Engineering, NACME (Consejo Nacional de Acción para Minorías en el Campo de Ingeniería)

Una organización cuyo propósito es aumentar la cantidad de minorías que obtienen títulos universitarios en ingeniería, mediante el ofrecimiento de Incentive Grants Program (Programas de Fondos de Incentivos), Summer Engineering Employment Project (Proyecto de trabajos de Verano en el Área de Ingeniería), servicios en campo y publicaciones para padres y estudiantes.

The Empire State Building
350 Fifth Avenue, Suite 2212
New York, New York 10118-2299
212-279-2626
www.nacme.org

National Association for the Advancement of Colored People, NAACP (Asociación Nacional para el Avance de las Personas de Color)

El propósito de la NAACP es mejorar el estado político, educacional, social y económico de grupos minoritarios, eliminar el prejuicio racial, mantener al público consciente de los efectos adversos de la discriminación racial y tomar acciones legales para asegurar su eliminación, en consistencia con los esfuerzos de la organización nacional.

4805 Mt. Hope Drive
Baltimore, Maryland 21205
410-358-8900
www.naacp.org

The National Urban League

El Education and Youth Services Department of the Urban League (Departamento de Servicios para la Juventud y la Educación de la Liga Urbana) entrega servicios para afroamericanos y personas de escasos recursos. Estas actividades incluyen desarrollo académico básico, preparación para el examen GED para jóvenes y adultos, clases para niños después de la escuela, clases de capacitación para padres, becas, un recorrido anual de universidades históricamente para gente de color y empleos de verano para jóvenes. Llama a las oficinas de la Urban League de tu estado.

120 Wall Street
8th Floor
New York, New York 10005
212-558-5300 (national office)
www.nul.org

Recursos en Internet

Hispanic Association of Colleges and Universities (Asociación Hispana de Universidades)

www.hacu.com

The American Indian Higher Education Consortium (Consorcio Amerindio de Educación Superior)

www.aihec.org

Minority On-Line Information Service, MOLIS (Servicio Informativo en Internet sobre la Minoridad)

www.sciencewise.com/molis

LOS ESTUDIANTES CON DISCAPACIDADES VAN A LA UNIVERSIDAD

La Americans with Disabilities Act, ADA (Ley para los Estadounidenses con discapacidades) exige que las instituciones educacionales en todos los niveles, públicas y privadas, entreguen un acceso igualitario a programas, servicios e instalaciones. Las universidades deben ser accesibles para los estudiantes, al igual que para empleados y el público, sin importar si tienen discapacidad. Para asegurar esto, deben seguir requisitos específicos para nuevas construcciones, alteraciones o renovaciones, programas académicos y políticas, prácticas y procedimientos institucionales. Los estudiantes con discapacidades específicas tienen el derecho de solicitar y esperar contar con acomodaciones necesarias, como ayuda y servicios auxiliares que les permitan participar y beneficiarse de todos los programas y actividades que ofrece una universidad o que se relacionan con ella.

Para cumplir con las exigencias de ADA, muchas escuelas secundarias y universidades ofrecen programas e información para responder preguntas a estudiantes con discapacidades y ayudarlos, tanto a seleccionar las universidades adecuadas como a lograr una inclusión completa una vez que ingresan a ella. Para ello, la mayoría de las universidades tienen oficinas de servicios para discapacitados que ayudan a los estudiantes a superar los problemas que presenta el sistema. Cuando llegue el momento de postular a las universidades, escribe a aquellas de las que te interesa descubrir qué tipos de programas tienen. Cuando llegue el momento de restringir tus opciones, haz una solicitud de visita.

¿Qué se considera una discapacidad?

Se considera que una persona tiene discapacidad si cumple al menos con una de estas tres condiciones. La persona debe:

1. tener un impedimento físico o mental documentado que limite sustancialmente una o más actividades importantes de la vida, como el cuidado personal propio, caminar, ver, oír, hablar, respirar, aprender, trabajar o realizar tareas manuales;
2. tener un registro de dicho impedimento; o
3. ser considerado que tiene dicho impedimento.

Entre las discapacidades físicas se hallan impedimentos del habla, visión, audición y movilidad. Entre otras discapacidades, aunque menos obvias, causantes de limitación en una manera similar se incluyen: diabetes, asma, enfermedades del corazón, cáncer, enfermedades mentales, retardo mental, parálisis cerebral y discapacidades de aprendizaje.

DIRECTORIO DE ESTUDIANTES CON DISCAPACIDADES

Los siguientes recursos pueden ayudar a los estudiantes, familias y escuelas en cuanto a las exigencias legales para acomodar discapacitados. También pueden servir de vínculo con otros grupos y personas que son entendidos en derechos de los estudiantes y el proceso de transición a la educación superior.

De la misma manera, existen organizaciones de intereses especiales, educación, apoyo y defensa para personas con discapacidades particulares. Para obtener mayor información, verifica con tu consejero o comunícate con las siguientes organizaciones:

ACTAssessment Administration
Special Testing
P.O. Box 4028
Iowa City, Iowa 52243
319-337-1332
www.act.org

Association on Higher Education and Disability (AHEAD)
University of Massachusetts Boston
100 Morrissey Boulevard
Boston, Massachusetts 02125-3393
617-287-3880
www.ahead.org

Attention Deficit Disorder Association (ADDA)
1788 Second Street, Suite 200
Highland Park, Illinois 60035
847-432-ADDA
www.add.org

Children and Adults with Attention Deficit Disorders (CHADD)
8181 Professional Place, Suite 201
Landover, Maryland 20785
800-233-4050 (toll-free)
www.chadd.org

ERIC Clearing House on Disabilities and Gifted Children
1110 North Glebe Road
Arlington, Virginia 22201-5704
800-328-0272 (toll-free)

Council for Learning Disabilities (CLD)
P.O. Box 40303
Overland Park, Kansas 66204
913-492-8755

HEATH Resource Center National Clearinghouse on Postsecondary Education for Individuals with Disabilities
American Council on Education
One Dupont Circle, NW, Suite 800
Washington, D.C. 20036
800-544-3284 (toll-free)
www.heath-resource-center.org

International Dyslexia Association The Chester Building
8600 LaSalle Road, Suite 382
Baltimore, Maryland 21286-2044
800-222-3123 (toll-free)
www.interdys.org

Learning Disabilities Association of America, Inc. (LDA)
4156 Library Road
Pittsburgh, Pennsylvania 15234-1349
412-341-1515
www.ldanatl.org

Learning Disabilities Association of Canada (LDAC)
323 Chapel Street, Suite 200
Ottawa, Ontario K1N 7Z2
613-238-5721
www.ldac-taac.ca

National Center for Law and Learning Disabilities (NCLLD)
P.O. Box 368
Cabin John, Maryland 20818
301-469-8308

National Center for Learning Disabilities (NCLD)
381 Park Avenue South, Suite 1401
New York, New York 10016
888-575-7373 (toll-free)
www.ncld.org

National Information Center for Children and Youth with Disabilities
P.O. Box 1492
Washington, D.C. 20013
800-695-0285 (toll-free)
www.nichcy.org

Recording for the Blind & Dyslexic
20 Roszel Road
Princeton, New Jersey 08540
609-452-0606
www.rfbd.org

SAT Services for Students with Disabilities
The College Board
P.O. Box 6226
Princeton, New Jersey 08541-6226
609-771-7137
www.collegeboard.com

CONSEJOS PARA ESTUDIANTES CON DISCAPACIDADES

- **Documenta tu discapacidad con cartas de tus médicos, terapeutas, administrador del caso, psicólogo de la escuela y otros proveedores de servicios.**
- **Consigue cartas de apoyo de los maestros, familia, amigos y proveedores de servicio que detallen cómo has aprendido a trabajar a pesar de tu discapacidad.**
- **Aprende las leyes referentes a estudiantes con discapacidades.**
- **Investiga sobre grupos de apoyo para tener información y apoyo de tus pares.**
- **Visita varios campus.**
- **Determina el mejor punto en el proceso de admisión para identificarte como discapacitado.**
- **Mira los servicios disponibles, el ritmo de la vida del campus y las expectativas de la universidad para estudiantes con discapacidades.**
- **Pregunta por los programas de orientación, como introducciones especializadas para o acerca de estudiantes con discapacidades.**
- **Pregunta por planes de estudio flexibles e individualizados.**
- **Pregunta si la universidad ofrece a sus estudiantes tecnología como sintetizadores de voz, reconocimiento de voz o equipos visuales para enseñanza.**
- **Pregunta sobre actividades sociales adaptadas.**
- **Pide hablar con estudiantes que tengan discapacidades similares a la tuya, para escuchar sus experiencias en el campus.**
- **Cuando selecciones una universidad, consigue un mapa del campus y apréndete el trazado completo.**
- **Si tienes discapacidad física, asegúrate de que los edificios en los que necesitas estar sean accesibles para ti. Algunos, aunque cumplan con ADA, no son tan accesibles como otros.**
- **Sé realista. Por ejemplo, si usas silla de ruedas, es posible que una universidad con un campus con muchos cerros no sea tu mejor elección, sin importar cuáles otras acomodaciones tenga.**

Las discapacidades de aprendizaje se refieren a un conjunto de condiciones biológicas que dificultan la capacidad de una persona para procesar y difundir información. Suelen reconocerse como una deficiencia en una o más de las siguientes áreas: expresión oral, comprensión auditiva, expresión escrita, aptitudes básicas de lectura, comprensión de lectura, cálculo matemático o resolución de problemas. Es posible que las personas con discapacidades de aprendizaje también tengan dificultad para atención continua, manejo del tiempo o aptitudes sociales.

Si tienes una discapacidad, seguirás los mismos pasos para elegir y postular a una universidad que los otros estudiantes, pero deberás evaluar cada universidad basándote en tus necesidades especiales. Organízate y reúnete con los especialistas del campus para analizar tus requisitos específicos. Luego, revisa si los programas, políticas, procedimientos e instalaciones se adaptan a tu situación específica.

Es mejor describir tu discapacidad en una carta adjunta a la solicitud, de manera que puedan hacerse las adecuaciones necesarias entre tú y la universidad. Incluso, puedes hacer que se te envíe a la universidad tu registro de evaluación y examen psicoeducacional. Algunas universidades ayudan con los horarios y ofrecen cursos de transición, reducción de las cargas de un curso, acceso adicional a profesores y áreas de estudios especiales para satisfacer tus necesidades.

Recuerda, la admisión a la universidad es un objetivo realista para cualquier estudiante motivado y si inviertes tiempo y esfuerzo, puede hacerse realidad.

CONSEJO ESTUDIANTIL

Las siguientes citas pertenecen a estudiantes que asisten a una universidad que ofrece servicios para enseñanza de estudiantes discapacitados.

"Tengo retraso del desarrollo y necesito ayuda para hacer las cosas y tiempo adicional para los exámenes. Siempre que puedo ir donde los maestros y hacerles preguntas, obtengo buenas calificaciones".

—Anita

"Tengo dislexia y pensaba que el término "servicios para discapacitados" era para personas con impedimentos visuales y auditivos. Pero cuando llegué aquí, descubrí que cubría una variedad de discapacidades. Fue como estar en Navidad, es decir, recibes todo lo que quieres y más".

—Debra

"Tengo sordera parcial. Siempre tuve el temor de que no podría oír lo que [los maestros] dijeran y es difícil leer los labios y oír al mismo tiempo. Con los tomadores de notas, puedo conseguir lo que necesito, incluso cuando el profesor se mueve por el salón. Ellos quieren que tú lo logres".

—Jeannette

SOLICITUD DE INGRESO A LA UNIVERSIDAD

Llegó el gran momento, el de tomar algunas decisiones sobre dónde postular.

UNA VEZ QUE SE TERMINA LA lista, la peor parte es llenar las solicitudes de manera precisa y enviarlas antes del plazo de vencimiento. Dado que los requisitos son diferentes, debes revisar los que sean específicos de las universidades a las que te interesa ingresar.

¿QUÉ ESPERAN LAS UNIVERSIDADES DE UN POSIBLE ESTUDIANTE?

Al igual que si estuvieras evaluando al otro equipo para planear tu estrategia, tienes que entender lo que los comités de ingreso quieren de ti a medida que reúnes todo lo necesario para tu solicitud.

Expediente académico: Los funcionarios de ingreso universitario revisan la amplitud (cuántos), diversidad (cuáles) y dificultad (nivel de exigencia) de los cursos de tu certificado de calificaciones.

Calificaciones: Debes mostrar constancia en tu habilidad para trabajar hacia tu potencial. Si inicialmente tus calificaciones no son buenas, las universidades se fijan en la mejoría significativa que has tenido. Algunas universidades están dispuestas a aceptar un promedio mínimo de calificaciones.

Puesto de promoción: Las universidades consideran el rango académico de un estudiante en relación con otros miembros de la clase. ¿Estás dentro del 25 por ciento con mejores calificaciones de tu promoción? ¿Dentro del 50 por ciento? Pregúntale a tu consejero por tu puesto de promoción.

Resultados de exámenes estandarizados: Las universidades ven los puntajes de los exámenes en términos de rangos. Si tus puntajes no fueron altos, pero tuviste un buen rendimiento académico en la escuela, no te debes desalentar. No existe una fórmula establecida para ingresar a la universidad. Incluso en las escuelas más competitivas, algunos puntajes de los estudiantes son inferiores a lo que podrías pensar.

Actividades fuera del salón de clases: Las universidades miran detenidamente el nivel de participación (variedad y cuánto tiempo participaste), la iniciativa (liderazgo) y la creatividad que mostraste en actividades, servicio o trabajo.

DE LA OFICINA DE ORIENTACIÓN

P: ¿Qué consejo le darías a los estudiantes que dicen que no pueden ingresar a la universidad?

R: Les digo a los estudiantes que consideren todos sus recursos. Si creen que no pueden ir a la universidad por razones financieras, miren todas las posibilidades. ¿Reúnen los requisitos para llenar el formulario del Federal Direct Lending Program, FAFSA (Programa Federal de Préstamos Directos) y ver si califican? Deberían hacerlo a comienzos del decimosegundo año de la secundaria. El dinero se otorga de acuerdo a las necesidades, por eso, aprovechen las ventajas del consejero de recursos para la universidad para saber si hay becas disponibles. Los estudiantes pueden visitar los sitios Web de las universidades. Este es el primer paso hacia la adultez. Ellos no pueden decir "no, no puedo ir porque no tengo cómo costearlo". Ellos no lo saben. Algunos estudiantes son tímidos, pero muchos toman la iniciativa, ya que saben que es su boleto de salida. Yo sólo tengo que darles un impulso.

Mary Turner
English for Speakers of Other Languages, ESOL
Spanish River High School
Boca Raton, Florida

DE LA OFICINA DE ORIENTACIÓN

P: ¿Cuáles son las ventajas y desventajas de ir a un instituto de enseñanza para la comunidad antes de postular a una universidad con programas de cuatro años?

R: Sólo encuentro ventajas para estudiantes que asisten a un instituto de enseñanza para la comunidad. Primero que todo, si llegaron hace poco a Estados Unidos, necesitan salones de clases con pocos estudiantes y los tendrán en dichos institutos. Las clases son pequeñas y también lo son los campus. Existe una atención más personalizada.

Un instituto de enseñanza para la comunidad es la mejor opción para estudiantes con un dominio limitado del inglés. En una universidad con programas de cuatro años, una clase de composición en inglés o de sicología de primer año puede tener 200 estudiantes. Esto puede ser intimidante para aquellos que no se sienten cómodos con el inglés. En una clase más pequeña en un instituto de enseñanza para la comunidad pueden tener la atención que necesitan y será más fácil obtener ayuda. Tengo estudiantes que han vuelto para decirme que el instituto es mejor para ellos.

Mary Turner

English for Speakers of Other Languages, ESOL (Inglés para Hablantes de Otros Idiomas)

Spanish River High School

Boca Raton, Florida

Recomendaciones: La mayoría de las universidades exigen recomendaciones del consejero vocacional de la escuela. Algunas piden referencias de maestros u otros adultos. Si tu consejero o los maestros no te conocen bien, deberías incluir un currículum vitae de estudiante, una hoja de autorrecomendación, donde señales lo que has hecho durante los cuatro años de escuela secundaria. En esta sección, encontrarás una hoja de trabajo que te ayudará a armar tu currículum vitae.

Entrevista de la universidad: La exigen la mayoría de las universidades con procesos altamente selectivos. Para más información, puedes leer "La entrevista de la universidad" en la sección anterior.

PROCEDIMIENTOS DE INGRESO

Tu primera tarea para postular es obtener los formularios de solicitud. Eso es fácil. Puedes obtenerlos en el departamento de consejería de tu escuela secundaria, en las ferias de universidades o llamando o escribiendo para solicitarlas. (Consulta "Escribir a una universidad para solicitar información" en la sección anterior.) Sin embargo, la tendencia se está inclinando a solicitudes electrónicas, que se pueden hacer en los sitios Web de las universidades. La información de ingreso también se puede obtener a través de los representantes de las universidades, catálogos, sitios Web y directorios; ex-alumnos o estudiantes que asisten a la universidad y visitas a los campus. Para algunas pautas, observa "Qué hacer y qué no hacer al llenar una solicitud" en la página 56.

¿Qué opción de ingreso es mejor para ti?

Una de las primeras preguntas que te harán en las solicitudes para universidades con programas de cuatro años es qué opción de ingreso deseas. Se refieren a si deseas solicitar acción temprana, decisión temprana, etc.

Esto no se aplica si vas a ir a una universidad con un programa de dos años. Las universidades con programas de dos años generalmente tienen una política de ingreso de "puertas abiertas", es decir, que los graduados de la escuela secundaria se pueden inscribir siempre que haya vacantes disponibles. Algunas escuelas universitarias técnicas y vocacionales son selectivas y la competencia por ingresar puede ser muy intensa para programas altamente especializados.

Las instituciones con programas de cuatro años ofrecen las siguientes opciones de ingreso:

Admisión temprana: Un estudiante con habilidades superiores es aceptado en cursos y programas universitarios antes de terminar la escuela secundaria.

Decisión temprana: Un estudiante manifiesta que una universidad es su primera elección, le solicita a ésta que decida una admisión temprana (entre noviembre y enero) y se compromete a inscribirse si es aceptado. Los estudiantes con un excelente expediente académico de escuela secundaria que están seguros de que desean asistir a una universidad en particular deberían considerar este tipo de admisión. (Consulta "Más sobre la decisión temprana", en la página siguiente.)

Acción temprana: Es similar a decisión temprana, pero si un estudiante es aceptado, tiene hasta el vencimiento del plazo de ingreso regular para decidirse a asistir o no.

Evaluación temprana: Un estudiante puede postular bajo una evaluación temprana para saber si la posibilidad de aceptación es buena, media o mala. Las solicitudes se deben entregar antes del plazo regular para el ingreso y al estudiante se le da una opinión entre enero y marzo.

Ingreso regular: Es la opción más común que se le ofrece a los estudiantes. Se establece una fecha límite para recibir todas las solicitudes y se envían todas las notificaciones al mismo tiempo.

Inscripción continua: La universidad acepta a los estudiantes que cumplen con los requisitos académicos según lleguen las solicitudes, hasta que completan las clases para estudiantes de primer año. No se especifican plazos estrictos para las solicitudes. Se revisan las solicitudes y se toma una decisión inmediatamente (en general dentro de dos o tres semanas). Este método es comúnmente utilizado en las grandes universidades estatales, por lo que los estudiantes deben postular temprano para tener una mejor posibilidad de aceptación.

Ingreso abierto: Prácticamente, se acepta a todos los graduados de escuelas secundarias, sin importar sus calificaciones.

Ingreso diferido: Se permite que un estudiante aceptado posponga su inscripción durante un año.

Más sobre la decisión temprana

La decisión temprana es un acuerdo legalmente obligatorio entre tú y la universidad. Si la universidad te acepta, tú pagas un depósito dentro de un período breve y firmas un acuerdo donde se establece que no postularás a otras universidades. Para evitar que los estudiantes se arrepientan, algunas universidades exigen que los consejeros de la escuela secundaria no envíen el certificado de calificaciones a otras instituciones.

Desde muchos puntos de vista, la decisión temprana es una situación en la que ganan tanto los estudiantes como la universidad. Los estudiantes pueden relajarse y disfrutar de su duodécimo año de escuela secundaria sin tener que esperar para saber si otras universidades lo aceptarán y las universidades pueden saber antes quien está inscrito y pueden empezar a planear el año siguiente.

¿Cuándo es la decisión temprana la decisión correcta?

Por buenos o malos motivos, la decisión temprana es una tendencia creciente, entonces ¿por qué no hacerlo? La decisión temprana es una excelente idea que viene con una advertencia. No es una buena idea a menos que hayas investigado detenidamente muchas universidades y sepas sin ninguna duda que es la universidad para ti. No escojas una decisión temprana a menos que hayas estado un tiempo en el campus, las clases y los dormitorios y tengas un verdadero sentido del clima social y académico de dicha universidad.

Una decisión temprana puede ser desagradable si cambias de parecer. Los padres de los estudiantes que firman un acuerdo y luego quieren solicitar otro lugar, se enojan con los consejeros de la escuela secundaria, quejándose que les han quitado sus derechos de elegir

CONSEJO ESTUDIANTIL

P: ¿Qué consejos tienes para los estudiantes de noveno, décimo y undécimo grados sobre el ingreso a la universidad?

R: Que no se asusten y que no lo posterguen porque no hablan el idioma. Aunque sólo puedas decir dos palabras, existen clases de inglés como segundo idioma para estudiantes universitarios. Asiste al instituto de enseñanza para la comunidad porque ellos te pueden ayudar con talleres para hispanohablantes. Todos pueden hacerlo, propóntelo. Si tu consejero vocacional de la secundaria no habla español, pídele a otros estudiantes o maestros que hablen español e inglés que te ayuden. Es importante que los consejeros te distingan de entre los otros 300 estudiantes. Ellos te darán las respuestas de lo que existe para ti e información sobre universidades específicas.

Barbara García
Estudiante de duodécimo año de la escuela secundaria
Forest Hill High School
West Palm Beach, Florida

entre otras universidades. Intentan forzarlos a enviar certificados de calificaciones a pesar de que sus hijos o hijas se comprometieron con una universidad. Para evitar estas situaciones, algunas universidades le solicitan a los padres y a los estudiantes que firmen un documento donde se señala que comprenden que la decisión temprana es un plan obligatorio. Ahora incluso, algunas secundarias tienen sus propios formularios para que los firmen los padres y estudiantes donde se especifica que comprenden completamente la naturaleza de un acuerdo de decisión temprana.

La razón financiera contra la decisión temprana

Otro argumento común contra la decisión temprana es que si ya estás dentro de una institución, no existe incentivo de ofrecer a los postulantes paquetes financieros mejores. El consenso parece ser que si tú estás buscando jugar el juego financiero, no solicites una decisión temprana.

Sin embargo, algunos sostienen que las mejores ofertas de ayuda financiera se dan generalmente a postulantes atractivos. Por lo general, si un estudiante recibe una oferta de decisión temprana, caerá en esta categoría y, entonces, de todas maneras recibirá la mejor ayuda financiera. Eso no significa que no haya universidades que utilicen incentivos financieros para que se inscriban los estudiantes. Un candidato excelente que postule a seis u ocho universidades y es aceptado en todas, verá qué universidad le ofrece más dinero antes de tomar una decisión.

Antes de decidir...

Si estás pensando en postular a una decisión temprana en una universidad, primero pregúntate lo siguiente. Te alegrarás de haberlo hecho.

- ¿Por qué estoy solicitando una decisión temprana?
- ¿He investigado detenidamente varias universidades y sé cuáles son mis opciones?
- ¿Sé por qué voy a ir a la universidad y qué es lo que quiero lograr ahí?
- ¿He visitado varias universidades, he asistido a clases, me he quedado a dormir y he conversado con los profesores?
- ¿Los cursos que la universidad me ofrece se relacionan con mis metas?
- ¿Tengo la absoluta convicción de que una universidad se destaca por encima de todas las otras?

MÁS JERIGONZA

Además de términos confusos como ingreso diferido, decisión temprana y evaluación temprana nombrados anteriormente en esta sección, lo más probable es que encuentres algunos términos adicionales que te podrían enredar. Aquí te explicamos otros:

Calendario académico

Semestres tradicionales: Dos períodos de igual tiempo de duración durante un año académico.

Semestre anticipado: Dos períodos de igual tiempo de duración durante un año académico. El primer semestre se termina antes de Navidad.

Trimestre: Año calendario dividido en tres períodos de tiempo iguales. El tercer trimestre reemplaza el curso de verano.

Cuatrimestre: Cuatro períodos de igual tiempo de duración durante un año académico.

4-1-4: Dos períodos de alrededor de cuatro meses separados por un período de un mes.

Acreditación

La acreditación es el reconocimiento de una universidad por una organización regional o nacional, la cual indica que la institución ha cumplido sus objetivos y mantiene normas educacionales reglamentarias. Las universidades pueden ser acreditadas por cualquiera de las seis asociaciones regionales de universidades y por cualquier organismo acreditador nacional especializado.

La acreditación especializada de programas individuales es otorgada por organizaciones profesionales nacionales. Esto propone asegurar que programas específicos cumplan o excedan los requisitos mínimos establecidos por organizaciones profesionales. Los estados pueden requerir que los estudiantes de algunas profesiones que conceden licencias se gradúen de un programa acreditado como una condición para su acreditación.

La acreditación es como recibir una calificación aprobatoria o deficiente, no distingue a las universidades que superan los requisitos mínimos de aquellas que sólo cumplen con ellos. La acreditación se aplica a todos los programas dentro de una institución, pero no significa que todos los programas sean de la misma calidad dentro de ella. La acreditación no garantiza el reconocimiento de transferencia por otras universidades. Las decisiones de transferencia las toman las instituciones en forma individual.

Afiliación

Las universidades sin fines de lucro se clasifican en las siguientes categorías: asistidas por el estado, privadas/independientes o privadas/apoyadas por la iglesia. La afiliación institucional no garantiza la calidad o naturaleza de la institución y puede tener o no, un efecto en la vida religiosa de los estudiantes.

Las universidades asistidas por el estado y las universidades privadas/independientes no tienen requisitos relacionados con actividades religiosas de sus estudiantes. La influencia de la religión varía entre las universidades apoyadas por la iglesia. En algunas se requieren o se aconsejan servicios o estudios religiosos, en otras la afiliación religiosa es menos aparente.

Acuerdo de articulación

El acuerdo de articulación facilita la transferencia de estudiantes y créditos entre instituciones de educación superior asistidas por el estado al establecer los procedimientos de transferencia y un trato justo a todos los estudiantes en el sistema.

Un tipo de acuerdo de articulación vincula a dos o más universidades de manera que los estudiantes puedan continuar progresando hacia su título, incluso si deben asistir a universidades diferentes en momentos distintos. Por ejemplo, algunos institutos estatales de enseñanza comunitaria (programas de dos años) tienen un acuerdo con universidades de cuatro años del mismo programa estatal que les permite a los graduados de programas paralelos transferirse a un tercer año universitario.

Un segundo tipo de acuerdo de articulación se vincula con la escuela secundaria e instituciones de educación superior que les permite a los estudiantes obtener créditos universitarios mediante cursos vocacionales relevantes. Este tipo de acuerdo les ahorra tiempo y cuotas a los estudiantes en la búsqueda de una educación superior.

Debido a que los acuerdos de articulación varían de universidad a universidad y de programa a programa, se recomienda que los estudiantes investiguen las instituciones donde estudian y las instituciones en las que están interesados para entender completamente las opciones disponibles y los requisitos específicos de cada institución.

Inscripción cruzada

La inscripción cruzada es un acuerdo de cooperación ofrecido por muchas universidades con el fin de aumentar el número y los tipos de cursos que se ofrecen en una institución. Este acuerdo les permite a los estudiantes que crucen su inscripción en uno o más cursos en cualquier institución anfitriona participante. Aunque los requisitos del programa de inscripción cruzada pueden variar, generalmente los estudiantes se pueden inscribir sin tener que pagar una matrícula adicional a la institución anfitriona.

Si tu universidad participa en la inscripción cruzada, verifica con la institución donde estudias lo correspondiente a los costos de matrícula adicionales y solicita un formulario de inscripción cruzada. Habla con tu asesor y el secretario de admisiones de la institución donde estudias para asegurarte que el curso que piensas tomar está aprobado y luego ponte en contacto con la institución anfitriona para obtener las instrucciones de una inscripción cruzada. Asegúrate que haya vacantes disponibles en el curso que deseas tomar en la institución anfitriona, puesto que algunas instituciones anfitrionas dan prioridad a la inscripción de sus propios estudiantes.

Para participar en la inscripción cruzada, es posible que se te exija ser un estudiante a tiempo completo (algunos programas permiten la participación de estudiantes a tiempo parcial) con una buena situación financiera y académica en la institución donde estudias. Verifica en ambas universidades los requisitos específicos con anticipación.

PAQUETE DE SOLICITUD COMPLETO

Las solicitudes de estudiantes para el primer año de universidad se pueden presentar en cualquier momento luego de haber terminado el undécimo año de escuela secundaria. Las universidades recomiendan enfáticamente que los estudiantes postulen a más tardar en abril de su duodécimo año de escuela secundaria para ser considerados para admisión, becas, ayuda financiera y residencia. Los requisitos de las universidades pueden variar, por lo que siempre hay que leer y cumplir con los requisitos especificados. En general, los funcionarios de ingreso a la universidad se interesan en los siguientes materiales básicos:

- Una solicitud completa y firmada y acompañada de la cuota de solicitud necesaria.
- Una copia oficial de tu certificado de calificaciones de escuela secundaria, incluido tu puesto de promoción y tu promedio general. El certificado de calificaciones debe incluir todo el trabajo realizado hasta la fecha en que se envía la solicitud. Pregúntale a tu consejero vocacional sobre cualquier duda que tengas en cuanto a este proceso. Si postulas electrónicamente, debes informarle a tu consejero y solicitarle que envíe tu certificado de calificaciones a las universidades a las que estás postulando. Tu solicitud no será procesada sin el certificado.
- Un certificado oficial con tus resultados de ACT o SAT I.
- Otros documentos que podrías necesitar son cartas de recomendación, un ensayo, el formulario de informe de la escuela secundaria y un informe de mediados de año de la escuela (enviado por tu consejero vocacional luego de que hayas completado una parte del formulario) y cualquier formulario de ayuda financiera requerido por la universidad.

Utiliza la "Lista de verificación de solicitud de ingreso a la universidad" en la página siguiente para asegurarte que tienes todo lo que necesitas antes de enviar tu solicitud.

Llenar los formularios

Llenar las solicitudes de ingreso a la universidad puede parecer una tarea un poco atemorizante, pero existen seis pasos sencillos que tienes que seguir para completar con éxito esta parte de tu proceso de selección de la universidad.

Paso 1: Copias de práctica

Fotocopia la solicitud de cada universidad a la que vas a postular. Puesto que la presentación de tu solicitud puede considerarse un aspecto importante al momento de la admisión, no querrás borrar, tachar o utilizar corrector en tu solicitud final. Comete todos los errores en tus copias y cuando creas que estás listo, entonces transcribe la información a tu copia original final o escríbela en la solicitud electrónica de la universidad. Si vas a enviar tus solicitudes por correo, trata de utilizar un procesador de palabras, pero si vas a escribirlas a máquina, intenta limitar tus respuestas a los pequeños espacios. Recuerda que en las universidades grandes, puede que tu paquete de solicitud sea lo único que vean de ti.

Paso 2: Decide tu enfoque

¿Qué es lo que le llamará la atención al consejero de ingreso universitario para que saque tu solicitud del montón para considerarla? Sé animado e interesante en lo que dices, sé memorable en el enfoque de tu solicitud, pero no exageres. Tú quieres que el consejero de ingreso universitario se acuerde de ti, no de tu castillo español construido con palitos. Lo más importante, sé honesto y no exageres tus actividades

LISTA DE VERIFICACIÓN DE SOLICITUD DE INGRESO A LA UNIVERSIDAD Revisa tus solicitudes poniéndoles una marca o la fecha de cumplimiento en la columna y fila apropiada.

	Universidad 1	Universidad 2	Universidad 3	Universidad 4
Visita al campus				
Entrevista en el campus				
Cartas de recomendación				
NOMBRE:				
Fecha solicitada				
Seguimiento				
NOMBRE:				
Fecha solicitada				
Seguimiento				
NOMBRE:				
Fecha solicitada				
Seguimiento				
Formulario de recomendación entregado al consejero				
Formulario de informe de la escuela secundaria al consejero				
Resultados de exámenes solicitados				
Envío de certificados				
Solicitud terminada				
Ensayo terminado				
Todas las firmas listas				
Formularios de ayuda financiera adjuntos				
Cuota de solicitud adjunto				
Franqueo de correo pegado/copias hechas/remitente en el sobre				
Carta de aceptación/de rechazo/lista de espera recibida				
Universidades notificadas de tu interés por postular				
Depósito de matrícula enviado				
Formulario de residencia y otros enviado a la universidad escogida				
Orientación programada				

QUÉ HACER Y QUÉ NO HACER AL LLENAR UNA SOLICITUD

Uno de los pasos más intimidantes al postular a una universidad es llenar todos los formularios. Esta lista de lo que hay que hacer y lo que no, te ayudará a enfrentar de una mejor manera las solicitudes de ingreso a la universidad.

QUÉ HACER

- **Lee detenidamente las solicitudes e instrucciones.**
- **Asegúrate de que todo lo que supuestamente se debe incluir está adjunto.**
- **Llena tus propias solicitudes. Escribe tú mismo la información para evitar errores cruciales.**
- **Comienza con las solicitudes sencillas y luego con las más complejas.**
- **Fotocopia las solicitudes y practica llenando una copia primero antes de completar la original.**
- **Escribe a máquina o escribe con letra de molde clara y luego repasa las solicitudes y ensayos para asegurarte de su precisión. Pídele a alguien más que la lea por ti.**
- **Si te lo preguntan, describe cómo crees que puedes contribuir a la universidad a la que postulas.**
- **Sé veraz y no exageres tus logros.**
- **Guarda una copia de todas las solicitudes que enviaste a la universidad.**
- **Sé minucioso y puntual.**

QUÉ NO HACER

- **No uses corrector líquido. Si escribes a máquina tu solicitud, utiliza una cinta correctora o corrector seco para los errores. Mejor aún, llena tu solicitud electrónicamente.**
- **No escribas con letra cursiva. Si no tienes acceso a un computador o a una máquina de escribir, escribe con letra de molde.**
- **No dejes espacios en blanco. La falta de información puede provocar que te devuelvan tu solicitud o que se demore mientras los funcionarios de ingreso a la universidad esperan la información completa.**
- **No seas impreciso. Si la pregunta exige una respuesta específica, no trates de esquivarla al ser vago.**
- **No lo pospongas, hazlo con anticipación.**

académicas y extracurriculares. Enfoca cada paso del camino de este proceso con integridad. En primer lugar, es la mejor manera de terminar en una universidad que sea la adecuada para ti. En segundo lugar, si no dices la verdad, la universidad en algún momento lo sabrá. ¿Y cómo lo sabrán? Tu tienes que enviar material de apoyo junto con tu solicitud, tales como certificados y recomendaciones. Si tú dices una cosa y ellos dicen otra, la oficina de admisión se dará cuenta: ¡otro punto en contra!

Paso 3: Verifica los plazos

En septiembre del duodécimo año escolar, organiza tus solicitudes en orden cronológico. Coloca las fechas de vencimiento para tu lista final de universidades junto con sus nombres en tu lista de universidades ideales, posibles y seguras y en tu "Lista de verificación de solicitud de ingreso a la universidad". Trabaja primero en la solicitud que vence antes.

Paso 4: Revisa tus datos

Necesitas asegurarte que toda la información de apoyo que envíes sea correcta. Lo primero que debes hacer es revisar tu certificado de calificaciones. Esto es importante, puesto que tendrás que adjuntar una copia a cada solicitud que envíes a cada universidad. Ve a la oficina de orientación y pide una "Solicitud del Certificado Oficial de Calificaciones". Llena la solicitud para el certificado de calificaciones formal e indica que estás solicitando una copia para ti y que la recogerás tú mismo. Si hay una cuota, págala.

Cuando tengas tu certificado, míralo detenidamente. Tendrá varias páginas e incluirá de todo, desde los títulos de los cursos que has tomado desde noveno grado junto con las calificaciones finales para cada curso hasta las horas de servicio de asistencia a la comunidad que has registrado cada año. Revisa la información detenidamente. Es comprensible que con tal cantidad de datos, sea fácil cometer errores. Debido a que esta información es vital para ti y tú eres quien mejor puede juzgar su precisión, de ti depende revisarla. Infórmale a tu consejero vocacional de todos los errores o dudas que tengas para que haga las correcciones. Si es una calificación cuestionable, tu consejero te

HOJA DE AUTORRECOMENDACIÓN

Al comienzo de esta sección describimos cómo el currículum vitae de un estudiante puede ayudar al consejero vocacional y a los maestros a escribir las cartas de recomendación. Preparar una lista de tus logros también te ayudará a organizar toda la información que necesitarás incluir cuando llenes tus solicitudes para ingresar a la universidad.

ACADÉMICO

GPA (promedio general) ____________________

LOS CURSOS DE NIVEL SUPERIOR QUE HE TOMADO SON:

Inglés ____________________

Historia ____________________

Matemáticas ____________________

Ciencias ____________________

Idiomas ____________________

Optativos ____________________

LOS CURSOS AP QUE HE TOMADO SON:

Inglés ____________________

Historia ____________________

Matemáticas ____________________

Ciencias ____________________

Idiomas ____________________

Optativos ____________________

RESULTADOS DE EXÁMENES ESTANDARIZADOS:

PSAT ____________________

Primer SAT I ____________________

Segundo SAT I ____________________

ACT ____________________

SAT II SUBJECT TESTS

Prueba 1 __________ **Resultado** __________

Prueba 2 __________ **Resultado** __________

Prueba 3 __________ **Resultado** __________

TALENTOS ESPECIALES

He recibido los siguientes reconocimientos académicos: __________

____

____

____

____

He participado en los siguientes deportes: __________

____

He jugado en los siguientes equipos: __________

____

____

He actuado en varias producciones teatrales: __________

____

Soy miembro de los siguientes grupos musicales: __________

____

ACTIVIDADES EXTRACURRICULARES

Participo regularmente en las siguientes actividades extracurriculares: __________

____

He tenido los siguientes cargos: __________

____

____

He establecido las siguientes organizaciones extracurriculares:

____

____

He participado en los siguientes trabajos de verano y después de clases:

____

____

OBJETIVOS

En la universidad pienso especializarme en la siguiente área: ____________________

____

ayudará a encontrar la calificación que se debió haber colocado en tu certificado. Haz lo que sea necesario para asegurar que tus certificados se corrijan antes del 1° de octubre de tu decimosegundo año de secundaria.

Paso 5: Haz una lista de tus actividades

Cuando revises tu solicitud, encontrarás una sección de actividades extracurriculares. Es tiempo de utilizar tu procesador de palabras nuevamente y priorizar tu lista de actividades extracurriculares y determinar el mejor enfoque para presentarlas a las universidades. Algunos estudiantes preparan un currículum vitae y lo incluyen en cada solicitud que envían. Otros eligen desarrollar un "Anexo de experiencia extracurricular, académica y laboral" y marcar aquellas secciones específicas de su solicitud con "Consulta Anexo adjunto".

Si eres un estudiante muy activo con mucho que decir en esta área, te tomará tiempo priorizar las actividades en las que te involucraste y redactarlas de manera sucinta e, incluso, interesante. Tu "Hoja de autorrecomendación" te ayudará (consulta "Hoja de autorrecomendación" en la página 57). Escribe aquellas actividades que producirán un impacto mayor, muestra las actividades en que te involucraste con mayor consistencia y demuestra tus habilidades de liderazgo al comienzo de la lista. Esto tomará tiempo, así que planéalo como corresponde. Si sientes que has dejado información importante debido a que el formulario te limita, incluye un anexo o un currículum vitae como apoyo.

Paso 6: Organiza el resto de tus datos

¿Qué otra información puedes organizar antes de sentarte a llenar tus solicitudes?

Sección de datos personales

La mayor parte de esta sección es información personal estandarizada que no tendrás dificultad de contestar aunque en algunos puntos tendrás que pensar. Por ejemplo, verás que una pregunta dice: "¿A qué facultad o división especial estás postulando?" ¿Tienes alguna facultad específica en mente, como la de ingeniería? Si no estás seguro sobre tu especialidad, pregúntate a ti mismo qué es lo que más te interesa y luego ingresa a dicha facultad. Cuando ya estés en la universidad y tengas un mejor sentido de lo que quieres hacer, siempre puedes cambiar tu especialidad.

La solicitud proporcionará un espacio para declarar etnia; esta sección es opcional. Si crees que te gustaría declararla y que sería una ventaja para tu admisión, considera completar esta sección.

También necesitarás tu número del College Entrance Examination Board, CEEB (Consejo de Evaluación para el Ingreso a la Universidad) de la escuela secundaria. Dicho número es el que anotaste cuando llenaste los paquetes de exámenes estandarizados. Está impreso en la cubierta de tus paquetes del SAT y ACT o si vas a departamento de consejería, ellos te dirán cuál es.

Sección de pruebas estandarizadas

La solicitud te pide la fecha de tus exámenes y tus resultados. Anótalos de manera precisa. Todos los resultados del College Board (Consejo Universitario) deben estar indicados en los últimos resultados de las pruebas que recibiste. Tu último registro del ACT sólo tendrá los resultados actuales a menos que hayas solicitado los anteriores. Si extraviaste esta información, comunícate con estas organizaciones o dirígete a tu departamento de consejería. Tu consejero debe tener copias. Asegúrate que las organizaciones de los exámenes envíen tus informes de resultados oficiales a las universidades a las que estás postulando. Si estás planeando presentar uno de estos exámenes en el futuro, las universidades querrán esas fechas también y esperarán dichos resultados antes de tomar una decisión. Si cambias de planes, escribe una nota a la oficina de admisión con las nuevas fechas o la razón para cancelar.

Sección de lista de cursos durante el duodécimo año

Las universidades te solicitarán la lista de los cursos, por semestre, del duodécimo año. Establece la lista en el siguiente orden: Coloca en primer lugar cualquier curso AP o cursos anuales de nivel superior; esto causará un mayor impacto. Luego coloca otros cursos anuales requeridos, luego los cursos semestrales requeridos y finalmente los optativos. Asegúrate de colocar apropiadamente los cursos del primer y segundo semestre. Si estás tomando educación física, no se te olvide colocarlo.

Las personas que escribirán tus recomendaciones

La mayoría de las universidades te solicitarán dos o tres cartas de recomendación de adultos que te conozcan bien.

Recomendaciones del consejero vocacional

Casi todas las universidades solicitan una carta de recomendación del consejero vocacional de la escuela secundaria del solicitante. Algunos consejeros le entregarán a sus estudiantes una pregunta de ensayo que creen que les dará una base de lo que ellos necesitan con el fin de estructurar una recomendación. Otros solicitarán opiniones a un amplio grupo de personas que conocen al estudiante para obtener una imagen amplia de éste en varios ambientes. Ningún enfoque es mejor que otro. Averigua cuál es el que utilizan en tu escuela. Probablemente obtendrás esta información como folleto en uno de los programas de consejería o en una presentación en el salón de clases realizada por el departamento de consejería de tu escuela. Si aún no estás seguro de lo que se espera de ti o si el perro se comió esos papeles, pregúntale a tu consejero vocacional qué se necesita y cuándo es el plazo final. Asegúrate de completar el material a tiempo y que reservaste tiempo suficiente para hacerlo de una manera completa y correcta.

Recomendaciones de maestros

Además de las recomendaciones de tu consejero, las universidades pueden solicitar recomendaciones adicionales de tus maestros. Puesto que es una recomendación formal, tus maestros de materias la envían directamente a las universidades. La mayoría de las universidades solicitan al menos una recomendación formal además de la recomendación del consejero. Sin embargo, muchas instituciones competitivas solicitan al menos dos, y a veces tres, recomendaciones académicas. Sigue las instrucciones de la universidad con respecto al número exacto.

Solicita en persona las recomendaciones de los maestros que quieres incluir. Si ellos están de acuerdo, entrégales una copia de tu Hoja de autorrecomendación. Por otro lado, puede que te encuentres con educadas excusas como "Lo siento pero no puedo escribir una recomendación para ti. Ya me comprometí con muchos estudiantes y sería difícil cumplir con las fechas estipuladas." Este maestro puede estar realmente sobrecargado con solicitudes de recomendaciones, especialmente si es un maestro de inglés de duodécimo grado o el maestro te puede estar señalando que alguien diferente podría escribirte una mejor carta. De todos modos, acepta la educada negación y busca otra persona.

¿Cómo decides a quién preguntarle? Aquí hay algunas preguntas que te ayudarán a seleccionar a los que escribirán las recomendaciones:

- ¿Qué tan bien te conoce el maestro?
- ¿Has tenido clase con él o ella en más de un curso? (Un maestro que te ha enseñado durante dos o tres años ha visto el desarrollo de tus talentos y aptitudes.)
- ¿El maestro o maestra ha auspiciado actividades extracurriculares en las que has participado?
- ¿Tienes una buena relación con él o ella?
- ¿La universidad indica que se solicita una recomendación de un maestro de un área o materia en particular?
- Si señalas una especialidad futura, ¿puedes obtener una recomendación de un maestro en dicha área?

CONSEJO: Proporciona recomendaciones de dos materias, por ejemplo, inglés y matemáticas.

Otros que pueden escribir tus recomendaciones

Considera obtener recomendaciones de tu empleador, tu rabino o pastor, el director del campamento de verano donde trabajaste los últimos dos años, entre otros, pero sólo hazlo si estas cartas adicionales revelarán información acerca de ti que causará un impacto profundo en la manera en que la universidad te ve como candidato. De lo contrario, corres el riesgo de sobrecargar tu solicitud con muchos papeles.

Escribir el ensayo para la solicitud de ingreso

Los ensayos de la solicitud de ingreso reflejan cómo piensas y cómo escribes. También revelan información adicional sobre ti que no está en los otros materiales de la solicitud. No todas las universidades solicitan ensayos y aquellas que lo hacen tienen un tema de preferencia. Asegúrate de escribir del tema especificado y mantén la cantidad de páginas o palabras indicadas. Si el ensayo es de 300 palabras, no envíes uno de 50 ó de 500. Algunos ejemplos de temas son:

Cuéntanos sobre ti. Describe tu personalidad y un logro especial. Demuestra los aspectos únicos de quién eres, qué haces y qué quieres de la vida. Comparte una experiencia que te ha impactado o escribe sobre algo que aprendiste de tus padres.

Cuéntanos sobre un interés o idea extracurricular o académica. Señala cómo un libro, una experiencia, una cita o una idea refleja o perfila tu perspectiva o aspiraciones.

DE LA OFICINA DE ORIENTACIÓN

P: ¿Tienes algún consejo específico para estudiantes hispanos sobre el ingreso a la universidad?

R: Comienza a investigar con anticipación sobre el ingreso a la universidad y utiliza cualquier tecnología para acceder a ella. Haz preguntas y ve cada vez que haya una salida de campo a una universidad local. Conversa con los funcionarios de ingreso universitario que visitan tu escuela secundaria. No existe ninguna excusa para la ignorancia, los estudiantes deben estar informados. Cuando estés en la universidad no tendrás personas cuidándote, tú tienes que tomar la iniciativa sobre las clases que tomarás, por lo tanto, necesitas practicar dichas aptitudes ahora. Muchos de mis estudiantes son extranjeros y me cuentan que somos muy afortunados de tener estas formas de obtener información sobre la universidad. Los estudiantes deben sacar provecho de todos los recursos disponibles. Con cada "no" como respuesta, existe un "sí" en algún lado, pero hay que esforzarse para encontrarlo.

Mary Turner
English for Speakers of Other Languages, ESOL
Spanish River High School
Boca Raton, Florida

Cuéntanos por qué quieres venir a nuestra universidad. Explica por qué tus objetivos e intereses se relacionan con los programas y propuestas de dicha universidad en particular. Esta pregunta requiere una investigación sobre la universidad. Sé específico.

Muéstranos un lado imaginativo de tu personalidad. Esta pregunta exige originalidad pero es una gran oportunidad para sacar a relucir tus aptitudes como escritor. Comienza escribiendo tus pensamientos e impresiones con suficiente anticipación antes de que venza el plazo del ensayo. Piensa en lo que has cambiado durante los años de manera que en caso de y cuando te toque hablar de ti mismo, tendrás mucha información. Escribe sobre algo que significa mucho para ti y apoya tus pensamientos con razones y ejemplos. Luego explica por qué te importa tu tema.

Este ensayo no debería ser un resumen de tu carrera en la escuela secundaria. Descríbete a ti mismo como los otros te ven y usa un estilo natural y propio de la conversación. Utiliza una experiencia para ilustrar algo de ti mismo. Por ejemplo, podrías analizar cómo el hecho de tener un pariente con una discapacidad te ayudó a apreciar los placeres simples de la vida, o puedes utilizar tu experiencia atlética para contar cómo has aprendido a valorar el trabajo en equipo. El ensayo es tu oportunidad de decir algo positivo o enriquecedor de ti mismo, por lo que tienes que destacar una experiencia que haga que el lector se interese en ti.

Señala en el ensayo qué es lo que tienes para ofrecerle a la universidad, explica por qué quieres asistir y cómo se relacionan tus habilidades y metas con las fortalezas y propuestas de la universidad. Escribe, vuelve a escribir y edita. No trates de escribir el ensayo de una vez. Éste mejorará con el tiempo y la reflexión. Corrige y concéntrate en la ortografía, puntuación y contenido. Pídele a alguien más que lea tu ensayo. Haz copias y guárdalas después de enviar por correo la copia original.

Los funcionarios de ingreso universitario buscan a la persona que hay dentro del ensayo, buscan al estudiante con amplios conocimientos y experiencias, con profundidad y perspectiva; también admiran la fuerza interior y el compromiso. No todos son ganadores siempre. El ensayo es una herramienta que puedes

EJEMPLO DE ENSAYO DE POSTULACIÓN

Aquí te mostramos un ensayo de solicitud de ingreso a la universidad de una estudiante. Ella respondió a la pregunta: "Indica una persona que te haya influenciado y describe dicha influencia".

La Sra. Muñoz no fue mi consejera vocacional sino hasta el duodécimo año de la escuela secundaria. Durante mi primera reunión con ella, me senté frente a su escritorio en una incómoda silla de plástico y no la miraba a los ojos mientras le contaba sobre mi dolorosa timidez, cómo odiaba las presentaciones orales y el miedo que tenía a levantar la mano en la clase o que me hicieran una pregunta; todo porque no quería ser el centro de atención.

Ella no me aconsejó inmediatamente, más bien, me preguntó más sobre mi misma, mi familia, mis amigos, y qué tipo de música, libros y películas me gustaban. Conversábamos con facilidad, como viejas amigas y no pasó mucho tiempo cuando empecé a esperar nuestras reuniones semanales. Su oficina era uno de los pocos lugares donde sentía que podía ser yo misma y dejar que mi personalidad brillara, donde sabía que era aceptada y que me querían incondicionalmente.

En noviembre de ese año, el club de teatro anunció que iba a realizar audiciones para su obra de primavera, "El Zoo de cristal". Lo había estudiando en la clase de inglés y era uno de mis favoritos y no era sorprendente que me sintiera identificada con la tímida Laura. Hablé con la Sra. Muñoz sobre la obra y sobre cuánto me gustaba el teatro. En un momento suspiré y dije "me encantaría interpretar a Laura".

–¿Por qué no audicionas para la obra?–, me sugirió la Sra. Muñoz.

La sola idea de actuar, de salir a escena, enfocada con un proyector de luz, frente a decenas de personas me asustó. Ella no me presionó, pero al terminar la sesión me animó a traer la copia de la obra durante las siguientes reuniones y leer líneas de los personajes, "sólo por diversión". Lo hice y, poco a poco, me encontré transformándome en Laura a medida que recitaba cada vez con más intensidad el papel.

Luego de algunas actuaciones informales, ella me dijo que era realmente buena como Laura y que le encantaría, al menos, verme audicionar por el papel. "Nunca te obligaría a hacerlo", me dijo, "pero no me gustaría ver que desperdicias tu potencial." Le insistí que estaba demasiado asustada, pero ella me prometió que iría a ver mi audición. Me dijo que pensara que ella era la única persona en la sala.

Una semana después, leí la parte de Laura y la Sra. Muñoz rebosaba de orgullo al fondo de auditorio. Descubrí que verdaderamente disfrutaba de la actuación, que introducirme a fondo en un personaje destruía el caparazón que había construido alrededor de mí. No obtuve el papel, pero descubrí la pasión que enriqueció mi vida de muchas maneras. Le debo mucho a la Sra. Muñoz por ponerme en el camino para llegar a ser una actriz profesional y por ayudarme a vencer, finalmente, mi timidez. Sin su apoyo silencioso y su fortaleza, nada de esto hubiera pasado.

utilizar para desarrollar tu lado competitivo, donde tienes que explicar por qué debes ser aceptado en vez de otros postulantes.

Como último consejo, escribe el ensayo con el corazón. Tiene que tener vida y no ser artificial o plano. Evita decirles lo que quieren leer; sé tu mismo.

INFORMACIÓN ESPECIAL PARA DEPORTISTAS

Si antes no eras una persona que planea las cosas, pero quieres practicar deportes mientras estás en la universidad o ir a la universidad con una beca deportiva, es mejor que comiences a planear las cosas ahora. Existen muchas normas y condiciones que necesitas saber con antelación para no perder ninguna oportunidad.

Primero, piensa si tienes o no lo que implica practicar un deporte en la universidad. Es una pregunta difícil pero necesaria. En general, practicar deportes en la universidad requiere aptitudes básicas y habilidades naturales, un conocimiento sólido del deporte y un cuerpo fuerte en general, velocidad y una buena formación académica. Los deportistas de hoy en día son más fuertes y más rápidos debido a que mejoraron los métodos de entrenamiento y condicionamiento. Entrenan sus aptitudes y técnicas y comienzan con dichos entrenamientos a comienzos de año. Recuerda, tu talento será comparado con otros de todo Estados Unidos y el resto del mundo.

Segundo, conoce los antecedentes. La mayoría de los programas atléticos de las universidades son regulados por la National Collegiate Athletic Association (NCAA) una organización que establece las reglas sobre elegibilidad, reclutamiento y ayuda financiera. La NCAA tiene tres divisiones para los miembros: División I, División II y División III. Las instituciones son miembros de una u otra división de acuerdo al tamaño y posibilidades de sus programas atléticos y si proporcionan becas deportivas.

Si estás planeando inscribirte durante tu primer año de universidad y deseas participar como deportista de la División I o de la División II, debes estar certificado por el NCAA Initial-Eligibility Clearinghouse (Centro de Intercambio de Información sobre

DE LA OFICINA DE ORIENTACIÓN

P: ¿Cuál es el gran error que cometen los deportistas de la escuela secundaria cuando piensan en la universidad?

R: Algunos creen que únicamente con su habilidad deportiva conseguirán una beca y no creen que sus calificaciones deben ser aceptables. Las universidades de División I o II no pueden ofrecer becas si el estudiante no cumple con los niveles académicos exigidos por la universidad para ser admitido. Nuestros consejeros comienzan por recordarles a los estudiantes de noveno grado y todos los años siguientes que los cursos que tomen son importantes para las universidades que verán sus certificados de calificaciones. Los estudiantes no pueden comenzar a prepararse en su duodécimo año de la escuela secundaria.

Sue Bradshaw
Consejera vocacional
Sterling High School
Baytown, Texas

Elegibilidad Inicial de la NCAA). El Clearinghouse fue establecido como una organización aparte por las instituciones miembros de la NCAA para asegurar una interpretación sistemática de los requisitos de la elegibilidad inicial de la NCAA para todos los posibles estudiantes deportistas en todas las instituciones miembros.

Debes comenzar el proceso de certificación cuando eres estudiante de undécimo grado en la secundaria. Verifica con tu consejero para cerciorarte de que tomarás un plan de estudios básico que cumpla con los requisitos de la NCAA. También, matricúlate para presentar el ACT o SAT I como un estudiante de undécimo grado. Envía el Student Release Form (Formulario de Autorización del Estudiante), disponible en la oficina de tu consejero vocacional, al Clearinghouse al iniciar tu decimosegundo año.

Elegibilidad inicial de deportistas de primer año de la universidad para División I y II

Los estudiantes que piensan participar en deportes de la universidad de la División I o II de la NCAA deben obtener un Student Release Form de su escuela secundaria, completarlo y enviarlo al Clearinghouse de la NCAA. Este formulario autoriza a las escuelas secundarias a entregar el certificado de calificaciones del estudiante, incluyendo resultados de exámenes, calificaciones y otra información académica al Clearinghouse y a que éste último lo entregue a las universidades que lo soliciten. El formulario y la cuota correspondientes se deben recibir antes de que se procese cualquier documento. (La exención de cuotas está disponible para estudiantes de escasos recursos. Solicítale a tu consejero más información al respecto.)

Los estudiantes también deben asegurarse de que el Clearinghouse reciba los informes de los resultados del ACT o SAT I. Los estudiantes pueden solicitar que sus informes de resultados los envíen directamente a dicho Clearinghouse para lo que se ingresa un código específico (9999) en los paquetes de registro del ACT y SAT I.

Una vez al año, las escuelas secundarias enviarán un formulario 48-H actualizado, que es una lista de cada curso que cumple con los requisitos de cursos básicos de la NCAA. El personal del Clearinghouse validará dicho formulario y luego determinará la elegibilidad inicial de cada estudiante. Las instituciones universitarias solicitarán información al Clearinghouse sobre la elegibilidad inicial de los posibles estudiantes deportistas. El Clearinghouse tomará una decisión sobre la certificación e informará directamente a la institución.

Hay tres tipos de elegibilidad

1. Certificación de elegibilidad para visitas a campus con los gastos pagados.
2. Certificación preliminar sobre la elegibilidad para participar en deportes universitarios (es probable que aparentemente cumpla con todos los requisitos de la NCAA pero no se ha graduado aún).
3. Certificación final otorgada cuando se recibe una prueba de la graduación.

Es posible hallar información adicional del Clearinghouse en el *Guide for the College-Bound Student-Athlete* (Guía para los estudiantes deportistas postulantes a la universidad), publicado por la NCAA.

Para obtener una copia de esta guía, llama al 800-638-3731 (llamada gratuita).

También puedes visitar el sitio Web de la NCAA (en inglés) www.ncaa.org.

Reglamento de la National Association of Intercollegiate Athletics (NAIA)

La National Association of Intercollegiate Athletics, NAIA (Asociación Nacional de Deportes Interuniversitarios) tiene requisitos de elegibilidad diferentes para los estudiantes deportistas. Para ser elegible para participar en deportes interuniversitarios como un estudiante de primer año, se deben cumplir con los siguientes requisitos:

1. Tener un 2.0 (C) o más como promedio general final acumulado en la escuela secundaria.
2. Tener un puntaje de 18 ó mas en el ACT o un puntaje total de 860 ó más en el SAT I en un examen único administrado en una fecha de presentación de examen nacional.
3. Tener un puesto de promoción superior al cincuenta por ciento de la clase.

Los estudiantes deportistas también deben tener un archivo en la universidad con los informes de resultados oficiales del ACT o SAT I del centro nacional de examinación respectivo. No se aceptan los resultados que se encuentran en los certificados de calificaciones de la escuela secundaria de los estudiantes. Los estudiantes deben solicitar que los resultados de sus exámenes sean enviados a la oficina de admisión de la universidad.

Si tienes preguntas adicionales acerca de la elegibilidad para NAIA, escribe a:

NAIA
6120 South Yale Avenue
Suite 1450
Tulsa, Oklahoma 74136
Teléfono: 918-494-8828
O visita su sitio Web (en inglés) *www.naia.org*.

CURRÍCULUM VITAE DEPORTIVO

Nombre____________________

Dirección ____________________

____

Dirección y teléfono de la escuela secundaria

____

____

____

Nombre del entrenador ____________________

Estatura y peso____________________

Velocidad (por competencia específica)____________________

Posición desempeñada ____________________

Clasificación de peso ____________________

GPA____________________

Puesto de promoción____________________

Resultados del ACT o SAT I (o cuándo planeas presentarlos) ____________________

Registro atlético____________________

____

Equipo de selección del estado____________________

Reconocimientos especiales____________________

Logros fuera de la temporada ____________________

Ejercicios de levantamiento de pesas____________________

Salto vertical ____________________

Flexiones ____________________

Salto de banca ____________________

Carrera de relevo ____________________

Características de liderazgo ____________________

Antiguos deportistas exitosos de tu escuela

____

Capacidades destacadas____________________

Nacionalidad ____________________

Padres o parientes ex-alumnos____________________

Incluye lo siguiente en tu currículum vitae:

- **Calendario de juegos del equipo con días y horas**
- **Cinta de video con el número de tu camiseta identificado**
- **Recortes de periódicos sobre ti o tu equipo.**

AUDICIONES Y CARPETAS DE TRABAJO

Si decides estudiar artes, como el teatro, la música o las bellas artes, es posible que el personal de ingreso universitario te pida audicionar o mostrar tu carpeta de trabajo. Los siguientes consejos te ayudarán a dar a conocer tus talentos y aptitudes cuando te prepares para una audición o para la revisión de una carpeta.

Audiciones musicales

Los estudiantes de secundaria que desean seguir un título en música, ya sea vocal o instrumental, generalmente deben audicionar. Si eres cantante, prepara al menos dos piezas en estilos contrastantes. Si puedes interpreta una en un idioma extranjero. Elige a partir de repertorios operáticos, espectáculos musicales o canciones artísticas y asegúrate de memorizar cada pieza. Si eres instrumentista o pianista, prepárate para interpretar escalas y arpegios, al menos una composición para instrumento solo o estudio técnico y una composición para una interpretación. No es necesario memorizar las piezas instrumentales. En cualquiera de estos campos, te podrán pedir repentizar.

Cuando interpretes música que repentices, debes tomar tiempo para mirar la pieza y asegurarte de las armaduras de clave y tiempo antes de continuar con la audición. Si eres cantante, debes llevar un acompañante conocido a la audición.

"Mi consejo es que pidas ayuda a tus profesores, consigas información por adelantado acerca de la audición y sepas más de lo que te piden", dice un estudiante. "También es buena idea seleccionar la fecha y la hora de la audición con tiempo".

"Trata de interpretar tu composición frente a la mayor cantidad de personas que puedas, tantas veces como te sea posible", dice otro estudiante. "Es posible que también sea bueno que participes en una representación en la escuela secundaria."

Los programas tienen diferencias, a los estudiantes se les anima a que llamen a la universidad y pidan información de la audición. En general, los departamentos de música buscan estudiantes que demuestren competencia técnica y logros en el rendimiento.

El ingreso a los programas musicales varía en grados de competitividad, de modo que debes audicionar a un mínimo de tres universidades y a un máximo de cinco para ampliar tus oportunidades. El grado de competitividad varía además según los instrumentos, sobretodo si un músico renombrado enseña alguno en especial. Algunas universidades ofrecen la oportunidad de audicionar por segunda vez, si no sientes haberlo hecho con todo tu potencial en la primera. Lo ideal es que te acepten en el programa de tu elección, pero ten en mente que es posible que no quedes aceptado. Si eso ocurre, sigue intentándolo en otra universidad o considerar otra especialidad universitaria.

Audiciones de danza

En muchas universidades que ofrecen carreras de cuatro años se lleva a cabo una clase abierta el día anterior a la audición. Se enseña una pieza que combina improvisación, ballet, danza moderna y ritmo y luego se espera que los estudiantes interpreten esas piezas en las audiciones. Los profesores se fijan en la coordinación, la técnica, el ritmo, el grado de movimiento y la estructura corporal. También evalúan tu habilidad para aprender y tu potencial para completar el plan de estudios. Los programas de danza varían, así que verifica con la universidad de tu elección para obtener información específica.

Carpetas de arte

Una carpeta es simplemente una colección de tus mejores trabajos de arte. Los trabajos que seleccionas para colocar en tu carpeta deben demostrar tu interés y

CONSEJO ESTUDIANTIL

P: ¿Qué ha sido lo más difícil de ingresar a la universidad y como lo estás superando?

R: Para mi lo más difícil fue el idioma. Te menosprecias porque tienes acento o porque nadie te puede entender. Ahora voy a clases para mejorar mi acento. Yo aprendí la gramática inglesa en Cuba, pero las personas no me entendían cuando hablaba. Lo intentaba y lo intentaba. Fui a otra escuela en Miami y me pusieron en una clase de historia. Los estadounidenses no hablan español. Fue difícil.

Barbara García
Estudiante de duodécimo año de la escuela secundaria
Forest Hill High School
West Palm Beach, Florida

aptitud para una educación seria en arte. Una carpeta bien desarrollada puede ayudarte a ser aceptado en una prestigiosa facultad de arte y aumentar las oportunidades de que te otorguen una beca en competencias de carpetas en el ámbito nacional. Los trabajos que selecciones deben mostrar diversidad en la técnica y variedad en los temas. Puedes mostrar trabajos en distintas formas (óleos, fotografía, acuarelas, pasteles, etc.) en blanco y negro o a color. Tu carpeta puede incluir las asignaciones para toda la clase así como también los proyectos independientes. También puedes incluir tu libro de bosquejos.

Las facultades de artes especializadas requieren que envíes un promedio de diez trabajos de arte, pero recuerda que la calidad es más importante que la cantidad. El personal de la oficina de admisión revisará tus piezas y tu certificado de calificaciones para evaluar tu aptitud y potencial para el éxito. Generalmente, presentarás tu carpeta en persona, sin embargo, algunas escuelas les permiten a los estudiantes enviar diapositivas por correo si se encuentran lejos. No hay una fórmula simple para tener éxito que no sea el trabajo duro. Además, no existe la "carpeta perfecta" ni el estilo o la instrucción específica para lograrla.

Consejos para armar tu carpeta:

- Trata de que tu carpeta esté lo más limpia y organizada posible.
- Es importante que protejas tu trabajo, pero asegúrate de que el paquete que seleccionas sea fácil de manipular y que no interfiera con la vista de las piezas.
- Para los jueces es difícil ver y manipular los dibujos que han sido enrollados. Puedes embalar termoplásticamente tus ilustraciones pero no es necesario.
- Evita las hojas de papel sueltas entre las piezas.
- Si decides montar o ponerle un marco de cartón a tu trabajo (lo que no es necesario) usa solamente tonos grises neutros, blanco o negro.
- Nunca incluyas obras enmarcadas o de carbón.
- Una carpeta de diapositivas debe presentarse en un casquillo plástico estándar para diapositivas de 8 × 11, el que puedes comprar en cualquier tienda de artículos para fotografías.
- Asegúrate de que las pinturas estén completamente secas antes de colocarlas en la carpeta.
- Etiqueta cada pieza con tu nombre, dirección y escuela secundaria.

Audiciones de teatro

La mayoría de las universidades de artes liberales no requieren que los estudiantes que audicionan sean aceptados dentro del departamento de teatro, a menos que la universidad ofrezca un título de Licenciatura en Bellas Artes (B.F.A.) en teatro. Debes postular a la universidad de tu elección antes de programar una audición. También debes considerar pasar un día completo en el campus para que puedas hablar con miembros y los estudiantes de la facultad de teatro, asistir a clases, reunirte con tu funcionario de ingreso universitario y recorrer las instalaciones.

A pesar de que cada universidad tiene requisitos distintos, si vas a audicionar para un programa de actuación de B.F.A., debes preparar dos monólogos contrastantes extraídos de obras de tu elección. La longitud de ambas piezas no debe exceder los 5 minutos y debes llevar un currículum vitae teatral y una foto a la audición.

Los requisitos para teatro musical generalmente constan de una selección musical movida y una balada, así como también un monólogo de una obra o un musical de tu elección. Todas tus piezas no deben durar más de 5 minutos. También es necesario que lleves música para el acompañamiento, un currículum vitae con tu experiencia teatral y una fotografía.

Consejos para tener éxito en una audición:

- Elige un material adecuado a tu edad.
- Si eliges tu monólogo de un libro de monólogos, debes leer la obra completa y familiarizarte con el contexto de tu selección.
- Selecciona un monólogo que te permita hablar directamente a otra persona; sólo debes interpretar a uno de los personajes.
- Memoriza tu selección.
- Evita usar la caracterización o el estilo, ya que tienden a atraparte en ese papel en lugar de buscar profundamente en tus recursos interiores.

COSTOS Y FUNDAMENTOS DE LA AYUDA FINANCIERA

Obtener ayuda financiera puede ser intimidante, pero no dejes que eso te detenga.

ES COMPLICADO, Y existen muchas piezas en este rompecabezas. Deja algunas afuera o incluye demasiadas y no resultará bien. Sin embargo, si miras cada pieza por separado en vez de tratar de entender el proceso completo de inmediato, será más fácil de asimilar. El truco es empezar con tiempo, ser organizado y planificar.

La tarea de hallar el dinero que necesitas para asistir a una institución que imparte carreras de dos o cuatro años o a una escuela vocacional o universitaria de oficios, es todo un desafío, pero puedes hacerlo si ideas correctamente una estrategia antes de empezar a postular a la universidad. La ayuda financiera proviene de muchas fuentes diferentes, pero aquí es donde este libro puede ayudarte. Aquí encontrarás mucha ayuda para ubicar estas fuentes y encontrar dónde puedes obtener consejos. La ayuda financiera se encuentra disponible para ayudar a afrontar tanto los costos educacionales directos (matrícula, cuotas, libros) como los gastos de manutención personales (alimentación, residencia, transporte).

GASTOS DE UNIVERSIDAD PROYECTADOS

La siguiente gráfica calcula el costo de un año de educación universitaria, incluido matrícula, alojamiento y comida. Los cálculos se basan en un incremento anual del 6 por ciento.

Año académico	Pública con carreras de 4 años	Privada con carreras de 4 años
2002–2003	$12,712	$27,289
2006–2007	15,452	33,291
2010–2011	18,782	40,466
2014–2015	22,829	49,186

Fuente: The College Entrance Examination Board

En el proceso de ayuda financiera, los tiempos han cambiado a favor del estudiante. Debido a que el grupo de posibles estudiantes universitarios tradicionales ha disminuido, las universidades compiten entre sí para atraer buenos estudiantes. De hecho, algunas ya no usan la ayuda financiera como método para ayudar a los estudiantes a financiar su educación universitaria, sino como una herramienta de mercadeo y reclutamiento, lo que pone a los estudiantes y sus familias en ventaja, algo que debe reconocerse y usarse para negociar.

Antes las universidades ofrecían ayuda financiera basada en las necesidades y en el mérito sólo a estudiantes con necesidad económica o excelencia académica. Hoy en día, algunas ofrecen lo que podría llamarse ayuda de incentivo o descuento para estimular a los estudiantes a que las elijan a ellas en vez de otras. Esta ayuda, que no necesariamente se basa en una necesidad o mérito, va dirigida a estudiantes que cumplen con los estándares de la universidad, pero que no necesariamente calificarían para tipos de ayuda tradicional.

UNA VISTA RÁPIDA A LA AYUDA FINANCIERA

Tú y tu familia deben ser agresivos al negociar los paquetes de ayuda financiera. Antes no cabía hacer dichas negociaciones, pero en el ambiente de hoy, es aconsejable ser un consumidor que compara. Las familias deben esperar hasta que hayan recibido todas las ofertas financieras y luego hablar a la universidad de primera elección para ver si ésta puede igualarse a las mejores ofertas de otras universidades.

GLOSARIO DE AYUDA FINANCIERA

BIENES. El monto que posee una familia en ahorros e inversiones. Esto incluye cuentas de ahorros y corrientes, un negocio, una granja u otro bien raíz y acciones, bonos y fondos fiduciarios. Los automóviles no se consideran bienes, ni lo son tampoco las colecciones de estampillas o las joyas. Algunas universidades cuentan el valor neto del hogar principal como un bien para determinar lo que ellas otorgan pero no se incluye en el cálculo para elegibilidad de fondos federales.

CIUDADANÍA O ELEGIBILIDAD PARA AYUDA. Para recibir ayuda para la universidad financiada por el gobierno federal un estudiante debe cumplir uno de los siguientes requisitos:

1. Ser ciudadano estadounidense
2. Ser nacional de Estados Unidos pero no ciudadano
3. Ser residente permanente con tarjeta I-151 ó I-551 sin condiciones
4. Ser parte de un caso de suspensión de deportación pendiente ante el Congreso
5. Ser poseedor de un I-94 que indique una de las siguientes designaciones: "Refugiado", "Se le Otorgó Asilo", "Libertad Condicional Indefinida" o "Libertad Condicional Humanitaria", "Entrante Cubano o Haitiano, Estado Pendiente" o "Entrante Condicional" (válido si se emiten antes del 1° de abril de 1980).

Las personas en Estados Unidos sólo con visa de estudiante F1 ó F2 ó sólo con visa de intercambio J1 ó J2 no pueden obtener ayuda federal.

PROGRAMA DE EDUCACIÓN COOPERATIVA. Programa ofrecido por muchas universidades en las cuales los estudiantes alternan períodos de inscripción con períodos de empleo, generalmente pagado, y que puede prolongar el programa universitario a cinco años.

APORTE ESPERADO DE LA FAMILIA (EFC) O CONTRIBUCIÓN DE LOS PADRES. Cifra determinada por una fórmula bajo mandato del Congreso que indica qué cantidad de recursos de una familia deben considerarse como "disponibles" para gastos de universidad. Se toman en cuenta factores como el ingreso sujeto a impuesto y no sujeto a impuesto y el valor de los bienes de una familia para determinar su solidez financiera. También se consideran las bonificaciones para mantener una familia y las necesidades financieras futuras antes de determinar cuánto dinero debe poner una familia para el costo de la universidad.

ESTUDIANTE INDEPENDIENTE. Un estudiante que informa sólo su propio ingreso (y el de su cónyuge si es pertinente) cuando postula para ayuda financiera federal. Los estudiantes que tengan 24 años o más al 31 de diciembre de 2002, se considerarán automáticamente "independientes" para el año 2002-2003 y aquellos que tengan menos de 24 se considerarán independientes si:

- están casados y no afirman ser dependientes en la declaración de impuesto sobre la renta federal del 2002 de sus padres
- es el sostenedor de un dependiente legal distinto al cónyuge
- es veterano de las Fuerzas Armadas de EE.UU.
- es huérfano o menor en tutela del tribunal
- es clasificado como independiente por un administrador de ayuda financiera de la universidad debido a otras circunstancias inusuales
- es un graduado o estudiante profesional

AYUDA BASADA EN EL MÉRITO. Cualquier forma de ayuda financiera otorgada sobre la base del logro personal o las características individuales sin hacer referencia a la necesidad financiera.

PRÉSTAMO SUBSIDIADO. Préstamo para el cual el prestatario no es responsable de todos los pagos de interés. En el caso de Préstamos Directos o Préstamos Federales Stafford Subsidiados, el gobierno paga el interés al prestamista a nombre del prestatario mientras el estudiante se encuentre en la universidad y durante períodos de gracia aprobados.

Para tener derecho a recibir la ayuda financiera federal o estatal, debes mantener un progreso académico satisfactorio hacia un título o certificado. Este criterio lo establece cada universidad. También necesitarás un número de seguro social válido y los estudiantes varones deben inscribirse para el servicio selectivo cuando cumplan dieciocho años.

Una vez que postulas a ayuda financiera, tu solicitud será procesada en aproximadamente cuatro semanas (una semana si se hace una postulación electrónica). Recibirás un Student Aid Report (SAR) en el correo, que informará sobre tu solicitud y la Aporte Esperado de la Familia (EFC: el número que se usa para determinar si eres elegible para ayuda federal para estudiantes). Cada universidad que enumeraste en la solicitud recibirá la información de tu solicitud.

Debes volver a postular para obtener ayuda financiera cada año; igualmente, si cambias de universidad, tu ayuda no necesariamente continúa. Revisa con tu nueva universidad para saber qué pasos debes dar para continuar recibiendo ayuda.

Una vez que hayas decidido a cuáles universidades deseas postular, habla con sus funcionarios encargados de la ayuda financiera. No hay mejor manera de reemplazar la información de la fuente cuando se trata de conocer tus opciones de ayuda financiera. Ese contacto personal puede servirte para conseguir montos sustanciales de ayuda.

Si calificas, no dejes que el precio de la universidad o del programa te desalienten, porque puede ser que obtengas suficiente dinero desde fuera para pagar la educación que deseas. No descartes una institución privada hasta que hayas recibido su paquete de ayuda financiera, porque éstas ofrecen montos significativos de ayuda financiera a fin de atraer estudiantes de todos los niveles de ingresos. Las instituciones con apoyo público suelen ofrecer menos ayuda financiera porque el monto inferior en la matrícula es una forma de ayuda (consulta "Gastos de universidad proyectados"). Además, los estudiantes que asisten a la universidad en el estado en que viven a menudo tienen más posibilidades de ayuda que los que asisten a una que se encuentra fuera de su estado. Usa la gráfica "Fondos universitarios disponibles" para determinar con qué cantidad pueden contribuir tú y tu familia y la tabla de "Comparación de costos de universidades" para averiguar qué universidades son más adecuadas para ti, financieramente hablando.

TIPOS DE AYUDA FINANCIERA

Asegúrate de entender las diferencias entre los tipos de ayuda financiera, de manera que estés preparado por completo para postular a cada una de ellas. Uno o más de estos recursos financieros puede hacer posible que sigas la educación que deseas.

Subvenciones: Las subvenciones se entregan a estudiantes con habilidades deportivas (sólo División I), académicas, por demografía, talento especial o necesidad. No se requiere su reembolso.

Becas: Las becas, que también se conocen como "ayuda al mérito", se otorgan por excelencia académica. No requieren reembolso.

Préstamos: Los préstamos para estudiantes, que tienen menores tasas de interés, pueden ser patrocinados por la universidad o por el gobierno federal o bien es posible conseguirlos a través de instituciones financieras comerciales. Estos deben ser reembolsados generalmente después de que te gradúes o dejes la universidad.

Programa universitario de trabajo y estudio: El programa universitario de trabajo y estudio es un programa patrocinado por medios federales para contratar a estudiantes para que trabajen. Si reúnen los requisitos, los estudiantes trabajan una cantidad de horas limitadas a lo largo del año académico. Muchas universidades privadas ofrecen formas de autoayuda para empleo como su propio complemento para la disminución en el aporte para el programa de trabajo y estudio financiado federalmente.

PROGRAMAS FEDERALES DE AYUDA FINANCIERA

Existe una cantidad de fuentes de ayuda financiera para los estudiantes que proviene del gobierno federal, gobiernos estatales, prestamistas privados, fundaciones y agencias privadas y las universidades en sí. Además, como se mencionó anteriormente, existen cuatro tipos diferentes de ayuda: subvenciones, becas, préstamos y programas universitarios de trabajo y estudio.

El gobierno federal es la fuente de ayuda financiera más grande y pone a disposición más de $60 mil millones en préstamos, subvenciones y otro tipo de ayuda para millones de estudiantes. A continuación se ofrece una lista de los programas de ayuda financiera federal que existen para ti.

FONDOS UNIVERSITARIOS DISPONIBLES

Usa esta gráfica para calcular los recursos de tu familia que se encontrarán disponibles para gastos de universidad. Revisa tu progreso al final de tu décimo y undécimo año escolar para ver si tus planes para buscar ayuda financiera necesitan ser revisados.

	Monto calculado disponible	Monto real: 11º grado	Monto real: 12º grado
TUS RECURSOS			
Ahorros y otros bienes			
Ingresos de verano			
Trabajo a tiempo parcial durante el año académico			
Misceláneos			
RECURSOS DE LOS PADRES			
Del ingreso actual de ellos			
De ahorros para la universidad			
Misceláneos (seguros, rentas vitalicias, acciones, fideicomisos, patrimonio del hogar, bienes raíces)			
TOTAL			

Fuente: American College Testing Program

SUBVENCIONES FEDERALES

El gobierno federal ofrece una cantidad de subvenciones educacionales que se resumen a continuación:

Federal Pell Grant

La Federal Pell Grant (Beca Federal Pell) es el programa de subvenciones más grande del país, mediante el cual se les otorga ayuda anualmente a unos 4 millones de estudiantes. Esta subvención está destinada a ser la base o punto de apoyo para familias de bajos ingresos. La elegibilidad para una Federal Pell Grant depende de la EFC o Aporte Esperado de la Familia. (Consulta el "Glosario de ayuda financiera" para ver una descripción de los términos que se usan comúnmente.) El monto que recibes dependerá de tu EFC, el costo de la educación en la universidad a la que asistes y si asistes a tiempo completo o parcial. El máximo que se te otorgue depende del monto con que se financie el programa. El máximo para el año académico 2002-2003 fue de $4,000. El monto que obtengas dependerá no sólo de tu necesidad financiera, sino también de lo que te cueste asistir a la universidad, de si eres estudiante a tiempo completo o parcial y si asistes a la universidad por un año académico completo o menos.

Observa que el máximo para cada uno de estos años académicos se determinará por el monto que el Congreso destine al programa. Históricamente, el monto asignado ha dado como resultado que se otorguen máximos mayores que aquellos de años anteriores pero menores a los autorizados.

Federal Supplemental Educational Opportunity Grant (FSEOG)

Como su nombre lo dice, la Federal Supplemental Educational Opportunity Grant, FSEOG (Beca Federal Suplementaria para la Oportunidad Educativa) entrega dinero de subsidios federales adicional basándose en necesidades económicas para complementar la Beca Federal Pell. A cada universidad que participa se le entregan fondos para que se los otorguen a estudiantes con necesidades especiales. Lo máximo que se entrega es $4,000 por año, pero el monto que recibe un estudiante depende de la política de la universidad, la disponibilidad de fondos FSEOG, el costo total de la educación y el monto de otra ayuda que se otorgue.

Becas federales

A continuación se mencionan las becas disponibles del gobierno federal:

Becas ROTC

Es posible que las Fuerzas Armadas (Ejército, Fuerza Aérea, Armada, Infantería de Marina) ofrezcan una beca de hasta 4 años que pague la matrícula universitaria completa más una bonificación mensual; sin embargo, estas becas son muy competitivas y se basan en el GPA, el puesto de promoción, los resultados en el ACT o SAT y

HOJA DE TRABAJO PARA COMPARACIÓN DE COSTOS UNIVERSITARIOS

Traza tu situación para ver qué universidad se ajusta mejor a tus recursos financieros. El total de gastos que tengas y los montos disponibles deben ser iguales. En caso de no serlo, tienes un déficit de financiamiento, lo que significa que tienes más gastos que fondos disponibles y necesitarás un préstamo (lo más probable), o viceversa (menos probable).

GASTOS	Universidad 1	Universidad 2	Universidad 3	Universidad 4
Matrícula y cuotas	$	$	$	$
Libros y materiales	$	$	$	$
Alojamiento y comida	$	$	$	$
Transporte	$	$	$	$
Misceláneos	$	$	$	$
TOTAL	$	$	$	$
FONDOS DISPONIBLES				
Contribución del estudiante y los padres	$	$	$	$
Subvenciones	$	$	$	$
Becas	$	$	$	$
Programa de trabajo y estudio	$	$	$	$
TOTAL	$	$	$	$
Déficit de financiamiento	$	$	$	$

calificaciones físicas. Postula lo más pronto posible, antes del 1° de diciembre de tu último año de escuela secundaria. Para más información, ponte en contacto con los cuarteles generales de las Fuerzas Armadas: Ejército, 800-USA-ROTC, Fuerza Aérea, 800-423-USAF, Armada, 800-USA-NAVY, Infantería de Marina, 800-MARINES (todos los números son gratuitos).

Becas de agencias federales

Las agencias federales como la CIA, la NASA, el Departamento de Agricultura y la Office of Naval Research (Oficina de Investigaciones Navales) ofrecen un salario anual al igual que una beca. A cambio de ello, el estudiante debe trabajar para la agencia cierto número de años o bien rembolsar todo el apoyo financiero. Para obtener más información, consulta con tu consejero.

Robert C. Byrd Honors Scholarship (Beca al Mérito Robert C. Byrd)

Para calificar para esta beca, debes demostrar excelencia y un logro académico destacado en la escuela secundaria, los que se indican a través del puesto de promoción, las calificaciones escolares, los resultados de exámenes estandarizados y las actividades de liderazgo. Los montos otorgados de $1,500 son renovables por cuatro años. Para obtener información sobre la postulación, contacta a tu consejero de la escuela secundaria. Los plazos pueden variar por estado, así que comunícate con el Departamento de Educación de tu estado.

National Science Scholars Program, NSSP (Programa Nacional para Becarios en Ciencias)

Para calificar, debes ser un estudiante de último año de escuela secundaria que se gradúe con un promedio general GPA mínimo de 3.5 y un puntaje de ACT de al menos 25 o un puntaje de SAT I de a lo menos 1100 y demostrar excelencia y logro en ciencias físicas, de la vida o de la computación, matemáticas o ingeniería. Las becas son de $5,000 por año o el costo de asistencia del estudiante, cualquier sea menor, por hasta cinco años de estudio. Esto se otorga a dos estudiantes de cada distrito del Congreso. Para obtener información de las postulaciones y plazos, contacta a tu consejero de la escuela secundaria o coordinadores del NSSP en el Departamento de Educación de tu estado.

Préstamos federales

Los siguientes son los métodos a través de los cuales puedes solicitar préstamos del gobierno federal:

Federal Perkins Loan

Este préstamo entrega ayuda con bajo interés (5 por ciento) para estudiantes con necesidad financiera excepcional (estudiantes con la Aporte Esperado de la Familia más baja). Los Federal Perkins Loans

(Préstamos Federales Perkins) se hacen a través de la oficina de ayuda financiera de la universidad, es decir, la universidad es el prestamista. Para estudios universitarios, puedes solicitar un préstamo de un máximo de $4,000 anuales por hasta cinco años de estudio y es posible tomar hasta diez años para reembolsarlo. Para ello se empieza nueve meses después de que te gradúas, dejas la universidad o estás menos de medio tiempo. No se acumula interés mientras te encuentras en la universidad y, bajo ciertas condiciones (por ejemplo, si eres un maestro en un área de bajos ingresos, trabajas para el cumplimiento de la ley, eres enfermera o paramédico a tiempo completo, o trabajas como voluntario del Cuerpo de Paz o VISTA), algunos o todos tus préstamos pueden cancelarse dentro de catorce días después de la fecha que tu universidad envíe la notificación de ingreso de la transacción o el primer día del período de pago, cualquiera sea más tarde. Los pagos también pueden ser diferidos bajo ciertas condiciones, como desempleo.

FFEL Stafford Student Loan

Un FFEL Stafford Student Loan (Préstamo Stafford FFEL para Estudiantes) puede solicitársele a un prestamista comercial participante, como un banco, una cooperativa de crédito o una sociedad de ahorro y préstamo. La tasa de interés varía anualmente (ha llegado a un máximo de 8.25 por ciento). Si calificas para un FFEL Stafford Student Loan subsidiado basándose en necesidad económica, el interés lo paga el gobierno federal mientras estés inscrito en una universidad. También existe un FFEL Stafford Student Loan no subsidiado que no se basa en la necesidad económica y al cual puedes postular sin importar el ingreso de tu familia.

El monto máximo que puedes solicitar como dependiente en un año es de $2,625 cuando estás en el primer año de universidad, $3,500 cuando estás en el segundo año y $5,500 cuando estás en el penúltimo o el último año, con un tope de $23,000 para el total del programa universitario. El monto máximo que puedes pedir como independiente es de $6,625 cuando estás en el primer año (no más de $2,625 en Stafford Loans subsidiados), $7,500 cuando estás en segundo año (no más de $3,500 en Stafford Loans subsidiados) y $10,500 cuando estás en el penúltimo o último año (no más de $5,500 en Stafford Loans subsidiados). Se te solicitará que pagues un derecho del 4 por ciento que se deduce de los fondos del préstamo.

Para solicitar a un FFEL Stafford Student Loan, primero debes completar una FAFSA para determinar si eres elegible para un préstamo subsidiado y luego completar una solicitud para el préstamo por separado que se presenta a un prestamista. La oficina de ayuda financiera puede ayudarte a seleccionar un prestamista o puedes ponerte en contacto con el Departamento de Educación Superior de tu estado para encontrar un prestamista participante. El prestamista te enviará a ti o a tus padres un pagaré que debes firmar, donde se indique que estás de acuerdo en reembolsar el préstamo. Los fondos del préstamo, menos el derecho de origen, se enviarán a tu universidad para que se ingrese a tu cuenta estudiantil o se te pague directamente.

CONSEJO DE AYUDA FINANCIERA

P: ¿Qué desea que los estudiantes y sus padres sepan sobre la ayuda financiera?

R: Ellos no saben que deben completar las solicitudes de ayuda financiera con suficiente antelación, de manera que si nos encontramos con errores, se puedan corregir. Ellos cometen errores, como no responder a la pregunta sobre el monto de impuestos cancelados el año anterior. Muchos padres creen que si no enviaron un cheque al Internal Revenue Service, IRS (Servicio de Impuestos Internos), no pagaron impuestos. Algo tan simple como eso, puede causar muchos problemas. Si la información financiera se registra de forma incorrecta, realmente puede estropear todo. Ellos deberían leer toda la información en el formulario de ayuda financiera y si tienen preguntas, deben consultarle a alguien. Según mi experiencia, si no pueden comunicarse con la universidad a la que el hijo piensa asistir, llamen a una universidad local. Cada vez que una solicitud ingresa al sistema con errores, puede causar problemas mayores.

Ahora que se puede postular a través de Internet, los formularios son más fáciles y están redactados de manera que todos pueden entender. Si un postulante no completa alguna información, aparecerá un aviso de advertencia señalándole que omitió algo. Sé que no todos los estudiantes tienen acceso a Internet, pero pueden ir a la biblioteca pública y hacerlo ahí.

Trudy Master,
Funcionaria de ayuda financiera
Lee College
Baytown, Texas

PLANIFICA EL PAGO DE TU PRÉSTAMO ESTUDIANTIL

Los préstamos se han convertido en parte importante de la ayuda financiera, porque la mayoría de los estudiantes descubren que deben solicitar dinero para financiar su educación. Si aceptas un préstamo, estás incurriendo en una obligación financiera, y tendrás que reembolsarlo por completo, junto con todos los intereses y cualquier derecho adicional (cobro, asuntos legales, etc). Sabiendo esto, considera cuidadosamente la carga que te impondrá este monto después de que dejes la universidad. El incumplimiento de un préstamo puede comprometer negativamente tu futuro financiero, por eso, solicita el préstamo con inteligencia.

ALGUNAS OPCIONES DE REEMBOLSO

Existe una cantidad de opciones de reembolso para los prestatarios de préstamos para estudiantes con garantía federal.

Plan de reembolso estándar: **exige pagos mensuales fijos (al menos $50) en un período fijo (hasta diez años) y la duración del período depende del monto del préstamo. Por lo general, este plan da como resultado el interés total más bajo, porque el período de reembolso es menor que el de otros planes.**

Plan de reembolso ampliado: **permite que el reembolso se amplíe a través de un período que generalmente es de doce a treinta años, dependiendo del monto total pedido. Los prestatarios aún pagan un monto fijo cada mes (al menos $50), pero por lo general, los pagos mensuales son menores que con el plan de reembolso estándar. Este plan hace que el reembolso sea más manejable, sin embargo, se paga más interés porque el período es más largo.**

Plan de reembolso graduado: **permite que los pagos comiencen con montos bajos y vayan aumentando cada dos años. Este plan sirve para prestatarios cuyos ingresos son bajos inicialmente, pero que aumentarán a un ritmo constante. Los pagos mensuales deben ser al menos la mitad pero no pueden ser más de una vez y media lo que se pagaría con un reembolso estándar. El período de reembolso variará generalmente, de doce a treinta años, dependiendo del monto total solicitado. Igualmente, es posible que los pagos mensuales sean más manejables al principio porque son menores, pero se pagará más interés porque el período es más largo.**

Plan de reembolso condicional al ingreso: **se basa en pagos mensuales sobre el ingreso bruto ajustado (IBA) y el monto total solicitado. Éste se encuentra disponible sólo para estudiantes que participan en Direct Loans (Préstamos Directos), sin embargo, algunos prestamistas FFEL y agencias de garantía lo proporcionan. A medida que el ingreso aumente o disminuya cada año, los pagos mensuales se ajustarán de acuerdo a ello. El pago mensual requerido no excederá el 20 por ciento del ingreso discrecional del prestatario que se calcula según una fórmula publicada. El prestatario tiene hasta veinticinco años para reembolsar el dinero; después de ese tiempo, cualquier monto no pagado se saldará, pero los prestatarios deberán pagar impuestos sobre éste. En otras palabras, si el gobierno federal perdona el saldo de un préstamo, se considera que el monto es parte del ingreso del prestatario para ese año.**

Si calificas para un Stafford Loan subsidiado, no tienes que pagar interés mientras estés en la universidad. En el caso de un FFEL Loan no subsidiado, serás responsable de pagar el interés desde el momento en que se estableció el préstamo, sin embargo, algunos prestamistas de FFEL te permitirán tener retraso en el pago, pero agregarán el interés a tu préstamo. Una vez que comienza el período de reembolso, ya seas prestatario de FFEL Loans subsidiados o no subsidiados, tendrás que pagar una combinación de interés y capital mensual por un período de hasta diez años.

William D. Ford Direct Stafford Loans

El Federal Direct Sttafford Student Loan (Préstamo Federal Directo Stafford para Estudiantes), es básicamente igual que el Federal Stafford Student Loan Program (Programa Federal del Préstamo Stafford para Estudiantes). La diferencia es que el Departamento de Educación de Estados Unidos, más que un banco, es el prestamista. Si tu universidad no participa en este programa, aún puedes solicitar a un FFEL Stafford Student Loan.

Muchos de los términos del Direct Stafford Loan son similares a los del FFEL Stafford Loan. En particular, la tasa de interés, los montos máximos del préstamo, los aplazamientos y los beneficios para cancelar son los mismos, sin embargo, según los términos del Direct Stafford Student Loan, tienes una opción de planes de reembolso. Puedes elegir:

- Un reembolso mensual fijo estándar por hasta diez años
- Un plan de reembolso ampliado con pagos mensuales fijos menores por doce a treinta años a una tasa con un monto de interés total más alto
- Un plan de reembolso mensual graduado por doce a treinta años en el que los pagos aumentan de 50 por ciento a 150 por ciento del plan estándar
- O un plan de reembolso condicional al ingreso con pagos mensuales basados en tu ingreso anual y tamaño familiar

- No puedes recibir un Direct Stafford Loan y un FFEL Stafford Loan por el mismo período, pero es posible que recibas ambos en períodos de inscripción diferentes

Préstamos PLUS

Los préstamos Plus son para padres de estudiantes dependientes y están diseñados para ayudar a familias con problemas de flujo de efectivo. No es necesario una prueba para calificar y los préstamos se hacen por prestamistas FFEL o directamente por el Departamento de Educación. El préstamo tiene una tasa de interés variable que no puede exceder el 9 por ciento y no existe límite específico anual; tus padres pueden solicitar un préstamo hasta por el costo de tu educación, menos otra ayuda financiera recibida. Los reembolsos comienzan sesenta días después de que se presta el dinero y se resta un costo de 4 por ciento de los fondos. Por lo general, los padres prestatarios deben tener un buen historial de créditos para calificar para préstamos PLUS.

El préstamo PLUS se procesará según el sistema Directo o FFEL, dependiendo del tipo de programa de préstamo para el cual la universidad tiene contrato.

Federal Direct Lending

Las disposiciones son idénticas como para el programa Federal Stafford Student Loan, sin embargo, la institución de crédito principal es la universidad participante en el Federal Direct Lending Program, en vez de un banco u otra institución financiera.

Lender of Last Resort (Prestamista de Último Recurso)

Este programa ayuda a estudiantes que han tratado de obtener un Federal Stafford Student Loan y que les ha sido negado por dos instituciones de crédito. Los estudiantes elegibles deben estar inscritos en una institución superior aceptable.

Nursing Student Loan Program (Programa de Préstamo para Estudiantes de Enfermería)

Se otorga a estudiantes de enfermería que demuestran tener problemas financieros. Este préstamo tiene una tasa de interés del 5 por ciento, que se reembolsa después de terminar los estudios y debe completarse dentro de diez años. Ponte en contacto con tu oficina de ayuda financiera para obtener más información sobre plazos y otros temas, como los montos máximos solicitables.

Otros programas federales

Los siguientes programas ofrecen alternativas de ganar dinero para la universidad:

Federal Work-Study, FWS (Programa Federal de Trabajo y Estudio)

Este programa proporciona trabajos a estudiantes que necesitan ayuda financiera para sus gastos educacionales. El salario se paga mediante fondos obtenidos del gobierno federal y la universidad (o empleador). Trabajas por hora en trabajos dentro del campus y fuera de él y deben pagarte al menos el salario federal mínimo. Puedes ganar sólo hasta el monto otorgado, que depende de la necesidad financiera calculada y el monto total del dinero disponible para la universidad.

AmeriCorps

AmeriCorps es un programa de servicio nacional para un número limitado de estudiantes. Los participantes trabajan en una agencia sin fines de lucro pública o privada que entrega servicio a la comunidad en una de cuatro áreas prioritarias: educación, servicios humanos, medio ambiente y seguridad pública. A cambio de ello ganan un salario para gastos de manutención y hasta $4,725 anuales por hasta dos años para aplicar a gastos universitarios. Los estudiantes pueden trabajar antes, durante o después de ir a la universidad y pueden usar los fondos para pagar los gastos educacionales actuales o reembolsar préstamos federales para estudiantes. Si

DE LA OFICINA DE ORIENTACIÓN

P: ¿Cuáles son los errores más grandes que cometen los estudiantes de la escuela secundaria cuando están pasando por el proceso de ingreso a la universidad?

R: Ellos creen que porque son pobres no pueden ir a la universidad y por eso, ni siquiera postulan. Los estudiantes no van a los centros profesionales en sus escuelas secundarias y no buscan becas, aunque haya muchas disponibles. Si no tienes dinero, no es una excusa para no ir a la universidad. Existen becas de iglesias y de la comunidad y casi todas las universidades tienen becas para los estudiantes de bajos ingresos. También deberían llenar el formulario FAFSA. Siempre hay un modo de ir a la universidad.

Eunice Vivar Greenfield
Consejera bilingüe y bicultural
Lake Worth High School
Lake Worth, Florida

completas exitosamente un plazo de servicio a tiempo completo (al menos 1,700 horas en un año o menos), serás elegible para que se te otorguen $4,725. Si completas un plazo a tiempo parcial (al menos 900 horas en dos años o menos), serás elegible para que se te otorguen $2,362.50. Para obtener más detalles de este programa y cualquier otra iniciativa nueva disponible para estudiantes, debes consultar con la oficina de ayuda financiera de tu universidad.

GUÍA DE LA FAMILIA PARA REDUCIR IMPUESTOS PARA LA EDUCACIÓN

Se pondrán a disposición muchos beneficios fiscales para adultos que desean volver a la universidad y para padres que envían o piensan enviar a sus hijos a una, debido a una enmienda para presupuesto equilibrado que entró en vigor en 1997. Estas reducciones de impuestos hacen que los dos primeros años de universidad sean efectivamente disponibles para todos, y les entrega a muchas más personas que trabajan los medios financieros para volver a la universidad si desean elegir una nueva carrera o mejorar sus habilidades. Alrededor de 12.9 millones de estudiantes se benefician: 5.8 millones con el crédito impositivo de la HOPE Scholarship (Beca HOPE) y 7.1 millones con el crédito impositivo de Lifetime Learning (Aprendizaje Permanente).

Crédito impositivo de la HOPE Scholarship

El crédito impositivo de la HOPE Scholarship ayuda a hacer que los dos primeros años de universidad o escuela de educación superior estén disponibles para todos. Los estudiantes reciben un crédito impositivo de 100 por ciento para los primeros $1,000 de matrícula y aranceles requeridos y un crédito de 50 por ciento en los segundos $1,000. Este crédito es para matrícula y cuotas requeridas menos subvenciones, becas y otra ayuda educacional libre de impuestos. Comenzó a estar a disposición para pagos después del 31 de diciembre de 1997, para inscripciones universitarias después de esa fecha.

Este crédito se elimina progresivamente para aquellos que declaran impuestos en familia y que tienen entre $80,000 y $100,000 de ingreso bruto ajustado y para aquellos que declaran en forma individual que tienen entre $40,000 y $50,000 de ingreso bruto ajustado. El crédito puede solicitarse en dos años para estudiantes que están en sus primeros dos años de universidad o escuela de educación superior y que están inscritos al menos medio tiempo en un programa universitario de grado o certificación para cualquier parte del año. El contribuyente puede solicitar un crédito para su propio gasto de matrícula o para los de su cónyuge o hija dependiente.

Crédito impositivo de Lifetime Learning

Este crédito está dirigido a adultos que desean regresar a la universidad, cambiar carrera o tomar un curso o dos para mejorar sus aptitudes y para estudiantes de penúltimo y último año de la universidad, graduados y estudiantes con título profesional. Una familia recibirá un crédito impositivo de 20 por ciento por los primeros $10,000 de matrícula y cuotas requeridas que se paguen cada año. Al igual que el crédito impositivo de la HOPE Scholarship, el crédito impositivo de Lifetime Learning está disponible para matrícula y cuotas requeridas menos subvenciones, becas y otra ayuda educacional libre de impuestos. Las familias pueden solicitar el crédito por montos pagados en o después del 1° de julio de 1998, para inscripción en universidad o escuela de educación superior que empiezan en o después del 1° de julio de 1998. El crédito máximo se determina por contribuyente (familia), sin importar el número de estudiantes en educación superior que haya en la familia y se elimina a los mismos niveles de ingreso que el crédito impositivo de la HOPE Scholarship. Las familias podrán solicitar el crédito impositivo de Lifetime Learning para algunos miembros de su familia y el crédito impositivo de la HOPE Scholarship para otros que califiquen en el mismo año.

BECAS NACIONALES, ESTATALES Y LOCALES

Los requisitos de recursos financieros que se enumeran a continuación son aproximados y pueden variar. Revísalos con tu consejero vocacional para obtener la información más actualizada con respecto a la disponibilidad de estos recursos y los requisitos para calificar.

Becas nacionales

Lo que se presenta a continuación es una lista resumida de los programas de beca nacionales:

Programa de Becas de Coca-Cola

Se otorga a estudiantes de último año de la secundaria que planean asistir a una universidad acreditada y se basa en el rendimiento académico, las actividades escolares y de servicio a la comunidad y la motivación de servir y tener éxito en todos los esfuerzos que se emprendan. Para más información sobre plazos y solicitudes, llama al 800-306-2653 (llamada gratuita) o visita el sitio Web (en inglés) www.cocacola.com.

Competencia Duracell/National Science Teachers Association Scholarship (Competencia Duracell/ Asociación Nacional de Docentes de Ciencias)

Está abierta para todos los estudiantes de noveno a undécimo grado y consiste en que el estudiante debe diseñar y construir un aparato que funcione con pilas Duracell. Para más información sobre postulaciones y plazos, llama al 703-243-7100.

Elks National Scholarship (Beca Nacional Elks)

Otorga más de $1 millón a los estudiantes "más valiosos" a través de toda la nación. Para calificar, debes estar en el 5 por ciento superior de tu clase y tener un promedio de A. El otorgamiento se basa en escolaridad, liderazgo y necesidad financiera. Para obtener información sobre postulaciones y plazos llama al 773-755-4732 o visita su sitio Web en inglés, www.elks.org.

National Foundation for Advancement in the Arts/ Arts Recognition and Talent Search, NFAA/ARTS (Fundación Nacional para el Progreso en las Artes/Búsqueda de Talentos y Reconocimiento de las Artes)

Se otorga a aquellos con talento en danza, música, teatro, artes visuales, escritura, voz, jazz o fotografía. Llama al 800-970-2787 (llamada gratuita). La postulación temprana es el 1° de junio del penúltimo año de la secundaria y el plazo final es el 1° de octubre del último año.

Programa National Merit Scholarship

Se basa en el examen PSAT que se rinde el penúltimo año. También investiga la National Honor Society Scholarship (Beca Nacional de la Sociedad de Honor).

National Society of Professional Engineers (Sociedad Nacional de Ingenieros Profesionales)

Se otorga a estudiantes de último año de la secundaria que planean estudiar ingeniería en la universidad. Se aceptan postulaciones desde el 1° de agosto al 1° de diciembre y las becas se entregan en enero. Debes ser ciudadano estadounidense que planea asistir a un programa de ingeniería en Estados Unidos que esté aprobado por el Accreditation Board for Engineering and Technology (Consejo de Acreditación para Ingeniería y Tecnología). Para más información visita el sitio Web en inglés, www.nspe.org.

National Association of Secondary School Principals

La National Association of Secondary School Principals, NASSP (Asociación Nacional de Directores de

Escuelas Secundarias) subvenciona becas que admiten estudiantes que participan en actividades como comité de estudiantes, la National Honor Society, servicio a la comunidad y deportes. Para obtener información sobre postulaciones y plazos, ponte en contacto con la National Association of Secondary School Principals al 703-860-0200 o visita su sitio Web en inglés, www.nassp.org.

Tylenol

Se otorga basándose en un 40 por ciento en el liderazgo en la escuela y la comunidad, un 50 por ciento en el promedio general y un 10 por ciento en la declaración clara de objetivos. Para obtener una solicitud llama al 800-676-8437 (llamada gratuita). Plazo: enero.

Becas estatales y locales

No es posible dentro del alcance de este libro enumerar todas las fuentes de dinero de becas estatales y locales. Los siguientes son excelentes recursos para buscar ayuda financiera:

- Tu consejero vocacional
- Un maestro o entrenador
- La PTA (Asociación de Padres y Maestros) de tu escuela secundaria y primaria (sí, muchas PTA de escuelas primarias otorgan becas a los ex-alumnos)
- La bibliotecaria local
- La oficina de admisión de la universidad
- El alma mater de tus padres
- Tu empleador
- El empleador de tus padres
- Organizaciones profesionales y sociales de tu comunidad

BECAS PARA ESTUDIANTES MINORITARIOS

Lo siguiente es sólo una muestra de las muchas becas disponibles para estudiantes minoritarios.

Blackfeet Tribal Education Grants (Subvenciones Educativas Tribales Blackfeet)

Para miembros de la tribu Blackfeet. Otorga hasta $3,500.
P.O. Box 850
Browning, Montana 59417
406-338-7521

Bureau of Indian Affairs Office of Indian Education Programs (Oficina de Programas de Educación para la Población Indígena del Departamento de Asuntos Indígenas)

Para estudiantes universitarios en una tribu reconocida a nivel federal. Entrega montos variados.
1849 C Street, NW, MS 3512-MIB
Washington, D.C. 20240
202-208-6123

Hispanic Scholarship Fund General Program (Programa General del Fondo Hispano de Becas)

Se limita a estudiantes hispanos inscritos en instituciones de dos o cuatro años. Otorga hasta $2,000.
Scholarship Committee
Hispanic Scholarship Fund
One Sansome Street, Suite 1000
San Francisco, California 94104
415-445-9930

National Achievement Scholarship Corporation (Sociedad para la Beca Nacional al Logro)

Se limita a estudiantes afroamericanos de escuela secundaria que han rendido la PSAT/NMSQT. Otorga hasta $2,000.
Achievement Program
1560 Sherman Avenue, Suite 200
Evanston, Illinois 60201
847-866-5100

National Association of Minority Engineering Program Administrators National Scholarship Fund (Asociación Nacional del Fondo Nacional de Becas para Administradores Minoritarios del Programa de Ingeniería)

Se limita a estudiantes afroamericanos, hispanos y nativos americanos o esquimales con interés y potencial para tener un título universitario en ingeniería. Hasta $30,000.

National Scholarship Selection
Committee Chair
NAMEPA National Scholarship Foundation
1133 West Mores Boulevard
Suite 201
Winter Park, Florida 32789-3788
407-647-8839

Jackie Robinson Foundation Scholarship (Beca de la Fundación Jackie Robinson)

Para estudiantes de minorías aceptados en una universidad de cuatro años y con logro académico y necesidades financieras demostrables. Otorga hasta $6,000. Para más información, visita el sitio Web en inglés www.jackierobinson.org.

SOLICITUDES DE BECAS

Aquí te presentamos algunos consejos para ayudar a que tu búsqueda de becas sea un éxito.

1. **Comienza temprano.** El noveno año de la secundaria no es demasiado temprano para planificar becas a nivel académico. Elige actividades extracurriculares que destaquen tu fortaleza y participa en tu iglesia y la comunidad, ya que todo esto es importante para aquellos que toman las decisiones para becas.
2. **Busca becas.** Un par de horas a la semana en la biblioteca pública te ayudará a aprender acerca de cientos de becas y evaluar aquellas para las cuales podrías calificar.
3. **Postula, postula, postula.** Una estudiante postuló a casi sesenta becas y tuvo la suerte de ganar siete. "Imagina si hubiera postulado a cinco y sólo hubiese ganado una", dice ella.
4. **Planifica hacia el futuro.** Lleva tiempo obtener certificados de calificaciones y cartas de recomendación. Las cartas de personas que te conocen bien son más eficaces que cartas de nombres prestigiosos que te conocen de manera vaga.
5. **Sé organizado.** En los hogares de ganadores de becas, es posible hallar una caja donde se guarda toda la información importante. Este método te permite revisar los plazos y requisitos con frecuencia. Guardar la información en el computador, si es posible, te permitirá cambiar y actualizar la información con rapidez.
6. **Sigue las instrucciones.** Asegúrate de que no vas a quedar fuera porque llenaste los formularios mal, perdiste el plazo o no entregaste información importante. Escribe a máquina tus solicitudes en lo posible y haz que alguien las corrija.

LO QUE NECESITAS SABER SOBRE LAS BECAS DEPORTIVAS

Si eres hombre o mujer y estás interesado en el béisbol, basquetbol, navegación a remos, esquí de fondo, esgrima, esquí, fútbol, fútbol americano, gimnasia, golf, hockey de campo, lacrosse, lucha, navegación a vela, natación y buceo, tenis, pruebas de atletismo o voleibol, hay muchos dólares en becas disponibles para ti. Pero existe nuevamente la palabra: planificación. Debes planificar por adelantado si deseas obtener el pago de tu matrícula a cambio de tus habilidades competitivas.

Al inicio de tu penúltimo año de escuela secundaria, pídele a tu consejero vocacional que te ayude a asegurarte que tomas el número y combinación necesaria de cursos académicos y que te informe del puntaje SAT I y ACT mínimo que debes conseguir para jugar deportes en la universidad. También pregúntale acerca de los requisitos académicos, porque debes estar certificado por el Initial-Eligibility Clearinghouse de la NCAA y este proceso debe comenzar al final de tu decimoprimer año de la secundaria.

Pero antes de que hagas todo eso, piensa. ¿Deseas y necesitas una beca deportiva? Por cierto, es prestigioso recibir una beca de éstas, pero algunos atletas hacen la comparación que tener una beca deportiva es como tener un trabajo en el cual se espera que rindas. Las reuniones, la capacitación, las prácticas, los juegos y (no lo olvides) el estudio hacen que disfrutes menos del tiempo para vida social y ocio. Igualmente, con muy pocas becas completas disponibles, lo más probable es que recibas una beca parcial o un contrato renovable de un año. Si tu beca no se renueva, puedes quedar en la situación de tener que solicitar ayuda financiera, por lo tanto pregúntate si estás listo para las exigencias y funciones que se asocian con la aceptación de una beca deportiva.

Si decides que deseas una beca deportiva, es necesario que te comercialices para vencer la dura competencia. Imagínate como un auto deportivo diseñado recientemente y tienes que vender la velocidad, apariencia y todas aquellas otras cosas atractivas al público que espera. Lo cierto es que vas a tener que vender o comercializar tus habilidades a los encargados de admisiones de tu universidad. Tú eres el producto y la universidad es el comprador. ¿Qué hace que te destaques del resto?

TIPOS DE BECAS DEPORTIVAS

Las universidades ofrecen dos tipos básicos de becas deportivas: **la subvención institucional, que es un acuerdo entre el atleta y la universidad y la subvención de conferencia, que también liga a la universidad con el atleta. La diferencia es que el atleta que firma una subvención institucional puede cambiar de parecer y firmar con otro equipo. El atleta que firma un contrato de conferencia no puede renegociar otro contrato con una universidad que cumpla con las subvenciones de conferencia. Aquí hay varias maneras mediante las cuales puede ofrecerse una beca.**

Cuatro años completos. **También se conocen como completas y pagan alojamiento, comida, matrícula y libros. Debido al alto costo que implica otorgar becas, las conferencias están descartándolas por todo el país y sustituyéndolas por el contrato renovable de un año o la beca parcial.**

Contrato de un año completo renovable. **Este tipo de beca ha reemplazado básicamente la subvención de cuatro años; se renueva automáticamente al final de cada año académico por cuatro años si se cumple con las condiciones del contrato. La persona que recluta probablemente te dirá de buena fe que la intención es ofrecer una beca de cuatro años, pero que legalmente sólo está autorizado a ofrecerte una subvención de un año. Debes preguntarle, al igual que a otros jugadores, cuál ha sido el récord de renovación de becas para atletas que cumplen con la parte atlética, académica y social. Recuerda que ningún atleta puede recibir más de una beca completa.**

Subvención de prueba de un año (completa o parcial). **Acuerdo verbal entre tú y la institución de la cual depende tu renovación a fin de año, considerando tu rendimiento académico y atlético.**

Beca parcial. **La subvención parcial cubre parte del total del costo de la universidad. Se te ofrecerá alojamiento y comida pero no matrícula ni libros, o es posible que sólo se te ofrezca la matrícula, pero existe la posibilidad de que negocies una beca completa después de que pases tu primer año de universidad.**

Exención de cuotas para estudiantes fuera del estado. **Ésta se otorga a estudiantes fuera del estado para que asistan a la universidad al mismo costo que un estudiante que vive en él.**

Los encargados de admisiones de la universidad buscan una combinación de los siguientes atributos al momento de otorgar becas deportivas: excelencia académica, deseo de ganar, motivación propia, habilidad de rendir como jugador de equipo, gusto por ayudar a otros, cooperación con el personal de entrenamiento, actitud en la práctica, actitud en los juegos o partidos, resistencia, fortaleza, altura y peso óptimos y excelencia.

A fin de vender con éxito tus habilidades a una universidad, necesitarás seguir tres pasos principales: 1) identificar las universidades que ofrecen becas en tu deporte, 2) contactar a la institución de manera formal y 3) hacer seguimiento con cada contacto.

Encontrar y obtener becas deportivas.

Pídele recomendaciones a tu entrenador o entrenador asistente, aprende sobre la conferencia o institución por el periódico o la televisión, pregúntale a tu consejero vocacional, consulta guías, libros de referencias (revisa el libro *Sports Scholarships and College Athletics Programs* (Becas Deportivas y los Programas Deportivos Universitarios) de Peterson's) e Internet, pregúntale a los ex-alumnos o intenta asistir a una prueba o visita al campus. También puedes llamar a la NCAA para solicitar una guía de reclutamiento para tu deporte. Los siguientes pasos pueden servirte de ayuda para lograr obtener esa beca.

1. **Ponte en contacto con la universidad formalmente.** Una vez que tengas una lista de las universidades a las cuales te interesa asistir, consigue el nombre del entrenador jefe y escribe una carta a las veinte mejores universidades de tu lista. Luego, haz un resumen objetivo de tus logros atléticos y académicos. Recopila 10 a 15 minutos de momentos destacados en video de tu

rendimiento atlético (con tu número de camiseta anotado), consigue cartas de recomendación del entrenador de tu escuela secundaria y tu entrenador fuera de temporada e incluye un programa de temporada.

2. **Haz de la entrevista un éxito total.** Cuando te reúnas con personal de admisiones o un entrenador, muestra la confianza en ti mismo con un apretón de manos firme, manteniendo contacto visual y asegúrate de que vas con buena presencia. Según lo que afirman los encargados de admisiones, la actitud más eficaz es la confianza calmada, el respeto, la sinceridad y el entusiasmo.

3. **Haz buenas preguntas.** No temas entrevistar al encargado de admisiones para obtener respuestas a las siguientes preguntas: ¿Califico atlética y académicamente? Si me aceptan ¿cuáles serían los parámetros de la beca? ¿Para qué puesto se me considera? Está bien hacer preguntas al encargado de admisiones para declarar qué nivel de interés tiene él o ella en ti.

4. **Seguimiento.** La persistencia vale la pena al buscar una beca deportiva y escoger el momento oportuno puede significarlo todo. Existen cuatro buenos momentos cuando sirve mucho una carta de seguimiento de un entrenador o personal de ti: antes de tu temporada de último año de secundaria, durante o inmediatamente después de la temporada de último año, inmediatamente antes o después de las fechas de firma anunciada con conferencia afiliada o las fechas de firma con la asociación nacional y al final del verano, en caso de que las ofertas de la beca se hayan retirado o rechazado.

Para resumir, te conoces mejor que nadie, por eso, debes mirar tus aptitudes, tanto atléticas como académicas, de manera objetiva. Evalúa las aptitudes que necesitas para mejorar y mantén vivo en tu corazón el deseo de mejorar. Desarrolla tus habilidades de liderazgo y sigue esforzándote por conseguir la excelencia con tus logros individuales. Ten la mente abierta en cuanto a la universidad a la que deseas asistir y sigue en contacto con ella, aun cuando estés cansado, con dificultades e inseguro. Después de todo ¡los atletas se entrenan para ser ganadores!

MITOS Y CONCEPTOS ERRÓNEOS SOBRE LAS BECAS Y LA AYUDA FINANCIERA

Muchos estudiantes de la escuela secundaria entienden bastante mal el tema de las becas y ayuda financiera y los consejeros vocacionales de la escuela secundaria, sobrecargados con papeles y quejas, a menudo no tienen tiempo para investigar a fondo las oportunidades de becas e informar a los estudiantes acerca de ellas. Persisten los mitos y conceptos erróneos, mientras que la verdad sobre las becas permanece oculta y las recompensas y los beneficios siguen siendo desconocidos para muchos estudiantes.

Mito 1: Las becas son raras, esquivas y las ganan sólo los primeros de la promoción, los genios y los fenómenos.

La verdad es que con consejo y estrategias adecuados, hay muchas becas privadas dentro del alcance de estudiantes de la secundaria que poseen talento y habilidad en casi cualquier campo determinado. Miles de estudiantes de escuela secundaria como tú compiten y ganan.

Mito 2: Mis opciones de ser admitido en una universidad se reducen si postulo a ayuda financiera.

La verdad es que la mayoría de las universidades tienen una política de admisión de “necesidad ciega”, lo que significa que la necesidad financiera de un estudiante no se toma en cuenta en la decisión de ingreso universitario. Sin embargo, existen algunas universidades que sí consideran la capacidad de pago antes de decidir si admitir o no a un estudiante. Existen algunas más que miran la capacidad de pago de aquellos que han colocado en una lista de espera para entrar o de aquellos estudiantes que postularon tarde. Algunas universidades mencionarán esto en su literatura, es posible que otras no. No obstante, al tomar decisiones acerca del proceso de financiamiento e ingreso universitario, las familias deben postular para ayuda financiera si el estudiante la necesita para asistir a la universidad.

Mito 3: Todas las becas al mérito se basan en el expediente académico de un estudiante.

Lo cierto es que muchas de las mejores oportunidades se encuentran en áreas como redacción, arte de la oratoria, liderazgo, ciencias, servicio a la comunidad, música y artes, lengua extranjera y aptitudes vocacionales y técnicas. Así que, eso significa que no siempre tienes que tener un GPA de 3.99 para ganar si eres excelente en cierta área.

Mito 4: Tienes que ser miembro de un grupo minoritario para obtener una beca.

La verdad es que realmente hay algunas becas que están dirigidas a mujeres y estudiantes de minorías. También existen becas para las cuales debes ser miembro de un club nacional u organización estudiantil específicos (como 4-H y la National Honor Society), lo que hace que estas becas se conviertan en exclusivas. Sin embargo, la mayoría de las oportunidades de becas no son exclusivas para ningún segmento de la población.

Mito 5: Si tienes necesidad y recibes ayuda financiera, es inútil ganar una beca de alguna organización externa porque la universidad quitará la ayuda que ofreció la organización.

Es verdad que si recibes ayuda financiera basada en necesidades económicas, no puedes recibir más del costo total de asistencia (como alojamiento y comida, libros y otros gastos, no sólo matrícula). Si la ayuda final que te han otorgado cumple con el costo total y ganas una beca externa, la universidad tiene que reducir algo y, generalmente, reducen el préstamo o parte del programa universitario de estudio y trabajo antes de tocar la parte de la subvención que te han otorgado. Esto significa que no tendrás que pedir prestado o ganar tanto. Igualmente, la mayoría de las universidades no cumplen con tu necesidad financiera completa cuando calificas para ayuda financiera basada en necesidades económicas; por lo tanto, si ganas una beca externa, las otras ayudas no se eliminarán o reducirán.

BECAS FRAUDULENTAS

Desafortunadamente, para los que buscan becas, la ayuda del sector privado existe virtualmente sin patrones o reglas. Lamentablemente, la combinación de la urgencia de ubicar dinero, el tiempo limitado y un sistema complejo y confuso ha creado la oportunidad para que haya fraude. Aunque la mayoría de los patrocinadores de becas y la mayor parte de los servicios de búsqueda de becas son legítimos, hay esquemas, que se han presentado como servicios de búsqueda o patrocinadores de becas legítimos, que han estafado a miles de familias.

Estos negocios fraudulentos colocan su publicidad en periódicos de los campus, distribuyen volantes, envían cartas y postales, entregan números telefónicos gratuitos e incluso tienen sitios Web en Internet. Los fraudes más obvios operan como servicios de búsqueda de becas o centros de intercambio de información de becas. Otros segmentos más callados establecen un patrocinador de beca, reciben el dinero de las cuotas y cargos que pagan miles de estudiantes esperanzados que buscan becas y que reciben poco, de haberlo, en proporción al monto que recolecta. Algunos de estos fraudes causan gran daño al ganar acceso al crédito o las cuentas corrientes de las personas con la intención de usurpar fondos.

La Federal Trade Commission, FTC (Comisión Federal de Comercio) de Washington, D.C., tiene una campaña llamada Project $cholar $cam (Projecto Becas Fraudulentas) para enfrentar este tipo de actividad fraudulenta. Pero existen servicios legítimos. Sin embargo, un servicio de búsqueda de becas no puede garantizar que un estudiante reciba una beca y siempre te irá bien o mejor si haces tu propio trabajo y usas una fuente de información de becas confiable, como

Scholarships, Grants & Prizes de Peterson's (Becas, subvenciones y premios), que si tiras tu dinero a la basura con un servicio de búsqueda que promete becas.

La FTC advierte que tienes que estar alerta con estos seis signos que advierten fraude:

1. **"Esta beca está garantizada o te devolvemos tu dinero".** Ningún servicio puede garantizar que obtendrás una subvención o beca y las garantías de reembolso de dinero a menudo tienen condiciones imposibles adjuntas. Revisa las políticas de reembolso de dinero del servicio antes de pagar una cuota.
2. **"El servicio de beca hará todo el trabajo".** Lamentablemente, nadie más puede llenar los formularios de información personal, escribir ensayos y entregar las referencias que muchas becas requieren.
3. **"La beca costará algo de dinero".** Sé cauteloso con respecto a cualquier cargo relacionado con los servicios de información de beca o solicitudes de becas individuales, en especial por montos significativos. Antes de que envíes dinero para postular a una beca, investiga al patrocinador.
4. **"No podrás obtener esta información en ninguna otra parte".** Además de Peterson's se encuentran disponibles directorios de becas de otros editores en cualquier librería grande, biblioteca pública u oficina de orientación de la escuela secundaria.
5. **"Tú eres un finalista" o "Has sido seleccionado por una fundación nacional para recibir una beca".** La mayoría de los programas de beca legítimos casi nunca buscan postulantes en particular, y gran parte de los patrocinadores te contactará sólo en respuesta a una solicitud porque generalmente no tienen el presupuesto para hacer nada más que esto. Si piensas que hay alguna posibilidad real que puedas haber sido seleccionado para recibir una beca antes de enviar el dinero, primero investiga para asegurarte de que el patrocinador o programa es legítimo.
6. **"El servicio de becas te pide tu número de tarjeta de crédito o cuenta corriente por adelantado."** Nunca entregues tu número de tarjeta de crédito o cuenta corriente por teléfono al representante de ninguna organización que no conozcas. Primero, obtén información por escrito. No es necesario contar con tu firma en un cheque para realizar una operación inescrupulosa. Es una treta para organizar situaciones en las que se vacía la cuenta de la víctima con giros no autorizados.

Además de los seis signos del FTC, aquí te presentamos otros puntos para tomar en cuenta cuando consideres un programa de becas:

- A menudo, las operaciones de becas fraudulentas usan nombres que parecen oficiales, con palabras como *federal, nacional, administración, división, federación* y *fundación.* Sus nombres son por lo general, levemente distintos a los de una organización legítimamente gubernamental o privada. No te dejes engañar por un nombre que parece honorable u oficial, por un sello que parece oficial o por una dirección de Washington, D.C.
- Si te ganas una beca, recibirás una notificación oficial por escrito y a través del correo, no por teléfono. Si el patrocinador llama para informarte, la llamada vendrá seguida de una carta por correo. Si te piden dinero por teléfono, probablemente la operación es fraudulenta.
- Pon atención si la dirección de alguna organización es una casilla de correos o una dirección residencial. Si un programa de becas de buena fe usa un número de casilla de oficina postal, generalmente, éste incluirá una dirección y un número telefónico en su membrete.
- Pon atención a los números telefónicos con código de área 900. Estos pueden cobrarte varios dólares por minuto por una llamada que podría ser una larga grabación que sólo entrega una lista de direcciones o nombres.
- Revisa las becas que te piden que "actúes ahora". Una operación deshonesta puede pre-

sionar a un postulante al decirle que los premios se entregan "por orden de llegada". Algunos programas de becas le darán preferencia a las postulaciones calificadas con anterioridad. Sin embargo, si por teléfono te han dicho que debes responder con prontitud pero que no obtendrás noticias de los resultados en varios meses, es posible que algo no marche bien.

- Pon atención a las aprobaciones. Las operaciones fraudulentas afirman tener aprobaciones de entidades que parecen similares a organizaciones privadas y conocidas. La Better Business Bureau, BBB (Oficina de Buenas Prácticas Comerciales) y las agencias gubernamentales no solicitan endosos.
- No pagues dinero por una beca a una organización de la que nunca has escuchado antes o cuya legitimidad no puedas verificar. Si ya has pagado a dichas organizaciones y tiene una razón para dudar de su autenticidad, llama a tu banco para detener el pago de tu cheque, si es posible o llama a tu compañía de tarjetas de crédito y diles que piensas que fuiste víctima de un fraude al consumidor.

Para saber cómo reconocer, informar y detener una beca falsa, debes escribir a Federal Trade Commission's Consumer Response Center a 600 Pennsylvania Avenue NW, Washington, D.C. 20580. En la Web, visita (en inglés) www.ftc.gov o llama 877-FTC-HELP (llamada gratuita). También puedes consultar en la Better Business Bureau (BBB), una organización que mantiene archivos de empresas sobre las que han recibido reclamos. Debes llamar a tu oficina de BBB local y a la del área de la organización en cuestión. Cada oficina de BBB local tiene distintos registros. Llama al 703-276-0100 para obtener el número telefónico de tu BBB local o mira la página Web (en inglés) www.bbb.org si deseas un directorio de oficinas BBB locales y formularios de reclamos.

SOLICITUD DE AYUDA FINANCIERA

La solicitud de ayuda financiera es un proceso que puede facilitarse si lo realizas paso a paso.

1. Debes completar la Free Application for Federal Student Aid (FAFSA) para que te consideren en la ayuda financiera federal. Recoge la solicitud FAFSA de la oficina de tu consejero vocacional de la secundaria o de la oficina de ayuda financiera de la universidad o descárgala del sitio Web del Departamento de Educación, www.fafsa.ed.gov. La FAFSA está disponible después del 1° de enero del año al que asistirás a la universidad. Envía el formulario lo antes posible pero no antes del primer día del año. Si necesitas calcular la información de impuestos sobre la renta, ésta se enmienda fácilmente durante el año.
2. Postula a todas las subvenciones estatales.
3. Completa el PROFILE además de la FAFSA, porque muchas universidades privadas que ofrecen carreras de cuatro años y algunas universidades públicas los requieren. PROFILE es un informe de análisis de necesidad, no una solicitud de ayuda. Algunas instituciones han desarrollado sus propios informes de análisis de necesidad. Averigua en tu universidad lo que se necesita. Puedes obtener el fomulario PROFILE con tu consejero vocacional o a través del College Board en www.collegeboard.com.
4. Completa a tiempo los formularios de solicitud de ayuda financiera de las universidades. Estos plazos son generalmente antes del 15 de marzo, pero verifica con tu institución para mayor seguridad.
5. Asegúrate de que tu familia complete los formularios necesarios.
6. Siempre postula a las subvenciones y a las becas antes de postular a los préstamos universitarios. Las subvenciones y las becas son dinero gratis. Los pagos deben pagarse con interés.

Usa la "Lista de verificación para estudiantes de último año", para llevar un registro del proceso de solicitud de ayuda financiera.

UNA LISTA DE VERIFICACIÓN PARA ESTUDIANTES DE ÚLTIMO AÑO

La postulación a la ayuda financiera puede volverse confusa si no llevas un registro de lo que has hecho y cuándo. Usa esta gráfica para llevar un registro de la información importante. Recuerda guardar copias de todas las solicitudes y la información relacionada.

SOLICITUDES PARA LA UNIVERSIDAD	UNIVERSIDAD 1	UNIVERSIDAD 2	UNIVERSIDAD 3	UNIVERSIDAD 4
Fecha límite de la solicitud				
Fecha del envío				
Certificado oficial de calificaciones enviado				
Cartas de recomendación enviadas				
Resultados de SAT/ACT enviados				
Aceptaciones recibidas				
SOLICITUDES DE AYUDA FINANCIERA Y BECAS PARA UNIVERSIDADES INDIVIDUALES				
Fecha límite de la solicitud				
Fecha del envío				
Aceptaciones recibidas				
FREE APPLICATION FOR FEDERAL STUDENT AID (FAFSA), FINANCIAL AID FORM (FAF) O PROFILE				
Formulario requerido				
Fecha del envío				
Plazo prioritario de la escuela				
ACUSE DE RECIBO DE FAFSA				
Fecha de la recepción				
Correcto (S/N)				
Fecha de los cambios hechos, si es necesario				
Fecha en la que se enviaron los cambios				
STUDENT AID REPORT				
Fecha de la recepción				
Correcto (S/N)				
Fecha de los cambios hechos, si es necesario				
Fecha en la que se enviaron los cambios				
Fecha del envío a las universidades				
CARTAS DE OTORGAMIENTO DE AYUDA FINANCIERA				
Fecha de la recepción				
Aceptado (S/N)				

Fuente: Dayton-Montgomery County Scholarship Program (Programa de Becas del Condado Dayton-Montgomery)

AYUDA FINANCIERA EN LA WEB

En la Web existe una gran cantidad de recursos para obtener ayuda financiera. Es rápido y sencillo acceder a información general, vínculos a sitios Web importantes, información de préstamos, de carreras y empleos, consejos, servicios de búsqueda de becas, hojas de trabajo interactivas, formularios y calculadores de Expected Family Contribution (EFC).

Además, visita los sitios Web de las universidades individuales para encontrar más información de ayuda financiera específica para cada escuela.

FAFSA en Internet

La Free Application for Federal Student Aid puede descargarse en español y archivarse automáticamente desde www.fafsa.ed.gov/scomplete013.htm, la página Web del Departamento de Educación de Estados Unidos.

DIRECTORIO DE AYUDA FINANCIERA

Puedes usar estos números para acceder directamente a agencias estatales y federales y a servicios de procesamiento. Sin embargo, tu consejero vocacional puede tener las respuestas o la información que necesitas.

FEDERAL STUDENT AID INFORMATION CENTER (CENTRO DE INFORMACIÓN DE AYUDA FINANCIERA PARA ESTUDIANTES)

Entrega duplicados de informes y solicitudes de ayuda para los estudiantes. Responde a preguntas sobre la ayuda para estudiantes, envía por correo publicaciones del Departamento de Educación, corrige solicitudes y verifica la participación en la ayuda federal de las universidades. Escribe al Federal Student Aid Information Center, P.O. Box 84, Washington, D.C. 20044-0084 o llama al 800-4-Fed-Aid (llamada gratuita).

UNITED STUDENT AID FUNDS, USAF (FONDOS UNIFICADOS DE AYUDA PARA ESTUDIANTES)

Entrega formularios de solicitudes de ayuda e información acerca de la cantidad de los préstamos. Además entrega información sobre las fechas de las garantías y ayuda a los estudiantes a llenar los formularios de solicitud. Escribe a P.O. Box 6180, Indianapolis, Indiana 46206-6180, o llama al 877-USA-Group (llamada gratuita).

VETERANS BENEFITS ADMINISTRATION (ADMINISTRACIÓN DE BENEFICIOS PARA VETERANOS)

Ayuda a hijos dependientes de veteranos discapacitados. Los estudiantes postulantes a la universidad deben llamar a VBRO para determinar si califican o no, cuáles son los beneficios y si la discapacidad de un padre los califica para recibir los beneficios. Llama al 800-827-1000 (llamada gratuita) o visita el sitio Web en inglés, www.gibill.va.gov.

ACT FINANCIAL AID NEED ESTIMATOR, FANE (PERITO DE NECESIDADES DE AYUDA FINANCIERA PARA EL EXAMEN ACT)

Envía periódicos financieros a los estudiantes, entrega información sobre cómo completar los formularios de ayuda y calcula las cantidades de ayuda financiera. Además envía por correo formularios de cálculos de necesidades financieras. También puedes acceder a los formularios en Internet. Visita www.ACT.org o escribe a P.O. Box 4029, Iowa City, Iowa 52243-4029 o llama al 319-337-1615.

COLLEGE SCHOLARSHIP SERVICE, PROFILE (SERVICIO DE BECAS UNIVERSITARIAS)

Entrega solicitudes gratuitas y formularios de inscripción para la ayuda federal para estudiantes. Ayuda a los estudiantes a llenar las solicitudes. Escribe a P.O. Box 6350, Princeton, NJ 08541-6350 o llama al 800-239-5888 (llamada gratuita).

The Education Resource Institute (TERI)

El sitio de The Education Resource Institute, TERI (Instituto de Recursos para la Educación) contiene una base de datos que describe más de 150 programas cuyo propósito es aumentar la asistencia a la universidad de los grupos con menos representación. (La población designada incluye los estudiantes de familias de bajos ingresos y a aquellos que son los primeros de su familia en continuar la educación superior.) Visita el sito Web (en inglés) de TERI en www.teri.org.

FinAid

Patrocinado por la National Association of Student Financial Aid Administrators (Asociación Nacional de Administradores de Ayuda Financiera a Estudiantes) incluye un índice alfabético completo de todos los recursos de ayuda financiera en la Web. Puedes encontrar el sitio (en inglés) en www.finaid.org.

Student Financial Assistance Information (Información de Ayuda Financiera a Estudiantes), Departamento de Educación

Esta página te lleva a algunas de las publicaciones más importantes sobre la ayuda financiera, entre ellas, la Student Guide (Guía para Estudiantes). Visita www.ed.gov/finaid.html (en inglés).

Petersons.com

Obtén consejos sobre fuentes para pagar la universidad y buscar becas en www.petersons.com/resources/finance.html (en inglés).

AESmentor.com

El sitio web de American Education Services (Servicios Educativos Estadounidenses) provee información sobre pagos y ahorros para la universidad, así como también un proceso de solicitud para asegurar los préstamos para estudiantes.

QUÉ SE PUEDE ESPERAR DE LA UNIVERSIDAD

Si fueras a hacer un largo viaje ¿no te gustaría saber lo que te espera al llegar a tu destino? Lo mismo se debe pensar de la universidad.

ESTE LIBRO NO TE PUEDE dar todos los detalles de lo que encontrarás una vez que empieces la universidad. Sin embargo, podemos entregarte información sobre las principales preguntas que pudieras tener, tales como, de qué manera elegir tus clases o especialidad y cómo aprovechar al máximo la vida fuera del salón de clases.

ELEGIR TUS CLASES

La universidad está diseñada para darte libertad, pero al mismo tiempo, te enseña sobre responsabilidad. Probablemente tendrás más tiempo libre que en la secundaria, pero también tendrás más material que aprender. Tus padres pueden confiarte más dinero, no obstante, depende de ti asegurarte que haya lo suficiente en tu cuenta bancaria cuando tengas que pagar las cuotas de la universidad. Se aplica el mismo principio a tu horario de clases: Tendrás más poder de decisión que antes, pero también necesitarás saber y conocer los requisitos para graduarse.

A todos los estudiantes se les brinda un asesor para que los guíe a través del laberinto de requisitos. Esta persona, que comúnmente es un miembro de la facultad, te ayudará a seleccionar las clases que cumplen con tus intereses y requisitos de graduación. Durante el primer o segundo año en la universidad, tú y tu asesor se concentrarán en reunir los requisitos de educación general y seleccionar clases optativas, o no obligatorias, que correspondan con tus intereses. Previamente, es buena idea tomar muchas clases de educación general, que están destinadas a exponerte a nuevas ideas y ayudarte a explorar posibles especialidades. Una vez que has seleccionado una especialidad, se te brindará un asesor para esa área de estudio en particular. Esta persona te ayudará a que entiendas y cumplas con los requisitos para esa especialidad.

Además de hablar con tu asesor, hazlo con otros estudiantes que ya hayan tomado alguna clase en la que estás interesado y que realmente disfrutaron con el profesor. Trata de entrar a la clase de ese profesor cuando haya inscripciones. Recuerda que un profesor dinámico puede hacer que un sujeto apático participe en ella, en cambio uno aburrido puede hacer que un sujeto que participa se vuelva apático.

A medida que avanzas en la universidad, notarás que concentrarse en el profesor es más importante que hacerlo en el nombre del curso. Los nombres de los cursos pueden manejarse ingeniosamente, algunos pueden sonar cautivantes, sin embargo, la advertencia anterior aún se considera cierta: "Cultura popular e ídolos" podría resultar ser terrible en tanto que "Beowulf e inglés antiguo" podría ser muy entretenido.

Cuando planifiques tu horario, ten cuidado con el número de clases de mucha lectura que tomes en un semestre. No quieres vivir en la biblioteca o el salón de estudio del dormitorio. En general, las humanidades, como historia, inglés, filosofía y teología, implican mucha lectura. En las clases de matemáticas y ciencias se lee menos, ya que predomina la resolución de problemas.

Finalmente, no tengas miedo de programar una clase divertida, incluso con el programa más intenso de estudios habrá tiempo para algunos cursos optativos. Por eso, respira profundo y ¡a explorar!

ELEGIR TU ESPECIALIDAD

Puedes elegir desde cientos de especialidades, desde agricultura hasta zoología, pero ¿cuál es la adecuada para ti? ¿Deberías elegir algo tradicional o seleccionar una especialidad de un área emergente? Tal vez, ya sabes qué carrera deseas, de manera que puedes trabajar al revés para decidir qué especialidad se adecúa mejor a tus objetivos.

Si sabes lo que deseas hacer temprano en la vida, tendrás más tiempo para planificar tu plan de estudios de la secundaria, actividades extracurriculares, trabajos y servicio de asistencia a la comunidad para que coincidan con tu especialidad universitaria. Tu proceso de selección de universidades también puede concentrarse en las universidades que ofrecen muy buenos programas académicos en cierta especialidad.

¿Dónde empiezo?

La elección de una especialidad empieza con una evaluación de los intereses de tu carrera. Una vez que hayas hecho el autodiagnóstico de la Sección 1, deberás tener un entendimiento más claro de tus intereses, talentos, valores y objetivos. Luego, revisa las posibles especialidades y prueba cómo te quedarían. Imagínate tomando clases, escribiendo documentos, haciendo presentaciones, realizando investigaciones o trabajando en un campo relacionado. Conversa con personas que conoces que trabajan en tus campos de interés y piensa si te gusta lo que dicen, igualmente trata de leer los avisos clasificados en tu periódico local. ¿Qué trabajo te suena interesante? ¿Cuál paga el salario que te gustaría recibir? ¿Qué nivel de educación se requiere en los avisos interesantes que encuentras? Selecciona algunos trabajos que crees que te gustarían y luego consulta la siguiente lista de especialidades para ver cuáles de ellas coinciden. Si tu área de interés no aparece aquí, habla con tu consejero o maestro sobre dónde encontrar información sobre ese tema en particular.

Especialidades y carreras relacionadas

Agricultura

Muchas especialidades agrícolas aplican su conocimiento directamente en granjas y haciendas. Otras trabajan en la industria (alimentos, maquinaria agrícola y empresas de suministros agrícolas), agencias federales (principalmente en los Departamentos de Agricultura y del Interior) y granjas y agencias agrícolas estatales y locales. Los trabajos podrían consistir en trabajo de investigación y laboratorio, mercadeo y ventas, publicidad y relaciones públicas o periodismo y radio o televisión (para medios de comunicación para la industria agrícola). Las especialidades agrícolas también buscan una capacitación superior en ciencias biológicas, salud animal, medicina veterinaria, agroindustria, administración, educación agrícola vocacional, nutrición y dietética y sociología rural.

Arquitectura

La arquitectura y los campos de diseño relacionados se concentran en el ambiente de la construcción a diferencia del ambiente natural del agrónomo o el conservacionista. Las posibilidades profesionales incluyen dibujo, diseño y administración de proyectos en empresas de arquitectura, ingeniería, diseño de paisajismo, diseño de interiores, diseño industrial, planificación, bienes raíces y empresas de construcción; organismos gubernamentales implicados en la construcción, viviendas, carreteras y parques y lugares de recreación y organizaciones gubernamentales y otras sin fines de lucro interesadas en la preservación histórica o arquitectónica.

Estudios regionales interdisciplinarios o étnicos

La investigación, redacción, análisis, pensamiento crítico y aptitudes de conciencia cultural adquiridos por las especialidades de los estudios regionales interdisciplinarios o étnicos, combinados con los conocimientos adquiridos en un área en particular, hacen que este grupo de especialidades sea valioso en una gran variedad de profesiones. Las especialidades encuentran puestos en administración, educación, relaciones públicas y comunicaciones en organizaciones como agencias culturales, gubernamentales, internacionales y agencias comunitarias (étnicas); comercio internacional (importación, exportación); agencias de servicio social y la industria de las comunicaciones (periodismo, radio y televisión). Estos estudios también entregan una buena base para una capacitación superior en leyes, administración de empresas, administración pública, educación, trabajo social, trabajo en museos y bibliotecas y relaciones internacionales.

Artes

Las especialidades en arte a menudo usan su capacitación para transformarse en artistas que ejercen su arte, aunque varíen los ambientes en que trabajen. Aparte de la carrera relacionada con el arte más obvia (la del artista o artesano que trabaja por cuenta propia) muchos campos requieren las aptitudes de un artista visual, entre los que se incluyen publicidad, relaciones públicas, el campo editorial, periodismo, trabajo en museos, televisión, cine y teatro, agencias de servicio comunitario y social relacionadas con la educación, recreación entretenimiento y enseñanza. Una base en arte también sirve si un estudiante desea continuar con arteterapia, arte o administración de museos o trabajo en una biblioteca.

Ciencias biológicas

Las ciencias biológicas incluyen el estudio de organismos vivos desde el nivel de moléculas hasta el de las poblaciones. Las especialidades encuentran trabajos en industria, organismos gubernamentales, redacción técnica, edición o ilustración, informes de ciencias, enseñanza en la escuela secundaria (lo que generalmente requiere cursos de educación) y análisis y pruebas de laboratorio e investigación. Las ciencias biológicas también son una base sólida para futuros estudios en medicina, psicología, salud y administración hospitalaria e ingeniería orientada a la biología.

Ciencias empresariales

Las especialidades en ciencias empresariales abarcan todas las disciplinas empresariales básicas. A nivel universitario, los estudiantes pueden obtener una especialidad en un programa general de administración de empresas o especializarse en un área en particular, como mercadeo o contabilidad. Estos estudios te llevan a alcanzar no sólo puestos en el comercio y la industria sino también puestos gerenciales en otros sectores. Los estudios relacionados con la administración incluyen las áreas de administración generales (contabilidad, finanzas, mercadeo y administración) al igual que estudios especiales relacionados con un tipo particular de organización o industria. Las especialidades relacionadas con la administración pueden ofrecerse en una facultad de administración de empresas o en un departamento que se relacione con el área donde se aplicarán las aptitudes de administración. Las carreras pueden hallarse a lo largo de todo el mundo empresarial.

DE LA OFICINA DE ORIENTACIÓN

P: ¿Qué consejo le darías a los estudiantes que dicen que no pueden ingresar a la universidad?

R: Si puedes respirar, puedes ir a la universidad. En Estados Unidos, todos pueden ir. Es posible que te tome más tiempo y que tengas que ir a un instituto de enseñanza para la comunidad antes, pero la universidad está disponible para todos. Depende de lo que desees hacer. Muchos estudiantes dicen que desean ir, pero no saben cómo. Su consejero vocacional los guiará durante el proceso y les mostrará las opciones que tienen. Les ayudará a llenar las solicitudes de ingreso y a solicitar ayuda financiera.

Olga Middleton
Consejera vocacional
Forest Hill High School
West Palm Beach, Florida

DE LA OFICINA DE ORIENTACIÓN

P: ¿Cuáles son los mitos que tienen algunos padres sobre las universidades para sus hijos?

R: Si los padres de un estudiante no son de Estados Unidos, es posible que no sepan las diferencias de las universidades estadounidenses con las de otros países. En la mayoría de los países, los estudiantes van a la universidad en su misma ciudad y viven en su casa en vez de hacerlo en los dormitorios. Algunos padres que vienen de otros países son reacios a dejar que sus hijos se vayan a la universidad. Ellos no ven la necesidad, pero deben comprender que existen diferentes oportunidades profesionales aquí.

Algunos creen que la universidad no está al alcance de sus hijos por los costos y su situación social. Muchos padres ni siquiera saben dónde están las universidades. Hay padres que tienen miedo de dejar ir a sus hijos a la universidad porque los sistemas educacionales son muy diferentes. En mi experiencia, los estudiantes que tienen más éxito en encontrar la universidad adecuada son aquellos cuyos padres se involucran. Los padres deberían hablar con un consejero para establecer un plan de ingreso a la universidad. No deben tener miedo de decir "no sé nada, ¿por dónde empiezo?" Tienen que superar el miedo de pedir ayuda.

Olga Middleton
Consejera vocacional
Forest Hill High School
West Palm Beach, Florida

Comunicación

Los trabajos en el área de comunicación van desde reportajes (noticias y crónicas especiales), redacción de textos publicitarios, redacción técnica, corrección de estilo y programación hasta publicidad, relaciones públicas, ventas a través de medios de comunicación e investigación de mercados. Dichos puestos pueden encontrarse en periódicos, estaciones de radio y televisión, casas editoriales (libros y revistas), agencias de publicidad, departamentos de comunicaciones en empresas, organismos gubernamentales, universidades y empresas que se especializan en materiales de educación y capacitación.

Ciencias de la computación, información y bibliotecología

Las especialidades en ciencias de la computación e información y sistemas se concentran en aspectos teóricos de la computación y hacen hincapié en las disciplinas matemáticas y científicas. Los programas de procesamiento de datos, programación y tecnología computacional suelen ser más prácticos, ya que se orientan más al comercio que a aplicaciones científicas y a trabajar directamente con la computadora o con equipos periféricos. Las posibilidades profesionales para las ciencias de la computación y la información incluyen procesamiento de datos, programación y desarrollo o mantenimiento de sistemas en casi cualquier ambiente: comercio e industria, banca y finanzas, gobierno, universidades, bibliotecas, empresas de software, oficina de servicios, fabricantes de computadoras, editoriales y comunicaciones.

La bibliotecología entrega una base profesional en trabajo de biblioteca y entrega un valioso conocimiento de fuentes de investigación, indización, realización de resúmenes, tecnología de la computación y tecnología de medios de comunicación, que es útil para los estudios superiores en cualquier campo profesional. En la mayoría de los casos, se necesita una maestría en bibliotecología para obtener un trabajo como bibliotecario. Las especialidades de bibliotecología encuentran puestos en bibliotecas públicas, de escuelas, de universidades y gubernamentales y centros de investigación; publicación de libros (especialmente libros de referencia); servicios de recuperación de información y bases de datos y comunicaciones (en especial medios audiovisuales).

Educación

Los puestos de maestros en escuelas primarias y secundarias públicas, externados e internados privados, escuelas religiosas y colegios parroquiales, escuelas vocacionales y escuelas privadas son los trabajos que más a menudo son ocupados por las especialidades de educación. Sin embargo, los puestos de enseñanza

(Continúa en la pág 91)

TOMAR ESA DECISIÓN IMPORTANTE: CONSEJO DE LA VIDA REAL DE ESTUDIANTES DE ÚLTIMO AÑO

En algún momento entre su penúltimo y último año en la secundaria, Karen Gliebe tuvo la idea de estudiar psicología. Al momento de elegir una especialidad en la universidad, ella sabía lo que quería. Por otro lado, Justin Bintrim hizo un giro de 180 grados, ya que pensaba estudiar física y luego cambió de dirección a filosofía. No fue sino hasta que tomó cursos de introducción a la literatura que descubrió dónde estaba realmente su corazón y ahora se graduará con título en inglés.

Tu podrías encontrarte en cualquiera de estos casos cuando tengas que elegir una especialidad, es decir, sabrás lo que deseas o probarás diferentes posibilidades antes de decidirte finalmente por una. Para darte una idea de cómo podría ser para ti, reúnete con cuatro estudiantes de último año de la universidad que hayan pasado por el proceso de ensayo y error al elegir sus especialidades. Es de esperar que aprendas algo de ellos o que al menos descubras que no tienes que preocuparte tanto sobre cuál será tu especialidad.

De Grove City College, una universidad de humanidades en Pennsylvania, conoce a Karen Gliebe, que se graduará de psicología y a Justin Bintrim que tiene especialidad en inglés. De Michigan State University, conoce a Seth Moiser que estudia ingeniería en computación y a Kim Trouten que pronto se graduará de zoología. Esto es lo que ellos tienen que decir:

CÓMO ELIGIERON SUS ESPECIALIDADES

Karen: Durante la escuela secundaria trabajé de voluntaria en un centro comunitario para la tercera edad y mi supervisor me expuso en gran medida a la psicología aplicada. Después de mi primer año en la universidad, hablé con personas que tenían título de psicología. Tú dedicas mucho trabajo para obtener un título y te preguntas si vale la pena todo el trabajo. Es útil hablar con alguien que ha pasado por ello, de manera que puedas ver si eso es lo que quieres hacer cuando te gradúes.

Justin: No estaba seguro de cuál sería mi especialidad. Un profesor me dijo que tomara cursos de introducción para ver si me interesaba en el tema, así que tomé literatura inglesa, matemáticas, psicología y filosofía. Inglés fue el que más me gustó y me fue bien, entonces, el semestre siguiente tomé dos cursos de inglés y decidí cambiar mi especialidad. Mis profesores me dijeron que no me preocupara sobre la elección de una especialidad, que me arriesgara y que conversáramos sobre la especialidad en dos años. Decidí que si ellos no estaban preocupados sobre una especialidad, yo tampoco, pero aún la tenía en mente. Estaba entre estudiantes mayores que pensaban sobre sus carreras, por eso, conversé con ellos acerca de los trabajos que los esperaban.

Seth: Me gustaban las computadoras en la secundaria y en la universidad empecé a estudiar ciencias de la computación pero me aburrí de la codificación. Mi interés en las computadoras me hizo escoger las ciencias de la computación en el acto. No sabía nada acerca de la ingeniería en computación hasta que llegué a la universidad.

Kim: Quería ser veterinaria, pero después de dos años decidí que no quería ir a la universidad durante tanto tiempo, sin embargo, aún estaba interesada en los animales y tenía dos opciones. Una era zootécnica (ciencia de los animales), que trabaja más con animales de granja o bien estudiar zoología. Decidí concentrarme en ciencias zoológicas y de los acuarios. Además de ser veterinaria, la interacción más cercana con los animales sería la de un cuidador de zoológico.

LOS CURSOS OPTATIVOS QUE TOMARON Y POR QUÉ

Karen: Mi asesor me dijo que tomara clases diferentes, así que elegí filosofía, arte, religión y clases adicionales de psicología.

Justin: Planeaba hacer una especialidad doble, pero mis profesores me dijeron que tomara lo que me interesaba. Las especialidades en inglés dan mucha libertad para tomar cursos distintos, a diferencia de las especialidades en ciencias.

Seth: Debido a que estudio ingeniería en computación no puedo tomar muchas optativas. En este momento tomo clases de natación y antes tomé una clase de análisis de incidentes críticos donde estudiamos los accidentes importantes. Quería algo extremadamente técnico pero que no se relacionara con la ingeniería en computación.

Kim: Tomé algunas clases de kinesiología, que era bastante parecido a clases de aeróbica. Necesitaba ejercicio y calculé que podría obtener algunos créditos. También tomé lenguaje de señas porque me interesa.

QUÉ HARÁN CON SUS TÍTULOS

Karen: Quiero ir a una institución de estudios de posgrado y espero conseguir algo de experiencia trabajando con niños.

Justin: Postularé a una institución de estudios de posgrado en literatura inglesa y estudios culturales. Quiero hacer investigaciones y convertirme en profesor universitario.

Seth: Trabajaré para el departamento de defensa. No es la mejor oferta que he tenido, pero será la más divertida, que es más importante para mí que el dinero.

Kim: Mis objetivos han cambiado nuevamente. No planeo usar mi título. Me casé hace un año y mi marido y yo queremos ejercer la clerecía a tiempo completo. Usaré mi título para conseguir un trabajo y luego nos iremos al extranjero.

LOS CAMBIOS QUE HARÍAN EN LAS CLASES QUE TOMARON SI PUDIERAN

Karen: Hay clases que no volvería a tomar. Pero aunque no aprendí tanto como quería, valió la pena. Aprendí cómo trabajar y organizar mis esfuerzos.

Justin: Me hubiera preocupado menos de elegir una especialidad cuando comencé la universidad. No tenía la perspectiva con respecto a cuánto tiempo tenía para elegir.

Seth: Tengo amigos que cambiarían el orden en que tomaron sus clases de humanidades, pero yo fui lo bastante afortunado de pensar por adelantado y extender las clases a través de todo el tiempo. La mayoría de los estudiantes [de ingeniería] las toman durante su primer año para apartarlas de su camino, pero después, están encerrados todo el día en la facultad de ingeniería. Debido a que no lo hice como ellos, es agradable para mí sacarme la ingeniería de la cabeza.

Kim: Algo que no puedo cambiar son los laboratorios, porque requieren mucho trabajo y sólo obtienes un crédito por cada 3 horas. Algunos te hacen trabajar mucho fuera de las horas de clase, por ejemplo tuve un laboratorio de anatomía comparativa que me mantuvo ocupada fines de semana completos, así que te sugiero que no tomes al mismo tiempo todas las clases que necesiten laboratorios.

SU CONSEJO PARA TI

Karen: No es necesario que sepas lo que quieres hacer con el resto de tu vida cuando llegas a la universidad, es más, la mayoría de las personas ni siquiera conservan la especialidad que eligieron por primera vez. Las universidades reconocen que verás cosas que posiblemente no hayas considerado inicialmente. Algunos estudiantes de la secundaria dicen que no irán a la universidad a menos que sepan lo que quieren hacer.

Justin: Si es posible, toma un poco de esto y algo de aquello. Si eres estudiante de ingeniería, todo estará planificado [para ti], pero si eres de una especialidad de humanidades y no estás seguro, probablemente puedes tomar algo de cada departamento.

Seth: Si es posible, toma los exámenes AP en la secundaria y así podrás tomar una decisión acerca de una especialidad. Los estudiantes de primer año de universidad que creen que quieren estudiar ingeniería sufren con las clases de matemáticas y física. Luego, en su segundo o penúltimo año se dan cuenta que no quieren ser ingenieros. Si hubieran tomado clases de AP, habrían sabido en su primer año.

Kim: Cuando cambié mi especialidad, me preocupó el hecho de pasar un año en clases que no contarían para mi nueva especialidad. Pero no debes sentir temor de cambiar de especialidad porque si te metes en algo que no te gusta, tendrás que volver y tomar otras clases de todas maneras.

Aunque estos cuatro estudiantes de último año llegaron de manera diferente a una decisión sobre cuál especialidad querían, dijeron cosas similares:

- **Está bien cambiar de parecer sobre lo que quieres al terminar la universidad.**
- **Para descubrir qué especialidad quieres, comienza con lo que te gusta hacer.**
- **Habla con profesionales que trabajan en los campos que te interesan.**
- **Pregúntale a tus profesores sobre qué tipo de trabajos podrías conseguir con el título que estás considerando.**
- **Habla con estudiantes de último año que se graduarán en la especialidad que estás considerando.**
- **Toma cursos optativos en las áreas que te interesan, aunque puedan no relacionarse con tu especialidad.**
- **La universidad es el tiempo de explorar muchas opciones diferentes, así que saca ventaja de la oportunidad.**

también se encuentran en instituciones no educacionales, tales como museos, sociedades históricas, prisiones, hospitales y hogares de ancianos al igual que en trabajos como educadores y capacitadotes en el gobierno y la industria. Los puestos administrativos (no de enseñanza) en relaciones con los empleados y el personal, relaciones públicas, mercadeo y ventas, editoriales educacionales, medios de televisión y cine, empresas para el desarrollo de exámenes y agencias de servicio social gubernamentales y comunitarias también aprovechan las aptitudes e intereses de las especialidades de educación.

Ingeniería y tecnologías de ingeniería

Las especialidades de ingeniería y tecnología científica preparan a los estudiantes para un trabajo de diseño y producción práctico en vez de trabajos que requieren un conocimiento más teórico, científico y matemático. Los ingenieros trabajan en una variedad de campos, incluyendo la aeronáutica, bioingeniería, geología, ingeniería nuclear y control de calidad y seguridad. La industria, laboratorios de investigación y organismos gubernamentales donde la tecnología tiene un papel clave, como en la industria manufacturera, electrónica, comunicaciones de construcción, transporte y servicios públicos contratan graduados de ingeniería, al igual que de tecnología de ingeniería y tecnología científica. El trabajo puede ser en actividades técnicas (investigación, desarrollo, diseño, producción, pruebas, programación científica o análisis de sistemas) o en áreas no técnicas donde se necesita un grado técnico, como mercadeo, ventas o administración.

Lengua extranjera y literatura

El conocimiento de lenguas y culturas extranjeras se está haciendo cada vez más reconocido como una materia importante en el mundo actual. Las especialidades en lenguas otorgan una aptitud que se usa en las organizaciones con relaciones internacionales al igual que en campos profesionales y áreas geográficas donde predominan otras lenguas distintas al inglés. Las posibilidades profesionales incluyen puestos en empresas comerciales con filiales internacionales; empresas de importación y exportación; bancos internacionales, agencias de viajes, aerolíneas; servicios turísticos; organismos gubernamentales e internacionales que se encargan de relaciones internacionales, comercio exterior, diplomacia, aduana o inmigración; enseñanza de lengua extranjera y educación bilingüe en la escuela secundaria (que generalmente requiere cursos de educación); traducción e interpretación independiente (se necesita un alto nivel de aptitudes); editoriales en lengua extranjera; y programación de computadoras (en especial para especialidades en lingüística).

Ciencias de la salud

Las especialidades de profesiones de la salud, aunque tienen un centro científico, se concentran más en aplicar los resultados de la investigación científica que en las disciplinas científicas en sí. Las especialidades paramédicas preparan graduados para ayudar a los profesionales de la salud a entregar diagnósticos, terapias y rehabilitación. Las especialidades de ciencia médica, como optometría, farmacia y las secuencias profesionales preparatorias para estudiar carreras médicas son, para la mayoría, estudios profesionales que componen las disciplinas científicas necesarias para ser admitido en una institución de estudios de posgrado o escuela profesional en los campos de la salud o la medicina. Las especialidades de servicio y tecnología de la salud preparan a los estudiantes para puestos en los campos de la salud que implican principalmente servicios a pacientes o trabajo con máquinas y materiales complejos. Las tecnologías médicas cubren una amplia gama de campos, como citotecnología, tecnologías biomédicas y tecnología de la sala de operaciones.

Para especialidades en los campos de la salud se encuentran disponibles puestos administrativos, profesionales o de ayudante de investigación en agencias de salud, hospitales, unidades de salud ocupacional en la industria, la comunidad y departamentos de salud escolares, organismos gubernamentales (salud pública, protección ambiental) y organizaciones de salud internacionales, también hay trabajos en mercadeo y ventas de productos y servicios relacionados con la salud, educación para la salud (con cursos de educación), publicidad y relaciones públicas, periodismo y campo editorial y redacción técnica.

Economía doméstica y servicios sociales

La economía doméstica abarca muchos campos diferentes (estudios básicos en alimentos y tejidos al igual que economía del consumidor y estudios del tiempo libre) que coinciden con aspectos de agricultura, ciencias sociales y educación. Es posible encontrar trabajos en organismos gubernamentales y agencias comunitarias (en especial aquellas relacionadas con la educación, salud, residencia o servicios humanos), hogares de ancianos, guarderías, periodismo, radio y televisión, medios educacionales y el campo editorial. Los tipos de trabajo también incluyen mercadeo, ventas y servicio al cliente en industrias relacionadas con el consumidor, tales como procesamiento y empaque de alimentos, fabricación de aparatos, servicios básicos, tejidos y enseñanza de economía doméstica en la secundaria (que generalmente requiere cursos de educación).

Las especialidades en servicios sociales encuentran puestos de ayudante o asistente administrativo en organismos gubernamentales y agencias de salud comunitarias, de bienestar y servicio social, como hospitales, clínicas, la YMCA (Asociación cristiana de jóvenes) y la YWCA (Asociación cristiana femenina). Para más información acerca de servicios sociales relacionados con la ley, consulta la sección "Leyes y estudios legales".

Humanidades (misceláneo)

Las especialidades que constituyen las humanidades (a veces llamadas "letras") son las más generales, las que más se aplican y las menos orientadas desde el punto de vista vocacional de las humanidades. Son esencialmente estudios de las ideas y preocupaciones del ser humano, que incluyen historia clásica, historia de la filosofía, historia de las ciencias, lingüística y estudios medievales. Las posibilidades profesionales para las especialidades de humanidades se pueden encontrar en empresas de negocios, organismos gubernamentales y agencias comunitarias, publicidad y relaciones públicas, mercadeo y ventas, el campo editorial, periodismo y radio y televisión, enseñanza de inglés y literatura en la escuela secundaria (que por lo general requiere cursos de educación), redacción y corrección de textos independientes y programación computacional (especialmente con una formación en lógica o lingüística).

Leyes y estudios legales

Aquellos estudiantes de estudios legales pueden usar su conocimiento de leyes y gobierno en los campos que incluyen la creación, violación y cumplimiento de la ley; los crímenes, juicios y castigos de los que violan la ley y el funcionamiento de todas las ramas del gobierno a nivel local, estatal y federal. Los graduados encuentran puestos en todo tipo de oficinas de abogados, departamentos legales de otras organizaciones, el tribunal o el sistema penitenciario, organismos gubernamentales (como agencias de ejecución de la ley u oficinas del fiscal general estatales y federales) y departamentos de policía.

Matemáticas y ciencias físicas

Las matemáticas son la ciencia de los números y la formulación abstracta de sus operaciones. Las ciencias físicas implican el estudio de las leyes y las estructuras de la materia física. Las aptitudes cuantitativas que se adquieren a través del estudio de las ciencias y las matemáticas sirven especialmente para carreras relacionadas con la computación. Las posibilidades profesionales incluyen puestos en la industria (empresas de fabricación y procesamiento, empresas de electrónica, contratistas proveedores del departamento de defensa, empresas consultoras); organismos gubernamentales (defensa, protección ambiental, ejecución de la ley); redacción científica y técnica, edición o ilustración; periodismo (reportajes científicos); enseñanza en la escuela secundaria (que por lo general requiere cursos en educación); análisis y pruebas de investigación y de laboratorio; análisis estadístico; programación computacional; análisis de sistemas; topografía y cartografía (trazado de mapas); pronóstico del tiempo; y ventas técnicas.

Recursos naturales

Una especialidad en el campo de los recursos naturales prepara a los estudiantes para trabajar en áreas tan generalizadas como la conservación ambiental y tan especializadas como la contaminación de aguas subterráneas. Se encuentran trabajos disponibles en la industria (alimentos, energía, recursos naturales y empresas de celulosa y fabricación de papel), empresas consultoras, organismos gubernamentales estatales y federales (principalmente el Departamento de Agricultura y del Interior) y agencias de conservación públicas y privadas. Para más información acerca de los campos relacionados con recursos naturales, consulta las secciones de "Agricultura" y "Ciencias biológicas".

Psicología

Las especialidades de psicología incluyen el estudio de la conducta y pueden variar desde la biológica a la sociológica. Los estudiantes pueden dedicarse al estudio de la conducta individual, usualmente la del ser humano, o la de las multitudes. Estos estudiantes no siempre entran en los campos clínicos más obvios, es decir, aquellos en los que los psicólogos trabajan con pacientes. Ciertas áreas, como la industrial u organizacional, la experimental y la social no están orientadas desde un punto de vista clínico. La psicología y las carreras de asesoría pueden estar en el gobierno (como agencias de salud mental), escuelas, hospitales, clínicas, práctica privada, industria, empresas de desarrollo de pruebas, trabajo social y personal. Las carreras que se enumeran en la sección "Ciencias sociales" también las siguen estudiantes con especialidades en psicología y asesoría.

Religión

Las especialidades de religión generalmente se consideran como estudios preprofesionales para aquellos que están interesados en ingresar al clero. Las posibilidades profesionales para la religión también incluyen trabajos de asistencia social individualizada, asesoría a los jóvenes, administración en organizaciones de la comunidad y de servicio social, enseñanza en instituciones educacionales religiosas y redacción para publicaciones religiosas y laicas. Los estudios religiosos también preparan a los estudiantes para los tipos de trabajos de otras especialidades de humanidades que a menudo se siguen.

Ciencias sociales

Las especialidades de ciencias sociales estudian a las personas en relación con su sociedad. De esta manera, las especialidades de ciencias sociales pueden aplicar su educación a una amplia gama de ocupaciones que se relacionan con temas y actividades sociales y las oportunidades profesionales son variadas. Las personas con títulos en ciencias sociales encuentran carreras en el gobierno, negocios, agencias de la comunidad (que se desempeñan con niños, jóvenes, personas de la tercera edad), publicidad y relaciones públicas, mercadeo y ventas, enseñanza de estudios sociales en la escuela secundaria (con cursos de educación), trabajo de asistencia social individualizada, ejecución de la ley, parques y centros para recreación, trabajo en museos (especialmente para especialidades de antropología, arqueología, geografía e historia), preservación (en especial para especialidades de antropología, arqueología, geografía e historia), banca y finanzas (especialmente para especialidades de economía), investigación de mercados y encuestas, análisis estadístico, el campo editorial, recaudación de fondos y desarrollo y campañas políticas.

Tecnologías

Las especialidades de tecnología, junto con los campos de oficio, son los programas de dos años que más se ofrecen. Las especialidades en campos de tecnología preparan a los estudiantes directamente para los empleos, sin embargo, los puestos se encuentran en el trabajo de diseño práctico y producción en vez de áreas que requieren un conocimiento más teórico, científico y matemático. Las tecnologías de ingeniería preparan a los estudiantes con la capacitación básica en campos específicos (por ejemplo, electrónica, mecánica o química) que son necesarios para convertirse en técnicos en el personal de soporte de ingenieros. Otras especialidades de tecnología se concentran más en mantenimiento y reparación. El trabajo puede ser en actividades técnicas, como producción o prueba, o en áreas que no son técnicas donde se requiere un título técnico, como mercadeo, ventas o administración. Las industrias, los laboratorios de investigación y los organismos gubernamentales en los que la tecnología tiene una función importante (como en la fabricación, electrónica, construcción, comunicaciones, transporte y servicios públicos) contratan regularmente a graduados en tecnología.

¿Aún sientes inseguridad?

Relájate. No tienes que saber tu especialidad antes de inscribirte en la universidad. Más de la mitad de los estudiantes de primer año de universidad se encuentran indecisos cuando comienzan y prefieren familiarizarse con lo que se encuentra disponible en la universidad antes de tomar una decisión. La mayoría de las universidades con programas de cuatro años no requieren que los estudiantes declaren formalmente una especialidad hasta el final de su segundo año de universidad o el comienzo del penúltimo año. Parte de la experiencia de la universidad es conocer acerca de temas e ideas nuevas. Es probable que en tu escuela secundaria no tuviste la oportunidad de estudiar antropología, o biología marina o matemáticas aplicadas. Por eso, toma estas clases y sigue tus intereses. Mientras cumples con los requisitos generales del curso, podrías encontrar por casualidad una especialidad que te interese, o tal vez descubrirás un nuevo interés mientras eres voluntario o participas en otras actividades extracurriculares. Habla con otros estudiantes que incluso podrían guiarte a una decisión.

¿Puedo cambiar mi especialidad si cambio de parecer?

Elegir una especialidad no significa lapidar tu futuro, ni interrumpir tu vida si necesitas cambiar de parecer. Sin embargo, existen ventajas si se elige una especialidad antes que después. Si esperas demasiado, es posible que tengas que tomar clases adicionales para cumplir con los requisitos, lo que puede costarte tiempo y dinero adicionales.

LA OTRA CARA DE LA UNIVERSIDAD: ¡LA DIVERSIÓN!

La universidad significa más que escribir informes, leer libros y sentarse a oír clases. La vida social constituye una parte integral para formar tu experiencia universitaria.

Conocer gente nueva

El momento más fácil de conocer personas es al comienzo de algo nuevo. Las situaciones nuevas perturban a las personas y hacen que se sientan lo bastante incómodos, llevándolos a arriesgarse a hacer nuevos amigos. Afortunadamente para ti, la universidad está llena de experiencias nuevas. Están las primeras semanas de ser los estudiantes nuevos, a lo que lo sigue rápidamente la integración como nuevo miembro de un club o actividad, y con cada semestre que pasa, estarás en clases nuevas con nuevos profesores y nuevas caras. La universidad debe ser un tiempo de desafíos y expansiones constantes para ti, por eso, nunca sientas que es demasiado tarde para conocer nuevas personas.

¿Pero cómo das ese primer paso para desarrollar una relación? Es sorprendentemente fácil. Las primeras semanas de la universidad harán que estés parado en muchas filas, algunas para comprar libros, otras para comprar alimentos, otra para obtener una tarjeta de identificación y otra para inscribirte en clases. Mientras estás en la fila, date vuelta y preséntate a la persona que está detrás de ti. Concéntrate en lo que tienen en común y trata de minimizar las diferencias. Así, pronto descubrirás que ustedes dos tienen mucho de que hablar. Cuando sea tiempo de dejar la fila, invítalo a tomar un café más tarde o a ver una película. Esto te ayudará a desarrollar relaciones con las personas que conoces.

Ábrete a las oportunidades de conocer nuevas personas y tener nuevas experiencias, por eso, únete a clubes y actividades que despierten tu interés. Investiga sobre escalada en roca, prueba tomar ballet, escribe para el periódico de la universidad, pero sobre todo, participa.

Actividades del campus

La vida universitaria te impondrá muchas exigencias. Tus clases serán arduas, tus profesores esperarán más responsabilidad de tu parte, y tendrás que presupuestar y manejar tu propio dinero. Existe un lado positivo en el que probablemente no has pensado aún: los estudiantes universitarios tienen mucho tiempo libre.

El estudiante promedio pasa alrededor de tres horas diarias en clase. Suma a esto el tiempo que necesitarás para estudiar, comer y socializar y aún tendrás tiempo libre. Una de las mejores maneras de usarlo es participar en actividades del campus.

Competencias deportivas dentro de la universidad

Estas competencias deportivas se realizan entre miembros de la comunidad del mismo campus. Promueven la competencia y el sentido de pertenencia sin el mismo nivel de intensidad en las sesiones de entrenamiento. Todos pueden participar en estas competencias deportivas, por ejemplo, a menudo hay equipos formados por dormitorios, hermandades femeninas o masculinas de estudiantes que juegan fútbol, voleibol, basquetbol, flag-football, béisbol y sóftbol. También hay competencias deportivas individuales dentro de la universidad como natación, golf, lucha y buceo. Si deseas participar, sólo pasa por la oficina de deportes dentro de la universidad, que generalmente se encuentra ubicada cerca de la oficina del gobierno estudiantil; en caso de no estarlo, ellos podrán decirte donde ir.

Gobierno estudiantil

El gobierno estudiantil se establecerá de una manera que probablemente es similar a tu escuela secundaria. Los estudiantes forman comités y postulan para un cargo. Sin embargo, el gobierno estudiantil en la universidad tiene más poder que en la escuela secundaria. Los funcionarios abordan todas las preocupaciones de su clase directamente con el rector de la universidad y el consejo de administración. La mayoría de los gobiernos estudiantiles tienen una rama responsable de las actividades estudiantiles que traen a animadores de renombre y oradores controvertidos. Es posible que desees participar para ver cómo se hacen esos contactos y se negocian esas presentaciones.

Servicio de asistencia a la comunidad

Otro aspecto de la vida estudiantil es el voluntariado, que comúnmente se llama servicio de asistencia a la comunidad. Muchas universidades ofrecen una gama de oportunidades. Algunas te permiten simplemente comprometerte una tarde para una causa, como distribuir alimentos en un banco de alimentos, en cambio otras requieren de un compromiso progresivo. Por ejemplo, podrías decidir ayudar a un adulto a aprender a leer todos los jueves a las 4 p.m. durante tres meses. Algunas universidades vinculan un compromiso de servicio a la comunidad con un crédito académico. Esto aumentará tu aprendizaje y te dará una experiencia real. Asegúrate de pasar por la oficina de servicio a la comunidad y ver lo que hay disponible.

Clubes

Existe una variedad de clubes en la mayoría de los campus de la universidad, que abarcan casi todos los temas que puedas imaginar. Amnistía Internacional se reúne regularmente en la mayoría de los campus para escribir cartas a fin de ayudar a liberar prisioneros en tierras extranjeras. La mayoría de los estudiantes con la misma especialidad se agrupan en un club para discutir sobre sus intereses en común y potencial profesional. También existen clubes que se basan en el uso de cierto software computacional o que participan en actividades al aire libre como navegación o esquí de descenso. La lista no tiene fin. Si no encuentras un club de tu interés, considera comenzar uno tú mismo. Pasa por la oficina del gobierno estudiantil para ver qué normas necesitarás para seguir, también será necesario que encuentres un lugar para realizar las reuniones y hacer publicidad a tu club. Cuando hagas tu primera reunión, probablemente te sorprenderás al ver cuántas personas están dispuestas a correr riesgos y probar con un nuevo club.

Hermandades femeninas y masculinas de estudiantes

Un concepto errado importante de las hermandades femeninas y masculinas de estudiantes es que giran en torno a frenéticas fiestas y alcohol. En realidad, la vasta mayoría de las hermandades masculinas y femeninas de estudiantes se concentran en inculcar a sus miembros valores de aprendizaje, amistad, liderazgo y servicio. Desde este punto en adelante, nos referiremos a las hermandades de estudiantes, tanto masculinas como femeninas, como hermandades.

Aprendizaje

La experiencia de una hermandad te ayuda a hacer la transición académica de la escuela secundaria a la universidad. Aunque las clases que se toman en la secundaria son arduas, son todavía más duras en la universidad. Por lo general, las hermandades exigen que los miembros cumplan con ciertas normas académicas. Muchas mantienen horas de estudio obligatorias, generalmente se mantienen en archivo notas de clases y exámenes antiguos para propósitos de estudio y a menudo se encuentran disponibles tutores personales. Los miembros de una hermandad tienen un gran interés natural en ver que otros miembros tengan éxito académico, por eso, a menudo los más antiguos ayudan a los más nuevos con sus estudios.

Amistad

La vida social es un componente importante de las hermandades. Las funciones sociales ofrecen una excelente oportunidad de que los estudiantes de primer año conozcan mejor a otros en la sección de la hermandad. Sea una fiesta de día de las brujas o un baile formal, existen numerosas oportunidades de que los miembros desarrollen equilibrio y confianza. A través de la participación en estas funciones, los estudiantes enriquecen las amistades y formarán recuerdos que durarán toda la vida. Recuerda, las funciones sociales no son solamente fiestas, ya que pueden incluir actividades como competencias deportivas dentro de la universidad y la fiesta de ex-alumnos.

Liderazgo

Debido a que las hermandades son organizaciones autónomas, abundan las oportunidades de liderazgo. A los estudiantes se les brinda experiencia práctica en liderar comités, manejar presupuestos e interactuar con miembros y administradores de la facultad. La mayoría de las casas tienen alrededor de diez funcionarios, junto con un conjunto de miembros del comité. Participando de manera activa en las funciones de liderazgo, los estudiantes ganan experiencia valiosa que es esencial para tener una carrera exitosa. Lo interesante es que, aunque las hermandades representan menos del 10 por ciento de la población de estudiantes universitarios, mantienen la mayoría de los puestos de liderazgo en el campus.

Servicio

De acuerdo con el North-American Interfraternity Council (Consejo Norteamericano entre Hermandades), las hermandades están participando cada vez más en proyectos de filantropía y de servicio práctico. Ayudar a las personas menos afortunadas se ha vuelto un enfoque importante de las hermandades. Esto puede variar desde trabajar con Easter Seals, campañas de donación de sangre y de recolección de alimentos, hasta el mantenimiento de la comunidad, como recoger basura, pintar casas o limpiar parques. Las hermandades también participan con organizaciones como Habitat for Humanity (Viviendas para la Humanidad), la American Heart Association (Asociación Americana del Corazón), y Children's Miracle Network (Red de Milagros para los Niños). A través de la participación en proyectos filantrópicos, los estudiantes no sólo recaudan dinero para causas que valen la pena, sino que también ganan una conciencia más profunda de ellos mismos y de su responsabilidad con la comunidad.

Compañeros de cuarto

Cuando llegas a un campus, te enfrentarás con una tarea enorme: vivir en paz con un extraño por el resto del año académico.

Para hacer que sea más fácil, la mayoría de las universidades usan algún tipo de encuesta para asignación de habitación, lo que puede significar que las coincidencias para compañeros de cuarto sean más exitosas. Por ejemplo, dos personas que prefieren permanecer despiertos hasta tarde y tocar guitarra pueden tener coincidencias, mientras que dos personas que prefieren levantarse al amanecer y correr pueden ser un par. Estas diferencias son fáciles de preguntar en una encuesta y fáciles de que los estudiantes las informe, sin embargo, en las encuestas no se puede preguntar todo y hay muchas posibilidades de que algo acerca de tu compañero o compañera de cuarto te saque de quicio.

A fin de evitar un conflicto, haz una planificación con anterioridad. Cuando se reúnan por primera vez, elaboren reglas sólidas. La mayoría de las universidades hacen que los compañeros de habitación escriban un contrato que firman durante la primera semana de universidad. Las reglas sólidas ayudan a eliminar los conflictos desde el inicio y permiten que cada persona sepa lo que se espera. Debes considerar las siguientes áreas: privacidad, tiempo de silencio, quehaceres y pedir prestado.

Cuando consideres la privacidad, piensa en cuánto tiempo a solas necesitarás cada día y cómo arreglarás que cada persona tenga su tiempo privado. Por lo general, los horarios de clase te dan algún tiempo para estar solo. Tienes que tener conciencia de esto, si tu clase se cancela, podrías ir a tomar un café o a curiosear a la biblioteca en vez de regresar corriendo inmediatamente a la habitación. La privacidad también se relaciona con darle a tu compañero o compañera de cuarto su espacio cuando haya tenido un mal día o sólo necesite tiempo para pensar. Establece horas claras para el tiempo de silencio, aunque seguramente tu dormitorio ya tendrá algunas horas establecidas. Pero puedes simplemente elegir reiterar éstas o agregar adicionales, sólo tienes que ser claro.

NOSTALGIA

La nostalgia en su forma más básica es un anhelo de ver a las personas del hogar: tus padres, amigos, tu habitación, la escuela y todos las otras personas conocidas y los objetos que te hacen sentir cómodo. Pero en otro nivel, la nostalgia es una anhelo de volver en el tiempo. Al cambiarte a la universidad tú tomas nuevas responsabilidades y comienzas a actuar como adulto y esto puede causar susto.

Aunque esta condición a menudo se describe como una "enfermedad" *(homesickness)*, ninguna píldora te entregará un alivio rápido. En vez de eso, necesitarás reconocer que tus sentimientos son una reacción normal a un cambio significativo en tu vida. Permítete sentir la tristeza de cambiar de vida y ábrete a conversaciones acerca de ello que pudieran surgir en tu dormitorio o entre tus nuevos amigos, después de todo, todos se relacionan con este tema. Luego, haz un esfuerzo para crear un nuevo hogar y una nueva vida en el campus. Crea nuevos hábitos y rutinas de manera que este lugar que alguna vez fue extraño se te vuelva familiar. Únete a actividades y participa en la vida del campus, ya que esto te ayudará a crear un sentimiento de pertenencia que al final será la clave para superar la nostalgia.

Otros dos temas potencialmente atormentantes son los quehaceres y pedir prestado. Si hay quehaceres de limpieza que es necesario compartir, haz un programa y pégalo. A nadie le gusta un fregadero lleno de platos sucios o una ducha sucia. Recuerda la regla de oro: haz tus quehaceres como deseas que tu compañero de cuarto los haga. Cuando se llegue a la parte de pedir prestado, establece reglas claras. La mejor postura es no permitirlo, pero si lo haces, limita el cuándo, por cuánto y qué se hará en caso de daño.

Otro tema que enfrentan muchos estudiantes es si vivir o no con el mejor amigo de la secundaria que asiste a la misma universidad. Por lo general, ésta es una mala idea por varias razones. En primer lugar, tú piensas que conoces a tu mejor amigo o amiga por dentro y por fuera, pero puedes sorprenderte por sus hábitos personales. No hay nada como la cercanía de una habitación de dormitorio para revelar las fastidiosas rutinas de tu amigo, además, las personalidades pueden cambiar rápidamente en la universidad. Una vez que estás lejos de casa, puedes sorprenderte de cómo tú o tu amigo se transforma de tímido e introvertido a un parrandero nocturno, lo que puede causar conflicto. Una caída final es que los dos pasarán pegados como goma en las primeras semanas y perderán oportunidades de conocer gente nueva que también son nuevos, vulnerables y abiertos a nuevas amistades.

Ahora, provisto de esta información, deberías tener un año llevadero con tu nuevo compañero o compañera de cuarto. Pero en el caso de que seas la excepción, la mayoría de las universidades permiten que los estudiantes que absolutamente no pueden tener una buena relación se muden. Antes de hacerlo, por lo general, cada estudiante debe pasar por un proceso de solución de disputas, que comúnmente involucra a tu asesor permanente, tú y tu compañero de cuarto que tratan de trabajar en tus problemas de una manera estructurada.

Vivir con un compañero de habitación puede ser arduo a veces, pero la recompensa final (conocer alguien nuevo, encontrarse con nuevas ideas y aprender a comprometerse) te servirá posteriormente en tu vida. Disfruta de tu compañero de cuarto y de todas las experiencias que tendrás, tanto buenas como malas, ya que forman parte de la experiencia universitaria.

Viajar desde la casa

Para algunos estudiantes, el hogar durante la universidad es el mismo donde crecieron. Si estás en esta situación porque no puedes costear vivir en el campus o porque sólo prefieres vivir en casa con tu familia, algunas pautas te mantendrán conectado con la vida del campus.

Por ningún motivo vayas directo a casa después de clase, pasa más de tu tiempo libre en la universidad. Por lo general existe una agrupación de estudiantes o una cafetería donde los estudiantes se reúnen y socializan, así que conviértelo en un lugar donde ir y hablar con las personas entre clases. También, participa en actividades extracurriculares y visita compañeros de clase en los dormitorios.

Si vas en automóvil a la universidad, encuentra a otros estudiantes que deseen compartir automóviles. La mayoría de las universidades tienen una oficina o club de aquellos que viajan desde la casa que te entregará una lista de las personas que viven cerca de ti. Compartir un automóvil te dará tiempo para hablar y desarrollar una relación con alguien más que sabe acerca de los desafíos de viajar desde la casa.

Los clubes de personas que viajan desde la casa también patrocinan una variedad de actividades a lo largo del año. Prueba estas actividades. Asegúrate de considerar la variedad de actividades abiertas a todos los miembros del estudiantado, que van desde gobierno estudiantil, pasando por servicio a la comunidad, hasta competencias deportivas dentro de la universidad. Es posible que encuentres que esto exige un poco más de esfuerzo de tu parte, pero te verás recompensado por las amistades que cultivarás.

QUÉ PASA SI NO TE GUSTA LA UNIVERSIDAD QUE ELEGISTE

En el mejor de los casos, haces un resumen de una lista de universidades, encuentras la más compatible y eres aceptado. Lo pasas bien, aprendes mucho, te gradúas y emprendes una carrera prometedora. Sin embargo, es posible que encuentres que la universidad que elegiste no es la mejor del mundo. Imagina estos escenarios:

1. En la mitad de tu primer semestre de universidad, llegas a la conclusión desastrosa de que no puedes permanecer ahí por alguna razón. Los cursos no se relacionan con tus intereses, el campus está en una zona rural y no quieres ver una vaca más y la selección de actividades extracurriculares no aminora esto.
2. Has planeado metódicamente ir a un instituto de enseñanza para la comunidad (programa de dos años) y mudarte a una universidad con programas de cuatro años cuando completes tu título. La transferencia te lleva más cerca de tu objetivo.
3. Pensabas que querías una especialidad en arte, pero al final del primer semestre, descubres que estás más interesado en literatura inglesa. Las cosas te confunden, así que abandonas la universidad para arreglar tus pensamientos y ahora deseas volver a fin de rescatar algunos de esos créditos.
4. No lo hiciste bien en la escuela secundaria: socializar estorbaba con el estudio. Pero ahora has abierto los ojos, te has puesto serio acerca de tu futuro y dos años de instituto de enseñanza para la comunidad han iluminado tus perspectivas de transferirte a una institución con programas de cuatro años.

Las circunstancias cambian, las personas cambian, y hablando de manera realista, es común que haya transferencias y muchas personas lo hacen. Las razones de que los estudiantes se transfieran son muchas, como también lo son las políticas que las regulan. Las transferencias más comunes son de estudiantes que se cambian de una universidad con programas de dos años a una con programas de cuatro años o la persona que opta por cambiar de carrera a mitad del camino.

Cualesquiera que sean las razones que pudieras tener para querer transferirte, cambiarás más que los instrumentos académicos. Aparte de perder créditos, tiempo y dinero, la transferencia trae el problema de ajustarse a una nueva situación, lo que afecta a casi todos los estudiantes que se transfieren, desde aquellos que cometen un error al elegir una universidad hasta aquellos que planeaban ir a una universidad con programas de dos años y luego se transfirieren a un campus con programas de cuatro años. Las personas pueden elegir universidades por razones arbitrarias. Es por eso que los departamentos de ingreso a la universidad tratan de asegurar que haya buena concordancia entre el estudiante y el campus antes de que comiencen las clases. Lamentablemente, a veces los estudiantes no se dan cuenta de que han cometido un error hasta que es demasiado tarde.

La mejor manera de evitar tener que transferirse es investigar extensamente una universidad antes de elegirla. Visita el campus y quédate a dormir, habla con los funcionarios de ingreso universitario y los profesores y trata de aprender tanto como puedas.

OTRAS OPCIONES DESPUÉS DE LA ESCUELA SECUNDARIA

Hace treinta años, casi todos los jóvenes salían de la escuela secundaria directo a trabajar. Hoy en día, la mayoría asiste primero a la universidad para recibir más capacitación, pero gran parte de ellos no asiste a las universidades tradicionales que ofrecen carreras de cuatro años.

SEGÚN SHANNON MCBRIDE, directora de Golden Crescent Tech Prep Partnership en Victoria, Texas, "sólo el 40 por ciento de los graduados de la escuela secundaria toma la opción de estudiar una carrera de cuatro años, y de ese porcentaje, sólo un 25 por ciento obtiene su título. Y de ese 25 por ciento, sólo un 37 por ciento usa el título que obtuvieron en dicha área".

¿Por qué entonces el 60 por ciento restante de estudiantes no escoge una universidad tradicional con programa de cuatro años? Las razones son tan variadas como los estudiantes. Los sucesos de la vida a menudo interfieren con los planes de asistir a la universidad. Las responsabilidades hacia la familia pueden hacer que sea imposible retrasar la obtención de un ingreso durante cuatro años. Es posible que algunos tengan que trabajar y asistir a la universidad. Además, las universidades tradicionales demandan ciertos convencionalismos, conductas y actitudes que no encajan con todo tipo de personas. Algunas personas necesitan practicar mucha actividad física para sentirse satisfechas y hay otras que simplemente no les interesa pasar día tras día sentadas, leyendo, memorizando y analizando. Los años de lidiar con un estricto manejo de tiempo y con postergaciones de recompensas son más de los que pueden soportar.

Si te relacionas con alguna de estas razones, aún hay opciones de educación superior para ti, que no sólo te permitirán continuar la educación, sino que también te capacitarán para una carrera. Revisemos algunas de estas orientaciones educacionales que puedes seguir.

EDUCACIÓN A DISTANCIA

Como futuro estudiante universitario, ¿te ves a ti mismo en alguna de estas situaciones?

1. Necesitas información y el único lugar donde puedes encontrarla es en una gran universidad estatal, pero el problema es que ésta se encuentra a cientos de millas. No hay de qué preocuparse. Lo único que tienes que hacer es ir al instituto de enseñanza para la comunidad local y conectarte electrónicamente a la universidad. ¡Eureka! Los recursos llegan a ti.
2. Faltan pocos días para que venza la fecha de entrega de ese informe de diez páginas y aún te quedan dudas de último minuto por resolver con la profesora. Sólo que hay un problema: no podrás verla hasta después de que venza el plazo. Como buen trasnochador, también deseas trabajar cuando tu compañero de habitación duerme. No hay de qué preocuparse. Gracias a que

tienes la dirección de correo electrónico de tu profesora, al igual que todos tus compañeros de clase, sólo basta con enviarle un correo con tu pregunta. Ella te responde. Obtienes tu respuesta, terminas el trabajo y hasta puedes entregarlo electrónicamente.

3. Después de graduarte de la secundaria, no puedes asistir de inmediato a la universidad, pero tu empleador tiene una buena conexión con una universidad que ofrece cursos a través de Internet. Durante tus horas de almuerzo, tú y varios compañeros de trabajo pueden conectarse y obtener créditos universitarios.

No hace mucho, si le hubieses ofrecido estas opciones a graduados de la escuela secundaria como posibilidades reales, habrían pensado que eras un fanático de la ciencia ficción. La educación a distancia no era tan común o si lo era, generalmente consistía en tomar cursos a través del correo tradicional o por cintas de video. Hoy te encuentras en el lugar adecuado, en el momento adecuado. La educación a distancia es una realidad para una incontable cantidad de graduados de la escuela secundaria.

En la actualidad, la educación a distancia significa que puedes tener acceso a programas educacionales sin necesidad de estar físicamente en un salón de clases o en el campus. A través de tecnologías como el cable o la televisión por satélite, cintas de video y audio, fax, módem de la computadora, conferencias por computadora o videoconferencias y otros medios de transmisión electrónica, el salón de clases va hacia ti, incluso cuando estás sentado en tu cuarto con tus pantuflas a las dos de la mañana.

La educación a distancia expande el alcance del salón de clases mediante el uso de varias tecnologías para entregar recursos universitarios a lugares fuera del campus, transmitir cursos universitarios en el lugar de trabajo y permitirte ver las clases en la comodidad de tu hogar.

¿Cuándo y cómo puedo tomar cursos de educación a distancia?

La tecnología brinda cada vez más nuevas, más baratas y mejores telecomunicaciones y hay una creciente demanda por la educación de parte de personas que no tienen ni el tiempo ni el dinero para ser estudiantes a tiempo completo en el campus. Para saciar dicha demanda, las redes educacionales también siguen desarrollando y modificando las posibilidades de cómo y cuándo acceder a los cursos universitarios.

La mayoría de los estados han establecido nuevos sistemas de educación a distancia para fomentar la entrega de instrucciones a escuelas, instituciones de educación superior y organismos gubernamentales estatales. Las universidades están colaborando con las entidades de telecomunicaciones comerciales, entre ellas los servicios de información en Internet como America Online y las compañías de cable y teléfono, para entregar educación a estudiantes en lugares apartados. Las profesiones como derecho, medicina y contabilidad, así como las industrias basadas en conocimientos, están utilizando las redes de telecomunicaciones para la transmisión de programas de educación superior personalizados para profesionales, técnicos y gerentes que trabajan.

Formas en la que se ofrece la educación a distancia:

- **Cursos de créditos.** En general, si estos cursos de créditos se completan exitosamente, pueden aplicarse a la obtención de un título.
- **Cursos que no dan créditos y cursos ofrecidos para obtener una certificación profesional.** Estos programas pueden ayudarte a adquirir un conocimiento especializado de manera concentrada y en un tiempo prudente y a mantenerte al día con los últimos desarrollos en tu campo. A través de ellos te puedes preparar de manera flexible para alcanzar una nueva carrera o estudiar para obtener acreditación y certificación profesional. La mayoría de estos programas universitarios se crean en

conjunto con asociaciones profesionales y comerciales, para que los cursos se basen en las necesidades laborales de la vida real y para que las habilidades prácticas aprendidas se apliquen de inmediato en el campo.

¿Qué más ofrece la educación a distancia?

La educación a distancia ofrece varias posibilidades. Junto con los títulos universitarios tradicionales, puedes obtener una certificación profesional o créditos de educación continua (CEU), en un campo en particular.

Certificación profesional

Por lo general, los programas de certificación se concentran en especializaciones de empleo, como control de desechos peligrosos o publicaciones electrónicas y pueden ser útiles para quienes buscan potenciar su carrera o cambiarse. Además, muchos estados exigen que los profesionales sigan recibiendo educación, como por ejemplo los maestros, administradores de hogares de ancianos o contadores. La educación a distancia es una forma conveniente para que muchas personas cumplan con los requisitos de certificación profesional. La atención de salud, la ingeniería y la educación son algunas de las muchas profesiones que sacan partido de la educación a distancia para ayudar a los profesionales del rubro a mantener la certificación.

Varias universidades ofrecen una secuencia de cursos de educación a distancia en el campo específico de alguna profesión. Por ejemplo, dentro de la profesión de ingeniería, la educación a distancia ofrece programas de certificación en la fabricación integrada de computadoras, ingeniería de sistemas, pruebas y evaluaciones y en el consorcio de investigación y educación del control de desechos.

Las certificaciones en negocios de la educación a distancia incluyen certificaciones en tecnología de la información, control de calidad total y administración de servicios de salud.

Dentro del campo de la educación, encontrarás programas de certificación de educación a distancia en áreas como la enseñanza de la lectura precoz y la educación especial para el aprendizaje de los discapacitados. Hay oportunidades para que obtengas títulos a distancia a niveles asociado, universitario y graduado. Los estudiantes de institutos de enseñanza para la comunidad que cursan carreras de dos años, ahora pueden obtener títulos universitarios sin cambiarse de ubicación, transfiriéndose a programas de educación a distancia ofrecidos por universidades con programas de cuatro años. Las empresas están formando asociaciones con universidades para llevar los cursos universitarios a los lugares de trabajo y estimular así a los empleados para que continúen su educación. La educación a distancia es muy popular entre las personas que desean obtener su título a tiempo parcial mientras siguen trabajando a tiempo completo. A pesar de que para ciertos programas universitarios de grado de educación a distancia a veces se requiere tener residencia en el campus, éstos generalmente pueden completarse mientras los empleados se ausentan de su trabajo por un período corto o se encuentran de vacaciones.

Unidades de educación continua, CEU

Si eliges tomar un curso que no otorgue créditos, es posible que puedas obtener unidades de educación continua, CEU. El sistema CEU es un sistema reconocido en el ámbito nacional que entrega una medición estandarizada para la acumulación, transferencia y reconocimiento de la participación en los programas de educación continua. Una CEU se define como 10 horas de contacto de participación en una experiencia de educación continua organizada bajo patrocinio responsable, dirección capaz e instrucción calificada.

Cómo funciona la educación a distancia

Para inscribirse en un curso de educación a distancia puede consistir en simplemente completar un formulario de registro, asegurarse de que tienes acceso al equipo necesario y pagar por la matrícula y las cuotas con un cheque, giro postal o tarjeta de crédito. En estos casos, es posible que tus solicitudes sean aceptadas sin evaluaciones de ingreso o prueba de experiencia educacional anterior.

Otros cursos pueden exigir ciertos requisitos educacionales y acceso a equipos que no se encuentran en todas las ubicaciones geográficas. Algunas instituciones ofrecen información detallada acerca de cursos individuales, como un esquema del curso, si se lo solicitan. Si tienes acceso a Internet y sólo deseas revisar las descripciones de los cursos, puedes examinar los catálogos electrónicos de los cursos que ofrece alguna institución si ingresas a su página Web.

Requisitos de tiempo

Algunos cursos te permiten inscribirte de la forma que más te convenga y trabajar a tu propio ritmo. Otros se adhieren estrechamente al horario de un salón de clases tradicional. En el catálogo institucional se pueden encontrar las políticas específicas y las limitaciones de tiempo en relación con retiros, reembolsos, transferencias y períodos de renovación.

Ingreso a un programa universitario de grado

Si planeas ingresar a un programa universitario de grado, debes consultar con el departamento de asesoría académica de la institución de tu elección para conocer los requisitos de ingreso y los procedimientos de solicitud. Es posible que debas reunir una carpeta de tus experiencias pasadas y de tus logros que pueden haberte dado como resultado educación de nivel universitario.

¿Cómo me comunico con mi instructor?

Los intercambios de estudiantes y facultad ocurren por medio de la comunicación electrónica (a través de fax y correo electrónico). Muchos instructores ofrecen a sus estudiantes de educación a distancia acceso a números de llamada gratuita, para que puedan hablar con sus profesores o asistentes de docencia sin incurrir en gastos por llamadas de larga distancia.

Las respuestas a los comentarios de tu instructor acerca de tus lecciones, las solicitudes de aclaración de comentarios y todos los otros intercambios entre tú y tu instructor tomarán tiempo. Es importante que haya interacción con tu instructor, ya sea por computadora, teléfono o carta y debes estar dispuesto a tomar la iniciativa.

INSTITUTOS DE ENSEÑANZA PARA LA COMUNIDAD

A las universidades que ofrecen carreras de dos años, más conocidas como institutos de enseñanza para la comunidad, se les llama "las universidades del pueblo". Con sus políticas de puertas abiertas (el ingreso está abierto a personas con un diploma de la escuela secundaria o su equivalente), estos institutos entregan acceso a la educación superior a millones de estadounidenses que de otra forma quedarían excluidos de ella. Los estudiantes de este tipo de institutos son diversos, de todas las edades, razas y orígenes económicos. Mientras muchos estudiantes de institutos de enseñanza para la comunidad se inscriben a tiempo completo, una cantidad igualmente similar asiste a tiempo parcial y así pueden cumplir con los compromisos laborales y familiares a medida que avanzan en su educación.

Hoy en día, hay más de 1,100 institutos de enseñanza para la comunidad en Estados Unidos. En ellos se inscriben más de 5.6 millones de estudiantes, los que representan el 45% de todos los universitarios en Estados Unidos. Casi el 55 por ciento de todos los estudiantes de primer año de universidad comienzan su educación superior en un instituto de enseñanza para la comunidad.

A estos institutos también se les conoce como universidades técnicas o universidad con programas de dos años y pueden estar bajo control público o independiente. Lo que caracteriza a estas universidades de programas de dos años es que son instituciones de educación superior acreditadas regionalmente cuya máxima credencial otorgada es el título asociado. Con algunas excepciones, los institutos de enseñanza para la comunidad ofrecen un plan de estudios completo, el cual incluye programas técnicos, de transferencia y de educación continua.

Factores importantes en la educación que imparte un instituto de enseñanza para la comunidad

El estudiante que asiste a uno de estos institutos puede estar seguro de que recibirá instrucción de calidad en una comunidad de apoyo al aprendizaje. Este ambiente le da libertad al estudiante para conseguir sus objetivos, nutrir sus talentos especiales, explorar nuevos campos de aprendizaje y desarrollar la capacidad de ser un estudiante de por vida.

Desde la perspectiva del estudiante, cuatro características captan la esencia de los institutos de enseñanza para la comunidad:

- Son instituciones basadas en la comunidad que trabajan en asociación cercana con escuelas secundarias, grupos comunitarios y empleadores para extender los programas de alta calidad en lugares y momentos convenientes.
- Los institutos de enseñanza para la comunidad son eficaces en relación a su costo. La matrícula y las cuotas anuales de los institutos de enseñanza para la comunidad públicos promedian aproximadamente cerca de la mitad de lo que cuestan las universidades públicas con programas de cuatro años y menos del 15 por ciento del valor de las instituciones privadas con programas de cuatro años. Además, ya que la mayoría de estos institutos generalmente están cerca de los hogares de sus estudiantes, éstos también pueden ahorrarse una gran cantidad de dinero en alojamiento, comida y transporte asociados tradicionalmente a la educación universitaria.
- Proporcionan un ambiente protector, con miembros de la facultad que son expertos instructores, conocidos por su excelente método de enseñanza y por satisfacer las necesidades individuales de los estudiantes, sin importar edad, sexo, raza, nivel de trabajo actual o preparación académica previa. Los institutos de enseñanza para la comunidad unen un fuerte plan de estudios con una amplia gama de asesorías y servicios profesionales que tiene la intención de ayudar a los estudiantes a sacar el mayor partido de sus oportunidades educacionales.
- Muchos ofrecen programas completos, incluidos planes de estudios de transferencia en programas de artes liberales como química, psicología y administración de empresas, que llevan directamente a un título universitario o programas de carreras que preparan a los estudiantes para trabajar o ayudar a los que ya trabajan a fin de mejorar sus aptitudes. Para aquellos estudiantes que necesitan fortalecer

UNA BECA PARA LOS ESTUDIANTES DE INSTITUTOS DE CAPACITACIÓN PROFESIONAL

La Imagine America Scholarship (Beca del Programa Imagina EE.UU.) puede ayudar a quienes sueñan con una carrera pero que no pueden alcanzarla a través de la educación universitaria tradicional.

¿Qué es la Imagine America Scholarship?

Presentada por primera vez en el año 1988 por la Career Training Foundation (Fundación para la Capacitación Superior), el propósito de la Imagine America Scholarship es disminuir el creciente "déficit de aptitudes" en Estados Unidos. Cualquier estudiante del último año de la escuela secundaria que esté a punto de graduarse puede ser considerado para la selección de una de las dos becas que se otorgan a su escuela secundaria. La Imagine America Scholarship otorga 10,000 becas de $1,000 para estudiantes de último año de secundaria que estén a punto de graduarse que pueden usarse en más de 300 institutos o escuelas de capacitación profesional participantes a lo largo del país.

Puedes participar en la Imagine America Scholarship si:

- **Asistes a cualquier institución de educación superior privada que esté acreditada por una agencia reconocida por el Departamento de Educación de EE.UU.**
- **Te gradúas de la escuela secundaria este año.**

Para conocer más sobre la Imagine America Scholarship habla con tu consejero de la escuela secundaria o visita el sitio Web en inglés, www.petersons.com/cca.

sus aptitudes académicas, los institutos de enseñanza para la comunidad también ofrecen una amplia gama de programas de desarrollo en matemática, idiomas y aptitudes de aprendizaje, diseñados para preparar al estudiante para que tenga éxito en sus estudios universitarios.

Familiarízate con tu universidad de programas de dos años

La mejor manera de conocer tu universidad es visitándola en persona. Durante una visita al campus, ve preparado para hacer muchas preguntas. Habla con los estudiantes, profesores, administradores y consejeros acerca de la universidad y sus programas, especialmente aquellos en los que tienes interés especial. Pregunta sobre los certificados disponibles y los títulos asociados. No seas tímido. Busca información en todas partes. Pregunta a los funcionarios de la universidad acerca del porcentaje de transferencia a las universidades con programas de 4 años. Si una universidad enfatiza los servicios estudiantiles, averigua qué tipo de asistencia en particular se ofrece, como orientación educacional o profesional. Las universidades están ansiosas por entregarte la información que necesitas para tomar las decisiones informadas.

El factor económico

Para muchos estudiantes, la decisión de asistir a un instituto de enseñanza para la comunidad a menudo se basa en factores financieros. Si no estás seguro de lo que deseas hacer o qué talentos tienes, estos institutos te dan la posibilidad de explorar diferentes carreras a un bajo costo. Para aquellos estudiantes que no pueden costear la matrícula de la universidad, los institutos les permiten tomar las clases básicas antes de transferirse a una institución con programas de cuatro años. Ahora, muchas universidades con programas de dos años te pueden ofrecer clases en tu hogar a través de la televisión por cable o estaciones públicas o mediante cursos de estudio en el hogar que pueden ahorrar tiempo y dinero. Investiga tus opciones y asegúrate de sumar todos los costos de asistir a varias universidades antes de decidir qué es lo mejor para ti.

Trabajar e ir a la universidad

Muchos estudiantes universitarios de programas de dos años mantienen empleos a tiempo completo o a tiempo parcial mientras obtienen sus títulos. Durante décadas, un número constantemente creciente de estudiantes han elegido asistir a institutos de enseñanza para la comunidad mientras cumplen con responsabilidades familiares y laborales. Para permitirles tener un equilibrio entre la demanda familiar, laboral y escolar, la mayoría de los institutos ofrecen clases vespertinas y durante los fines de semana.

ESPECIALIDADES MÁS POPULARES PARA TITULADOS DE INSTITUTOS DE ENSEÑANZA PARA LA COMUNIDAD

La American Association of Community Colleges (Asociación Estadounidense de Institutos de Enseñanza para la Comunidad) realizó una encuesta durante el año 2002 para ver cuáles eran las especialidades más populares para los estudiantes de dichos institutos. Las 15 principales y sus salarios iniciales promedio son los siguientes:

ESPECIALIDAD	SALARIO INICIAL PROMEDIO
1. Enfermera titulada	$32,757
2. Tecnologías generales de computación	$34,242
3. Redes de computadoras	$38,767
4. Ingeniería eléctrica o electrónica	$29,464
5. Técnico en computación o redes	$36,092
6. Tecnología de fabricación	$30,291
7. Tecnología de radiología	$32,478
8. Medios digitales	$35,409
9. Programación de computadoras	$30,838
10. Oficios de aptitudes generales	$25,598
11. Ejecución de la ley	$27,975
12. Higiene dental	$41,907
13. Diseño asistido por computadora	$27,968
14. Técnico automotriz	$29,305
15. Personal sanitario general	$24,781

Para estudiantes a tiempo completo, generalmente, el tiempo que les toma obtener un título asociado es de dos años. Sin embargo, el tiempo que estudies dependerá de la carga de cursos que tomes: mientras menos créditos tomes cada semestre, más tiempo te demorarás en obtener tu título. Para ayudarte a obtener en forma más rápida tu título, muchos institutos otorgan créditos a través de exámenes o por conocimientos equivalentes logrados a través de las experiencias importantes de la vida. Asegúrate de investigar las opciones de crédito que están disponibles para ti en la universidad que te interesa. Es posible que descubras que obtener un título te tomará menos tiempo de lo que creías en un comienzo.

Preparación para la transferencia

Los estudios han mostrado repetidamente que los estudiantes que asisten primero a un instituto de enseñanza para la comunidad y luego se transfieren a una universidad con programas de cuatro años tienen un buen rendimiento académico igual que los estudiantes que ingresaron a primer año a una institución con programas de cuatro años. La mayoría de estos institutos tienen acuerdos con instituciones cercanas con programas de cuatro años para realizar la transferencia de créditos de una manera más fácil. Si estás pensando en transferirte, asegúrate de reunirte con un consejero o profesor tutor antes de elegir tus cursos. Desearás planear un curso de estudio con la transferencia en mente. Asegúrate de investigar los requisitos de transferencia de créditos de la universidad con programas de cuatro años a la que quieres asistir.

Nuevas oportunidades profesionales

Los institutos de enseñanza para la comunidad se dan cuenta que muchos estudiantes que ingresan no están seguros del campo en el que se quieren centrar o la carrera que les gustaría seguir. A menudo, los estudiantes descubren campos y carreras que nunca supieron que existían. Los institutos de enseñanza para la comunidad tienen los recursos para ayudar a los estudiantes a identificar áreas de interés profesional y establecer objetivos ocupacionales desafiantes.

Una vez que se ha establecido la meta de la carrera, puedes tener confianza en que el instituto te proporcionará educación de calidad de oficio o técnica pertinente al trabajo. Alrededor de la mitad de los estudiantes que toman cursos por créditos en un instituto de enseñanza para la comunidad lo hacen para prepararse para un empleo o para adquirir o mejorar sus aptitudes para su trabajo actual. La asistencia de un consejero o profesor tutor, con quien puedas analizar las oportunidades laborales en tu campo elegido y que te ayude a planear un curso de estudio es especialmente útil para planear una trayectoria profesional.

Además, puesto que los institutos de enseñanza para la comunidad tienen estrechos lazos en su comunidad, están en constante contacto con líderes de empresas, industria, trabajo organizado y vida pública. También trabajan con estas personas y sus organizaciones para preparar a los estudiantes para que entren en forma directa al mundo laboral. Por ejemplo, algunos institutos han establecido sociedades con empresas e industrias locales para proporcionar programas de capacitación especializados. Algunos entregan la parte académica de la capacitación de aprendizaje, mientras que otros ofrecen amplias oportunidades de exploración de profesiones y de educación cooperativa. Asegúrate de examinar todas las oportunidades de preparación de carrera que te ofrece el instituto de enseñanza para la comunidad que te interesa.

INSTITUTO DE CAPACITACIÓN PROFESIONAL O VOCACIONAL

La educación profesional es importante para todos los empleados puesto que la tecnología cambia y los grandes empleadores tradicionales enfrentan serias reducciones de personal. Nadie está inmune a esta reducción. Desde los más grandes empleadores como el ejército de Estados Unidos, contratistas del departamento de defensa, la IBM, la aviación y la atención de salud, hasta una empresa con uno o dos empleados,

IMAGEN INSTANTÁNEA DE UN ESTUDIANTE DE INSTITUTO DE CAPACITACIÓN PROFESIONAL

Katrina Dew
Administración de sistemas de redes
Silicon Valley College
Fremont, California

LO QUE ME GUSTA DE SER ESTUDIANTE:

"Los institutos de capacitación profesional son para estudiantes orientados a carreras rápidas que desean salir al campo laboral y que aún sienten que pueden tener una educación apropiada".

SOBRE KATRINA

Luego de haber terminado la secundaria, Katrina se decidió por una universidad con programas de dos años, pero ella sentía que no llegaba a ningún lado y quería algo que fuera orientado hacia un objetivo. El instituto de enseñanza para la comunidad ofrecía muchas opciones y ella necesitaba concentrarse en una dirección.

Al principio, Katrina pensó que se convertiría en fisioterapeuta. Luego, se dio cuenta de cuántos estudios necesitaría para comenzar a trabajar. Al volverse al campo de la computación, vio algunos beneficios. Por un lado, había experimentado con ellos en la secundaria. Podría obtener un título en dos años. Ella consideraba que las carreras de computación son importantes y están creciendo. Además, no había muchas mujeres en ese campo, lo que señalaba más potencial para ella. Pero antes de cambiar carreras, visitó el instituto de capacitación profesional, habló con estudiantes y se sentó en las clases. Le gustó cómo los profesores se relacionaban con sus estudiantes. Junto con sus clases técnicas, ella ha tomado álgebra, psicología, inglés y comunicación administrativa.

Nicholas Cecere
Administración de técnicas automotrices
Education America/Vale Technical Institute
Blairsville, Pennsylvania

LO QUE ME GUSTA DE SER ESTUDIANTE:

"Yo comparo el instituto de capacitación profesional con una lente de aumento que toma la luz solar y la enfoca. Aprendes lo que necesitas aprender".

ACERCA DE NICHOLAS

Nicholas ha vuelto a pintar su Mercury Topaz modelo 1988, a arreglar los frenos, ha puesto un sistema de escape nuevo y ha hecho muchos otros arreglos pequeños por aquí y por allá. Pero él dice que eso no es nada comparado con los automóviles completamente destruidos que traen al instituto algunos de sus compañeros. Habla acerca de lo práctico: los pueden restaurar completamente mientras aprueban el programa.

Nicholas no siempre tuvo gasolina corriéndole por las venas. De hecho, hace poco descubrió cuánto le gustan los automóviles. Después de graduarse de la escuela secundaria, fue a un instituto de enseñanza para la comunidad y después de un semestre, se retiró para trabajar en un hogar de cuidado personal. Frente a un fregadero con platos sucios, se dio cuenta de que quería más que un trabajo. Comenzó a pensar en lo que deseaba hacer y visitó unos institutos, incluido el taller de carrocería donde trabajaba su hermano. Donde otros veían armazones de automóviles retorcidos, Nicholas vio la oportunidad y se inscribió en el programa.

el tema de mantenerse al día con la tecnología y producción de bienes y servicios más económicos, rápidos y con un menor costo requiere, en realidad exige, una fuerza laboral especializada y de primera clase. En tiempos económicos buenos o malos, siempre tendrás una ventaja distintiva si tienes aptitudes demostrables y puedes producir inmediatamente mientras continúas aprendiendo y mejorando. Si sabes cómo utilizar la tecnología, trabajar en forma colaboradora y encontrar soluciones creativas, siempre tendrás demanda.

Los institutos de capacitación profesional ofrecen grandes oportunidades para aprender aptitudes técnicas requeridas por muchos de los trabajos actuales y del mañana. Esto es especialmente cierto en las áreas de computación y tecnología de la información, atención de salud y hospitalidad (arte culinario, turismo y administración hotelera y de moteles). El tamaño de estos institutos varía desde aquellos con poca cantidad de estudiantes a institutos con miles de inscritos. Están ubicados en todos los estados del país y tienen un objetivo en común: preparar a los estudiantes para una carrera exitosa en el mundo laboral a través de un plan de estudios intensivo y centrado. Los institutos de capacitación profesional son de propiedad privada y operados por empresas con fines de lucro. En lugar de utilizar apoyo tributario para funcionar, estos institutos pagan impuestos, ya que son empresas y deben ser sensibles a las necesidades de la fuerza laboral de sus comunidades o dejarían de existir.

Generalmente, estos institutos te preparan para una carrera específica. Algunos exigen que tomes algunos cursos académicos como inglés o historia y otros relacionarán cada curso que tomes con un trabajo específico como dibujo asistido por computadora o diseño interior. Otros se concentrarán específicamente en campos comerciales o técnicos. Bob Sullivan, orientador profesional en East Brunswick High School en East Brunswick, New Jersey, señala que el lado negativo de este tipo de educación es que si no has investigado detenidamente lo que deseas hacer, podrías perder mucho dinero y tiempo. Explica que "no existe

QUÉ BUSCAR EN UN INSTITUTO DE CAPACITACIÓN PROFESIONAL.

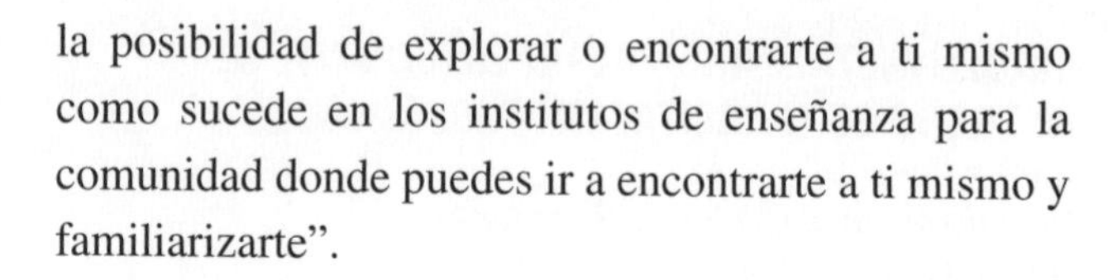

Es indispensable hacer un recorrido de la universidad. Mientras visites el campus, haz lo siguiente:

- **Consulta sobre el plan de estudios en detalle, incluso acerca de cómo te capacitarán.**
- **Haz un recorrido físico de los salones de clases y laboratorios y observa la limpieza, equipos o computadoras modernos y el tamaño de las clases. Observa la actividad en clases: ¿son dinámicas y participan los estudiantes?**
- **Pregunta sobre las oportunidades de empleo después de graduarte. ¿Cuáles son los porcentajes de colocación (más actuales) y la lista de empleadores? Averigua acerca de ayuda para colocaciones: preparación de currículum vitae, pautas de trabajo, etc. Busca las "historias de éxito" en los tableros y los boletines.**
- **Averigua acerca de la matrícula y otros costos asociados con el programa. Pregunta sobre la asistencia para ayuda financiera que se proporciona a los estudiantes.**
- **Averigua si el programa de capacitación considera una práctica externa. ¿Cómo se asignan las prácticas externas? ¿Tienen los estudiantes alguna participación en cuanto a la asignación de práctica externas?**
- **Pregunta si la certificación e inscripción nacional en el campo de tu elección se encuentran disponibles al momento de graduarte.**
- **Pregunta acerca de la acreditación y certificación del instituto.**
- **También averigua sobre las asociaciones y organizaciones a las que pertenece el instituto. Pregunta qué reconocimiento o distinción ha logrado el instituto.**
- **Pregunta si la universidad utiliza un consejo consultivo para desarrollar relaciones con empleadores.**
- **Pregunta acerca de las normas y reglamentos. ¿Qué GPA debe mantenerse? ¿Cuál es la política de asistencia? ¿Cuáles son las bases para la expulsión? ¿Cuál es la política de reembolso si el estudiante se retira o es expulsado? ¿Hay algún reglamento de vestuario? ¿Cuáles son los feriados de la universidad?**

Fuente: Arizona College of Allied Health, Phoenix, Arizona

la posibilidad de explorar o encontrarte a ti mismo como sucede en los institutos de enseñanza para la comunidad donde puedes ir a encontrarte a ti mismo y familiarizarte".

Entonces, ¿cómo encuentras el instituto de capacitación profesional adecuado para ti? Un buen comienzo es saber en términos generales qué deseas hacer. No es necesario que tengas claro tus metas en detalle, pero deberías tener una idea general como una carrera relacionada con la salud, comercio o computación. Una vez que hayas tomado dicha decisión, la mayoría de los institutos de capacitación profesional te ayudarán a definir tu decisión inicial.

Una vez que hayas dado ese paso, el resto es fácil. Puesto que la capacitación profesional es el principal objetivo de este tipo de institutos, sus graduados son la mejor medida del éxito de un instituto. ¿Quién contrata a los graduados? ¿Cómo se relaciona su trabajo con la educación que recibieron? Los institutos de capacitación profesional deberían ser capaces de proporcionar dicha información a sus posibles estudiantes. "Los institutos de capacitación profesional tienen diferentes clientes en relación con otras instituciones", señala Stephen Fiedheim, rector de ESS College of Business en Dallas, Texas. Además de concentrarse en las necesidades de sus estudiantes, los institutos también desean asegurarse de que cumplan con las necesidades de los empleadores que contratan a sus graduados. "Se supone que si puedes satisfacer al empleador, satisfarás al estudiante", explica Friedheim.

Uno de los pasos más importantes al momento de investigar los institutos de capacitación profesional es revisar sus credenciales. Aunque no todo instituto de capacitación profesional tiene que estar acreditado, es un signo de que el instituto ha pasado por un proceso que asegura su calidad y también significa que los estudiantes pueden calificar para subsidios federales o programas de préstamos. Además, tienes de ver si el instituto cumple con las normas de las organizaciones de capacitación profesional. En los campos como taquigrafía en tribunales o profesiones relacionadas con la salud, dichos criterios tienen mucha importancia.

OPCIONES DE AYUDA FINANCIERA PARA INSTITUTOS DE ENSEÑANZA PARA LA COMUNIDAD E INSTITUTOS DE CAPACITACIÓN PROFESIONAL

El proceso de ayuda financiera es básicamente el mismo para los estudiantes que asisten a un instituto de enseñanza para la comunidad, instituto de capacitación profesional o escuela técnica que para los que van a la universidad con programas de cuatro años. Sin embargo, hay algunos detalles que pueden marcar la diferencia entre obtener la máxima cantidad de ayuda financiera y sólo recibir migajas.

Al igual que en el caso de los estudiantes de carreras de cuatro años, el gobierno federal sigue siendo la mejor fuente de ayuda financiera. La mayoría de los institutos de enseñanza para la comunidad, institutos de capacitación profesional y escuelas técnicas participan en los programas de ayuda financiera federales. Para obtener ayuda detallada sobre los programas de ayuda financiera federales y cómo solicitarlos, lee el Capítulo 7: "Costos y fundamentos de la ayuda financiera." Aquí presentamos algunos consejos rápidos para conseguir dinero para la educación.

Investiga los programas de ayuda financiera federales. Definitivamente debes averiguar sobre la Federal Pell Grant, una subvención que se basa en las necesidades de aquellos que no pueden pagar la matrícula completa por sí solos. La Federal Supplemental Educational Opportunity Grant, FSEOG (Beca Federal Suplementaria para la Oportunidad Educativa) es para aquellos estudiantes que tienen una necesidad financiera excepcional. También puedes sacar partido de los programas de Federales de Trabajo y Estudio que entregan a los estudiantes que son elegibles para recibir ayuda financiera la posibilidad de trabajar para pagar por su matrícula. Muchas instituciones ofrecen el programa de trabajo y estudio, pero el número de trabajos es limitado. Además, los préstamos federales constituyen una parte importante de la ayuda financiera para los estudiantes de carreras de dos años. Los préstamos para estudiantes, que tienen menores tasas de interés, pueden ser patrocinados por la institución o por el gobierno federal o es posible conseguirlos a través de instituciones financieras comerciales. Son básicamente los mismos que los préstamos para los estudiantes de carreras de cuatro años tradicionales, como el Federal Perkins Loan y los Federal Stafford Student Loans subsidiados y no subsidiados. En realidad, algunos institutos de capacitación profesional e institutos técnicos privados sólo ofrecen préstamos federales. También puedes encontrar más información al respecto en el Capítulo 7.

No dejes de considerar las becas. Muchos estudiantes de carreras de dos años no se dan cuenta de que podrían ser elegibles para obtener becas. Lamentablemente, muchos suponen que éstas son sólo para estudiantes inteligentes que asisten a universidades prestigiosas, sin embargo, te sorprenderías al saber cuántos institutos de enseñanza para la comunidad y de capacitación profesional tienen becas. Es fundamental hablar en la oficina de ayuda financiera de cada instituto al que planeas asistir para averiguar qué becas podría haber disponibles. La beca del programa Imagine America se ofrece a estudiantes que asisten a selectos institutos de capacitación profesional en el país. Para más información, consulta "Una beca para los estudiantes de institutos de capacitación profesional" en la página 104.

Averigua en tu estado. Los estudiantes de carreras de dos años deben averiguar de qué manera pueden recibir ayuda del estado para pagar la matrícula. Cada estado en este país tiene algún nivel de ayuda financiera que va para estudiantes de institutos de enseñanza para la comunidad. Los montos dependen del estado en el que vivas y la mayoría se entrega como subvenciones.

PRÁCTICAS LABORALES

A algunos estudiantes les gusta trabajar con las manos y tienen la aptitud, paciencia y temperamento para convertirse en expertos mecánicos, carpinteros o técnicos en reparación de electrodomésticos. Si crees que disfrutarías una profesión como ésta y sientes que la educación en la universidad no es para ti, entonces piensa en un trabajo que requiera una capacitación a través de las prácticas laborales.

Para seguir siendo competitivo, Estados Unidos necesita mano de obra altamente calificada. Pero si buscas un trabajo suave, olvídalo. Un programa de prácticas laborales no es instantáneo y exige un trabajo duro y una firme competencia, de manera que tienes que tener el deseo de terminarla. La práctica laboral es un programa acordado formalmente entre un empleado y un empleador donde el empleado aprende un oficio a través de un trabajo de salón de clases y una capacitación en el lugar de trabajo. Las prácticas laborales varían en duración, pago e intensidad según los diversos oficios. Por lo general, una persona que completa un programa de prácticas laborales se transforma en un oficial plenamente formado (artesano calificado) en ese oficio.

Las ventajas de los programas de práctica laboral son numerosas. En primer lugar y lo más importante, la práctica laboral conduce a una aptitud que dura toda la vida. Como obrero altamente capacitado, puedes trabajar en cualquier lugar que desees. Los trabajos más creativos, estimulantes y desafiantes se ponen en las manos del obrero plenamente calificado, aquella persona completa que conoce su oficio al derecho y al revés.

Los obreros calificados avanzan mucho más rápido que aquellos que no están completamente calificados o cuyas aptitudes no son lo bastante amplias como para que asuman las responsabilidades adicionales en una carrera. Aquellos que completan un programa de aprendizaje también han adquirido las aptitudes y el juicio que son necesarios para emprender su propia empresa si así lo eligen.

OFICINAS DEL BUREAU OF APPRENTICESHIP AND TRAINING

Oficina nacional:
U.S. Department of Labor
Frances Perkins Building
200 Constitution Avenue, NW
Washington, D.C. 20210

Oficina regional de la costa nordeste
Suite 1815 East
170 South Independence Mall West
Philadelphia, Pennsylvania 19106

Oficina regional del sur
Room 6T71
61 Forsyth Street, SW
Atlanta, Georgia 30303

Oficina regional del centro
Room 656
230 South Dearborn Street
Chicago, Illinois

Oficina regional del sudoeste
Room 317
Federal Building
525 Griffin Street
Dallas, Texas 75202

Oficina regional del oeste
Room 465721
U.S. Custom House
19th Street
Denver, Colorado 80202

Qué hacer si te interesa un programa de práctica laboral

Si deseas comenzar un programa de práctica laboral, tienes que tener al menos 16 años y debes llenar una solicitud de empleo. Estas solicitudes se encuentran disponibles todo el año o en ciertas fechas durante el año, dependiendo del oficio en el que estés interesado. Debido a que un aprendiz debe capacitarse en un área en que existen trabajos actuales y donde se garantice cierta escala de pago al momento de completar el programa, la espera de la aceptación de la solicitud puede ser muy larga en áreas de bajo empleo. Sin embargo este estándar funciona para tu ventaja. Sólo piensa: no quieres pasar de uno a seis años de tu vida aprendiendo un trabajo donde no existe empleo o donde el salario es el mismo, o levemente más alto, que el de un obrero común.

Los reglamentos federales prohíben que cualquiera que tenga menos de 16 años sea considerado para un programa de práctica laboral. Algunos programas requieren un título de escuela secundaria o cierto curso de trabajo. Otros requisitos pueden incluir pasar ciertos exámenes de aptitud, pruebas de habilidad física para realizar los deberes del oficio y tener una licencia de conducir válida.

Una vez que hayas cumplido con los requisitos básicos para ingresar al programa, tendrás una entrevista y se te otorgarán puntos sobre tu interés en el oficio, tu actitud hacia el trabajo en general y las características personales como apariencia, sinceridad, carácter y hábitos. Las vacantes se otorgan a aquellos que han logrado los máximos puntajes.

Si estás considerando un programa de práctica laboral, las mejores fuentes de asistencia e información son los consejeros vocacionales u orientadores profesionales, las agencias estatales de seguridad laboral locales, las oficinas de campo de las agencias estatales de práctica laboral y las oficinas regionales del Bureau of Apprenticeship and Training, BAT (Departamento de Aprendizaje y Capacitación). Por lo general, las prácticas laborales se inscriben ante la BAT o un consejo de aprendizaje estatal. Algunas prácticas laborales no están registradas, aunque eso no necesariamente significa que el programa no es válido. Para averiguar si un programa de práctica laboral es legítimo, comunícate con la agencia de práctica laboral de tu estado o una oficina regional de la BAT. Las direcciones y números telefónicos para estas oficinas regionales se mencionan anteriormente. También puedes visitar el sitio Web en inglés del Departamento en www.doleta.gov/atels_bat.

10 Capítulo

CARRERAS MILITARES

Te apuesto que no sabías que el ejército de Estados Unidos es el empleador más grande del país. Tiene que haber una buena razón para que tanta gente reciba su salario del Tío Sam.

¿DEBERÍA O NO TRABAJAR PARA EL EMPLEADOR MÁS GRANDE DE ESTADOS UNIDOS?

Cada año, miles de jóvenes siguen una carrera militar y disfrutan de los beneficios que ofrece. Sin embargo, miles más consideran alistarse en el ejército, pero no lo hacen. Sus razones son variadas, pero muchos consideran no alistarse debido a la falta de conocimientos de las carreras que puede ofrecer el ejército. Otros simplemente desconfían de los reclutadores debido a las horribles historias que han escuchado. Lamentablemente, muchos toman la decisión de no alistarse en el ejército sin haber pisado las oficinas de reclutamiento.

Sin embargo, si eres un "comprador" informado, serás capaz de tomar una decisión con fundamentos sobre si el ejército es adecuado para ti.

NO PALABRAS, SÓLO HECHOS

Así que no despertaste una mañana con la seguridad de que te ibas a alistar en la Armada. Por un minuto crees que te gustaría el Ejército, pero luego hablas con un primo que te convence de seguirlo a la Fuerza Aérea. Pero después, el vecino que pertenece a Infantería de Marina, te entusiasma para unirte a ellos. ¿Qué hacer?

Bueno, un sitio Web podría tener la respuesta. Visita el sitio Web en inglés, www.spear.navy.mil/profile para obtener información directa e imparcial sobre cada rama del ejército. Podrás comparar los beneficios que ofrece cada uno además de conseguir consejos e información útiles. El sitio Web está diseñado específicamente para estudiantes de la escuela secundaria que consideran alistarse en el ejército.

Las personas rara vez compran algo por necesidad. De hecho, compran de acuerdo a sus emociones. En la publicidad lo vemos diariamente, desde automóviles hasta refrescos. Raramente vemos un comercial de automóviles que nos dé estadísticas sobre el diseño, su duración, rendimiento y otras especificaciones técnicas. En vez de eso, vemos a personas conduciendo y divirtiéndose.

La razón es que las agencias de publicidad saben que probablemente comprarás algo basándote en cómo te sientes más que en lo que piensas. Debido a esta tendencia de comprar sobre la base de nuestras emociones más que en la razón, es importante separar los sentimientos de los hechos. De esa manera, puedes basar tu decisión de alistarte en el ejército principalmente en los hechos.

Existen dos grandes preguntas que debes contestar antes de tomar una decisión. Primero, ¿el ejército es adecuado para mí? y segundo, si la primera respuesta es afirmativa, ¿cuál rama es adecuada para mí?

Supongamos que tienes que decidir si comprar un automóvil nuevo o reparar el que tienes. La primera elección que tomes determinará la siguiente acción. Tienes que poner los hechos en una balanza para determinar si comprarás un automóvil nuevo o no. Cuando hayas decidido comprar un automóvil en vez de reparar el antiguo, debes decidir qué marca y qué modelo se adecuan mejor a tus necesidades.

"Generalmente la primera pregunta que me hacen las personas interesadas en la Fuerza Aérea es '¿qué me ofrece la Fuerza Aérea?', pero yo retrocedo y les pregunto sobre sus calificaciones. A veces es más fácil ingresar a una universidad de la Ivy League que a la Fuerza Aérea debido a nuestros estrictos requisitos".

Sargento Maestre Timothy Little
Fuerza Aérea de EE.UU.

Debes hacer una lista de las razones por las cuáles deseas alistarte antes de pisar la oficina de reclutamiento. Sea tu lista larga (contiene razones como dinero para la universidad, seguridad laboral, oportunidad de viajes, capacitación técnica o buen salario) o contenga sólo una razón, como tener un empleo a tiempo completo, el número de razones no es lo que importa. Lo que importa es que seas capaz de satisfacer dichas razones o motivadores principales.

Sin importar lo que contenga, lo primero que debes hacer es desarrollar tu lista de razones para alistarte y ordenarlas según su importancia. Este proceso, conocido como orden por prioridad, te ayudará a determinar si debes continuar con el proceso de alistamiento.

"Imagina dos personas con las mismas calificaciones que buscan trabajo. La persona con una formación en el Ejército será mucho más competitiva. Eso es debido a que esta persona es disciplinada y sabe cómo actuar sin que le digan qué hacer".

Sargento Primero Max Burda
Ejército de EE.UU.

Ordenar tu lista según la prioridad es un proceso simple que consiste en decidir los motivadores que son más importantes para ti y luego ordenarlos de acuerdo a su importancia. El número uno de tu lista debe ser el motivador más importante, el siguiente el número dos y así sucesivamente.

Si aplicamos el ejemplo de la compra de un automóvil aquí, tus motivadores principales serían encontrar uno que cueste menos de $20,000, que tenga un motor de cuatro cilindros, que tenga un rendimiento de al menos 30 millas por galón, que el interior sea de cuero, que sea de color azul y que tenga techo corredizo. Si pusieras dichos motivadores en orden de prioridad, tu lista podría ser algo como esto:

1. Que cueste menos de $20,000
2. Que tenga un rendimiento de al menos 30 millas por galón
3. Que tenga techo corredizo
4. Que el interior sea de cuero
5. Que sea de color azul

Te darás cuenta que el motivador número uno o el más importante, en este caso es el costo, mientras que el menos importante es el color. Mientras más importante sea el motivador es menos probable que te conformes con algo diferente o que lo vayas a descartar completamente.

Una vez que hayas ordenado tus motivadores según su prioridad, analiza tu lista y determina si los podrías satisfacer si te alistaras en el ejército. Si crees que los puedes satisfacer todos, sería fantástico; pero incluso si sólo satisfaces algunos motivadores, aún podrías considerarlo. Rara vez un producto satisface todas las necesidades y deseos.

ELEGIR EN QUÉ RAMA ALISTARSE

"Si te gusta viajar, lo ofrecemos más que cualquier otro. Generalmente el tiempo más largo que estarás viajando es de dos o tres semanas, con tres o cuatros días libres en cada puerto y un día en el barco. Antes de llegar a destino, puedes incluso coordinar recorridos".

Contramaestre Jefe Keith Horst
Armada de EE.UU.

Si estás considerando seriamente alistarte en el ejército, probablemente habrás verificado al menos dos ramas. Verifica todas, aunque sólo solicites información y la leas. Sólo un consejo: Los folletos no cuentan la historia completa y es muy difícil basar tu decisión, ya sea a favor o en contra de una rama del ejército, únicamente en los contenidos de un folleto. ¿Comprarías un automóvil basándote únicamente en la información que contiene un folleto? ¡Probablemente no!

"Les digo a las personas que pagan lo mismo en todas las ramas de las fuerzas armadas y que los beneficios son los mismos. Lo que es diferente en cada rama es el entorno".

Sargento Ian Bonell, Sargento de infantería
Infantería de Marina de EE.UU.

ME VOY A ALISTAR EN LA FUERZA AÉREA

No le tomó mucho tiempo a Brian Flipek decidir que deseaba alistarse en la Fuerza Aérea, pero eso es si no tomas en cuenta el tiempo que habló con personas que habían servido en la Fuerza Aérea o que investigó en Internet para obtener información y todo eso fue antes de pisar la oficina de reclutamiento. Para cuando el reclutador de la Fuerza Aérea respondió a una carta que Brian le había enviado, él estaba muy seguro de que le gustaba lo que había visto hasta el momento. "El reclutador no tuvo que hacer ningún esfuerzo para convencerme", dice Brian. Luego de eso, sólo era cuestión de pasar por el proceso de pre-calificación, como ver si satisface los requisitos de estatura y peso y llenar los formularios de seguridad.

Después de que se alistó, Brian no paró de reunir información. Mucho antes de que comenzara el Entrenamiento Básico, supo acerca de la Semana del Guerrero, que se celebra durante una de las últimas semanas del Entrenamiento Básico. Él realmente deseaba que llegara ese momento. "Soy un tipo de persona que le gusta estar al aire libre", dice. "Quiero hacer el curso de obstáculos y el curso de cuerdas".

Aunque le atrae la idea de probar su resistencia y fuerza, será duro estar lejos de la familia. "De acuerdo, te preparan la comida, pero tu estás solo", dice. Sin embargo, él sabe que vale la pena lograr su objetivo de educación y capacitación laboral gratis. Bruno reconoce que el ejército no es para todos, pero en lo que a él respecta, está seguro de que ha hecho la elección correcta.

Brian Fliper, Recluta
Fuerza Aérea de EE.UU.

El proceso de elegir la rama adecuada del ejército es básicamente el mismo proceso que usaste para determinar si alistarte en el ejército era lo correcto para ti. Debes comenzar con tu lista de motivadores principales y usar el método "sí/no" para determinar si cada rama satisface todos o algunos de los motivadores. Cuando hayas determinado cuál rama o ramas satisfacen mejor tus motivadores, es tiempo de compararlas. Recuerda analizar los aspectos negativos así como también los motivadores de cada rama que estás comparando.

Luego de eso, aún puedes tener más de una opción para elegir. ¿Qué hacer en ese caso? Podrías lanzar una moneda al aire, pero no es la mejor idea. En vez de eso, analiza alguno de estos factores:

Duración del período de servicio: Algunas ramas requieren un período de servicio mayor para ofrecer los mismos beneficios que podrías recibir de otra rama.

Nivel salarial avanzado: Puedes tener derecho a un nivel avanzado en algunas ramas basado en ciertas opciones de alistamiento.

"En el Ejército, puedes obtener capacitación en todo, desde arte culinario hasta conducción de camiones, mecánica aérea, inteligencia militar y redes de computación".

Sargento Primero Clase Max Burda
Ejército de EE.UU.

Duración y tipo de entrenamiento: ¿Cuánto tiempo durará el entrenamiento? Generalmente mientras más largo sea, más profundo y útil será. También querrás considerar cuán útil será el entrenamiento una vez que hayas dejado el ejército.

Bono de alistamiento: Ten cuidado al utilizar el bono de alistamiento como el único factor al decidir qué rama elegir. Si tienes que decidir entre dos ramas y sólo una ofrece un bono, no es mala razón para elegir dicha rama.

Asignaciones y pagos adicionales: Algunas ramas ofrecen pagos adicionales. Por ejemplo, si te alistas en la Armada, puede que tengas derecho a recibir un Pago por trabajar en el mar y un Pago por trabajar en un submarino, algo que obviamente no estará disponible si te alistas en la Fuerza Aérea.

Habilidad para continuar una educación superior: Mientras todas las ramas del ejército ofrecen beneficios educacionales, debes considerar cuándo podrás acceder a estos beneficios. Si tu trabajo exige turnos de 12 horas y debes pasar mucho tiempo en terreno, ¿cuándo podrás asistir a clases?

> *"En la Armada todos aprenden a combatir un incendio. Te capacitan en primeros auxilios y reanimación cardiopulmonar (RCP). Esto es obligación para cada marino. Los únicos trabajos que no tenemos en la Armada son veterinarios, guardabosques y estrellas de rodeo".*
>
> **Contramaestre Jefe Keith Horst**
> **Armada de EE.UU.**

Una vez que hayas considerado estos factores, y quizá algunos propios, deberías ser capaz de decidir cuál rama es la adecuada para ti. Si aún no te has decidido por una, considera lo siguiente:

- Pregúntale al reclutador si puedes hablar con alguien que se haya alistado recientemente.
- Si es que existe una base cerca, es posible que puedas realizar un recorrido a sus instalaciones.
- Si estás bien familiarizado con los foros de discusión de Internet, puedes buscar uno donde conversen los miembros del ejército y hacer muchas preguntas.
- Habla con tus amigos y miembros de tu familia que actualmente están sirviendo en el ejército. Sin embargo, ten cuidado, no hables con personas que han estado fuera del ejército por algún tiempo, puesto que probablemente no están familiarizados con el ejército de hoy. También evita a las personas que hayan abandonado el ejército bajo condiciones no deseables (por ejemplo, alguien que haya sido expulsado del Entrenamiento Básico por falta de compatibilidad).

Si deseas continuar con el proceso de alistamiento, tu siguiente paso probablemente será presentar el Armed Services Vocational Aptitude Battery, ASVAB (Examen de Aptitud Vocacional para las Fuerzas Armadas).

EL ASVAB

El ASVAB, una serie de exámenes de aptitudes múltiples diseñado para su uso con estudiantes de undécimo o duodécimo año de escuela secundaria o de una escuela de educación superior, se desarrolló para brindar resultados útiles tanto a los estudiantes como al ejército. El ejército usa los resultados para determinar las aptitudes de los jóvenes para alistarse y para ayudar a ubicarlos en programas ocupacionales del ejército. Las escuelas usan los resultados del examen ASVAB para ayudar a sus estudiantes a desarrollar planes para su futuro educacional y profesional.

Preguntas frecuentes sobre el ASVAB

¿Qué es el Armed Services Vocational Aptitude Battery (ASVAB)?

El ASVAB, auspiciado por el Departamento de Defensa, es una serie de exámenes de aptitudes múltiples que consiste en 10 pruebas cortas individuales que abarcan Conocimiento de palabras, Comprensión de lectura, Razonamiento matemático, Conocimientos matemáticos, Ciencias, Temas de mecánica automotriz de automóviles y taller, Comprensión de temas de mecánica, Información electrónica, Operaciones numéricas y Repaso de velocidad de codificación. Los resultados de tu ASVAB proporcionan puntajes para cada prueba individual, así como también puntajes académicos compuestos de habilidad verbal, matemática y académica, y dos puntajes compuestos de exploración de carrera.

¿Por qué debería presentar el ASVAB?

Como estudiante de la escuela secundaria que pronto se va a graduar, te enfrentas a importantes decisiones profesionales. ¿Deberías ir a una universidad, escuela técnica o escuela universitaria vocacional? ¿Sería mejor ingresar al mercado laboral? ¿Deberías considerar la carrera militar? Tus puntajes de ASVAB miden tus aptitudes. Tus puntajes compuestos miden tus aptitudes para un aprendizaje académico superior y te dan ideas de carreras para explorar.

¿Cuándo y dónde se presenta el ASVAB?

El ASVAB se administra una o dos veces al año en más de 14,000 escuelas secundarias y escuelas de educación superior en Estados Unidos.

¿Existe algún cargo o cuota por presentar el ASVAB?

El ASVAB se administra sin costo para la escuela o el estudiante.

¿Cuánto tiempo tengo para completar el ASVAB?

El ASVAB debe se completar en aproximadamente 3 horas. Si pierdes una clase, lo harás con la aprobación de tu escuela.

Si deseo presentar el ASVAB pero mi escuela no lo ofrece (o me lo perdí), ¿qué debo hacer?

Consulta con el consejero de tu escuela. En algunos casos, se pueden hacer arreglos para que presentes el examen en otra escuela. Tu consejero debe llamar al 800-323-0513 (llamada gratuita) para información adicional.

¿Cómo puedo saber el significado de mis puntajes y cómo usarlos?

Tus puntajes se entregarán en un informe llamado ASVAB Student Results Sheet (Hoja de Resultados del Estudiante de ASVAB) Junto con tus puntajes debes recibir una copia de *Exploring Careers: The ASVAB Workbook* (Exploración de Carreras: Manual de trabajo de ASVAB) que contiene información que te ayudará a entender tus resultados del ASVAB y te mostrará como usarlos para la exploración de carreras. Las escuelas participantes reciben los puntajes de los exámenes dentro de treinta días.

¿Cuál es el puntaje para aprobar el ASVAB?

Nadie "aprueba" o "reprueba" el ASVAB. El ASVAB te permite comparar tus puntajes con aquellos de tu nivel.

Si presento el ASVAB, ¿estoy obligado a alistarme en el ejército?

No. De ninguna manera presentar el ASVAB te obliga a alistarte en el ejército. Tú eres libre de usar los resultados de tus pruebas de la manera que desees. Puedes usar los resultados del ASVAB por hasta dos años para alistarte en el ejército si eres estudiante de undécimo o duodécimo año de la escuela secundaria o un estudiante de educación superior. El ejército alienta

a los jóvenes a terminar la escuela secundaria antes de alistarse en las fuerzas armadas.

¿Si planeo ir a la universidad, debo presentar el ASVAB?

Sí, los resultados del ASVAB te proporcionan información que te puede ayudar para determinar tu capacidad para una educación académica superior. También puedes usar tus resultados del ASVAB, junto con otra información personal, para identificar áreas para la exploración de carrera.

¿Debo presentar el ASVAB si planeo ser un oficial?

Sí, presentar el ASVAB es una experiencia valiosa para cualquier estudiante que desea ser un oficial del ejército. La información de aptitudes que recibes podría ayudarte en tu planificación profesional.

¿Debo presentar el ASVAB si estoy considerando ingresar a la Guardia Nacional o Reserva?

Sí, estas organizaciones del ejército también usan el ASVAB para propósitos de reclutamiento.

¿Qué debo hacer si me contacta un reclutador del ejército?

Puede ser que te contacte un reclutador antes de que te gradúes. Si deseas conocer más sobre las oportunidades disponibles en el ejército, coordina una reunión complementaria. Sin embargo, no estás obligado a alistarte en el ejército sólo por haber presentado el ASVAB.

¿El ASVAB es administrado por otro programa distinto al de exámenes universitarios?

Sí, y también se usa en el programa regular de reclutamiento en el ejército. Se administra en aproximadamente sesenta y cinco Centros del Proceso de Ingreso a la Carrera Militar en todo Estados Unidos. Cada año, cientos de miles de jóvenes que están interesados en alistarse en las fuerzas armadas (Ejército, Armada, Fuerza Aérea, Infantería de Marina y Guardia Costera), pero que no presentaron el ASVAB mientras estaban en la escuela se evalúan y procesan en estos centros militares.

¿Hay que prepararse antes de presentar el ASVAB?

Sí, se requiere una cierta preparación para presentar el examen. Ya sea si es una competencia deportiva o un examen escrito, la preparación es *indispensable* para obtener los mejores resultados. Tu puntaje del examen refleja no sólo tu habilidad sino también el tiempo y el esfuerzo en prepararlo. Las fuerzas armadas usan el ASVAB para ayudar a determinar las aptitudes de una persona para el reclutamiento y para indicar el área vocacional para la cual es apta. Al lograr tu máximo puntaje aumentarán tus oportunidades vocacionales. Por lo tanto, haz pruebas de práctica.

ENTRENAMIENTO BÁSICO: ¿EN QUÉ ME HE METIDO?

El principal objetivo del Entrenamiento Básico es transformar a los civiles en personal militar bien disciplinado en semanas. Realizar dicha tarea gigantesca implica mucho trabajo, tanto mental cómo físico. Para muchas personas, el Entrenamiento Básico termina con el desfile del día de la graduación. Aunque para otros, termina antes de ella. Son aquellas "historias de terror" la razón por la cual el Entrenamiento Básico sea el miedo o ansiedad más grande para aquellos que consideran alistarse en el ejército.

A diferencia del campamento de entrenamiento que podrás haber escuchado de tu tío Luis o que has visto en televisión, el Entrenamiento Básico en la actualidad no incluye el abuso físico y verbal del pasado. Todas las ramas del ejército se aseguran que se trate de manera justa y digna a los nuevos reclutas. No quiere decir que no se les grite (lo hacen) sino que la vulgaridad y la degradación de los ataques verbales son cosas del pasado. Existen, de vez en cuando, incidentes que involucran a instructores que contradicen las políticas del ejército. Sin embargo, dichas violaciones son muy importantes y son investigadas detalladamente y por lo general, terminan en medidas disciplinarias contra aquellos involucrados en el abuso.

SOBREVIVÍ AL ENTRENAMIENTO BÁSICO

Aunque Michael Hipszky estaba ansioso por alistarse en la Armada, no pasó mucho tiempo antes de empezar a dudar de su decisión. Mientras se dirigía al Entrenamiento Básico de la Armada, se hizo LA PREGUNTA: ¿por qué me estoy metiendo en este lío? Recuerda Michael, "Todos se preguntan eso. En mi división, muchos tuvieron el mismo pensamiento. 'Me quiero ir a casa'. Aquellos primeros días fueron intensos".

Según Michael, es porque pierdes el control en el minuto en que cruzas la puerta en el primer día del Entrenamiento Básico. Alguien te dice (en una voz muy fuerte), cómo ponerse en línea y cómo hacer casi todo. "Muchas cosas pasan por tu cabeza" dice Michael. Pronto descubrió que si seguía tres reglas, la vida era mucho más fácil:

1. **MANTÉN TU BOCA CERRADA. "Tu boca es tu problema más grande", advierte, "hablar cuando no debes y decir cosas estúpidas".**
2. **PON ATENCIÓN A LOS DETALLES. "Ellos dicen cosas como 'agarra la manilla de la puerta, gírala media vuelta a la derecha y atraviésala'. Muchas personas sólo la tirarán para abrirla y les gritarán. Ellos te enseñan como doblar tu ropa y limpiar la letrina (inodoro). Todo tiene que ver con prestar atención en los detalles", recomienda Michael.**
3. **NO PIENSES POR TI MISMO. "Esperen hasta que se les diga qué hacer", dice Michael, recordando la vez en que a su grupo se le entregó un formulario y se les dijo que esperaran hasta que se les ordenara llenarlo. Muchos leyeron el formulario donde se les pedía información como nombre, fecha y división y comenzaron a completarla y se metieron en problemas por no esperar.**

Luego de haber pasado por el Entrenamiento Básico, sabe que todo detalle, desde doblar una camiseta exactamente como te han indicado, hasta barrer el piso y marchar, es parte del entrenamiento. "No te das cuenta hasta que lo terminas", dice.

A pesar de todos los gritos y flexiones, Michael valora el entrenamiento que recibió en las clases. Aprendió cómo apagar diferentes tipos de incendios, cómo administrar su dinero, cómo identificar un avión e incluso etiqueta y eso es sólo el comienzo.

Su momento más crítico fue durante el Entrenamiento Básico, y descubrió que a todos les pasa algo similar. "En la primera mitad del entrenamiento, todo es muy surrealista. Luego pasas la primera mitad pero terminar el entrenamiento parece muy lejano; siempre estás ocupado, ya sea doblando la ropa meticulosamente o marchando", señala. Pero luego llegó a su mejor momento que fue pasar revista al final del entrenamiento y obtener reconocimientos. Había hecho un buen trabajo. Analizando su futuro en la Armada, Michael dice, "deseo ver el mundo y tener las experiencias que la Armada te puede dar". Ya terminó el Entrenamiento Básico y está haciendo carrera.

Piloto Naval Michael Hipszky
Armada de EE.UU.

"Muchos jóvenes están preocupados por el campamento de entrenamiento de la Infantería de Marina. Ellos han visto películas y han escuchado historias. Dichos campamentos no están hechos para que los repruebes. Es un desafío, pero ese es el propósito. Se aprende que no importa lo que la vida te presente, siempre serás capaz de improvisar, adaptarte y salir adelante".
Sargento Ian Bonnell, Sargento de infantería
Infantería de Marina de EE.UU.

Si aún no estás seguro sobre cual rama prefieres, no permitas que el tipo de Entrenamiento Básico que recibirás sea un factor decisivo. Por ejemplo, si la Infantería de Marina satisface todas tus necesidades y es claramente tu primera elección, no selecciones la Fuerza Aérea porque su Entrenamiento Básico parece más fácil. A la inversa, si la Fuerza Aérea es claramente tu primera opción, no selecciones la Infantería de Marina porque tiene el Entrenamiento Básico más difícil y deseas probar que puedes lograr los desafíos. El Entrenamiento Básico es un medio para transformar tu vida civil en vida militar. Todo esto pasa en un período de tiempo relativamente corto comparado con la duración de tu reclutamiento.

Algunas palabras sobre cómo superar el Entrenamiento Básico

No importa lo que hayas escuchado o leído por ahí, no existen secretos para superar el Entrenamiento Básico, sólo con sentido común y preparación lo podrás hacer. A continuación encontrarás consejos sobre lo que debes y lo que no debes hacer que te ayudará a sobrevivir el Entrenamiento Básico en cualquier rama. Aunque el seguir estas pautas no te asegura el éxito en el Entrenamiento Básico, tus posibilidades para lograrlo aumentarán.

Antes de llegar al Entrenamiento Básico

QUÉ DEBES HACER:

- Comienza un programa de ejercicios

- Mantén una dieta equilibrada
- No te metas en problemas (paga todas tu multas de tránsito puntualmente antes de ir al Entrenamiento Básico)
- Asegúrate que todas tus obligaciones financieras estén en orden
- Lleva todos los artículos que te pidan
- Deja de fumar

QUÉ NO DEBES HACER:

- Dejar de prepararte físicamente porque crees que el Entrenamiento Básico te mantendrá en forma
- Abusar de drogas o alcohol
- Tener una gran fiesta y emborracharse la noche antes de irte al Entrenamiento Básico
- Abandonar el hogar con partes pendientes, citaciones u órdenes de detención
- Involucrarte en deudas grandes (como comprar un automóvil nuevo)
- Llevar artículos prohibidos
- Cortarte el pelo de una manera radical (Esto incluye afeitarse la cabeza. A los hombres se les cortará el pelo luego de llegar al Entrenamiento Básico.)
- Tatuar o perforar tu cuerpo o alterarlo de otra manera

PAGAR LA UNIVERSIDAD A TRAVÉS DE LAS FUERZAS ARMADAS

Puedes escoger cualquiera de los tres caminos para ingresar a las fuerzas armadas. Todas proporcionan oportunidades de ayuda financiera para la universidad.

Personal voluntario

Todas las cinco ramas de las fuerzas armadas ofrecen cursos que otorgan créditos universitarios en la base. El personal voluntario también puede tomar cursos universitarios en universidades civiles mientras está en servicio activo.

> *"En la Fuerza Aérea, no sólo obtienes educación sino que también experiencia. Podrías ir a una universidad y obtener un título de tecnología de electrónica de la aviación, pero en la Fuerza Aérea aprenderás y tendrás experiencia, experiencia del mundo real y práctica, que hacen que tu educación sea más comercializable".*
>
> **Sargento Maestre Timothy Little**
> **Fuerza Aérea de EE.UU.**

ROTC

Más de 40,000 estudiantes universitarios participan en el Reserve Officers' Training Corps, ROTC (Cuerpo de Entrenamiento de Oficiales de Reserva). Las Becas ROTC de dos, tres o cuatro años se encuentran disponibles para estudiantes destacados. Puedes probar ROTC sin ninguna obligación durante dos años o, si tienes una beca de cuatro años, durante un año. Generalmente, todas las clases, uniformes y libros de ROTC son gratis. A los graduados de ROTC se les exige servir en el ejército por un período de tiempo, ya sea a tiempo completo en servicio activo o a tiempo parcial en la Reserva o Guardia Nacional. Los graduados que reúnen los requisitos pueden atrasar su servicio para asistir primero a una institución de estudios de posgrado o profesional.

Officer Candidate School (Escuela de aspirantes a oficiales)

Las vacantes en las academias de las Fuerzas Amadas de Estados Unidos son pocas, por lo que es necesario obtener información lo antes posible. Cada estudiante tiene una beca completa, pero gratis no significa que sea fácil. Estos programas intensos capacitan a los graduados para satisfacer las exigencias de liderazgo y éxito.

West Point. La U.S. Army Academy (Academia del Ejército de Estados Unidos) ofrece programas académicos amplios con diecinueve especialidades en veinticinco campos de estudio. El entrenamiento extensivo y experiencia en liderazgo van de la mano con lo académico.

¿CUÁL ES MI TRABAJO? OH, SÓLO CONDUZCO UN VEHÍCULO BLINDADO

Justin Platt pensaba que quizá se alistaría en el Ejército, pero al comienzo tenía que aclarar algunas dudas. La principal era su oposición a alejarse de sus amigos y familiares. La otra eran las misiones en el extranjero, algo que definitivamente no quería. Sin embargo, su deseo de comenzar una capacitación médica fue más fuerte. Cuando descubrió que podía obtener una educación en el Ejército para llegar a ser un enfermero, sus miedos desaparecieron y Justin se alistó en el Ejército. Se alegra de haberlo hecho.

Destinado en el Fort Carson en Colorado, justin ha terminado su Entrenamiento Básico y su primer período en servicio activo fue trabajando en, adivinen dónde, en el campo médico. "Yo trabajo en un puesto de socorro, que es como un mini hospital", señala. Él es quién realiza la revisión médica a todos los de su batallón que llegan enfermos. Está bien, es de 5 a.m. a 7 a.m., pero a Justin no le importa.

El trabajo en servicio activo de Julio no sólo consiste en suministrar curitas o pastillas contra la tos. Él está aprendiendo cómo conducir un vehículo blindado además de la capacitación médica usual. En el campo, los médicos del Ejército tienen que ser capaces de recoger a los heridos, lo que implica saber conducir, lo que él describe como vehículos todo terreno reforzados, sólo que en lugar de neumáticos, tiene orugas.

Justin planea obtener el rango suficiente para ascender de soldado a oficial. "Tendré que tomar cursos universitarios adicionales para obtener un título equivalente a un programa de cuatro años", dice. Le tomará alrededor de siete años, incluidos su servicio en el ejército. Nada de mal para alguien que alguna vez tuvo dudas sobre alistarse en el ejército.

Soldado de Primera Clase Justin Platt
Fort Carson, Colorado

Annapolis. La U.S. Naval Academy (Academia de la Armada de Estados Unidos) es una combinación única de tradición y tecnología de última generación. Su plan de estudios básico incluye dieciocho campos de estudios y el trabajo en el salón de clases es apoyado por experiencias prácticas en liderazgo y operaciones profesionales.

Air Force Academy. La U.S. Air Force Academy (Academia de la Fuerza Aérea de Estados Unidos) prepara y motiva cadetes para carreras como oficiales de la Fuerza Aérea. La academia ofrece el título de licenciado en ciencias, B.S., en veintiséis especialidades. Los graduados reciben una comisión de reserva como subteniente en la Fuerza Aérea.

Coast Guard Academy (Academia de la Guardia Costera). Esta educación amplia, que otorga un título de licenciado en ciencias, B.S., en ocho especialidades profesionales o técnicas, incluye una base minuciosa en las aptitudes profesionales necesarias para el trabajo como guardacostas.

Financiamiento de educación superior a través de las Fuerzas Armadas de Estados Unidos

El ejército de Estados Unidos proporciona una variedad de opciones para ayudar a los estudiantes y sus padres a obtener ayuda financiera para la educación superior.

The Montgomery G.I. Bill (Decreto de ley Montgomery G.I.)

Disponible para los reclutas en todas las ramas de las fuerzas armadas, el G.I. Bill paga hasta $23,400 por los costos de educación en cualquier universidad con programas de dos o cuatro años o escuela vocacional por hasta diez años luego de haber sido relevado del servicio militar.

Existen dos opciones según el decreto:

1. **Servicio activo.** Si estás en servicio activo, asignarás $1,200 de tu sueldo ($100 al mes durante doce meses) para tu fondo de

educación. Luego, bajo el decreto de ley G.I., el gobierno federal paga hasta $23,400.

2. **Servicio de reserva.** Si te alistas en una unidad de reserva, puedes recibir hasta $9,180 para costos de educación.

Puedes visitar el sitio Web de Veteran's Affairs (Asuntos de Veteranos) en www.va.gov.

Departamento de Defensa

El Departamento de Defensa de Estados Unidos ofrece un gran número de beneficios a los reclutas del ejército de Estados Unidos o a aquellos empleados por el Departamento de Defensa, como becas, subvenciones, ayuda para matrícula y pasantías. Para obtener más información visita el sitio Web en inglés, http://web.lmi.org/edugate.

Ayuda para matrícula

Todas las ramas del ejército pagan hasta un 75 por ciento de la matrícula para reclutas en servicio activo y a tiempo completo que toman cursos en institutos de enseñanza para la comunidad o por correspondencia durante sus períodos de servicio. Los detalles varían de acuerdo a la rama.

El Community College of the Air Force

Los miembros de las fuerzas armadas pueden convertir su entrenamiento técnico y experiencia militar en créditos académicos, obtener un título asociado, un certificado de instructor ocupacional o un certificado universitario de oficios. Los participantes reciben un certificado oficial de calificaciones de este programa acreditado. Puedes visitar el Community College of the Air Force (Instituto de Enseñanza para la Comunidad de la Fuerza Aérea) en Internet en el sitio Web (en inglés) www.au.af.mil/au/ccaf.

Educational Loan-Repayment Program (Programa de Reembolso de Préstamo Educacional)

Las Fuerzas Armadas pueden ayudar a rembolsar préstamos garantizados por el gobierno y otros préstamos aprobados. Se reembolsará un tercio del préstamo por cada año de servicio activo.

Otras formas de ayuda para matrícula

Cada rama del ejército ofrece sus propios incentivos de educación. Para obtener más información, visita la oficina de reclutamiento local.

EL MERCADO LABORAL Y TÚ

ALGUNOS DE USTEDES IRÁN primero a la universidad y luego buscarán trabajo; otros podrían trabajar durante unos años y después ir a la universidad; muchos de ustedes comenzarán a trabajar inmediatamente y evitarán por completo la universidad. Cuando te conviertas en un empleado, querrás saber qué hacer para triunfar en el trabajo y aumentar tanto tus responsabilidades como tu salario.

INGRESA AL MERCADO LABORAL

Casi todos terminan trabajando en algún momento y, sin importar cuándo planees recibir ese primer salario a tiempo completo, existen algunas cosas que debes hacer para prepararte para el mundo laboral.

EN CADA NIVEL correspondiente a su grado, existen pasos específicos que debes dar, tengas planificado o no ingresar inmediatamente a la universidad después de la escuela secundaria. En realidad, los planes de la universidad y la carrera deben coincidir y, de acuerdo con los consejeros vocacionales y los especialistas profesionales, todos los estudiantes deben tomar cursos preparatorios para la universidad, aun cuando no tengan planes de asistir a ella.

EL PLAN DE LA CARRERA

El siguiente plan te ayudará a cumplir con los requisitos de la universidad y también a prepararte para trabajar. Incorpora estos cinco pasos en el plan de la carrera o universidad, como esfuerzo para asegurar que te prepares adecuadamente tanto para la universidad como para trabajar.

1. **Presenta un examen de aptitud.** Puedes hacerlo a partir de sexto grado, pero si estás en la escuela secundaria ahora, no es demasiado tarde. Al hacerlo, comenzarás a familiarizarte con las áreas en las que podrías ser bueno y disfrutarlas. Tu consejero vocacional debe tener un examen en su oficina o puedes probar con el ASVAB (consulta página 115). Miles de estudiantes de la escuela secundaria presentan este examen para descubrir posibles trayectorias profesionales (¡y el hecho de presentarlo no exige que te alistes en el ejército!).
2. **Al inicio de la escuela intermedia, debes empezar a considerar cuáles son tus opciones para cuando te gradúes de la escuela secundaria.** Sin embargo, si lo haces en la escuela secundaria, también está bien. Mantén un cuaderno de la información que reúnas en excursiones de campo, experiencias de exploración de profesiones, programas de tutoría y ferias de exploración de carreras para que te sirva de ayuda para comprender las posibilidades que hay abiertas para ti. Este

UN RESPIRO ENTRE LA ESCUELA SECUNDARIA Y LA UNIVERSIDAD

Debido a los elevados costos de la matrícula universitaria hoy en día, la universidad ya no es un lugar "para encontrarte a ti mismo". Es una inversión costosa en tu futuro. Es posible que la carrera que elijas seguir requiera o no educación adicional y debes investigar para determinar si es necesaria o no o es recomendable. Sin embargo, si decides asistir a la universidad inmediatamente después de la escuela secundaria, no pienses que estás frente a una puerta cerrada. Tomar tiempo entre la escuela secundaria y la universidad se considera como algo perfectamente aceptable por parte de los empleadores, ya que muchos estudiantes simplemente necesitan un respiro después de trece años de asistir a la escuela. La mayoría de los expertos están de acuerdo en que es mejor estar listo y preparado para la universidad, puesto que muchos adultos han sacado mejor partido de sus clases después de que tuvieron algunos años para madurar.

Fuente: Street Smart Career Guide: A Step-by-Step Program for Your Career Development (Guía Inteligente y Práctica de Profesiones: un programa paso a paso para tu desarrollo profesional)

proceso debe continuar a lo largo de la escuela secundaria. Muchas escuelas ofrecen programas de exploración de profesiones y de pasantía para que los estudiantes investiguen diferentes vías vocacionales. Si puedes hacerlo, saca ventaja de estas oportunidades, ya que con mucha frecuencia, los estudiantes no exploran el lugar de trabajo hasta que han tomado los cursos necesarios para ingresar a una profesión en particular, sólo para descubrir en ese momento que no era la carrera que soñaban después de todo.

3. **Visita un centro vocacional para consultar los programas de capacitación ofrecidos antes del décimo grado.** Algunos sistemas de escuelas públicas envían a los estudiantes a centros de programas vocacionales y de carreras para que realicen una exploración de carreras.
4. **Durante tu undécimo y duodécimo año, asegúrate de crear una carpeta de prácticas, muestras de redacción y una lista de aptitudes de trabajo.** Esta carpeta también debe incluir tu certificado de calificaciones de la escuela secundaria y las cartas de recomendación, ya que te servirá como una herramienta de referencia valiosa cuando llegue el momento de solicitar a trabajos.
5. **En décimo o undécimo grado, debes comenzar a concentrarte en una trayectoria profesional específica.** Hoy en día más empleadores buscan empleados que tengan tanto educación como experiencia laboral que se relacionen con el campo profesional para el que se les entrevista. Si buscas empleo a tiempo parcial, debes considerar trabajos que se relacionen con tu campo de estudio, puesto que hasta que empieces a interactuar con personas en el campo, no tendrás un sentido realista de lo que implica esa profesión. Además, se suma a la importancia del aprendizaje. Si planeas ingresar al lugar de trabajo inmediatamente después de la escuela secundaria, consulta las dos páginas siguientes para ver la lista de carreras que no requieren un título de programa de cuatro años.

REDACTAR TU CURRÍCULUM VITAE

El currículum vitae es una parte fundamental para obtener un trabajo y probablemente tendrás que presentar uno antes de que te entrevisten. Un currículum vitae es una presentación de tus aptitudes para un posible empleador, por esa razón, el tuyo debe destacarse del montón porque algunos empleadores reciben docenas de éstos en su correo cada semana. Un currículum vitae que es demasiado extenso, está desordenado o desorganizado puede ser enviado al "archivo circular", también conocido como papelera. Para evitar este peligro, crea un currículum vitae que sea corto, presentable y fácil de leer.

Recuerda que un currículum vitae es un resumen sobre quién eres y una descripción de tus experiencias, aptitudes y objetivos. Mientras lo redactas, puedes descubrir algunos talentos que no sabías que tenías, lo que te ayudará a elevar tu confianza para la búsqueda de trabajo.

Comienza por recolectar hechos sobre ti, como la escuela secundaria donde estudiaste, tus trabajos pasados y actuales, actividades, intereses y funciones de liderazgo. Después de las actividades individuales, describe las responsabilidades que tenías. Por ejemplo, algo tan simple como cuidar niños requiere la capacidad de arreglar desacuerdos y supervisar a otros.

Luego, decide acerca del formato de tu currículum vitae. La mayoría de los gerentes que buscan personal esperan ver uno de dos tipos de currículum vitae: cronológico o funcional. El cronológico es el más tradicional, que le entrega al lector una lista secuencial (de presente a pasado) de tus logros. Debido a que el énfasis se encuentra en la experiencia laboral pasada, es posible que los estudiantes universitarios y de escuela secundaria que tengan poco o nada de historial laboral eviten usar este tipo de currículum vitae. Por otro lado, un currículum vitae funcional destaca las

(Continuá en la pág. 129)

CARRERAS SIN UN TÍTULO DE PROGRAMA DE CUATRO AÑOS

Algunos estudiantes pasan unos años trabajando antes de ir a la universidad. Otros empiezan su carrera con un diploma de escuela secundaria, un certificado vocacional o hasta dos años de educación o capacitación después de la escuela secundaria.

Con eso en mente, a veces es más fácil saber lo que no deseas hacer que lo que sí quieres hacer. Mira la siguiente lista y marca las carreras que te interesan. Tal vez hayas pensado en algo que te gustaría hacer que no se encuentra en esta lista. Entonces, no abandones tus esperanzas, porque existen muchos niveles diferentes de capacitación y educación que pueden ser tu camino a la carrera de tus sueños. En vista de que esta lista no lo incluye todo, debes consultar con el consejero de tu escuela secundaria o buscar en Internet para investigar la capacitación que necesitarás para lograr la carrera que deseas, sin un título de programa de cuatro años.

Luego, habla con tu consejero vocacional, tu maestro, bibliotecario u orientador profesional para obtener más información acerca de las carreras de la lista o aquellas que has investigado tú mismo.

AGRICULTURA Y RECURSOS NATURALES

Diploma de escuela secundaria o vocacional

- ❑ Pescador
- ❑ Encargado de mantenimiento de jardines
- ❑ Maderero
- ❑ Controlador de plagas

Hasta dos años después de la escuela secundaria

- ❑ Guarda de pesca y caza
- ❑ Arboricultor

ARTES APLICADAS (VISUALES)

Diploma de escuela secundaria o vocacional

- ❑ Florista
- ❑ Diseñador de vitrinas
- ❑ Pintor (artista)

Hasta dos años después de la escuela secundaria

- ❑ Dibujante de animación
- ❑ Artista comercial
- ❑ Diseñador de modas
- ❑ Decorador de interiores
- ❑ Fotógrafo

ARTES APLICADAS (ESCRITAS Y HABLADAS)

Diploma de escuela secundaria o vocacional

- ❑ Corrector

Hasta dos años después de la escuela secundaria

- ❑ Redactor de textos publicitarios
- ❑ Asistente legal

OPERACIÓN DE MÁQUINAS O COMPUTADORAS DE OFICINA

Diploma de escuela secundaria o vocacional

- ❑ Digitador
- ❑ Empleado de estadística
- ❑ Operador telefónico
- ❑ Mecanógrafo

Hasta dos años después de la escuela secundaria

- ❑ Operador de computadoras
- ❑ Operador cinematográfico
- ❑ Operador de máquinas de procesamiento de texto

CONSTRUCCIÓN Y MANTENIMIENTO

Diploma de escuela secundaria o vocacional

- ❑ Albañil
- ❑ Obrero de construcción
- ❑ Mecánico de ascensores
- ❑ Instalador de cubiertas de pisos
- ❑ Operador de maquinaria pesada
- ❑ Conserje
- ❑ Mecánico de mantenimiento

Hasta dos años después de la escuela secundaria

- ❑ Inspector de edificios
- ❑ Carpintero
- ❑ Electricista
- ❑ Operario montador de aislantes
- ❑ Tornero
- ❑ Pintor (construcción)
- ❑ Montador de tuberías
- ❑ Plomero
- ❑ Constructor de techos
- ❑ Trabajador de láminas metálicas
- ❑ Montador de acero estructural
- ❑ Enlosador

OFICIOS Y SERVICIOS RELACIONADOS

Diploma de escuela secundaria o vocacional

- ❑ Panadero o cocinero o jefe de cocina
- ❑ Carnicero
- ❑ Tapizador de muebles
- ❑ Encargado de aseo (hotel)
- ❑ Sastre o modista

Hasta dos años después de la escuela secundaria

- ❑ Operador de máquina de limpieza en seco
- ❑ Joyero
- ❑ Cerrajero
- ❑ Reparador de instrumentos musicales

ARTES CREATIVAS O ARTES DEL ESPECTÁCULO

Diploma de escuela secundaria o vocacional

- ❑ Cantante
- ❑ Doble para escenas peligrosas

Hasta dos años después de la escuela secundaria

- ❑ Actor o actriz
- ❑ Bailarín o coreógrafo
- ❑ Músico
- ❑ Escritor o autor

EDUCACIÓN Y SERVICIOS RELACIONADOS

Diploma de escuela secundaria o vocacional

- ❑ Auxiliar de pre-escolar
- ❑ Ayudante de maestro

INGENIERÍA Y TECNOLOGÍAS RELACIONADAS

Diploma de escuela secundaria o vocacional

- ❑ Técnico en equipos biomédicos
- ❑ Técnico láser

Hasta dos años después de la escuela secundaria

- ❑ Técnico en ingeniería aeroespacial
- ❑ Técnico de emisón
- ❑ Técnico laboratorista químico
- ❑ Técnico en ingeniería civil
- ❑ Programador de computadoras
- ❑ Técnico en servicios computacionales
- ❑ Técnico electrónico
- ❑ Técnico en conservación de energía
- ❑ Técnico en ingeniería industrial
- ❑ Controlador de laboratorio
- ❑ Técnico en ingeniería mecánica
- ❑ Técnico metalúrgico
- ❑ Técnico en control de contaminación
- ❑ Técnico en control de calidad
- ❑ Técnico en robótica
- ❑ Topógrafo (tierra)
- ❑ Ilustrador técnico
- ❑ Diseñador de herramientas
- ❑ Observador meteorológico

TRANSACCIONES FINANCIERAS

Diploma de escuela secundaria o vocacional

- ❑ Empleado contable
- ❑ Cajero de institución bancaria
- ❑ Cajero
- ❑ Empleado encargado de nómina
- ❑ Agente de viajes

Hasta dos años después de la escuela secundaria

- ❑ Contable
- ❑ Agente de crédito

ATENCIÓN DE SALUD (GENERAL)

Diploma de escuela secundaria o vocacional

- ❑ Auxiliar dental
- ❑ Auxiliar médico
- ❑ Ayudante de enfermería y psiquiatría

Hasta dos años después de la escuela secundaria

- ❑ Técnico nutricionista
- ❑ Enfermera (no diplomada)
- ❑ Enfermera (diplomada)
- ❑ Técnico en optometría
- ❑ Ayudante de terapeuta físico
- ❑ Auxiliar médico
- ❑ Terapeuta de recreación

ESPECIALIDADES Y TECNOLOGÍA DE ATENCIÓN DE SALUD

Diploma de escuela secundaria o vocacional

- ❑ Técnico en diálisis

Hasta dos años después de la escuela secundaria

- ❑ Higienista dental
- ❑ Técnico laboratorista dental
- ❑ Tecnólogo en electroencefalograma
- ❑ Técnico en ECG
- ❑ Paramédico de emergencia
- ❑ Técnico laboratorista médico
- ❑ Tecnólogo médico
- ❑ Tecnólogo en medicina nuclear
- ❑ Técnico de sala de operaciones
- ❑ Óptico
- ❑ Tecnólogo en terapia de radiación

- ❑ Tecnólogo radiológico
- ❑ Terapeutas respiratorios
- ❑ Sonógrafo

REPARACIÓN DE EQUIPOS DOMÉSTICOS O DE OFICINA

Diploma de escuela secundaria o vocacional

- ❑ Mecánico de aire acondicionado, de refrigeración o de calefacción
- ❑ Reparador de aparatos eléctricos
- ❑ Mecánico de máquinas que funcionan con monedas

Hasta dos años después de la escuela secundaria

- ❑ Mecánico de equipos de comunicaciones
- ❑ Instalador y empalmador de líneas
- ❑ Reparador de máquinas de oficina
- ❑ Reparador de radios y televisores
- ❑ Instalador de teléfonos

OPERACIONES Y REPARACIÓN DE EQUIPOS INDUSTRIALES

Diploma de escuela secundaria o vocacional

- ❑ Ensamblador
- ❑ Dinamitero
- ❑ Fabricante de calderas
- ❑ Operador de equipos de carbón
- ❑ Operador doméstico de compresores
- ❑ Embalador
- ❑ Trabajador de muelles
- ❑ Operador de prensa de forjar
- ❑ Operador de hornos
- ❑ Operador de tratamiento térmico
- ❑ Operador de herramientas de maquinaria
- ❑ Acarreador de materiales
- ❑ Minero
- ❑ Marinero
- ❑ Operador de máquinas de coser

Hasta dos años después de la escuela secundaria

- ❑ Encuadernador
- ❑ Compositor o tipógrafo
- ❑ Reparador de equipos electrónicos
- ❑ Galvanoplasta
- ❑ Bombero
- ❑ Mecánico de instrumentos
- ❑ Litógrafo
- ❑ Reparador de máquinas
- ❑ Maquinista
- ❑ Constructor de molinos
- ❑ Moldeador
- ❑ Operador de reactor nuclear
- ❑ Plantillero
- ❑ Fotograbador
- ❑ Mecánico de central eléctrica
- ❑ Operador de planta generadora
- ❑ Operador de prensa de forjar
- ❑ Técnico en calderas
- ❑ Fabricante de herramientas y matrices
- ❑ Operador de planta de agua
- ❑ Soldador
- ❑ Trefilador

ADMINISTRACIÓN Y PLANIFICACIÓN

Diploma de escuela secundaria o vocacional

- ❑ Asistente administrativo
- ❑ Supervisor de servicios de alimentos
- ❑ Administrador de correos
- ❑ Administrador de estación de servicio

Hasta dos años después de la escuela secundaria

- ❑ Administrador de prestaciones
- ❑ Administrador de edificios
- ❑ Proveedor de alimentos y bebidas
- ❑ Contratista
- ❑ Director de créditos
- ❑ Coordinador de servicio al cliente
- ❑ Entrevistador para trabajos
- ❑ Encargado de aseo de nivel administrativo
- ❑ Director de funeraria
- ❑ Administrador de hotel o motel
- ❑ Importador o exportador
- ❑ Administrador de seguros
- ❑ Administrador (pequeña empresa)
- ❑ Jefe de oficina
- ❑ Administrador de personal
- ❑ Administrador de restaurante o bar
- ❑ Administrador de tienda
- ❑ Administrador de supermercado

MERCADEO Y VENTAS

Diploma de escuela secundaria o vocacional

- ❑ Subastador
- ❑ Cobrador
- ❑ Conductor (de ruta)
- ❑ Modelo de pasarela
- ❑ Promotor de productos
- ❑ Vendedor (general)
- ❑ Distribuidor de muestras

Hasta dos años después de la escuela secundaria

- ❑ Ajustador de reclamaciones
- ❑ Trabajador de seguros
- ❑ Representante de fabricante
- ❑ Agente de bienes raíces
- ❑ Administrador de ventas
- ❑ Agente de viajes
- ❑ Guía turístico

SERVICIO PERSONAL Y AL CLIENTE

Diploma de escuela secundaria o vocacional

- ❑ Barbero
- ❑ Cantinero
- ❑ Cosmetóloga
- ❑ Trabajador en guardería
- ❑ Asistente de mostrador
- ❑ Mozo de restaurante
- ❑ Electrólogo
- ❑ Auxiliar de vuelo
- ❑ Anfitrión o anfitriona
- ❑ Supervisor de residencia para niños
- ❑ Manicurista
- ❑ Ayudante de estacionamiento
- ❑ Portero
- ❑ Trabajador de quehaceres domésticos privado
- ❑ Camarero

REGISTROS Y COMUNICACIONES

Diploma de escuela secundaria o vocacional

- ❑ Empleado de facturación
- ❑ Empleado (general)
- ❑ Empleado de expedientes
- ❑ Empleado de comercio exterior
- ❑ Empleado de hotel
- ❑ Lector de medidores
- ❑ Empleado de correos
- ❑ Recepcionista
- ❑ Estenógrafo

Hasta dos años después de la escuela secundaria

- ❑ Relator del tribunal
- ❑ Secretaria legal
- ❑ Ayudante de biblioteca
- ❑ Técnico de biblioteca
- ❑ Técnico de registros médicos
- ❑ Secretaria de médicos
- ❑ Asistente personal
- ❑ Secretaria
- ❑ Empleado de viajes

SOCIAL Y GOBIERNO

Diploma de escuela secundaria o vocacional

- ❑ Funcionario de correcciones
- ❑ Policía
- ❑ Guardia de seguridad
- ❑ Inspector de tienda

Hasta dos años después de la escuela secundaria

- ❑ Detective (policía)
- ❑ Técnico en desechos peligrosos
- ❑ Dirigente de esparcimiento
- ❑ Servicios personales o al cliente

ALMACENAMIENTO Y DESPACHO

Diploma de escuela secundaria o vocacional

- ❑ Despachador
- ❑ Cartero
- ❑ Conductor de tren
- ❑ Empleado de embarque o recepción
- ❑ Empleado de mercancía
- ❑ Ayudante de estantería
- ❑ Trabajador de bodega

Hasta dos años después de la escuela secundaria

- ❑ Supervisor de bodega

OPERACIÓN O REPARACIÓN DE VEHÍCULOS

Diploma de escuela secundaria o vocacional

- ❑ Pintor automotriz
- ❑ Conductor de autobús
- ❑ Chofer
- ❑ Mecánico diesel
- ❑ Mecánico de equipos agrícolas
- ❑ Operador de horquillas
- ❑ Mecánico de equipos pesados
- ❑ Maquinista de locomotoras
- ❑ Guardafrenos de ferrocarril
- ❑ Recolector de desperdicios
- ❑ Ayudante de estación de servicio
- ❑ Conductor de taxi
- ❑ Conductor de camión

Hasta dos años después de la escuela secundaria

- ❑ Mecánico aeronáutico
- ❑ Piloto de avión
- ❑ Reparador de carrocerías de automóvil
- ❑ Mecánico automotriz
- ❑ Supervisor de garaje
- ❑ Mecánico de motocicletas

capacidades de una persona en vez de su historia laboral. Los candidatos de nivel de entrada que desean concentrarse en las aptitudes en vez de credenciales deben considerar hacer un currículum vitae funcional.

Partes de un currículum vitae

Como mínimo, tu currículum vitae debe incluir lo siguiente:

Encabezado: En la parte superior de la página y centrados deben estar tu nombre, dirección, número telefónico y dirección de correo electrónico.

Objetivo: En una oración, dile al empleador qué tipo de trabajo estás buscando.

Educación: Comenzando con la escuela o programa más reciente, incluye la fecha (o fecha esperada) de término, el título o certificado obtenido y la dirección de la institución. Considera todos los talleres, seminarios, estudio por cuenta propia o capacitación en el lugar de trabajo en que pudieras haber participado. Incluye cualquier curso en particular que se preste para el tipo de trabajo que realizarías en ese empleo. Menciona los promedios de calificaciones y puesto de promoción, en caso de que sean especialmente notables.

Aptitudes y habilidades: Si no los escribes en una hoja de papel, puedes dejar pasar muchas de ellas. Pueden ser tan variadas como la habilidad de trabajar con computadoras o ser capitán del equipo de basquetbol femenino.

Experiencia laboral: Si no tienes alguna, sáltate esta sección, pero si la tienes, comienza con tu empleador más reciente e incluye la fecha en que dejaste el trabajo, tu cargo, el nombre de la empresa y la dirección de ésta. Si aún trabajas ahí, simplemente ingresa tu fecha de inicio y "hasta la fecha". Incluye logros notables para cada trabajo. Los estudiantes de escuela secundaria y universitarios que tienen poca experiencia laboral no deben temer incluir trabajos de verano, con dedicación parcial o de voluntariado, como por ejemplo, salvavidas, niñera, repartidor de pizzas o de voluntario en los parques locales y el departamento de recreación.

Personal: Ésta es tu oportunidad de incluir tus talentos e intereses especiales, al igual que logros o experiencias notables.

EJEMPLO DE CURRÍCULUM VITAE FUNCIONAL

Marcela A. Sánchez
3467 Main Street
Atlanta, Georgia 30308
404-555-3423
E-mail: mthomas_987654321@yahoo.com

OBJECTIVE

Seeking a sales position in the wireless phone industry

EDUCATION

High School Diploma, June 2003

John F. Kennedy High School, Atlanta, Georgia

SKILLS

Fluent in Spanish; Computer literate, IBM: MS Works, MS Word, WordPerfect, Netscape; Macintosh: MS Word, Excel

ACTIVITIES/LEADERSHIP

Student Government secretary, 2002–2003

Key Club vice president, 2001–2002

Future Business Leaders of America

AWARDS

Varsity Swim Club (Captain; MVP Junior, Senior; Sportsmanship Award)
Outstanding Community Service Award, 2002

EXPERIENCE

Sales Clerk, The Limited, Atlanta, Georgia; part-time, September 2001 to present

Cashier, Winn-Dixie Supermarkets, Atlanta, Georgia, Summers 2000 and 2001

INTERESTS

Swimming, reading, computers

REFERENCES

Available upon request

CARTA DE PRESENTACIÓN

Mira a continuación de qué manera esta estudiante aplicó en su carta de presentación los hechos que se resumen en su currículum vitae para el trabajo al que postula. Puedes usar esta carta como ayuda para tus propias cartas de presentación. El texto que aparece en mayúsculas abajo indica el tipo de información que necesitas incluir en esa sección. Antes de que envíes la carta, corrígela por si tiene errores y pídele a un pariente o amigo de confianza que también la revise.

(FECHA)
June 29, 2003

(TU DIRECCIÓN)
3467 Main Street
Atlanta, Georgia 30308
E-mail: msanchez_987654321@yahoo.com
Phone: 404-555-6721

(NOMBRE DE LA PERSONA A QUIEN ENVÍAS LA CARTA)
Mr. Charles E. Pence
Manager, Human Resources
NexAir Wireless
20201 East Sixth Street
Atlanta, Georgia 30372

Dear Mr. Pence:

(CÓMO TE ENTERASTE DEL PUESTO)
Your job announcement in the Atlanta Gazette for an entry-level sales position asked for someone who has both computer and sales skills. (ALGO EXTRA QUE PUEDA INTERESARLE AL LECTOR) My training and past job experience fit both of those categories. I also bring an enthusiasm and desire to begin my career in a communications firm such as NexAir.

(QUÉ APTITUDES PRÁCTICAS PUEDES TRAER AL PUESTO)
A few weeks ago, I graduated from John F. Kennedy High School here in Atlanta. While in school, I concentrated on gaining computer skills on both IBM and Macintosh machines and participated in organizations such as the Key Club, in which I was vice president, and the Future Business Leaders of America. In addition, I am bilingual in Spanish and English.

(RELACIONA LA EXPERIENCIA PASADA CON EL TRABAJO DESEADO)
As you will see from my resume, I worked as a cashier at Winn-Dixie Supermarket for two summers and am currently employed as a sales clerk at The Limited. From these two positions, I have gained valuable customer service skills and an attention to detail, qualities which I'm sure are of utmost importance to you as you make your hiring decision.

I would very much like to interview for the position and am available at your convenience. I look forward to hearing from you soon.

Sincerely,

Marcela A. Sánchez

Referencias: La mayoría de los expertos concuerdan en que es mejor indicar que las referencias se encuentran disponibles a solicitud, sin embargo, si decides poner una lista de nombres, direcciones y números telefónicos, limítate a no más de tres. Asegúrate de informar a todas las personas a quienes hayas puesto en la lista que pueden contactarlos. Mira el currículum vitae de ejemplo en esta página y úsalo como modelo cuando hagas el tuyo.

Consejos para escribir un currículum vitae

Estos consejos te servirán de ayuda para redactar tu currículum vitae.

- Haz un currículum corto y simple. Aunque los ejecutivos más antiguos pueden tener uno de dos o tres páginas, los graduados recientes deben limitarse a una página.
- Pon los encabezados en mayúscula.
- Haz oraciones cortas y evita escribir en párrafos.
- Usa un lenguaje que sea simple, no florido ni complejo.
- Sé específico y ofrece ejemplos cuando sea adecuado.
- Enfatiza los logros.
- Sé honesto.
- No incluyas información sobre salario o sueldos.
- Usa papel de 8½" × 11" blanco, beige o gris de alta calidad.
- Haz un buen uso del espacio en blanco, dejando márgenes apropiados a los costados y arriba.
- Entrega algo presentable, usa buen estilo comercial y escríbelo en computadora o procesador de texto.

- Debido a que tu currículum vitae es un reflejo de tu personalidad, escríbelo tú mismo.
- Evita trucos como papel de color, fotos o dibujos artísticos.
- Haz un buen uso de puntos o asteriscos, subrayado y negritas.
- Revisa tu trabajo y haz que alguien de confianza también lo revise.
- Sé claro y preciso.
- Nunca envíes un currículum vitae sin una carta de presentación.

La carta de presentación

Todo currículum vitae debe ir acompañado de una carta de presentación. A menudo, ésta es la parte más crucial de tu búsqueda de trabajo porque esta carta será lo primero que lea el posible empleador. Cuando incluyes una carta de presentación, le muestras al empleador que te preocupas lo suficiente como para gastar tiempo en enviársela personalmente y que estás genuinamente interesado en el trabajo.

Siempre llama a la empresa y comprueba el nombre y cargo de la persona a quien le enviarás la carta. Aunque desees que tu carta sea breve, preséntate y comienza con una declaración que capte la atención del lector. Indica el puesto que solicitas y menciona si alguien te recomendó o si simplemente respondes a un aviso del periódico. Hazte notar incluyendo algo que despierte la curiosidad del empleador acerca de tu experiencia y logros. Una carta de presentación debe solicitar algo y lo más común es una entrevista. Firma y pon la fecha a tu carta. Luego, llama unos días después, cuando estés seguro de que se ha recibido la carta. La persistencia tiene su recompensa. La carta de presentación de la página anterior puede ayudarte a comenzar a redactar la tuya.

INTRODUCCIÓN A LA BÚSQUEDA DE TRABAJO

La escuela secundaria es el lugar para tomar clases y aprender, desarrollar relaciones con otros, participar en actividades extracurriculares que enseñan aptitudes de vida valiosas y generalmente prepararse para la universidad o un trabajo. Sin importar donde termines después de la escuela secundaria, necesitas aprender a crear una impresión favorable, lo que significa establecer algunos objetivos claros que puedas lograr por ti mismo, escribiéndolos en papel en la forma de un currículum vitae y carta explicatoria y convenciendo a los entrevistadores de que tú de verdad eres la persona que ellos buscan. En resumen, aprende a venderte. Un breve curso en Intodución a la Búsqueda de Trabajo te ayudará a hacer eso.

Véndete bien

Puedes usar varios enfoques para venderte con éxito. Una red de contactos profesionales, el proceso continuo de contactar a amigos y parientes, es una gran manera de obtener información sobre oportunidades de empleo. El setenta y cinco por ciento de las oportunidades de empleo en este país no se publican, sino que las ocupan amigos, parientes y conocidos de las personas que trabajan ahí. Desde la perspectiva del empleador, se piensa que hay menos riesgo al contratar a alguien recomendado por un empleado que a un desconocido. La red de contactos profesionales es poderosa. Todos tienen una red principal de personas que conocen y con quienes conversan frecuentemente. Aquellos conocidos conocen y hablan con redes propias y de ahí se crea una red secundaria para ti y se multiplica el número de personas que saben que estás buscando trabajo.

La difusión es otro método en el cual reúnes una lista de empresas que te interesan y luego les envías cartas solicitando entrevistas de trabajo. Aunque el porcentaje de respuesta a tus mensajes es pequeño, dos tercios de todos los que buscan trabajo usan este enfoque, y la mitad de aquellos que lo usan encuentran trabajo. Puedes aumentar tu porcentaje de respuesta si envías tu carta a una persona en particular, aquella que tiene el poder de contratarte, y si llamas unos días después de que se haya recibido la carta. Para obtener el nombre del gerente, simplemente llama a la empresa y pídele a la recepcionista que te dé el nombre, el cargo y fíjate bien como se escribe. Existen buenos recursos para encontrar posibles empleadores, como derivaciones, agencias comunitarias, ferias de trabajo, avisos en el periódico, directorios comerciales, publicaciones comerciales, índices estatales, la cámara local de comercio, las páginas amarillas y la Web. Consulta la página 133 para ver el listado de recursos profesionales en Internet. Estos consejos pueden ayudarte a comenzar a buscar el trabajo perfecto.

- La búsqueda de trabajo lleva tiempo. Haz tu labor y tómalo con seriedad, usando cada oportunidad que tengas.
- Prepárate para el hecho de que habrá más rechazos que aceptaciones.
- Considera la opción de tomar un trabajo temporal mientras continúas con tu búsqueda. Te servirá para pagar las cuentas y te dará nuevas aptitudes para aumentar tu currículum vitae al mismo tiempo.
- Investiga las actividades de posibles empleadores y demuestra que los has estudiado cuando te entrevisten.
- Mantén registros cuidadosos de todos los contactos y actividades de seguimiento.
- No pases por alto ningún dato de trabajo, guíate por cada consejo que obtienes.
- Sé positivo.

Con todas estas ideas en mente, debes estar preparado para comenzar el proceso de hacer que la gente crea en ti, que es una parte importante para tener éxito en tu búsqueda de trabajo.

LA ENTREVISTA DE TRABAJO

Si te preparas adecuadamente, puedes evitar sentirte nervioso antes de la entrevista. Recuerda que no tienes nada que perder y que tú también haces la elección. De la misma manera que esperas y tienes la esperanza de que te ofrezcan un trabajo, tienes la opción de elegir si aceptarlo o no. Está bien sentirse ansioso de alguna manera, pero no tienes que perder de vista la perspectiva. Esta es una aventura y tú la controlas. Pero recuerda que lo más importante es ser tú mismo. Teniendo todo esto en mente, considera algunos de los siguientes puntos del proceso de la entrevista.

- Habla durante la entrevista y entrégale al entrevistador la información que necesita para tomar una decisión informada. Es especialmente notable si recuerdas los nombres de las personas que te presentaron, ya que a todos les gusta que los llamen por su nombre y eso demuestra que tomaste la iniciativa de recordarlos.
- Siempre llega algunos minutos antes de la entrevista y luce lo mejor que puedas. La manera en que actúas y vistes le dice al empleador mucho sobre tu actitud y personalidad. Una ropa desaliñada, masticar chicle y cigarrillos no sirven en una entrevista y probablemente harán que sea una entrevista corta. En vez de eso, viste de manera profesional y adecuada para el trabajo, evita usar maquillaje en exceso, faldas cortas, jeans y ropa desordenada o vulgar de ningún tipo. Aunque un traje de calle puede ser adecuado para ciertos trabajos, una persona que postula a un puesto al aire libre probablemente deba ir a la entrevista con un pantalón de vestir limpio y bien planchado y una polera de hilo o falda y blusa.

La mejor manera de prepararse para la entrevista es practicar. Haz que un amigo o pariente haga el papel del entrevistador y examine algunas de las preguntas más comunes. Aprende lo más que puedas sobre la empresa con la que te entrevistas. Hacer el trabajo tiene su recompensa. Cuando le demuestres a un posible empleador que has gastado tiempo e iniciativa en aprender acerca de su empresa, demuestras que serás un empleado motivado y trabajador. Los empleadores le temen a la pereza y al esfuerzo mínimo y en vez de eso, buscan trabajadores a quienes no siempre tienen que decirles qué hacer y cuándo hacerlo.

A continuación encontrarás una lista de preguntas de entrevista que probablemente te harán:

- **Cuénteme un poco sobre usted.** Ésta es tu oportunidad de lanzar tus calificaciones para el trabajo en dos minutos. Da algunos detalles sobre tu educación, trabajos que hayas tenido y actividades extracurriculares que se relacionen con el puesto para el que se te entrevista.
- **¿Trabaja mejor solo o en grupo? La respuesta más segura es "con ambos".** La mayoría de las empresas hoy en día juntan a sus empleados en grupos de trabajo, así que necesitarás fuertes aptitudes interpersonales. Sin embargo, en ocasiones es posible que trabajes en proyectos solo.
- **¿Qué fue lo que más le gustó de su trabajo anterior? ¿Qué fue lo que más le disgustó de él? Siempre enfatiza los puntos positivos en una entrevista,** así que concéntrate principalmente en lo que te gustó. También sé honesto acerca de lo que te disgustó y luego explica de qué manera enfrentar los puntos negativos te ayudó a crecer como empleado.

ENCONTRAR TRABAJO EN INTERNET

Como lo mencionamos, puedes encontrar trabajos a través de tu red de amigos, familiares y conocidos; a través de avisos clasificados en el periódico y mediante páginas Web profesionales. Los siguientes son sitios Web conocidos que no sólo ofrecen tecnología de búsqueda de trabajos, sino que también ofrecen información acerca de la redacción del currículum vitae, entrevistas y otros consejos profesionales importantes.

www.monster.com **www.careerbuilder.com**

www.hotjobs.com **www.vault.com**

- **¿Cuáles son sus objetivos profesionales? Asegúrate de que has hecho una investigación acerca de la empresa y la industria antes de la entrevista.** Cuando surja esta pregunta, habla de manera realista sobre adónde crees que te llevarán tus talentos y aptitudes y qué acciones planeas tomar para asegurar que esto ocurra, tal como seguir estudiando.
- **¿Tiene más preguntas para mí?** ¡Absolutamente! Consulta "Hacer preguntas" a continuación.

Prepara algunas respuestas para estas preguntas más comunes. Por ejemplo, si no has establecido al menos un objetivo profesional para ti mismo, hazlo ahora y ve preparado para describirlo al entrevistador o entrevistadora. Igualmente, debes ser capaz de hablar acerca de tu último trabajo, incluso lo que más te gustó y lo que menos te gustó de él. Adapta tus respuestas de manera que se apliquen al trabajo para el que te entrevistan actualmente. Otras preguntas que podrían hacerse son:

- ¿Qué calificaciones tiene?
- ¿Por qué desea trabajar para nosotros?
- ¿Le gusta la escuela? ¿Por qué o por qué no?
- ¿Planea continuar estudiando?
- ¿Qué planea estar haciendo en cuanto a trabajo en cinco años?
- ¿Qué lo motiva a hacer un buen trabajo?

Si buscas un trabajo de administrador, podrías responder diciendo que te gustaron las variadas responsabilidades de tu trabajo anterior. Di que recuerdas que te gustaban los desafíos inesperados y el programa flexible. Pero cuando describas lo que te gustaba menos, asegúrate de responder algo relacionado con alguna función o área que no se relacione con las responsabilidades del trabajo que esperas obtener.

Es más que probable que la primera pregunta que se te hará será contar al entrevistador o entrevistadora algo sobre ti. Ésta es tu oportunidad de hacerte notar,

EJEMPLO DE CARTA DE AGRADECIMIENTO

Después de la entrevista para un empleo, es importante reiterar tu interés mediante el envío de una carta de agradecimiento a aquellos que te entrevistaron. Observa una carta de Michele al gerente con quien se entrevistó en NexAir. Puedes usar esta carta de modelo cuando llegue el momento de escribir este tipo de cartas.

July 17, 2003

Marcela A. Sánchez
3467 Main Street
Atlanta, Georgia 30308
E-mail: msanchez_987654321@yahoo.com
Phone: 404-555-6721

Mr. Charles E. Pence
Manager, Human Resources
NexAir Wireless
20201 East Sixth Street
Atlanta, Georgia 30372

Dear Mr. Pence:

It was a pleasure meeting with you Monday to discuss the sales opportunity at NexAir's downtown location. After learning more about the position, it is clear to me that with my background and enthusiasm, I would be an asset to your organization.

As we discussed, my experiences as a cashier at Winn-Dixie Supermarket and as a sales clerk at The Limited have provided me with the basic skills necessary to perform the responsibilities required of a sales representative at NexAir. I believe that with my ability to learn quickly and communicate effectively in both English and Spanish, I can help NexAir increase sales of its wireless products.

Thank you for the opportunity to interview with your organization. If there is any additional information I can provide about myself, please do not hesitate to call me. I look forward to hearing your decision soon.

Sincerely,

Marcela A. Sánchez

pero no divagues. Podrías preguntarle al entrevistador específicamente sobre qué le gustaría oír: tus antecedentes educativos o experiencias y responsabilidades recientes en tu trabajo actual o pasado. Después de que él o ella elija, concéntrate en lo básico, el siguiente movimiento es del entrevistador.

Cuando te pregunten acerca de tus fortalezas y debilidades personales, ya que se da en una pregunta de dos partes, comienza por los puntos débiles de manera que puedas terminar haciendo hincapié en tus fortalezas. Nuevamente, trata de conectar tu descripción de una fortaleza o debilidad con los requisitos del trabajo, ya que naturalmente no sería aconsejable revelar una debilidad seria, pero puedes mencionar de qué manera has cambiado tus fallas. Podrías decir: "me gusta que mi trabajo se haga rápido, pero concientemente trato de hacerlo más lento para estar seguro de que soy cuidadoso y preciso". Cuando tengas que hablar de las fortalezas, no exageres, pero tampoco seas modesto.

Hacer preguntas

Puedes hacer preguntas también, de hecho, el entrevistador espera que le hagas preguntas para determinar si el trabajo es adecuado para ti, y al mismo tiempo él o ella tratará de descubrir si tendrás éxito trabajando para su empresa. Cuando haces preguntas, demuestras que estás interesado y deseas aprender más. El entrevistador o entrevistadora quedará impresionado cuando las preguntas que hagas indiquen que has hecho tu labor con respecto al trabajo y la empresa. Evita hacer preguntas con respecto al salario o beneficios complementarios, algo adverso o preguntas que demuestren que tienes una opinión negativa de la empresa. Una buena opción es que enumeres tus preguntas en un papel, ya que es la calidad de la pregunta lo que importa y no si puedes recordarla. Éstas son algunas preguntas de ejemplo que debes considerar en caso de que los temas no surjan en tu entrevista.

- ¿Qué tipo de responsabilidades tiene este trabajo?
- ¿Cómo se organiza el departamento?
- ¿Cuál será el primer proyecto que tiene que emprender el recién contratado?
- ¿Cuál es la trayectoria de avance profesional para una persona en este puesto?

- ¿Quién será el supervisor para el puesto? ¿Puedo conocerlo?
- ¿Cómo es el ambiente de la oficina? ¿Es casual o corporativo?
- ¿Cuándo espera llegar a la decisión de contratación?

Seguimiento

Después de la entrevista, envía una nota de agradecimiento al entrevistador. No sólo es un gesto considerado, hace que el entrevistador te recuerde y demuestra que tienes un interés genuino en el trabajo. Tu nota de agradecimiento debe estar escrita en un formato de carta comercial y deben destacarse los puntos clave de tu entrevista. La nota de agradecimiento de ejemplo que se muestra aquí te puede servir de ayuda.

Durante el proceso de entrevista, recuerda que no llamarás la atención de todos los que te entrevistan. Si la primera experiencia no funciona, no te desalientes. Sigue intentándolo.

QUÉ ESPERAN LOS EMPLEADORES DE LOS EMPLEADOS

Como parte del personal del National City Bank en Columbus, Ohio, Rose Graham trabaja con coordinadores de Coöperative Business Education, CBR (Educación Empresarial Cooperativa) en la colocación de estudiantes de escuela secundaria en el lugar de trabajo. Cuando se le pregunta qué aptitudes busca en los posibles empleados, ella rápidamente responde que las principales son las aptitudes de comunicación básicas. "No puede exagerarse la importancia de la capacidad de construir una oración y juntar palabras", resalta. Ella también cita aptitudes que son esenciales, como el conocimiento de computadoras personales con buenas aptitudes de mecanografía.

En un artículo publicado en el Nashville Business Journal, Donna Cobble, de Staffing Solutions, resumió estas aptitudes básicas para la vida diaria en el lugar de trabajo:

Comunicación: Ser un buen comunicador no sólo significa tener la habilidad de expresarse adecuadamente en el idioma inglés, sino que también significa oír a los demás. Si no te sientes bien preparado en estas áreas, una buena idea es inscribirse en una clase de oratoria, leer libros acerca del tema o tomar prestadas técnicas de oradores profesionales.

Organización: La organización es la clave para tener éxito en cualquier ocupación o faceta de la vida. La habilidad de planificar, priorizar y completar una tarea de manera oportuna es una aptitud valiosa. Revisa la siguiente sección de consejos para mejorar tus aptitudes de manejo de tiempo.

Resolución de problemas: Las empresas buscan personas creativas que puedan resolver problemas, personas que no tengan miedo de actuar ante una situación y seguir con su decisión. La experiencia y la práctica tienen una función importante en tu habilidad de determinar la mejor solución. Puedes aprender estas técnicas hablando con otros sobre cómo resuelven ellos los problemas y observando a otros en el proceso de resolución de problemas.

Sensibilidad: Además de ser amable y cortés con los compañeros de trabajo, es necesario que los empleados sean sensibles a la perspectiva de un colega. Eso podría significar ponerte en el lugar de la otra persona para tener una mejor comprensión de los sentimientos de esa otra persona. Los empleadores buscan individuos que sean capaces de trabajar en equipo, en vez de aquellos que se preocupan sólo de su propia ganancia personal.

Juicio: Aunque se relaciona estrechamente con la resolución de problemas, un buen juicio aparece en muchos niveles en el lugar de trabajo. Es la capacidad de una persona para evaluar una situación, sopesar las opciones, considerar los riesgos y tomar la decisión necesaria. Un buen juicio se construye sobre la base de la experiencia y la confianza en uno mismo.

Concentración: La concentración es la capacidad de concentrarse en una cosa a la vez. Aprender a ignorar las distracciones y relacionarse solamente con la tarea que se realiza es útil y valioso para todos.

Cooperación: Recuerda que te pagan por hacer un trabajo, por eso, coopera.

Honestidad: La deshonestidad aparece de maneras muy diferentes, que van desde robar tiempo o propiedad hasta divulgar secretos de la empresa. Siempre sé honesto.

Iniciativa: No siempre esperes que te digan exactamente qué hacer. Demuestra alguna iniciativa y mira alrededor para ver qué es necesario hacer después.

Interés por aprender: Debes estar dispuesto a aprender cómo se hacen las cosas en la empresa, en vez de hacerlas de la manera en que tú quieres hacerlas.

Seriedad: Llega al trabajo puntualmente todos los días y cumple con tus plazos.

Entusiasmo: Aunque no todas las tareas que te asignen serán estimulantes, muestra entusiasmo por tu trabajo todo el tiempo.

Aceptar las críticas: La crítica constructiva es necesaria para que cualquier empleado aprenda cómo se deben hacer las cosas. Los empleados que consideran la crítica como una manera de mejorar, obtendrán beneficios de ello.

Lealtad: No hay lugar para la negatividad en el lugar de trabajo. Simplemente no te sentirás feliz trabajando con un empleador a quien no eres leal.

Nunca dejes de demostrar orgullo en tu trabajo, el lugar donde trabajas y tu apariencia. Si transformas estas cualidades en parte de tu personalidad y rendimiento diario, demostrarás que eres superior a otros empleados con iguales o mejores calificaciones.

EL TEMA DEL SALARIO

Entonces, llega la oferta de trabajo y es tiempo de hablar de dinero. A menos que seas un genio no descubierto, si entras al mundo laboral directamente después de graduarte de la escuela secundaria, lo más probable es que empieces desde lo más bajo de la escala salarial. No hay mucha posibilidad de negociar un salario, ya que probablemente no podrás decir que has hecho esto, aquello y esto otro o que sabes lo que vale tu experiencia. Descubrirás que la mayoría de las personas que contratan a empleados que trabajan por primera vez tendrán una actitud de "tómelo o déjelo" con respecto a las ofertas de salario. Sin embargo, de acuerdo con Amryl Ward, consultor de recursos humanos que ha contratado empleados por más de veinticinco años en diversos puestos de recursos humanos, existen algunas cosas que pueden hacer los empleados a nivel de entrada para hacer que los contraten más fácilmente y una vez que estén contratados, llegar al camino para obtener más paga.

1. **Cuando te entrevisten para el trabajo, prepárate para decirle a un posible empleador por qué mereces que te contraten.** "Pon tus aptitudes sobre la mesa", dice Ward. Por ejemplo, podrías pensar que el trabajo que tuviste durante el verano en esa tienda de suministro para grandes oficinas no significó más que gastar el dinero ganado. Por el contrario, aprendiste aptitudes valiosas, por ejemplo cómo ser parte de un equipo y cómo tratar con clientes. ¿Qué tal ese trabajo de oficina después de la escuela que tuviste? Aprendiste a responder teléfonos y a trabajar con ciertos programas de computadora. Piensa cuidadosamente en los trabajos que tuviste en la escuela secundaria y qué aprendiste de ellos. Esas se llaman aptitudes transferibles.
2. **Una vez que estés contratado, prepárate a hacer más de lo mínimo que se exige.** Seguramente es posible que estés pelando papas al principio. Pero si llegas temprano y te quedas hasta tarde, si ayudas a otro empleado con su trabajo o si limpias voluntariamente los mostradores y barres el piso, eso le dice a la administración: "Este empleado es un ganador. Tengámoslo en mente cuando surja un nuevo ascenso". Pronto, podrías administrar al personal, luego la tienda.

EN EL TRABAJO

Una vez que consigas ese trabajo perfecto, no hay manera de estar tranquilo. Es necesario mantener feliz a tu gerente e inculcar confianza en tus colegas. Al mismo tiempo que haces esto, desearás estar atento a ti mismo, mantenerte feliz y permanecer a la cabeza de la curva de aprendizaje. Aquí hay algunas de las maneras para hacer eso.

Preocuparse del protocolo en la oficina

Está bien, puede ser que no supieras cuál era el tenedor para ensalada en la recepción de boda de la prima Sandra. Sin embargo, lo más probable es que puedas mencionar algunas reglas básicas de protocolo, como no mascar chicle con la boca abierta en la cena. Ahora, ¿qué pasa cuando se trata de los modales que se supone que debes tener en el lugar de trabajo? Por lo general eso permanece en blanco si nunca has trabajado en un ambiente de oficina. ¿Cómo sabrías cuál es la manera correcta de responder el teléfono o hablar con tu jefe o con los clientes?

Shannon McBride del Golden Crescent Tech Prep School to Career Partnership en Victoria, Texas, ha visto a muchos estudiantes pasar por su programa y conseguir buenos trabajos. También ha visto a muchos de ellos tener éxito porque saben de qué manera presentarse en una situación profesional. Lamentablemente, también puede relatar historias de graduados de la escuela secundaria que no tuvieron idea de cómo actuar en el lugar de trabajo. No se dieron cuenta de que cuando trabajan en una oficina con un grupo de personas, tienen que hacer un esfuerzo para llevarse bien y seguir las reglas no escritas de ese lugar de trabajo. No se dieron cuenta de que la oficina no es lugar para hacer declaraciones personales sobre su individualidad en su apariencia o en su comportamiento que entren en conflicto con el ambiente.

McBride dice que eso significa que tendrás que observar de qué manera se visten los demás y adoptar lo que se usa en la oficina. Por ejemplo, si trabajas en una oficina comercial, lo más probable es que uses pantalones y una camisa abotonada hasta abajo o una falda y una blusa. Si trabajas en una tienda de productos de golf, usarías una polera de golf y pantalones cortos. "Por mucho que desees ser individual", dice McBride, "tienes que adecuarte cuando estás en un ambiente de negocios. Si quieres un trabajo de adulto, tienes que actuar como tal".

Muchos jóvenes no consideran la importancia de los protocolos en la oficina y los pasan por alto como reglas absurdas impuestas por adultos. Pero McBride advierte que no seguir las normas de protocolo de la oficina puede significar un despido. Puedes tener todo el talento técnico y conocer las últimas aplicaciones de software, pero si no estás enterado de la manera de vestir, hablar y realizar negocios que tienen las personas, probablemente no durarás mucho tiempo. Cuando llegue el momento de conseguir un trabajo, advierte McBride, "La primera impresión es muy importante. La falta de conocimiento del protocolo de oficina puede dañar esa primera impresión." El mejor consejo que podemos dar es que si no estás seguro de cuál es la política para responder teléfonos, usar correo electrónico o Internet en el trabajo, o códigos de vestir, debes preguntárselo a tu jefe, quien no te dará una respuesta equivocada y a quien le agradará saber que te interesaste lo suficiente para preguntar.

Encontrar una cara amiga en el trabajo

Ahí estás el primer día en un nuevo trabajo y todos parecen saber qué hacer mientras que tú estás parado ahí sintiendo que eres un verdadero bobo. Incluso para el empleado más acostumbrado, esas primeras semanas en el trabajo son arduas. Naturalmente, todos los demás parecen que saben lo que hacen porque lo han estado haciendo por algún tiempo. Sin embargo, ¿no sería bueno tener alguien que te ayudara a adaptarte? Alguien que te diera aquellos pequeños consejos internos que todos los demás aprenden por experiencia. Alguien que te advierta sobre cosas que podrías hacer mal o que te dé advertencias cuando estés haciendo algo que pueda significar una reprimenda. Si miras la oficina, descubrirás quién es esa persona, dice Robert Fait, orientador profesional y especialista pedagógico, que está asociado con Career and Technology Education (Educación Profesional y Tecnológica) en el distrito de Katy Independent School, en Katy, Texas.

Podrías no darte cuenta de que esa persona es un mentor, pero en la definición estricta de la palabra, eso es lo que es. O como lo dice Fait, "los mentores son modelos de función que están dispuestos a ayudar a otros con el establecimiento y planificación de la educación personal y los objetivos profesionales. Esta persona generosa tiene oídos que oyen, un hombro consolador y un corazón que entiende". En otras palabras, un mentor es alguien que te hará sentir cómodo en un nuevo ambiente laboral, te mostrará los procedimientos y, a la larga, te ayudará a ser más productivo.

A menos que la empresa donde trabajes tenga un programa de tutoría, los mentores no aparecen con enormes carteles colgados al cuello que dicen: "Estoy aquí, soy mentor, pregúntame todo". Tienes que buscarlos. Fait les aconseja a los nuevos empleados que miren de cerca a sus colegas y tomen nota de quien demuestra una conducta positiva, tiene firmes hábitos de trabajo y parece ser digno de confianza. Esas son las personas a las que hay que aproximarse. "Por lo general, estos trabajadores están deseosos de compartir su conocimiento y sabiduría con otros", dice Fait.

¿Quién sabe? Después de algún tiempo trabajando ahí, tú podrías convertirte en un mentor por cuenta propia. Tal vez, podrás ayudar a algunos empleados nuevos que lucen un tanto desconcertados y que necesitan una mano amiga porque recordarás cómo fue ser el nuevo.

TÉCNICAS DE SUPERVIVENCIA

Sea cual sea tu decisión (la universidad o el trabajo), vas a enfrentar cosas intimidantes después de que te gradúes.

LO MÁS PROBABLE ES QUE aumente tu nivel de estrés debido a las exigencias de tus clases o el trabajo y tu exposición al alcohol o las drogas; surgirán diversas formas de conflicto y vas a tener que preocuparte de tu salud y nutrición. Aunque parezca una tarea enorme, realmente no lo es si mantienes la cabeza sobre los hombros y te apegas a tus valores esenciales. Esta sección te servirá de ayuda para cruzar el lado más turbio de la vida después de la escuela secundaria.

TÉCNICAS PARA HACERTE MÁS RESISTENTE AL ESTRÉS

Te levantas y te duchas. ¿Qué ponerse? Te echas eso encima. ¡Puaj! ¿Qué es esa mancha? "Mamá, ¿dónde están mis calcetines limpios?" Tic tac. No hay tiempo de comer nada si quieres llegar a tiempo a clases. Patinas en la esquina y corres para el salón de clases justo cuando toca la campana final. ¡Diablos!, olvidaste tu libro de biología. Deportes, clubes, trabajo, tareas, amigos en el teléfono y finalmente (suspiras) a dormir.

¿Se parece a tu vida? Si eres como la mayoría de los estudiantes de escuela secundaria, esta descripción probablemente da en el clavo. Ahora tomaremos tu horario ya turbulento y nos concentraremos en el hecho de que pronto te graduarás y tendrás que resolver qué vas a hacer con tu vida. ¿Conoces el "estrés"?

Algunas personas dicen que el estrés realmente los motiva a rendir mejor, pero no hablaremos de esas personas perfectas. Para la mayoría de ustedes, estrés significa que pueden gritarle al perro, patear puertas, enfurecerse con mamá y deprimirse. Es posible que incluso tengas síntomas físicos, como malestares estomacales, palpitación acelerada, palmas sudorosas, desmayo y la lista sigue. No es la mejor forma de estar cuando tienes una enorme lista de cosas que hacer; más la graduación, que se acerca a pasos agigantados.

En innumerables ocasiones se ha escrito sobre cómo manejar el estrés, pero de todos los consejos que hay circulando, algunos indicadores realmente pueden ayudarte a impedir tener palmas sudorosas y esa sensación de náuseas en la boca del estómago.

- **Nada de comida chatarra, bienvenida la comida sana.** Come al menos una comida caliente y balanceada al día y también cosas saludables como verduras, frutas, carnes, queso, cereales. Lee más adelante en esta sección para obtener más información acerca de nutrición y salud.
- **Duerme.** Siete, ocho, diez horas al día. Es más fácil decirlo que hacerlo, pero bien vale la pena. Dormir no sólo te ayudará a enfrentar la vida de la escuela secundaria, sino también la universitaria y la profesional, y te ayudará a dejar de sentirte como un manojo de nervios deshilachados.
- **Abraza al perro, al gato, al conejo, a un amigo o a mamá.** La soledad aumenta el estrés porque entonces todo lo que tienes es a

ti mismo y aquellos pensamientos estresantes que zumban en tu cabeza.

- **Reúnete con amigos.** Eso toma tiempo, pero estar con personas que te agradan y hacer cosas divertidas alivia el estrés, siempre que no exageres.
- **Haz ejercicio.** Esto no incluye correr por el pasillo para llegar a clases antes de que suene la campana. Nos referimos a 20 minutos de sudor con latidos fuertes al menos tres veces a la semana. Es sorprendente lo que un poco de sudor puede hacer por ti para relajarte. Lo creas o no, una buena postura también ayuda.
- **No fumes, bebas o uses cantidades excesivas de cafeína.** El que te dijo que andar en fiestas es la manera de liberar el estrés estaba totalmente equivocado. La nicotina y el alcohol en realidad le quitan a tu cuerpo lo que necesita para enfrentar el estrés.
- **Simplifica tus gastos.** El dinero puede ser un factor que ocasiona gran estrés. Piensa en las maneras de eliminar gastos, de manera que no tengas que estirar tanto tu dinero. Sé creativo. Comparte los recursos. Vende los artículos que ya no uses. Tal vez puedas aplazar la compra de algo que deseas.
- **Saca los sentimientos de tu cabeza.** Se necesita tiempo y energía para mantenerlos encerrados. Conversa regularmente con tus padres y hermanos de manera que puedan resolver los enojos menores cuando todavía son pequeños.
- **Organiza tu tiempo.** Prioriza y maneja una pequeña parte de tu vida, en vez de intentar resolverlo todo de una vez. Para más información, lee sobre la administración del tiempo. Esto es sólo para despertar tu curiosidad.
- **Relájate.** Cuando te hayas graduado y hayas iniciado lo que sea que terminarás haciendo, mirarás hacia atrás y te darás cuenta de que ésta fue una parte insignificante de tu vida. Por eso, mira el lado bueno. Las decisiones que tomarás sobre tu futuro son difíciles, pero no se graban en piedra, puedes cambiarlas si no funcionan.

Cómo vencer el estrés

La mayoría de las personas se estresan cuando las cosas se salen de control, es decir, hay demasiadas cosas que hacer, demasiadas decisiones que tomar o demasiada información que digerir. Si agregas no tener suficiente tiempo, suficiente dinero o suficiente energía para todo, tienes la fórmula perfecta para el estrés.

En el espacio a continuación, identifica lo que te causa estrés:

____

____

____

____

____

____

Luego, elige entre estas tres opciones que vencen el estrés:

1. **Modificar la situación.** Algunas cosas no las puedes controlar, pero otras sí. Cambia aquellas que puedes controlar. Si tienes demasiadas cosas que hacer y posiblemente no puedes hacerlas todas, haz a un lado unas pocas. Tiene que haber algo en la lista de lo que puedas deshacerte. (Y no, la tarea no es una respuesta aceptable.) Tal vez necesites poder decir no a las exigencias adicionales. Concéntrate en lo que es importante. Haz una lista de prioridades desde la más importante a la menos importante y así elabora tu plan.
2. **Evitar la situación, por ahora.** Retrocede y pregúntate, "¿es éste realmente un problema? ¿en verdad necesito resolverlo?" Esto no significa que debas aplazar cosas que tengas que hacer. Piensa en lo que vence el estrés como ganar algo de tiempo, tomar un descanso, recobrar el aliento, obtener consejos y ventilar la situación de manera que puedas manejarla cuando estés más preparado.

3. **Aceptar la situación.** Cómo percibes las circunstancias tiene mucho que ver con la manera en que tomas las decisiones sobre ellas. Considera lo que te estresa bajo la perspectiva total. ¿Cómo me afectará esto realmente el próximo año o incluso en diez años más? Analiza las circunstancias a través del lente de tus valores personales. Piensa en lo que crees que está bien, no en lo que piensan los demás.

Soluciones rápidas para momentos estresantes

Has hecho todas las cosas de las que hemos hablado con anterioridad en esta sección y aún sientes como si te lanzaran en millones de direcciones. Si tu estresómetro está al máximo, usa estas soluciones rápidas para calmarte.

- Haz que el mundo gire más lento por un momento, sal a caminar, toma una ducha, escucha música relajante.
- Respira profundo, ponte a tono con el ritmo de tu propia respiración. Acuéstate o siéntate por 15 minutos y sólo concéntrate en la relajación.
- Relaja aquellos nudos de tensión. Comienza por la cabeza y baja hasta los dedos de los pies.
- Cierra los ojos y despeja tu mente. Uy, ahí viene ese pensamiento insistente. Fuera, fuera, fuera. Deshazte de la confusión. Imagina que estás en tu lugar favorito: la playa, bajo un árbol, cualquiera funciona.
- Cierra la puerta de tu habitación y lanza un grito desde el fondo de tu pecho. Walt Whitman sabía de lo que hablaba cuando decía: "Expreso mi grito barbárico sobre los tejados del mundo". Sólo dile a tu familia lo que vas a hacer para que no vayan corriendo a tu habitación con el temor de que ocurrió algo. Te sorprenderá lo bien que te puedes sentir.
- Cuando todo lo demás falla, mira una película divertida, lee historietas, entra en el estado de ánimo de la risa fácil. Aquellos grandes desafíos disminuirán en tamaño rápidamente.

GANAR EL JUEGO DE LA ADMINISTRACIÓN DEL TIEMPO

¿Cuál es el valor del tiempo? ¿Seis dólares la hora? ¿El precio de una beca porque la solicitud está atrasada un día? El tiempo puede ser un recurso muy costoso o algo que puedes aprovechar. Aun cuando reconozcas el valor del tiempo, administrarlo es un desafío.

Cuando vives con suficiente tiempo, la vida es relajada y equilibrada. Para hallar ese equilibrio, tienes que determinar tus prioridades y planificar. Por eso, decide lo que deseas y lo que es importante para ti. Organiza de manera lógica y planifica de manera realista. Supera los obstáculos. Cambia los malos hábitos. Simplifica y sé más eficiente. Ahorra tiempo cuando puedas. ¿Suena imposible? No es fácil, pero puedes hacerlo. El secreto está en un viejo proverbio chino que reza: La sabiduría de la vida es la eliminación de aquello que no es esencial.

¡Todo depende del control!

Lo bueno sobre el tiempo es que gran parte de él es tuyo para hacer lo que desees. Es posible que te sientas fuera de control y como si debieras correr para ir al paso de las exigencias y expectativas incompatibles de tu vida. Pero todos tenemos el mismo número de horas al día. La clave está en la manera en que las usamos. Los siguientes consejos están diseñados para ayudarte a usar tu tiempo con sabiduría y a mantener el control sobre tu vida.

Prepara una lista de tus objetivos y las tareas necesarias para lograrlos. Esto podría ser por día, semana, mes, semestre o incluso por año. Es posible que también desees dividir la lista en secciones, como amigos y familia, escuela, trabajo, deportes, salud y condición física, desarrollo personal y preparación para la universidad.

Determina las prioridades y establece plazos. Usa un sistema de clasificación para codificar la importancia de cada tarea. A es "Hazlo ahora", B es "Hazlo pronto", C es "Hazlo después". También debes entender la diferencia entre "importante" y "urgente".

Sé realista sobre cuánto puedes hacer realmente. Analiza cómo usas tu tiempo ahora. ¿Qué puedes eliminar? ¿Cuánto tiempo tienes en verdad para cada tarea?

Planifica. ¿Cuántas veces has subestimado el tiempo que tomará hacer algo? Haz un plan por si hay impedimentos y date un tiempo de respiro.

Acepta la responsabilidad. Una vez que decidas hacer algo, comprométete a hacerlo. Eso no significa que una tarea que estaba en la lista "A" no pueda trasladarse a la "C". Pero sé consecuente y específico sobre lo que planeas lograr.

Divide y conquista. Es posible que necesites formar un comité, delegar tareas a tus padres o pedir ayuda de un amigo. Eso es lo que llamamos administración del tiempo.

Saca ventaja de tus horas personales más activas. No planifiques levantarte y hacer tu tarea a las 6 a.m. si eres un trasnochador, porque no funcionará. En vez de eso, planifica las tareas complejas para cuando tienes tu máxima eficiencia.

Evita los retrasos. Existen millones de maneras de retrasar algo y ninguna es una buena razón si realmente deseas terminar algo. ¿Te has dado cuenta que siempre encuentras el tiempo para hacer las cosas que te gustan?

Haz la tarea más desagradable al principio. Sácala del camino. Todo será más fácil de ahí en adelante.

No te prepares en exceso. Esa es otra manera de retrasar las cosas.

Aprende a decir no a las exigencias sobre tu tiempo que no puedes afrontar.

Sé entusiasta y comparte tus objetivos con otros.

Si estableces demasiados objetivos de una vez, te abrumarás desde el comienzo. Recuerda, lo que importa es la calidad del tiempo que dedicas a una tarea, no la cantidad. No hay diferencia si estudias por 10 horas si no recuerdas nada de lo que estudiaste. El objetivo global es ser productivo, eficiente y eficaz, no sólo estar ocupado. También necesitarás controlar el tiempo. Sólo trabajo y nada de diversión contribuyen a formar una persona sin equilibrio.

Usa todos los beneficios de la tecnología moderna para ayudarte a administrar el tiempo, por ejemplo, puedes ahorrarlo usando un fax, correo electrónico o correo de voz. Si aún no usas un organizador diario o calendario, una sabia opción sería invertir en uno. Anota todos los plazos importantes y revísalos con frecuencia. Anota tus compromisos, de manera que no planifiques demasiadas actividades. En el caso de que asumas demasiados compromisos o subestimes el tiempo que toma terminar una tarea, aprende de tus errores. Pero no te deprimas demasiado. Date una charla de ánimo de vez en cuando para mantenerte positivo y motivado.

¿MUDARSE A VIVIR SOLO?

Cuando consideres mudarte de casa ya sea al dormitorio de una universidad o a tu propio hogar, no hay duda de que en tu cabeza flotarán algunas expectativas muy maravillosas acerca de esto. No más reglas de los padres. Ser independiente. Tomar tus propias decisiones. Hamburguesas para siempre. Ir y venir cuando lo desees. ¡Uy!, ¿Qué es esto? Parece que no tienes ropa para ponerte. No hay más platos (están todos sucios en el fregadero). No hay leche y el refrigerador está vacío. ¡Diablos! ¿Qué pasó con aquellos pensamientos cálidos acerca de la libertad?

De seguro es agradable ir y venir cuando te plazca, pero antes de que te adentres demasiado en esa idea agradable (y poco realista), considera los siguientes pensamientos cuando hagas planes de independizarte. Ozzie Hashley, consejero vocacional en Clinton Community Schools en Clinton, Michigan, trabaja con alumnos de undécimo y duodécimo año en la escuela secundaria. Esto es lo que él dice para informar a los estudiantes sobre las realidades de la vida independiente.

1. Si alquilas, ¿has pensado en los gastos aparte del alquiler? Hashley dice: "Muchos estudiantes piensan sólo en el alquiler. No se dan cuenta de que serán responsables de los gastos de los servicios básicos en muchos casos o del costo de lavar y secar la ropa".

2. Subsistir con hamburguesas y papas fritas suena riquísimo, pero a medida que observas que una dieta en comida rápida se come tu salario, lo más probable es que pienses en cocinar algo tú mismo. ¿Qué cocinarás? ¿Quién comprará los alimentos? Más importante aún, ¿quién lavará los platos? Dividir las responsabilidades de preparar la comida es un aspecto importante de ser independiente, en especial cuando se comparte el espacio en que se vive.
3. Es posible que el seguro médico no esté en tu mente cuando te preparas para graduarte (probablemente ahora estás incluido en los planes de seguro de tus padres). Sin embargo, una vez que te estableces como independiente a la edad de 18 años y vives solo, el seguro se vuelve algo que hay que considerar. Si necesitas atención de salud y no tienes seguro médico, las facturas serán grandes. Por eso, cuando consigas trabajo, asegúrate de que tienes cobertura médica. Si te marchas a la universidad después de la escuela secundaria, lo más probable es que permanezcas bajo la cobertura de tus padres hasta los 23 años.
4. No hay nadie que te diga a qué hora llegar a casa cuando vives solo. De la misma manera, no hay nadie que te diga que eres realmente desorganizado cuando hay que administrar el tiempo. Esto podría no parecer importante ahora, pero cuando tienes que hacer malabares con todas las facetas de ser independiente (trabajo, preocuparse del espacio donde vives y el automóvil, la vida social), entonces, administrar el tiempo se convierte en una parte importante de la vida.
5. Administrar tu dinero es otro tema importante cuando eres independiente, ya que tienes que asegurarte de tener lo suficiente para pagar el alquiler, el préstamo del automóvil, sin mencionar esa película que deseas ver, el CD que querías comprar o aquellos jeans de moda que viste en el centro comercial la semana pasada. Si quieres comer a fin de mes, hacer un presupuesto se transformará en una parte importante de tu nuevo vocabulario de independiente. Pídele a tus padres o a un adulto en quien confíes que te ayude a preparar tu presupuesto. También aprende a hacer el balance de tu chequera. ¡Es mucho más fácil manejar tu dinero cuando mantienes un registro de cuánto tienes en la cuenta bancaria y de cuánto gastas!

DROGAS Y ALCOHOL: ¿ESTÁS EN RIESGO?

¿Estás en riesgo? Espera un minuto. ¿Cómo podrías estar en riesgo cuando la edad legal para ingerir alcohol en los cincuenta estados es de 21 años? Lo más probable es que, si estás leyendo esto, aún no tengas 21 años. También es ilegal fumar o comprar cualquier producto de tabaco antes de los 18 años y estar en posesión de cualquier droga para uso recreativo es ilegal, punto. Así que, si bebes alcohol antes de los 21, fumas o compras cigarrillos, puros o tabaco para masticar antes de los 18 o consumes cualquier droga ilegal, podrías:

- Ser arrestado por conducir bajo la influencia, (DUI, por sus siglas en inglés)
- Recibir una condena
- Tener que pagar multas elevadas
- Hacer que te suspendan el permiso de conducir
- Ser expulsado de la escuela (cualquier tipo de escuela o universidad)
- Hacer que te despidan
- Ir a la cárcel
- Tener antecedentes penales

Antecedentes penales . . . ¿y qué?

Considera esta historia verdadera. A un hombre de 29 años que recientemente recibió su especialización en administración de empresas le ofrecieron un trabajo

¿TENGO UN PROBLEMA?

Haz la prueba a continuación para ver si tienes verdaderos problemas con drogas o alcohol.

1. **¿Te dan muchas ganas de beber o usar drogas?**
2. **¿La mayoría de tus amigos beben o consumen drogas?**
3. **¿Mantienes un suministro secreto de alcohol y drogas?**
4. **¿Puedes beber mucho sin parecer ebrio?**
5. **¿Bebes mucho alcohol en un tiempo corto o lo ingieres con embudo o de un solo trago para emborracharte más rápido?**
6. **¿Alguna vez bebes o consumes drogas solo, incluso en un grupo donde nadie más lo está haciendo?**
7. **¿Bebes o usas drogas cuando no habías planeado hacerlo?**
8. **¿Alguna vez has tenido lagunas donde no puedes recordar cosas que ocurrieron cuando estabas ebrio o drogado?**

Si respondiste sí a cualquiera de estas preguntas, probablemente necesitas ayuda. Si tienes algún amigo que concuerda con la imagen, encuentra una manera respetuosa de hablar de tus preocupaciones. No te sorprendas si él o ella te dice que no te metas, pero no te rindas tampoco. Si algún miembro de tu familia tiene algún problema de alcohol o drogas, debes saber que puedes ser propenso a la misma tendencia.

Fuente: Keystone College, La Plume, Pennsylvania

con una importante empresa Fortune-100. Estamos hablando de un gran salario, opciones de acciones, estacionamiento reservado (el paquete completo). Cuando la empresa verificó sus antecedentes y descubrió que fue arrestado por conducir bajo la influencia durante su primer año de universidad, retiraron la oferta. El pasado puede y regresará para perseguirte. Ni siquiera pensemos en lo que ocurriría si decides postularte para un cargo público.

Piensa en las razones por las que podrías desear consumir drogas o alcohol. ¿Por diversión? ¿Para olvidarte de los problemas? ¿Para estar a la moda? ¿Son tus razones lo bastante buenas? Piensa en las consecuencias antes de tomar una decisión.

¿Cómo puedo decir no sin parecer "nerdo" o empollón?

"Se necesitan más agallas para permanecer sobrio, consciente y despierto que para intoxicarse, drogarse y no aprender nada de la vida", dice un ex consumidor. "Ríete de la gente que sugiere beber o consumir drogas y luego evítalas como la plaga".

Los amigos que valen la pena respetarán tu decisión de decir no y, en el caso de las chicas, si un tipo te presiona para que bebas o te intoxiques, mándalo a volar. También se puede aplicar esa regla para los chicos. De acuerdo con el National Institute on Drug Abuse, NDA (Instituto Nacional contra el Abuso de Drogas), el alcohol y las drogas de club como GHB o Rohypnol (roofies) te convierten en un blanco fácil para violaciones durante citas.

Lo sustancial

Junto con el placer temporal que pueden darte, todas las drogas (incluyendo, las drogas de club, el alcohol y la nicotina) tienen un lado malo. El alcohol, por ejemplo, es un depresivo. Incluso una copa afecta la parte de tu cerebro que controla tu razonamiento y tu juicio se entorpece justo cuando te estás preguntando: "¿Debo conducir para llevar a mis amigos a casa? ¿Debo hablar con este tipo? ¿Debo beber otra copa?"

Tu cuerpo necesita alrededor de una hora para quemar el alcohol de una copa y nada, ni siquiera el café, te pondrá sobrio más rápido. Esto es lo que significa "una copa": un trago de licor fuerte (solo o mezclado en un cóctel), un vaso de vino, una cerveza de doce onzas o una bebida a base de vino.

El alcohol ayuda a la gente inteligente a que tome malas decisiones. De hecho, muchas drogas te hacen creer que estás pensando incluso con más claridad que lo usual. Bien, pero ¡adivina qué! No es así. Dependiendo de la droga que consumas, la cantidad y lo que haces mientras estás drogado, también te arriesgas a

¿SABÍAS QUE...

... **de acuerdo con la Sociedad Americana contra el Cáncer, la nicotina es tan adictiva como la cocaína y la heroína?**

... **de acuerdo con Keystone College, beber mucho alcohol rápido puede matarte inmediatamente?**

... **de acuerdo con el National Institute on Drug Abuse, NIDA (Instituto Nacional sobre el Abuso de Drogas), la MDMA (Éxtasis, XTC, Droga del amor, Adam, tacha) puede dañar de forma permanente tu memoria?**

sufrir confusión, náuseas, dolor de cabeza, problemas para dormir, depresión, paranoia, violaciones (en especial, "violaciones durante citas"), embarazo no deseado, enfermedades de transmisión sexual (ETS) que van desde herpes a VIH o SIDA, tener un bebé con deformación congénita, deterioro de la memoria, psicosis persistente, daño al pulmón, cáncer, lesionar o matar a alguien y la muerte.

Tómate un momento ahora, cuando tu cerebro está bien lúcido, para decidir si esas consecuencias valen la pena a cambio del escape que consigues por 20 minutos por noche. Es posible que digas: "Oh, vamos. Sólo los adictos tienen problemas como ese." Embriagarse o drogarse no necesariamente quiere decir que eres alcohólico o adicto, pero siempre significa una pérdida de control.

"Mucha de la adicción se debe a la negación", dice un miembro de Alcohólicos Anónimos. "Yo no creía que lucía o actuaba o pensaba u olía o mentía o engañaba o fallaba como un alcohólico o adicto. Fue cuando el uso de drogas y alcohol comenzó a causar problemas en múltiples áreas de mi vida que comencé a pensar que el problema podía ser yo. El alejamiento de los amigos (estaban hastiados) fue lo que me abrió los ojos".

¿Dónde puedo conseguir ayuda?

Si crees que tienes un problema o si crees que un amigo tiene un problema, llama a Alcohólicos Anónimos o Narcóticos Anónimos. Si no estás seguro, responde las preguntas en ¿Tengo un problema? que aparecen en la parte superior de la página anterior.

Habla con cualquier adulto en quien confíes: puede ser tu médico, un miembro de la iglesia, un consejero o tus padres. Las clínicas de salud y los hospitales ofrecen información y tratamiento. La Sociedad Americana contra el Cáncer puede ayudarte a dejar de fumar. Estos son sólo algunos lugares adonde recurrir (para más información, revisa las páginas amarillas e Internet).

Alcohólicos Anónimos
212-870-3400
www.aa.org

Sociedad Americana contra el Cáncer
800-ACS-2345
www.cancer.org

Narcóticos Anónimos
818-773-9999
www.na.org

Esa es la verdad. Estás en una edad difícil pero maravillosa, cuando tu vida es finalmente tuya y tus decisiones realmente importan. Piensa en lo que más valoras y luego toma tus decisiones.

CONFLICTO: CÓMO EVITARLO Y MANEJARLO

Vas caminando y ves un grupo de muchachos adelante . . . y de repente te asustas. O estás a punto de hablarle a alguien con quien tienes un desacuerdo y ya estás tensa, o los celos de tu novio te espantan. ¿Qué debes hacer?

Todas estas situaciones implican posibles conflictos que podrían escaparse de tu control. Aun cuando nunca hayas participado en una situación violenta, enfrentarás conflictos con otros, al igual que todos. Aprender a reconocer los signos de advertencia de violencia y a manejar bien los conflictos te brindará beneficios para toda la vida.

¿Cuál es tu estilo?

¿Qué haces cuando te enfrentas con un posible conflicto? ¿Tratas de huir a toda costa? ¿Te encuentras sometiéndote a la presión de otros? ¿Te sientes como que tienes que pelear, aun cuando no deseas hacerlo? ¿Desearías tener algunas formas nuevas para manejar conflictos?

Diferentes situaciones requieren diferentes estrategias. En primer lugar, hablemos de situaciones donde la violencia es realmente posible. La mayoría de nosotros presiente algo antes de que las cosas se vuelvan violentas, pero muy a menudo, las pasamos por alto. ¡Confía en tus instintos! Si estás en la calle o en la escuela, Fred Barfoot, de la Crime Prevention Association of Philadelphia (Asociación de Prevención del Delito de Philadelphia), sugiere que consideres estos consejos para evitar la violencia:

- Camina como si tuvieras el control y supieras adonde vas.
- Camina por áreas iluminadas.
- Viaja con un amigo de confianza cuando sea posible. En el campus, consigue un acompañante de seguridad en la noche. Los solitarios son blancos fáciles.
- Si una persona o un grupo adelante te pone nervioso o nerviosa, cruza la calle de inmediato y calmadamente, como si ese hubiese sido el propósito inicial.
- Llama a un amigo imaginario. "¡Hey, Pedro! ¡Espera!" y luego corre hacia tu "amigo" y aléjate de cualquiera que te atemorice.
- Ve hacia la casa más cercana y toca el timbre. Finge que te esperan: "¡Hola Pedro, soy yo!" Puedes dar la explicación más tarde.
- Si alguien te amenaza físicamente, grita.
- Si alguien te asalta, grita y patea donde le duela, araña, cualquier cosa.
- Nunca entres en un automóvil con alguien que no conoces bien o en quien no confías, aun cuando hayas visto mucho a esa persona.
- Empieza una conversación con un transeúnte inocente si te sientes amenazado por alguien más, sólo para hacerte menos vulnerable por unos minutos.
- Usa un silbato colgado al cuello o lleva una alarma personal o un gas de pimienta.
- Si alguien te asalta, entrega tu bolso, billetera, joyas o cualquier cosa que te pidan. Nada de eso vale tu vida.
- No continúes algo si tu corazón te dice que eso está mal, no importa quien diga que está bien.

Recuerda que retroceder no es signo de debilidad si alguien te incita a pelear. Bill Tomasco, director de Furness High School en Philadelphia, dice que la presión de otros muchachos para pelear crea gran parte de la violencia en las escuelas. Si te empujan a pelear, muestra la verdadera fortaleza: tú sabes que tu oponente también tiene un lado bueno, así que háblale a ese lado bueno y no te dejes llevar por la presión de las masas.

¿Estás seguro en casa?

Cerrar puertas y ventanas tiene sentido, pero a veces el peligro está dentro. Hay mucha violencia en relaciones abusivas, dice Amy Gottlieb, terapeuta familiar residente en el California Family Counseling Center (Centro de Orientación Familiar de California), en Encino. Para descubrir si estás en riesgo, pregúntate si tu amigo, compañero de cuarto o miembro de la familia:

- Usa los celos para justificar el control sobre ti
- Te rebaja, te humilla o te inculca sensación de culpa
- Te amenaza con revelar tus secretos o dice mentiras acerca de ti
- Toma todas las decisiones
- Te asusta, en especial si es intencionalmente
- Te amenaza de cualquier manera
- Considera que la conducta abusiva no es importante o dice que tú la provocaste

Si alguna de estas cosas suceden en tus relaciones, habla con un adulto en quien confíes y pide ayuda.

Hablar abiertamente

Si tu instinto te dice que te alejes de una situación, hazle caso. Sin embargo, puedes resolver cara a cara y gentilmente muchos conflictos reales o posibles, de manera que todos terminen sintiéndose bien. Lee algunos consejos de Kare Anderson, una experta en comunicaciones en Sausalito, California, sobre cómo manejar conflictos.

La mayoría de nosotros comete el error de reaccionar rápidamente y pensar sólo en nuestras necesidades y no escuchamos, dice Anderson. Trata de hacer lo contrario. En primer lugar, piensa en lo que realmente quieres de la situación y mantén tu objetivo en mente todo el tiempo. Pero primero menciona las inquietudes de la otra persona y luego, conversa sobre la situación que los afecta a ambos. Ofrece una solución que los beneficie a los dos y sólo entonces habla sobre de qué manera tu solución aborda tus propias necesidades.

Cuando la otra persona hable, realmente escucha, no sólo des réplicas que haya en tu cabeza. Siempre demuestra que has escuchado a la persona antes de dar tu respuesta, en especial si hablas con alguien de diferente sexo, tamaño o raza. Aquellas diferencias pueden distraernos tanto que realmente oímos menos. Si eres mujer, es posible que necesites c-a-l-m-a-r-t-e. Di menos de lo que crees que debes decir. Chicos, no se cierren del todo, dejen que la comunicación fluya.

Aun cuando la otra persona actúe de manera estúpida, sé gentil y respetuoso. Haz preguntas en vez de criticar, deja que alguien salve las apariencias en vez de parecer un tonto. Si insultas o avergüenzas a alguien, es posible que nunca vuelvas a tener la atención completa de esa persona. En resumen, trata a la otra persona como a ti te gustaría que te trataran.

¿Qué debes hacer si estás realmente enojado? Un adolescente dijo: "Pensar en las cosas me calma". Otro dijo: "De vez en cuando, tenemos que tranquilizarnos por un día y luego volver a la discusión". La ira casi siempre disimula el temor. ¿De qué tienes miedo? ¿Es la recompensa que deseas de esta negociación mayor que tu temor? Concéntrate en la recompensa. No olvides respirar largo y lento.

Piensa en esas estrategias a menudo, así es más probable que las uses cuando una situación se ponga tensa, en vez de reaccionar a ciegas. Úsalas también para planificar negociaciones a futuro. Aprender a resolver problemas con las personas toma, para la mayoría de nosotros, una vida entera, así que ¡comienza a intentarlo ahora!

LOS DATOS VERÍDICOS SOBRE EL ACOSO SEXUAL

¿Alguna vez alguien te ha mirado, hablado o tocado de una manera que te da repugnancia, hace que te cohíbas con tu cuerpo o ha creado un tono sexual cuando no era adecuado? ¿Y comenzaste a tenerle miedo a esa persona porque no desistía?

Si es así, ha sido un acoso sexual. El acoso sexual es un comportamiento inapropiado que

- te sucede por tu sexo
- no es deseado (no te gusta)
- es objetivamente ofensivo (para un hombre o mujer hipotéticamente "razonable")
- es severo, persistente o penetrante
- interfiere con tu experiencia laboral o escolar/universitaria

Paul Edison, un educador en prevención de violencia sexual y doméstica en Portland, Oregon, señala que principalmente, al igual que en crímenes como la violación, el hombre acosa a la mujer. Sin embargo, es más probable que las jóvenes adolescentes acosen sexualmente a alguien que una mujer mayor; igualmente ocurren más acosos entre mujeres adolescentes, y los jóvenes también son víctimas de acoso. En algunos de los casos más brutales que salen a la luz hoy en día, el objetivo son los hombres homosexuales (u hombres que aparentan serlo).

Las personas que acosan sexualmente a otras se pueden dividir en tres categorías. Algunas parecen ser insensatas e insensibles, otros se excitan al acosar a alguien y el tercer grupo lo hace para intimidar, por ejemplo, para alejar a alguien del trabajo o sólo para hacerlos sentir mal con ellos mismos.

¿Qué hago si alguien me está acosando?

Los expertos en defensa personal dicen que la mejor técnica es nombrar el comportamiento que te está molestando y pedirle que se detenga. Podrías decir:

"Tu mano está en mi rodilla, quítala por favor." Si la persona no lo hace, podrías intentar escribir una carta señalando lo que te está molestando y pidiéndole a la persona se detenga, de esta manera, le has hecho frente a la situación directamente y también tienes una prueba de tu reclamo.

Sin embargo, aquí está la buena noticia, señala Edison: No se espera que manejes el acoso tú misma, especialmente si el acosador tiene una autoridad superior a la tuya, como un profesor, sargento o jefe. Las autoridades de tu universidad o de tu trabajo deben manejarlo, pero ellos no pueden hacerlo a menos que les digas lo que está pasando.

Si presentas un reclamo, prepárate para describir qué sucedió, cuándo y dónde y asegúrate de informar de tus preocupaciones a alguien que tenga la clara autoridad para manejar un reclamo de acoso sexual, como el director de tu escuela o el director de personal.

A menudo, el acosador se detendrá tan rápido como entienda el mensaje de que su comportamiento te molesta, especialmente si tu reclamo también lo presentas a un superior. Edison agrega que la mayoría de los casos de acoso no terminan en abogados y demandas. Puedes optar, en casos serios, por presentar tu reclamo a la Office of Civil Rights (Oficina de Derechos Civiles) si te están acosando en la escuela, o a la Equal Employment Opportunity Commission (Comisión para la Igualdad de Oportunidades Laborales), si te están acosando en el trabajo. También puedes presentar tu reclamo en diferentes niveles al mismo tiempo: por ejemplo, en tu escuela y a la policía.

Tú tienes el derecho legal a una escuela y lugar de trabajo libre de discriminación sobre la base de tu raza, color, religión, sexo, nacionalidad y, dependiendo de dónde vivas, puesto que las leyes locales y estatales varían, tu orientación sexual. Tienes el derecho a que te protejan de represalias si presentas un reclamo por acoso. Por lo tanto, no temas denunciar una situación si verdaderamente te ofende e interfiere con tu vida.

¿Qué sucede si estoy siendo sólo hipersensible?

Si las palabras o acciones de una persona te hacen sentir incómoda, esa es toda la razón que necesitas para solicitarle a esta persona que detenga ese comportamiento, sin importar cuán inocente puede ser dicho comportamiento. Confía en tus instintos, especialmente si encuentras que estás tratando de convencerte de que todo está bien.

¿Qué le sucederá a la persona que me ha estado acosando?

Si tu reclamo se maneja en forma exitosa, señala Edison, lo principal que sucederá es que dicha persona dejará de acosarte. Las personas no son "acusadas" por acoso sexual a menos que su comportamiento incluya una conducta criminal, pero tu acosador puede enfrentar una medida disciplinaria, pérdida de privilegios, suspensión, expulsión, demandas o acción criminal, dependiendo de la gravedad de su comportamiento.

¿Cómo puedo evitar acosar a alguien?

A veces la línea entre un coqueteo, una broma o un cumplido inofensivos y un acoso es muy fina. ¿Cómo puedes estar en el lado adecuado de esa línea?

Primero, presta atención a tus propias intenciones. Sé honesto contigo mismo. ¿Te gusta ver a alguien sentirse incómodo cuando dices o haces alguna cosa? ¿Sientes rabia contra la persona por alguna razón? ¿Disfrutas ejercer de algún modo tu autoridad sobre esta persona? ¿Te encuentras obsesionado con la persona? Si la respuesta a alguna de estas preguntas es afirmativa, lo que estás diciendo o haciendo probablemente no es inofensivo.

Incluso si tus motivos parecen inofensivos para ti, sé muy cuidadoso sobre a quién tocas y cómo lo haces. Puedes sentirte cómodo tocando a las personas casualmente, quizá le tocarás la mano o el hombro a alguien cuando están conversando, pero recuerda que los límites de las otras personas pueden ser diferentes a los tuyos.

Pon atención a cómo reacciona la otra persona frente a ti. ¿Sientes que la otra persona te da luz verde cuando le dices o le haces algo, o pareciera que la persona retrocede ante ti? ¿La persona se paraliza o parece enojada cuando dices o haces alguna cosa? Por supuesto, si una persona te dice claramente que no le gusta cuando dices o haces algo, discúlpate y no lo hagas más, y recuerda, "no" significa no.

Por lo tanto, si te enfrentas a algo que pareciera ser acoso sexual, recuerda confiar en tus sentimientos, exprésalos claramente y obtén ayuda adecuada en caso de necesitarla.

MANTENERSE SALUDABLE A PESAR DE TODO

Cuando alguien como tu mamá te pregunta si estás comiendo bien, alguna vez has querido decir: "Oye, ¿sabes cómo es mi vida últimamente? ¿Crees que tengo mucho tiempo para comer sanamente?" Bueno, ¿cómo va el deporte, lo estás practicando? "Sí, claro. Levanto pesas con mi mochila cuando no estoy corriendo a toda velocidad hacia mi próxima clase", sería probablemente como responderías.

Si sientes que no puedes evitar el estrés y la fatiga, te sorprenderías si supieras lo bien que te sentirías si te mantuvieras activo y no comieras sólo comida chatarra. Tu carga de trabajo parecerá más fácil, dormirás mejor, te verás excelente y puedes mantenerte saludable, incluso si tu dinero y tu tiempo no son suficientes.

Honestamente, ¿quién tiene el tiempo para hacer ejercicio?

Como dijo un adolescente, "las tareas universitarias lo impiden y luego quiero relajarme cuando tengo un minuto en que no tengo que estudiar". Puedes hacerte el tiempo para todo, si quieres, pero si por naturaleza no eres deportista o si la universidad o el trabajo no te dan un respiro, el ejercicio es lo primero que dejarás a un lado.

Sin embargo, no tienes que convertirte en una maniático del gimnasio o correr millas para hacer suficiente ejercicio. Hacer ejercicios durante un tiempo largo es mejor si se hace constantemente, pero será mucho mejor si haces poco ejercicio en forma regular que mucho de vez en cuando y al decir poco ejercicio, nos referimos a entre 15 y 20 minutos. Agrega esto a una caminata rápida al autobús, una sesión de danza frenética en tu habitación o subir las escaleras corriendo en lugar de tomar el ascensor y ¡estás haciendo ejercicios!

Sin importar cómo elijas ejercitar ese músculo en el centro de tu pecho, lo importante es que hagas algo. No sólo te sentirás mejor contigo mismo, sino que aumentarás tu energía para hacer otras cosas como estudiar, ir a trabajar y salir con tus amigos.

¿Que significa exactamente "comer bien"?

Comer bien significa equilibrar los alimentos saludables en cantidades moderadas. Tu dieta no necesita ser complicada o cara. La Dra. Michele Wilson, especialista en medicina de adolescentes en el Hospital Infantil de Philadelphia, señala que la dieta de los adolescentes debería ser alta en granos, especialmente granos enteros y baja en azúcares y grasa. Debería incluir mucha fruta

y verduras y entregarte mucha proteína, calcio, vitamina A, complejo de vitaminas B, hierro y zinc. ¿Suena complicado?

Bueno, ¿qué tiene de difícil un burrito de frijoles con queso? ¿Que te parece pasta con verduras, carne, o ambos, con salsa? ¿Un plátano o un poco de melón? ¿Verduras sofritas con tofu? ¿Trocitos de zanahoria con mantequilla de maní? ¿Yogur? ¿Cereales con leche y frutas? Todo esto es barato, rápido de preparar y muy bueno para ti.

Un adolescente le tiene una fe ciega a las hamburguesas vegetarianas para el microondas y agrega "mantenerse alejado de cualquier alimento frito es un buen plan". Intenta evitar las cosas como papas fritas y dulces, señala la Dra. Wilson, además, si eres vegetariano y especialmente si no comes productos lácteos o pescado, deberías asegurarte de consumir suficientes proteínas y hierro. No importa cuál sea tu dieta, bebe agua, ocho vasos de agua diarios.

Mientras controle lo que como, ¿estoy bien?

Depende. Obviamente no tener control sobre lo que comes es un problema. Pero "controlar" puede ser bueno o malo. ¿Cuán estrictamente controlas qué y cómo comes? ¿Te obsesiona bajar de peso? ¿Las personas que te quieren te dicen que has perdido demasiado peso y lo tomas como un cumplido? ¿A veces comes en exceso secretamente o te provocas el vómito luego de una comida? Si la respuesta a alguna de esas preguntas es afirmativa, puede ser que estés sufriendo de anorexia o bulimia.

Según la National Association of Anorexia Nervosa and Associated Disorders, ANAD (Asociación Nacional sobre la Anorexia Nerviosa y Trastornos Relacionados), los trastornos alimenticios afectan a alrededor de 7 millones de mujeres y 1 millón de hombres en este país y pueden llevar a serios problemas de salud, incluso a la muerte. "Lo que me convenció de buscar ayuda fue el miedo, tuve que estar hospitalizada, puesto que literalmente estaba muriendo de anorexia", dice una mujer. La mayoría de los estadounidenses que son anoréxicos o bulímicos desarrollan sus trastornos alimenticios durante la adolescencia.

Les preguntamos a algunas mujeres que están bajo tratamiento por estos trastornos qué era lo que veían cuando se miraban en el espejo. Una dijo: "Fealdad total". "El mínimo hoyuelo en mi cuerpo parecía inmenso", dijo otra. Una tercera señaló: "Me deshice de todos los espejos porque provocaban que no comiera durante días". ¿Qué consejo le dan a los adolescentes que enfrentan trastornos alimenticios? "Trátense a sí mismos como desearían que los hubieran tratado sus padres", "pídanle a las personas que sienten cercanas que no analicen su peso con ustedes" y "encuentren medios fuera de ustedes mismos para sentirse con control". Principalmente, ¡busca ayuda! Esto significa ir donde alguien de tu confianza, ya sean tus padres, familiares, hermano o hermana, amigo, médico o maestro o llama a la línea directa nacional de ANAD al 847-831-3438 para obtener una lista de grupos de apoyo o referencias en tu área.

Entonces, si estoy comiendo bien y hago ejercicios, ¿estoy saludable?

Bueno, probablemente, pero la Dra. Wilson sugiere que también tengas otras cosas en mente. Si fumas, bebes o consumes drogas, estás buscando problemas. Aparte de los muchos efectos secundarios, todos estos hábitos te pueden robar nutrientes que necesitas. Si todo esto suena como una receta para alguien que tiene una vida completamente aburrida y tranquila, recuerda que sentirse y lucir bien nunca es aburrido y que vomitar (o morir), luego de beberse la mayor cantidad de tequilas en el menor tiempo, no es divertido. Si estás tomando decisiones a corto plazo que te harán daño a largo plazo, dedica un momento a descubrir por qué. La buena salud no tiene precio, sólo pregúntale a cualquier abuelo.

Parte IV

APÉNDICES

AHORA QUE HAS DECIDIDO qué tipos de oportunidades vas a tomar luego de tu graduación, necesitas comenzar a obtener más información. El siguiente apéndice te proporcionará datos adicionales que te ayudarán en tu proceso de toma de decisiones.

NOTA: Creemos que la información que se presenta en estos apéndices es precisa, debido a la revisión editorial completa de Peterson's y debido a que todos los materiales se obtienen directamente de funcionarios de las instituciones y organizaciones. Sin embargo, es posible que existan errores y omisiones en la recopilación y procesamiento de datos de esta investigación. Por lo tanto, debes consultar con la institución u organización específica al momento de postular a fin de verificar los datos importantes que puedan haber cambiado desde la publicación de este libro.

UNIVERSIDADES CON PROGRAMAS DE 4 AÑOS

Alabama

Alabama Agricultural and Mechanical University
4900 Meridian Street
Normal, AL 35762
800-553-0816
www.aamu.edu

Alabama State University
915 South Jackson Street
Montgomery, AL 36101-0271
800-253-5037
www.alasu.edu

American College of Computer & Information Sciences
2101 Magnolia Avenue, Suite 207
Birmingham, AL 35205
800-767-AICS
www.accis.edu

Andrew Jackson University
10 Old Montgomery Highway
Birmingham, AL 35209
205-871-9288
www.aju.edu

Athens State University
300 North Beaty Street
Athens, AL 35611-1902
800-522-0272
www.athens.edu

Auburn University
Auburn University, AL 36849
800-AUBURN9
www.auburn.edu

Auburn University Montgomery
PO Box 244023
Montgomery, AL 36124-4023
334-244-3000
www.aum.edu

Birmingham-Southern College
900 Arkadelphia Road
Birmingham, AL 35254
800-523-5793
www.bsc.edu

Columbia Southern University
24847 Commercial Avenue, PO Box 3110
Orange Beach, AL 36561
800-977-8449
www.columbiasouthern.edu

Concordia College
1804 Green Street, PO Box 1329
Selma, AL 36701
334-874-5700

Education America, Southeast College of Technology, Mobile
828 Downtowner Loop West
Mobile, AL 36609-5404
800-866-0850
www.educationamerica.com

Faulkner University
5345 Atlanta Highway
Montgomery, AL 36109-3398
800-879-9816
www.faulkner.edu

Heritage Christian University
PO Box HCU
Florence, AL 35630
800-367-3565
www.hcu.edu

Huntingdon College
1500 East Fairview Avenue
Montgomery, AL 36106-2148
800-763-0313
www.huntingdon.edu

Jacksonville State University
700 Pelham Road North
Jacksonville, AL 36265-1602
800-231-5291
www.jsu.edu

Judson College
302 Bibb Street, PO Box 120
Marion, AL 36756
800-447-9472
home.judson.edu

Miles College
PO Box 3800
Birmingham, AL 35208
205-929-1000

Oakwood College
7000 Adventist Boulevard
Huntsville, AL 35896
256-726-7000
www.oakwood.edu

Samford University
800 Lakeshore Drive
Birmingham, AL 35229-0002
800-888-7218
www.samford.edu

Southeastern Bible College
3001 Highway 280 East
Birmingham, AL 35243-4181
205-970-9200
www.sebc.edu

Southern Christian University
1200 Taylor Road
Montgomery, AL 36117
800-351-4040
www.southernchristian.edu

Spring Hill College
4000 Dauphin Street
Mobile, AL 36608-1791
800-SHC-6704
www.shc.edu

Stillman College
PO Drawer 1430, 3600 Stillman Boulevard
Tuscaloosa, AL 35403-9990
800-841-5722
www.stillman.edu

Talladega College
627 West Battle Street
Talladega, AL 35160-2354
800-633-2440
www.talladega.edu

Troy State University
University Avenue
Troy, AL 36082
334-670-3000
www.troyst.edu

Troy State University Dothan
PO Box 8368
Dothan, AL 36304-0368
334-983-6556
www.tsud.edu

Troy State University Montgomery
PO Drawer 4419
Montgomery, AL 36103-4419
800-355-TSUM
www.tsum.edu

Tuskegee University
Tuskegee, AL 36088
800-622-6531
www.tusk.edu

The University of Alabama
Tuscaloosa, AL 35487
800-933-BAMA
www.ua.edu

The University of Alabama at Birmingham
Birmingham, AL 35294
205-934-4011
www.uab.edu

The University of Alabama in Huntsville
301 Sparkman Drive
Huntsville, AL 35899
800-UAH-CALL
www.uah.edu

The University of West Alabama
Livingston, AL 35470
800-621-8044
www.uwa.edu

University of Mobile
PO Box 13220
Mobile, AL 36663-0220
800-946-7267
www.umobile.edu

University of Montevallo
Station 6001
Montevallo, AL 35115
800-292-4349
www.montevallo.edu

University of North Alabama
University Station
Florence, AL 35632-0001
800-TALKUNA
www.una.edu

University of South Alabama
307 University Boulevard
Mobile, AL 36688-0002
800-872-5247
www.southalabama.edu

Virginia College at Birmingham
65 Bagby Drive
Birmingham, AL 35209
205-802-1200
www.vc.edu

Alaska

Alaska Bible College
Box 289
Glennallen, AK 99588-0289
907-822-3201
www.akbible.edu

Alaska Pacific University
4101 University Drive
Anchorage, AK 99508-4672
907-561-1266
www.alaskapacific.edu

Sheldon Jackson College
801 Lincoln Street
Sitka, AK 99835-7699
907-747-5222
www.sj-alaska.edu

University of Alaska Anchorage
3211 Providence Drive
Anchorage, AK 99508-8060
907-786-1800
www.uaa.alaska.edu

University of Alaska Fairbanks
PO Box 757480
Fairbanks, AK 99775-7480
907-474-7211
www.uaf.edu

University of Alaska Southeast
11120 Glacier Highway
Juneau, AK 99801
907-465-6457
www.jun.alaska.edu

Arizona

American Indian College of the Assemblies of God, Inc.
10020 North Fifteenth Ave
Phoenix, AZ 85021-2199
602-944-3335

Arizona State University
Tempe, AZ 85287
480-965-9011
www.asu.edu

Arizona State University East
7001 East Williams Field Rd.
Mesa, AZ 85212
480-727-3278
www.east.asu.edu

Arizona State University West
PO Box 37100, 4701 W Thunderbird Rd
Phoenix, AZ 85069-7100
602-543-5500
www.west.asu.edu

The Art Institute of Phoenix
2233 West Dunlap Avenue
Phoenix, AZ 85021-2859
602-678-4300
www.aipx.edu

Collins College: A School of Design and Technology
1140 South Priest Drive
Tempe, AZ 85281-5206
480-966-3000
www.collinscollege.edu

DeVry Institute of Technology
2149 West Dunlap Avenue
Phoenix, AZ 85021-2995
602-870-9222
www.devry-phx.edu

Education America, Tempe Campus
875 West Elliot Road, Suite 216
Tempe, AZ 85284
480-834-1000
educationamerica.com

Embry-Riddle Aeronautical University
3200 Willow Creek Road
Prescott, AZ 86301-3720
928-708-3728
www.embryriddle.edu

Grand Canyon University
3300 W Camelback Road, PO Box 11097
Phoenix, AZ 85061-1097
602-249-3300
www.grand-canyon.edu

International Baptist College
2150 East Southern Avenue
Tempe, AZ 85282
480-838-7070

Mesa State College
1100 North Avenue
Grand Junction, CO 81501
970-248-1020
www.mesastate.edu

Metropolitan College of Court Reporting
4640 East Elwood Street, Suite 12
Phoenix, AZ 85040
602-955-5900
www.metropolitancollege.edu

Northcentral University
600 East Gurley Street #E
Prescott, AZ 86301
520-541-7777
www.ncu.edu

Northern Arizona University
Box 4132
Flagstaff, AZ 86011
520-523-9011
www.nau.edu

Prescott College
220 Grove Avenue
Prescott, AZ 86301-2990
520-778-2090
www.prescott.edu

Southwestern College
2625 East Cactus Road
Phoenix, AZ 85032-7042
602-992-6101
www.southwesterncollege.edu

University of Advancing Computer Technology
2625 West Baseline Road
Tempe, AZ 85283-1042
602-383-8228
www.uact.edu

The University of Arizona
Tucson, AZ 85721
520-621-2211
www.arizona.edu

University of Phoenix–Phoenix Campus
4635 East Elwood Street
Phoenix, AZ 85040-1958
480-557-2000
www.phoenix.edu

University of Phoenix–Southern Arizona Campus
5099 East Grant Road
Tucson, AZ 85712
520-881-6512
www.phoenix.edu

Western International University
9215 North Black Canyon Highway
Phoenix, AZ 85021-2718
602-943-2311
www.wintu.edu

Arkansas

Arkansas Baptist College
1600 Bishop Street
Little Rock, AR 72202-6067
501-374-7856
www.arbaptcoll.edu

Arkansas State University
PO Box 10
State University, AR 72467
870-972-2100
www.astate.edu

Arkansas Tech University
Russellville, AR 72801-2222
479-968-0389
www.atu.edu

Central Baptist College
1501 College Avenue
Conway, AR 72032-6470
800-205-6872
www.cbc.edu

Harding University
900 East Center
Searcy, AR 72149-0001
800-477-4407
www.harding.edu

Henderson State University
1100 Henderson Street
Arkadelphia, AR 71999-0001
800-228-7333
www.hsu.edu

Hendrix College
1600 Washington Avenue
Conway, AR 72032-3080
800-277-9017
www.hendrix.edu

John Brown University
2000 West University Street
Siloam Springs, AR 72761-2121
877-JBU-INFO
www.jbu.edu

Lyon College
PO Box 2317
Batesville, AR 72503-2317
800-423-2542
www.lyon.edu

Ouachita Baptist University
410 Ouachita Street
Arkadelphia, AR 71998-0001
870-245-5000
www.obu.edu

Philander Smith College
812 West 13th Street
Little Rock, AR 72202-3799
800-446-6772
www.philander.edu

Southern Arkansas University–Magnolia
100 East University
Magnolia, AR 71753
870-235-4000
www.saumag.edu

University of Arkansas
Fayetteville, AR 72701-1201
800-377-8632
www.uark.edu

University of Arkansas at Little Rock
2801 South University Ave
Little Rock, AR 72204-1099
501-569-3000
www.ualr.edu

University of Arkansas at Monticello
Monticello, AR 71656
870-367-6811
www.uamont.edu

University of Arkansas at Pine Bluff
1200 North University Drive
Pine Bluff, AR 71601-2799
870-543-8000

University of Arkansas for Medical Sciences
4301 West Markham
Little Rock, AR 72205-7199
501-686-5000
www.uams.edu

University of Central Arkansas
201 Donaghey Avenue
Conway, AR 72035-0001
501-450-5000
www.uca.edu

University of the Ozarks
415 North College Avenue
Clarksville, AR 72830-2880
800-264-8636
www.ozarks.edu

Williams Baptist College
60 West Fulbright Avenue
Walnut Ridge, AR 72476
800-722-4434
wbcoll.edu

California

Academy of Art College
79 New Montgomery Street
San Francisco, CA 94105-3410
415-274-2200
www.academyart.edu

Alliant International University
10455 Pomerado Road
San Diego, CA 92131-1799
858-271-4300
www.usiu.edu

American InterContinental University
12655 West Jefferson Blvd
Los Angeles, CA 90066
310-302-2000
www.aiuniv.edu

Antioch University Los Angeles
13274 Fiji Way
Marina del Rey, CA 90292-7090
310-578-1080
www.antiochla.edu

Antioch University Santa Barbara
801 Garden Street
Santa Barbara, CA 93101-1581
805-962-8179
www.antiochsb.edu

Argosy University-Los Angeles
3745 Chapman Avenue, Suite 100
Orange, CA 92868
714-940-0025
www.sarasota.edu

Armstrong University
1608 Webster Street
Oakland, CA 94612
510-835-7900
www.armstrong-u.edu

Art Center College of Design
1700 Lida Street
Pasadena, CA 91103-1999
626-396-2200
www.artcenter.edu

The Art Institute of California
10025 Mesa Rim Road
San Diego, CA 92121
858-546-0602
www.aica.artinstitutes.edu

Art Institute of Southern California
2222 Laguna Canyon Road
Laguna Beach, CA 92651-1136
949-376-6000
www.aisc.edu

Art Institutes International at San Francisco
1170 Market Street
San Francisco, CA 94102-4908
415-865-0198
www.aisf.artinstitutes.edu

Azusa Pacific University
901 East Alosta Avenue, PO Box 7000
Azusa, CA 91702-7000
626-815-6000
www.apu.edu

Bethany College of the Assemblies of God
800 Bethany Drive
Scotts Valley, CA 95066-2820
831-438-3800
www.bethany.edu

Bethesda Christian University
730 North Euclid Street
Anaheim, CA 92801
714-517-1945
www.bcu.edu

Biola University
13800 Biola Avenue
La Mirada, CA 90639-0001
562-903-6000
www.biola.edu

Brooks Institute of Photography
801 Alston Road
Santa Barbara, CA 93108-2399
805-966-3888
www.brooks.edu

California Baptist University
8432 Magnolia Avenue
Riverside, CA 92504-3206
909-689-5771
www.calbaptist.edu

California Christian College
4881 East University Avenue
Fresno, CA 93703-3533
559-251-4215
www.calchristiancollege.org

California College for Health Sciences
2423 Hoover Avenue
National City, CA 91950-6605
619-477-4800
www.cchs.edu

California College of Arts and Crafts
1111 Eighth Street
San Francisco, CA 94107
415-703-9500
www.ccac-art.edu

California Institute of Integral Studies
1453 Mission Street
San Francisco, CA 94103
415-575-6100
www.ciis.edu

California Institute of Technology
1200 East California Boulevard
Pasadena, CA 91125-0001
626-395-6811
www.caltech.edu

California Institute of the Arts
24700 McBean Parkway
Valencia, CA 91355-2340
661-255-1050
www.calarts.edu

California Lutheran University
60 West Olsen Road
Thousand Oaks, CA 91360-2787
805-492-2411
www.clunet.edu

California Maritime Academy
PO Box 1392, 200 Maritime Academy Drive
Vallejo, CA 94590-0644
707-654-1000
www.csum.edu

California National University for Advanced Studies
16909 Parthenia Street
North Hills, CA 91343
818-830-2411
www.cnuas.edu

California Polytechnic State University, San Luis Obispo
San Luis Obispo, CA 93407
805-756-1111
www.calpoly.edu

California State Polytechnic University, Pomona
3801 West Temple Avenue
Pomona, CA 91768-2557
909-869-7659
www.csupomona.edu

California State University San Marcos
San Marcos, CA 92096-0001
760-750-4000
ww2.csusm.edu

California State University, Bakersfield
9001 Stockdale Highway
Bakersfield, CA 93311-1099
661-664-2011
www.csubak.edu

California State University, Chico
400 West First Street
Chico, CA 95929-0722
530-898-6116
www.csuchico.edu

California State University, Dominguez Hills
1000 East Victoria Street
Carson, CA 90747-0001
310-243-3300
www.csudh.edu

California State University, Fresno
5241 North Maple Avenue
Fresno, CA 93740-8027
559-278-4240
www.csufresno.edu

California State University, Fullerton
PO Box 34080
Fullerton, CA 92834-9480
714-278-2011
www.fullerton.edu

California State University, Hayward
25800 Carlos Bee Boulevard
Hayward, CA 94542-3000
510-885-3000
www.csuhayward.edu

California State University, Long Beach
1250 Bellflower Boulevard
Long Beach, CA 90840
562-985-4111
www.csulb.edu

California State University, Los Angeles
5151 State University Drive
Los Angeles, CA 90032-8530
323-343-3000
www.calstatela.edu

California State University, Monterey Bay
100 Campus Center
Seaside, CA 93955-8001
831-582-3000
www.monterey.edu

California State University, Northridge
18111 Nordhoff Street
Northridge, CA 91330
818-677-1200
www.csun.edu

California State University, Sacramento
6000 J Street
Sacramento, CA 95819-6048
916-278-6011
www.csus.edu

California State University, San Bernardino
5500 University Parkway
San Bernardino, CA 92407-2397
909-880-5000
www.csusb.edu

California State University, Stanislaus
801 West Monte Vista Avenue
Turlock, CA 95382
209-667-3122
www.csustan.edu

Chapman University
One University Drive
Orange, CA 92866
714-997-6815
www.chapman.edu

Charles R. Drew University of Medicine and Science
1731 East 120th Street
Los Angeles, CA 90059
323-563-4800
www.cdrewu.edu

Christian Heritage College
2100 Greenfield Drive
El Cajon, CA 92019-1157
619-441-2200
www.christianheritage.edu

Claremont McKenna College
500 East 9th Street
Claremont, CA 91711
909-621-8000
www.claremontmckenna.edu

Cleveland Chiropractic College-Los Angeles Campus
590 North Vermont Avenue
Los Angeles, CA 90004-2196
323-660-6166
www.clevelandchiropractic.edu

Cogswell Polytechnical College
1175 Bordeaux Drive
Sunnyvale, CA 94089-1299
408-541-0100
www.cogswell.edu

Coleman College
7380 Parkway Drive
La Mesa, CA 91942-1532
619-465-3990
www.coleman.edu

Columbia College–Hollywood
18618 Oxnard Street
Tarzana, CA 91356
818-345-8414
www.columbiacollege.edu

Concordia University
1530 Concordia West
Irvine, CA 92612-3299
949-854-8002
www.cui.edu

Design Institute of San Diego
8555 Commerce Avenue
San Diego, CA 92121-2685
858-566-1200

DeVry Institute of Technology
22801 West Roscoe Blvd
West Hills, CA 91304
801-713-8111
www.wh.devry.edu

DeVry Institute of Technology
6600 Dumbarton Circle
Fremont, CA 94555
510-574-1100
www.fre.devry.edu

DeVry Institute of Technology
3880 Kilroy Airport Way
Long Beach, CA 90806
562-427-0861
www.lb.devry.edu

DeVry Institute of Technology
901 Corporate Center Drive
Pomona, CA 91768-2642
909-622-8866
www.pom.devry.edu

Dominican School of Philosophy and Theology
2401 Ridge Road
Berkeley, CA 94709-1295
510-849-2030
www.dspt.edu

Dominican University of California
50 Acacia Avenue
San Rafael, CA 94901-2298
415-457-4440
www.dominican.edu

Education America University
123 Camino de la Reina, North Building, Suite 100
San Diego, CA 92108
619-686-8600

Emmanuel Bible College
1605 East Elizabeth Street
Pasadena, CA 91104
626-791-2575
www.emmanuelbiblecollege.edu

Fresno Pacific University
1717 South Chestnut Avenue
Fresno, CA 93702-4709
559-453-2000
www.fresno.edu

Golden Gate University
536 Mission Street
San Francisco, CA 94105-2968
415-442-7000
www.ggu.edu

Harvey Mudd College
301 East 12th Street
Claremont, CA 91711-5994
909-621-8000
www.hmc.edu

Holy Names College
3500 Mountain Boulevard
Oakland, CA 94619-1699
510-436-1000
www.hnc.edu

Hope International University
2500 East Nutwood Avenue
Fullerton, CA 92831-3138
714-879-3903
www.hiu.edu

Humboldt State University
1 Harpst Street
Arcata, CA 95521-8299
707-826-3011
www.humboldt.edu

Humphreys College
6650 Inglewood Avenue
Stockton, CA 95207-3896
209-478-0800
www.humphreys.edu

Institute of Computer Technology
3200 Wilshire Boulevard, # 400
Los Angeles, CA 90010-1308
213-381-3333
www.ictcollege.edu

Interior Designers Institute
1061 Camelback Road
Newport Beach, CA 92660
949-675-4451
www.idi.edu/main.html

International Technological University
1650 Warburton Avenue
Santa Clara, CA 95050
408-556-9010
www.itu.edu

John F. Kennedy University
12 Altarinda Road
Orinda, CA 94563-2603
925-254-0200
www.jfku.edu

La Sierra University
4700 Pierce Street
Riverside, CA 92515-8247
909-785-2000
www.lasierra.edu

LIFE Bible College
1100 Covina Boulevard
San Dimas, CA 91773-3298
909-599-5433
www.lifebible.edu

Lincoln University
401 15th Street
Oakland, CA 94612
510-628-8010
www.lincolnuca.edu

Loma Linda University
Loma Linda, CA 92350
909-558-1000
www.llu.edu

Loyola Marymount University
One LMU Drive
Los Angeles, CA 90045-2659
310-338-2700

The Master's College and Seminary
21726 Placerita Canyon Road
Santa Clarita, CA 91321-1200
661-259-3540
www.masters.edu

Menlo College
1000 El Camino Real
Atherton, CA 94027-4301
650-688-3753
www.menlo.edu

Mills College
5000 MacArthur Boulevard
Oakland, CA 94613-1000
510-430-2255
www.mills.edu

Mount St. Mary's College
12001 Chalon Road
Los Angeles, CA 90049-1599
310-954-4000
www.msmc.la.edu

Mt. Sierra College
101 East Huntington Drive
Monrovia, CA 91016
626-873-2144
www.mtsierra.edu

Musicians Institute
1655 North McCadden Place
Hollywood, CA 90028
323-462-1384

The National Hispanic University
14271 Story Road
San Jose, CA 95127-3823
408-254-6900
www.nhu.edu

National University
11255 North Torrey Pines Rd.
La Jolla, CA 92037-1011
619-563-7100
www.nu.edu

New College of California
50 Fell Street
San Francisco, CA 94102-5206
415-241-1300
www.newcollege.edu

Newschool of Architecture & Design
1249 F Street
San Diego, CA 92101-6634
619-235-4100
www.newschoolarch.edu

Northwestern Polytechnic University
117 Fourier Avenue
Fremont, CA 94539-7482
510-657-5911
www.npu.edu

Notre Dame de Namur University
1500 Ralston Avenue
Belmont, CA 94002-1997
650-593-1601
www.cnd.edu

Occidental College
1600 Campus Road
Los Angeles, CA 90041-3314
323-259-2500
www.oxy.edu

Otis College of Art and Design
9045 Lincoln Boulevard
Los Angeles, CA 90045-9785
310-665-6800
www.otisart.edu

Pacific Oaks College
5 Westmoreland Place
Pasadena, CA 91103
626-397-1300
www.pacificoaks.edu

Pacific States University
1516 South Western Avenue
Los Angeles, CA 90006
323-731-2383
www.psuca.edu

Pacific Union College
One Angwin Avenue
Angwin, CA 94508-9707
707-965-6311
www.puc.edu

Patten College
2433 Coolidge Avenue
Oakland, CA 94601-2699
510-261-8500
www.diac.com/~patten

Pepperdine University
24255 Pacific Coast Highway
Malibu, CA 90263-0002
310-506-4000
www.pepperdine.edu

Pitzer College
1050 North Mills Avenue
Claremont, CA 91711-6101
909-621-8000
www.pitzer.edu

Point Loma Nazarene University
3900 Lomaland Drive
San Diego, CA 92106-2899
619-849-2200
www.ptloma.edu

Pomona College
550 North College Avenue
Claremont, CA 91711
909-621-8000
www.pomona.edu

Saint Mary's College of California
1928 Saint Mary's Road
Moraga, CA 94556
925-631-4000
www.stmarys-ca.edu

Samuel Merritt College
370 Hawthorne Avenue
Oakland, CA 94609-3108
510-869-6511
www.samuelmerritt.edu

San Diego State University
5500 Campanile Drive
San Diego, CA 92182
619-594-5200
www.sdsu.edu

San Francisco Art Institute
800 Chestnut Street
San Francisco, CA 94133
415-771-7020
www.sfai.edu

San Francisco Conservatory of Music
1201 Ortega Street
San Francisco, CA 94122-4411
415-564-8086
www.sfcm.edu

San Francisco State University
1600 Holloway Avenue
San Francisco, CA 94132-1722
415-338-1100
www.sfsu.edu

San Jose Christian College
790 South Twelfth Street
San Jose, CA 95112-2381
408-278-4300
www.sjchristiancol.edu

San Jose State University
One Washington Square
San Jose, CA 95192-0001
408-924-1000
www.sjsu.edu

Santa Clara University
500 El Camino Real
Santa Clara, CA 95053
408-554-4000
www.scu.edu

Scripps College
1030 Columbia Avenue
Claremont, CA 91711-3948
909-621-8000
www.scrippscol.edu

Shasta Bible College
2980 Hartnell Avenue
Redding, CA 96002
530-221-4275
www.shasta.edu

Simpson College and
Graduate School
2211 College View Drive
Redding, CA 96003-8606
530-224-5600
www.simpsonca.edu

Sonoma State University
1801 East Cotati Avenue
Rohnert Park, CA 94928-3609
707-664-2880
www.sonoma.edu

Southern California Bible
College & Seminary
2075 East Madison Avenue
El Cajon, CA 92019
619-442-9841
www.scbcs.edu

Southern California Institute
of Architecture
350 Merrick Street
Los Angeles, CA 90013
213-613-2200
www.sciarc.edu

St. John's Seminary College
5118 Seminary Road
Camarillo, CA 93012-2599
805-482-2755
www.west.net/~sjsc

Stanford University
Stanford, CA 94305-9991
650-723-2300
www.stanford.edu

Thomas Aquinas College
10000 North Ojai Road
Santa Paula, CA 93060-9980
805-525-4417
www.thomasaquinas.edu

Touro University International
Suite 102, 10542 Calle Lee
Los Alamitos, CA 90720
714-816-0366
www.tourouniversity.edu

University of California,
Berkeley
Berkeley, CA 94720-1500
510-642-6000
www.berkeley.edu

University of California,
Davis
One Shields Avenue
Davis, CA 95616
530-752-1011
www.ucdavis.edu

University of California,
Irvine
Irvine, CA 92697
949-824-5011
www.uci.edu

University of California,
Los Angeles
405 Hilgard Avenue
Los Angeles, CA 90095
310-825-4321
www.ucla.edu

University of California,
Riverside
900 University Avenue
Riverside, CA 92521-0102
909-787-1012
www.ucr.edu

University of California,
San Diego
9500 Gilman Drive
La Jolla, CA 92093
858-534-2230
www.ucsd.edu

University of California,
Santa Barbara
Santa Barbara, CA 93106
805-893-8000
www.ucsb.edu

University of California,
Santa Cruz
1156 High Street
Santa Cruz, CA 95064
831-459-0111
www.ucsc.edu

University of Judaism
15600 Mulholland Drive
Bel Air, CA 90077-1599
310-476-9777
www.uj.edu

University of La Verne
1950 Third Street
La Verne, CA 91750-4443
909-593-3511
www.ulv.edu

University of Phoenix–
Northern California Campus
7901 Stoneridge Drive,
Suite 100
Pleasanton, CA 94588
877-4-STUDENT
www.phoenix.edu

University of Phoenix–
Sacramento Campus
1760 Creekside Oaks Drive,
Suite 100
Sacramento, CA 95833
800-266-2107
www.phoenix.edu

University of Phoenix–
San Diego Campus
3890 Murphy Canyon Road,
Suite 100
San Diego, CA 92123
888-UOP-INFO
www.phoenix.edu

University of Phoenix–
Southern California Campus
10540 Talbert Avenue, West
Building, Suite 100
Fountain Valley, CA 92708
800-GO-TO-UOP
www.phoenix.edu

University of Redlands
1200 E. Colton Avenue,
PO Box 3080
Redlands, CA 92373-0999
909-793-2121
www.redlands.edu

University of San Diego
5998 Alcala Park
San Diego, CA 92110-2492
619-260-4600
www.sandiego.edu

University of San Francisco
2130 Fulton Street
San Francisco, CA 94117-1080
415-422-6886
www.usfca.edu

University of Southern
California
University Park Campus
Los Angeles, CA 90089
213-740-2311
www.usc.edu

University of the Pacific
3601 Pacific Avenue
Stockton, CA 95211-0197
209-946-2011
www.uop.edu

University of West
Los Angeles
1155 West Arbor Vitae Street
Inglewood, CA 90301-2902
310-342-5200
www.uwla.edu

Vanguard University of
Southern California
55 Fair Drive
Costa Mesa, CA 92626-6597
714-556-3610
www.vanguard.edu

Westmont College
955 La Paz Road
Santa Barbara, CA
93108-1099
805-565-6000
www.westmont.edu

Westwood College of
Aviation Technology–
Los Angeles
8911 Aviation Boulevard
Inglewood, CA 90301-2904
310-337-4444
www.westwood.edu

Whittier College
13406 E Philadelphia Street
Whittier, CA 90608-0634
562-907-4200
www.whittier.edu

Woodbury University
7500 Glenoaks Boulevard
Burbank, CA 91504-1099
818-767-0888
www.woodbury.edu

Yeshiva Ohr Elchonon
Chabad/West Coast
Talmudical Seminary
7215 Waring Avenue
Los Angeles, CA 90046-7660
213-937-3763

Colorado

Adams State College
208 Edgemont Boulevard
Alamosa, CO 81102
719-587-7011
www.adams.edu

The Art Institute of Colorado
1200 Lincoln Street
Denver, CO 80203
303-837-0825
www.aic.artinstitutes.edu

Colorado Christian University
180 South Garrison Street
Lakewood, CO 80226-7499
303-202-0100
www.ccu.edu

The Colorado College
14 East Cache La Poudre
Colorado Springs, CO
80903-3294
719-389-6000
www.coloradocollege.edu

Colorado School of Mines
1500 Illinois Street
Golden, CO 80401-1887
303-273-3000
www.mines.edu

Colorado State University
Fort Collins, CO 80523-0015
970-491-1101
www.colostate.edu

Colorado Technical
University
4435 North Chestnut Street
Colorado Springs, CO
80907-3896
719-598-0200
www.coloradotech.edu

Colorado Technical
University Denver Campus
5775 Denver Tech Center Blvd
Greenwood Village, CO
80111
303-694-6600
www.coloradotech.edu

Denver Technical College
925 South Niagara Street
Denver, CO 80224-1658
303-329-3000
www.den.devry.edu

Denver Technical College at
Colorado Springs
225 South Union Boulevard
Colorado Springs, CO
80910-3138
719-632-3000
www.dtc.edu

DeVry Institute of Technology
225 South Union Boulevard
Colorado Springs, CO 80910
719-632-3000
www.cs.devry.edu

Education America, Colorado
Springs Campus
6050 Erin Park Drive, #250
Colorado Springs, CO 80918
719-532-1234

Education America,
Denver Campus
11011 West 6th Avenue
Lakewood, CO 80215-0090
303-445-0500

Fort Lewis College
1000 Rim Drive
Durango, CO 81301-3999
970-247-7010
www.fortlewis.edu

Johnson & Wales University
7150 Montview Boulevard
Denver, CO 80220
303-256-9300
www.jwu.edu

Jones International University
9697 East Mineral Avenue
Englewood, CO 80112
303-784-8045
www.jonesinternational.edu

Metropolitan State College of
Denver
PO Box 173362
Denver, CO 80217-3362
303-556-3018
www.mscd.edu

Naropa University
2130 Arapahoe Avenue
Boulder, CO 80302-6697
303-444-0202
www.naropa.edu

National American University
5125 North Academy Blvd
Colorado Springs, CO 80918
719-277-0588

National American University
1325 South Colorado Blvd,
Suite 100
Denver, CO 80222
303-758-6700

Nazarene Bible College
1111 Academy Park Loop
Colorado Springs, CO
80910-3704
719-884-5000
www.nbc.edu

Regis University
3333 Regis Boulevard
Denver, CO 80221-1099
303-458-4100
www.regis.edu

Rocky Mountain College of
Art & Design
6875 East Evans Avenue
Denver, CO 80224-2329
303-753-6046
www.rmcad.edu

Teikyo Loretto Heights
University
3001 South Federal Blvd
Denver, CO 80236-2711
303-937-4200

United States Air Force
Academy
HQ USAFA/XPR,
2304 Cadet Drive, Suite 200
USAF Academy, CO
80840-5025
719-333-1818
www.usafa.edu/rr

University of Colorado at
Boulder
Boulder, CO 80309
303-492-1411
www.colorado.edu

University of Colorado at
Colorado Springs
PO Box 7150
Colorado Springs, CO
80933-7150
719-262-3000
www.uccs.edu

University of Colorado at
Denver
PO Box 173364
Denver, CO 80217-3364
303-556-2400
www.cudenver.edu

University of Colorado
Health Sciences Center
4200 East Ninth Avenue
Denver, CO 80262
303-399-1211
www.uchsc.edu

University of Denver
University Park,
2199 South University Park
Denver, CO 80208
303-871-2000
www.du.edu

University of Northern
Colorado
Greeley, CO 80639
970-351-1890
www.unco.edu

University of Phoenix–
Colorado Campus
10004 Park Meadows Drive
Lone Tree, CO 80124
303-755-9090
www.phoenix.edu

University of Phoenix–
Southern Colorado Campus
5475 Tech Center, Suite 130
Colorado Springs, CO 80919
719-599-5282
www.phoenix.edu

University of Southern
Colorado
2200 Bonforte Boulevard
Pueblo, CO 81001-4901
719-549-2100
www.uscolo.edu

Western State College of
Colorado
600 North Adams Street
Gunnison, CO 81231
970-943-0120
www.western.edu

Westwood College of
Technology–Denver North
7350 North Broadway
Denver, CO 80221-3653
303-426-7000
www.westwood.edu

Yeshiva Toras Chaim
Talmudical Seminary
1400 Quitman Street
Denver, CO 80204-1415
303-629-8200

Connecticut

Albertus Magnus College
700 Prospect Street
New Haven, CT 06511-1189
203-773-8550
www.albertus.edu

Beth Benjamin Academy of
Connecticut
132 Prospect Street
Stamford, CT 06901-1202
203-325-4351

Central Connecticut State
University
1615 Stanley Street
New Britain, CT 06050-4010
860-832-3200
www.ccsu.edu

Charter Oak State College
55 Paul Manafort Drive
New Britain, CT 06053-2142
860-832-3800
www.charteroak.edu

Connecticut College
270 Mohegan Avenue
New London, CT 06320-4196
860-447-1911
www.connecticutcollege.edu

Eastern Connecticut State University
83 Windham Street
Willimantic, CT 06226-2295
860-465-5000
www.easternct.edu

Fairfield University
1073 North Benson Road
Fairfield, CT 06430-5195
203-254-4000
www.fairfield.edu

Hartford College for Women
1265 Asylum Avenue
Hartford, CT 06105-2299
860-768-5600

Holy Apostles College and Seminary
33 Prospect Hill Road
Cromwell, CT 06416-2005
860-632-3000
www.holy-apostles.org

Lyme Academy of Fine Arts
84 Lyme Street
Old Lyme, CT 06371
860-434-5232
www.lymeacademy.edu

Paier College of Art, Inc.
20 Gorham Avenue
Hamden, CT 06514-3902
203-287-3030
www.paierart.com

Quinnipiac University
275 Mount Carmel Avenue
Hamden, CT 06518-1940
203-582-8200
www.quinnipiac.edu

Sacred Heart University
5151 Park Avenue
Fairfield, CT 06432-1000
203-371-7999
www.sacredheart.edu

Saint Joseph College
1678 Asylum Avenue
West Hartford, CT 06117-2700
860-232-4571
www.sjc.edu

Southern Connecticut State University
501 Crescent Street
New Haven, CT 06515-1355
203-392-5200
www.southernct.edu

Teikyo Post University
800 Country Club Road
Waterbury, CT 06723-2540
203-596-4500
teikyopost.edu

Trinity College
300 Summit Street
Hartford, CT 06106-3100
860-297-2000
www.trincoll.edu

United States Coast Guard Academy
15 Mohegan Avenue
New London, CT 06320-8100
860-444-8444
www.cga.edu

University of Bridgeport
380 University Avenue
Bridgeport, CT 06601
203-576-4000
www.bridgeport.edu

University of Connecticut
Storrs, CT 06269
860-486-2000
www.uconn.edu

University of Hartford
200 Bloomfield Avenue
West Hartford, CT 06117-1599
860-768-4100
www.hartford.edu

University of New Haven
300 Orange Avenue
West Haven, CT 06516-1916
203-932-7000
www.newhaven.edu

Wesleyan University
Middletown, CT 06459-0260
860-685-2000
www.wesleyan.edu

Western Connecticut State University
181 White Street
Danbury, CT 06810-6885
203-837-8200
www.wcsu.edu

Yale University
New Haven, CT 06520
203-432-4771
www.yale.edu

Delaware

Delaware State University
1200 North DuPont Highway
Dover, DE 19901-2277
302-739-4924
www.dsc.edu

Goldey-Beacom College
4701 Limestone Road
Wilmington, DE 19808-1999
302-998-8814
goldey.gbc.edu

United States Open University
6 Denny Road, Suite 301
Wilmington, DE 19809
302-778-0300
www.open.edu

University of Delaware
Newark, DE 19716
302-831-2000
www.udel.edu

Wesley College
120 North State Street
Dover, DE 19901-3875
302-736-2300
www.wesley.edu

Wilmington College
320 DuPont Highway
New Castle, DE 19720-6491
302-328-9401
www.wilmcoll.edu

District of Columbia

American University
4400 Massachusetts Avenue, NW
Washington, D.C. 20016-8001
202-885-1000
www.american.edu

The Catholic University of America
Cardinal Station
Washington, D.C. 20064
202-319-5000
www.cua.edu

Corcoran College of Art and Design
500 17th Street NW
Washington, D.C. 20006-4804
202-639-1800
www.corcoran.edu

Gallaudet University
800 Florida Avenue, NE
Washington, D.C. 20002-3625
202-651-5000
www.gallaudet.edu

Georgetown University
37th and O Street, NW
Washington, D.C. 20057
202-687-5055
www.georgetown.edu

The George Washington University
2121 Eye Street, NW
Washington, D.C. 20052
202-994-1000
www.gwu.edu

Howard University
2400 Sixth Street, NW
Washington, D.C. 20059-0002
202-806-6100
www.howard.edu

Potomac College
4000 Chesapeake Street, NW
Washington, D.C. 20016
202-686-0876
www.potomac.edu

Southeastern University
501 I Street, SW
Washington, D.C. 20024-2788
202-488-8162
www.seu.edu

Strayer University
1025 15th Street, NW
Washington, D.C. 20005-2603
202-408-2400
www.strayer.edu

Trinity College
125 Michigan Avenue, NE
Washington, D.C. 20017-1094
202-884-9000
www.trinitydc.edu

University of the District of Columbia
4200 Connecticut Avenue, NW
Washington, D.C. 20008-1175
202-274-5000
www.udc.edu

Florida

American College of Prehospital Medicine
7552 Navarre Parkway, Suite 1
Navarre, FL 32566-7312
800-735-2276
www.acpm.edu

American InterContinental University
8151 West Peters Road, Suite 1000
Plantation, FL 33324
954-835-0939
www.aiufl.edu

Argosy University-Sarasota
5250 17th Street
Sarasota, FL 34235-8246
941-379-0404
www.argosyu.edu

The Baptist College of Florida
5400 College Drive
Graceville, FL 32440-1898
800-328-2660
www.baptistcollege.edu

Barry University
11300 Northeast Second Ave
Miami Shores, FL 33161-6695
800-695-2279
www.barry.edu

Bethune-Cookman College
640 Dr Mary McLeod Bethune Blvd
Daytona Beach, FL 32114-3099
800-448-0228
www.bethune.cookman.edu

Carlos Albizu University, Miami Campus
2173 NW 99th Avenue
Miami, FL 33172-2209
800-672-3246
www.albizu.edu

Clearwater Christian College
3400 Gulf-to-Bay Boulevard
Clearwater, FL 33759-4595
800-348-4463
www.clearwater.edu

DeVry University
4000 Millenia Boulevard
Orlando, FL 32839
407-370-3131
www.orl.devry.edu

Eckerd College
4200 54th Avenue South
St. Petersburg, FL 33711
800-456-9009
www.eckerd.edu

Edward Waters College
1658 Kings Road
Jacksonville, FL 32209-6199
904-355-3030
www.ewc.edu

Embry-Riddle Aeronautical University
600 South Clyde Morris Blvd
Daytona Beach, FL 32114-3900
800-862-2416
www.embryriddle.edu

Embry-Riddle Aeronautical University, Extended Campus
600 South Clyde Morris Blvd
Daytona Beach, FL 32114-3900
800-862-2416
www.embryriddle.edu

Everglades College
1500 NW 49th Street, Suite 600
Ft. Lauderdale, FL 33309
954-772-2655
www.evergladescollege.edu

Flagler College
PO Box 1027
St. Augustine, FL 32085-1027
800-304-4208
www.flagler.edu

Florida Agricultural and Mechanical University
Tallahassee, FL 32307-3200
850-599-3000
www.famu.edu

Florida Atlantic University
777 Glades Road, PO Box 3091
Boca Raton, FL 33431-0991
800-299-4FAU
www.fau.edu

Florida Christian College
1011 Bill Beck Boulevard
Kissimmee, FL 34744-5301
407-847-8966
www.fcc.edu

Florida College
119 North Glen Arven Avenue
Temple Terrace, FL 33617
800-326-7655
www.flcoll.edu

Florida Gulf Coast University
10501 FGCU Boulevard South
Fort Myers, FL 33965-6565
800-590-3428
www.fgcu.edu

Florida Institute of Technology
150 West University Blvd
Melbourne, FL 32901-6975
800-888-4348
www.fit.edu

Florida International University
University Park
Miami, FL 33199
305-348-2000
www.fiu.edu

Florida Memorial College
15800 NW 42nd Avenue
Miami-Dade, FL 33054
800-822-1362
www.fmc.edu/main.cfm

Florida Metropolitan University–Brandon Campus
3924 Coconut Palm Drive
Tampa, FL 33619
813-621-0041
www.fmu.edu

Florida Metropolitan University–Fort Lauderdale Campus
1040 Bayview Drive
Fort Lauderdale, FL 33304-2522
800-468-0168
www.fmu.edu

Florida Metropolitan University–Jacksonville Campus
8226 Phillips Highway
Jacksonville, FL 32256
888-741-4271
www.cci.edu

Florida Metropolitan University–Lakeland Campus
995 East Memorial Boulevard, Suite 110
Lakeland, FL 33801
863-686-1444
www.cci.edu

Florida Metropolitan University–Melbourne Campus
2401 North Harbor City Blvd
Melbourne, FL 32935-6657
321-253-2929
www.fmu.edu

Florida Metropolitan University–North Orlando Campus
5421 Diplomat Circle
Orlando, FL 32810-5674
800-628-5870
www.fmu.edu

Florida Metropolitan University–Pinellas Campus
2471 McMullen Booth Road, Suite 200
Clearwater, FL 33759
800-353-FMUS
www.fmu.edu

Florida Metropolitan University–South Orlando Campus
2411 Sand Lake Road
Orlando, FL 32809
www.fmu.edu

Florida Metropolitan University–Tampa Campus
3319 West Hillsborough Ave
Tampa, FL 33614-5899
813-879-6000
www.cci.edu

Florida Southern College
111 Lake Hollingsworth Drive
Lakeland, FL 33801-5698
800-274-4131
www.flsouthern.edu

Florida State University
Tallahassee, FL 32306
850-644-2525
www.fsu.edu

Hobe Sound Bible College
PO Box 1065
Hobe Sound, FL 33475-1065
800-881-5534

International Academy of Design & Technology
5225 Memorial Highway
Tampa, FL 33634-7350
800-ACADEMY
www.academy.edu

International College
2655 Northbrooke Drive
Naples, FL 34119
800-466-8017
www.internationalcollege.edu

International Fine Arts College
1737 North Bayshore Drive
Miami, FL 33132-1121
800-225-9023
www.ifac.edu

Jacksonville University
2800 University Blvd North
Jacksonville, FL 32211-3394
800-225-2027
www.ju.edu

Johnson & Wales University
1701 Northeast 127th Street
North Miami, FL 33181
800-232-2433
www.jwu.edu

Jones College
5353 Arlington Expressway
Jacksonville, FL 32211-5540
904-743-1122
www.jones.edu

Lynn University
3601 North Military Trail
Boca Raton, FL 33431-5598
800-544-8035
www.lynn.edu

New College of Florida
5700 North Tamiami Trail
Sarasota, FL 34243-2197
941-359-4700
www.ncf.edu

New World School of the Arts
300 NE 2nd Avenue
Miami, FL 33132
305-237-3135
www.mdcc.edu/nwsa

Northwood University, Florida Campus
2600 North Military Trail
West Palm Beach, FL 33409-2911
800-458-8325
www.northwood.edu

Nova Southeastern University
3301 College Avenue
Fort Lauderdale, FL 33314-7721
800-541-6682
www.nova.edu

Palm Beach Atlantic University
901 South Flagler Dr,
PO Box 24708
West Palm Beach, FL 33416-4708
800-238-3998
www.pbac.edu

Ringling School of Art and Design
2700 North Tamiami Trail
Sarasota, FL 34234-5895
800-255-7695
www.rsad.edu

Rollins College
1000 Holt Avenue
Winter Park, FL 32789-4499
407-646-2000
www.rollins.edu

Saint Leo University
PO Box 6665
Saint Leo, FL 33574-6665
800-334-5532
www.saintleo.edu

Schiller International University
453 Edgewater Drive
Dunedin, FL 34698-7532
800-336-4133
www.schiller.edu

Southeastern College of the Assemblies of God
1000 Longfellow Boulevard
Lakeland, FL 33801-6099
800-500-8760
www.secollege.edu

St. John Vianney College Seminary
2900 Southwest 87th Avenue
Miami, FL 33165-3244
305-223-4561

St. Thomas University
16400 Northwest 32nd Ave
Miami, FL 33054-6459
800-367-9010
www.stu.edu

Stetson University
421 North Woodland Blvd
DeLand, FL 32720-3781
800-688-0101
www.stetson.edu

Talmudic College of Florida
1910 Alton Road
Miami Beach, FL 33139
305-534-7050

Trinity Baptist College
800 Hammond Boulevard
Jacksonville, FL 32221
800-786-2206
www.tbc.edu

Trinity College of Florida
2430 Welbilt Boulevard
New Port Richey, FL 34655
888-776-4999
www.trinitycollege.edu

University of Central Florida
4000 Central Florida Blvd
Orlando, FL 32816
407-823-2000
www.ucf.edu

University of Florida
Gainesville, FL 32611
352-392-3261
www.ufl.edu

University of Miami
University of Miami Branch
Coral Gables, FL 33124
305-284-2211
www.miami.edu

University of North Florida
4567 St. Johns Bluff Rd South
Jacksonville, FL 32224-2645
904-620-1000
www.unf.edu

University of Phoenix–Fort Lauderdale Campus
600 North Pine Island Road, Suite 500
Plantation, FL 33324-1393
800-228-7240
www.phoenix.edu

University of Phoenix–Jacksonville Campus
4500 Salisbury Road, Suite 200
Jacksonville, FL 32216-0959
800-228-7240
www.phoenix.edu

University of Phoenix–Orlando Campus
2290 Lucien Way, Suite 400
Maitland, FL 32751
800-228-7240
www.phoenix.edu

University of Phoenix–Tampa Campus
100 Tampa Oaks Boulevard, Suite 200
Tampa, FL 33637-1920
800-228-7240
www.phoenix.edu

University of South Florida
4202 East Fowler Avenue
Tampa, FL 33620-9951
813-974-2011
www.usf.edu

The University of Tampa
401 West Kennedy Boulevard
Tampa, FL 33606-1490
888-646-2438
www.ut.edu

University of West Florida
11000 University Parkway
Pensacola, FL 32514-5750
850-474-2000
uwf.edu

Warner Southern College
5301 US Highway 27 South
Lake Wales, FL 33853-8725
863-638-1426
www.warner.edu

Webber International University
PO Box 96,
1200 North Scenic Highway
Babson Park, FL 33827-0096
800-741-1844
www.webber.edu

Georgia

Agnes Scott College
141 East College Avenue
Decatur, GA 30030-3797
800-868-8602
www.agnesscott.edu

Albany State University
504 College Drive
Albany, GA 31705-2717
229-430-4600
asuweb.asurams.edu/asu

American InterContinental University
3330 Peachtree Road, NE
Atlanta, GA 30326-1016
888-999-4248
www.aiuniv.edu

American InterContinental University
500 Embassy Row,
6600 Peachtree-Dunwoody Rd
Atlanta, GA 30328
800-255-6839
www.aiuniv.edu

Armstrong Atlantic State University
11935 Abercorn Street
Savannah, GA 31419-1997
800-633-2349
www.armstrong.edu

Atlanta Christian College
2605 Ben Hill Road
East Point, GA 30344-1999
800-776-1ACC
www.acc.edu

Atlanta College of Art
1280 Peachtree Street, NE
Atlanta, GA 30309-3582
800-832-2104
www.aca.edu

Augusta State University
2500 Walton Way
Augusta, GA 30904-2200
706-737-1400
www.aug.edu

Beacon College and Graduate School
6003 Veterans Parkway
Columbus, GA 31909
706-323-5364
www.beacon.edu

Berry College
PO Box 490159
Mount Berry, GA 30149-0159
800-237-7942
www.berry.edu

Beulah Heights Bible College
892 Berne Street, SE,
PO Box 18145
Atlanta, GA 30316
888-777-BHBC
www.beulah.org

Brenau University
One Centennial Circle
Gainesville, GA 30501-3697
800-252-5119
www.brenau.edu

Brewton-Parker College
Highway 280
Mt. Vernon, GA 30445-0197
800-342-1087
www.bpc.edu

Clark Atlanta University
223 James P. Brawley Dr, SW
Atlanta, GA 30314
800-688-3228
www.cau.edu

Clayton College & State University
5900 North Lee Street
Morrow, GA 30260-0285
770-961-3400
www.clayton.edu

Columbus State University
4225 University Avenue
Columbus, GA 31907-5645
866-264-2035
www.colstate.edu

Covenant College
14049 Scenic Highway
Lookout Mountain, GA 30750
706-820-1560
www.covenant.edu

Dalton State College
213 North College Drive
Dalton, GA 30720-3797
800-829-4436
www.daltonstate.edu

DeVry University
2555 Northwinds Parkway
Alpharetta, GA 30004
770-521-4900
www.atl.devry.edu/alpharetta

DeVry University
250 North Arcadia Avenue
Decatur, GA 30030-2198
800-221-4771
www.atl.devry.edu

Emmanuel College
PO Box 129, 181 Springs St
Franklin Springs, GA 30639-0129
706-245-7226
www.emmanuel-college.edu

Emory University
1380 South Oxford Road
Atlanta, GA 30322-1100
800-727-6036
www.emory.edu

Fort Valley State University
1005 State University Drive
Fort Valley, GA 31030-4313
800-248-7343
www.fvsu.edu

Georgia Baptist College of Nursing of Mercer University
274 Boulevard, NE
Atlanta, GA 30312
800-551-8835
www.nursing.mercer.edu

Georgia College & State University
Hancock Street
Milledgeville, GA 31061
478-445-5004
www.gcsu.edu

Georgia Institute of Technology
225 North Avenue, NW
Atlanta, GA 30332-0001
404-894-2000
www.gatech.edu

Georgia Southern University
PO Box 8055
Statesboro, GA 30460
912-681-5611
www.gasou.edu

Georgia Southwestern State University
800 Wheatley Street
Americus, GA 31709-4693
800-338-0082
www.gsw.edu

Georgia State University
University Plaza
Atlanta, GA 30303-3083
404-651-2000
www.gsu.edu

Kennesaw State University
1000 Chastain Road
Kennesaw, GA 30144-5591
770-423-6000
www.kennesaw.edu

LaGrange College
601 Broad Street
LaGrange, GA 30240-2999
800-593-2885
www.lgc.edu

Life University
1269 Barclay Circle
Marietta, GA 30060-2903
770-426-2600
www.life.edu

Luther Rice Bible College and Seminary
3038 Evans Mill Road
Lithonia, GA 30038-2454
800-442-1577
www.lrs.edu

Macon State College
100 College Station Drive
Macon, GA 31206-5144
800-272-7619
www.maconstate.edu

Medical College of Georgia
1120 Fifteenth Street
Augusta, GA 30912
706-721-0211
www.mcg.edu

Mercer University
1400 Coleman Avenue
Macon, GA 31207-0003
800-840-8577
www.mercer.edu

Morehouse College
830 Westview Drive, SW
Atlanta, GA 30314
800-851-1254
www.morehouse.edu

Morris Brown College
643 Martin Luther King Jr Dr, NW
Atlanta, GA 30314-4140
404-739-1000
www.morrisbrown.edu

North Georgia College & State University
Dahlonega, GA 30597-1001
800-498-9581
www.ngcsu.edu

Oglethorpe University
4484 Peachtree Road, NE
Atlanta, GA 30319-2797
800-428-4484
www.oglethorpe.edu

Paine College
1235 15th Street
Augusta, GA 30901-3182
800-476-7703
www.paine.edu

Piedmont College
PO Box 10, 165 Central Ave
Demorest, GA 30535-0010
800-277-7020
www.piedmont.edu

Reinhardt College
7300 Reinhardt College Circle
Waleska, GA 30183-2981
87-REINHARDT
www.reinhardt.edu

Savannah College of Art and Design
342 Bull Street, PO Box 3146
Savannah, GA 31402-3146
800-869-7223
www.scad.edu

Savannah State University
2319 Falligant Avenue
Savannah, GA 31404
800-788-0478
www.savstate.edu

Shorter College
315 Shorter Avenue
Rome, GA 30165
800-868-6980
www.shorter.edu

South University
709 Mall Boulevard
Savannah, GA 31406-4805
912-201-8000
www.southuniversity.edu

Southern Polytechnic State University
1100 South Marietta Parkway
Marietta, GA 30060-2896
800-635-3204
www.spsu.edu

Spelman College
350 Spelman Lane, SW
Atlanta, GA 30314-4399
800-982-2411
www.spelman.edu

State University of West Georgia
1600 Maple Street
Carrollton, GA 30118
770-836-6500
www.westga.edu

Thomas University
1501 Millpond Road
Thomasville, GA 31792-7499
800-538-9784
www.thomasu.edu

Toccoa Falls College
PO Box 777
Toccoa Falls, GA 30598-1000
800-868-3257
www.toccoafalls.edu

University of Georgia
Athens, GA 30602
706-542-3000
www.uga.edu

University of Phoenix-Atlanta Campus
7000 Central Parkway, Suite 1700
Atlanta, GA 30328
678-731-0555
www.phoenix.edu

Valdosta State University
1500 North Patterson Street
Valdosta, GA 31698
800-618-1878
www.valdosta.edu

Wesleyan College
4760 Forsyth Road
Macon, GA 31210-4462
800-447-6610
www.wesleyancollege.edu

Hawaii

Brigham Young University–Hawaii
55-220 Kulanui Street
Laie, HI 96762-1294
808-293-3211
www.byuh.edu

Chaminade University of Honolulu
3140 Waialae Avenue
Honolulu, HI 96816-1578
808-735-4711
www.chaminade.edu

Education America, Honolulu Campus
1111 Bishop Street, Suite 400
Honolulu, HI 96813
808-942-1000

Hawai`i Pacific University
1166 Fort Street
Honolulu, HI 96813-2785
808-544-0200
www.hpu.edu

International College and Graduate School
20 Dowsett Avenue
Honolulu, HI 96817
808-595-4247
home.hawaii.rr.com/international/icgs.html

University of Hawaii at Hilo
200 West Kawili Street
Hilo, HI 96720-4091
808-974-7311
www.uhh.hawaii.edu

University of Hawaii at Manoa
2444 Dole Street
Honolulu, HI 96822
808-956-8111
www.uhm.hawaii.edu

University of Hawaii–West Oahu
96-129 Ala Ike
Pearl City, HI 96782-3366
808-454-4700

University of Phoenix–Hawaii Campus
827 Fort Street
Honolulu, HI 96813
866-2-ENROLL
www.phoenix.edu

Idaho

Albertson College of Idaho
2112 Cleveland Boulevard
Caldwell, ID 83605-4494
208-459-5011
www.albertson.edu

Boise Bible College
8695 West Marigold Street
Boise, ID 83714-1220
208-376-7731
www.boisebible.edu

Boise State University
1910 University Drive
Boise, ID 83725-0399
208-426-1011
www.boisestate.edu

Idaho State University
741 South 7th Avenue
Pocatello, ID 83209
208-282-0211
www.isu.edu

Lewis-Clark State College
500 Eighth Avenue
Lewiston, ID 83501-2698
208-792-5272
www.lcsc.edu

Northwest Nazarene University
623 Holly Street
Nampa, ID 83686-5897
208-467-8011
www.nnu.edu

University of Idaho
875 Perimeter Drive
Moscow, ID 83844-2282
208-885-6111
www.its.uidaho.edu/uihome

Illinois

American Academy of Art
332 South Michigan Ave, Suite 300
Chicago, IL 60604-4302
312-461-0600
www.aaart.edu

American InterContinental University Online
2895 Greenspoint Parkway, Suite 400
Hoffman Estates, IL 60195
847-585-2002
www.aiu-online.com

Augustana College
639 38th Street
Rock Island, IL 61201-2296
309-794-7000
www.augustana.edu

Aurora University
347 South Gladstone Avenue
Aurora, IL 60506-4892
630-892-6431
www.aurora.edu

Benedictine University
5700 College Road
Lisle, IL 60532-0900
630-829-6000
www.ben.edu

Blackburn College
700 College Avenue
Carlinville, IL 62626-1498
217-854-3231

Blessing-Rieman College of Nursing
Broadway at 11th Street, POB 7005
Quincy, IL 62305-7005
217-228-5520
www.brcn.edu

Bradley University
1501 West Bradley Avenue
Peoria, IL 61625-0002
309-676-7611
www.bradley.edu

Chicago State University
9501 South King Drive
Chicago, IL 60628
773-995-2000
www.csu.edu

Christian Life College
400 East Gregory Street
Mount Prospect, IL 60056
847-259-1840

Columbia College Chicago
600 South Michigan Avenue
Chicago, IL 60605-1996
312-663-1600
www.colum.edu

Concordia University
7400 Augusta Street
River Forest, IL 60305-1499
708-771-8300
www.curf.edu

DePaul University
1 East Jackson Boulevard
Chicago, IL 60604-2287
312-362-8000
www.depaul.edu

DeVry Institute of Technology
18624 West Creek Drive
Tinley Park, IL 60477
708-342-3100
www.tp.devry.edu

DeVry Institute of Technology
3300 North Campbell Avenue
Chicago, IL 60618-5994
773-929-8500
www.chi.devry.edu

DeVry Institute of Technology
1221 North Swift Road
Addison, IL 60101-6106
630-953-1300
www.dpg.devry.edu

Dominican University
7900 West Division Street
River Forest, IL 60305-1099
708-366-2490
www.dom.edu

Dr. William M. Scholl College of Podiatric Medicine
1001 North Dearborn Street
Chicago, IL 60610-2856
312-280-2880
finchcms.edu/scholl

East-West University
816 South Michigan Avenue
Chicago, IL 60605-2103
312-939-0111

Eastern Illinois University
600 Lincoln Avenue
Charleston, IL 61920-3099
217-581-5000
www.eiu.edu

Elmhurst College
190 Prospect Avenue
Elmhurst, IL 60126-3296
630-617-3500
www.elmhurst.edu

Eureka College
300 East College Avenue
Eureka, IL 61530-1500
309-467-3721
www.eureka.edu

Finch University of Health Sciences/The Chicago Medical School
3333 Green Bay Road
North Chicago, IL 60064-3095
847-578-3000
www.finchcms.edu

Governors State University
One University Parkway
University Park, IL 60466-0975
708-534-5000
www.govst.edu

Greenville College
315 East College, PO Box 159
Greenville, IL 62246-0159
618-664-2800
www.greenville.edu

Harrington Institute of Interior Design
410 South Michigan Avenue
Chicago, IL 60605-1496
312-939-4975
www.interiordesign.edu

Hebrew Theological College
7135 North Carpenter Road
Skokie, IL 60077-3263
847-982-2500
www.htcnet.edu

Illinois College
1101 West College Avenue
Jacksonville, IL 62650-2299
217-245-3000
www.ic.edu

The Illinois Institute of Art
350 North Orleans
Chicago, IL 60654
312-280-3500
www.ilia.aii.edu

The Illinois Institute of Art-Schaumburg
1000 Plaza Drive
Schaumburg, IL 60173
847-619-3450
www.ilis.artinstitutes.edu

Illinois Institute of Technology
3300 South Federal Street
Chicago, IL 60616-3793
312-567-3000
www.iit.edu

Illinois State University
Normal, IL 61790-2200
309-438-2111
www.ilstu.edu

Illinois Wesleyan University
PO Box 2900
Bloomington, IL 61702-2900
309-556-1000
www.iwu.edu

International Academy of Design & Technology
One North State Street, Suite 400
Chicago, IL 60602-9736
312-980-9200
www.iamd.edu

Judson College
1151 North State Street
Elgin, IL 60123-1498
847-695-2500
www.judson-il.edu

Kendall College
2408 Orrington Avenue
Evanston, IL 60201-2899
847-866-1300
www.kendall.edu

Knox College
2 East South Street
Galesburg, IL 61401
309-341-7000
www.knox.edu

Lake Forest College
555 North Sheridan Road
Lake Forest, IL 60045-2399
847-234-3100
www.lakeforest.edu

Lakeview College of Nursing
903 North Logan Avenue
Danville, IL 61832
217-443-5238
www.lakeviewcol.edu

Lewis University
Route 53
Romeoville, IL 60446
815-838-0500
www.lewisu.edu

Lincoln Christian College
100 Campus View Drive
Lincoln, IL 62656-2167
217-732-3168
www.lccs.edu

Loyola University Chicago
820 North Michigan Avenue
Chicago, IL 60611-2196
773-274-3000
www.luc.edu

MacMurray College
447 East College Avenue
Jacksonville, IL 62650
217-479-7000
www.mac.edu

McKendree College
701 College Road
Lebanon, IL 62254-1299
618-537-4481
www.mckendree.edu

Millikin University
1184 West Main Street
Decatur, IL 62522-2084
217-424-6211
www.millikin.edu

Monmouth College
700 East Broadway
Monmouth, IL 61462-1998
309-457-2311
www.monm.edu

Moody Bible Institute
820 North LaSalle Boulevard
Chicago, IL 60610-3284
312-329-4000
www.moody.edu

NAES College
2838 West Peterson Avenue
Chicago, IL 60659-3813
773-761-5000

National-Louis University
2840 Sheridan Road
Evanston, IL 60201-1796
847-475-1100
www.nl.edu

North Central College
30 North Brainard St, PO Box 3063
Naperville, IL 60566-7063
630-637-5100
www.noctrl.edu

North Park University
3225 West Foster Avenue
Chicago, IL 60625-4895
773-244-6200
www.northpark.edu

Northeastern Illinois University
5500 North St Louis Avenue
Chicago, IL 60625-4699
773-583-4050
www.neiu.edu

Northern Illinois University
De Kalb, IL 60115-2854
815-753-1000
www.niu.edu

Northwestern University
Evanston, IL 60208
847-491-3741
www.northwestern.edu

Olivet Nazarene University
One University Avenue
Bourbonnais, IL 60914-2271
815-939-5011
www.olivet.edu

Principia College
One Maybeck Place
Elsah, IL 62028-9799
618-374-2131
www.prin.edu/college

Quincy University
1800 College Avenue
Quincy, IL 62301-2699
217-222-8020
www.quincy.edu

Robert Morris College
401 South State Street
Chicago, IL 60605
312-935-6800
www.rmcil.edu

Rockford College
5050 East State Street
Rockford, IL 61108-2393
815-226-4000
www.rockford.edu

Roosevelt University
430 South Michigan Avenue
Chicago, IL 60605-1394
312-341-3500
www.roosevelt.edu

Rush University
600 South Paulina
Chicago, IL 60612-3832
312-942-5000
www.rushu.rush.edu

Saint Anthony College of Nursing
5658 East State Street
Rockford, IL 61108-2468
815-395-5091
www.sacn.edu

Saint Francis Medical Center College of Nursing
511 NE Greenleaf Street
Peoria, IL 61603-3783
309-655-2596
www.sfmccon.edu

Saint Xavier University
3700 West 103rd Street
Chicago, IL 60655-3105
773-298-3000
www.sxu.edu

School of the Art Institute of Chicago
37 South Wabash
Chicago, IL 60603-3103
312-899-5100
www.artic.edu/saic

Shimer College
PO Box 500
Waukegan, IL 60079-0500
847-623-8400
www.shimer.edu

Southern Illinois University Carbondale
Carbondale, IL 62901-6806
618-453-2121
www.siuc.edu

Southern Illinois University Edwardsville
Edwardsville, IL 62026-0001
618-650-2000
www.siue.edu

St. Augustine College
1333-1345 West Argyle
Chicago, IL 60640-3501
773-878-8756
www.staugustinecollege.edu

St. John's College
421 North Ninth Street
Springfield, IL 62702-5317
217-525-5628
www.st-johns.org/collegeofnursing

Telshe Yeshiva–Chicago
3535 West Foster Avenue
Chicago, IL 60625-5598
773-463-7738

Trinity Christian College
6601 West College Drive
Palos Heights, IL 60463-0929
708-597-3000
www.trnty.edu

Trinity College of Nursing and Schools of Allied Health
555 6th Street, Suite 300
Moline, IL 61265-1216
309-779-7700
www.trinitycollegeqc.edu/HOME/index.htm

Trinity International University
2065 Half Day Road
Deerfield, IL 60015-1284
847-945-8800
www.tiu.edu

University of Chicago
5801 Ellis Avenue
Chicago, IL 60637-1513
773-702-1234
www.uchicago.edu

University of Illinois at Chicago
601 South Morgan Street
Chicago, IL 60607-7128
312-996-7000
www.uic.edu

University of Illinois at Springfield
PO Box 19243
Springfield, IL 62794-9243
217-206-6600
www.uis.edu

University of Illinois at Urbana–Champaign
601 East John Street
Champaign, IL 61820
217-333-1000
www.uiuc.edu

University of St. Francis
500 Wilcox Street
Joliet, IL 60435-6169
815-740-3360
www.stfrancis.edu

VanderCook College of Music
3140 South Federal Street
Chicago, IL 60616-3731
312-225-6288
www.vandercook.edu

West Suburban College of Nursing
3 Erie Court
Oak Park, IL 60302
708-763-6530

Western Illinois University
1 University Circle
Macomb, IL 61455-1390
309-295-1414
www.wiu.edu

Wheaton College
501 East College Avenue
Wheaton, IL 60187-5593
630-752-5000
www.wheaton.edu

Indiana

Anderson University
1100 East Fifth Street
Anderson, IN 46012-3495
765-649-9071
www.anderson.edu

Ball State University
2000 University Avenue
Muncie, IN 47306-1099
765-289-1241
www.bsu.edu

Bethel College
1001 West McKinley Avenue
Mishawaka, IN 46545-5591
219-259-8511
www.bethelcollege.edu

Butler University
4600 Sunset Avenue
Indianapolis, IN 46208-3485
317-940-8000
www.butler.edu

Calumet College of Saint Joseph
2400 New York Avenue
Whiting, IN 46394-2195
219-473-7770
www.ccsj.edu

Crossroads Bible College
601 North Shortridge Road
Indianapolis, IN 46219
317-352-8736

DePauw University
313 South Locust Street
Greencastle, IN 46135-0037
765-658-4800
www.depauw.edu

Earlham College
801 National Road West
Richmond, IN 47374-4095
765-983-1200
www.earlham.edu

Franklin College of Indiana
501 East Monroe
Franklin, IN 46131-2598
317-738-8000
www.franklincoll.edu

Goshen College
1700 South Main Street
Goshen, IN 46526-4794
219-535-7000
www.goshen.edu

Grace College
200 Seminary Drive
Winona Lake, IN
46590-1294
219-372-5100
www.grace.edu

Hanover College
PO Box 108
Hanover, IN 47243-0108
812-866-7000
www.hanover.edu

Huntington College
2303 College Avenue
Huntington, IN 46750-1299
219-356-6000
www.huntington.edu

Indiana Institute of
Technology
1600 East Washington Blvd
Fort Wayne, IN 46803-1297
219-422-5561
www.indtech.edu

Indiana State University
210 North Seventh Street
Terre Haute, IN 47809-1401
812-237-6311
web.indstate.edu

Indiana University
Bloomington
Bloomington, IN 47405
812-855-4848
www.iub.edu

Indiana University East
2325 Chester Boulevard
Richmond, IN 47374-1289
765-973-8200
www.indiana.edu

Indiana University Kokomo
PO Box 9003
Kokomo, IN 46904-9003
765-453-2000
www.indiana.edu

Indiana University Northwest
3400 Broadway
Gary, IN 46408-1197
219-980-6500
www.indiana.edu

Indiana University South Bend
1700 Mishawaka Avenue,
PO Box 7111
South Bend, IN 46634-7111
219-237-4872
www.indiana.edu

Indiana University Southeast
4201 Grant Line Road
New Albany, IN 47150-6405
812-941-2000
www.indiana.edu

Indiana University–Purdue
University Fort Wayne
2101 East Coliseum Blvd
Fort Wayne, IN 46805-1499
219-481-6100
www.ipfw.edu

Indiana University–Purdue
University Indianapolis
355 North Lansing
Indianapolis, IN 46202-2896
317-274-5555
www.indiana.edu

Indiana Wesleyan University
4201 South Washington St
Marion, IN 46953-4974
765-674-6901
www.indwes.edu

Manchester College
604 College Avenue
North Manchester, IN
46962-1225
219-982-5000
www.manchester.edu

Marian College
3200 Cold Spring Road
Indianapolis, IN 46222-1997
317-955-6000
www.marian.edu

Martin University
2171 Avondale Place,
PO Box 18567
Indianapolis, IN 46218-3867
317-543-3235

Oakland City University
143 North Lucretia Street
Oakland City, IN 47660-1099
812-749-4781
www.oak.edu

Purdue University
West Lafayette, IN 47907
765-494-4600
www.purdue.edu

Purdue University Calumet
2200 169th Street
Hammond, IN 46323-2094
219-989-2400
www.calumet.purdue.edu

Purdue University North
Central
1401 South US Highway 421
Westville, IN 46391-9542
219-785-5200
www.purduenc.edu

Rose-Hulman Institute of
Technology
5500 Wabash Avenue
Terre Haute, IN 47803-3920
812-877-1511
www.rose-hulman.edu

Saint Joseph's College
PO Box 850
Rensselaer, IN 47978
219-866-6000
www.saintjoe.edu

Saint Mary's College
Notre Dame, IN 46556
219-284-4000
www.saintmarys.edu

Saint Mary-of-the-Woods
College
Saint Mary-of-the-Woods,
IN 47876
812-535-5151
www.smwc.edu

Taylor University
236 West Reade Avenue
Upland, IN 46989-1001
765-998-2751
www.tayloru.edu

Taylor University, Fort Wayne
Campus
1025 West Rudisill Boulevard
Fort Wayne, IN 46807-2197
219-744-8600
www.tayloru.edu/fw

Tri-State University
1 University Avenue
Angola, IN 46703-1764
219-665-4100
www.tristate.edu

University of Evansville
1800 Lincoln Avenue
Evansville, IN 47722-0002
812-479-2000
www.evansville.edu

University of Indianapolis
1400 East Hanna Avenue
Indianapolis, IN 46227-3697
317-788-3368
www.uindy.edu

University of Notre Dame
Notre Dame, IN 46556
219-631-5000
www.nd.edu

University of Saint Francis
2701 Spring Street
Fort Wayne, IN 46808-3994
219-434-3100
www.sf.edu

University of Southern
Indiana
8600 University Boulevard
Evansville, IN 47712-3590
812-464-8600
www.usi.edu

Valparaiso University
651 South College Avenue
Valparaiso, IN 46383-6493
219-464-5000
www.valpo.edu

Wabash College
PO Box 352
Crawfordsville, IN
47933-0352
765-361-6100
www.wabash.edu

Iowa

Allen College
1825 Logan Avenue
Waterloo, IA 50703
319-226-2000
www.allencollege.edu

Briar Cliff University
3303 Rebecca Street
Sioux City, IA 51104-2100
712-279-5321
www.briarcliff.edu

Buena Vista University
610 West Fourth Street
Storm Lake, IA 50588
712-749-2351
www.bvu.edu

Central College
812 University Street
Pella, IA 50219-1999
641-628-9000
www.central.edu

Clarke College
1550 Clarke Drive
Dubuque, IA 52001-3198
563-588-6300
www.clarke.edu

Coe College
1220 1st Avenue, NE
Cedar Rapids, IA
52402-5070
319-399-8000
www.coe.edu

Cornell College
600 First Street West
Mount Vernon, IA
52314-1098
319-895-4000
www.cornellcollege.edu

Des Moines University
Osteopathic Medical Center
3200 Grand Avenue
Des Moines, IA 50312-4104
515-271-1400
www.dsmu.edu

Divine Word College
102 Jacoby Drive SW
Epworth, IA 52045-0380
563-876-3353
www.dwci.edu

Dordt College
498 4th Avenue, NE
Sioux Center, IA 51250-1697
712-722-6000
www.dordt.edu

Drake University
2507 University Avenue
Des Moines, IA 50311-4516
515-271-2011
www.drake.edu

Emmaus Bible College
2570 Asbury Road
Dubuque, IA 52001-3097
319-588-8000
www.emmaus.edu

Faith Baptist Bible College
and Theological Seminary
1900 Northwest 4th Street
Ankeny, IA 50021-2152
515-964-0601
www.faith.edu

Graceland University
1 University Place
Lamoni, IA 50140
641-784-5000
www2.graceland.edu

Grand View College
1200 Grandview Avenue
Des Moines, IA 50316-1599
515-263-2800
www.gvc.edu

Grinnell College
Grinnell, IA 50112-1690
641-269-4000
www.grinnell.edu

Hamilton Technical College
1011 East 53rd Street
Davenport, IA 52807-2653
319-386-3570
www.hamiltontechcollege.com

Iowa State University of
Science and Technology
Ames, IA 50011
515-294-4111
www.iastate.edu

Iowa Wesleyan College
601 North Main Street
Mount Pleasant, IA
52641-1398
319-385-8021
www.iwc.edu

Loras College
1450 Alta Vista
Dubuque, IA 52004-0178
563-588-7100
www.loras.edu

Luther College
700 College Drive
Decorah, IA 52101-1045
319-387-2000
www.luther.edu

Maharishi University of
Management
1000 North 4th Street
Fairfield, IA 52557
641-472-7000
www.mum.edu

Mercy College of Health
Sciences
928 Sixth Avenue
Des Moines, IA 50309-1239
515-643-3180
www.mchs.edu

Morningside College
1501 Morningside Avenue
Sioux City, IA 51106-1751
712-274-5000
www.morningside.edu

Mount Mercy College
1330 Elmhurst Drive, NE
Cedar Rapids, IA
52402-4797
319-363-8213
www.mtmercy.edu

Mount St. Clare College
400 North Bluff Boulevard,
PO Box 2967
Clinton, IA 52733-2967
319-242-4023
www.clare.edu

Northwestern College
101 Seventh Street, SW
Orange City, IA 51041-1996
712-737-7000
www.nwciowa.edu

Palmer College of
Chiropractic
1000 Brady Street
Davenport, IA 52803-5287
563-884-5000
www.palmer.edu

Simpson College
701 North C Street
Indianola, IA 50125-1297
515-961-6251
www.simpson.edu

St. Ambrose University
518 West Locust Street
Davenport, IA 52803-2898
563-333-6000
www.sau.edu

University of Dubuque
2000 University Avenue
Dubuque, IA 52001-5099
563-589-3000
www.dbq.edu

The University of Iowa
Iowa City, IA 52242-1316
319-335-3500
www.uiowa.edu

University of Northern Iowa
1222 West 27th Street
Cedar Falls, IA 50614
319-273-2311
www.uni.edu

Upper Iowa University
605 Washington Street,
Box 1857
Fayette, IA 52142-1857
563-425-5200
www.uiu.edu

Wartburg College
222 Ninth Street, NW,
PO Box 1003
Waverly, IA 50677-0903
319-352-8200
www.wartburg.edu

William Penn University
201 Trueblood Avenue
Oskaloosa, IA 52577-1799
641-673-1001
www.wmpenn.edu

Kansas

Baker University
Box 65
Baldwin City, KS
66006-0065
785-594-6451
www.bakeru.edu

Barclay College
607 North Kingman
Haviland, KS 67059-0288
620-862-5252
www.barclaycollege.edu

Benedictine College
1020 North 2nd Street
Atchison, KS 66002-1499
913-367-5340
www.benedictine.edu

Bethany College
421 North First Street
Lindsborg, KS 67456-1897
785-227-3311
www.bethanylb.edu

Bethel College
300 East 27th Street
North Newton, KS 67117
316-283-2500
www.bethelks.edu

Central Christian College of Kansas
1200 South Main,
PO Box 1403
McPherson, KS 67460-5799
620-241-0723
www.centralchristian.edu

Emporia State University
1200 Commercial Street
Emporia, KS 66801-5087
620-341-1200
www.emporia.edu

Fort Hays State University
600 Park Street
Hays, KS 67601-4099
785-628-4000
www.fhsu.edu

Friends University
2100 West University Street
Wichita, KS 67213
316-295-5000
www.friends.edu

Haskell Indian Nations University
155 Indian Avenue, #5031
Lawrence, KS 66046-4800
785-749-8404

Kansas State University
Manhattan, KS 66506
785-532-6011
www.ksu.edu

Kansas Wesleyan University
100 East Claflin
Salina, KS 67401-6196
785-827-5541
www.kwu.edu

Manhattan Christian College
1415 Anderson Avenue
Manhattan, KS 66502-4081
785-539-3571
www.mccks.edu

McPherson College
1600 East Euclid,
PO Box 1402
McPherson, KS 67460-1402
620-241-0731
www.mcpherson.edu

MidAmerica Nazarene University
2030 East College Way
Olathe, KS 66062-1899
913-782-3750
www.mnu.edu

Newman University
3100 McCormick Avenue
Wichita, KS 67213-2097
316-942-4291
www.newmanu.edu

Ottawa University
1001 South Cedar
Ottawa, KS 66067-3399
785-242-5200
www.ottawa.edu

Pittsburg State University
1701 South Broadway
Pittsburg, KS 66762
620-231-7000
www.pittstate.edu

Saint Mary College
4100 South Fourth Street Trafficway
Leavenworth, KS 66048-5082
913-682-5151
www.smcks.edu

Southwestern College
100 College Street
Winfield, KS 67156-2499
620-229-6000
www.sckans.edu

Sterling College
PO Box 98
Sterling, KS 67579-0098
620-278-2173
www.sterling.edu

Tabor College
400 South Jefferson
Hillsboro, KS 67063
620-947-3121
www.tabor.edu

University of Kansas
Lawrence, KS 66045
785-864-2700
www.ku.edu

Washburn University of Topeka
1700 SW College Avenue
Topeka, KS 66621
785-231-1010
www.washburn.edu

Wichita State University
1845 North Fairmount
Wichita, KS 67260
316-978-3456
www.wichita.edu

Kentucky

Alice Lloyd College
100 Purpose Road
Pippa Passes, KY 41844
606-368-2101
www.alc.edu

Asbury College
1 Macklem Drive
Wilmore, KY 40390-1198
800-888-1818
www.asbury.edu

Bellarmine University
2001 Newburg Road
Louisville, KY 40205-0671
800-274-4723
www.bellarmine.edu

Berea College
Berea, KY 40404
800-326-5948
www.berea.edu

Brescia University
717 Frederica Street
Owensboro, KY 42301-3023
877-BRESCIA
www.brescia.edu

Campbellsville University
1 University Drive
Campbellsville, KY 42718-2799
800-264-6014
www.campbellsvil.edu

Centre College
600 West Walnut Street
Danville, KY 40422-1394
800-423-6236
www.centre.edu

Clear Creek Baptist Bible College
300 Clear Creek Road
Pineville, KY 40977-9754
606-337-3196
www.ccbbc.edu

Cumberland College
6178 College Station Drive
Williamsburg, KY 40769-1372
800-343-1609
cc.cumber.edu

Eastern Kentucky University
521 Lancaster Avenue
Richmond, KY 40475-3102
859-622-1000
www.eku.edu

Georgetown College
400 East College Street
Georgetown, KY 40324-1696
800-788-9985
www.georgetowncollege.edu

Kentucky Christian College
100 Academic Parkway
Grayson, KY 41143-2205
800-522-3181
www.kcc.edu

Kentucky Mountain Bible College
PO Box 10
Vancleve, KY 41385-0010
800-879-KMBC
www.kmbc.edu

Kentucky State University
400 East Main Street
Frankfort, KY 40601
800-325-1716
www.kysu.edu

Kentucky Wesleyan College
3000 Frederica Street,
PO Box 1039
Owensboro, KY 42302-1039
270-926-3111
www.kwc.edu

Lindsey Wilson College
210 Lindsey Wilson Street
Columbia, KY 42728-1298
800-264-0138
www.lindsey.edu

Mid-Continent College
99 Powell Road East
Mayfield, KY 42066-9007
270-247-8521
www.midcontinent.edu

Midway College
512 East Stephens Street
Midway, KY 40347-1120
800-755-0031
www.midway.edu

Morehead State University
University Boulevard
Morehead, KY 40351
800-585-6781
www.moreheadstate.edu

Murray State University
PO Box 9
Murray, KY 42071-0009
800-272-4678
www.murraystate.edu

Northern Kentucky University
Louie B Nunn Drive
Highland Heights, KY 41099
800-637-9948
www.nku.edu

Pikeville College
147 Sycamore Street
Pikeville, KY 41501
866-232-7700
www.pc.edu

Southern Baptist Theological Seminary
2825 Lexington Road
Louisville, KY 40280-0004
502-897-4011
www.sbts.edu

Spalding University
851 South Fourth Street
Louisville, KY 40203-2188
800-896-8941
www.spalding.edu

Sullivan University
3101 Bardstown Road
Louisville, KY 40205
502-456-6504
www.sullivan.edu

Thomas More College
333 Thomas More Parkway
Crestview Hills, KY
41017-3495
800-825-4557
www.thomasmore.edu

Transylvania University
300 North Broadway
Lexington, KY 40508-1797
800-872-6798
www.transy.edu

Union College
310 College Street
Barbourville, KY 40906-1499
800-489-8646
www.unionky.edu

University of Kentucky
Lexington, KY 40506-0032
859-257-9000
www.uky.edu

University of Louisville
2301 South Third Street
Louisville, KY 40292-0001
800-334-8635
www.louisville.edu

Western Kentucky University
1 Big Red Way
Bowling Green, KY
42101-3576
270-745-0111
www.wku.edu

Louisiana

Centenary College of Louisiana
2911 Centenary Blvd,
PO Box 41188
Shreveport, LA 71134-1188
800-234-4448
www.centenary.edu

Dillard University
2601 Gentilly Boulevard
New Orleans, LA 70122-3097
504-283-8822

Grambling State University
PO Box 607
Grambling, LA 71245
318-247-3811
www.gram.edu

Grantham College of Engineering
34641 Grantham College Rd
Slidell, LA 70460-6815
800-955-2527
www.grantham.edu

Louisiana College
1140 College Drive
Pineville, LA 71359-0001
800-487-1906
www.lacollege.edu

Louisiana State University and Agricultural and Mechanical College
Baton Rouge, LA 70803
225-578-3202
www.lsu.edu

Louisiana State University Health Sciences Center
433 Bolivar Street
New Orleans, LA 70112-2223
504-568-4808
www.lsumc.edu

Louisiana State University in Shreveport
1 University Place
Shreveport, LA 71115-2399
318-797-5000
www.lsus.edu

Louisiana Tech University
PO Box 3168
Ruston, LA 71272
800-528-3241
www.latech.edu

Loyola University New Orleans
6363 Saint Charles Avenue
New Orleans, LA 70118-6195
800-4-LOYOLA
www.loyno.edu

McNeese State University
4205 Ryan Street
Lake Charles, LA 70609
800-622-3352
www.mcneese.edu

New Orleans Baptist Theological Seminary
3939 Gentilly Boulevard
New Orleans, LA 70126-4858
800-662-8701
www.nobts.edu

Nicholls State University
906 East First Street
Thibodaux, LA 70310
877-NICHOLLS
www.nicholls.edu

Northwestern State University of Louisiana
350 Sam Sibley Drive
Natchitoches, LA 71497
800-327-1903
www.nsula.edu

Our Lady of Holy Cross College
4123 Woodland Drive
New Orleans, LA 70131-7399
800-259-7744
www.olhcc.edu

Saint Joseph Seminary College
Saint Benedict, LA 70457
504-892-1800
www.stjosephabbey.org

Southeastern Louisiana University
Hammond, LA 70402
800-222-7358
www.selu.edu

Southern University and Agricultural and Mechanical College
Baton Rouge, LA 70813
800-256-1531
www.subr.edu

Southern University at New Orleans
6400 Press Drive
New Orleans, LA 70126-1009
504-286-5000
www.suno.edu

Tulane University
6823 St Charles Avenue
New Orleans, LA 70118-5669
800-873-9283
www.tulane.edu

University of Louisiana at Lafayette
104 University Circle,
PO Box 42651
Lafayette, LA 70504
337-482-1000
www.louisiana.edu

University of Louisiana at Monroe
700 University Avenue
Monroe, LA 71209-0001
800-372-5127
www.ulm.edu

University of New Orleans
Lake Front
New Orleans, LA 70148
888-514-4275
www.uno.edu

University of Phoenix–Louisiana Campus
1 Galleria Boulevard,
Suite 725
Metairie, LA 70001-2082
800-228-7240
www.phoenix.edu

Xavier University of Louisiana
1 Drexel Drive
New Orleans, LA 70125-1098
504-486-7411
www.xula.edu

Maine

Bates College
Andrews Road
Lewiston, ME 04240-6028
207-786-6255
www.bates.edu

Bowdoin College
5000 College Station
Brunswick, ME 04011
207-725-3000
www.bowdoin.edu

Colby College
Mayflower Hill
Waterville, ME 04901-8840
207-872-3000
www.colby.edu

College of the Atlantic
105 Eden Street
Bar Harbor, ME 04609-1198
207-288-5015
www.coa.edu

Husson College
One College Circle
Bangor, ME 04401-2999
207-941-7000
www.husson.edu

Maine College of Art
97 Spring Street
Portland, ME 04101-3987
207-775-3052
www.meca.edu

Maine Maritime Academy
Castine, ME 04420
207-326-4311
www.mainemaritime.edu

New England School of Communications
1 College Circle
Bangor, ME 04401-2999
207-941-7176
www.nescom.org

Saint Joseph's College
278 Whites Bridge Road
Standish, ME 04084-5263
207-892-6766
www.sjcme.edu

Thomas College
180 West River Road
Waterville, ME 04901-5097
207-859-1111
www.thomas.edu

Unity College
90 Quaker Hill Road
Unity, ME 04988
207-948-3131
www.unity.edu

University of Maine
Orono, ME 04469
207-581-1110
www.umaine.edu

University of Maine at Augusta
46 University Drive
Augusta, ME 04330-9410
207-621-3000
www.uma.maine.edu

University of Maine at Farmington
224 Main Street
Farmington, ME 04938-1990
207-778-7000
www.umf.maine.edu

University of Maine at Fort Kent
23 University Drive
Fort Kent, ME 04743-1292
207-834-7500
www.umfk.maine.edu

University of Maine at Machias
9 O'Brien Avenue
Machias, ME 04654-1321
207-255-1200
www.umm.maine.edu

University of Maine at Presque Isle
181 Main Street
Presque Isle, ME 04769-2888
207-768-9400
www.umpi.maine.edu

University of New England
Hills Beach Road
Biddeford, ME 04005-9526
207-283-0171
www.une.edu

University of Southern Maine
96 Falmouth Street,
PO Box 9300
Portland, ME 04104-9300
207-780-4141
www.usm.maine.edu

Maryland

Baltimore Hebrew University
5800 Park Heights Avenue
Baltimore, MD 21215-3996
410-578-6900
www.bhu.edu

Baltimore International College
Commerce Exchange,
17 Commerce Street
Baltimore, MD 21202-3230
410-752-4710
www.bic.edu

Bowie State University
14000 Jericho Park Road
Bowie, MD 20715-9465
301-860-4000
www.bowiestate.edu

Capitol College
11301 Springfield Road
Laurel, MD 20708-9759
301-369-2800
www.capitol-college.edu

College of Notre Dame of Maryland
4701 North Charles Street
Baltimore, MD 21210-2476
410-435-0100
www.ndm.edu

Columbia Union College
7600 Flower Avenue
Takoma Park, MD
20912-7796
301-891-4000
www.cuc.edu

Coppin State College
2500 West North Avenue
Baltimore, MD 21216-3698
410-383-5400
www.coppin.edu

Frostburg State University
101 Braddock Road
Frostburg, MD 21532-1099
301-687-4000
www.frostburg.edu

Goucher College
1021 Dulaney Valley Road
Baltimore, MD 21204-2794
410-337-6000
www.goucher.edu

Griggs University
PO Box 4437,
12501 Old Columbia Pk
Silver Spring, MD
20914-4437
301-680-6570
www.griggs.edu

Hood College
401 Rosemont Avenue
Frederick, MD 21701-8575
301-663-3131
www.hood.edu

Johns Hopkins University
3400 North Charles Street
Baltimore, MD 21218-2699
410-516-8000
www.jhu.edu

Loyola College in Maryland
4501 North Charles Street
Baltimore, MD 21210-2699
410-617-2000
www.loyola.edu

Maple Springs Baptist Bible College and Seminary
4130 Belt Road
Capitol Heights, MD 20743
301-736-3631

Maryland Institute, College of Art
1300 Mount Royal Avenue
Baltimore, MD 21217-4191
410-669-9200
www.mica.edu

Morgan State University
1700 East Cold Spring Lane
Baltimore, MD 21251
443-885-3333
www.morgan.edu

Mount Saint Mary's College and Seminary
16300 Old Emmitsburg Road
Emmitsburg, MD
21727-7799
301-447-6122
www.msmary.edu

Ner Israel Rabbinical College
Mount Wilson Lane
Baltimore, MD 21208
410-484-7200

Peabody Conservatory of Music of The Johns Hopkins University
1 East Mount Vernon Place
Baltimore, MD 21202-2397
410-659-8150
www.peabody.jhu.edu

St. John's College
PO Box 2800
Annapolis, MD 21404
410-263-2371
www.sjca.edu

St. Mary's College of Maryland
18952 East Fisher Road
St. Mary's City, MD
20686-3001
301-862-0200
www.smcm.edu

Salisbury University
1101 Camden Avenue
Salisbury, MD 21801-6837
410-543-6000
www.ssu.edu

Sojourner-Douglass College
500 North Caroline Street
Baltimore, MD 21205-1814
410-276-0306
www.sdc.edu

Towson University
8000 York Road
Towson, MD 21252-0001
410-704-2000
www.towson.edu

United States Naval Academy
121 Blake Road
Annapolis, MD 21402-5000
410-293-1000
www.usna.edu

University of Baltimore
1420 North Charles Street
Baltimore, MD 21201-5779
410-837-4200
www.ubalt.edu

University of Maryland Eastern Shore
Princess Anne, MD 21853-1299
410-651-2200
www.umes.edu

University of Maryland University College
3501 University Blvd East
Adelphi, MD 20783
301-985-7000
www.umuc.edu

University of Maryland, Baltimore County
1000 Hilltop Circle
Baltimore, MD 21250-5398
410-455-1000
www.umbc.edu

University of Maryland, College Park
College Park, MD 20742
301-405-1000
www.maryland.edu

University of Phoenix–Maryland Campus
8830 Stanford Boulevard, Suite 100
Columbia, MD 21045
410-536-7144
www.phoenix.edu

Villa Julie College
Green Spring Valley Road
Stevenson, MD 21153
410-486-7000
www.vjc.edu

Washington Bible College
6511 Princess Garden Pkwy
Lanham, MD 20706-3599
301-552-1400
www.bible.edu

Washington College
300 Washington Avenue
Chestertown, MD 21620-1197
410-778-2800
www.washcoll.edu

Western Maryland College
2 College Hill
Westminster, MD 21157-4390
410-848-7000
www.wmdc.edu

Massachusetts

American International College
1000 State Street
Springfield, MA 01109-3189
413-737-7000
www.aic.edu

Amherst College
PO Box 5000
Amherst, MA 01002-5000
413-542-2000
www.amherst.edu

Anna Maria College
Sunset Lane
Paxton, MA 01612
508-849-3300
www.annamaria.edu

The Art Institute of Boston at Lesley University
700 Beacon Street
Boston, MA 02215-2598
617-585-6600
www.aiboston.edu

Assumption College
500 Salisbury Street
Worcester, MA 01609-1296
508-767-7000
www.assumption.edu

Atlantic Union College
PO Box 1000
South Lancaster, MA 01561-1000
978-368-2000
www.atlanticuc.edu

Babson College
Babson Park, MA 02457-0310
781-235-1200
www.babson.edu

Bay Path College
588 Longmeadow Street
Longmeadow, MA 01106-2292
413-565-1000
www.baypath.edu

Becker College
61 Sever Street
Worcester, MA 01609
508-791-9241
www.beckercollege.edu

Bentley College
175 Forest Street
Waltham, MA 02452-4705
781-891-2000
www.bentley.edu

Berklee College of Music
1140 Boylston Street
Boston, MA 02215-3693
617-266-1400
www.berklee.edu

Boston Architectural Center
320 Newbury Street
Boston, MA 02115-2795
617-585-0200
www.the-bac.edu

Boston College
140 Commonwealth Avenue
Chestnut Hill, MA 02467-3800
617-552-8000
www.bc.edu

The Boston Conservatory
8 The Fenway
Boston, MA 02215
617-536-6340
www.bostonconservatory.edu

Boston University
Boston, MA 02215
617-353-2000
www.bu.edu

Brandeis University
415 South Street
Waltham, MA 02454-9110
781-736-2000
www.brandeis.edu

Bridgewater State College
Bridgewater, MA 02325-0001
508-531-1200
www.bridgew.edu

Cambridge College
1000 Massachusetts Avenue
Cambridge, MA 02138-5304
617-868-1000
www.cambridge.edu

Clark University
950 Main Street
Worcester, MA 01610-1477
508-793-7711
www.clarku.edu

College of the Holy Cross
1 College Street
Worcester, MA 01610-2395
508-793-2011
www.holycross.edu

Curry College
1071 Blue Hill Avenue
Milton, MA 02186-9984
617-333-0500
www.curry.edu

Eastern Nazarene College
23 East Elm Avenue
Quincy, MA 02170-2999
617-745-3000
www.enc.edu

Elms College
291 Springfield Street
Chicopee, MA 01013-2839
413-594-2761
www.elms.edu

Emerson College
120 Boylston Street
Boston, MA 02116-4624
617-824-8500
www.emerson.edu

Emmanuel College
400 The Fenway
Boston, MA 02115
617-277-9340
www.emmanuel.edu

Endicott College
376 Hale Street
Beverly, MA 01915-2096
978-927-0585
www.endicott.edu

Fitchburg State College
160 Pearl Street
Fitchburg, MA 01420-2697
978-345-2151
www.fsc.edu

Framingham State College
100 State Street, PO Box 9101
Framingham, MA 01701-9101
508-620-1220
www.framingham.edu

Gordon College
255 Grapevine Road
Wenham, MA 01984-1899
978-927-2300
www.gordon.edu

Hampshire College
893 West Street
Amherst, MA 01002
413-549-4600
www.hampshire.edu

Harvard University
Cambridge, MA 02138
617-495-1000
www.harvard.edu

Hebrew College
160 Herrick Road
Newton Centre, MA 02459
617-559-8600
www.hebrewcollege.edu

Hellenic College
50 Goddard Avenue
Brookline, MA 02445-7496
617-731-3500
www.hchc.edu

Lasell College
1844 Commonwealth Avenue
Newton, MA 02466-2709
617-243-2000
www.lasell.edu

Lesley University
29 Everett Street
Cambridge, MA 02138-2790
617-868-9600
www.lesley.edu

Massachusetts College of Art
621 Huntington Avenue
Boston, MA 02115-5882
617-879-7000
www.massart.edu

Massachusetts College of Liberal Arts
375 Church Street
North Adams, MA 01247-4100
413-662-5000
www.mcla.edu

Massachusetts College of Pharmacy and Health Sciences
179 Longwood Avenue
Boston, MA 02115-5896
617-732-2800
www.mcp.edu

Massachusetts Institute of Technology
77 Massachusetts Avenue
Cambridge, MA 02139-4307
617-253-1000
web.mit.edu

Massachusetts Maritime Academy
101 Academy Drive
Buzzards Bay, MA 02532-1803
508-830-5000
www.mma.mass.edu

Merrimack College
315 Turnpike Street
North Andover, MA 01845-5800
978-837-5000
www.merrimack.edu

Montserrat College of Art
23 Essex Street, Box 26
Beverly, MA 01915
978-922-8222
www.montserrat.edu

Mount Holyoke College
50 College Street
South Hadley, MA 01075
413-538-2000
www.mtholyoke.edu

Mount Ida College
777 Dedham Street
Newton Center, MA 02459-3310
617-928-4500
www.mountida.edu

New England Conservatory of Music
290 Huntington Avenue
Boston, MA 02115-5000
617-585-1100
www.newenglandconservatory.edu

Nichols College
PO Box 5000
Dudley, MA 01571-5000
508-213-1560
www.nichols.edu

Northeastern University
360 Huntington Avenue
Boston, MA 02115-5096
617-373-2000
www.neu.edu

Pine Manor College
400 Heath Street
Chestnut Hill, MA 02467
617-731-7000
www.pmc.edu

Regis College
235 Wellesley Street
Weston, MA 02493
781-768-7000
www.regiscollege.edu

Saint John's Seminary College of Liberal Arts
197 Foster Street
Brighton, MA 02135-4644
617-746-5450

Salem State College
352 Lafayette Street
Salem, MA 01970-5353
978-542-6000
www.salemstate.edu

School of the Museum of Fine Arts
230 The Fenway
Boston, MA 02115
617-267-6100
www.smfa.edu

Simmons College
300 The Fenway
Boston, MA 02115
617-521-2000
www.simmons.edu

Simon's Rock College of Bard
84 Alford Road
Great Barrington, MA 01230-9702
413-528-0771
www.simons-rock.edu

Smith College
Northampton, MA 01063
413-584-2700
www.smith.edu

Springfield College
263 Alden Street
Springfield, MA 01109-3797
413-748-3000
www.spfldcol.edu

Stonehill College
320 Washington Street
Easton, MA 02357-5510
508-565-1000
www.stonehill.edu

Suffolk University
8 Ashburton Place
Boston, MA 02108-2770
617-573-8000
www.suffolk.edu

Tufts University
Medford, MA 02155
617-628-5000
www.tufts.edu

University of Massachusetts Amherst
Amherst, MA 01003
413-545-0111
www.umass.edu

University of Massachusetts Boston
100 Morrissey Boulevard
Boston, MA 02125-3393
617-287-5000
www.umb.edu

University of Massachusetts Dartmouth
285 Old Westport Road
North Dartmouth, MA 02747-2300
508-999-8000
www.umassd.edu

University of Massachusetts Lowell
1 University Avenue
Lowell, MA 01854-2881
978-934-4000
www.uml.edu

University of Phoenix–Boston Campus
150 Grossman Drive
Braintree, MA 02184
781-843-0844
www.phoenix.edu

Wellesley College
106 Central Street
Wellesley, MA 02481
781-283-1000
www.wellesley.edu

Wentworth Institute of Technology
550 Huntington Avenue
Boston, MA 02115-5998
617-989-4590
www.wit.edu

Western New England College
1215 Wilbraham Road
Springfield, MA 01119-2654
413-782-3111
www.wnec.edu

Westfield State College
Western Avenue
Westfield, MA 01086
413-572-5300
www.wsc.ma.edu

Wheaton College
East Main Street
Norton, MA 02766
508-285-7722
www.wheatoncollege.edu

Wheelock College
200 The Riverway
Boston, MA 02215
617-879-2000
www.wheelock.edu

Williams College
988 Main Street
Williamstown, MA 01267
413-597-3131
www.williams.edu

Worcester Polytechnic Institute
100 Institute Road
Worcester, MA 01609-2280
508-831-5000
www.wpi.edu

Worcester State College
486 Chandler Street
Worcester, MA 01602-2597
508-929-8000
www.worcester.edu

Michigan

Adrian College
110 South Madison Street
Adrian, MI 49221-2575
517-265-5161
www.adrian.edu

Albion College
611 East Porter Street
Albion, MI 49224-1831
517-629-1000
www.albion.edu

Alma College
614 West Superior Street
Alma, MI 48801-1599
989-463-7111
www.alma.edu

Andrews University
Berrien Springs, MI 49104
616-471-7771
www.andrews.edu

Aquinas College
1607 Robinson Road, SE
Grand Rapids, MI
49506-1799
616-459-8281
www.aquinas.edu

Ave Maria College
300 West Forest Avenue
Ypsilanti, MI 48197
734-482-4519
www.avemaria.edu

Baker College of Auburn Hills
1500 University Drive
Auburn Hills, MI 48326-1586
248-340-0600
www.baker.edu

Baker College of Cadillac
9600 East 13th Street
Cadillac, MI 49601
231-876-3100
www.baker.edu

Baker College of Clinton Township
34950 Little Mack Avenue
Clinton Township, MI
48035-4701
810-791-6610
www.baker.edu

Baker College of Flint
1050 West Bristol Road
Flint, MI 48507-5508
810-767-7600
www.baker.edu

Baker College of Jackson
2800 Springport Road
Jackson, MI 49202
517-789-6123
www.baker.edu

Baker College of Muskegon
1903 Marquette Avenue
Muskegon, MI 49442-3497
231-777-8800
www.baker.edu

Baker College of Owosso
1020 South Washington St
Owosso, MI 48867-4400
989-729-3300
www.baker.edu

Baker College of Port Huron
3403 Lapeer Road
Port Huron, MI 48060-2597
810-985-7000
www.baker.edu

Calvin College
3201 Burton Street, SE
Grand Rapids, MI
49546-4388
616-957-6000
www.calvin.edu

Central Michigan University
Mount Pleasant, MI 48859
989-774-4000
www.cmich.edu

Cleary College
3601 Plymouth Road
Ann Arbor, MI 48105-2659
734-332-4477
www.cleary.edu

College for Creative Studies
201 East Kirby
Detroit, MI 48202-4034
313-664-7400
www.ccscad.edu

Concordia University
4090 Geddes Road
Ann Arbor, MI 48105-2797
734-995-7300
www.cuaa.edu

Cornerstone University
1001 East Beltline Ave, NE
Grand Rapids, MI
49525-5897
616-949-5300
www.cornerstone.edu

Davenport University
415 East Fulton
Grand Rapids, MI 49503
616-451-3511
www.davenport.edu

Davenport University
27500 Dequindre Road
Warren, MI 48092-5209
810-558-8700
www.davenport.edu

Davenport University
220 East Kalamazoo
Lansing, MI 48933-2197
517-484-2600
www.davenport.edu

Davenport University
4801 Oakman Boulevard
Dearborn, MI 48126-3799
313-581-4400
www.davenport.edu

Davenport University
4123 West Main Street
Kalamazoo, MI 49006-2791
616-382-2835
www.davenport.edu

Eastern Michigan University
Ypsilanti, MI 48197
734-487-1849
www.emich.edu

Ferris State University
901 South State Street
Big Rapids, MI 49307
231-591-2000
www.ferris.edu

Finlandia University
601 Quincy Street
Hancock, MI 49930-1882
906-482-5300
www.suomi.edu

Grace Bible College
1011 Aldon Street SW,
PO Box 910
Grand Rapids, MI
49509-0910
616-538-2330
www.gbcol.edu

Grand Valley State University
1 Campus Drive
Allendale, MI 49401-9403
616-895-6611
www.gvsu.edu

Great Lakes Christian College
6211 West Willow Highway
Lansing, MI 48917-1299
517-321-0242
www.glcc.edu

Hillsdale College
33 East College Street
Hillsdale, MI 49242-1298
517-437-7341
www.hillsdale.edu

Hope College
141 East 12th Street,
PO Box 9000
Holland, MI 49422-9000
616-395-7000
www.hope.edu

Kalamazoo College
1200 Academy Street
Kalamazoo, MI 49006-3295
616-337-7000
www.kzoo.edu

Kendall College of Art and Design of Ferris State University
111 Division Avenue North
Grand Rapids, MI
49503-3194
616-451-2787
www.kcad.edu

Kettering University
1700 West Third Avenue
Flint, MI 48504-4898
810-762-9500
www.kettering.edu

Lake Superior State University
650 W Easterday Avenue
Sault Sainte Marie, MI
49783-1626
906-632-6841
www.lssu.edu

Lawrence Technological University
21000 West Ten Mile Road
Southfield, MI 48075-1058
248-204-4000
www.ltu.edu

Madonna University
36600 Schoolcraft Road
Livonia, MI 48150-1173
734-432-5300
www.munet.edu

Marygrove College
8425 West McNichols Road
Detroit, MI 48221-2599
313-927-1200
www.marygrove.edu

Michigan State University
East Lansing, MI 48824
517-355-1855
www.msu.edu

Michigan Technological University
1400 Townsend Drive
Houghton, MI 49931-1295
906-487-1885
www.mtu.edu

Northern Michigan University
1401 Presque Isle Avenue
Marquette, MI 49855-5301
906-227-1000
www.nmu.edu

Northwood University
4000 Whiting Drive
Midland, MI 48640-2398
989-837-4200
www.northwood.edu

Oakland University
Rochester, MI 48309-4401
248-370-2100
www.oakland.edu

Olivet College
320 South Main Street
Olivet, MI 49076-9701
616-749-7000
www.olivetcollege.edu

Reformed Bible College
3333 East Beltline, NE
Grand Rapids, MI
49525-9749
616-222-3000
www.reformed.edu

Rochester College
800 West Avon Road
Rochester Hills, MI
48307-2764
248-218-2000
www.rc.edu

Sacred Heart Major Seminary
2701 Chicago Boulevard
Detroit, MI 48206-1799
313-883-8500

Saginaw Valley State University
7400 Bay Road
University Center, MI 48710
989-790-4000
www.svsu.edu

Saint Mary's College of Ave Maria University
3535 Indian Trail
Orchard Lake, MI
48324-1623
248-682-1885

Siena Heights University
1247 East Siena Heights Dr
Adrian, MI 49221-1796
517-263-0731
www.sienahts.edu

Spring Arbor University
106 East Main Street
Spring Arbor, MI
49283-9799
517-750-1200
www.arbor.edu

University of Detroit Mercy
4001 W McNichols Rd,
PO Box 19900
Detroit, MI 48219-0900
313-993-1000
www.udmercy.edu

University of Michigan
Ann Arbor, MI 48109
734-764-1817
www.umich.edu

University of Michigan–Dearborn
4901 Evergreen Road
Dearborn, MI 48128-1491
313-593-5000
www.umd.umich.edu

University of Michigan–Flint
303 East Kearsley Street
Flint, MI 48502-1950
810-762-3000
www.flint.umich.edu

University of Phoenix–Grand Rapids Campus
3351 Claystone SE, Suite 200
Grand Rapids, MI 49546
888-345-9699
www.phoenix.edu

University of Phoenix–Metro Detroit Campus
5480 Corporate Drive,
Suite 260
Troy, MI 48098
800-834-2438
www.phoenix.edu

Walsh College of Accountancy and Business Administration
3838 Livernois Road,
PO Box 7006
Troy, MI 48007-7006
248-689-8282
www.walshcollege.edu

Wayne State University
656 West Kirby Street
Detroit, MI 48202
313-577-2424
www.wayne.edu

Western Michigan University
1903 West Michigan Avenue
Kalamazoo, MI 49008-5202
616-387-1000
www.wmich.edu

William Tyndale College
35700 West Twelve Mile Road
Farmington Hills, MI
48331-3147
248-553-7200
www.williamtyndale.edu

Yeshiva Geddolah of Greater Detroit Rabbinical College
24600 Greenfield
Oak Park, MI 48237-1544
810-968-3360

Minnesota

Augsburg College
2211 Riverside Avenue
Minneapolis, MN
55454-1351
612-330-1000
www.augsburg.edu

Bemidji State University
1500 Birchmont Drive, NE
Bemidji, MN 56601-2699
218-755-2000
www.bemidjistate.edu

Bethel College
3900 Bethel Drive
St. Paul, MN 55112-6999
651-638-6400
www.bethel.edu

Capella University
222 South Ninth Street
Minneapolis, MN 55402
612-339-8650
www.capellauniversity.edu

Carleton College
One North College Street
Northfield, MN 55057-4001
507-646-4000
www.carleton.edu

College of Saint Benedict
37 South College Avenue
Saint Joseph, MN
56374-2091
320-363-5011
www.csbsju.edu

College of St. Catherine
2004 Randolph Avenue
St. Paul, MN 55105-1789
651-690-6000
www.stkate.edu

The College of St. Scholastica
1200 Kenwood Avenue
Duluth, MN 55811-4199
218-723-6000
www.css.edu

College of Visual Arts
344 Summit Avenue
St. Paul, MN 55102-2124
651-224-3416
www.cva.edu

Concordia College
901 South 8th Street
Moorhead, MN 56562
218-299-4000
www.concordiacollege.edu

Concordia University
275 Syndicate Street North
St. Paul, MN 55104-5494
651-641-8278
www.csp.edu

Crown College
6425 County Road 30
St. Bonifacius, MN
55375-9002
952-446-4100
www.crown.edu

Gustavus Adolphus College
800 West College Avenue
St. Peter, MN 56082-1498
507-933-8000
www.gustavus.edu

Hamline University
1536 Hewitt Avenue
St. Paul, MN 55104-1284
651-523-2800
www.hamline.edu

Macalester College
1600 Grand Avenue
St. Paul, MN 55105-1899
651-696-6000
www.macalester.edu

Martin Luther College
1995 Luther Court
New Ulm, MN 56073
507-354-8221
www.mlc-wels.edu

Mayo School of Health-Related Sciences
200 First Street, SW
Rochester, MN 55905
507-284-3293
www.mayo.edu/hrs/hrs.htm

Metropolitan State University
700 East 7th Street
St. Paul, MN 55106-5000
651-772-7777
www.metrostate.edu

Minneapolis College of Art and Design
2501 Stevens Avenue South
Minneapolis, MN
55404-4347
612-874-3700
www.mcad.edu

Minnesota Bible College
920 Mayowood Road, SW
Rochester, MN 55902-2382
507-288-4563
www.mnbc.edu

Minnesota State University Moorhead
1104 7th Avenue South
Moorhead, MN 56563-0002
218-236-2011
www.mnstate.edu

Minnesota State University, Mankato
228 Wiecking Center
Mankato, MN 56001
507-389-2463
www.mnsu.edu

National American University–St. Paul Campus
1380 Energy Lane, Suite 13
St. Paul, MN 55108-9952
651-644-1265
www.nationalcollege.edu

North Central University
910 Elliot Avenue
Minneapolis, MN
55404-1322
612-332-3491
www.northcentral.edu

Northwestern College
3003 Snelling Avenue North
St. Paul, MN 55113-1598
651-631-5100
www.nwc.edu

Oak Hills Christian College
1600 Oak Hills Road, SW
Bemidji, MN 56601-8832
218-751-8670
www.oakhills.edu

Pillsbury Baptist Bible College
315 South Grove
Owatonna, MN 55060-3097
507-451-2710
www.pillsbury.edu

Saint John's University
Collegeville, MN 56321
320-363-2011
www.csbsju.edu

Saint Mary's University of Minnesota
700 Terrace Heights
Winona, MN 55987-1399
507-452-4430
www.smumn.edu

Southwest State University
1501 State Street
Marshall, MN 56258-1598
507-537-7021
www.southwest.msus.edu

St. Cloud State University
720 4th Avenue South
St. Cloud, MN 56301-4498
320-255-2244
www.stcloudstate.edu

St. Olaf College
1520 St Olaf Avenue
Northfield, MN 55057-1098
507-646-2222
www.stolaf.edu

University of Minnesota, Crookston
2900 University Avenue
Crookston, MN 56716-5001
218-281-6510
www.crk.umn.edu

University of Minnesota, Duluth
10 University Drive
Duluth, MN 55812-2496
218-726-8000
www.d.umn.edu

University of Minnesota, Morris
600 East 4th Street
Morris, MN 56267-2134
320-589-2211
www.mrs.umn.edu

University of Minnesota, Twin Cities Campus
100 Church Street, SE
Minneapolis, MN
55455-0213
612-625-5000
www.umn.edu/tc

University of St. Thomas
2115 Summit Avenue
St. Paul, MN 55105-1096
651-962-5000
www.stthomas.edu

Winona State University
PO Box 5838
Winona, MN 55987-5838
507-457-5000
www.winona.msus.edu

Mississippi

Alcorn State University
1000 ASU Drive
Alcorn State, MS 39096-7500
800-222-6790
www.alcorn.edu

Belhaven College
1500 Peachtree Street
Jackson, MS 39202-1789
800-960-5940
www.belhaven.edu

Blue Mountain College
PO Box 160
Blue Mountain, MS
38610-9509
800-235-0136
www.bmc.edu

Delta State University
Highway 8 West
Cleveland, MS 38733-0001
800-468-6378
www.deltast.edu

Jackson State University
1400 John R Lynch Street
Jackson, MS 39217
800-848-6817
www.jsums.edu

Magnolia Bible College
PO Box 1109
Kosciusko, MS 39090-1109
601-289-2896

Millsaps College
1701 North State Street
Jackson, MS 39210-0001
800-352-1050
www.millsaps.edu

Mississippi College
200 South Capitol Street
Clinton, MS 39058
800-738-1236

Mississippi State University
Mississippi State, MS 39762
662-325-2323
www.msstate.edu

Mississippi University for Women
Box W-1600
Columbus, MS 39701-9998
877-GO 2 THE W
www.muw.edu

Mississippi Valley State University
14000 Highway 82 West
Itta Bena, MS 38941-1400
662-254-9041
www.mvsu.edu

Rust College
150 Rust Avenue
Holly Springs, MS
38635-2328
888-886-8492
www.rustcollege.edu

Southeastern Baptist College
4229 Highway 15 North
Laurel, MS 39440-1096
601-426-6346

Tougaloo College
500 West County Line Road
Tougaloo, MS 39174
888-42GALOO
www.tougaloo.edu

University of Mississippi
University, MS 38677
662-915-7211
www.olemiss.edu

University of Mississippi Medical Center
2500 North State Street
Jackson, MS 39216-4505
601-984-1000
umc.edu

University of Southern Mississippi
2701 Hardy Street
Hattiesburg, MS 39406
601-266-7011
www.usm.edu

Wesley College
PO Box 1070
Florence, MS 39073-1070
800-748-9972
www.wesleycollege.com

William Carey College
498 Tuscan Avenue
Hattiesburg, MS 39401-5499
601-318-6051
www.wmcarey.edu

Missouri

Avila College
11901 Wornall Road
Kansas City, MO 64145-1698
816-942-8400
www.avila.edu

Baptist Bible College
628 East Kearney
Springfield, MO 65803-3498
417-268-6060
www.bbcnet.edu/bbgst.html

Calvary Bible College and Theological Seminary
15800 Calvary Road
Kansas City, MO 64147-1341
816-322-0110
www.calvary.edu

Central Bible College
3000 North Grant Avenue
Springfield, MO 65803-1096
417-833-2551
www.cbcag.edu

Central Christian College of the Bible
911 Urbandale Drive East
Moberly, MO 65270-1997
660-263-3900
www.cccb.edu

Central Methodist College
411 Central Methodist Square
Fayette, MO 65248-1198
660-248-3391
www.cmc.edu

Central Missouri State University
PO Box 800
Warrensburg, MO 64093
660-543-4111
www.cmsu.edu

Cleveland Chiropractic College-Kansas City Campus
6401 Rockhill Road
Kansas City, MO 64131-1181
816-501-0100
www.cleveland.edu

College of the Ozarks
PO Box 17
Point Lookout, MO 65726
417-334-6411
www.cofo.edu

Columbia College
1001 Rogers Street
Columbia, MO 65216-0002
573-875-8700
www.ccis.edu

Conception Seminary College
PO Box 502
Conception, MO 64433-0502
660-944-2218
www.conceptionabbey.edu

Culver-Stockton College
1 College Hill
Canton, MO 63435-1299
217-231-6000
www.culver.edu

Deaconess College of Nursing
6150 Oakland Avenue
St. Louis, MO 63139-3215
314-768-3044
www.deaconess.edu

DeVry Institute of Technology
11224 Holmes Road
Kansas City, MO 64131-3698
816-941-0430
www.kc.devry.edu

Drury University
900 North Benton Avenue
Springfield, MO 65802-3791
417-873-7879
www.drury.edu

Evangel University
1111 North Glenstone
Springfield, MO 65802-2191
417-865-2811
www.evangel.edu

Fontbonne College
6800 Wydown Boulevard
St. Louis, MO 63105-3098
314-862-3456
www.fontbonne.edu

Global University of the Assemblies of God
1211 South Glenstone Ave
Springfield, MO 65804
417-862-9533
www.globaluniversity.edu

Hannibal-LaGrange College
2800 Palmyra Road
Hannibal, MO 63401-1999
573-221-3675
www.hlg.edu

Harris-Stowe State College
3026 Laclede Avenue
St. Louis, MO 63103-2136
314-340-3366
www.hssc.edu

Jewish Hospital College of Nursing and Allied Health
306 South Kingshighway
St. Louis, MO 63110-1091
314-454-7055
jhconah.org

Kansas City Art Institute
4415 Warwick Boulevard
Kansas City, MO 64111-1874
816-472-4852
www.kcai.edu

Kansas City College of Legal Studies
402 East Bannister Road, Suite A
Kansas City, MO 64131
816-444-2232
www.metropolitancollege.edu

Lester L. Cox College of Nursing and Health Sciences
1423 North Jefferson
Springfield, MO 65802
417-269-3401
www.coxnet.org/coxcollege/default.cfm

Lincoln University
820 Chestnut
Jefferson City, MO 65102
573-681-5000
www.lincolnu.edu

Lindenwood University
209 South Kingshighway
St. Charles, MO 63301-1695
636-949-2000
www.lindenwood.edu

Logan University-College of Chiropractic
1851 Schoettler Road, Box 1065
Chesterfield, MO 63006-1065
636-227-2100
www.logan.edu

Maryville University of Saint Louis
13550 Conway Road
St. Louis, MO 63141-7299
314-529-9300
www.maryville.edu

Messenger College
PO Box 4050
Joplin, MO 64803
417-624-7070

Missouri Baptist College
One College Park Drive
St. Louis, MO 63141-8660
314-434-1115
www.mobap.edu

Missouri Southern State College
3950 East Newman Road
Joplin, MO 64801-1595
417-625-9300
www.mssc.edu

Missouri Tech
1167 Corporate Lake Drive
St. Louis, MO 63132-1716
314-569-3600
www.motech.edu

Missouri Valley College
500 East College
Marshall, MO 65340-3197
660-831-4000
www.moval.edu

Missouri Western State College
4525 Downs Drive
St. Joseph, MO 64507-2294
816-271-4200
www.mwsc.edu

National American University
4200 Blue Ridge Boulevard
Kansas City, MO 64133-1612
816-353-4554
www.national.edu

Northwest Missouri State University
800 University Drive
Maryville, MO 64468-6001
660-562-1212
www.nwmissouri.edu

Ozark Christian College
1111 North Main Street
Joplin, MO 64801-4804
417-624-2518
www.occ.edu

Park University
8700 NW River Park Drive
Parkville, MO 64152-3795
816-741-2000
www.park.edu

Research College of Nursing
2316 East Meyer Boulevard
Kansas City, MO 64132
816-276-4700

Rockhurst University
1100 Rockhurst Road
Kansas City, MO 64110-2561
816-501-4000
www.rockhurst.edu

Saint Louis University
221 North Grand Boulevard
St. Louis, MO 63103-2097
314-977-2222
imagine.slu.edu

Saint Luke's College
4426 Wornall Road
Kansas City, MO 64111
816-932-2233
www.saint-lukes.org

Southeast Missouri State University
One University Plaza
Cape Girardeau, MO 63701-4799
573-651-2000
www.semo.edu

Southwest Baptist University
1600 University Avenue
Bolivar, MO 65613-2597
417-328-5281
www.sbuniv.edu

Southwest Missouri State University
901 South National
Springfield, MO 65804-0094
417-836-5000
www.smsu.edu

St. Louis Christian College
1360 Grandview Drive
Florissant, MO 63033-6499
314-837-6777
www.slcc4ministry.edu

St. Louis College of Pharmacy
4588 Parkview Place
St. Louis, MO 63110-1088
314-367-8700
www.stlcop.edu

Stephens College
1200 East Broadway
Columbia, MO 65215-0002
573-442-2211
www.stephens.edu

Truman State University
100 East Normal Street
Kirksville, MO 63501-4221
660-785-4000
www.truman.edu

University of Missouri–Columbia
305 Jesse Hall
Columbia, MO 65211
573-882-2121
www.missouri.edu

University of Missouri–Kansas City
5100 Rockhill Road
Kansas City, MO 64110-2499
816-235-1000
www.umkc.edu

University of Missouri–Rolla
1870 Miner Circle
Rolla, MO 65409-0910
573-341-4111
www.umr.edu

University of Missouri–St. Louis
8001 Natural Bridge Road
St. Louis, MO 63121-4499
314-516-5000
www.umsl.edu

University of Phoenix–Saint Louis Campus
Riverport Executive Center II,
13801 Riverport Drive,
Suite 102
St. Louis, MO 63043
314-298-9755
www.phoenix.edu

Washington University in St. Louis
1 Brookings Drive
St. Louis, MO 63130-4899
314-935-5000
www.wustl.edu

Webster University
470 East Lockwood Avenue
St. Louis, MO 63119-3194
314-968-6900
www.webster.edu

Westminster College
501 Westminster Avenue
Fulton, MO 65251-1299
573-642-3361
www.westminster-mo.edu

William Jewell College
500 College Hill
Liberty, MO 64068-1843
816-781-7700
www.jewell.edu

William Woods University
One University Avenue
Fulton, MO 65251-2388
573-642-2251
www.williamwoods.edu

Montana

Carroll College
1601 North Benton Avenue
Helena, MT 59625-0002
406-447-4300
www.carroll.edu

Montana State University–Billings
1500 North 30th Street
Billings, MT 59101-0298
406-657-2011
www.msubillings.edu

Montana State University–Bozeman
Bozeman, MT 59717
406-994-0211
www.montana.edu

Montana State University–Northern
PO Box 7751
Havre, MT 59501-7751
406-265-3700
www.msun.edu

Montana Tech of The University of Montana
1300 West Park Street
Butte, MT 59701-8997
406-496-4101
www.mtech.edu

Rocky Mountain College
1511 Poly Drive
Billings, MT 59102-1796
406-657-1000
www.rocky.edu

University of Great Falls
1301 Twentieth Street South
Great Falls, MT 59405
406-761-8210
www.ugf.edu

The University of Montana–Missoula
Missoula, MT 59812-0002
406-243-0211
www.umt.edu

The University of Montana–Western
710 South Atlantic
Dillon, MT 59725-3598
406-683-7011
www.umwesten.edu

Nebraska

Bellevue University
1000 Galvin Road South
Bellevue, NE 68005-3098
402-291-8100
www.bellevue.edu

Chadron State College
1000 Main Street
Chadron, NE 69337
308-432-6000
www.csc.edu

Clarkson College
101 South 42nd Street
Omaha, NE 68131-2739
402-552-3100
www.clarksoncollege.edu

College of Saint Mary
1901 South 72nd Street
Omaha, NE 68124-2377
402-399-2400
www.csm.edu

Concordia University
800 North Columbia Avenue
Seward, NE 68434-1599
402-643-3651
www.cune.edu

Creighton University
2500 California Plaza
Omaha, NE 68178-0001
402-280-2700
www.creighton.edu

Dana College
2848 College Drive
Blair, NE 68008-1099
402-426-9000
www.dana.edu

Doane College
1014 Boswell Avenue
Crete, NE 68333-2430
402-826-2161
www.doane.edu

Grace University
1311 South Ninth Street
Omaha, NE 68108
402-449-2800
www.graceuniversity.edu

Hastings College
800 North Turner Avenue
Hastings, NE 68901-7696
402-463-2402
www.hastings.edu

Midland Lutheran College
900 North Clarkson Street
Fremont, NE 68025-4200
402-721-5480
www.mlc.edu

Nebraska Christian College
1800 Syracuse Avenue
Norfolk, NE 68701-2458
402-379-5000
www.nechristian.edu

Nebraska Methodist College
8501 West Dodge Road
Omaha, NE 68114-3426
402-354-4863
www.methodistcollege.edu

Nebraska Wesleyan University
5000 Saint Paul Avenue
Lincoln, NE 68504-2796
402-466-2371
www.nebrwesleyan.edu

Peru State College
PO Box 10
Peru, NE 68421
402-872-3815
www.peru.edu

Union College
3800 South 48th Street
Lincoln, NE 68506-4300
402-488-2331
www.ucollege.edu

University of Nebraska at Kearney
905 West 25th Street
Kearney, NE 68849-0001
308-865-8441

University of Nebraska at Omaha
6001 Dodge Street
Omaha, NE 68182
402-554-2800
www.unomaha.edu

University of Nebraska Medical Center
Nebraska Medical Center
Omaha, NE 68198
402-559-4000
www.unmc.edu

University of Nebraska–Lincoln
14th and R Streets
Lincoln, NE 68588
402-472-7211
www.unl.edu

Wayne State College
1111 Main Street
Wayne, NE 68787
402-375-7000
www.wsc.edu

York College
1125 East 8th Street
York, NE 68467
402-363-5600
www.york.edu

Nevada

Morrison University
140 Washington Street
Reno, NV 89503-5600
775-323-4145
www.morrison.edu

Sierra Nevada College
999 Tahoe Boulevard
Incline Village, NV 89451
775-831-1314
www.sierranevada.edu

University of Nevada, Las Vegas
4505 Maryland Parkway
Las Vegas, NV 89154-9900
702-895-3011
www.unlv.edu

University of Nevada, Reno
Reno, NV 89557
775-784-1110
www.unr.edu

University of Phoenix–Nevada Campus
333 North Rancho Drive, Suite 300
Las Vegas, NV 89106
702-638-7868
www.phoenix.edu

New Hampshire

Colby-Sawyer College
100 Main Street
New London, NH 03257-4648
603-526-3000
www.colby-sawyer.edu

Daniel Webster College
20 University Drive
Nashua, NH 03063-1300
603-577-6000
www.dwc.edu

Dartmouth College
Hanover, NH 03755
603-646-1110
www.dartmouth.edu

Franklin Pierce College
College Road, PO Box 60
Rindge, NH 03461-0060
603-899-4000
www.fpc.edu

Keene State College
229 Main Street
Keene, NH 03435
603-352-1909
www.keene.edu

Magdalen College
511 Kearsarge Mountain Rd
Warner, NH 03278
603-456-2656
www.magdalen.edu

New England College
7 Main Street
Henniker, NH 03242-3293
603-428-2211
www.nec.edu

New Hampshire Institute of Art
148 Concord Street
Manchester, NH 03104-4158
603-623-0313
www.nhia.edu

Plymouth State College
17 High Street
Plymouth, NH 03264-1595
603-535-5000
www.plymouth.edu

Rivier College
420 Main Street
Nashua, NH 03060-5086
603-888-1311
www.rivier.edu

Saint Anselm College
100 Saint Anselm Drive
Manchester, NH 03102-1310
603-641-7000
www.anselm.edu

Southern New Hampshire University
2500 North River Road
Manchester, NH 03106-1045
603-668-2211
www.snhu.edu

Thomas More College of Liberal Arts
6 Manchester Street
Merrimack, NH 03054-4818
603-880-8308
www.thomasmorecollege.edu

University of New Hampshire
Durham, NH 03824
603-862-1234
www.unh.edu

University of New Hampshire at Manchester
400 Commercial Street
Manchester, NH 03101-1113
603-641-4321
www.unh.edu/unhm

University System College for Lifelong Learning
125 North State Street
Concord, NH 03301
603-228-3000
www.cll.edu

White Pines College
40 Chester Street
Chester, NH 03036-4331
603-887-4401
www.whitepines.edu

New Jersey

Beth Medrash Govoha
617 Sixth Street
Lakewood, NJ 08701-2797
732-367-1060

Bloomfield College
467 Franklin Street
Bloomfield, NJ 07003-9981
973-748-9000
www.bloomfield.edu

Caldwell College
9 Ryerson Avenue
Caldwell, NJ 07006-6195
973-618-3000
www.caldwell.edu

Centenary College
400 Jefferson Street
Hackettstown, NJ
07840-2100
908-852-1400
www.centenarycollege.edu

The College of New Jersey
PO Box 7718
Ewing, NJ 08628
609-771-1855
www.tcnj.edu

College of Saint Elizabeth
2 Convent Road
Morristown, NJ 07960-6989
973-290-4000
www.st-elizabeth.edu

DeVry College of Technology
630 US Highway 1
North Brunswick, NJ
08902-3362
732-435-4880
www.nj.devry.edu

Drew University
36 Madison Avenue
Madison, NJ 07940-1493
973-408-3000
www.drew.edu

Fairleigh Dickinson
University, Florham-
Madison Campus
285 Madison Avenue
Madison, NJ 07940-1099
973-443-8500
www.fdu.edu

Fairleigh Dickinson
University,
Teaneck–Hackensack Campus
1000 River Road
Teaneck, NJ 07666-1914
201-692-2000
www.fdu.edu

Felician College
262 South Main Street
Lodi, NJ 07644-2198
201-559-6000
www.felician.edu

Georgian Court College
900 Lakewood Avenue
Lakewood, NJ 08701-2697
732-364-2200
www.georgian.edu

Kean University
1000 Morris Avenue
Union, NJ 07083
908-527-2000
www.kean.edu

Monmouth University
400 Cedar Avenue
West Long Branch, NJ
07764-1898
732-571-3400
www.monmouth.edu

Montclair State University
1 Normal Avenue
Upper Montclair, NJ
07043-1624
973-655-4000
www.montclair.edu

New Jersey City University
2039 Kennedy Boulevard
Jersey City, NJ 07305-1597
201-200-2000
www.njcu.edu/core.htm

New Jersey Institute of
Technology
University Heights
Newark, NJ 07102-1982
973-596-3000
www.njit.edu

Princeton University
Princeton, NJ 08544-1019
609-258-3000
www.princeton.edu

Rabbinical College of
America
226 Sussex Avenue,
PO Box 1996
Morristown, NJ 07962-1996
973-267-9404

Ramapo College of New
Jersey
505 Ramapo Valley Road
Mahwah, NJ 07430-1680
201-684-7500
www.ramapo.edu

The Richard Stockton College
of New Jersey
PO Box 195, Jimmie Leeds Rd
Pomona, NJ 08240-0195
609-652-1776
www.stockton.edu

Rider University
2083 Lawrenceville Road
Lawrenceville, NJ
08648-3001
609-896-5000
www.rider.edu

Rowan University
201 Mullica Hill Road
Glassboro, NJ 08028-1701
856-256-4500
www.rowan.edu

Rutgers, The State University
of New Jersey, Camden
311 North Fifth Street
Camden, NJ 08102-1401
856-225-1766
camden-www.rutgers.edu

Rutgers, The State University
of New Jersey, New
Brunswick
New Brunswick, NJ
08901-1281
732-932-4636
www.rutgers.edu

Rutgers, The State University
of New Jersey, Newark
Newark, NJ 07102
973-353-1766
info.rutgers.edu/newark

Saint Peter's College
2641 Kennedy Boulevard
Jersey City, NJ 07306-5997
201-915-9000
www.spc.edu

Seton Hall University
400 South Orange Avenue
South Orange, NJ
07079-2697
973-761-9000
www.shu.edu

Stevens Institute of
Technology
Castle Point on Hudson
Hoboken, NJ 07030
201-216-5000
www.stevens-tech.edu

Talmudical Academy of New
Jersey
Route 524
Adelphia, NJ 07710
732-431-1600

Thomas Edison State College
101 West State Street
Trenton, NJ 08608-1176
609-984-1100
www.tesc.edu

Westminster Choir College of
Rider University
101 Walnut Lane
Princeton, NJ 08540-3899
609-921-7100
westminster.rider.edu

William Paterson University
of New Jersey
300 Pompton Road
Wayne, NJ 07470-8420
973-720-2000
www.wpunj.edu

New Mexico

College of Santa Fe
1600 Saint Michael's Drive
Santa Fe, NM 87505-7634
505-473-6011
www.csf.edu

College of the Southwest
6610 Lovington Highway
Hobbs, NM 88240-9129
505-392-6561
www.csw.edu

Eastern New Mexico
University
Portales, NM 88130
505-562-1011
www.enmu.edu

Metropolitan College of
Court Reporting
1717 Louisiana Blvd NE,
Suite 207
Albuquerque, NM 87110-7027
505-888-3400
www.metropolitancollege.edu

National American University
1202 Pennsylvania Ave, NE
Albuquerque, NM 87110
505-265-7517

Nazarene Indian Bible
College
2315 Markham Road, SW
Albuquerque, NM 87105
505-877-0240

New Mexico Highlands
University
PO Box 9000
Las Vegas, NM 87701
505-454-3000
www.nmhu.edu

New Mexico Institute of
Mining and Technology
801 Leroy Place
Socorro, NM 87801
505-835-5011
www.nmt.edu

New Mexico State University
PO Box 30001
Las Cruces, NM 88003-8001
505-646-0111
www.nmsu.edu

St. John's College
1160 Camino Cruz Blanca
Santa Fe, NM 87501-4599
505-984-6000
www.sjcsf.edu

University of New Mexico
Albuquerque, NM
87131-2039
505-277-0111
www.unm.edu

University of Phoenix–New Mexico Campus
7471 Pan American Freeway NE
Albuquerque, NM 87109
505-821-4800
www.phoenix.edu

Western New Mexico University
PO Box 680
Silver City, NM 88062-0680
505-538-6011
www.wnmu.edu

New York

Adelphi University
South Avenue
Garden City, NY 11530
516-877-3000
www.adelphi.edu

Albany College of Pharmacy of Union University
106 New Scotland Avenue
Albany, NY 12208-3425
518-445-7200
www.acp.edu

Alfred University
One Saxon Drive
Alfred, NY 14802-1205
607-871-2111
www.alfred.edu

Audrey Cohen College
75 Varick Street
New York, NY 10013-1919
212-343-1234
www.audreycohen.edu

Bard College
Ravine Road, PO Box 5000
Annandale-on-Hudson, NY
12504
845-758-6822
www.bard.edu

Barnard College
3009 Broadway
New York, NY 10027-6598
212-854-5262
Fax: 212-854-6220
www.barnard.edu

Bernard M. Baruch College of the City University of New York
17 Lexington Avenue
New York, NY 10010-5585
212-802-2000
www.baruch.cuny.edu

Beth HaMedrash Shaarei Yosher Institute
4102-10 Sixteenth Avenue
Brooklyn, NY 11204
718-854-2290

Beth Hatalmud Rabbinical College
2127 Eighty-second Street
Brooklyn, NY 11214
718-259-2525

Boricua College
3755 Broadway
New York, NY 10032-1560
212-694-1000

Briarcliffe College
1055 Stewart Avenue
Bethpage, NY 11714
516-918-3600
www.briarcliffe.edu

Brooklyn College of the City University of New York
2900 Bedford Avenue
Brooklyn, NY 11210-2889
718-951-5000
www.brooklyn.cuny.edu

Canisius College
2001 Main Street
Buffalo, NY 14208-1098
716-883-7000
www.canisius.edu

Cazenovia College
22 Sullivan Street
Cazenovia, NY 13035-1084
315-655-7000
www.cazcollege.edu

Central Yeshiva Tomchei Tmimim-Lubavitch
841-853 Ocean Parkway
Brooklyn, NY 11230
718-434-0784

City College of the City University of New York
160 Convent Avenue
New York, NY 10031-9198
212-650-7000
www.ccny.cuny.edu

Clarkson University
Potsdam, NY 13699
315-268-6400
www.clarkson.edu

Colgate University
13 Oak Drive
Hamilton, NY 13346-1386
315-228-1000
www.colgate.edu

College of Aeronautics
8601 23rd Avenue
Flushing, NY 11369-1037
718-429-6600
www.aero.edu

The College of Insurance
101 Murray Street
New York, NY 10007-2165
212-962-4111
www.tci.edu

College of Mount Saint Vincent
6301 Riverdale Avenue
Riverdale, NY 10471-1093
718-405-3200
www.cmsv.edu

The College of New Rochelle
29 Castle Place
New Rochelle, NY
10805-2308
914-632-5300
cnr.edu

The College of Saint Rose
432 Western Avenue
Albany, NY 12203-1419
518-454-5111
www.strose.edu

College of Staten Island of the City University of New York
2800 Victory Boulevard
Staten Island, NY
10314-6600
718-982-2000
www.csi.cuny.edu

Columbia College
116th Street and Broadway
New York, NY 10027
212-854-1754
www.columbia.edu

Columbia University, School of General Studies
2970 Broadway
New York, NY 10027-6939
212-854-2772

Columbia University, The Fu Foundation School of Engineering and Applied Science
500 West 120th Street
New York, NY 10027
212-854-1754
www.columbia.edu

Concordia College
171 White Plains Road
Bronxville, NY 10708-1998
914-337-9300
www.concordia-ny.edu

Cooper Union for the Advancement of Science and Art
30 Cooper Square
New York, NY 10003-7120
212-353-4100
www.cooper.edu

Cornell University
Ithaca, NY 14853-0001
607-255-2000
www.cornell.edu

The Culinary Institute of America
1946 Campus Drive
Hyde Park, NY 12538-1499
845-452-9600
www.ciachef.edu

D'Youville College
320 Porter Avenue
Buffalo, NY 14201-1084
716-881-3200
www.dyc.edu

Daemen College
4380 Main Street
Amherst, NY 14226-3592
716-839-3600
www.daemen.edu

Darkei Noam Rabbinical College
2822 Avenue J
Brooklyn, NY 11210
718-338-6464

DeVry Institute of Technology
30-20 Thomson Avenue
Long Island City, NY 11101
718-361-0004
www.ny.devry.edu

Dominican College
470 Western Highway
Orangeburg, NY 10962-1210
845-359-7800
www.dc.edu

Dowling College
Idle Hour Boulevard
Oakdale, NY 11769-1999
631-244-3000
www.dowling.edu

Elmira College
One Park Place
Elmira, NY 14901
607-735-1800
www.elmira.edu

Eugene Lang College, New School University
65 West 11th Street
New York, NY 10011-8601
212-229-5600
www.newschool.edu

Excelsior College
7 Columbia Circle
Albany, NY 12203-5159
518-464-8500
www.excelsior.edu

Fashion Institute of Technology
Seventh Avenue at 27th St
New York, NY 10001-5992
212-217-7999
www.fitnyc.suny.edu

Five Towns College
305 North Service Road
Dix Hills, NY 11746-6055
631-424-7000
www.fivetowns.edu

Fordham University
441 East Fordham Road
New York, NY 10458
718-817-1000
www.fordham.edu

Globe Institute of Technology
291 Broadway, Second Floor
New York, NY 10007
212-349-4330
www.globe.edu

Hamilton College
198 College Hill Road
Clinton, NY 13323-1296
315-859-4011
www.hamilton.edu

Hartwick College
West Street, PO Box 4020
Oneonta, NY 13820-4020
607-431-4200
www.hartwick.edu

Hilbert College
5200 South Park Avenue
Hamburg, NY 14075-1597
716-649-7900
www.hilbert.edu

Hobart and William Smith Colleges
Geneva, NY 14456-3397
315-781-3000
www.hws.edu

Hofstra University
100 Hofstra University
Hempstead, NY 11549
516-463-6600
www.hofstra.edu

Holy Trinity Orthodox Seminary
PO Box 36
Jordanville, NY 13361
315-858-0945
www.hts.edu

Houghton College
One Willard Avenue
Houghton, NY 14744
716-567-9200
www.houghton.edu

Hunter College of the City University of New York
695 Park Avenue
New York, NY 10021-5085
212-772-4000
www.hunter.cuny.edu

Iona College
715 North Avenue
New Rochelle, NY
10801-1890
914-633-2000
www.iona.edu

Ithaca College
100 Job Hall
Ithaca, NY 14850-7020
607-274-3011
www.ithaca.edu

Jewish Theological Seminary of America
3080 Broadway
New York, NY 10027-4649
212-678-8000
www.jtsa.edu

John Jay College of Criminal Justice of the City University of New York
899 Tenth Avenue
New York, NY 10019-1093
212-237-8000
www.jjay.cuny.edu

The Juilliard School
60 Lincoln Center Plaza
New York, NY 10023-6588
212-799-5000
www.juilliard.edu

Kehilath Yakov Rabbinical Seminary
206 Wilson Street
Brooklyn, NY 11211-7207
718-963-1212

Keuka College
Keuka Park, NY 14478-0098
315-279-5000
www.keuka.edu

Kol Yaakov Torah Center
29 West Maple Avenue
Monsey, NY 10952-2954
914-425-3863
horizons.edu

Laboratory Institute of Merchandising
12 East 53rd Street
New York, NY 10022-5268
212-752-1530
www.limcollege.edu

Le Moyne College
1419 Salt Springs Road
Syracuse, NY 13214-1399
315-445-4100
www.lemoyne.edu

Lehman College of the City University of New York
250 Bedford Park Blvd West
Bronx, NY 10468-1589
718-960-8000
www.lehman.cuny.edu

Long Island University, Brentwood Campus
100 Second Avenue
Brentwood, NY 11717
631-273-5112
www.liunet.edu/cwis/brent/brent.htm

Long Island University, Brooklyn Campus
One University Plaza
Brooklyn, NY 11201-8423
718-488-1000
www.liu.edu

Long Island University, C.W. Post Campus
720 Northern Boulevard
Brookville, NY 11548-1300
516-299-2000
www.cwpost.liunet.edu/cwis/cwp/post.html

Long Island University, Southampton College
239 Montauk Highway
Southampton, NY
11968-4198
631-283-4000
www.southampton.liu.edu

Long Island University, Southampton College, Friends World
239 Montauk Highway
Southampton, NY 11968
631-287-8464
www.southampton.liu.edu/fw

Machzikei Hadath Rabbinical College
5407 Sixteenth Avenue
Brooklyn, NY 11204-1805
718-854-8777

Manhattan College
Manhattan College Parkway
Riverdale, NY 10471
718-862-8000
www.manhattan.edu

Manhattan School of Music
120 Claremont Avenue
New York, NY 10027-4698
212-749-2802
www.msmnyc.edu

Manhattanville College
2900 Purchase Street
Purchase, NY 10577-2132
914-694-2200
www.mville.edu

Mannes College of Music, New School University
150 West 85th Street
New York, NY 10024-4402
212-580-0210
www.mannes.edu

Marist College
3399 North Road
Poughkeepsie, NY
12601-1387
845-575-3000
www.marist.edu

Marymount College
100 Marymount Avenue
Tarrytown, NY 10591-3796
914-631-3200
www.marymt.edu

Marymount Manhattan College
221 East 71st Street
New York, NY 10021-4597
212-517-0400
www.marymount.mmm.edu

Medaille College
18 Agassiz Circle
Buffalo, NY 14214-2695
716-884-3281
www.medaille.edu

Medgar Evers College of the City University of New York
1650 Bedford Avenue
Brooklyn, NY 11225-2298
718-270-4900
www.mec.cuny.edu

Mercy College
555 Broadway
Dobbs Ferry, NY 10522-1189
914-693-4500
www.mercynet.edu

Mesivta of Eastern Parkway Rabbinical Seminary
510 Dahill Road
Brooklyn, NY 11218-5559
718-438-1002

Mesivta Tifereth Jerusalem of America
145 East Broadway
New York, NY 10002-6301
212-964-2830

Mesivta Torah Vodaath Rabbinical Seminary
425 East Ninth Street
Brooklyn, NY 11218-5299
718-941-8000

Mirrer Yeshiva
1795 Ocean Parkway
Brooklyn, NY 11223-2010
718-645-0536

Molloy College
1000 Hempstead Avenue
Rockville Centre, NY
11571-5002
516-678-5000

Mount Saint Mary College
330 Powell Avenue
Newburgh, NY 12550-3494
845-561-0800
www.msmc.edu

Nazareth College of Rochester
4245 East Avenue
Rochester, NY 14618-3790
716-389-2525
www.naz.edu

New School Bachelor of Arts, New School University
66 West 12th Street
New York, NY 10011-8603
212-229-5600
www.newschool.edu

New York Institute of Technology
PO Box 8000
Old Westbury, NY
11568-8000
516-686-7516
www.nyit.edu

New York School of Interior Design
170 East 70th Street
New York, NY 10021-5110
212-472-1500
www.nysid.edu

New York University
70 Washington Square South
New York, NY 10012-1019
212-998-1212
www.nyu.edu

Niagara University
Niagara University, NY
14109
716-285-1212
www.niagara.edu

Nyack College
One South Boulevard
Nyack, NY 10960-3698
845-358-1710
www.nyackcollege.edu

Ohr Hameir Theological Seminary
Furnace Woods Road
Peekskill, NY 10566
914-736-1500

Ohr Somayach/Joseph Tanenbaum Educational Center
PO Box 334, 244 Route 306
Monsey, NY 10952-0334
914-425-1370

Pace University
One Pace Plaza
New York, NY 10038
212-346-1200
www.pace.edu

Parsons School of Design, New School University
66 Fifth Avenue
New York, NY 10011-8878
212-229-8900
www.parsons.edu

Paul Smith's College of Arts and Sciences
PO Box 265
Paul Smiths, NY 12970-0265
518-327-6000
www.paulsmiths.edu

Plattsburgh State University of New York
101 Broad Steet
Plattsburgh, NY 12901-2681
518-564-2000
www.plattsburgh.edu

Polytechnic University, Brooklyn Campus
Six Metrotech Center
Brooklyn, NY 11201-2990
718-260-3600
www.poly.edu

Practical Bible College
PO Box 601
Bible School Park, NY
13737-0601
607-729-1581
www.practical.edu

Pratt Institute
200 Willoughby Avenue
Brooklyn, NY 11205-3899
718-636-3600
www.pratt.edu

Purchase College, State University of New York
735 Anderson Hill Road
Purchase, NY 10577-1400
914-251-6000
www.purchase.edu

Queens College of the City University of New York
65-30 Kissena Boulevard
Flushing, NY 11367-1597
718-997-5000
www.qc.edu

Rabbinical Academy Mesivta Rabbi Chaim Berlin
1605 Coney Island Avenue
Brooklyn, NY 11230-4715
718-377-0777

Rabbinical College Beth Shraga
28 Saddle River Road
Monsey, NY 10952-3035
914-356-1980

Rabbinical College Bobover Yeshiva B'nei Zion
1577 Forty-eighth Street
Brooklyn, NY 11219
718-438-2018

Rabbinical College Ch'san Sofer
1876 Fiftieth Street
Brooklyn, NY 11204
718-236-1171

Rabbinical College of Long Island
201 Magnolia Boulevard
Long Beach, NY 11561-3305
516-431-7414

Rabbinical Seminary Adas Yereim
185 Wilson Street
Brooklyn, NY 11211-7206
718-388-1751

Rabbinical Seminary M'kor Chaim
1571 Fifty-fifth Street
Brooklyn, NY 11219
718-851-0183

Rabbinical Seminary of America
92-15 Sixty-ninth Avenue
Forest Hills, NY 11375
718-268-4700

Rensselaer Polytechnic Institute
110 8th Street
Troy, NY 12180-3590
518-276-6000
www.rpi.edu

Roberts Wesleyan College
2301 Westside Drive
Rochester, NY 14624-1997
716-594-6000
www.roberts.edu

Rochester Institute of Technology
One Lomb Memorial Drive
Rochester, NY 14623-5698
716-475-2411
www.rit.edu

Russell Sage College
45 Ferry Street
Troy, NY 12180-4115
518-244-2000
www.sage.edu/html/rsc/welcome.html

Sarah Lawrence College
1 Mead Way
Bronxville, NY 10708
914-337-0700
www.slc.edu

School of Visual Arts
209 East 23rd Street
New York, NY 10010-3994
212-592-2000
www.schoolofvisualarts.edu

Sh'or Yoshuv Rabbinical College
1526 Central Avenue
Far Rockaway, NY
11691-4002
718-327-2048

Siena College
515 Loudon Road
Loudonville, NY 12211-1462
518-783-2300
www.siena.edu

Skidmore College
815 North Broadway
Saratoga Springs, NY
12866-1632
518-580-5000
www.skidmore.edu

St. Bonaventure University
Route 417
St. Bonaventure, NY
14778-2284
716-375-2000
www.sbu.edu

St. Francis College
180 Remsen Street
Brooklyn Heights, NY
11201-4398
718-522-2300
www.stfranciscollege.edu

St. John Fisher College
3690 East Avenue
Rochester, NY 14618-3597
716-385-8000
www.sjfc.edu

St. John's University
8000 Utopia Parkway
Jamaica, NY 11439
718-990-6161
www.stjohns.edu

St. Joseph's College, New York
245 Clinton Avenue
Brooklyn, NY 11205-3688
718-636-6800
www.sjcnj.edu

St. Joseph's College, Suffolk Campus
155 West Roe Boulevard
Patchogue, NY 11772-2399
631-447-3200
www.sjcny.edu

St. Lawrence University
Canton, NY 13617-1455
315-229-5011
www.stlawu.edu

St. Thomas Aquinas College
125 Route 340
Sparkill, NY 10976
845-398-4000
www.stac.edu

State University of New York at Albany
1400 Washington Avenue
Albany, NY 12222-0001
518-442-3300
www.albany.edu

State University of New York at Binghamton
PO Box 6000
Binghamton, NY
13902-6000
607-777-2000
www.binghamton.edu

State University of New York at Farmingdale
Route 110
Farmingdale, NY 11735
631-420-2000
www.farmingdale.edu

State University of New York at New Paltz
75 South Manheim Boulevard
New Paltz, NY 12561
845-257-2121
www.newpaltz.edu

State University of New York at Oswego
Oswego, NY 13126
315-312-2500
www.oswego.edu

State University of New York College at Brockport
350 New Campus Drive
Brockport, NY 14420-2997
716-395-2211
www.brockport.edu

State University of New York College at Buffalo
1300 Elmwood Avenue
Buffalo, NY 14222-1095
716-878-4000
Fax: 716-878-6100
www.buffalostate.edu

State University of New York College at Cortland
PO Box 2000
Cortland, NY 13045
607-753-2011
www.cortland.edu

State University of New York College at Fredonia
Fredonia, NY 14063-1136
716-673-3111
www.fredonia.edu

State University of New York College at Geneseo
1 College Circle
Geneseo, NY 14454-1401
716-245-5211
www.geneseo.edu

State University of New York College at Old Westbury
PO Box 210
Old Westbury, NY
11568-0210
516-876-3000
www.oldwestbury.edu

State University of New York College at Oneonta
Ravine Parkway
Oneonta, NY 13820-4015
607-436-3500
www.oneonta.edu

State University of New York College at Potsdam
44 Pierrepont Avenue
Potsdam, NY 13676
315-267-2000
www.potsdam.edu

State University of New York College of Agriculture and Technology at Cobleskill
Cobleskill, NY 12043
518-255-5011
www.cobleskill.edu

State University of New York College of Environmental Science and Forestry
1 Forestry Drive
Syracuse, NY 13210-2779
315-470-6500
www.esf.edu

State University of New York College of Technology at Canton
Cornell Drive
Canton, NY 13617
315-386-7011
www.canton.edu

State University of New York Empire State College
1 Union Avenue
Saratoga Springs, NY
12866-4391
518-587-2100
www.esc.edu

State University of New York Health Science Center at Brooklyn
450 Clarkson Avenue
Brooklyn, NY 11203-2098
718-270-1000
www.downstate.edu

State University of New York Institute of Technology at Utica/Rome
PO Box 3050
Utica, NY 13504-3050
315-792-7100
www.sunyit.edu

State University of New York Maritime College
6 Pennyfield Avenue
Throggs Neck, NY
10465-4198
718-409-7200
www.sunymaritime.edu

State University of New York Upstate Medical University
750 East Adams Street
Syracuse, NY 13210-2334
315-464-5540
www.upstate.edu

Stony Brook University, State University of New York
Nicolls Road
Stony Brook, NY 11794
631-689-6000
www.sunysb.edu

Syracuse University
Syracuse, NY 13244-0003
315-443-1870
www.syracuse.edu

Talmudical Institute of Upstate New York
769 Park Avenue
Rochester, NY 14607-3046
716-473-2810

Talmudical Seminary Oholei Torah
667 Eastern Parkway
Brooklyn, NY 11213-3310
718-774-5050

Torah Temimah Talmudical Seminary
507 Ocean Parkway
Brooklyn, NY 11218-5913
718-853-8500

Touro College
27-33 West 23rd Street
New York, NY 10010
212-463-0400
www.touro.edu

Union College
Schenectady, NY 12308-2311
518-388-6000
www.union.edu

United States Merchant Marine Academy
300 Steamboat Road
Kings Point, NY 11024-1699
516-773-5000
www.usmma.edu

United States Military Academy
600 Thayer Road
West Point, NY 10996
845-938-4011
www.usma.edu

United Talmudical Seminary
82 Lee Avenue
Brooklyn, NY 11211-7900
718-963-9260

University at Buffalo, The State University of New York
Capen Hall
Buffalo, NY 14260
716-645-2000
www.buffalo.edu

University of Rochester
Wilson Boulevard
Rochester, NY 14627-0250
716-275-2121
www.rochester.edu

Utica College of Syracuse University
1600 Burrstone Road
Utica, NY 13502-4892
315-792-3111
www.utica.edu

Vassar College
124 Raymond Avenue
Poughkeepsie, NY 12604
845-437-7000
www.vassar.edu

Wadhams Hall Seminary-College
6866 State Highway 37
Ogdensburg, NY 13669
315-393-4231
www.wadhams.edu

Wagner College
1 Campus Road
Staten Island, NY 10301-4495
718-390-3100
www.wagner.edu

Webb Institute
Crescent Beach Road
Glen Cove, NY 11542-1398
516-671-2213
www.webb-institute.edu

Wells College
Aurora, NY 13026
315-364-3266
www.wells.edu

Yeshiva Derech Chaim
1573 39th Street
Brooklyn, NY 11218
718-438-3070

Yeshiva Karlin Stolin Rabbinical Institute
1818 Fifty-fourth Street
Brooklyn, NY 11204
718-232-7800

Yeshiva of Nitra Rabbinical College
Pines Bridge Road
Mount Kisco, NY 10549
718-384-5460

Yeshiva Shaar Hatorah Talmudic Research Institute
117-06 84th Avenue
Kew Gardens, NY 11418-1469
718-846-1940

Yeshiva University
500 West 185th Street
New York, NY 10033-3201
212-960-5400
www.yu.edu

Yeshivat Mikdash Melech
1326 Ocean Parkway
Brooklyn, NY 11230-5601
718-339-1090

Yeshivath Viznitz
Phyllis Terrace, PO Box 446
Monsey, NY 10952
914-356-1010

Yeshivath Zichron Moshe
Laurel Park Road
South Fallsburg, NY 12779
914-434-5240

York College of the City University of New York
94-20 Guy R Brewer Blvd
Jamaica, NY 11451-0001
718-262-2000
www.york.cuny.edu

North Carolina

Appalachian State University
Boone, NC 28608
828-262-2000
www.appstate.edu

Barber-Scotia College
145 Cabarrus Avenue, West
Concord, NC 28025-5187
800-610-0778
www.barber-scotia.edu

Barton College
PO Box 5000
Wilson, NC 27893-7000
800-345-4973
www.barton.edu

Belmont Abbey College
100 Belmont-Mt. Holly Road
Belmont, NC 28012-1802
888-BAC-0110
www.belmontabbeycollege.edu

Bennett College
900 East Washington Street
Greensboro, NC 27401-3239
336-273-4431
www.bennett.edu

Brevard College
400 North Broad Street
Brevard, NC 28712-3306
800-527-9090
www.brevard.edu

Campbell University
Buies Creek, NC 27506
800-334-4111
www.campbell.edu

Catawba College
2300 West Innes Street
Salisbury, NC 28144-2488
800-CATAWBA
www.catawba.edu

Chowan College
PO Box 1848
Murfreesboro, NC 27855
800-488-4101
www.chowan.edu

Davidson College
PO Box 5000
Davidson, NC 28035-5000
800-768-0380
www.davidson.edu

Duke University
Durham, NC 27708-0586
919-684-8111
www.duke.edu

East Carolina University
East Fifth Street
Greenville, NC 27858-4353
252-328-6131
www.ecu.edu

Elizabeth City State University
1704 Weeksville Road
Elizabeth City, NC 27909-7806
800-347-3278
www.ecsu.edu

Elon University
2700 Campus Box
Elon, NC 27244-2010
800-334-8448
www.elon.edu

Fayetteville State University
1200 Murchison Road
Fayetteville, NC 28301-4298
800-222-2594
www.uncfsu.edu

Gardner-Webb University
PO Box 997
Boiling Springs, NC 28017
800-253-6472
www.gardner-webb.edu

Greensboro College
815 West Market Street
Greensboro, NC 27401-1875
800-346-8226
www.gborocollege.edu

Guilford College
5800 West Friendly Avenue
Greensboro, NC 27410-4173
800-992-7759
www.guilford.edu

Heritage Bible College
PO Box 1628
Dunn, NC 28335-1628
910-892-3178
www.pfwb.org/non-frames/hbc/index.htm

High Point University
University Station, Montlieu Ave
High Point, NC 27262-3598
800-345-6993
www.highpoint.edu

John Wesley College
2314 North Centennial Street
High Point, NC 27265-3197
336-889-2262
www.johnwesley.edu

Johnson C. Smith University
100 Beatties Ford Road
Charlotte, NC 28216-5398
800-782-7303
www.jcsu.edu

Lees-McRae College
PO Box 128
Banner Elk, NC 28604-0128
800-280-4562
www.lmc.edu

Lenoir-Rhyne College
7th Avenue and 8th Street, NE
Hickory, NC 28603
800-277-5721
www.lrc.edu

Livingstone College
701 West Monroe Street
Salisbury, NC 28144-5298
800-835-3435
www.livingstone.edu

Mars Hill College
PO Box 370
Mars Hill, NC 28754
800-543-1514
www.mhc.edu

Meredith College
3800 Hillsborough Street
Raleigh, NC 27607-5298
800-MEREDITH
www.meredith.edu

Methodist College
5400 Ramsey Street
Fayetteville, NC 28311-1420
800-488-7110
www.methodist.edu

Montreat College
PO Box 1267
Montreat, NC 28757-1267
828-669-8012
www.montreat.edu

Mount Olive College
634 Henderson Street
Mount Olive, NC 28365
919-658-2502
www.mountolivecollege.edu

North Carolina Agricultural and Technical State University
1601 East Market Street
Greensboro, NC 27411
336-334-7500
www.ncat.edu

North Carolina Central University
1801 Fayetteville Street
Durham, NC 27707-3129
919-560-6100
www.nccu.edu

North Carolina School of the Arts
1533 South Main Street,
PO Box 12189
Winston-Salem, NC 27127-2188
336-770-3399
www.ncarts.edu

North Carolina State University
Raleigh, NC 27695
919-515-2011
www.ncsu.edu

North Carolina Wesleyan College
3400 North Wesleyan Blvd
Rocky Mount, NC 27804-8677
800-488-6292
www.ncwc.edu

Peace College
15 East Peace Street
Raleigh, NC 27604-1194
800-PEACE-47
www.peace.edu

Pfeiffer University
PO Box 960
Misenheimer, NC 28109-0960
800-338-2060
www.pfeiffer.edu

Piedmont Baptist College
716 Franklin Street
Winston-Salem, NC 27101-5197
800-937-5097
www.pbc.edu

Queens University of Charlotte
1900 Selwyn Avenue
Charlotte, NC 28274-0002
800-849-0202
www.queens.edu

Roanoke Bible College
715 North Poindexter Street
Elizabeth City, NC 27909-4054
800-RBC-8980
www.roanokebible.edu

Saint Augustine's College
1315 Oakwood Avenue
Raleigh, NC 27610-2298
800-948-1126
www.st-aug.edu

Salem College
PO Box 10548
Winston-Salem, NC 27108-0548
800-327-2536
www.salem.edu

Shaw University
118 East South Street
Raleigh, NC 27601-2399
800-214-6683
www.shawuniversity.edu

St. Andrews Presbyterian College
1700 Dogwood Mile
Laurinburg, NC 28352-5598
800-763-0198
www.sapc.edu

The University of North Carolina at Asheville
One University Heights
Asheville, NC 28804-3299
800-531-9842
www.unca.edu

The University of North Carolina at Chapel Hill
Chapel Hill, NC 27599
919-962-2211
www.unc.edu

The University of North Carolina at Charlotte
9201 University City Blvd
Charlotte, NC 28223-0001
704-687-2000
www.uncc.edu

The University of North Carolina at Greensboro
1000 Spring Garden Street
Greensboro, NC 27412-5001
336-334-5000
www.uncg.edu

The University of North Carolina at Pembroke
One University Drive,
PO Box 1510
Pembroke, NC 28372-1510
800-949-uncp
www.uncp.edu

The University of North Carolina at Wilmington
601 South College Road
Wilmington, NC 28403-3297
800-228-5571
www.uncwil.edu

Wake Forest University
Reynolda Station
Winston-Salem, NC 27109
336-758-5000
www.wfu.edu

Warren Wilson College
PO Box 9000
Asheville, NC 28815-9000
800-934-3536
www.warren-wilson.edu

Western Carolina University
Cullowhee, NC 28723
877-WCU4YOU
www.wcu.edu

Wingate University
PO Box 159
Wingate, NC 28174-0159
800-755-5550
www.wingate.edu

Winston-Salem State University
601 Martin Luther King Jr Dr
Winston-Salem, NC 27110-0003
800-257-4052
www.wssu.edu

North Dakota

Dickinson State University
8th Avenue West and 3rd St West
Dickinson, ND 58601-4896
701-483-2507
www.dsu.nodak.edu

Jamestown College
6000 College Lane
Jamestown, ND 58405
701-252-3467
www.jc.edu

Mayville State University
330 3rd Street, NE
Mayville, ND 58257-1299
701-786-2301
www.masu.nodak.edu

Medcenter One College of Nursing
512 North 7th Street
Bismarck, ND 58501-4494
701-323-6271
www.medcenterone.com/nursing/nursing.htm

Minot State University
500 University Avenue West
Minot, ND 58707-0002
701-858-3000
www.minotstateu.edu

North Dakota State University
University Station, PO Box 5454
Fargo, ND 58105-5454
701-231-8011
www.ndsu.edu

Trinity Bible College
50 South 6th Avenue
Ellendale, ND 58436-7150
701-349-3621

University of Mary
7500 University Drive
Bismarck, ND 58504-9652
701-255-7500
www.umary.edu

University of North Dakota
Grand Forks, ND 58202
701-777-2011
www.und.edu

Valley City State University
101 College Street, SW
Valley City, ND 58072
701-845-7990
www.vcsu.nodak.edu

Ohio

Antioch College
795 Livermore Street
Yellow Springs, OH 45387-1697
937-754-5000
www.antioch-college.edu

Antioch University McGregor
800 Livermore Street
Yellow Springs, OH 45387-1609
937-769-1800
www.mcgregor.edu

Art Academy of Cincinnati
1125 Saint Gregory Street
Cincinnati, OH 45202-1799
513-721-5205
www.artacademy.edu

Ashland University
401 College Avenue
Ashland, OH 44805-3702
419-289-4142
www.ashland.edu

Baldwin-Wallace College
275 Eastland Road
Berea, OH 44017-2088
440-826-2900
www.bw.edu

Bluffton College
280 West College Avenue
Bluffton, OH 45817-1196
419-358-3000
www.bluffton.edu

Bowling Green State University
Bowling Green, OH 43403
419-372-2531
www.bgsu.edu

Bryant and Stratton College
1700 East 13th Street
Cleveland, OH 44114-3203
216-771-1700
www.bryantstratton.edu

Case Western Reserve University
10900 Euclid Avenue
Cleveland, OH 44106
216-368-2000
www.cwru.edu

Capital University
2199 East Main Street
Columbus, OH 43209-2394
614-236-6011
www.capital.edu

Cedarville University
251 North Main Street
Cedarville, OH 45314-0601
937-766-2211
www.cedarville.edu

Central State University
1400 Brush Row Road, PO Box 1004
Wilberforce, OH 45384
937-376-6011
www.centralstate.edu

Cincinnati Bible College and Seminary
2700 Glenway Avenue, PO Box 04320
Cincinnati, OH 45204-3200
513-244-8100
www.cincybible.edu

Circleville Bible College
1476 Lancaster Pike, PO Box 458
Circleville, OH 43113-9487
740-474-8896
www.biblecollege.edu

Cleveland College of Jewish Studies
26500 Shaker Boulevard
Beachwood, OH 44122-7116
216-464-4050
www.ccjs.edu

The Cleveland Institute of Art
11141 East Boulevard
Cleveland, OH 44106-1700
216-421-7000
www.cia.edu

Cleveland Institute of Music
11021 East Boulevard
Cleveland, OH 44106-1776
216-791-5000
www.cim.edu

Cleveland State University
1983 East 24th Street
Cleveland, OH 44115
216-687-2000
www.csuohio.edu

College of Mount St. Joseph
5701 Delhi Road
Cincinnati, OH 45233-1670
513-244-4200
www.msj.edu

The College of Wooster
1189 Beall Avenue
Wooster, OH 44691-2363
330-263-2000
www.wooster.edu

Columbus College of Art and Design
107 North Ninth Street
Columbus, OH 43215-1758
614-224-9101
www.ccad.edu

David N. Myers College
112 Prospect Avenue
Cleveland, OH 44115-1096
216-696-9000
www.dnmyers.edu

Defiance College
701 North Clinton Street
Defiance, OH 43512-1610
419-784-4010
www.defiance.edu

Denison University
Granville, OH 43023
740-587-0810
www.denison.edu

DeVry Institute of Technology
1350 Alum Creek Drive
Columbus, OH 43209-2705
614-253-7291

Franciscan University of Steubenville
1235 University Boulevard
Steubenville, OH 43952-1763
740-283-3771
www.franuniv.edu

Franklin University
201 South Grant Avenue
Columbus, OH 43215-5399
614-797-4700
www.franklin.edu

God's Bible School and College
1810 Young Street
Cincinnati, OH 45210-1599
513-721-7944

Heidelberg College
310 East Market Street
Tiffin, OH 44883-2462
419-448-2000
www.heidelberg.edu

Hiram College
Box 67
Hiram, OH 44234-0067
330-569-3211
www.hiram.edu

John Carroll University
20700 North Park Boulevard
University Heights, OH 44118-4581
216-397-1886
www.jcu.edu

Kent State University
PO Box 5190
Kent, OH 44242-0001
330-672-3000
www.kent.edu

Kenyon College
Gambier, OH 43022-9623
740-427-5000
www.kenyon.edu

Lake Erie College
391 West Washington Street
Painesville, OH 44077-3389
440-352-3361
www.lec.edu

Lourdes College
6832 Convent Boulevard
Sylvania, OH 43560-2898
419-885-3211
www.lourdes.edu

Malone College
515 25th Street, NW
Canton, OH 44709-3897
330-471-8100
www.malone.edu

Marietta College
215 Fifth Street
Marietta, OH 45750-4000
740-376-4643
www.marietta.edu

Miami University
Oxford, OH 45056
513-529-1809
www.muohio.edu

Mount Carmel College of Nursing
127 South Davis Avenue
Columbus, OH 43222
614-234-5800

Mount Union College
1972 Clark Avenue
Alliance, OH 44601-3993
330-821-5320
www.muc.edu

Mount Vernon Nazarene College
800 Martinsburg Road
Mount Vernon, OH
43050-9500
740-397-9000
www.mvnc.edu

Muskingum College
163 Stormont Street
New Concord, OH 43762
740-826-8211
www.muskingum.edu

Notre Dame College
4545 College Road
South Euclid, OH
44121-4293
216-381-1680
www.ndc.edu

Oberlin College
173 West Lorain Street
Oberlin, OH 44074
440-775-8121
www.oberlin.edu

Ohio Dominican College
1216 Sunbury Road
Columbus, OH 43219-2099
614-253-2741
www.odc.edu

Ohio Northern University
525 South Main
Ada, OH 45810-1599
419-772-2000
www.onu.edu

The Ohio State University
190 North Oval Mall
Columbus, OH 43210
614-292-6446
www.osu.edu

The Ohio State University at Lima
4240 Campus Drive
Lima, OH 45804-3576
419-221-1641
www.ohio-state.edu

The Ohio State University at Marion
1465 Mount Vernon Avenue
Marion, OH 43302-5695
740-389-6786
www.ohio-state.edu

The Ohio State University–Mansfield Campus
1680 University Drive
Mansfield, OH 44906-1599
419-755-4011
www.ohio-state.edu

The Ohio State University–Newark Campus
1179 University Drive
Newark, OH 43055-1797
740-366-3321
www.ohio-state.edu

Ohio University
Athens, OH 45701-2979
740-593-1000
www.ohio.edu

Ohio University–Chillicothe
571 West Fifth Street,
PO Box 629
Chillicothe, OH 45601-0629
740-774-7200
www.ohio.edu/chillicothe

Ohio University–Eastern
45425 National Road
St. Clairsville, OH
43950-9724
740-695-1720

Ohio University–Lancaster
1570 Granville Pike
Lancaster, OH 43130-1097
740-654-6711

Ohio University–Southern Campus
1804 Liberty Avenue
Ironton, OH 45638-2214
740-533-4600
www.ohiou.edu

Ohio University–Zanesville
1425 Newark Road
Zanesville, OH 43701-2695
740-453-0762
www.zanesvile.ohiou.edu

Ohio Wesleyan University
61 South Sandusky Street
Delaware, OH 43015
740-368-2000
web.owu.edu

Otterbein College
1 Otterbein College
Westerville, OH 43081
614-890-3000
www.otterbein.edu

Pontifical College Josephinum
7625 North High Street
Columbus, OH 43235-1498
614-885-5585
www.pcj.edu

Shawnee State University
940 Second Street
Portsmouth, OH 45662-4344
740-354-3205
www.shawnee.edu

Tiffin University
155 Miami Street
Tiffin, OH 44883-2161
419-447-6442
www.tiffin.edu

The Union Institute
440 East McMillan Street
Cincinnati, OH 45206-1925
513-861-6400
www.tui.edu

The University of Akron
302 Buchtel Common
Akron, OH 44325-0001
330-972-7111
www.uakron.edu

University of Cincinnati
2624 Clifton Avenue
Cincinnati, OH 45221
513-556-6000
www.uc.edu

University of Dayton
300 College Park
Dayton, OH 45469-1300
937-229-1000
www.udayton.edu

The University of Findlay
1000 North Main Street
Findlay, OH 45840-3653
419-422-8313
www.findlay.edu

University of Phoenix–Ohio Campus
5005 Rockside Road,
Suite 325
Independence, OH 44131
216-447-9144
www.phoenix.edu

University of Rio Grande
218 North College Avenue
Rio Grande, OH 45674
740-245-5353
www.rio.edu

University of Toledo
2801 West Bancroft
Toledo, OH 43606-3398
419-530-4242
www.utoledo.edu

Urbana University
579 College Way
Urbana, OH 43078-2091
937-484-1301
www.urbana.edu

Ursuline College
2550 Lander Road
Pepper Pike, OH 44124-4398
440-449-4200
www.ursuline.edu

Walsh University
2020 Easton Street, NW
North Canton, OH
44720-3396
330-499-7090
www.walsh.edu

Wilberforce University
1055 North Bickett Road
Wilberforce, OH 45384
937-376-2911
www.wilberforce.edu

Wilmington College
Pyle Center Box 1185
Wilmington, OH 45177
937-382-6661
www.wilmington.edu

Wittenberg University
PO Box 720
Springfield, OH 45501-0720
937-327-6231
www.wittenberg.edu

Wright State University
3640 Colonel Glenn Highway
Dayton, OH 45435
937-775-3333
www.wright.edu

Xavier University
3800 Victory Parkway
Cincinnati, OH 45207
513-745-3000
www.xu.edu

Youngstown State University
One University Plaza
Youngstown, OH
44555-0001
330-742-3000
www.ysu.edu

Oklahoma

American Christian College and Seminary
4300 Highline Boulevard, Suite 202
Oklahoma City, OK 73108
405-945-0100
www.abcs.edu

Cameron University
2800 West Gore Boulevard
Lawton, OK 73505-6377
580-581-2200
www.cameron.edu

East Central University
1100 East 14th Street
Ada, OK 74820-6899
580-332-8000
www.ecok.edu

Hillsdale Free Will Baptist College
PO Box 7208
Moore, OK 73153-1208
405-912-9000
www.hc.edu

Langston University
Langston, OK 73050
405-466-2231
www.lunet.edu

Metropolitan College
4528 South Sheridan Road, Suite 105
Tulsa, OK 74145-1011
918-627-9300
www.metropolitancollege.edu

Metropolitan College
2901 North Classen Boulevard, Suite 200
Oklahoma City, OK 73106
405-528-5000
www.metropolitancollege.edu

Mid-America Bible College
3500 Southwest 119th Street
Oklahoma City, OK
73170-4504
405-691-3800
www.mabc.edu

Northeastern State University
600 North Grand
Tahlequah, OK 74464-2399
918-456-5511
www.nsuok.edu

Northwestern Oklahoma State University
709 Oklahoma Boulevard
Alva, OK 73717-2799
580-327-1700
www.nwosu.edu

Oklahoma Baptist University
500 West University
Shawnee, OK 74804
405-275-2850
www.okbu.edu

Oklahoma Christian University
PO Box 11000
Oklahoma City, OK
73136-1100
405-425-5000
www.oc.edu

Oklahoma City University
2501 North Blackwelder
Oklahoma City, OK
73106-1402
405-521-5000
www.okcu.edu

Oklahoma Panhandle State University
PO Box 430
Goodwell, OK 73939-0430
580-349-2611
www.opsu.edu

Oklahoma State University
Stillwater, OK 74078
405-744-5000
www.okstate.edu

Oklahoma Wesleyan University
2201 Silver Lake Road
Bartlesville, OK 74006-6299
918-333-6151
www.okwu.edu

Oral Roberts University
7777 South Lewis Avenue
Tulsa, OK 74171-0001
918-495-6161
www.oru.edu

Rogers State University
1701 West Will Rogers Blvd
Claremore, OK 74017-3252
918-343-7777
www.rsu.edu

Southeastern Oklahoma State University
Fifth and University
Durant, OK 74701-0609
580-745-2000
www.sosu.edu

Southern Nazarene University
6729 Northwest 39th Expwy
Bethany, OK 73008
405-789-6400
www.snu.edu

Southwestern College of Christian Ministries
PO Box 340
Bethany, OK 73008-0340
405-789-7661
www.sccm.edu

Southwestern Oklahoma State University
100 Campus Drive
Weatherford, OK
73096-3098
580-772-6611
www.swosu.edu

St. Gregory's University
1900 West MacArthur Drive
Shawnee, OK 74804-2499
405-878-5100
www.sgc.edu

University of Central Oklahoma
100 North University Drive
Edmond, OK 73034-5209
405-974-2000
www.ucok.edu

University of Oklahoma
660 Parrington Oval
Norman, OK 73019-0390
405-325-0311
www.ou.edu

University of Oklahoma Health Sciences Center
PO Box 26901
Oklahoma City, OK 73190
405-271-4000
www.uokhsc.edu

University of Phoenix–Oklahoma City Campus
6501 North Broadway, Suite 100
Oklahoma City, OK 73116
405-842-8007
www.phoenix.edu

University of Phoenix–Tulsa Campus
10810 East 45th Street, Suite 103
Tulsa, OK 74146
918-622-4877
www.phoenix.edu

University of Science and Arts of Oklahoma
1727 West Alabama
Chickasha, OK 73018
405-224-3140
www.usao.edu

University of Tulsa
600 South College Avenue
Tulsa, OK 74104-3189
918-631-2000
www.utulsa.edu

Oregon

The Art Institute of Portland
2000 Southwest Fifth Avenue
Portland, OR 97201-4907
503-228-6528
www.aipd.artinstitutes.edu

Cascade College
9101 East Burnside Street
Portland, OR 97216-1515
503-255-7060
www.cascade.edu

Concordia University
2811 Northeast Holman
Portland, OR 97211-6099
503-288-9371
www.cu-portland.edu

Eastern Oregon University
1 University Boulevard
La Grande, OR 97850-2899
541-962-3672
www.eou.edu

Eugene Bible College
2155 Bailey Hill Road
Eugene, OR 97405-1194
541-485-1780
www.ebc.edu

George Fox University
414 North Meridian
Newberg, OR 97132-2697
503-538-8383
www.georgefox.edu

Lewis & Clark College
0615 SW Palatine Hill Road
Portland, OR 97219-7899
503-768-7000
www.lclark.edu

Linfield College
900 SE Baker Street
McMinnville, OR 97128-6894
503-434-2200
www.linfield.edu

Marylhurst University
PO Box 261
Marylhurst, OR 97036-0261
503-636-8141
www.marylhurst.edu

Mount Angel Seminary
Saint Benedict, OR 97373
503-845-3951

Multnomah Bible College
and Biblical Seminary
8435 Northeast Glisan Street
Portland, OR 97220-5898
503-255-0332
www.multnomah.edu

Northwest Christian College
828 East 11th Avenue
Eugene, OR 97401-3745
541-343-1641
www.nwcc.edu

Oregon College of Art & Craft
8245 Southwest Barnes Road
Portland, OR 97225
503-297-5544
www.ocac.edu

Oregon Health & Science
University
3181 SW Sam Jackson Park Rd
Portland, OR 97201-3098
503-494-8311
www.ohsu.edu

Oregon Institute of
Technology
3201 Campus Drive
Klamath Falls, OR 97601-8801
541-885-1000
www.oit.edu

Oregon State University
Corvallis, OR 97331
541-737-1000
osu.orst.edu

Pacific Northwest College of
Art
1241 NW Johnson Street
Portland, OR 97209
503-226-4391
www.pnca.edu

Pacific University
2043 College Way
Forest Grove, OR 97116-1797
503-357-6151
www.pacificu.edu

Portland State University
PO Box 751
Portland, OR 97207-0751
503-725-3000
www.pdx.edu

Reed College
3203 Southeast Woodstock
Boulevard
Portland, OR 97202-8199
503-771-1112
www.reed.edu

Southern Oregon University
1250 Siskiyou Boulevard
Ashland, OR 97520
541-552-7672
www.sou.edu

University of Oregon
Eugene, OR 97403
541-346-3111
www.uoregon.edu

University of
Phoenix–Oregon Campus
13221 SW 68th Parkway,
Suite 500
Portland, OR 97223
503-670-0590
www.phoenix.edu

University of Portland
5000 North Willamette
Boulevard
Portland, OR 97203-5798
503-943-7911
www.up.edu

Warner Pacific College
2219 Southeast 68th Avenue
Portland, OR 97215-4099
503-517-1000
www.warnerpacific.edu

Western Baptist College
5000 Deer Park Drive, SE
Salem, OR 97301-9392
503-581-8600
www.wbc.edu

Western Oregon University
345 North Monmouth Ave
Monmouth, OR 97361-1394
503-838-8000
www.wou.edu

Western States Chiropractic
College
2900 Northeast 132nd Ave
Portland, OR 97230-3099
503-256-3180
www.wschiro.edu

Willamette University
900 State Street
Salem, OR 97301-3931
503-370-6300
www.willamette.edu

Pennsylvania

Albright College
13th and Bern Sreets,
PO Box 15234
Reading, PA 19612-5234
610-921-2381
www.albright.edu

Allegheny College
520 North Main Street
Meadville, PA 16335
814-332-3100
www.allegheny.edu

Alvernia College
400 Saint Bernardine Street
Reading, PA 19607-1799
610-796-8200
www.alvernia.edu

Arcadia University
450 South Easton Road
Glenside, PA 19038-3295
215-572-2900
www.arcadia.edu

Baptist Bible College of
Pennsylvania
538 Venard Road
Clarks Summit, PA
18411-1297
570-586-2400
www.bbc.edu

Bloomsburg University of
Pennsylvania
400 East Second Street
Bloomsburg, PA 17815-1905
570-389-4000
www.bloomu.edu

Bryn Athyn College of the
New Church
PO Box 717
Bryn Athyn, PA 19009-0717
215-938-2543
www.newchurch.edu/college

Bryn Mawr College
101 North Merion Avenue
Bryn Mawr, PA 19010-2899
610-526-5000
www.brynmawr.edu

Bucknell University
Lewisburg, PA 17837
570-577-2000
www.bucknell.edu

Cabrini College
610 King of Prussia Road
Radnor, PA 19087-3698
610-902-8100
www.cabrini.edu

California University of
Pennsylvania
250 University Avenue
California, PA 15419-1394
724-938-4000
www.cup.edu

Carlow College
3333 Fifth Avenue
Pittsburgh, PA 15213-3165
412-578-6005
www.carlow.edu

Carnegie Mellon University
5000 Forbes Avenue
Pittsburgh, PA 15213-3891
412-268-2000
www.cmu.edu

Cedar Crest College
100 College Drive
Allentown, PA 18104-6196
610-437-4471
www.cedarcrest.edu

Chatham College
Woodland Road
Pittsburgh, PA 15232-2826
412-365-1100
www.chatham.edu

Chestnut Hill College
9601 Germantown Avenue
Philadelphia, PA 19118-2693
215-248-7000
www.chc.edu

Cheyney University of Pennsylvania
Cheyney and Creek Roads
Cheyney, PA 19319
610-399-2000
www.cheyney.edu

Clarion University of Pennsylvania
Clarion, PA 16214
814-393-2000
www.clarion.edu

College Misericordia
301 Lake Street
Dallas, PA 18612-1098
570-674-6400
www.miseri.edu

The Curtis Institute of Music
1726 Locust Street
Philadelphia, PA 19103-6107
215-893-5252

Delaware Valley College
700 East Butler Avenue
Doylestown, PA 18901-2697
215-345-1500
www.devalcol.edu

DeSales University
2755 Station Avenue
Center Valley, PA
18034-9568
610-282-1100
www.desales.edu

Dickinson College
PO Box 1773
Carlisle, PA 17013-2896
717-243-5121
www.dickinson.edu

Drexel University
3141 Chestnut Street
Philadelphia, PA 19104-2875
215-895-2000
www.drexel.edu

Duquesne University
600 Forbes Avenue
Pittsburgh, PA 15282-0001
412-396-6000
www.duq.edu

East Stroudsburg University of Pennsylvania
200 Prospect Street
East Stroudsburg, PA
18301-2999
570-422-3211
www.esu.edu

Eastern College
1300 Eagle Road
St. Davids, PA 19087-3696
610-341-5800
www.eastern.edu

Edinboro University of Pennsylvania
Edinboro, PA 16444
814-732-2000
www.edinboro.edu

Elizabethtown College
1 Alpha Drive
Elizabethtown, PA
17022-2298
717-361-1000
www.etown.edu

Franklin and Marshall College
PO Box 3003
Lancaster, PA 17604-3003
717-291-3911
www.fandm.edu

Gannon University
University Square
Erie, PA 16541-0001
814-871-7000
www.gannon.edu

Geneva College
3200 College Avenue
Beaver Falls, PA 15010-3599
724-846-5100
www.geneva.edu

Gettysburg College
300 North Washington Street
Gettysburg, PA 17325-1483
717-337-6000
www.gettysburg.edu

Gratz College
7605 Old York Road
Melrose Park, PA 19027
215-635-7300
www.gratzcollege.edu

Grove City College
100 Campus Drive
Grove City, PA 16127-2104
724-458-2000
www.gcc.edu

Gwynedd-Mercy College
Sumneytown Pike
Gwynedd Valley, PA
19437-0901
215-646-7300
www.gmc.edu

Haverford College
370 Lancaster Avenue
Haverford, PA 19041-1392
610-896-1000
www.haverford.edu

Holy Family College
Grant and Frankford Avenues
Philadelphia, PA 19114-2094
215-637-7700
www.hfc.edu

Immaculata College
1145 King Road, Box 500
Immaculata, PA 19345-0500
610-647-4400
www.immaculata.edu

Indiana University of Pennsylvania
Indiana, PA 15705-1087
724-357-2100
www.iup.edu

Juniata College
1700 Moore Street
Huntingdon, PA 16652-2119
814-641-3000
www.juniata.edu

King's College
133 North River Street
Wilkes-Barre, PA 18711-0801
570-208-5900
www.kings.edu

Kutztown University of Pennsylvania
PO Box 730
Kutztown, PA 19530-0730
610-683-4000
www.kutztown.edu

La Roche College
9000 Babcock Boulevard
Pittsburgh, PA 15237-5898
412-367-9300
www.laroche.edu

La Salle University
1900 West Olney Avenue
Philadelphia, PA 19141-1199
215-951-1000
www.lasalle.edu

Lafayette College
Easton, PA 18042-1798
610-330-5000
www.lafayette.edu

Lancaster Bible College
901 Eden Road,
PO Box 83403
Lancaster, PA 17608-3403
717-569-7071
www.lbc.edu

Lebanon Valley College
101 North College Avenue
Annville, PA 17003-1400
717-867-6100
www.lvc.edu

Lehigh University
27 Memorial Drive West
Bethlehem, PA 18015-3094
610-758-3000
www.lehigh.edu

Lincoln University
PO Box 179
Lincoln University, PA
19352
610-932-8300
www.lincoln.edu

Lock Haven University of Pennsylvania
North Fairview Street
Lock Haven, PA 17745-2390
570-893-2011
www.lhup.edu

Lycoming College
700 College Place
Williamsport, PA 17701-5192
570-321-4000
www.lycoming.edu

Mansfield University of Pennsylvania
Academy Street
Mansfield, PA 16933
570-662-4000
www.mansfield.edu

Marywood University
2300 Adams Avenue
Scranton, PA 18509-1598
570-348-6211
www.marywood.edu

MCP Hahnemann University
245 North 15th Street
Philadelphia, PA 19102-1192
215-762-7000
www.mcphu.edu

Mercyhurst College
501 East 38th Street
Erie, PA 16546
814-824-2000
www.mercyhurst.edu

Messiah College
One College Avenue
Grantham, PA 17027
717-766-2511
www.messiah.edu

Millersville University of Pennsylvania
PO Box 1002
Millersville, PA 17551-0302
717-872-3011
www.millersville.edu

Moore College of Art and Design
20th and the Parkway
Philadelphia, PA 19103
215-568-4515
www.moore.edu

Moravian College
1200 Main Street
Bethlehem, PA 18018-6650
610-861-1300
www.moravian.edu

Mount Aloysius College
7373 Admiral Peary Highway
Cresson, PA 16630-1999
814-886-4131
www.mtaloy.edu

Muhlenberg College
2400 Chew Street
Allentown, PA 18104-5586
484-664-3100
www.muhlenberg.edu

Neumann College
One Neumann Drive
Aston, PA 19014-1298
610-459-0905
www.neumann.edu

Peirce College
1420 Pine Street
Philadelphia, PA 19102-4699
215-545-6400
www.peirce.edu

Pennsylvania College of Technology
One College Avenue
Williamsport, PA 17701-5778
570-326-3761
www.pct.edu

Pennsylvania School of Art & Design
204 North Prince Street, PO Box 59
Lancaster, PA 17608-0059
717-396-7833
www.psad.edu

The Pennsylvania State University Abington College
1600 Woodland Road
Abington, PA 19001-3918
215-881-7300
www.psu.edu

The Pennsylvania State University Altoona College
3000 Ivyside Park
Altoona, PA 16601-3760
814-949-5000
www.psu.edu

Pennsylvania State University at Erie, The Behrend College
Station Road
Erie, PA 16563
814-898-6000
www.psu.edu

The Pennsylvania State University Berks Campus of the Berks–Lehigh Valley College
Tulpehocken Road, PO Box 7009
Reading, PA 19610-6009
610-396-6000
www.psu.edu

The Pennsylvania State University Harrisburg Campus of the Capital College
777 West Harrisburg Pike
Middletown, PA 17057-4898
717-948-6000
www.psu.edu

The Pennsylvania State University Lehigh Valley Campus of the Berks-Lehigh Valley College
8380 Mohr Lane
Fogelsville, PA 18051-9999
610-285-5000
www.psu.edu

The Pennsylvania State University Schuylkill Campus of the Capital College
200 University Drive
Schuylkill Haven, PA 17972-2208
570-385-6000
www.psu.edu

The Pennsylvania State University University Park Campus
201 Old Main
University Park, PA 16802-1503
814-865-4700
www.psu.edu

Philadelphia Biblical University
200 Manor Avenue
Langhorne, PA 19047-2990
215-752-5800
www.pbu.edu

Philadelphia University
School House Lane and Henry Avenue
Philadelphia, PA 19144-5497
215-951-2700
www.philau.edu

Point Park College
201 Wood Street
Pittsburgh, PA 15222-1984
412-391-4100
www.ppc.edu

Robert Morris University
881 Narrows Run Road
Moon Township, PA 15108-1189
412-262-8200
www.rmu.edu

Rosemont College
1400 Montgomery Avenue
Rosemont, PA 19010-1699
610-527-0200
www.rosemont.edu

St. Charles Borromeo Seminary, Overbrook
100 East Wynnewood Road
Wynnewood, PA 19096
610-667-3394

Saint Francis University
PO Box 600, 117 Evergreen Drive
Loretto, PA 15940-0600
814-472-3000
www.sfcpa.edu

Saint Joseph's University
5600 City Avenue
Philadelphia, PA 19131-1395
610-660-1000
www.sju.edu

Saint Vincent College
300 Fraser Purchase Road
Latrobe, PA 15650-2690
724-539-9761
www.stvincent.edu

Seton Hill College
Seton Hill Drive
Greensburg, PA 15601
724-834-2200
www.setonhill.edu

Shippensburg University of Pennsylvania
1871 Old Main Drive
Shippensburg, PA 17257-2299
717-477-7447
www.ship.edu

Slippery Rock University of Pennsylvania
Slippery Rock, PA 16057
724-738-9000
www.sru.edu

Susquehanna University
514 University Avenue
Selinsgrove, PA 17870
570-374-0101
www.susqu.edu

Swarthmore College
500 College Avenue
Swarthmore, PA 19081-1397
610-328-8000
www.swarthmore.edu

Talmudical Yeshiva of Philadelphia
6063 Drexel Road
Philadelphia, PA 19131-1296
215-473-1212

Temple University
1801 North Broad Street
Philadelphia, PA 19122-6096
215-204-7000
www.temple.edu

Thiel College
75 College Avenue
Greenville, PA 16125-2181
724-589-2000
www.thiel.edu

Thomas Jefferson University
Eleventh and Walnut Streets
Philadelphia, PA 19107
215-955-6000
www.tju.edu

The University of Scranton
Scranton, PA 18510
570-941-7400
www.scranton.edu

The University of the Arts
320 South Broad Street
Philadelphia, PA 19102-4944
215-717-6000
www.uarts.edu

University of Pennsylvania
34th and Walnut Streets
Philadelphia, PA 19104
215-898-5000
www.upenn.edu

University of Phoenix–Philadelphia Campus
170 South Warner Road, Suite 200
Wayne, PA 19087
610-989-0880
www.phoenix.edu

University of Phoenix–Pittsburgh Campus
Penn Center West Four, Suite 100, Mail Stop: 10-1651
Pittsburgh, PA 15276
412-747-9000
www.phoenix.edu

University of Pittsburgh
4200 Fifth Avenue
Pittsburgh, PA 15260
412-624-4141
www.pitt.edu

University of Pittsburgh at Bradford
300 Campus Drive
Bradford, PA 16701-2812
814-362-7500
www.upb.pitt.edu

University of Pittsburgh at Greensburg
1150 Mount Pleasant Road
Greensburg, PA 15601-5860
724-837-7040
www.pitt.edu/~upg

University of Pittsburgh at Johnstown
450 Schoolhouse Road
Johnstown, PA 15904-2990
814-269-7000
info.pitt.edu/~upjweb

University of the Sciences in Philadelphia
600 South 43rd Street
Philadelphia, PA 19104-4495
215-596-8800
www.usip.edu

Ursinus College
Box 1000, Main Street
Collegeville, PA 19426-1000
610-409-3000
www.ursinus.edu

Valley Forge Christian College
1401 Charlestown Road
Phoenixville, PA 19460-2399
610-935-0450
www.vfcc.edu

Villanova University
800 Lancaster Avenue
Villanova, PA 19085-1699
610-519-4500
www.villanova.edu

Washington & Jefferson College
60 South Lincoln Street
Washington, PA 15301-4801
724-222-4400
www.washjeff.edu

Waynesburg College
51 West College Street
Waynesburg, PA 15370-1222
724-627-8191
www.waynesburg.edu

West Chester University of Pennsylvania
University Avenue and High Street
West Chester, PA 19383
610-436-1000
www.wcupa.edu

Westminster College
319 South Market Street
New Wilmington, PA 16172-0001
724-946-8761
www.westminster.edu

Widener University
One University Place
Chester, PA 19013-5792
610-499-4000
www.widener.edu

Wilkes University
170 South Franklin St, PO Box 111
Wilkes-Barre, PA 18766-0002
570-408-5000
www.wilkes.edu

Wilson College
1015 Philadelphia Avenue
Chambersburg, PA 17201-1285
717-264-4141
www.wilson.edu

Yeshiva Beth Moshe
930 Hickory Street, PO Box 1141
Scranton, PA 18505-2124
717-346-1747

York College of Pennsylvania
York, PA 17405-7199
717-846-7788
www.ycp.edu

Rhode Island

Brown University
Providence, RI 02912
401-863-1000
www.brown.edu

Bryant College
1150 Douglas Pike
Smithfield, RI 02917-1284
401-232-6000
www.bryant.edu

Johnson & Wales University
8 Abbott Park Place
Providence, RI 02903-3703
401-598-1000
www.jwu.edu

Providence College
River Avenue and Eaton St
Providence, RI 02918
401-865-1000
www.providence.edu

Rhode Island College
600 Mount Pleasant Avenue
Providence, RI 02908-1924
401-456-8000
www.ric.edu

Rhode Island School of Design
2 College Street
Providence, RI 02903-2784
401-454-6100
www.risd.edu

Roger Williams University
1 Old Ferry Road
Bristol, RI 02809
401-253-1040
www.rwu.edu

Salve Regina University
100 Ochre Point Avenue
Newport, RI 02840-4192
401-847-6650
www.salve.edu

University of Rhode Island
Kingston, RI 02881
401-874-1000
www.uri.edu

South Carolina

Allen University
1530 Harden Street
Columbia, SC 29204
803-254-4165

Anderson College
316 Boulevard
Anderson, SC 29621-4035
800-542-3594
www.ac.edu

Benedict College
1600 Harden Street
Columbia, SC 29204
803-256-4220
www.benedict.edu

Charleston Southern University
PO Box 118087
Charleston, SC 29423-8087
800-947-7474
www.charlestonsouthern.edu

The Citadel, The Military College of South Carolina
171 Moultrie Street
Charleston, SC 29409
800-868-1842
www.citadel.edu

Claflin University
700 College Avenue, NE
Orangeburg, SC 29115
803-531-2860

Clemson University
Clemson, SC 29634
864-656-3311
www.clemson.edu

Coastal Carolina University
PO Box 261954
Conway, SC 29528-6054
800-277-7000
www.coastal.edu

Coker College
300 East College Avenue
Hartsville, SC 29550
800-950-1908
www.coker.edu

College of Charleston
66 George Street
Charleston, SC 29424-0001
843-953-5507
www.cofc.edu

Columbia College
1301 Columbia College Drive
Columbia, SC 29203-5998
800-277-1301
www.columbiacollegesc.edu

Columbia International University
PO Box 3122
Columbia, SC 29230-3122
800-777-2227
www.ciu.edu

Converse College
580 East Main Street
Spartanburg, SC 29302-0006
800-766-1125
www.converse.edu

Erskine College
2 Washington Street,
PO Box 338
Due West, SC 29639
800-241-8721
www.erskine.edu

Francis Marion University
PO Box 100547
Florence, SC 29501-0547
800-368-7551
www.fmarion.edu

Furman University
3300 Poinsett Highway
Greenville, SC 29613
864-294-2000
www.furman.edu

Johnson & Wales University
701 East Bay Street
Charleston, SC 29403
800-868-1522
www.jwu.edu

Lander University
320 Stanley Avenue
Greenwood, SC 29649-2099
888-452-6337
www.lander.edu

Limestone College
1115 College Drive
Gaffney, SC 29340
800-795-7151
www.limestone.edu

Medical University of South Carolina
171 Ashley Avenue
Charleston, SC 29425-0002
843-792-2300
www.musc.edu

Morris College
100 West College Street
Sumter, SC 29150-3599
888-853-1345
www.morris.edu

Newberry College
2100 College Street
Newberry, SC 29108-2197
800-845-4955
www.newberry.edu

North Greenville College
PO Box 1892
Tigerville, SC 29688-1892
800-468-6642
www.ngc.edu

Presbyterian College
503 South Broad Street
Clinton, SC 29325
800-476-7272
www.presby.edu

South Carolina State University
300 College Street Northeast
Orangeburg, SC 29117-0001
800-260-5956
www.scsu.edu

Southern Methodist College
541 Broughton Stret,
PO Box 1027
Orangeburg, SC 29116-1027
803-534-7826
www.southernmethodistcollege.org

Southern Wesleyan University
907 Wesleyan Drive,
PO Box 1020
Central, SC 29630-1020
800-289-1292
www.swu.edu

University of South Carolina
Columbia, SC 29208
803-777-7000
www.sc.edu

University of South Carolina Aiken
471 University Parkway
Aiken, SC 29801-6309
888-WOW-USCA
www.usca.edu

University of South Carolina Spartanburg
800 University Way
Spartanburg, SC 29303-4999
800-277-8727
www.uscs.edu

Voorhees College
1411 Voorhees Road
Denmark, SC 29042
800-446-6250
www.voorhees.edu

Winthrop University
701 Oakland Avenue
Rock Hill, SC 29733
800-763-0230
www.winthrop.edu

Wofford College
429 North Church Street
Spartanburg, SC 29303-3663
864-597-4000
www.wofford.edu

South Dakota

Augustana College
2001 South Summit Avenue
Sioux Falls, SD 57197
605-274-0770
www.augie.edu

Black Hills State University
1200 University Street
Spearfish, SD 57799
605-642-6011
www.bhsu.edu

Colorado Technical University Sioux Falls Campus
3901 West 59th Street
Sioux Falls, SD 57108
605-361-0200
www.colotechu.edu

Dakota State University
820 North Washington
Madison, SD 57042-1799
605-256-5111
www.dsu.edu

Dakota Wesleyan University
1200 West University Avenue
Mitchell, SD 57301-4398
605-995-2600
www.dwu.edu

Huron University
333 9th Street SW
Huron, SD 57350-2798
605-352-8721
www.huron.edu

Mount Marty College
1105 West 8th Street
Yankton, SD 57078-3724
605-668-1011
www.mtmc.edu

National American University
321 Kansas City Street
Rapid City, SD 57701
605-394-4800
www.national.edu

National American University–Sioux Falls Branch
2801 South Kiwanis Avenue
Sioux Falls, SD 57105-4293
605-334-5430

Northern State University
1200 South Jay Street
Aberdeen, SD 57401-7198
605-626-3011
www.northern.edu

Oglala Lakota College
490 Piya Wiconi Road
Kyle, SD 57752-0490
605-455-2321
www.olc.edu

Presentation College
1500 North Main Street
Aberdeen, SD 57401-1299
605-225-1634
www.presentation.edu

Sinte Gleska University
PO Box 490
Rosebud, SD 57570-0490
605-747-2263
www.sinte.indian.com

South Dakota School of Mines and Technology
501 East Saint Joseph
Rapid City, SD 57701-3995
605-394-2511
www.sdsmt.edu

South Dakota State University
PO Box 2201
Brookings, SD 57007
605-688-4151
www.sdstate.edu

University of Sioux Falls
1101 West 22nd Street
Sioux Falls, SD 57105-1699
605-331-5000
www.usiouxfalls.edu

University of South Dakota
414 East Clark Street
Vermillion, SD 57069-2390
605-677-5011
www.usd.edu

Tennessee

American Baptist College of American Baptist Theological Seminary
1800 Baptist World Center Dr
Nashville, TN 37207
615-228-7877

Aquinas College
4210 Harding Road
Nashville, TN 37205-2005
615-297-7545
www.aquinas-tn.edu

Austin Peay State University
601 College Street
Clarksville, TN 37044-0001
800-844-2778
www.apsu.edu

Baptist Memorial College of Health Sciences
1003 Monroe Avenue
Memphis, TN 38104
800-796-7171
www.bmhcc.org/bchs/index.asp

Belmont University
1900 Belmont Boulevard
Nashville, TN 37212-3757
800-56E-NROL
www.belmont.edu

Bethel College
325 Cherry Avenue
McKenzie, TN 38201
731-352-4000
www.bethel-college.edu

Bryan College
PO Box 7000
Dayton, TN 37321-7000
800-277-9522
www.bryan.edu

Carson-Newman College
1646 Russell Avenue
Jefferson City, TN 37760
800-678-9061
www.cn.edu

Christian Brothers University
650 East Parkway South
Memphis, TN 38104-5581
800-288-7576
www.cbu.edu

Crichton College
6655 Winchester Road,
PO Box 757830
Memphis, TN 38175-7830
800-960-9777
www.crichton.edu

Cumberland University
One Cumberland Square
Lebanon, TN 37087-3554
800-467-0562
www.cumberland.edu

East Tennessee State University
807 University Parkway
Johnson City, TN 37614
800-462-3878
www.etsu.edu

Fisk University
1000 17th Avenue North
Nashville, TN 37208-3051
800-443-FISK
www.fisk.edu

Free Will Baptist Bible College
3606 West End Avenue
Nashville, TN 37205-2498
800-763-9222
www.fwbbc.edu

Freed-Hardeman University
158 East Main Street
Henderson, TN 38340-2399
800-630-3480
www.fhu.edu

Johnson Bible College
7900 Johnson Drive
Knoxville, TN 37998-1001
800-827-2122
www.jbc.edu

King College
1350 King College Road
Bristol, TN 37620-2699
800-362-0014
www.king.edu

Lambuth University
705 Lambuth Boulevard
Jackson, TN 38301
800-526-2884
www.lambuth.edu

Lane College
545 Lane Avenue
Jackson, TN 38301-4598
800-960-7533
www.lanecollege.edu

Lee University
PO Box 3450
Cleveland, TN 37320-3450
800-LEE-9930
www.leeuniversity.edu

LeMoyne-Owen College
807 Walker Avenue
Memphis, TN 38126-6595
901-774-9090
www.lemoyne-owen.edu

Lincoln Memorial University
Cumberland Gap Parkway
Harrogate, TN 37752-1901
800-325-0900
www.lmunet.edu

Lipscomb University
3901 Granny White Pike
Nashville, TN 37204-3951
800-333-4358
www.lipscomb.edu

Martin Methodist College
433 West Madison Street
Pulaski, TN 38478-2716
800-467-1273
www.martinmethodist.edu

Maryville College
502 East Lamar Alexander Pkwy
Maryville, TN 37804-5907
800-597-2687
www.maryvillecollege.edu

Memphis College of Art
Overton Park, 1930 Poplar Ave
Memphis, TN 38104-2764
800-727-1088
www.mca.edu

Middle Tennessee State University
1301 East Main Street
Murfreesboro, TN 37132
800-433-MTSU
www.mtsu.edu

Milligan College
PO Box 500
Milligan College, TN 37682
423-461-8700
www.milligan.edu

O'More College of Design
423 South Margin Street
Franklin, TN 37064-2816
615-794-4254
www.omorecollege.edu

Rhodes College
2000 North Parkway
Memphis, TN 38112-1690
800-844-5969
www.rhodes.edu

Southern Adventist University
PO Box 370
Collegedale, TN 37315-0370
800-768-8437
www.southern.edu

Tennessee State University
3500 John A Merritt Blvd
Nashville, TN 37209-1561
615-963-5000
www.tnstate.edu

Tennessee Technological University
North Dixie Avenue
Cookeville, TN 38505
800-255-8881
www.tntech.edu

Tennessee Temple University
1815 Union Avenue
Chattanooga, TN 37404-3587
800-553-4050

Tennessee Wesleyan College
PO Box 40
Athens, TN 37371-0040
800-PICK-TWC
www.twcnet.edu

Trevecca Nazarene University
333 Murfreesboro Road
Nashville, TN 37210-2877
888-210-4TNU
www.trevecca.edu

Tusculum College
60 Shiloh Road
Greeneville, TN 37743-9997
800-729-0256
www.tusculum.edu

Union University
1050 Union University Drive
Jackson, TN 38305-3697
800-33-UNION
www.uu.edu

The University of Memphis
Memphis, TN 38152
901-678-2000
www.memphis.edu

University of the South
735 University Avenue
Sewanee, TN 37383-1000
800-522-2234
www.sewanee.edu

The University of Tennessee
Knoxville, TN 37996
865-974-1000
www.tennessee.edu

The University of Tennessee at Chattanooga
615 McCallie Avenue
Chattanooga, TN 37403-2598
423-425-4111
www.utc.edu

The University of Tennessee at Martin
University Street
Martin, TN 38238-1000
800-829-8861
www.utm.edu

The University of Tennessee Health Science Center
800 Madison Avenue
Memphis, TN 38163-0002
901-448-5500
www.utmem.edu

Vanderbilt University
Nashville, TN 37240-1001
800-288-0432
www.vanderbilt.edu

Watkins College of Art and Design
100 Powell Place
Nashville, TN 37204
615-383-4848
www.watkins.edu

Texas

Abilene Christian University
ACU Box 29100
Abilene, TX 79699-9100
915-674-2000
www.acu.edu

Amberton University
1700 Eastgate Drive
Garland, TX 75041-5595
972-279-6511
www.amberton.edu

Angelo State University
2601 West Avenue N
San Angelo, TX 76909
915-942-2555
www.angelo.edu

Arlington Baptist College
3001 West Division
Arlington, TX 76012-3425
817-461-8741
www.abconline.edu

Austin College
900 North Grand Avenue
Sherman, TX 75090-4400
903-813-2000
www.austinc.edu

Austin Graduate School of Theology
1909 University Avenue
Austin, TX 78705-5610
512-476-2772
www.austingrad.edu

Baptist Missionary Association Theological Seminary
1530 East Pine Street
Jacksonville, TX 75766-5407
903-586-2501
www.geocities.com/athens/acropolis/3386

Baylor University
Waco, TX 76798
254-710-1011
www.baylor.edu

The Criswell College
4010 Gaston Avenue
Dallas, TX 75246-1537
214-821-5433
www.criswell.edu

College of Biblical Studies–Houston
6000 Dale Carnegie Drive
Houston, TX 77036
713-785-5995
www.cbshouston.edu

Concordia University at Austin
3400 Interstate 35 North
Austin, TX 78705-2799
512-486-2000
www.concordia.edu

Dallas Baptist University
3000 Mountain Creek Pkwy
Dallas, TX 75211-9299
214-333-7100
www.dbu.edu

Dallas Christian College
2700 Christian Parkway
Dallas, TX 75234-7299
972-241-3371
www.dallas.edu

DeVry Institute of Technology
4800 Regent Boulevard
Irving, TX 75063-2439
972-929-6777
www.dal.devry.edu

East Texas Baptist University
1209 North Grove
Marshall, TX 75670-1498
903-935-7963
www.etbu.edu

Hardin-Simmons University
2200 Hickory Street
Abilene, TX 79698-0001
915-670-1000

Houston Baptist University
7502 Fondren Road
Houston, TX 77074-3298
281-649-3000
www.hbu.edu

Howard Payne University
1000 Fisk Street
Brownwood, TX 76801-2715
915-646-2502
www.hputx.edu

Huston-Tillotson College
900 Chicon Street
Austin, TX 78702-2795
512-505-3000
www.htc.edu

Jarvis Christian College
PO Box 1470
Hawkins, TX 75765-1470
903-769-5700
www.jarvis.edu

Lamar University
4400 Martin Luther King Parkway
Beaumont, TX 77710
409-880-7011
www.lamar.edu

LeTourneau University
PO Box 7001
Longview, TX 75607-7001
903-233-3000
www.letu.edu

Lubbock Christian University
5601 19th Street
Lubbock, TX 79407-2099
806-796-8800

McMurry University
South 14th and Sayles
Abilene, TX 79697
915-793-3800
www.mcm.edu

Midwestern State University
3410 Taft Boulevard
Wichita Falls, TX 76308
940-397-4000
www.mwsu.edu

Northwood University, Texas Campus
1114 West FM 1382
Cedar Hill, TX 75104-1204
972-291-1541
www.northwood.edu

Our Lady of the Lake University of San Antonio
411 Southwest 24th Street
San Antonio, TX 78207-4689
210-434-6711
www.ollusa.edu

Paul Quinn College
3837 Simpson-Stuart Road
Dallas, TX 75241-4331
214-376-1000
www.pqc.edu

Prairie View A&M University
PO Box 188, University Dr, FM 1098
Prairie View, TX 77446-0188
936-857-3311
www.pvamu.edu

Rice University
PO Box 1892
Houston, TX 77251-1892
713-348-0000
www.rice.edu

Sam Houston State University
Huntsville, TX 77341
936-294-1111
www.shsu.edu

Schreiner University
2100 Memorial Boulevard
Kerrville, TX 78028-5697
830-896-5411
www.schreiner.edu

Southern Methodist University
6425 Boaz
Dallas, TX 75275
214-768-2000
www. smu.edu

Southwest Texas State University
601 University Drive
San Marcos, TX 78666
512-245-2111
www.swt.edu

Southwestern Adventist University
PO Box 567
Keene, TX 76059
817-645-3921
www.swau.edu

Southwestern Assemblies of God University
1200 Sycamore Street
Waxahachie, TX 75165-2397
972-937-4010
www.sagu.edu

Southwestern Christian College
Box 10, 200 Bowser Street
Terrell, TX 75160
972-524-3341
www.swcc.edu

Southwestern University
1001 East University Avenue
Georgetown, TX 78626
512-863-6511
www.southwestern.edu

St. Edward's University
3001 South Congress Avenue
Austin, TX 78704-6489
512-448-8400
www.stedwards.edu

St. Mary's University of San Antonio
1 Camino Santa Maria
San Antonio, TX 78228-8507
210-436-3011
www.stmarytx.edu

Stephen F. Austin State University
1936 North Street
Nacogdoches, TX 75962
936-468-2011
www.sfasu.edu

Sul Ross State University
East Highway 90
Alpine, TX 79832
915-837-8011
www.sulross.edu

Tarleton State University
Box T-0001, Tarleton Station
Stephenville, TX 76402
254-968-9000
www.tarleton.edu

Texas A&M International University
5201 University Boulevard
Laredo, TX 78041-1900
956-326-2001
www.tamiu.edu

Texas A&M University
College Station, TX 77843
979-845-3211
www.tamu.edu

Texas A&M University at Galveston
PO Box 1675
Galveston, TX 77553-1675
409-740-4400
www.tamug.tamu.edu

Texas A&M University System Health Science Center
John B. Connally Building, 301 Tarrow Street, Suite 319
College Station, TX 77840-7896
409-458-6475
tamushsc.tamu.edu

Texas A&M University–Commerce
PO Box 3011
Commerce, TX 75429-3011
903-886-5081
www.tamu-commerce.edu

Texas A&M University–Corpus Christi
6300 Ocean Drive
Corpus Christi, TX 78412-5503
361-825-5700
www.tamucc.edu

Texas A&M University–Kingsville
West Santa Gertrudis
Kingsville, TX 78363
361-593-2111
www.tamuk.edu

Texas A&M University–Texarkana
PO Box 5518
Texarkana, TX 75505-5518
903-223-3000
www.tamut.edu

Texas Chiropractic College
5912 Spencer Highway
Pasadena, TX 77505-1699
281-487-1170
www.txchiro.edu

Texas Christian University
2800 South University Drive
Fort Worth, TX 76129-0002
817-257-7000
www.tcu.edu

Texas College
2404 North Grand Avenue, PO Box 4500
Tyler, TX 75712-4500
903-593-8311
www.texascollege.edu

Texas Lutheran University
1000 West Court Street
Seguin, TX 78155-5999
830-372-8000
www.tlu.edu

Texas Southern University
3100 Cleburne
Houston, TX 77004-4584
713-313-7011
www.tsu.edu

Texas Tech University
Lubbock, TX 79409
806-742-2011
www.ttu.edu

Texas Wesleyan University
1201 Wesleyan Street
Fort Worth, TX 76105-1536
817-531-4444
www.txwesleyan.edu

Texas Woman's University
304 Administration Drive
Denton, TX 76201
940-898-2000
www.twu.edu

Trinity University
715 Stadium Drive
San Antonio, TX 78212-7200
210-999-7011
www.trinity.edu

University of Dallas
1845 East Northgate Drive
Irving, TX 75062-4736
972-721-5000
www.udallas.edu

University of Houston
4800 Calhoun Road
Houston, TX 77204
713-743-1000
www.uh.edu

University of Houston–Clear Lake
2700 Bay Area Boulevard
Houston, TX 77058-1098
281-283-7600
www.cl.uh.edu

University of Houston–Downtown
One Main Street
Houston, TX 77002-1001
713-221-8000
www.uhd.edu

University of Houston–Victoria
3005 North Ben Wilson Street
Victoria, TX 77901-4450
361-570-4848
www.vic.uh.edu

University of Mary Hardin-Baylor
900 College Street
Belton, TX 76513
254-295-8642
www.umhb.edu

University of North Texas
PO Box 311277
Denton, TX 76203
940-565-2000
www.unt.edu

University of Phoenix–Dallas/Ft. Worth Campus
Churchill Tower, 12400 Coit Road, Suite 100
Dallas, TX 75251
972-385-1055
www.phoenix.edu

University of Phoenix–Houston Campus
11451 Katy Freeway, Suite 200
Houston, TX 77079
281-596-0363
www.phoenix.edu

University of St. Thomas
3800 Montrose Boulevard
Houston, TX 77006-4696
713-522-7911
www.stthom.edu

University of the Incarnate Word
4301 Broadway
San Antonio, TX 78209-6397
210-829-6000
www.uiw.edu

The University of Texas at Arlington
Arlington, TX 76019
817-272-2011
www.uta.edu

The University of Texas at Austin
Austin, TX 78712-1111
512-471-3434
www.utexas.edu

The University of Texas at Brownsville
80 Fort Brown
Brownsville, TX 78520-4991
956-544-8200
www.utb.edu

The University of Texas at Dallas
PO Box 830688
Richardson, TX 75083-0688
972-883-2111
www.utdallas.edu

The University of Texas at El Paso
500 West University Avenue
El Paso, TX 79968-0001
915-747-5000
www.utep.edu

The University of Texas at San Antonio
6900 North Loop 1604 West
San Antonio, TX 78249-0617
210-458-4011
www.utsa.edu

The University of Texas at Tyler
3900 University Boulevard
Tyler, TX 75799-0001
903-566-7000
www.uttyler.edu

The University of Texas Health Science Center at Houston
PO Box 20036
Houston, TX 77225-0036
713-500-3333
www.uth.tmc.edu

The University of Texas Health Science Center at San Antonio
7703 Floyd Curl Drive
San Antonio, TX 78229-3900
210-567-7000
www.uthscsa.edu

The University of Texas Medical Branch
301 University Boulevard
Galveston, TX 77555
409-772-1011
www.utmb.edu

The University of Texas of the Permian Basin
4901 East University
Odessa, TX 79762-0001
915-552-2020
www.utpb.edu

The University of Texas Southwestern Medical Center at Dallas
5323 Harry Hines Boulevard
Dallas, TX 75390
214-648-3111
www.swmed.edu

The University of Texas–Pan American
1201 West University Drive
Edinburg, TX 78539-2999
956-381-2011
www.panam.edu

Wayland Baptist University
1900 West Seventh Street
Plainview, TX 79072-6998
806-296-5521
www.wbu.edu

West Texas A&M University
2501 4th Avenue
Canyon, TX 79016-0001
806-651-2000
www.wtamu.edu

Wiley College
711 Wiley Avenue
Marshall, TX 75670-5199
903-927-3300
www.wileyc.edu

Utah

Brigham Young University
Provo, UT 84602-1001
801-378-1211
www.byu.edu

Southern Utah University
351 West Center
Cedar City, UT 84720-2498
435-586-7700
www.suu.edu

University of Phoenix–Utah Campus
5251 Green Street
Salt Lake City, UT 84123
801-263-1444
www.phoenix.edu

University of Utah
201 South University Street
Salt Lake City, UT 84112-1107
801-581-7200
www.utah.edu

Utah State University
Old Main Hill
Logan, UT 84322
435-797-1000
www.usu.edu

Weber State University
1001 University Circle
Ogden, UT 84408-1001
801-626-6000
weber.edu

Western Governors University
2040 East Murray Holladay, Suite 106
Salt Lake City, UT 84117
801-274-3280
www.wgu.edu

Westminster College
1840 South 1300 East
Salt Lake City, UT 84105-3697
801-484-7651
www.wcslc.edu

Vermont

Bennington College
Bennington, VT 05201
802-442-5401
www.bennington.edu

Burlington College
95 North Avenue
Burlington, VT 05401-2998
802-862-9616
www.burlcol.edu

Castleton State College
Castleton, VT 05735
802-468-5611
www.castleton.edu

Champlain College
PO Box 670
Burlington, VT 05402-0670
802-860-2700
www.champlain.edu

College of St. Joseph
71 Clement Road
Rutland, VT 05701-3899
802-773-5900
www.csj.edu

Goddard College
123 Pitkin Road
Plainfield, VT 05667-9432
802-454-8311
www.goddard.edu

Green Mountain College
One College Circle
Poultney, VT 05764-1199
802-287-8000
www.greenmtn.edu

Johnson State College
337 College Hill
Johnson, VT 05656-9405
802-635-2356
www.jsc.vsc.edu

Lyndon State College
PO Box 919
Lyndonville, VT 05851-0919
802-626-6200
www.lsc.vsc.edu

Marlboro College
PO Box A, South Road
Marlboro, VT 05344
802-257-4333
www.marlboro.edu

Middlebury College
Middlebury, VT 05753-6002
802-443-5000
www.middlebury.edu

Norwich University
158 Harmon Drive
Northfield, VT 05663
802-485-2000
www.norwich.edu

Saint Michael's College
One Winooski Park
Colchester, VT 05439
802-654-2000
www.smcvt.edu

Southern Vermont College
982 Mansion Drive
Bennington, VT 05201-6002
802-442-5427
www.svc.edu

Sterling College
PO Box 72
Craftsbury Common, VT 05827-0072
802-586-7711
www.sterlingcollege.edu

University of Vermont
Burlington, VT 05405
802-656-3131
www.uvm.edu

Vermont Technical College
PO Box 500
Randolph Center, VT 05061-0500
802-728-1000
www.vtc.edu

Virginia

American Military University
9104-P Manassas Drive
Manassas, VA 20111
703-330-5398
www.amunet.edu

The Art Institute of Washington
1820 North Fort Meyer Drive, Ground Floor
Arlington, VA 22209
703-358-9550
www.aiw.artinstitutes.edu

Averett University
420 West Main Street
Danville, VA 24541-3692
434-791-5600
www.averett.edu

Bluefield College
3000 College Drive
Bluefield, VA 24605-1799
540-326-3682
www.bluefield.edu

Bridgewater College
402 East College Street
Bridgewater, VA 22812-1599
540-828-8000
www.bridgewater.edu

Christendom College
134 Christendom Drive
Front Royal, VA 22630-5103
540-636-2900
www.christendom.edu

Christopher Newport University
1 University Place
Newport News, VA
23606-2998
757-594-7000
www.cnu.edu

The College of William and Mary
PO Box 8795
Williamsburg, VA
23187-8795
757-221-4000
www.wm.edu

Community Hospital of Roanoke Valley–College of Health Sciences
PO Box 13186
Roanoke, VA 24031-3186
540-985-8483
www.chs.edu

DeVry Institute of Technology
Century Building II,
Suite 1100,
2361 Jefferson Davis Hwy
Arlington, VA 22202
866-338-7932
www.crys.devry.edu

Eastern Mennonite University
1200 Park Road
Harrisonburg, VA
22802-2462
540-432-4000
www.emu.edu

Emory & Henry College
PO Box 947
Emory, VA 24327-0947
540-944-4121
www.ehc.edu

Ferrum College
PO Box 1000
Ferrum, VA 24088-9001
540-365-2121
www.ferrum.edu

George Mason University
4400 University Drive
Fairfax, VA 22030-4444
703-993-1000
www.gmu.edu

Hampden-Sydney College
PO Box 667
Hampden-Sydney, VA
23943
804-223-6000
www.hsc.edu

Hampton University
Hampton, VA 23668
757-727-5000
www.hamptonu.edu

Hollins University
PO Box 9603
Roanoke, VA 24020-1603
540-362-6000
www.hollins.edu

James Madison University
800 South Main Street
Harrisonburg, VA 22807
540-568-6211
www.jmu.edu

Liberty University
1971 University Boulevard
Lynchburg, VA 24502
804-582-2000
www.liberty.edu

Longwood College
201 High Street
Farmville, VA 23909-1800
804-395-2000
www.longwood.edu

Lynchburg College
1501 Lakeside Drive
Lynchburg, VA 24501-3199
804-544-8100
www.lynchburg.edu

Mary Baldwin College
201 East Frederick Street
Staunton, VA 24401-3610
540-887-7000
www.mbc.edu

Mary Washington College
1301 College Avenue
Fredericksburg, VA
22401-5358
540-654-1000
www.mwc.edu

Marymount University
2807 North Glebe Road
Arlington, VA 22207-4299
703-522-5600
www.marymount.edu

Norfolk State University
700 Park Avenue
Norfolk, VA 23504
757-823-8600
www.nsu.edu

Old Dominion University
5215 Hampton Boulevard
Norfolk, VA 23529
757-683-3000
www.odu.edu

Radford University
PO Box 6890, RU Station
Radford, VA 24142
540-831-5000
www.radford.edu

Randolph-Macon College
PO Box 5005
Ashland, VA 23005-5505
804-752-7200
www.rmc.edu

Randolph-Macon Woman's College
2500 Rivermont Avenue
Lynchburg, VA 24503-1526
804-947-8000
www.rmwc.edu

Roanoke College
221 College Lane
Salem, VA 24153-3794
540-375-2500
www.roanoke.edu

Saint Paul's College
115 College Drive
Lawrenceville, VA
23868-1202
804-848-3111
www.saintpauls.edu

Shenandoah University
1460 University Drive
Winchester, VA 22601-5195
540-665-4500
www.su.edu

Southern Virginia College
One College Hill Drive
Buena Vista, VA 24416
540-261-8400
www.southernvirginia.edu

Sweet Briar College
US Route 29 North
Sweet Briar, VA 24595
804-381-6100
www.sbc.edu

University of Richmond
28 Westhampton Way
University of Richmond, VA
23173
804-289-8000
www.richmond.edu

University of Virginia
Charlottesville, VA 22903
434-924-0311
www.virginia.edu

The University of Virginia's College at Wise
1 College Avenue
Wise, VA 24293
540-328-0100
www.uvawise.edu

Virginia Commonwealth University
901 West Franklin Street
Richmond, VA 23284-9005
804-828-0100
www.vcu.edu

Virginia Intermont College
1013 Moore Street
Bristol, VA 24201-4298
540-669-6101
www.vic.edu

Virginia Military Institute
Lexington, VA 24450
540-464-7207
www.vmi.edu

Virginia Polytechnic Institute and State University
Blacksburg, VA 24061
540-231-6000

Virginia State University
1 Hayden Drive
Petersburg, VA 23806-0001
804-524-5000
www.vsu.edu

Virginia Union University
1500 North Lombardy Street
Richmond, VA 23220-1170
804-257-5600

Virginia Wesleyan College
1584 Wesleyan Drive
Norfolk, VA 23502-5599
757-455-3200
www.vwc.edu

Washington and Lee University
Lexington, VA 24450-0303
540-463-8400
www.wlu.edu

World College
5193 Shore Drive, Suite 105
Virginia Beach, VA
23455-2500
757-464-4600

Washington

Antioch University Seattle
2326 Sixth Avenue
Seattle, WA 98121-1814
206-441-5352
www.antiochsea.edu

Bastyr University
14500 Juanita Drive, NE
Kenmore, WA 98028-4966
425-823-1300
www.bastyr.edu

Central Washington University
400 East 8th Avenue
Ellensburg, WA 98926-7463
509-963-1111
www.cwu.edu

City University
11900 NE First Street
Bellevue, WA 98005
425-637-1010
www.cityu.edu

Cornish College of the Arts
710 East Roy Street
Seattle, WA 98102-4696
206-323-1400
www.cornish.edu

DeVry Institute of Technology
3600 South 34th Way
Federal Way, WA 98001
253-943-2800
www.sea.devry.edu

Eastern Washington University
526 5th Street
Cheney, WA 99004-2431
509-359-6200
www.ewu.edu

The Evergreen State College
2700 Evergreen Parkway, NW
Olympia, WA 98505
360-866-6000
www.evergreen.edu

Gonzaga University
502 East Boone Avenue
Spokane, WA 99258
509-328-4220
www.gonzaga.edu

Henry Cogswell College
3002 Colby Avenue
Everett, WA 98201
425-258-3351
www.henrycogswell.edu

Heritage College
3240 Fort Road
Toppenish, WA 98948-9599
509-865-8500
www.heritage.edu

The Leadership Institute of Seattle
14506 Juanita Drive, NE
Kenmore, WA 98028-4966
425-939-8100
www.lios.org

Northwest College
PO Box 579
Kirkland, WA 98083-0579
425-822-8266
www.nwcollege.edu

Northwest College of Art
16464 State Highway 305
Poulsbo, WA 98370
360-779-9993
www.nca.edu

Pacific Lutheran University
Tacoma, WA 98447
253-531-6900
www.plu.edu

Puget Sound Christian College
410 4th Avenue North
Edmonds, WA 98020-3171
425-775-8686

Saint Martin's College
5300 Pacific Avenue, SE
Lacey, WA 98503-7500
360-491-4700
www.stmartin.edu

Seattle Pacific University
3307 Third Avenue West
Seattle, WA 98119-1997
206-281-2000
www.spu.edu

Seattle University
900 Broadway
Seattle, WA 98122
206-296-6000
www.seattleu.edu

Trinity Lutheran College
4221 228th Avenue, SE
Issaquah, WA 98029-9299
425-392-0400
www.tlc.edu

University of Phoenix–Washington Campus
7100 Fort Dent Way,
Suite 100
Seattle, WA 98188
877-877-4867
www.phoenix.edu

University of Puget Sound
1500 North Warner Street
Tacoma, WA 98416
253-879-3100
www.ups.edu

University of Washington
Seattle, WA 98195
206-543-2100
www.washington.edu

Walla Walla College
204 South College Avenue
College Place, WA 99324-1198
509-527-2615
www.wwc.edu

Washington State University
Pullman, WA 99164
509-335-3564
www.wsu.edu

Western Washington University
516 High Street
Bellingham, WA 98225-5996
360-650-3000
www.wwu.edu

Whitman College
345 Boyer Avenue
Walla Walla, WA 99362-2083
509-527-5111
www.whitman.edu

Whitworth College
300 West Hawthorne Road
Spokane, WA 99251-0001
509-777-1000
www.whitworth.edu

West Virginia

Alderson-Broaddus College
1 College Hill
Philippi, WV 26416
304-457-1700
www.ab.edu

Appalachian Bible College
PO Box ABC
Bradley, WV 25818
304-877-6428
www.abc.edu

Bethany College
Main Street
Bethany, WV 26032
304-829-7000
www.bethanywv.edu

Bluefield State College
219 Rock Street
Bluefield, WV 24701-2198
304-327-4000
www.bluefield.wvnet.edu

Concord College
Vermillion Street,
PO Box 1000
Athens, WV 24712-1000
304-384-3115
www.concord.edu

Davis & Elkins College
100 Campus Drive
Elkins, WV 26241-3996
304-637-1900
www.dne.edu

Fairmont State College
1201 Locust Avenue
Fairmont, WV 26554
304-367-4000
www.fscwv.edu

Glenville State College
200 High Street
Glenville, WV 26351-1200
304-462-7361
www.glenville.edu

Marshall University
400 Hal Greer Boulevard
Huntington, WV 25755
304-696-3170
www.marshall.edu

Mountain State University
PO Box AG
Beckley, WV 25802-2830
304-253-7351
www.mountainstate.edu

Ohio Valley College
One Campus View Drive
Vienna, WV 26105-8000
304-865-6000
www.ovc.edu

Salem International University
223 West Main Street,
PO Box 500
Salem, WV 26426-0500
304-782-5011
www.salemiu.edu

Shepherd College
PO Box 3210
Shepherdstown, WV
25443-3210
304-876-5000
www.shepherd.edu

University of Charleston
2300 MacCorkle Avenue, SE
Charleston, WV 25304-1099
304-357-4800
www.uchaswv.edu

West Liberty State College
PO Box 295
West Liberty, WV 26074
304-336-5000
www.wlsc.wvnet.edu

West Virginia State College
Post Office Box 1000
Institute, WV 25112-1000
304-766-3000
www.wvsc.edu

West Virginia University
University Avenue
Morgantown, WV 26506
304-293-0111
www.wvu.edu

West Virginia University
Institute of Technology
405 Fayette Pike
Montgomery, WV 25136
304-442-3071
www.wvutech.edu

West Virginia Wesleyan
College
59 College Avenue
Buckhannon, WV 26201
304-473-8000
www.wvwc.edu

Wheeling Jesuit University
316 Washington Avenue
Wheeling, WV 26003-6295
304-243-2000
www.wju.edu

Wisconsin

Alverno College
3400 South 43rd Street,
PO Box 343922
Milwaukee, WI 53234-3922
414-382-6000
www.alverno.edu

Bellin College of Nursing
725 South Webster Ave,
PO Box 23400
Green Bay, WI 54305-3400
920-433-3560
www.bcon.edu

Beloit College
700 College Street
Beloit, WI 53511-5596
608-363-2000
www.beloit.edu

Cardinal Stritch University
6801 North Yates Road
Milwaukee, WI 53217-3985
414-410-4000
www.stritch.edu

Carroll College
100 North East Avenue
Waukesha, WI 53186-5593
262-547-1211
www.cc.edu

Carthage College
2001 Alford Park Drive
Kenosha, WI 53140-1994
262-551-8500
www.carthage.edu

Columbia College of Nursing
2121 East Newport Avenue
Milwaukee, WI 53211-2952
414-961-3530
www.ccon.edu

Concordia University
Wisconsin
12800 North Lake Shore Dr
Mequon, WI 53097-2402
262-243-5700
www.cuw.edu

Edgewood College
1000 Edgewood College Dr
Madison, WI 53711-1997
608-663-4861
www.edgewood.edu

Lakeland College
PO Box 359
Sheboygan, WI 53082-0359
920-565-2111
www.lakeland.edu

Lawrence University
PO Box 599
Appleton, WI 54912-0599
920-832-7000
www.lawrence.edu

Maranatha Baptist Bible
College
745 West Main Street
Watertown, WI 53094
920-261-9300
www.mbbc.edu

Marian College of Fond du
Lac
45 South National Avenue
Fond du Lac, WI 54935-4699
920-923-7600
www.mariancollege.edu

Marquette University
PO Box 1881
Milwaukee, WI 53201-1881
414-288-7250
www.marquette.edu

Milwaukee Institute of Art
and Design
273 East Erie Street
Milwaukee, WI 53202-6003
414-276-7889
www.miad.edu

Milwaukee School of
Engineering
1025 North Broadway
Milwaukee, WI 53202-3109
414-277-7300
www.msoe.edu

Mount Mary College
2900 North Menomonee
River Parkway
Milwaukee, WI 53222-4597
414-258-4810
www.mtmary.edu

Mount Senario College
1500 College Avenue West
Ladysmith, WI 54848-2128
715-532-5511
www.mountsenario.edu

Northland College
1411 Ellis Avenue
Ashland, WI 54806-3925
715-682-1699
www.northland.edu

Ripon College
300 Seward Street,
PO Box 248
Ripon, WI 54971
920-748-8115
www.ripon.edu

Silver Lake College
2406 South Alverno Road
Manitowoc, WI 54220-9319
920-684-6691
www.sl.edu

St. Norbert College
100 Grant Street
De Pere, WI 54115-2099
920-337-3181
www.snc.edu

University of Wisconsin–Eau
Claire
PO Box 4004
Eau Claire, WI 54702-4004
715-836-2637
www.uwec.edu

University of
Wisconsin–Green Bay
2420 Nicolet Drive
Green Bay, WI 54311-7001
920-465-2000
www.uwgb.edu

University of Wisconsin–La Crosse
1725 State Street
La Crosse, WI 54601-3742
608-785-8000
www.uwlax.edu

University of Wisconsin–Madison
500 Lincoln Drive
Madison, WI 53706-1380
608-262-1234
www.wisc.edu

University of Wisconsin–Milwaukee
PO Box 413
Milwaukee, WI 53201-0413
414-229-1122
www.uwm.edu

University of Wisconsin–Oshkosh
800 Algoma Boulevard
Oshkosh, WI 54901
920-424-1234
www.uwosh.edu

University of Wisconsin–Parkside
900 Wood Road, Box 2000
Kenosha, WI 53141-2000
262-595-2345
www.uwp.edu

University of Wisconsin–Platteville
1 University Plaza
Platteville, WI 53818-3099
608-342-1491
www.uwplatt.edu

University of Wisconsin–River Falls
410 South Third Street
River Falls, WI 54022-5001
715-425-3911
www.uwrf.edu

University of Wisconsin–Stevens Point
2100 Main Street
Stevens Point, WI 54481-3897
715-346-0123
www.uwsp.edu

University of Wisconsin–Stout
Menomonie, WI 54751
715-232-1122
www.uwstout.edu

University of Wisconsin–Superior
Belknap and Catlin,
PO Box 2000
Superior, WI 54880-4500
715-394-8101
www.uwsuper.edu

University of Wisconsin–Whitewater
800 West Main Street
Whitewater, WI 53190-1790
262-472-1234
www.uww.edu

Viterbo University
815 South Ninth Street
La Crosse, WI 54601-4797
608-796-3000
www.viterbo.edu

Wisconsin Lutheran College
8800 West Bluemound Road
Milwaukee, WI 53226-9942
414-443-8800
www.wlc.edu

Wyoming

University of Wyoming
Laramie, WY 82071
307-766-1121
www.uwyo.edu

UNIVERSIDADES CON PROGRAMAS DE 2 AÑOS

Alabama

Alabama Southern Community College
PO Box 2000
Monroeville, AL 36461
334-575-3156
www.ascc.edu

Bessemer State Technical College
PO Box 308
Bessemer, AL 35021-0308
205-428-6391
www.bessemertech.com

Bevill State Community College
PO Box 800
Sumiton, AL 35148
205-648-3271
www.bevillst.cc.al.us

Bishop State Community College
351 North Broad Street
Mobile, AL 36603-5898
334-690-6801
www.bscc.cc.al.us

Calhoun Community College
PO Box 2216
Decatur, AL 35609-2216
256-306-2500
www.calhoun.cc.al.us

Central Alabama Community College
PO Box 699
Alexander City, AL
35011-0699
256-234-6346
www.cacc.cc.al.us

Chattahoochee Valley Community College
2602 College Drive
Phenix City, AL 36869-7928
334-291-4900
www.cvcc.cc.al.us

Community College of the Air Force
130 West Maxwell Boulevard
Maxwell Air Force Base, AL
36112-6613
334-953-2794

Douglas MacArthur State Technical College
PO Drawer 910
Opp, AL 36467
334-493-3573

Enterprise State Junior College
PO Box 1300
Enterprise, AL 36331-1300
334-347-2623
www.esjc.cc.al.us

Gadsden State Community College
PO Box 227
Gadsden, AL 35902-0227
256-549-8200
www.gadsdenst.cc.al.us

George C. Wallace Community College
Route 6, Box 62
Dothan, AL 36303-9234
334-983-3521
dns1.wallace.edu

George Corley Wallace State Community College
PO Box 2530
Selma, AL 36702-2530
334-876-9227

Harry M. Ayers State Technical College
PO Box 1647
Anniston, AL 36202-1647
256-835-5400
www.ayers.cc.al.us

Herzing College
280 West Valley Avenue
Birmingham, AL 35209
205-916-2800
www.herzing.edu/birmingham

ITT Technical Institute
500 Riverhills Business Park
Birmingham, AL 35242
205-991-5410

J. F. Drake State Technical College
3421 Meridian Street North
Huntsville, AL 35811-1584
256-539-8161
www.dstc.cc.al.us

James H. Faulkner State Community College
1900 Highway 31 South
Bay Minette, AL 36507
334-580-2100
www.faulkner.cc.al.us

Jefferson Davis Community College
PO Box 958
Brewton, AL 36427-0958
334-867-4832
www.jdcc.net

Jefferson State Community College
2601 Carson Road
Birmingham, AL 35215-3098
205-853-1200
www.jscc.cc.al.us

John M. Patterson State Technical College
3920 Troy Highway
Montgomery, AL 36116-2699
334-288-1080
www.jptech.cc.al.us

Lawson State Community College
3060 Wilson Road, SW
Birmingham, AL 35221-1798
205-925-2515

Lurleen B. Wallace Junior College
PO Box 1418
Andalusia, AL 36420-1418
334-222-6591

Marion Military Institute
1101 Washington Street
Marion, AL 36756
334-683-2306
www.marion-institute.org

Northeast Alabama Community College
PO Box 159
Rainsville, AL 35986-0159
256-228-6001

Northwest-Shoals Community College
PO Box 2545
Muscle Shoals, AL 35662
256-331-5200
www.nwscc.cc.al.us

Prince Institute of Professional Studies
7735 Atlanta Highway
Montgomery, AL 36117-4231
334-271-1670
www.princeinstitute.com

Reid State Technical College
PO Box 588
Evergreen, AL 36401-0588
334-578-1313
www.rstc.cc.al.us

Shelton State Community College
9500 Old Greensboro Road
Tuscaloosa, AL 35405
205-391-2211
www.shelton.cc.al.us

Snead State Community College
220 N Walnut Street,
PO Drawer D
Boaz, AL 35957-0734
256-593-5120
www.snead.cc.al.us

South University
122 Commerce Street
Montgomery, AL
36104-2538
334-263-1013
www.southcollege.edu

Southern Union State Community College
PO Box 1000, Roberts Street
Wadley, AL 36276
256-395-2211
www.suscc.cc.al.us

Trenholm State Technical College
1225 Air Base Blvd,
PO Box 9000
Montgomery, AL 36108-3105
334-832-9000

Virginia College at Huntsville
2800-A Bob Wallace Avenue
Huntsville, AL 35805
256-533-7387

Wallace State Community College
PO Box 2000
Hanceville, AL 35077-2000
256-352-8000
wallacestatehanceville.edu

Alaska

Charter College
2221 East Northern Lights Boulevard, Suite 120
Anchorage, AK 99508-4157
907-277-1000
www.chartercollege.org

University of Alaska Anchorage, Kenai Peninsula College
34820 College Drive
Soldotna, AK 99669-9798
907-262-0300
www.uaa.alaska.edu/kenai

University of Alaska Anchorage, Kodiak College
117 Benny Benson Drive
Kodiak, AK 99615-6643
907-486-4161
www.koc.alaska.edu

University of Alaska Anchorage, Matanuska-Susitna College
PO Box 2889
Palmer, AK 99645-2889
907-745-9774
www.uaa.alaska.edu/matsu/msc.htm

University of Alaska Southeast, Ketchikan Campus
2600 7th Avenue
Ketchikan, AK 99901-5798
907-225-6177
www.ketch.alaska.edu

University of Alaska Southeast, Sitka Campus
1332 Seward Avenue
Sitka, AK 99835-9418
907-747-6653
www.uas-sitka.net

University of Alaska, Prince William Sound Community College
PO Box 97
Valdez, AK 99686-0097
907-834-1600
www.uaa.alaska.edu/pwscc/home.html

Arizona

Apollo College–Phoenix, Inc.
8503 North 27th Avenue
Phoenix, AZ 85051
602-864-1571
www.apollocollege.com

Apollo College–Tri-City, Inc.
630 West Southern Avenue
Mesa, AZ 85210-5004
480-831-6585
www.apollocollege.com

Apollo College–Tucson, Inc.
3870 North Oracle Road
Tucson, AZ 85705-3227
520-888-5885
www.apollocollege.com

Apollo College–Westside, Inc.
2701 West Bethany Home Rd
Phoenix, AZ 85017
602-433-1333
www.apollocollege.com

Arizona Automotive Institute
6829 North 46th Avenue
Glendale, AZ 85301-3597
602-934-7273
www.azautoinst.com

Arizona Institute of Business & Technology
6049 North 43rd Avenue
Phoenix, AZ 85019
602-242-6265
www.aibt.edu

Arizona Western College
PO Box 929
Yuma, AZ 85366-0929
928-317-6000
www.awc.cc.az.us

Central Arizona College
8470 North Overfield Road
Coolidge, AZ 85228-9779
520-426-4444
www.cac.cc.az.us

Chandler-Gilbert Community College
2626 East Pecos Road
Chandler, AZ 85225-2479
480-732-7000
www.cgc.maricopa.edu

Chaparral College
4585 East Speedway, No 204
Tucson, AZ 85712
520-327-6866
www.chap-col.edu

Cochise College
4190 West Highway 80
Douglas, AZ 85607-9724
520-364-7943
www.cochise.cc.az.us

Cochise College
901 North Columbo
Sierra Vista, AZ 85635-2317
520-515-0500
www.cochise.cc.az.us

Coconino Community College
3000 North 4th Street,
Suite 17, PO Box 80000
Flagstaff, AZ 86003
520-527-1222

Diné College
PO Box 98
Tsaile, AZ 86556
520-724-6600
crystal.ncc.cc.nm.us

Eastern Arizona College
PO Box 769
Thatcher, AZ 85552-0769
520-428-8322
www.easternarizona.com

Estrella Mountain Community College
3000 North Dysart Road
Avondale, AZ 85323-1000
602-935-8000
www.emc.maricopa.edu

GateWay Community College
108 North 40th Street
Phoenix, AZ 85034-1795
602-392-5000
www.gwc.maricopa.edu

Glendale Community College
6000 West Olive Avenue
Glendale, AZ 85302-3090
623-845-3000
www.gc.maricopa.edu

High-Tech Institute
1515 East Indian School Road
Phoenix, AZ 85014-4901
602-279-9700
www.high-techinstitute.com

ITT Technical Institute
4837 East McDowell Road
Phoenix, AZ 85008-4292
602-252-2331

ITT Technical Institute
1455 West River Road
Tucson, AZ 85704
520-408-7488
www.itt-tech.edu

Lamson College
1126 North Scottsdale Road, Suite 17
Tempe, AZ 85281
480-898-7000
www.lamsoncollege.com

Mesa Community College
1833 West Southern Avenue
Mesa, AZ 85202-4866
602-461-7000

Mohave Community College
1971 Jagerson Avenue
Kingman, AZ 86401
520-757-4331
www.mohave.cc.az.us

Northland Pioneer College
PO Box 610
Holbrook, AZ 86025-0610
520-524-7600
www.northland.cc.az.us

Paradise Valley Community College
18401 North 32nd Street
Phoenix, AZ 85032-1200
602-787-6500
www.pvc.maricopa.edu

Phoenix College
1202 West Thomas Road
Phoenix, AZ 85013-4234
602-264-2492
www.pc.maricopa.edu

Pima Community College
4905 East Broadway
Tucson, AZ 85709-1010
520-206-4666
www.pima.edu

Pima Medical Institute
3350 East Grant Road
Tucson, AZ 85716
520-326-1600
www.pimamedical.com

Pima Medical Institute
957 South Dobson Road
Mesa, AZ 85202
602-644-0267
www.pimamedical.com

Rhodes College
2525 West Beryl Avenue
Phoenix, AZ 85021
602-942-4141
rhodes-college.com

Rio Salado College
2323 West 14th Street
Tempe, AZ 85281-6950
480-517-8000
www.rio.maricopa.edu

Scottsdale Community College
9000 East Chaparral Road
Scottsdale, AZ 85256-2626
602-423-6000
www.sc.maricopa.edu

Scottsdale Culinary Institute
8100 East Camelback Road, Suite 1001
Scottsdale, AZ 85251-3940
480-990-3773
www.scichefs.com

South Mountain Community College
7050 South Twenty-fourth St
Phoenix, AZ 85040
602-243-8000
www.smc.maricopa.edu

The Art Center
2525 North Country Club Rd
Tucson, AZ 85716-2505
520-325-0123
www.theartcenter.edu

The Bryman School
4343 North 16th Street
Phoenix, AZ 85016-5338
602-274-4300
www.hightechschools.com

The Paralegal Institute, Inc.
2933 West Indian School Rd
Phoenix, AZ 85017
602-212-0501
www.theparalegalinstitute.com

The Refrigeration School
4210 East Washington Street
Phoenix, AZ 85034-1816
602-275-7133
www.refrigerationschool.com

Universal Technical Institute
3121 West Weldon Avenue
Phoenix, AZ 85017-4599
602-264-4164
www.uticorp.com

Yavapai College
1100 East Sheldon Street
Prescott, AZ 86301-3297
520-445-7300
www.yavapai.cc.az.us

Arkansas

Arkansas State University–Beebe
PO Box 1000
Beebe, AR 72012-1000
501-882-3600
www.asub.arknet.edu

Arkansas State University–Mountain Home
1600 South College Street
Mountain Home, AR 72653
870-508-6100
www.asumh.edu

Arkansas State University–Newport
7648 Victory Boulevard
Newport, AR 72112
870-512-7800
www.asun.arknet.edu

Black River Technical College
Highway 304 East, PO Box 468
Pocahontas, AR 72455
870-892-4565

Cossatot Technical College of the University of Arkansas
PO Box 960
DeQueen, AR 71832
870-584-4471
ctc.tec.ar.us

Crowley's Ridge College
100 College Drive
Paragould, AR 72450-9731
870-236-6901
www.crc.paragould.ar.us

East Arkansas Community College
1700 Newcastle Road
Forrest City, AR 72335-2204
870-633-4480

Education America, Southeast College of Technology, Little Rock Campus
8901 Kanis Road
Little Rock, AR 72205
501-312-0007

Garland County Community College
101 College Drive
Hot Springs, AR 71913
501-760-4222
www.gccc.cc.ar.us

ITT Technical Institute
4520 South University
Little Rock, AR 72204
501-565-5550
www.itt-tech.edu

Mid-South Community College
2000 West Broadway
West Memphis, AR 72301
870-733-6722
www.mscc.cc.ar.us

Mississippi County Community College
PO Box 1109
Blytheville, AR 72316-1109
870-762-1020

North Arkansas College
1515 Pioneer Drive
Harrison, AR 72601
870-743-3000
pioneer.northark.net

NorthWest Arkansas Community College
One College Drive
Bentonville, AR 72712
501-636-9222
www.nwacc.cc.ar.us

Ouachita Technical College
PO Box 816, One College Cr
Malvern, AR 72104
501-332-3658
www.otc.tec.ar.us

Ozarka College
PO Box 10
Melbourne, AR 72556
870-368-7371
ozarka.edu

Phillips Community College of the University of Arkansas
PO Box 785
Helena, AR 72342-0785
870-338-6474
www.pccua.cc.ar.us

Pulaski Technical College
3000 West Scenic Drive
North Little Rock, AR 72118
501-771-1000
www.ptc.tec.ar.us

Rich Mountain Community College
1100 College Drive
Mena, AR 71953
501-394-7622
www.rmcc.cc.ar.us

South Arkansas Community College
PO Box 7010
El Dorado, AR 71731-7010
870-862-8131
seminole.saccw.cc.ar.us

Southeast Arkansas College
1900 Hazel Street
Pine Bluff, AR 71603
870-543-5900
www.seark.org

Southern Arkansas University Tech
SAU Tech Station, 100 Carr Rd
Camden, AR 71701
870-574-4500
www.sautech.edu

University of Arkansas at Fort Smith
PO Box 3649
Fort Smith, AR 72913-3649
501-788-7000
www.westark.edu

University of Arkansas Community College at Batesville
PO Box 3350
Batesville, AR 72503
870-793-7581
www.uaccb.cc.ar.us

University of Arkansas Community College at Hope
PO Box 140
Hope, AR 71801-0140
870-777-5722
www.uacch.cc.ar.us

University of Arkansas Community College at Morrilton
One Bruce Street
Morrilton, AR 72110
501-354-2465
www.state.ar.us/pjc

California

Allan Hancock College
800 South College Drive
Santa Maria, CA 93454-6399
805-922-6966
www.hancock.cc.ca.us

American Academy of Dramatic Arts/Hollywood
1336 North La Brea Avenue
Hollywood, CA 90028
323-464-2777
www.aada.org

American River College
4700 College Oak Drive
Sacramento, CA 95841-4286
916-484-8011
www.arc.losrios.cc.ca.us

Antelope Valley College
3041 West Avenue K
Lancaster, CA 93536-5426
661-722-6300
www.avc.edu

Bakersfield College
1801 Panorama Drive
Bakersfield, CA 93305-1299
661-395-4011
www.kccd.cc.ca.us

Barstow College
2700 Barstow Road
Barstow, CA 92311-6699
760-252-2411
www.barstow.cc.ca.us

Brooks College
4825 East Pacific Coast Highway
Long Beach, CA 90804-3291
562-498-2441
Fax: 562-597-7412
www.brookscollege.edu/

Butte College
3536 Butte Campus Drive
Oroville, CA 95965-8399
530-895-2511
Fax: 530-895-2345

Cañada College
4200 Farm Hill Boulevard
Redwood City, CA 94061-1099
650-306-3100
www.canadacollege.net

Cabrillo College
6500 Soquel Drive
Aptos, CA 95003-3194
831-479-6100
www.cabrillo.cc.ca.us

California College of Technology
4330 Watt Avenue, Suite 400
Sacramento, CA 95660
916-649-8168
www.californiacollegetech.com

California Culinary Academy
625 Polk Street
San Francisco, CA 94102-3368
415-771-3500
www.baychef.com

California Design College
3440 Wilshire Boulevard, Seventh Floor
Los Angeles, CA 90010
213-251-3636
www.cdc.edu

Cerritos College
11110 Alondra Boulevard
Norwalk, CA 90650-6298
562-860-2451
www.cerritos.edu

Cerro Coso Community College
3000 College Heights Blvd
Ridgecrest, CA 93555-9571
760-384-6100
www.cc.cc.ca.us

Chabot College
25555 Hesperian Boulevard
Hayward, CA 94545-5001
510-723-6600
www.chabot.cc.ca.us

Chaffey College
5885 Haven Avenue
Rancho Cucamonga, CA 91737-3002
909-987-1737
www.chaffey.cc.ca.us

Citrus College
1000 West Foothill Boulevard
Glendora, CA 91741-1899
626-963-0323
www.citrus.cc.ca.us

City College of San Francisco
50 Phelan Avenue
San Francisco, CA 94112-1821
415-239-3000
www.ccsf.org

Coastline Community College
11460 Warner Avenue
Fountain Valley, CA 92708-2597
714-546-7600
www.coastline.cccd.edu

College of Alameda
555 Atlantic Avenue
Alameda, CA 94501-2109
510-522-7221
www.peralta.cc.ca.us

College of Marin
835 College Avenue
Kentfield, CA 94904
415-457-8811
www.marin.cc.ca.us

College of Oceaneering
272 South Fries Avenue
Wilmington, CA 90744-6399
310-834-2501
www.diveco.com

College of San Mateo
1700 West Hillsdale Blvd
San Mateo, CA 94402-3784
650-574-6161
www.gocsm.net

College of the Canyons
26455 Rockwell Canyon Road
Santa Clarita, CA 91355-1899
661-259-7800
www.coc.cc.ca.us

College of the Desert
43-500 Monterey Avenue
Palm Desert, CA 92260-9305
760-346-8041
www.desert.cc.ca.us

College of the Redwoods
7351 Tompkins Hill Road
Eureka, CA 95501-9300
707-476-4100

College of the Sequoias
915 South Mooney Blvd
Visalia, CA 93277-2234
559-730-3700
www.sequoias.cc.ca.us

College of the Siskiyous
800 College Avenue
Weed, CA 96094-2899
530-938-4461
www.siskiyous.edu

Columbia College
11600 Columbia College Dr
Sonora, CA 95370
209-588-5100

Compton Community College
1111 East Artesia Boulevard
Compton, CA 90221-5393
310-900-1600

Contra Costa College
2600 Mission Bell Drive
San Pablo, CA 94806-3195
510-235-7800
www.contracosta.cc.ca.us

Copper Mountain College
6162 Rotary Way
Joshua Tree, CA 92252
760-366-3791
www.cmccd.cc.ca.us

Cosumnes River College
8401 Center Parkway
Sacramento, CA 95823-5799
916-691-7451
www.wserver.crc.losrios.cc.ca.us

Crafton Hills College
11711 Sand Canyon Road
Yucaipa, CA 92399-1799
909-794-2161

Cuesta College
PO Box 8106
San Luis Obispo, CA
93403-8106
805-546-3100
www.cuesta.org

Cuyamaca College
900 Rancho San Diego Pkwy
El Cajon, CA 92019-4304
619-660-4000
www.cuyamaca.net

Cypress College
9200 Valley View
Cypress, CA 90630-5897
714-484-7000
www.cypress.cc.ca.us

D-Q University
PO Box 409
Davis, CA 95617-0409
530-758-0470

De Anza College
21250 Stevens Creek Blvd
Cupertino, CA 95014-5793
408-864-5678
www.deanza.fhda.edu

Deep Springs College
HC 72, Box 45001
Deep Springs, CA
89010-9803
760-872-2000
www.deepsprings.edu

Diablo Valley College
321 Golf Club Road
Pleasant Hill, CA
94523-1544
925-685-1230
www.dvc.edu

Don Bosco College of Science and Technology
1151 San Gabriel Boulevard
Rosemead, CA 91770-4299
626-940-2000
www.boscotech.org

East Los Angeles College
1301 Avenida Cesar Chavez
Monterey Park, CA
91754-6001
323-265-8650
www.elac.cc.ca.us

El Camino College
16007 Crenshaw Boulevard
Torrance, CA 90506-0001
310-532-3670

Empire College
3035 Cleveland Avenue
Santa Rosa, CA 95403
707-546-4000
www.empcol.com

Evergreen Valley College
3095 Yerba Buena Road
San Jose, CA 95135-1598
408-274-7900

Fashion Careers of California College
1923 Morena Boulevard
San Diego, CA 92110
619-275-4700
www.fashioncollege.com

Fashion Institute of Design and Merchandising, Los Angeles
919 South Grand Avenue
Los Angeles, CA 90015-1421
213-624-1200
www.fidm.com

Fashion Institute of Design and Merchandising, San Diego Campus
1010 Second Avenue, Suite 200
San Diego, CA 92101-4903
619-235-2049
www.fidm.com

Fashion Institute of Design and Merchandising, San Francisco Campus
55 Stockton Street
San Francisco, CA
94108-5829
415-675-5200
www.fidm.com

Feather River Community College District
570 Golden Eagle Avenue
Quincy, CA 95971-9124
530-283-0202
www.frcc.cc.ca.us

Foothill College
12345 El Monte Road
Los Altos Hills, CA
94022-4599
650-949-7777
www.foothillcollege.org

Foundation College
5353 Mission Center Road, Suite 100
San Diego, CA 92108-1306
619-683-3273
www.foundationcollege.org

Fresno City College
1101 East University Avenue
Fresno, CA 93741-0002
559-442-4600
www.scccd.cc.ca.us

Fullerton College
321 East Chapman Avenue
Fullerton, CA 92832-2095
714-992-7000
www.fullcoll.edu

Gavilan College
5055 Santa Teresa Boulevard
Gilroy, CA 95020-9599
408-847-1400
www.gavilan.cc.ca.us

Glendale Community College
1500 North Verdugo Road
Glendale, CA 91208-2894
818-240-1000
www.glendale.cc.ca.us

Golden West College
PO Box 2748,
15744 Golden West Street
Huntington Beach, CA
92647-2748
714-892-7711
www.gwc.cccd.edu

Grossmont College
8800 Grossmont College Dr
El Cajon, CA 92020-1799
619-644-7000

Hartnell College
156 Homestead Avenue
Salinas, CA 93901-1697
831-755-6700

Heald College Concord
5130 Commercial Circle
Concord, CA 94520
925-228-5800
www.heald.edu

Heald College, School of Business
2150 John Glenn Drive
Concord, CA 94520-5618
510-827-1300

Heald College, School of Business
1450 North Main Street
Salinas, CA 93906
408-443-1700
www.heald.edu

Heald College, School of Business
1605 East March Lane
Stockton, CA 95210
209-477-1114

Heald College, School of Business
2425 Mendocino Avenue
Santa Rosa, CA 95403-3116
707-525-1300

Heald College, Schools of Business and Technology
341 Great Mall Parkway
Milpitas, CA 95035
408-934-4900
www.heald.edu

Heald College, Schools of Business and Technology
255 West Bullard Avenue
Fresno, CA 93704-1706
559-438-4222
www.heald.edu

Heald College, Schools of Business and Technology
2910 Prospect Park Drive
Rancho Cordova, CA 95670-6005
916-638-1616
www.heald.edu

Heald College, Schools of Business and Technology
Seven Sierra Gate Plaza
Roseville, CA 95678
916-789-8600
www.heald.edu

Heald College, Schools of Business and Technology
24301 Southland Drive, Suite 500
Hayward, CA 94545-1557
510-783-2100
www.heald.edu

Heald College, Schools of Business and Technology
350 Mission Street
San Francisco, CA 94105-2206
415-808-3000
www.heald.edu

Imperial Valley College
PO Box 158, 380 East Aten Rd
Imperial, CA 92251-0158
760-352-8320
www.imperial.cc.ca.us

Irvine Valley College
5500 Irvine Center Drive
Irvine, CA 92620-4399
949-451-5100
www.ivc.cc.ca.us

ITT Technical Institute
16916 South Harlan Road
Lathrop, CA 95330
209-858-0077
www.itt-tech.edu

ITT Technical Institute
10863 Gold Center Drive
Rancho Cordova, CA 95670-6034
916-851-3900
www.itt-tech.edu

ITT Technical Institute
630 East Brier Drive, Suite 150
San Bernardino, CA 92408-2800
909-889-3800
www.itt-tech.edu

ITT Technical Institute
5104 Old Ironsides Drive
Santa Clara, CA 95050
408-496-0655
www.itt-tech.edu

ITT Technical Institute
3979 Trust Way
Hayward, CA 94545
510-785-8522

ITT Technical Institute
2051 Solar Drive, Suite 150
Oxnard, CA 93030
805-988-0143

ITT Technical Institute
1530 West Cameron Avenue
West Covina, CA 91790-2711
626-960-8681
www.itt-tech.edu

ITT Technical Institute
20050 South Vermont Avenue
Torrance, CA 90502
310-380-1555
www.itt-tech.edu

ITT Technical Institute
525 North Muller Street
Anaheim, CA 92801-9938
714-535-3700
www.itt-tech.edu

ITT Technical Institute
12669 Encinitas Avenue
Sylmar, CA 91342-3664
818-364-5151
www.itt-tech.edu

ITT Technical Institute
9680 Granite Ridge Drive, Suite 100
San Diego, CA 92123
858-571-8500
www.itt-tech.edu

Kelsey Jenney College
201 A Street
San Diego, CA 92101
619-233-7418
www.kelsey-jenney.com

Lake Tahoe Community College
One College Drive
South Lake Tahoe, CA 96150-4524
530-541-4660
www.ltcc.cc.ca.us

Laney College
900 Fallon Street
Oakland, CA 94607-4893
510-834-5740
laney.peralta.cc.ca.us

Las Positas College
3033 Collier Canyon Road
Livermore, CA 94550-7650
925-373-5800
www.clpccd.cc.ca.us/lpc

Lassen Community College District
Highway 139, PO Box 3000
Susanville, CA 96130
530-257-6181
www.lassen.cc.ca.us

Long Beach City College
4901 East Carson Street
Long Beach, CA 90808-1780
562-938-4111
de.lbcc.cc.ca.us

Los Angeles City College
855 North Vermont Avenue
Los Angeles, CA 90029-3590
323-953-4000
www.lacc.cc.ca.us

Los Angeles County College of Nursing and Allied Health
1200 N State St, Muir Hall, Rm 114
Los Angeles, CA 90033-1084
213-226-4911

Los Angeles Harbor College
1111 Figueroa Place
Wilmington, CA 90744-2397
310-522-8200
www.lahc.cc.ca.us

Los Angeles Mission College
13356 Eldridge Avenue
Sylmar, CA 91342-3245
818-364-7600
www.lamission.cc.ca.us

Los Angeles Pierce College
6201 Winnetka Avenue
Woodland Hills, CA 91371-0001
818-347-0551
www.lapc.cc.ca.us

Los Angeles Southwest College
1600 West Imperial Highway
Los Angeles, CA 90047-4810
323-241-5225

Los Angeles Trade-Technical College
400 West Washington Blvd
Los Angeles, CA 90015-4108
213-744-9500

Los Angeles Valley College
5800 Fulton Avenue
Valley Glen, CA 91401-4096
818-947-2600
www.lavc.cc.ca.us

Los Medanos College
2700 East Leland Road
Pittsburg, CA 94565-5197
925-439-2181

Maric College
3666 Kearny Villa Road
San Diego, CA 92123-1995
858-279-4500
www.mariccollege.edu

Marymount College, Palos Verdes, California
30800 Palos Verdes Drive East
Rancho Palos Verdes, CA 90275-6299
310-377-5501
www.marymountpv.edu

Mendocino College
PO Box 3000
Ukiah, CA 95482-0300
707-468-3000
www.mendocino.cc.ca.us

Merced College
3600 M Street
Merced, CA 95348-2898
209-384-6000

Merritt College
12500 Campus Drive
Oakland, CA 94619-3196
510-531-4911

MiraCosta College
One Barnard Drive
Oceanside, CA 92056-3899
760-757-2121
www.miracosta.cc.ca.us

Mission College
3000 Mission College Boulevard
Santa Clara, CA 95054-1897
408-988-2200
www.wvmccd.cc.ca.us/mc

Modesto Junior College
435 College Avenue
Modesto, CA 95350-5800
209-575-6498
mjc.yosemite.cc.ca.us

Monterey Peninsula College
980 Fremont Street
Monterey, CA 93940-4799
831-646-4000
www.mpc.edu

Moorpark College
7075 Campus Road
Moorpark, CA 93021-1695
805-378-1400
www.moorpark.cc.ca.us

Mt. San Antonio College
1100 North Grand Avenue
Walnut, CA 91789-1399
909-594-5611
www.mtsac.edu

Mt. San Jacinto College
1499 North State Street
San Jacinto, CA 92583-2399
909-487-6752
www.msjc.cc.ca.us

MTI College
2011 West Chapman Avenue, Suite 100
Orange, CA 92868-2632
714-385-1132

MTI College of Business and Technology
5221 Madison Avenue
Sacramento, CA 95841
916-339-1500
www.mticollege.com

Napa Valley College
2277 Napa-Vallejo Highway
Napa, CA 94558-6236
707-253-3000
www.nvc.cc.ca.us

Ohlone College
43600 Mission Boulevard
Fremont, CA 94539-5884
510-659-6000
www.ohlone.cc.ca.us

Orange Coast College
2701 Fairview Road, PO Box 5005
Costa Mesa, CA 92628-5005
714-432-0202
www.orangecoastcollege.com

Oxnard College
4000 South Rose Avenue
Oxnard, CA 93033-6699
805-986-5800
www.oxnard.cc.ca.us

Palo Verde College
811 West Chanslorway
Blythe, CA 92225-1118
760-922-6168
www.paloverde.cc.ca.us

Palomar College
1140 West Mission Road
San Marcos, CA 92069-1487
760-744-1150
www.palomar.edu

Pasadena City College
1570 East Colorado Blvd
Pasadena, CA 91106-2041
626-585-7123
www.paccd.cc.ca.us

Pima Medical Institute
780 Bay Boulevard
Chula Vista, CA 91910
619-425-3200

Platt College
3700 Inland Empire Boulevard, Suite 400
Ontario, CA 91764
909-941-9410
www.plattcollege.edu

Platt College
3901 MacArthur Boulevard
Newport Beach, CA 92660
949-833-2300
www.plattcollege.edu

Platt College
10900 East 183rd Street, Suite 290
Cerritos, CA 90703-5342
562-809-5100
www.platt.edu

Platt College San Diego
6250 El Cajon Boulevard
San Diego, CA 92115-3919
619-265-0107
www.platt.edu

Platt College–Los Angeles, Inc
7470 North Figueroa Street
Los Angeles, CA 90041-1717
323-258-8050
www.plattcollege.edu

Porterville College
100 East College Avenue
Porterville, CA 93257-6058
559-791-2200
www.pc.cc.ca.us

Professional Golfers Career College
PO Box 892319
Temecula, CA 92589
909-693-2963

Queen of the Holy Rosary College
PO Box 3908
Mission San Jose, CA 94539-0391
510-657-2468
www.msjdominicans.org/college.html

Reedley College
995 North Reed Avenue
Reedley, CA 93654-2099
559-638-3641
www.rc.cc.ca.us

Rhodes College
9616 Archibald Avenue, Suite 100
Rancho Cucamonga, CA 91730
909-484-4311
rhodes-college.com

Rio Hondo College
3600 Workman Mill Road
Whittier, CA 90601-1699
562-692-0921
www.rh.cc.ca.us

Riverside Community College
4800 Magnolia Avenue
Riverside, CA 92506-1299
909-222-8000
www.rccd.cc.ca.us

Sacramento City College
3835 Freeport Boulevard
Sacramento, CA 95822-1386
916-558-2111
www.scc.losrios.cc.ca.us

Saddleback College
28000 Marguerite Parkway
Mission Viejo, CA 92692-3697
949-582-4500
www.saddleback.cc.ca.us

Salvation Army College for Officer Training
30840 Hawthorne Boulevard
Rancho Palos Verdes, CA 90275
310-377-0481

San Bernardino Valley College
701 South Mt Vernon Avenue
San Bernardino, CA 92410-2748
909-888-6511

San Diego City College
1313 Twelfth Avenue
San Diego, CA 92101-4787
619-388-3400
www.city.sdccd.cc.ca.us

San Diego Golf Academy
1910 Shadowridge Drive, Suite 111
Vista, CA 92083
760-734-1208
www.sdgagolf.com

San Diego Mesa College
7250 Mesa College Drive
San Diego, CA 92111-4998
619-388-2600
www.sdmesa.sdccd.cc.ca.us

San Diego Miramar College
10440 Black Mountain Road
San Diego, CA 92126-2999
619-536-7800
www.miramar.sdccd.cc.ca.us

San Francisco College of Mortuary Science
1598 Dolores Street
San Francisco, CA 94110-4927
415-824-1313
www.sfcms.org

San Joaquin Delta College
5151 Pacific Avenue
Stockton, CA 95207-6370
209-954-5151
www.deltacollege.org

San Joaquin Valley College
8400 West Mineral King Avenue
Visalia, CA 93291
559-651-2500
www.sjvc.com

San Jose City College
2100 Moorpark Avenue
San Jose, CA 95128-2799
408-298-2181
www.sjcc.edu

Santa Ana College
1530 West 17th Street
Santa Ana, CA 92706-3398
714-564-6000
www.rsccd.org

Santa Barbara City College
721 Cliff Drive
Santa Barbara, CA
93109-2394
805-965-0581
www.sbcc.net

Santa Monica College
1900 Pico Boulevard
Santa Monica, CA
90405-1628
310-434-4000
www.smc.edu

Santa Rosa Junior College
1501 Mendocino Avenue
Santa Rosa, CA 95401-4395
707-527-4011
www.santarosa.edu

Santiago Canyon College
8045 East Chapman Avenue
Orange, CA 92869
714-564-4000
www.sccollege.org

Sequoia Institute
200 Whitney Place
Fremont, CA 94539-7663
510-490-6900
www.sequoiainstitute.com

Shasta College
PO Box 496006
Redding, CA 96049-6006
530-225-4600
www.shastacollege.edu

Sierra College
5000 Rocklin Road
Rocklin, CA 95677-3397
916-624-3333
www.sierra.cc.ca.us

Silicon Valley College
41350 Christy Street
Fremont, CA 94538
510-623-9966
www.siliconvalley.edu

Silicon Valley College
6201 San Ignacio Boulevard
San Jose, CA 95119
408-360-0840
www.siliconvalley.edu

Silicon Valley College
2800 Mitchell Drive
Walnut Creek, CA 94598
925-280-0235
www.siliconvalley.edu

Skyline College
3300 College Drive
San Bruno, CA 94066-1698
650-738-4100
skylinecollege.net

Solano Community College
4000 Suisun Valley Road
Suisun, CA 94585-3197
707-864-7000
www.solano.cc.ca.us

Southern California College of Business and Law
595 West Lambert Road
Brea, CA 92821-3909
714-256-8830

Southern California Institute of Technology
1900 West Crescent Avenue, Building B
Anaheim, CA 92801
714-520-5552

Southwestern College
900 Otay Lakes Road
Chula Vista, CA 91910-7299
619-421-6700
www.swc.cc.ca.us

Taft College
29 Emmons Park Drive
Taft, CA 93268-2317
661-763-7700
www.taft.cc.ca.us

The Art Institute of Los Angeles
2900 31st Street
Santa Monica, CA
90405-3035
310-752-4700
www.aila.aii.edu

Ventura College
4667 Telegraph Road
Ventura, CA 93003-3899
805-654-6400
www.ventura.cc.ca.us

Victor Valley College
18422 Bear Valley Road
Victorville, CA 92392-5849
760-245-4271
www.vvcconline.com

Vista Community College
2020 Milvia Street, 3rd Floor
Berkeley, CA 94704-5102
510-981-2800
www.peralta.cc.ca.us

West Hills Community College
300 Cherry Lane
Coalinga, CA 93210-1399
559-935-0801
www.westhills.cc.ca.us

West Los Angeles College
4800 Freshman Drive
Culver City, CA 90230-3519
310-287-4200
www.wlac.cc.ca.us

West Valley College
14000 Fruitvale Avenue
Saratoga, CA 95070-5698
408-867-2200
www.westvalley.edu

Western Institute of Science and Health
130 Avram Avenue
Rohnert Park, CA 94928
707-664-9267
www.westerni.org

Yuba College
2088 North Beale Road
Marysville, CA 95901-7699
530-741-6700
www.yuba.cc.ca.us

Colorado

Aims Community College
Box 69
Greeley, CO 80632-0069
970-330-8008
www.aims.edu

Arapahoe Community College
5900 South Santa Fe Drive, PO Box 9002
Littleton, CO 80160-9002
303-797-4222
www.arapahoe.edu

Bel–Rea Institute of Animal Technology
1681 South Dayton Street
Denver, CO 80231-3048
303-751-8700
www.bel-rea.com

Blair College
828 Wooten Road
Colorado Springs, CO 80915
719-574-1082
www.cci.edu

Cambridge College
12500 East Iliff Avenue, # 100
Aurora, CO 80014
303-338-9700
www.hightechschools.com

CollegeAmerica–Denver
1385 South Colorado Blvd
Denver, CO 80222-1912
303-691-9756
www.collegeamerica.com

CollegeAmerica–Fort Collins
4601 South Mason Street
Fort Collins, CO 80525-3740
970-223-6060
www.collegeamerica.com

Colorado Mountain College, Alpine Campus
1330 Bob Adams Drive
Steamboat Springs, CO
80487
970-870-4444
www.coloradomtn.edu

Colorado Mountain College, Spring Valley Campus
3000 County Road 114
Glenwood Springs, CO
81601
970-945-7481
www.coloradomtn.edu

Colorado Mountain College, Timberline Campus
901 South Highway 24
Leadville, CO 80461
719-486-2015
www.coloradomtn.edu

Colorado Northwestern Community College
500 Kennedy Drive
Rangely, CO 81648-3598
970-675-2261
www.cncc.cc.co.us

Colorado School of Trades
1575 Hoyt Street
Lakewood, CO 80215-2996
303-233-4697
schooloftrades.com

Community College of Aurora
16000 East Centre Tech Pkwy
Aurora, CO 80011-9036
303-360-4700
www.cca.cccoes.edu

Community College of Denver
PO Box 173363
Denver, CO 80217-3363
303-556-2600
www.ccd.rightchoice.org

Denver Academy of Court Reporting
7290 Samuel Drive, Suite 200
Denver, CO 80221-2792
303-427-5292
www.dacr.com

Denver Automotive and Diesel College
460 South Lipan Street
Denver, CO 80223-2025
303-722-5724
www.denverautodiesel.com

Front Range Community College
3645 West 112th Avenue
Westminster, CO
80031-2105
303-466-8811
frcc.cc.co.us

Institute of Business & Medical Careers
1609 Oakridge Drive, Suite 102
Fort Collins, CO 80525
970-223-2669

IntelliTec College
772 Horizon Drive
Grand Junction, CO 81506
970-245-8101

IntelliTec College
2315 East Pikes Peak Avenue
Colorado Springs, CO
80909-6030
719-632-7626

IntelliTec Medical Institute
2345 North Academy Boulevard
Colorado Springs, CO 80909
719-596-7400

ITT Technical Institute
500 East 84th Avenue, Suite B12
Thornton, CO 80229
303-288-4488
www.itt-tech.edu

Lamar Community College
2401 South Main Street
Lamar, CO 81052-3999
719-336-2248

Morgan Community College
17800 County Road 20
Fort Morgan, CO 80701-4399
970-542-3100
www.mcc.cccoes.edu

Northeastern Junior College
100 College Drive
Sterling, CO 80751-2399
970-521-6600
www.nejc.cc.co.us

Otero Junior College
1802 Colorado Avenue
La Junta, CO 81050-3415
719-384-6831

Parks College
9065 Grant Street
Denver, CO 80229-4339
303-457-2757
www.cci.edu

Pikes Peak Community College
5675 South Academy Blvd
Colorado Springs, CO
80906-5498
719-576-7711
www.ppcc.cccoes.edu

Pima Medical Institute
1701 West 72nd Avenue, #130
Denver, CO 80221
303-426-1800
www.pimamedical.com

Platt College
3100 South Parker Road, Suite 200
Aurora, CO 80014-3141
303-369-5151
www.plattcolorado.edu

Pueblo Community College
900 West Orman Avenue
Pueblo, CO 81004-1499
719-549-3200
www.pcc.cccoes.edu

Red Rocks Community College
13300 West 6th Avenue
Lakewood, CO 80228-1255
303-988-6160

Trinidad State Junior College
600 Prospect
Trinidad, CO 81082-2396
719-846-5011
www.tsjc.cccoes.edu

Westwood College of Aviation Technology–Denver
10851 West 120th Avenue
Broomfield, CO 80021-3465
303-466-1714
www.westwood.edu

Connecticut

Asnuntuck Community College
170 Elm Street
Enfield, CT 06082-3800
860-253-3000
www.asctc.commnet.edu

Briarwood College
2279 Mount Vernon Road
Southington, CT 06489-1057
860-628-4751
www.briarwood.edu

Capital Community College
61 Woodland Street
Hartford, CT 06105-2354
860-520-7800
webster.commnet.edu

Gateway Community College
60 Sargent Drive
New Haven, CT 06511-5918
203-285-2000
www.gwctc.commnet.edu

Gibbs College
142 East Avenue
Norwalk, CT 06851-5754
203-838-4173
www.gibbscollege.com

Goodwin College
745 Burnside Avenue
East Hartford, CT 06108
860-528-4111
www.goodwincollege.org

Housatonic Community College
900 Lafayette Boulevard
Bridgeport, CT 06604-4704
203-332-5000
www.hctc.commnet.edu

International College of Hospitality Management, César
101 Wykeham Road
Washington, CT 06793-1300
860-868-9555
www.ichm.ritz.edu

Manchester Community College
PO Box 1046
Manchester, CT 06045-1046
860-647-6000
www.mctc.commnet.edu

Middlesex Community College
100 Training Hill Road
Middletown, CT 06457-4889
860-343-5800
www.mxctc.commnet.edu

Mitchell College
437 Pequot Avenue
New London, CT 06320-4498
860-701-5000

Naugatuck Valley Community College
750 Chase Parkway
Waterbury, CT 06708-3000
203-575-8040
www.nvcc.commnet.edu

Northwestern Connecticut Community College
Park Place East
Winsted, CT 06098-1798
860-738-6300
www.commnet.edu/nwctc

Norwalk Community College
188 Richards Avenue
Norwalk, CT 06854-1655
203-857-7000
www.ncc.commnet.edu

Quinebaug Valley Community College
742 Upper Maple Street
Danielson, CT 06239-1440
860-774-1130
www.qvcc.commnet.edu

St. Vincent's College
2800 Main Street
Bridgeport, CT 06606-4292
203-576-5235

Three Rivers Community College
Mahan Drive
Norwich, CT 06360
860-886-1931
www.trctc.commnet.edu

Tunxis Community College
271 Scott Swamp Road
Farmington, CT 06032-3026
860-677-7701
www.tunxis.commnet.edu

Delaware

Delaware Technical & Community College, Stanton/Wilmington Campus
400 Stanton-Christiana Road
Newark, DE 19713
302-454-3900
www.dtcc.edu

Delaware Technical & Community College, Jack F. Owens Campus
PO Box 610, Route 18
Georgetown, DE 19947
302-856-5400
www.dtcc.edu

Delaware Technical & Community College, Terry Campus
100 Campus Drive
Dover, DE 19901
302-857-1000
www.dtcc.edu/terry

Florida

The Academy
3131 Flightline Drive
Lakeland, FL 33811-2836
863-648-2004
www.theacademy.net

ATI Career Training Center
1 NE 19th Street
Miami, FL 33132
305-573-1600
www.aticareertraining.com

ATI Career Training Center
3501 NW 9th Avenue
Oakland Park, FL
33309-9612
954-563-5899
www.aticareertraining.com

ATI Career Training Center Electronics Campus
2880 NW 62nd Street
Fort Lauderdale, FL
33309-9731
954-973-4760
www.aticareertraining.com

ATI Health Education Center
1395 NW 167th Street, Suite 200
Miami, FL 33169-5742
305-628-1000
www.aticareertraining.com

Atlantic Coast Institute
5225 West Broward Blvd
Fort Lauderdale, FL 33317
954-581-2223
www.atlanticcoastinstitute.com

Brevard Community College
1519 Clearlake Road
Cocoa, FL 32922-6597
321-632-1111
www.brevard.cc.fl.us

Broward Community College
225 East Las Olas Boulevard
Fort Lauderdale, FL
33301-2298
954-475-6500
www.broward.cc.fl.us

Central Florida Community College
PO Box 1388
Ocala, FL 34478-1388
352-854-2322
www.cfcc.cc.fl.us

Chipola Junior College
3094 Indian Circle
Marianna, FL 32446-3065
850-526-2761

City College
1401 West Cypress Creek Rd
Fort Lauderdale, FL 33309
954-492-5353
www.citycollege.edu

College for Professional Studies
1801 Clint Moore Road, Suite 215
Boca Raton, FL 33487
561-994-2522
www.kaplancollege.edu

Cooper Career Institute
2247 Palm Beach Lakes Blvd, Suite 110
West Palm Beach, FL 33409
561-640-6999
www.lawfirms-ww.com/services/cooper.htm

Daytona Beach Community College
PO Box 2811
Daytona Beach, FL
32120-2811
386-255-8131
www.dbcc.cc.fl.us

Edison Community College
PO Box 60210
Fort Myers, FL 33906-6210
941-489-9300
www.edison.edu

Education America, Tampa Technical Institute, Jacksonville
7011 A.C. Skinner Parkway
Jacksonville, FL 32256
904-296-3435

Education America, Tampa Technical Institute, Pinellas Campus
8550 Ulmerton Road
Largo, FL 33771
727-532-1999

Education America, Tampa Technical Institute, Tampa Campus
2410 East Busch Boulevard
Tampa, FL 33612-8410
813-932-0701
www.tampatech.edu

Florida Community College at Jacksonville
501 West State Street
Jacksonville, FL 32202-4030
904-632-3000
www.fccj.org

Florida Computer & Business School
1321 Southwest 107 Avenue, Suite 201B
Miami, FL 33174
305-553-6065
www.floridacomputer.com

Florida Culinary Institute
2400 Metrocenter Boulevard
West Palm Beach, FL 33407
561-688-2001

Florida Hospital College of Health Sciences
800 Lake Estelle Drive
Orlando, FL 32803
407-303-7747
www.fhchs.edu

Florida Keys Community College
5901 College Road
Key West, FL 33040-4397
305-296-9081
www.firn.edu/fkcc

Florida National College
4206 West 12th Avenue
Hialeah, FL 33012
305-821-3333
www.fnc.edu

Florida Technical College
1819 North Semoran Blvd
Orlando, FL 32807-3546
407-678-5600
www.flatech.edu

Florida Technical College
8711 Lone Star Road
Jacksonville, FL 32211
904-724-2229
www.flatech.edu

Florida Technical College
1450 South Woodland Boulevard, 3rd Floor
DeLand, FL 32720
904-734-3303
www.flatech.edu

Florida Technical College
298 Havendale Boulevard
Auburndale, FL 33823
863-967-8822
www.flatech.edu

Full Sail Real World Education
3300 University Boulevard
Winter Park, FL 32792-7437
407-679-6333
www.fullsail.com

Gulf Coast Community College
5230 West Highway 98
Panama City, FL 32401-1058
850-769-1551
www.gc.cc.fl.us

Herzing College
1300 North Semoran Boulevard, Suite 103
Orlando, FL 32807
407-380-6315
www.herzing.edu

Herzing College
1270 North Wickham Road, Suite 51
Melbourne, FL 32935
321-255-9232
www.herzing.edu

Hillsborough Community College
PO Box 31127
Tampa, FL 33631-3127
813-253-7000
www.hcc.cc.fl.us

Indian River Community College
3209 Virginia Avenue
Fort Pierce, FL 34981-5596
561-462-4700
www.ircc.cc.fl.us

Institute of Career Education
1750 45th Street
West Palm Beach, FL 33407-2192
561-881-0220

ITT Technical Institute
3401 South University Drive
Fort Lauderdale, FL 33328-2021
954-476-9300
www.itt-tech.edu

ITT Technical Institute
7955 NW 12th Street
Miami, FL 33126
305-477-3080
www.itt-tech.edu

ITT Technical Institute
2600 Lake Lucien Drive, Suite 140
Maitland, FL 32751-7234
407-660-2900
www.itt-tech.edu

ITT Technical Institute
6600-10 Youngerman Circle
Jacksonville, FL 32244-6630
904-573-9100
www.itt-tech.edu

ITT Technical Institute
4809 Memorial Highway
Tampa, FL 33634-7151
813-885-2244
www.itt-tech.edu

Keiser College
1800 W International Spdwy, Bldg 3
Daytona Beach, FL 32114
904-274-5060
www.keisercollege.cc.fl.us

Keiser College
900 South Babcock Street
Melbourne, FL 32901-1461
321-255-2255
www.keisercollege.cc.fl.us

Keiser College
1500 Northwest 49th Street
Fort Lauderdale, FL 33309
954-776-4456
www.keisercollege.cc.fl.us

Keiser College
1700 Halstead Boulevard
Tallahassee, FL 32308
850-906-9494
www.keisercollege.cc.fl.us

Keiser College
332 Sarasota Quay
Sarasota, FL 34236
941-954-0954
www.keisercollege.cc.fl.us

Lake City Community College
Route 19, Box 1030
Lake City, FL 32025-8703
386-752-1822
www.lakecity.cc.fl.us

Lake-Sumter Community College
9501 US Highway 441
Leesburg, FL 34788-8751
352-787-3747
www.lscc.cc.fl.us

Manatee Community College
5840 26th Street West, PO Box 1849
Bradenton, FL 34206-7046
941-752-5000
www.mcc.cc.fl.us

Miami-Dade Community College
300 Northeast Second Ave
Miami, FL 33132-2296
305-237-3000
www.mdcc.edu

New England Institute of Technology at Palm Beach
2410 Metro Centre Boulevard
West Palm Beach, FL 33407
561-842-8324
newenglandtech.com

North Florida Community College
1000 Turner Davis Drive
Madison, FL 32340-1602
850-973-2288
www.nflcc.cc.fl.us

Okaloosa-Walton Community College
100 College Boulevard
Niceville, FL 32578-1295
850-678-5111
www.owcc.cc.fl.us

Palm Beach Community College
4200 Congress Avenue
Lake Worth, FL 33461-4796
561-967-7222
www.pbcc.cc.fl.us

Pasco-Hernando Community College
10230 Ridge Road
New Port Richey, FL 34654-5199
727-847-2727
www.pasco-hernandocc.com

Pensacola Junior College
1000 College Boulevard
Pensacola, FL 32504-8998
850-484-1000
www.pjc.cc.fl.us

Peoples College
233 Academy Drive, PO Box 421768
Kissimmee, FL 34742-1768
407-847-4444

Polk Community College
999 Avenue H, NE
Winter Haven, FL 33881-4299
863-297-1000
www.polk.cc.fl.us

Prospect Hall School of Business
2620 Hollywood Boulevard
Hollywood, FL 33020
954-923-8100
www.prospect.edu

Santa Fe Community College
3000 Northwest 83rd Street
Gainesville, FL 32606-6200
352-395-5000
www.santafe.cc.fl.us

Seminole Community College
100 Weldon Boulevard
Sanford, FL 32773-6199
407-328-4722
www.seminole.cc.fl.us

South Florida Community College
600 West College Drive
Avon Park, FL 33825-9356
863-453-6661
www.sfcc.cc.fl.us

South University
1760 North Congress Avenue
West Palm Beach, FL 33409
561-697-9200
www.southcollege.edu

Southern College
5600 Lake Underhill Road
Orlando, FL 32807-1699
407-273-1000
www.southerncollege.org

Southwest Florida College
Suite 200, 1685 Medical Lane
Fort Myers, FL 33907
941-939-4766
www.swfc.edu

St. Johns River Community College
5001 Saint Johns Avenue
Palatka, FL 32177-3897
904-312-4200
www.sjrcc.cc.fl.us

St. Petersburg College
PO Box 13489
St. Petersburg, FL 33733-3489
727-341-3600
www.spjc.edu

Tallahassee Community College
444 Appleyard Drive
Tallahassee, FL 32304-2895
850-201-6200
www.tallahassee.cc.fl.us

Valencia Community College
PO Box 3028
Orlando, FL 32802-3028
407-299-5000
www.valencia.cc.fl.us

Webster College
1530 SW Third Avenue
Ocala, FL 34474
352-629-1941

Webster College
2127 Grand Boulevard
Holiday, FL 34690
727-942-0069
www.webstercollege.com

Webster Institute of Technology
3910 US Highway 301 North, Suite 200
Tampa, FL 33619-1259
813-620-1446
www.websterinstitute.com

Georgia

Abraham Baldwin
Agricultural College
2802 Moore Highway
Tifton, GA 31794-2601
912-386-3236
stallion.aback.peachnet.edu

Andrew College
413 College Street
Cuthbert, GA 31740-1395
912-732-2171
www.andrewcollege.edu

The Art Institute of Atlanta
6600 Peachtree Dunwoody
Road, 100 Embassy Row
Atlanta, GA 30328
770-394-8300
www.aia.artinstitute.edu

Asher School of Business
4975 Jimmy Carter
Boulevard, Suite 600
Norcross, GA 30093
770-638-0121
www.asbaec.com

Ashworth College
430 Technology Parkway
Norcross, GA 30092
770-729-8400
www.ashworthcollege.com

Athens Technical College
800 US Highway 29 North
Athens, GA 30601-1500
706-355-5000
www.aati.edu

Atlanta Metropolitan College
1630 Metropolitan Parkway,
SW
Atlanta, GA 30310-4498
404-756-4000
www.atlm.peachnet.edu

Atlanta Technical College
1560 Metropolitan Parkway
Atlanta, GA 30310
404-756-3700
www.atlantatech.org

Augusta Technical College
3200 Augusta Tech Drive
Augusta, GA 30906
706-771-4000
www.augusta.tec.ga.us

Bainbridge College
2500 East Shotwell Street
Bainbridge, GA 31717
229-248-2500
www.bbc.peachnet.edu

Bauder College
Phipps Plaza,
3500 Peachtree Rd, NE
Atlanta, GA 30326
404-237-7573
www.bauder.edu

Central Georgia Technical
College
3300 Macon Tech Drive
Macon, GA 31206-3628
912-757-3400
www.macon.tec.ga.us

Chattahoochee Technical
College
980 South Cobb Drive
Marietta, GA 30060
770-528-4500
www.chat-tec.com

Coastal Georgia Community
College
3700 Altama Avenue
Brunswick, GA 31520-3644
912-264-7235
www.cgcc.peachnet.edu

Columbus Technical College
928 Manchester Expressway
Columbus, GA 31904-6572
706-649-1800
www.columbustech.org

Coosa Valley Technical
Institute
One Maurice Culberson Dr
Rome, GA 30161
706-295-6963
www.coosa.tec.ga.us

Darton College
2400 Gillionville Road
Albany, GA 31707-3098
229-430-6740
www.dartnet.peachnet.edu

DeKalb Technical College
495 North Indian Creek Drive
Clarkston, GA 30021-2397
404-297-9522
www.dekalb.tec.ga.us

East Georgia College
131 College Circle
Swainsboro, GA 30401-2699
478-289-2000
www.ega.peachnet.edu

Emory University, Oxford
College
100 Hamill Street,
PO Box 1418
Oxford, GA 30054
770-784-8888
www.emory.edu/OXFORD

Flint River Technical College
1533 US highway 19 South
Thomaston, GA 30286
706-646-6148
www.flint.tec.ga.us

Floyd College
PO Box 1864
Rome, GA 30162-1864
706-802-5000
www.fc.peachnet.edu

Gainesville College
PO Box 1358
Gainesville, GA 30503-1358
770-718-3639
www.gc.peachnet.edu

Georgia Military College
201 East Greene Street
Milledgeville, GA 31061-3398
478-445-2700
www.gmc.cc.ga.us

Georgia Perimeter College
3251 Panthersville Road
Decatur, GA 30034-3897
404-244-5090
www.gpc.peachnet.edu

Gordon College
419 College Drive
Barnesville, GA 30204-1762
770-358-5000
www.gdn.peachnet.edu

Griffin Technical College
501 Varsity Road
Griffin, GA 30223
770-228-7348
www.griftec.org

Gupton-Jones College of
Funeral Service
5141 Snapfinger Woods Dr
Decatur, GA 30035-4022
770-593-2257
www.gupton-jones.edu

Gwinnett Technical College
PO Box 1505
Lawrenceville, GA
30046-1505
770-962-7580
www.gwinnett-tech.org

Herzing College
3355 Lenox Road, Suite 100
Atlanta, GA 30326
404-816-4533
www.herzing.edu/atlanta

Interactive College of
Technology
5303 New Peachtree Road
Chamblee, GA 30341
770-216-2960
www.ict-ils.edu

Middle Georgia College
1100 Second Street, SE
Cochran, GA 31014-1599
912-934-6221
www.mgc.peachnet.edu

Middle Georgia Technical
College
80 Cohen Walker Drive
Warner Robbins, GA 31088
912-988-6800
www.mgti.org

Northwestern Technical
College
265 Bicentennial Trail
Rock Springs, GA 30739
706-764-3510
www.northwestern.tec.ga.us

Ogeechee Technical College
One Joe Kennedy Boulevard
Statesboro, GA 30458
912-681-5500
www.ogeechee.tec.ga.us

Savannah Technical College
5717 White Bluff Road
Savannah, GA 31405
912-351-6362
www.savannah.tec.ga.us

South Georgia College
100 West College Park Drive
Douglas, GA 31533-5098
912-389-4510
www.sgc.peachnet.edu

Southwest Georgia Technical
College
15689 US 19 North
Thomasville, GA 31792
229-225-4096
www.swgtc.edu

Truett-McConnell College
100 Alumni Drive
Cleveland, GA 30528
706-865-2134
www.truett.cc.ga.us

Waycross College
2001 South Georgia Parkway
Waycross, GA 31503-9248
912-285-6133
www.way.peachnet.edu

West Central Technical College
997 South Highway 16
Carrollton, GA 30116
770-836-6800
www.carroll.tec.ga.us

West Georgia Technical College
303 Fort Drive
LaGrange, GA 30240
706-845-4323
www.westga.tec.ga.us

Young Harris College
PO Box 98
Young Harris, GA
30582-0098
706-379-3111
www.yhc.edu

Hawaii

Hawaii Business College
33 South King Street, Fourth Floor
Honolulu, HI 96813-4316
808-524-4014
www.hbc.edu

Hawaii Community College
200 West Kawili Street
Hilo, HI 96720-4091
808-974-7611
www.hawcc.hawaii.edu

Hawaii Tokai International College
2241 Kapiolani Boulevard
Honolulu, HI 96826-4310
808-983-4100
www.tokai.edu

Heald College, Schools of Business and Technology
1500 Kapiolani Boulevard
Honolulu, HI 96814-3797
808-955-1500
www.heald.edu

Honolulu Community College
874 Dillingham Boulevard
Honolulu, HI 96817-4598
808-845-9211
www.hcc.hawaii.edu

Kapiolani Community College
4303 Diamond Head Road
Honolulu, HI 96816-4421
808-734-9111

Kauai Community College
3-1901 Kaumualii Highway
Lihue, HI 96766-9591
808-245-8311
www.kauaicc.hawaii.edu

Leeward Community College
96-045 Ala Ike
Pearl City, HI 96782-3393
808-455-0011
www.lcc.hawaii.edu

Maui Community College
310 Kaahumanu Avenue
Kahului, HI 96732
808-984-3500
mauicc.hawaii.edu

TransPacific Hawaii College
5257 Kalanianaole Highway
Honolulu, HI 96821-1884
808-377-5402
www.transpacific.org

Windward Community College
45-720 Keaahala Road
Kaneohe, HI 96744-3528
808-235-7400
www.wcc.hawaii.edu

Idaho

American Institute of Health Technology, Inc.
1200 North Liberty Road
Boise, ID 83704
208-377-8080
www.aiht.com

Brigham Young University–Idaho
Rexburg, ID 83460-1650
208-496-2011
www.byui.edu

College of Southern Idaho
PO Box 1238
Twin Falls, ID 83303-1238
208-733-9554
www.csi.edu

Eastern Idaho Technical College
1600 South 25th East
Idaho Falls, ID 83404-5788
208-524-3000
www.eitc.edu

ITT Technical Institute
12302 West Explorer Drive
Boise, ID 83713
208-322-8844
www.itt-tech.edu

North Idaho College
1000 West Garden Avenue
Coeur d'Alene, ID
83814-2199
208-769-3300
www.nic.edu

Illinois

Black Hawk College
6600 34th Avenue
Moline, IL 61265-5899
309-796-5000
www.bhc.edu

Career Colleges of Chicago
11 East Adams Street, 2nd Floor
Chicago, IL 60603-6301
312-895-6300
www.careerchi.com

Carl Sandburg College
2400 Tom L. Wilson Blvd
Galesburg, IL 61401-9576
309-344-2518
www.csc.cc.il.us

City Colleges of Chicago, Harold Washington College
30 East Lake Street
Chicago, IL 60601-2449
312-553-5600
www.ccc.edu

City Colleges of Chicago, Harry S Truman College
1145 West Wilson Avenue
Chicago, IL 60640-5616
773-907-4700
www.ccc.edu/truman

City Colleges of Chicago, Kennedy-King College
6800 South Wentworth Ave
Chicago, IL 60621-3733
773-602-5000

City Colleges of Chicago, Malcolm X College
1900 West Van Buren Street
Chicago, IL 60612-3145
312-850-7000
cccweb.ccc.edu/malcolmx

City Colleges of Chicago, Olive-Harvey College
10001 South Woodlawn Ave
Chicago, IL 60628-1645
773-291-6100
www.ccc.edu

City Colleges of Chicago, Richard J. Daley College
7500 South Pulaski Road
Chicago, IL 60652-1242
773-838-7500
cccweb.cc.edu/daley/home.htm

City Colleges of Chicago, Wilbur Wright College
4300 North Narragansett Ave
Chicago, IL 60634-1591
773-777-7900
www.ccc.edu/wright

College of DuPage
425 Fawell Boulevard
Glen Ellyn, IL 60137-6599
630-942-2800
www.cod.edu

College of Lake County
19351 West Washington St
Grayslake, IL 60030-1198
847-223-6601
www.clc.cc.il.us

The College of Office Technology
1514-20 West Division Street, Second Floor
Chicago, IL 60622
773-278-0042

The Cooking and Hospitality Institute of Chicago
361 West Chestnut
Chicago, IL 60610-3050
312-944-0882
www.chicnet.org

Danville Area Community College
2000 East Main Street
Danville, IL 61832-5199
217-443-3222
www.dacc.cc.il.us

Elgin Community College
1700 Spartan Drive
Elgin, IL 60123-7193
847-697-1000
www.elgin.cc.il.us

Gem City College
PO Box 179
Quincy, IL 62306-0179
217-222-0391

Heartland Community College
1500 West Raab Road
Normal, IL 61761
309-268-8000
www.hcc.cc.il.us

Highland Community College
2998 West Pearl City Road
Freeport, IL 61032-9341
815-235-6121
www.highland.cc.il.us

Illinois Central College
One College Drive
East Peoria, IL 61635-0001
309-694-5011
www.icc.cc.il.us

Illinois Eastern Community Colleges, Frontier Community College
Frontier Drive
Fairfield, IL 62837-2601
618-842-3711
www.iecc.cc.il.us./fcc

Illinois Eastern Community Colleges, Lincoln Trail College
11220 State Highway 1
Robinson, IL 62454
618-544-8657
www.iecc.cc.il.us/ltc

Illinois Eastern Community Colleges, Olney Central College
305 North West Street
Olney, IL 62450
618-395-7777
www.iecc.cc.il.us/occ

Illinois Eastern Community Colleges, Wabash Valley College
2200 College Drive
Mount Carmel, IL
62863-2657
618-262-8641
www.iecc.cc.il.us/wvc

Illinois Valley Community College
815 North Orlando Smith Ave
Oglesby, IL 61348-9692
815-224-2720
www.ivcc.edu

ITT Technical Institute
7040 High Grove Boulevard
Burr Ridge, IL 60521
630-455-6470
www.itt-tech.edu

ITT Technical Institute
1401 Feehanville Drive
Mount Prospect, IL 60056
847-375-8800
www.itt-tech.edu

ITT Technical Institute
600 Holiday Plaza Drive
Matteson, IL 60443
708-747-2571
www.itt-tech.edu

John A. Logan College
700 Logan College Road
Carterville, IL 62918-9900
618-985-3741
www.jal.cc.il.us

John Wood Community College
150 South 48th Street
Quincy, IL 62301-9147
217-224-6500
www.jwcc.edu

Joliet Junior College
1215 Houbolt Road
Joliet, IL 60431-8938
815-729-9020
www.jjc.cc.il.us

Kankakee Community College
PO Box 888
Kankakee, IL 60901-0888
815-933-0345

Kaskaskia College
27210 College Road
Centralia, IL 62801-7878
618-545-3000
www.kc.cc.il.us

Kishwaukee College
21193 Malta Road
Malta, IL 60150
815-825-2086
kish.cc.il.us

Lake Land College
5001 Lake Land Boulevard
Mattoon, IL 61938-9366
217-234-5253
www.lakeland.cc.il.us

Lewis and Clark Community College
5800 Godfrey Road
Godfrey, IL 62035-2466
618-466-3411
www.lc.cc.il.us

Lexington College
10840 South Western Avenue
Chicago, IL 60643-3294
773-779-3800

Lincoln College
715 West Raab Road
Normal, IL 61761
309-452-0500
www.lincoln.mclean.il.us

Lincoln College
300 Keokuk Street
Lincoln, IL 62656-1699
217-732-3155
www.lincolncollege.com

Lincoln Land Community College
5250 Shepherd Road,
PO Box 19256
Springfield, IL 62794-9256
217-786-2200
www.llcc.cc.il.us

MacCormac College
506 South Wabash Avenue
Chicago, IL 60605-1667
312-922-1884
www.maccormac.edu

McHenry County College
8900 US Highway 14
Crystal Lake, IL 60012-2761
815-455-3700
www.mchenry.cc.il.us

Midstate College
411 West Northmoor Road
Peoria, IL 61614
309-692-4092
www.midstate.edu

Moraine Valley Community College
10900 South 88th Avenue
Palos Hills, IL 60465-0937
708-974-4300
www.moraine.cc.il.us

Morrison Institute of Technology
701 Portland Avenue
Morrison, IL 61270-0410
815-772-7218
www.morrison.tech.il.us

Morton College
3801 South Central Avenue
Cicero, IL 60804-4398
708-656-8000
www.morton.cc.il.us

Northwestern Business College
4829 North Lipps Avenue
Chicago, IL 60630-2298
773-777-4220
northwesternbc.edu

Oakton Community College
1600 East Golf Road
Des Plaines, IL 60016-1268
847-635-1600
www.oakton.edu

Parkland College
2400 West Bradley Avenue
Champaign, IL 61821-1899
217-351-2200
www.parkland.cc.il.us

Prairie State College
202 South Halsted Street
Chicago Heights, IL
60411-8226
708-709-3500
www.prairie.cc.il.us

Ravenswood Hospital Medical Center–Henry J. Kutsch College of Nursing
2318 West Irving Park Road
Chicago, IL 60618
773-463-9191
www.advocatehealth.com/rhmccon

Rend Lake College
468 North Ken Gray Parkway
Ina, IL 62846-9801
618-437-5321
www.rlc.cc.il.us

Richland Community College
One College Park
Decatur, IL 62521-8513
217-875-7200
www.richland.cc.il.us

Rock Valley College
3301 North Mulford Road
Rockford, IL 61114-5699
815-654-4250
www.rvc.cc.il.us

Rockford Business College
730 North Church Street
Rockford, IL 61103
815-965-8616
www.rbcsuccess.com

Sanford-Brown College
3237 West Chain of Rocks Rd
Granite City, IL 62040
618-931-0300
www.sanford-brown.edu

Sauk Valley Community College
173 Illinois Route 2
Dixon, IL 61021
815-288-5511
www.svcc.edu

Shawnee Community College
8364 Shawnee College Road
Ullin, IL 62992-9725
618-634-3200
www.shawnee.cc.il.us

South Suburban College
15800 South State Street
South Holland, IL
60473-1270
708-596-2000
www.ssc.cc.il.us

Southeastern Illinois College
3575 College Road
Harrisburg, IL 62946-4925
618-252-5400
www.sic.cc.il.us

Southwestern Illinois College
2500 Carlyle Road
Belleville, IL 62221-5899
618-235-2700
www.southwestern.cc.il.us

Spoon River College
23235 North County 22
Canton, IL 61520-9801
309-647-4645
www.spoonrivercollege.net

Springfield College in Illinois
1500 North Fifth Street
Springfield, IL 62702-2694
217-525-1420
www.sci.edu

Triton College
2000 5th Avenue
River Grove, IL 60171-9983
708-456-0300
www.triton.cc.il.us

Waubonsee Community College
Route 47 at Harter Road
Sugar Grove, IL 60554-9799
630-466-7900
www.wcc.cc.il.us

William Rainey Harper College
1200 West Algonquin Road
Palatine, IL 60067-7398
847-925-6000
www.harpercollege.com

Worsham College of Mortuary Science
495 Northgate Parkway
Wheeling, IL 60090-2646
847-808-8444
www.worshamcollege.com

Indiana

Ancilla College
Union Road, PO Box 1
Donaldson, IN 46513
219-936-8898
www.ancilla.edu

College of Court Reporting
111 West Tenth Street, Suite 111
Hobart, IN 46342
219-942-1459

Commonwealth Business College
325 East US Highway 20
Michigan City, IN 46360
219-877-3100
www.cbcaec.com

Commonwealth Business College
1000 East 80th Place, Suite 101, N
Merrillville, IN 46410
219-769-3321
www.cbcaec.com

Holy Cross College
PO Box 308
Notre Dame, IN 46556-0308
219-239-8400
www.hcc-nd.edu

Indiana Business College
5460 Victory Drive, Suite 100
Indianapolis, IN 46203
317-783-5100
www.ibcschools.com

Indiana Business College
802 North Meridian Street
Indianapolis, IN 46204-1108
317-264-5656
www.ibcschools.com

Indiana Business College
3175 South Third Place
Terre Haute, IN 47802
812-232-4458
www.ibcschools.com

Indiana Business College
140 East 53rd Street
Anderson, IN 46103
756-644-7514
www.ibcschools.com

Indiana Business College
4601 Theatre Drive
Evansville, IN 47715-4601
812-476-6000
www.ibcschools.com

Indiana Business College
6413 North Clinton Street
Fort Wayne, IN 46825
219-471-7667
www.ibcschools.com

Indiana Business College
411 West Riggin Road
Muncie, IN 47303
765-288-8681
www.ibcschools.com

Indiana Business College
2 Executive Drive
Lafayette, IN 47905
765-447-9550
www.ibcschools.com

Indiana Business College
830 North Miller Avenue
Marion, IN 46952-2338
765-662-7497
www.ibcschools.com

Indiana Business College
2222 Poshard Drive
Columbus, IN 47203-1843
812-379-9000
www.ibcschools.com

International Business College
7205 Shadeland Station
Indianapolis, IN 46256
317-841-6400
www.intlbusinesscollege.com

International Business College
3811 Illinois Road
Fort Wayne, IN 46804-1298
219-459-4500
www.bradfordschools.com

ITT Technical Institute
4919 Coldwater Road
Fort Wayne, IN 46825-5532
219-484-4107
www.itt-tech.edu

ITT Technical Institute
9511 Angola Court
Indianapolis, IN 46268-1119
317-875-8640
www.itt-tech.edu

ITT Technical Institute
10999 Stahl Road
Newburgh, IN 47630-7430
812-858-1600
www.itt-tech.edu

Ivy Tech State College–Central Indiana
1 West 26th Street, PO Box 1763
Indianapolis, IN 46206-1763
317-921-4800
www.ivytech.edu

Ivy Tech State College–Columbus
4475 Central Avenue
Columbus, IN 47203-1868
812-372-9925
www.ivytech.edu

Ivy Tech State College–East Central
4301 South Cowan Road, PO Box 3100
Muncie, IN 47302-9448
765-289-2291
www.ivytech.edu

Ivy Tech State College–Kokomo
1815 East Morgan St, PO Box 1373
Kokomo, IN 46903-1373
765-459-0561
www.ivytech.edu

Ivy Tech State College–Lafayette
3101 South Creasy Lane
Lafayette, IN 47905-5266
765-772-9100
www.ivytech.edu

Ivy Tech State College–North Central
220 Dean Johnson Boulevard
South Bend, IN 46601
219-289-7001
www.ivytech.edu

Ivy Tech State College–Northeast
3800 North Anthony Blvd
Fort Wayne, IN 46805-1430
219-482-9171
www.ivytech.edu

Ivy Tech State College–Northwest
1440 East 35th Avenue
Gary, IN 46409-1499
219-981-1111
www.ivytech.edu

Ivy Tech State College–Southcentral
8204 Highway 311
Sellersburg, IN 47172-1829
812-246-3301
www.ivytech.edu

Ivy Tech State College–Southeast
590 Ivy Tech Drive,
PO Box 209
Madison, IN 47250-1883
812-265-4028
www.ivy.tec.in.us

Ivy Tech State College–Southwest
3501 First Avenue
Evansville, IN 47710-3398
812-426-2865
www.ivytech.edu

Ivy Tech State College–Wabash Valley
7999 US Highway 41, South
Terre Haute, IN 47802
812-299-1121
www.ivytech.edu

Ivy Tech State College–Whitewater
2325 Chester Boulevard
Richmond, IN 47374-1220
765-966-2656
www.ivytech.edu

Lincoln Technical Institute
1201 Stadium Drive
Indianapolis, IN 46202-2194
317-632-5553
www.lincolntech.com

Michiana College
4422 East State Boulevard
Fort Wayne, IN 46815
219-484-4400
www.michiana.com

Michiana College
1030 East Jefferson Blvd
South Bend, IN 46617-3123
219-237-0774
www.michianacollege.com

Mid-America College of Funeral Service
3111 Hamburg Pike
Jeffersonville, IN 47130-9630
812-288-8878

Professional Careers Institute
7302 Woodland Drive
Indianapolis, IN 46278
317-299-6001
www.pcicareers.com

Sawyer College
6040 Hohman Avenue
Hammond, IN 46320
219-931-0436
www.sawyercollege.com

Vincennes University
1002 North First Street
Vincennes, IN 47591-5202
812-888-8888
www.vinu.edu

Vincennes University–Jasper Campus
850 College Avenue
Jasper, IN 47546-9393
812-482-3030
www.vinu.edu/vujc.htm

Iowa

AIB College of Business
2500 Fleur Drive
Des Moines, IA 50321-1799
515-244-4221
www.aib.edu

Clinton Community College
1000 Lincoln Boulevard
Clinton, IA 52732-6299
563-244-7001
www.eiccd.cc.ia.us/ccc

Des Moines Area Community College
2006 South Ankeny Blvd
Ankeny, IA 50021-8995
515-964-6200
www.dmacc.cc.ia.us

Ellsworth Community College
1100 College Avenue
Iowa Falls, IA 50126-1199
641-648-4611
www.iavalley.cc.ia.us/ecc

Hamilton College
1924 D Street SW
Cedar Rapids, IA 52404
319-363-0481
www.hamiltonia.edu

Hawkeye Community College
PO Box 8015
Waterloo, IA 50704-8015
319-296-2320
www.hawkeye.cc.ia.us

Indian Hills Community College
525 Grandview Avenue,
Building #1
Ottumwa, IA 52501-1398
641-683-5111

Iowa Central Community College
330 Avenue M
Fort Dodge, IA 50501-5798
515-576-7201
www.iccc.cc.ia.us

Iowa Lakes Community College
19 South 7th Street
Estherville, IA 51334-2295
712-362-2604
www.ilcc.cc.ia.us

Iowa Western Community College
2700 College Road, Box 4-C
Council Bluffs, IA 51502
712-325-3200
www.iwcc.cc.ia.us

Kaplan College
1801 East Kimberly Road,
Suite 1
Davenport, IA 52807-2095
563-355-3500
www.kaplancollegeia.com

Kirkwood Community College
PO Box 2068
Cedar Rapids, IA
52406-2068
319-398-5411
www.kirkwood.cc.ia.us

Marshalltown Community College
3700 South Center Street
Marshalltown, IA
50158-4760
515-752-7106
voyager.iavalley.cc.ia.us/mcc

Muscatine Community College
152 Colorado Street
Muscatine, IA 52761-5396
563-288-6001
www.eicc.org

North Iowa Area Community College
500 College Drive
Mason City, IA 50401-7299
641-423-1264
www.niacc.com

Northeast Iowa Community College
Box 400
Calmar, IA 52132-0480
563-562-3263
www.nicc.edu

Northwest Iowa Community College
603 West Park Street
Sheldon, IA 51201-1046
712-324-5061
www.nwicc.cc.ia.us

Scott Community College
500 Belmont Road
Bettendorf, IA 52722-6804
563-441-4001
www.eiccd.cc.ia.us/scc

Southeastern Community College, North Campus
1500 West Agency Street,
PO Box 180
West Burlington, IA
52655-0180
319-752-2731
www.secc.cc.ia.us

Southeastern Community College, South Campus
335 Messenger Road,
PO Box 6007
Keokuk, IA 52632-6007
319-524-3221
www.secc.cc.ia.us

Southwestern Community College
1501 West Townline Street
Creston, IA 50801
641-782-7081
www.swcc.cc.ia.us

St. Luke's College of Nursing and Health Sciences
2720 Stone Park Boulevard
Sioux City, IA 51104
712-279-3149
www.stlukes.org/college/sn_college.htm

Waldorf College
106 South 6th Street
Forest City, IA 50436-1713
641-585-2450
www.waldorf.edu

Western Iowa Tech Community College
4647 Stone Avenue,
PO Box 5199
Sioux City, IA 51102-5199
712-274-6400
www.witcc.cc.ia.us

Kansas

Allen County Community College
1801 North Cottonwood St
Iola, KS 66749-1607
316-365-5116
www.allencc.net

Barton County Community College
245 Northeast 30th Road
Great Bend, KS 67530-9283
620-792-2701
www.barton.cc.ks.us

The Brown Mackie College
2106 South 9th Street
Salina, KS 67401-2810
785-825-5422
www.bmcaec.com

The Brown Mackie College–Olathe Campus
100 East Santa Fe, Suite 300
Olathe, KS 66061
913-768-1900
www.bmcaec.com

Butler County Community College
901 South Haverhill Road
El Dorado, KS 67042-3280
316-321-2222
www.buccc.cc.ks.us

Cloud County Community College
2221 Campus Drive,
PO Box 1002
Concordia, KS 66901-1002
785-243-1435
www.cloudccc.cc.ks.us

Coffeyville Community College
400 West 11th Street
Coffeyville, KS 67337-5063
620-251-7700
www.ccc.cc.ks.us

Colby Community College
1255 South Range
Colby, KS 67701-4099
785-462-3984
www.colbycc.org

Cowley County Community College and Area Vocational–Technical School
125 South Second,
PO Box 1147
Arkansas City, KS
67005-1147
620-442-0430
www.cowley.cc.ks.us

Dodge City Community College
2501 North 14th Avenue
Dodge City, KS 67801-2399
620-225-1321

Donnelly College
608 North 18th Street
Kansas City, KS 66102-4298
913-621-6070
www.donnelly.cc.ks.us

Education America, Topeka Technical College, Topeka Campus
1620 N.W. Gage Boulevard
Topeka, KS 66618
785-232-5858

Fort Scott Community College
2108 South Horton
Fort Scott, KS 66701
316-223-2700
www.ftscott.cc.ks.us

Garden City Community College
801 Campus Drive
Garden City, KS 67846-6399
316-276-7611
www.gccc.cc.ks.us

Hesston College
Box 3000
Hesston, KS 67062-2093
620-327-4221
www.hesston.edu

Highland Community College
606 West Main Street
Highland, KS 66035
785-442-6000

Hutchinson Community College and Area Vocational School
1300 North Plum Street
Hutchinson, KS 67501-5894
620-665-3500
www.hutchcc.edu

Independence Community College
Brookside Drive and College Avenue, PO Box 708
Independence, KS
67301-0708
316-331-4100
www.indy.cc.ks.us

Johnson County Community College
12345 College Boulevard
Overland Park, KS
66210-1299
913-469-8500
www.johnco.cc.ks.us

Kansas City Kansas Community College
7250 State Avenue
Kansas City, KS 66112-3003
913-334-1100
www.kckcc.cc.ks.us

Labette Community College
200 South 14th Street
Parsons, KS 67357-4299
620-421-6700
www.labette.cc.ks.us

Neosho County Community College
800 West 14th Street
Chanute, KS 66720-2699
620-431-2820
www.neosho.cc.ks.us

Pratt Community College and Area Vocational School
348 NE State Route 61
Pratt, KS 67124-8317
316-672-5641
www.pcc.cc.ks.us

Seward County Community College
Box 1137
Liberal, KS 67905-1137
620-624-1951
www.sccc.cc.ks.us

Kentucky

Ashland Community College
1400 College Drive
Ashland, KY 41101-3683
606-329-2999
www.ashlandcc.org

Daymar College
3361 Buckland Square
Owensboro, KY 42301
270-926-4040
www.daymarcollege.com

Draughons Junior College
2424 Airway Drive
Bowling Green, KY 42103
270-843-6750
www.draughons.org

Elizabethtown Community College
600 College Street Road
Elizabethtown, KY
42701-3081
270-769-2371
www.uky.edu/communitycolleges/eli

Hazard Community College
1 Community College Drive
Hazard, KY 41701-2403
606-436-5721
www.hazcc.uky.edu

Henderson Community College
2660 South Green Street
Henderson, KY 42420-4623
270-827-1867

Hopkinsville Community College
PO Box 2100
Hopkinsville, KY 42241-2100
270-886-3921
www.hopcc.kctcs.net

Institute of Electronic Technology
509 South 30th Street,
PO Box 8252
Paducah, KY 42001
502-444-9676

ITT Technical Institute
10509 Timberwood Circle,
Suite 100
Louisville, KY 40223-5392
502-327-7424
www.itt-tech.edu

Jefferson Community College
109 East Broadway
Louisville, KY 40202-2005
502-584-0181
www.jctc.kctcs.net

Kentucky Career Institute
PO Box 143,
8095 Connector Drive
Florence, KY 41022-0143
859-371-9393
www.kcicareer.com

Louisville Technical Institute
3901 Atkinson Square Drive
Louisville, KY 40218-4528
502-456-6509
www.louisvilletech.com

Madisonville Community College
2000 College Drive
Madisonville, KY
42431-9185
270-821-2250
www.madcc.kctcs.net

Maysville Community College
1755 US 68
Maysville, KY 41056
606-759-7141
www.maycc.kctcs.net

National College of Business & Technology
139 South Killarney Lane
Richmond, KY 40475
859-623-8956
www.ncbt.edu

National College of Business & Technology
288 South Mayo Trail, Suite 2
Pikeville, KY 41501
606-432-5477
www.ncbt.edu/index2.shtml

National College of Business & Technology
3950 Dixie Highway
Louisville, KY 40216
502-447-7634
www.ncbt.edu/index2.shtml

National College of Business & Technology
115 East Lexington Avenue
Danville, KY 40422
859-236-6991
www.ncbt.edu

National College of Business & Technology
628 East Main Street
Lexington, KY 40508-2312
859-253-0621
www.ncbt.edu

National College of Business & Technology
7627 Ewing Boulevard
Florence, KY 41042
859-525-6510
www.ncbt.edu

Owensboro Community College
4800 New Hartford Road
Owensboro, KY 42303-1899
270-686-4400
www.owecc.net/main

Paducah Community College
PO Box 7380
Paducah, KY 42002-7380
502-554-9200
www.pccky.com

Prestonsburg Community College
One Bert T Combs Drive
Prestonsburg, KY
41653-1815
606-886-3863
www.prestonsburgcc.com

RETS Electronic Institute
300 High Rise Drive
Louisville, KY 40213
502-968-7191

RETS Medical and Business Istitute
4001 Ft. Cambell Boulevard
Hopkinsville, KY 42240
270-886-1302

Somerset Community College
808 Monticello Street
Somerset, KY 42501-2973
606-679-8501
www.somcc.kctcs.net

Southeast Community College
700 College Road
Cumberland, KY 40823-1099
606-589-2145
www.soucc.kctcs.net

Southern Ohio College, Northern Kentucky Campus
309 Buttermilk Pike
Fort Mitchell, KY 41017-2191
859-341-5627
www.aecsoc.com

Southwestern College of Business
2929 South Dixie Highway
Crestview Hills, KY 41017
606-341-6633
home.fuse.net/scb

Spencerian College
4627 Dixie Highway
Louisville, KY 40216
502-447-1000

Spencerian College–Lexington
2355 Harrodsburg Road
Lexington, KY 40504
859-223-9608
www.spencerian.edu

St. Catharine College
2735 Bardstown Road
St. Catharine, KY
40061-9499
859-336-5082
www.sccky.edu

University of Kentucky, Lexington Community College
Cooper Drive
Lexington, KY 40506-0235
859-257-4872
www.uky.edu/lcc

Louisiana

Baton Rouge School of Computers
9255 Interline Avenue
Baton Rouge, LA
70809-1971
504-923-2525
www.brsc.net

Bossier Parish Community College
2719 Airline Drive North
Bossier City, LA 71111-5801
318-746-9851
www.bpcc.cc.la.us

Camelot Career College
2742 Wooddale Boulevard
Baton Rouge, LA 70805
228-201-0580

Cameron College
2740 Canal Street
New Orleans, LA 70119
504-821-5881

Culinary Arts Institute of Louisiana
427 Lafayette Street
Baton Rouge, LA 70802
225-343-6233
www.caila.com

Delgado Community College
501 City Park Avenue
New Orleans, LA 70119-4399
504-483-4400
www.dcc.edu

Delta College of Arts and Technology
7380 Exchange Place
Baton Rouge, LA
70806-3851
504-928-7770

Delta School of Business & Technology
517 Broad Street
Lake Charles, LA 70601
337-439-5765
www.deltatech-lc.com

Education America, Remington College, Baton Rouge Campus
1900 North Lobdell
Baton Rouge, LA 70806
225-922-3990

Education America, Remington College, Lafayette Campus
303 Rue Louis XIV
Lafayette, LA 70508
337-981-4010
www.educationamerica.com

Education America, Southeast College of Technology, New Orleans Campus
321 Veterans Memorial Blvd
Metairie, LA 70005
504-831-8889
www.educationamerica.com

Elaine P. Nunez Community College
3710 Paris Road
Chalmette, LA 70043-1249
504-680-2240
www.nunez.cc.la.us

Herzing College
2400 Veterans Boulevard
Kenner, LA 70062
504-733-0074
www.herzing.edu

ITT Technical Institute
140 James Drive E
St. Rose, LA 70087
504-463-0338
www.itt-tech.edu

Louisiana State University at Alexandria
8100 Highway 71 South
Alexandria, LA 71302-9121
318-445-3672
www.lsua.edu

Louisiana State University at Eunice
PO Box 1129
Eunice, LA 70535-1129
337-457-7311
www.lsue.edu

Louisiana Technical College–Acadian Campus
1933 West Hutchinson Ave
Crowley, LA 70526
337-788-7521
www.acadian.tec.la.us

Louisiana Technical College–Alexandria Campus
4311 South MacArthur
Alexandria, LA 71307-5698
318-487-5398

Louisiana Technical College–Ascension Campus
9697 Airline Highway
Sorrento, LA 70778-3007
225-675-5398

Louisiana Technical College–Avoyelles Campus
508 Choupique Street
Cottonport, LA 71327
318-876-2401

Louisiana Technical College–Bastrop Campus
729 Kammell Street
Bastrop, LA 71221-1120
318-283-0836

Louisiana Technical College–Baton Rouge Campus
3250 North Acadian Thruway East
Baton Rouge, LA 70805
225-359-9204
www.brti.tec.la.us

Louisiana Technical College–Charles B. Coreil Campus
1124 Vocational Drive, PO Box 296
Ville Platte, LA 70586-0296
318-363-2197

Louisiana Technical College–Delta Ouachita Campus
609 Vocational Parkway, West, Ouachita Industrial Pk
West Monroe, LA 71292-9064
318-397-6100

Louisiana Technical College–Evangeline Campus
600 South Martin Luther King Drive
St. Martinville, LA 70582
318-394-6466

Louisiana Technical College–Florida Parishes Campus
PO Box 1300
Greensburg, LA 70441
225-222-4251

Louisiana Technical College–Folkes Campus
3337 Highway 10
Jackson, LA 70748
225-634-2636

Louisiana Technical College–Gulf Area Campus
1115 Clover Street
Abbeville, LA 70510
318-893-4984

Louisiana Technical College–Hammond Campus
111 Pride Avenue
Hammond, LA 70401
504-543-4120

Louisiana Technical College–Huey P. Long Campus
303 South Jones Street
Winnfield, LA 71483
318-628-4342

Louisiana Technical College–Jefferson Campus
5200 Blaire Drive
Metairie, LA 70001
504-736-7072

Louisiana Technical College–L.E. Fletcher Campus
310 St. Charles Street
Hourma, LA 70361-5033
504-857-3655
ltcslc1.southla.tec.la.us

Louisiana Technical College–Lafayette Campus
1101 Bertrand Drive
Lafayette, LA 70502-4909
318-262-5962

Louisiana Technical College–LaFourche Campus
1425 Tiger Drive
Thibodaux, LA 70302-1831
504-447-0924

Louisiana Technical College–Lamar Salter Campus
15014 Lake Charles Highway
Leesville, LA 71446
318-537-3135

Louisiana Technical College–Mansfield Campus
943 Oxford Road
Mansfield, LA 71052
318-872-2243
www.lctcs.state.la.us/mansfield/index.html

Louisiana Technical College–Morgan Smith Campus
1230 North Main Street
Jennings, LA 70546-1327
318-824-4811

Louisiana Technical College–Natchitoches Campus
6587 Highway 1, Bypass
Natchitoches, LA 71457
318-357-3162

Louisiana Technical College–North Central Campus
605 North Boundary West
Farmerville, LA 71241
318-368-3179
www.lctcs.state.la.us

Louisiana Technical College–Northeast Louisiana Campus
1710 Warren Street
Winnsboro, LA 71295
318-485-2163

Louisiana Technical College–Northwest Louisiana Campus
814 Constable Street
Minden, LA 71058-0835
318-371-3035

Louisiana Technical College–Oakdale Campus
Old Pelican Highway
Oakdale, LA 71463
318-335-3944

River Parishes Campus
PO Drawer AQ
Reserve, LA 70084
504-536-4418

Louisiana Technical College–Sabine Valley Campus
1255 Fisher Road
Many, LA 71449
318-256-4101
www.sabine.tec.la.us

Louisiana Technical College–Shelby M. Jackson Campus
PO Box 1465
Ferriday, LA 71334
318-757-6501

Louisiana Technical College–Shreveport-Bossier Campus
2010 North Market Street
Shreveport, LA 71137-8527
318-676-7811

Louisiana Technical College–Sidney N. Collier Campus
3727 Louisa Street
New Orleans, LA 70126
504-942-8333
www.collier.tec.la.us

Louisiana Technical College–Slidell Campus
1000 Canulette Road
Slidell, LA 70459-0827
504-646-6430

Louisiana Technical College–Sowela Campus
3820 J. Bennett Johnston Ave
Lake Charles, LA 70616-6950
318-491-2698

Louisiana Technical College–Sullivan Campus
1710 Sullivan Drive
Bogalusa, LA 70427
504-732-6640

Louisiana Technical College–T.H. Harris Campus
332 East South Street
Opelousas, LA 70570
318-948-0239

Louisiana Technical College–Tallulah Campus
Old Highway 65 South
Tallulah, LA 71284-1740
318-574-4820

Louisiana Technical College–Teche Area Campus
PO Box 11057
New Iberia, LA 70562-1057
318-373-0011

Louisiana Technical College–West Jefferson Campus
475 Manhattan Boulevard
Harvey, LA 70058
504-361-6464

Louisiana Technical College–Young Memorial Campus
900 Youngs Road
Morgan City, LA 70381
504-380-2436
www.youngmemorial.com

MedVance Institute
4173 Government Street
Baton Rouge, LA 70806
225-338-9085
www.medvance.org

Our Lady of the Lake College
7434 Perkins Road
Baton Rouge, LA 70808
225-768-1700
www.ololcollege.edu

Southern University at Shreveport
3050 Martin Luther King, Jr. Dr
Shreveport, LA 71107
318-674-3300

Maine

Andover College
901 Washington Avenue
Portland, ME 04103-2791
207-774-6126
www.andovercollege.com

Beal College
629 Main Street
Bangor, ME 04401-6896
207-947-4591
www.bealcollege.com

Central Maine Medical Center School of Nursing
300 Main Street
Lewiston, ME 04240-0305
207-795-2840
www.cmmcson.org

Central Maine Technical College
1250 Turner Street
Auburn, ME 04210-6498
207-755-5100
www.cmtc.net

Eastern Maine Technical College
354 Hogan Road
Bangor, ME 04401-4206
207-941-4600
www.emtc.org

Kennebec Valley Technical College
92 Western Avenue
Fairfield, ME 04937-1367
207-453-5000
www.kvtc.net

Mid-State College
88 East Hardscrabble Road
Auburn, ME 04210-8888
207-783-1478
www.midstatecollege.com

Northern Maine Technical College
33 Edgemont Drive
Presque Isle, ME 04769-2016
207-768-2700
www.nmtc.net

Southern Maine Technical College
Fort Road
South Portland, ME 04106
207-767-9500
www.smtc.net

Washington County Technical College
RR#1, Box 22C River Road
Calais, ME 04619
207-454-1000

York County Technical College
112 College Drive
Wells, ME 04090
207-646-9282
www.yctc.net

Maryland

Allegany College of Maryland
12401 Willowbrook Road, SE
Cumberland, MD 21502-2596
301-784-5000
www.ac.cc.md.us

Anne Arundel Community College
101 College Parkway
Arnold, MD 21012-1895
410-647-7100
www.aacc.cc.md.us

Baltimore City Community College
2901 Liberty Heights Avenue
Baltimore, MD 21215-7893
410-462-8000
www.bccc.state.md.us

Carroll Community College
1601 Washington Road
Westminster, MD 21157
410-386-8000
www.carroll.cc.md.us

Cecil Community College
One Seahawk Drive
North East, MD 21901-1999
410-287-6060
www.cecil.cc.md.us

Chesapeake College
PO Box 8
Wye Mills, MD 21679-0008
410-822-5400
www.chesapeake.edu

College of Southern Maryland
8730 Mitchell Road,
PO Box 910
La Plata, MD 20646-0910
301-934-2251
www.csm.cc.md.us

The Community College of Baltimore County–Catonsville Campus
800 South Rolling Road
Baltimore, MD 21228-5381
410-455-6050
www.ccbc.cc.md.us

The Community College of Baltimore County–Dundalk Campus
7200 Sollers Point Road
Baltimore, MD 21222-4694
410-282-6700
www.ccbc.cc.md.us

The Community College of Baltimore County–Essex Campus
7201 Rossville Boulevard
Baltimore, MD 21237-3899
410-682-6000
www.ccbc.cc.md.us

Frederick Community College
7932 Opossumtown Pike
Frederick, MD 21702-2097
301-846-2400
www.fcc.cc.md.us

Garrett Community College
687 Mosser Road,
PO Box 151
McHenry, MD 21541-0151
301-387-3000
garrett.gcc.cc.md.us

Hagerstown Business College
18618 Crestwood Drive
Hagerstown, MD 21742-2797
301-739-2670
www.hagerstownbusinesscol.org

Hagerstown Community College
11400 Robinwood Drive
Hagerstown, MD 21742-6590
301-790-2800
www.hcc.cc.md.us

Harford Community College
401 Thomas Run Road
Bel Air, MD 21015-1698
410-836-4000
www.harford.cc.md.us

Howard Community College
10901 Little Patuxent Parkway
Columbia, MD 21044-3197
410-772-4800
www.howardcc.edu

Maryland College of Art and Design
10500 Georgia Avenue
Silver Spring, MD 20902-4111
301-649-4454
www.mcadmd.org

Montgomery College
900 Hungerford Drive
Rockville, MD 20850
301-279-5000
www.montgomerycollege.org

Prince George's Community College
301 Largo Road
Largo, MD 20774-2199
301-336-6000
pgweb.pg.cc.md.us

Wor-Wic Community College
32000 Campus Drive
Salisbury, MD 21804
410-334-2800
www.worwic.cc.md.us

Massachusetts

Baptist Bible College East
950 Metropolitan Avenue
Boston, MA 02136
617-364-3510
www.bbceast.edu

Bay State College
122 Commonwealth Avenue
Boston, MA 02116-2975
617-236-8000
www.baystate.edu

Benjamin Franklin Institute of Technology
41 Berkeley Street
Boston, MA 02116-6296
617-423-4630
www.fib.edu

Berkshire Community College
1350 West Street
Pittsfield, MA 01201-5786
413-499-4660
cc.berkshire.org

Bristol Community College
777 Elsbree Street
Fall River, MA 02720-7395
508-678-2811
www.bristol.mass.edu

Bunker Hill Community College
250 New Rutherford Avenue
Boston, MA 02129
617-228-2000
www.bhcc.state.ma.us

Cape Cod Community College
2240 Iyanough Road
West Barnstable, MA 02668-1599
508-362-2131
www.capecod.mass.edu

Dean College
99 Main Street
Franklin, MA 02038-1994
508-541-1900
www.dean.edu

Fisher College
118 Beacon Street
Boston, MA 02116-1500
617-236-8800
www.fisher.edu

Greenfield Community College
1 College Drive
Greenfield, MA 01301-9739
413-775-1000
www.gcc.mass.edu

Holyoke Community College
303 Homestead Avenue
Holyoke, MA 01040-1099
413-538-7000
www.hcc.mass.edu

ITT Technical Institute
10 Forbes Road
Woburn, MA 01801
781-937-8324
www.itt-tech.edu

ITT Technical Institute
333 Providence Highway
Norwood, MA 02062
781-278-7200
www.itt-tech.edu

Katharine Gibbs School
126 Newbury Street
Boston, MA 02116-2904
617-578-7100
www.katharinegibbs.com

Labouré College
2120 Dorchester Avenue
Boston, MA 02124-5698
617-296-8300
www.labourecollege.com

Marian Court College
35 Little's Point Road
Swampscott, MA 01907-2840
781-595-6768
www.mariancourt.edu

Massachusetts Bay Community College
50 Oakland Street
Wellesley Hills, MA 02481
781-239-3000
www.mbcc.mass.edu

Massasoit Community College
1 Massasoit Boulevard
Brockton, MA 02302-3996
508-588-9100
www.massasoit.mass.edu

Middlesex Community College
Springs Road
Bedford, MA 01730-1655
781-280-3200
www.middlesex.cc.ma.us

Mount Wachusett Community College
444 Green Street
Gardner, MA 01440-1000
978-632-6600
www.mwcc.mass.edu

New England College of Finance
1 Lincoln Plaza
Boston, MA 02111-2645
617-951-2350
www.finance.edu

New England Institute of Art & Communications
10 Brookline Place West
Brookline, MA 02445
617-267-7910
www.masscomm.edu

Newbury College
129 Fisher Avenue
Brookline, MA 02445
617-730-7000
www.newbury.edu

North Shore Community College
1 Ferncroft Road
Danvers, MA 01923-4093
978-762-4000
www.nscc.cc.ma.us

Northern Essex Community College
100 Elliott Street
Haverhill, MA 01830
978-556-3000
www.necc.mass.edu

Quincy College
34 Coddington Street
Quincy, MA 02169-4522
617-984-1600
www.quincycollege.com

Quinsigamond Community College
670 West Boylston Street
Worcester, MA 01606-2092
508-853-2300
www.qcc.mass.edu

Roxbury Community College
1234 Columbus Avenue
Roxbury Crossing, MA 02120-3400
617-427-0060
www.rcc.mass.edu

Springfield Technical Community College
1 Armory Square
Springfield, MA 01105-1296
413-781-7822
www.stcc.mass.edu

Urban College of Boston
178 Tremont Street
Boston, MA 02111
617-292-4723
www.urbancollegeofboston.org

Michigan

Alpena Community College
666 Johnson Street
Alpena, MI 49707-1495
989-356-9021
alpenacc.org

Bay de Noc Community College
2001 North Lincoln Road
Escanaba, MI 49829-2511
906-786-5802
www.baydenoc.cc.mi.us

Bay Mills Community College
12214 West Lakeshore Drive
Brimley, MI 49715
906-248-3354
www.bmcc.org

Davenport University
3555 East Patrick Road
Midland, MI 48642
517-835-5588
www.davenport.edu

Delta College
1961 Delta Road
University Center, MI 48710
989-686-9000
www.delta.edu

Glen Oaks Community College
62249 Shimmel Road
Centreville, MI 49032-9719
616-467-9945
www.glenoaks.cc.mi.us

Gogebic Community College
E-4946 Jackson Road
Ironwood, MI 49938
906-932-4231
www.gogebic.cc.mi.us

Grand Rapids Community College
143 Bostwick Avenue, NE
Grand Rapids, MI 49503-3201
616-234-4000
www.grcc.cc.mi.us

Henry Ford Community College
5101 Evergreen Road
Dearborn, MI 48128-1495
313-845-9615
www.henryford.cc.mi.us

ITT Technical Institute
4020 Sparks Drive, SE
Grand Rapids, MI 49546
616-956-1060
www.itt-tech.edu

ITT Technical Institute
1522 East Big Beaver Road
Troy, MI 48083-1905
248-524-1800
www.itt-tech.edu

Jackson Community College
2111 Emmons Road
Jackson, MI 49201-8399
517-787-0800
www.jackson.cc.mi.us

Kalamazoo Valley
Community College
PO Box 4070
Kalamazoo, MI 49003-4070
616-372-5000
www.kvcc.edu

Kellogg Community College
450 North Avenue
Battle Creek, MI 49017-3397
616-965-3931
www.kellogg.cc.mi.us

Kirtland Community College
10775 North St Helen Road
Roscommon, MI
48653-9699
989-275-5000
kosmo.kirtland.cc.mi.us/distancelearning

Lake Michigan College
2755 East Napier
Benton Harbor, MI
49022-1899
616-927-8100

Lansing Community College
PO Box 40010
Lansing, MI 48901-7210
517-483-1957
www.lansing.cc.mi.us

Lewis College of Business
17370 Meyers Road
Detroit, MI 48235-1423
313-862-6300
www.lewiscollege.edu

Macomb Community College
14500 Twelve Mile Road
Warren, MI 48093-3896
810-445-7000
www.macomb.cc.mi.us

Mid Michigan Community
College
1375 South Clare Avenue
Harrison, MI 48625-9447
989-386-6622
www.midmich.cc.mi.us

Monroe County Community
College
1555 South Raisinville Road
Monroe, MI 48161-9047
734-242-7300
www.monroe.cc.mi.us

Montcalm Community
College
2800 College Drive
Sidney, MI 48885-9723
517-328-2111
www.montcalm.cc.mi.us

Mott Community College
1401 East Court Street
Flint, MI 48503-2089
810-762-0200
www.mcc.edu

Muskegon Community
College
221 South Quarterline Road
Muskegon, MI 49442-1493
616-773-9131

North Central Michigan
College
1515 Howard Street
Petoskey, MI 49770-8717
231-348-6600
www.ncmc.cc.mi.us

Northwestern Michigan
College
1701 East Front Street
Traverse City, MI
49686-3061
231-995-1000
www.nmc.edu

Oakland Community College
2480 Opdyke Road
Bloomfield Hills, MI
48304-2266
248-341-2000
www.occ.cc.mi.us

Schoolcraft College
18600 Haggerty Road
Livonia, MI 48152-2696
734-462-4400
www.schoolcraft.cc.mi.us

Southwestern Michigan
College
58900 Cherry Grove Road
Dowagiac, MI 49047-9793
616-782-1000
www.smc.cc.mi.us

St. Clair County Community
College
323 Erie Street, PO Box 5015
Port Huron, MI 48061-5015
810-984-3881
www.stclair.cc.mi.us

Washtenaw Community
College
4800 East Huron River Drive,
PO Box D-1
Ann Arbor, MI 48106
734-973-3300
www.wccnet.org

Wayne County Community
College District
801 West Fort Street
Detroit, MI 48226-3010
313-496-2600
www.wccc.edu

West Shore Community
College
PO Box 277,
3000 North Stiles Road
Scottville, MI 49454-0277
231-845-6211
www.westshore.cc.mi.us

Minnesota

Academy College
3050 Metro Drive, Suite 200
Minneapolis, MN 55425
952-851-0066
www.academyeducation.com

Alexandria Technical College
1601 Jefferson Street
Alexandria, MN 56308-3707
320-762-0221
www.alextech.org

Anoka-Hennepin Technical
College
1355 West Highway 10
Anoka, MN 55303
612-576-4700
www.ank.tec.mn.us

Anoka-Ramsey Community
College
11200 Mississippi Blvd, NW
Coon Rapids, MN
55433-3470
763-427-2600
www.anokaramsey.mnscu.edu

Anoka-Ramsey Community
College, Cambridge Campus
300 Polk Street South
Cambridge, MN 55008-5706
763-689-7000
www.an.cc.mn.us

Argosy University-Twin Cities
5503 Green Valley Drive
Bloomington, MN
55437-1003
612-844-0064
www.medicalinstitute.org

The Art Institutes
International Minnesota
15 South 9th Street
Minneapolis, MN
55402-3137
612-332-3361
www.aim.aii.edu

Bethany Lutheran College
700 Luther Drive
Mankato, MN 56001-6163
507-344-7000
www.blc.edu

Brown Institute
1440 Northland Drive
Mendota Heights, MN 55120
651-905-3400
www.brown-institute.com

Central Lakes College
501 West College Drive
Brainerd, MN 56401-3904
218-855-8000
www.clc.cc.mn.us

Century Community and
Technical College
3300 Century Avenue North
White Bear Lake, MN 55110
651-779-3200
www.century.cc.mn.us

College of St. Catherine–
Minneapolis
601 25th Avenue South
Minneapolis, MN
55454-1494
651-690-7700
www.stkate.edu

Dakota County Technical
College
1300 East 145th Street
Rosemount, MN 55068
651-423-8000
www.dctc.mnscu.edu

Duluth Business University
412 West Superior Street
Duluth, MN 55802
218-722-4000
www.dbumn.com

Dunwoody Institute
818 Dunwoody Boulevard
Minneapolis, MN 55403
612-374-5800
www.dunwoody.tec.mn.us

Fergus Falls Community College
1414 College Way
Fergus Falls, MN
56537-1009
218-739-7500
www.ff.cc.mn.us

Fond du Lac Tribal and Community College
2101 14th Street
Cloquet, MN 55720
218-879-0800
www.fdl.cc.mn.us

Globe College
7166 North 10th Street
Oakdale, MN 55128
651-730-5100
www.globecollege.com

Hennepin Technical College
9000 Brooklyn Boulevard
Brooklyn Park, MN 55445
763-425-3800
www.htc.mnscu.edu

Herzing College, Minneapolis Drafting School Campus
5700 West Broadway
Minneapolis, MN 55428
763-535-3000
www.herzing.edu

Hibbing Community College
1515 East 25th Street
Hibbing, MN 55746-3300
218-262-7200
www.hcc.mnscu.edu

Inver Hills Community College
2500 East 80th Street
Inver Grove Heights, MN
55076-3224
651-450-8500
www.ih.cc.mn.us

Itasca Community College
1851 Highway 169 East
Grand Rapids, MN 55744
218-327-4460
www.it.cc.mn.us

Lake Superior College
2101 Trinity Road
Duluth, MN 55811
218-733-7600
www.lsc.cc.mn.us

Lakeland Medical–Dental Academy
1402 West Lake Street
Minneapolis, MN
55408-2682
612-827-5656
www.lakelandacademy.com

Mesabi Range Community and Technical College
1001 Chestnut Street West
Virginia, MN 55792-3448
218-741-3095
www.mr.mnscu.edu

Minneapolis Business College
1711 West County Road B
Roseville, MN 55113
612-636-7406
www.mplsbusinesscollege.com

Minneapolis Community and Technical College
1501 Hennepin Avenue
Minneapolis, MN
55403-1779
612-341-7000
www.mctc.mnscu.edu

Minnesota School of Business
1401 West 76th Street
Richfield, MN 55423
612-861-2000
www.msbcollege.com

Minnesota State College–Southeast Technical
1250 Homer Road,
PO Box 409
Winona, MN 55987
507-453-2700

Minnesota West Community and Technical College
1314 North Hiawatha Avenue
Pipestone, MN 56164
507-825-6800
www.mnwest.mnscu.edu

Music Tech
304 Washington Ave. North
Minneapolis, MN
55401-1315
612-338-0175
www.musictech.com

NEI College of Technology
825 41st Avenue, NE
Columbia Heights, MN
55421-2974
763-781-4881
www.neicollege.org

Normandale Community College
9700 France Avenue South
Bloomington, MN
55431-4399
952-487-8200
www.nr.cc.mn.us

North Hennepin Community College
7411 85th Avenue North
Minneapolis, MN
55445-2231
763-424-0702
www.nh.cc.mn.us

Northland Community and Technical College
1101 Highway One East
Thief River Falls, MN 56701
218-681-0701
www.northland.cc.mn.us

Northwest Technical College
150 2nd Street SW, Suite B,
PO Box 309
Perham, MN 56573
218-374-6982
www.ntc-online.com

Northwest Technical Institute
11995 Singletree Lane
Eden Prairie, MN
55344-5351
952-944-0080
www.nw-ti.com

Pine Technical College
900 4th Street SE
Pine City, MN 55063
320-629-5100
www.ptc.tec.mn.us

Rainy River Community College
1501 Highway 71
International Falls, MN 56649
218-285-7722
www.rrcc.mnscu.edu

Rasmussen College Eagan
3500 Federal Drive
Eagan, MN 55122-1346
651-687-9000
www.rasmussen.edu

Rasmussen College Mankato
501 Holly Lane
Mankato, MN 56001-6803
507-625-6556
www.rasmussen.edu

Rasmussen College Minnetonka
12450 Wayzata Boulevard, Suite 315
Minnetonka, MN
55305-1928
952-545-2000
www.rasmussen.edu

Rasmussen College St. Cloud
226 Park Avenue South
St. Cloud, MN 56301-3713
320-251-5600
www.rasmussen.edu

Ridgewater College
PO Box 1097
Willmar, MN 56201-1097
320-235-5114
www.ridgewater.mnscu.edu

Riverland Community College
1900 8th Avenue, NW
Austin, MN 55912
507-433-0600
netco.tec.mn.us/~rivercc

Rochester Community and Technical College
851 30th Avenue, SE
Rochester, MN 55904-4999
507-285-7210
www.roch.edu

South Central Technical College
1920 Lee Boulevard
North Mankato, MN 56003
507-389-7200
www.sctc.mnscu.edu

St. Cloud Technical College
1540 Northway Drive
St. Cloud, MN 56303-1240
320-654-5000
sctcweb.tec.mn.us

St. Paul Technical College
235 Marshall Avenue
St. Paul, MN 55102-1800
651-221-1300
www.sptc.tec.mn.us

Vermilion Community College
1900 East Camp Street
Ely, MN 55731-1996
218-365-7200
www.vcc.mnscu.edu

Mississippi

Antonelli College
480 East Woodrow Wilson Dr
Jackson, MS 39216
601-362-9991
www.antonellicollege.com

Antonelli College
1500 North 31st Avenue
Hattiesburg, MS 39401
601-583-4100
www.antonellic.com

Coahoma Community College
3240 Friars Point Road
Clarksdale, MS 38614-9799
662-627-2571
www.ccc.cc.ms.us

Copiah-Lincoln Community College
PO Box 649
Wesson, MS 39191-0649
601-643-5101
www.colin.cc.ms.us

Copiah-Lincoln Community College–Natchez Campus
11 Co-Lin Circle
Natchez, MS 39120-8446
601-442-9111
www.colin.cc.ms.us

East Central Community College
PO Box 129
Decatur, MS 39327-0129
601-635-2111
www.eccc.cc.ms.us

East Mississippi Community College
PO Box 158
Scooba, MS 39358-0158
662-476-8442

Hinds Community College
PO Box 1100
Raymond, MS 39154-1100
601-857-5261
www.hinds.cc.ms.us

Holmes Community College
PO Box 369
Goodman, MS 39079-0369
601-472-2312
www.holmes.cc.ms.us

Itawamba Community College
602 West Hill Street
Fulton, MS 38843
601-862-8000

Jones County Junior College
900 South Court Street
Ellisville, MS 39437-3901
601-477-4000
www.jcjc.cc.ms.us

Mary Holmes College
Highway 50 West,
PO Drawer 1257
West Point, MS 39773-1257
601-494-6820

Meridian Community College
910 Highway 19 North
Meridian, MS 39307
601-483-8241
www.mcc.cc.ms.us

Mississippi Delta Community College
PO Box 668
Moorhead, MS 38761-0668
662-246-6322

Mississippi Gulf Coast Community College
PO Box 548
Perkinston, MS 39573-0548
601-928-5211
www.mgccc.cc.ms.us

Northeast Mississippi Community College
101 Cunningham Boulevard
Booneville, MS 38829
662-728-7751
www.necc.cc.ms.us

Northwest Mississippi Community College
4975 Highway 51 North
Senatobia, MS 38668-1701
601-562-3200
www.nwcc.cc.ms.us

Pearl River Community College
101 Highway 11 North
Poplarville, MS 39470
601-403-1000
www.prcc.cc.ms.us

Southwest Mississippi Community College
College Drive
Summit, MS 39666
601-276-2000
www.smcc.cc.ms.us

Virginia College at Jackson
5360 I-55 North
Jackson, MS 39211
601-977-0960
www.vc.edu

Wood College
PO Box 289
Mathiston, MS 39752-0289
662-263-5352
www.wood.cc.ms.us

Missouri

Blue River Community College
1501 West Jefferson Street
Blue Springs, MO 64015
816-655-6000
www.kcmetro.cc.mo.us/blueriver/brhome.html

Cottey College
1000 West Austin
Nevada, MO 64772-2700
417-667-8181
www.cottey.edu

Crowder College
601 Laclede
Neosho, MO 64850-9160
417-451-3223
www.crowdercollege.net

East Central College
PO Box 529
Union, MO 63084-0529
636-583-5193
www.ecc.cc.mo.us

Electronics Institute
15329 Kensington Avenue
Kansas City, MO 64147-1212
816-331-5700

Hickey College
940 West Port Plaza,
Suite 101
St. Louis, MO 63146
314-434-2212
www.hickeycollege.com

ITT Technical Institute
13505 Lakefront Drive
Earth City, MO 63045-1412
314-298-7800
www.itt-tech.edu

ITT Technical Institute
1930 Meyer Drury Drive
Arnold, MO 63010
636-464-6600
www.itt-tech.edu

Jefferson College
1000 Viking Drive
Hillsboro, MO 63050-2441
636-797-3000
www.jeffco.edu

Linn State Technical College
One Technology Drive
Linn, MO 65051-9606
573-897-5000
www.linnstate.edu

Longview Community College
500 Southwest Longview Rd
Lee's Summit, MO
64081-2105
816-672-2000
www.kcmetro.cc.mo.us

Maple Woods Community College
2601 Northeast Barry Road
Kansas City, MO 64156-1299
816-437-3000
www.kemetro.cc.mo.us/maplewoods/mwhome.html

Metro Business College
1732 North Kings Highway
Cape Girardeau, MO 63701
573-334-9181
www.metrobusinesscollege.edu

Mineral Area College
PO Box 1000
Park Hills, MO 63601-1000
573-431-4593
www.mac.cc.mo.us

Missouri College
10121 Manchester Road
St. Louis, MO 63122-1583
314-821-7700
www.mocollege.com

Moberly Area Community College
101 College Avenue
Moberly, MO 65270-1304
660-263-4110
www.macc.cc.mo.us

North Central Missouri College
1301 Main Street
Trenton, MO 64683-1824
660-359-3948
www.ncmc.cc.mo.us

Ozarks Technical Community College
PO Box 5958
Springfield, MO 65801
417-895-7000
www.otc.cc.mo.us

Patricia Stevens College
330 North Fourth Street, Suite 306
St. Louis, MO 63102
314-421-0949
www.patriciastevenscollege.com

Penn Valley Community College
3201 Southwest Trafficway
Kansas City, MO 64111
816-759-4000
www.kcmetro.cc.mo.us/pennvalley/pvhome.html

Ranken Technical College
4431 Finney Avenue
St. Louis, MO 63113
314-371-0236
www.ranken.org

Rhodes College
1010 West Sunshine
Springfield, MO 65807-2488
417-864-7220
rhodes-college.com

Saint Charles Community College
4601 Mid Rivers Mall Drive
St. Peters, MO 63376-0975
636-922-8000
www.stchas.edu

Sanford-Brown College
1203 Smizer Mill Road
Fenton, MO 63026
636-349-4900
www.sanford-brown.edu

Sanford-Brown College
75 Village Square
Hazelwood, MO 63042
314-731-1101

Sanford-Brown College
3555 Franks Drive
St. Charles, MO 63301
314-949-2620

Sanford-Brown College
520 East 19th Avenue
North Kansas City, MO 64116
816-472-7400
www.sanford-brown.edu/default.htm

Southwest Missouri State University–West Plains
128 Garfield
West Plains, MO 65775
417-255-7255
www.wp.smsu.edu

St. Louis Community College at Florissant Valley
3400 Pershall Road
St. Louis, MO 63135-1499
314-595-4200
www.198.209.221.102

St. Louis Community College at Forest Park
5600 Oakland Avenue
St. Louis, MO 63110-1316
314-644-9100
www.stlcc.cc.mo.us

St. Louis Community College at Meramec
11333 Big Bend Boulevard
Kirkwood, MO 63122-5720
314-984-7500
www.stlcc.cc.mo.us/mc

State Fair Community College
3201 West 16th Street
Sedalia, MO 65301-2199
660-530-5800
www.sfcc.cc.mo.us

Three Rivers Community College
2080 Three Rivers Boulevard
Poplar Bluff, MO 63901-2393
573-840-9600
www.trcc.cc.mo.us

Vatterott College
3925 Industrial Drive
St. Ann, MO 63074-1807
314-428-5900
www.vatterott-college.edu

Wentworth Military Academy and Junior College
1880 Washington Avenue
Lexington, MO 64067
660-259-2221
www.wma1880.org

Montana

Blackfeet Community College
PO Box 819
Browning, MT 59417-0819
406-338-5441
www.montana.edu/wwwbcc

Dawson Community College
Box 421
Glendive, MT 59330-0421
406-377-3396
www.dawson.cc.mt.us

Dull Knife Memorial College
PO Box 98
Lame Deer, MT 59043-0098
406-477-6215
www.dkmc.cc.mt.us

Flathead Valley Community College
777 Grandview Drive
Kalispell, MT 59901-2622
406-756-3822
www.fvcc.cc.mt.us

Fort Belknap College
PO Box 159
Harlem, MT 59526-0159
406-353-2607
www.montana.edu/wwwse/fbc/fbc.html

Fort Peck Community College
PO Box 398
Poplar, MT 59255-0398
406-768-5551
www.fpcc.cc.mt.us

Helena College of Technology of The University of Montana
1115 North Roberts Street
Helena, MT 59601
406-444-6800
www.hct.umontana.edu

Little Big Horn College
Box 370
Crow Agency, MT 59022-0370
406-638-2228

Miles Community College
2715 Dickinson
Miles City, MT 59301-4799
406-234-3031
www.mcc.cc.mt.us

Montana State University–Great Falls College of Technology
2100 16th Avenue, South
Great Falls, MT 59405
406-771-4300
www.msugf.edu

Salish Kootenai College
PO Box 117
Pablo, MT 59855-0117
406-675-4800
www.skc.edu

Stone Child College
RR1, Box 1082
Box Elder, MT 59521
406-395-4313

Nebraska

Central Community College–Columbus Campus
4500 63rd Street, PO Box 1027
Columbus, NE 68602-1027
402-564-7132
www.cccneb.edu

Central Community College–Grand Island Campus
PO Box 4903
Grand Island, NE 68802-4903
308-398-4222
Fax: 308-398-7398
www.cccneb.edu

Central Community College–Hastings Campus
PO Box 1024
Hastings, NE 68902-1024
402-463-9811
www.cccneb.edu

ITT Technical Institute
9814 M Street
Omaha, NE 68127-2056
402-331-2900
www.itt-tech.edu

Lincoln School of Commerce
1821 K Street, PO Box 82826
Lincoln, NE 68501-2826
402-474-5315
www.lscadvantage.com

Little Priest Tribal College
PO Box 270
Winnebago, NE 68071
402-878-2380
www.lptc.cc.ne.us

Metropolitan Community College
PO Box 3777
Omaha, NE 68103-0777
402-457-2400
www.mccneb.edu

Mid-Plains Community College Area
601 West State Farm Road
North Platte, NE 69101
308-535-3600
www.mpcca.cc.ne.us

Nebraska College of Business
3350 North 90th Street
Omaha, NE 68134
402-572-8500
www.ncbedu.com

Nebraska Indian Community College
PO Box 428
Macy, NE 68039-0428
402-837-5078
www.thenicc.org

Northeast Community College
801 East Benjamin Ave,
PO Box 469
Norfolk, NE 68702-0469
402-371-2020
alpha.necc.cc.ne.us

Omaha College of Health Careers
225 North 80th Street
Omaha, NE 68114
402-392-1300

Southeast Community College, Beatrice Campus
4771 W. Scott Road
Beatrice, NE 68310-7042
402-228-3468
www.college.sccm.cc.ne.us/3a.htm

Southeast Community College, Lincoln Campus
8800 O Street
Lincoln, NE 68520-1299
402-471-3333
www.college.secc.cc.ne.us

Southeast Community College, Milford Campus
600 State Street
Milford, NE 68405-9397
402-761-2131
www.college.sccm.cc.ne.us

Western Nebraska Community College
1601 East 27th Street
Scottsbluff, NE 69361
308-635-3606
www.wncc.net

Nevada

Career College of Northern Nevada
1195-A Corporate Boulevard
Reno, NV 89502
775-856-2266
www.ccnn4u.com

Community College of Southern Nevada
3200 East Cheyenne Avenue
North Las Vegas, NV 89030-4296
702-651-4000
www.ccsn.nevada.edu

Great Basin College
1500 College Parkway
Elko, NV 89801-3348
775-738-8493

Heritage College
3305 Spring Mountain Road, Suite 7
Las Vegas, NV 89102
702-368-2338
www.heritage-college.com

ITT Technical Institute
168 Gibson Road
Henderson, NV 89014
702-558-5404
www.itt-tech.edu

Las Vegas College
4100 West Flamingo Road, Suite 2100
Las Vegas, NV 89103-3926
702-368-6200
www.cci.edu

Truckee Meadows Community College
7000 Dandini Boulevard
Reno, NV 89512-3901
775-673-7000
www.tmcc.edu

Western Nevada Community College
2201 West College Parkway
Carson City, NV 89703-7316
775-445-3000
www.wncc.nevada.edu

New Hampshire

Hesser College
3 Sundial Avenue
Manchester, NH 03103-7245
603-668-6660
www.hesser.edu

McIntosh College
23 Cataract Avenue
Dover, NH 03820-3990
603-742-1234
www.mcintoshcollege.com

New Hampshire Community Technical College, Berlin/Laconia
2020 Riverside Drive
Berlin, NH 03570-3717
603-752-1113
www.berl.tec.nh.us

New Hampshire Community Technical College, Manchester
1066 Front Street
Manchester, NH 03102-8518
603-668-6706
www.manc.tec.nh.us

New Hampshire Community Technical College, Nashua/Claremont
505 Amherst Street
Nashua, NH 03063-1026
603-882-6923
www.nashua.tec.nh.us

New Hampshire Technical Institute
11 Institute Drive
Concord, NH 03301-7412
603-271-6484
www.nhti.net

New Jersey

Assumption College for Sisters
350 Bernardsville Road
Mendham, NJ 07945-0800
973-543-6528
www.acscollegeforsisters.org

Atlantic Cape Community College
5100 Black Horse Pike
Mays Landing, NJ 08330-2699
609-625-1111
www.atlantic.edu

Bergen Community College
400 Paramus Road
Paramus, NJ 07652-1595
201-447-7100
www.bergen.cc.nj.us

Berkeley College
44 Rifle Camp Road,
PO Box 440
West Paterson, NJ 07424-3353
973-278-5400
www.berkeleycollege.edu

Brookdale Community College
765 Newman Springs Road
Lincroft, NJ 07738-1597
732-842-1900
www.brookdale.cc.nj.us

Burlington County College
Route 530
Pemberton, NJ 08068-1599
609-894-9311
www.bcc.edu

Camden County College
PO Box 200
Blackwood, NJ 08012-0200
856-227-7200
www.camdencc.edu

County College of Morris
214 Center Grove Road
Randolph, NJ 07869-2086
973-328-5000
www.ccm.edu

Cumberland County College
PO Box 1500, College Drive
Vineland, NJ 08362-1500
856-691-8600
www.cccnj.net

Essex County College
303 University Avenue
Newark, NJ 07102-1798
973-877-3000
www.essex.edu

Gloucester County College
1400 Tanyard Road
Sewell, NJ 08080
856-468-5000
www.gccnj.edu

Hudson County Community College
25 Journal Square
Jersey City, NJ 07306
201-656-2020
www.hudson.cc.nj.us

Mercer County Community College
1200 Old Trenton Road,
PO Box B
Trenton, NJ 08690-1004
609-586-4800
www.mccc.edu

Middlesex County College
2600 Woodbridge Avenue,
PO Box 3050
Edison, NJ 08818-3050
732-548-6000
www.middlesex.cc.nj.us

Ocean County College
College Drive, PO Box 2001
Toms River, NJ 08754-2001
732-255-0400
www.ocean.cc.nj.us

Passaic County Community College
One College Boulevard
Paterson, NJ 07505-1179
973-684-6800
www.pccc.cc.nj.us

Raritan Valley Community College
PO Box 3300
Somerville, NJ 08876-1265
908-526-1200
www.raritanval.edu

Salem Community College
460 Hollywood Avenue
Carneys Point, NJ
08069-2799
856-299-2100
www.salem.cc.nj.us

Somerset Christian College
10 Liberty Square
Zarephath, NJ 08890-9035
732-356-1595
www.zarephath.edu

Sussex County Community College
1 College Hill
Newton, NJ 07860
973-300-2100
www.sussex.cc.nj.us

Union County College
1033 Springfield Avenue
Cranford, NJ 07016-1528
908-709-7000
www.ucc.edu

Warren County Community College
475 Route 57 West
Washington, NJ 07882-4343
908-689-1090
www.warren.cc.nj.us

New Mexico

Albuquerque Technical Vocational Institute
525 Buena Vista, SE
Albuquerque, NM
87106-4096
505-224-3000
www.tvi.cc.nm.us

Clovis Community College
417 Schepps Boulevard
Clovis, NM 88101-8381
505-769-2811
www.clovis.cc.nm.us

Doña Ana Branch Community College
MSC-3DA, Box 30001,
3400 South Espina Street
Las Cruces, NM 88003-8001
505-527-7500
dabcc-www.nmsu.edu

Eastern New Mexico University–Roswell
PO Box 6000
Roswell, NM 88202-6000
505-624-7000
www.enmu.edu/roswell/buchanaj/ENMU-R

Institute of American Indian Arts
83 Avan Nu Po Road
Santa Fe, NM 87508
505-424-2300
www.iaiancad.org

ITT Technical Institute
5100 Masthead, NE
Albuquerque, NM
87109-4366
505-828-1114
www.itt-tech.edu

Luna Community College
PO Box 1510
Las Vegas, NM 87701
505-454-2500
www.lvti.cc.nm.us

Mesa Technical College
911 South Tenth Street
Tucumcari, NM 88401
505-461-4413
www.mesatc.cc.nm.us

New Mexico Junior College
5317 Lovington Highway
Hobbs, NM 88240-9123
505-392-4510
www.nmjc.cc.nm.us

New Mexico Military Institute
101 West College Boulevard
Roswell, NM 88201-5173
505-622-6250
www.nmmi.cc.nm.us

New Mexico State University–Alamogordo
2400 North Scenic Drive
Alamogordo, NM
88311-0477
505-439-3600
alamo.nmsu.edu

New Mexico State University–Carlsbad
1500 University Drive
Carlsbad, NM 88220-3509
505-234-9200
cavern.nmsu.edu

New Mexico State University–Grants
1500 3rd Street
Grants, NM 87020-2025
505-287-7981

Northern New Mexico Community College
921 Paseo de Oñate
Española, NM 87532
505-747-2100
www.nnm.cc.nm.us

Pima Medical Institute
2201 San Pedro NE,
Building 3, Suite 100
Albuquerque, NM 87110
505-881-1234
www.pimamedical.com

San Juan College
4601 College Boulevard
Farmington, NM 87402-4699
505-326-3311
www.sjc.cc.nm.us

Santa Fe Community College
6401 Richards Avenue
Santa Fe, NM 87505-4887
505-428-1000
www.santa-fe.cc.nm.us

Southwestern Indian Polytechnic Institute
9169 Coors, NW, Box 10146
Albuquerque, NM
87184-0146
505-346-2347
www.sipi.bia.edu

The Art Center
5041 Indian School Road, NE, Suite 100
Albuquerque, NM 87110
505-254-7575
www.theartcenter.edu

University of New Mexico–Gallup
200 College Road
Gallup, NM 87301-5603
505-863-7500
www.gallup.unm.edu

University of New Mexico–Los Alamos Branch
4000 University Drive
Los Alamos, NM
87544-2233
505-662-5919

University of New Mexico–Valencia Campus
280 La Entrada
Los Lunas, NM 87031-7633
505-925-8500

New York

Adirondack Community College
640 Bay Road
Queensbury, NY 12804
518-743-2200
www.sunyacc.edu

American Academy McAllister Institute of Funeral Service
450 West 56th Street
New York, NY 10019-3602
212-757-1190

American Academy of Dramatic Arts
120 Madison Avenue
New York, NY 10016-7004
212-686-9244
www.aada.org

Berkeley College
3 East 43rd Street
New York, NY 10017-4604
212-986-4343
www.berkeleycollege.edu

Berkeley College
99 Church Street
White Plains, NY 10601
914-694-1122
www.berkeleycollege.edu

Borough of Manhattan Community College of the City University of New York
199 Chambers Street
New York, NY 10007-1097
212-346-8000
www.bmcc.cuny.edu

Bramson ORT College
69-30 Austin Street
Forest Hills, NY 11375-4239
718-261-5800
www.bramsonort.org

Bronx Community College of the City University of New York
University Avenue & West 181st Street
Bronx, NY 10453
718-289-5100
www.bcc.cuny.edu

Broome Community College
PO Box 1017
Binghamton, NY 13902-1017
607-778-5000
www.sunybroome.edu

Bryant and Stratton Business Institute
150 Bellwood Drive
Rochester, NY 14606
716-720-0660
www.bryantstratton.edu

Bryant and Stratton Business Institute
953 James Street
Syracuse, NY 13203-2502
315-472-6603
Fax: 315-474-4383
www.bryantstratton.edu

Bryant and Stratton Business Institute
1214 Abbott Road
Lackawanna, NY 14218-1989
716-821-9331
www.bryantstratton.edu

Bryant and Stratton Business Institute
1225 Jefferson Road
Rochester, NY 14623-3136
716-292-5627
www.bryantstratton.edu

Bryant and Stratton Business Institute
1259 Central Avenue
Albany, NY 12205-5230
518-437-1802
www.bryantstratton.edu

Bryant and Stratton Business Institute
Suite 400, 465 Main Street
Buffalo, NY 14203
716-884-9120
www.bryantstratton.edu

Bryant and Stratton Business Institute, Amherst Campus
40 Hazelwood Drive
Amherst, NY 14228
716-691-0012
www.bryantstratton.edu

Bryant and Stratton Business Institute, North Campus
8687 Carling Road
Liverpool, NY 13090-1315
315-652-6500
www.bryantstratton.edu

Catholic Medical Center of Brooklyn and Queens School of Nursing
175-05 Horace Harding Expressway
Fresh Meadows, NY 11365
718-357-0500

Cayuga County Community College
197 Franklin Street
Auburn, NY 13021-3099
315-255-1743
www.cayuga-cc.edu

Clinton Community College
136 Clinton Point Drive
Plattsburgh, NY 12901-9573
518-562-4200
clintoncc.suny.edu

Cochran School of Nursing
967 North Broadway
Yonkers, NY 10701
914-964-4283
www.riversidehealth.org

Columbia-Greene Community College
4400 Route 23
Hudson, NY 12534-0327
518-828-4181
Fax: 518-828-8543
www.sunycgcc.edu

Corning Community College
One Academic Drive
Corning, NY 14830-3297
607-962-9011
Fax: 607-962-9456
www.corning-cc.edu

Crouse Hospital School of Nursing
736 Irving Avenue
Syracuse, NY 13210
315-470-7481
www.crouse.org/son/home.htm

Dorothea Hopfer School of Nursing at The Mount Vernon Hospital
53 Valentine Street
Mount Vernon, NY 10550
914-664-8000

Dutchess Community College
53 Pendell Road
Poughkeepsie, NY 12601-1595
845-431-8000
www.sunydutchess.edu

Ellis Hospital School of Nursing
1101 Nott Street
Schenectady, NY 12308
518-243-4471
www.ehson.org

Elmira Business Institute
303 North Main Street
Elmira, NY 14901
607-733-7177
www.ebi-college.com

Erie Community College, City Campus
121 Ellicott Street
Buffalo, NY 14203-2698
716-851-1001
www.sunyerie.edu

Erie Community College, North Campus
6205 Main Street
Williamsville, NY 14221-7095
716-851-1002
www.sunyerie.edu

Erie Community College, South Campus
4041 Southwestern Blvd
Orchard Park, NY 14127-2199
716-851-1003
Fax: 716-648-9953
www.sunyerie.edu

Eugenio Marìa de Hostos Community College of the City University of New York
500 Grand Concourse
Bronx, NY 10451
718-518-4444
www.hostos.cuny.edu

Finger Lakes Community College
4355 Lakeshore Drive
Canandaigua, NY 14424-8395
716-394-3500
www.flcc.edu

Fiorello H. LaGuardia Community College of the City University of New York
31-10 Thomson Avenue
Long Island City, NY 11101-3071
718-482-7200
www.lagcc.cuny.edu

Fulton-Montgomery Community College
2805 State Highway 67
Johnstown, NY 12095-3790
518-762-4651
fmcc.suny.edu

Genesee Community College
1 College Road
Batavia, NY 14020-9704
716-343-0055
www.sunygenesee.cc.ny.us

Helene Fuld College of Nursing of North General Hospital
1879 Madison Avenue
New York, NY 10035-2709
212-423-1000

Herkimer County Community College
Reservoir Road
Herkimer, NY 13350
315-866-0300
www.hccc.ntcnet.com

Hudson Valley Community College
80 Vandenburgh Avenue
Troy, NY 12180-6096
518-629-4822
www.hvcc.edu

Institute of Design and Construction
141 Willoughby Street
Brooklyn, NY 11201-5317
718-855-3661
www.idcbrooklyn.org

Interboro Institute
450 West 56th Street
New York, NY 10019-3602
212-399-0091
www.interboro.com

Island Drafting and Technical Institute
128 Broadway
Amityville, NY 11787
631-691-8733
www.islanddrafting.com

ITT Technical Institute
235 Greenfield Parkway
Liverpool, NY 13088
315-461-8000
www.itt-tech.edu

ITT Technical Institute
2295 Millersport Highway, PO Box 327
Getzville, NY 14068
716-689-2200
www.itt-tech.edu

ITT Technical Institute
13 Airline Drive
Albany, NY 12205
518-452-9300
www.itt-tech.edu

Jamestown Business College
7 Fairmount Avenue, Box 429
Jamestown, NY 14702-0429
716-664-5100
www.jbcny.org

Jamestown Community College
525 Falconer Street
Jamestown, NY 14701-1999
716-665-5220
www.sunyjcc.edu

Jefferson Community College
1220 Coffeen Street
Watertown, NY 13601
315-786-2200
www.sunyjefferson.edu

Katharine Gibbs School
200 Park Avenue
New York, NY 10166-0005
212-867-9300
www.katharinegibbs.com

Katharine Gibbs School
320 South Service Road
Melville, NY 11747-3785
631-370-3300
www.gibbsmelville.com

Kingsborough Community College of the City University of New York
2001 Oriental Blvd, Manhattan Beach
Brooklyn, NY 11235
718-368-5000
www.kbcc.cuny.edu

Long Island Business Institute
6500 Jericho Turnpike
Commack, NY 11725
631-499-7100
www.libinstitute.com

Long Island College Hospital School of Nursing
397 Hicks Street
Brooklyn, NY 11201-5940
718-780-1953

Maria College
700 New Scotland Avenue
Albany, NY 12208-1798
518-438-3111
www.mariacollege.org

Mildred Elley
800 New Louden Road
Latham, NY 12110
518-786-0855

Mohawk Valley Community College
1101 Sherman Drive
Utica, NY 13501-5394
315-792-5400
www.mvcc.edu

Monroe College
Monroe College Way
Bronx, NY 10468-5407
718-933-6700
www.monroecoll.edu

Monroe College
434 Main Street
New Rochelle, NY 10801
914-632-5400
www.monroecoll.edu

Monroe Community College
1000 East Henrietta Road
Rochester, NY 14623-5780
716-292-2000
www.monroecc.edu

Nassau Community College
1 Education Drive
Garden City, NY 11530-6793
516-572-7500
www.sunynassau.edu

New York Career Institute
15 Park Row, 4th Floor
New York, NY 10038-2301
212-962-0002
www.nyci.com

New York City Technical College of the City University of New York
300 Jay Street
Brooklyn, NY 11201-2983
718-260-5000
www.nyctc.cuny.edu

The New York College for Wholistic Health Education & Research
6801 Jericho Turnpike, Suite 300
Syosset, NY 11791-4413
516-364-0808
www.nycollege.edu

New York Restaurant School
75 Varick Street, 16th Floor
New York, NY 10013
212-226-5500
www.nyrs.artinstitutes.edu

Niagara County Community College
3111 Saunders Settlement Rd
Sanborn, NY 14132-9460
716-614-6222

North Country Community College
20 Winona Avenue, PO Box 89
Saranac Lake, NY 12983-0089
518-891-2915
www.nccc.edu

Olean Business Institute
301 North Union Street
Olean, NY 14760-2691
716-372-7978

Onondaga Community College
4941 Onondaga Road
Syracuse, NY 13215-2099
315-498-2622
www.sunyocc.edu

Orange County Community College
115 South Street
Middletown, NY 10940-6437
914-344-6222
www.orange.cc.ny.us

Phillips Beth Israel School of Nursing
310 East 22nd Street, 9th Floor
New York, NY 10010-5702
212-614-6110
www.wehealny.org/bischool of nursing

Plaza Business Institute
74-09 37th Avenue
Jackson Heights, NY 11372-6300
718-779-1430
www.plazacollege.edu

Queensborough Community College of the City University of New York
222-05 56th Avenue
Bayside, NY 11364
718-631-6262
www.qcc.cuny.edu

Rochester Business Institute
1630 Portland Avenue
Rochester, NY 14621
716-266-0430
www.rochester-institute.com

Rockland Community College
145 College Road
Suffern, NY 10901-3699
914-574-4000
www.sunyrockland.edu

Sage College of Albany
140 New Scotland Avenue
Albany, NY 12208-3425
518-292-1730
www.sage.edu/SCA

Saint Joseph's Hospital Health Center School of Nursing
206 Prospect Avenue
Syracuse, NY 13203
315-448-5040
www.sjhsyr.org/nursing

Samaritan Hospital School of Nursing
2215 Burdett Avenue
Troy, NY 12180
518-271-3285

Schenectady County Community College
78 Washington Avenue
Schenectady, NY 12305-2294
518-381-1200
www.sunysccc.edu

Simmons Institute of Funeral Service
1828 South Avenue
Syracuse, NY 13207
315-475-5142
www.simmonsinstitute.com

State University of New York College of Agriculture and Technology at Morrisville
PO Box 901
Morrisville, NY 13408-0901
315-684-6000
www.morrisville.edu

State University of New York College of Environmental Science & Forestry, Ranger School
PO Box 48, 257 Ranger School Road
Wanakena, NY 13695
315-848-2566
www.esf.edu

State University of New York College of Technology at Alfred
Alfred, NY 14802
607-587-4111
www.alfredstate.edu

State University of New York College of Technology at Delhi
Main Street
Delhi, NY 13753
607-746-4000
www.delhi.edu

Suffolk County Community College
533 College Road
Selden, NY 11784-2899
631-451-4110
www.sunysuffolk.edu

Sullivan County Community College
112 College Road
Loch Sheldrake, NY 12759
845-434-5750
www.sullivan.suny.edu

Taylor Business Institute
269 West 40th Street
New York, NY 10018
212-643-2020

TCI-The College for Technology
320 West 31st Street
New York, NY 10001-2705
212-594-4000
www.tciedu.com

Tompkins Cortland Community College
170 North Street, PO Box 139
Dryden, NY 13053-0139
607-844-8211
www.sunytccc.edu

Trocaire College
360 Choate Avenue
Buffalo, NY 14220-2094
716-826-1200
Fax: 716-826-4704
www.trocaire.edu

Ulster County Community College
Stone Ridge, NY 12484
914-687-5000
www.ulster.cc.ny.us

Utica School of Commerce
201 Bleecker Street
Utica, NY 13501-2280
315-733-2307
www.uscny.com

Villa Maria College of Buffalo
240 Pine Ridge Road
Buffalo, NY 14225-3999
716-896-0700
www.villa.edu

Westchester Business Institute
325 Central Avenue, PO Box 710
White Plains, NY 10602
914-948-4442
www.wbi.org

Westchester Community College
75 Grasslands Road
Valhalla, NY 10595-1698
914-785-6600
www.sunywcc.edu

Wood Tobe–Coburn School
8 East 40th Street
New York, NY 10016
212-686-9040
www.woodtobecoburn.com

North Carolina

Alamance Community College
PO Box 8000
Graham, NC 27253-8000
336-578-2002
www.alamance.cc.nc.us

Asheville-Buncombe Technical Community College
340 Victoria Road
Asheville, NC 28801-4897
828-254-1921
www.asheville.cc.nc.us

Beaufort County Community College
PO Box 1069
Washington, NC 27889-1069
252-946-6194
www.beaufort.cc.nc.us

Bladen Community College
PO Box 266
Dublin, NC 28332-0266
910-862-2164
www.bladen.cc.nc.us

Blue Ridge Community College
College Drive
Flat Rock, NC 28731-9624
828-692-3572
www.blueridge.cc.nc.us

Brunswick Community College
PO Box 30
Supply, NC 28462-0030
910-755-7300
www.brunswick.cc.nc.us

Cabarrus College of Health Sciences
431 Copperfield Blvd, NE
Concord, NC 28025-2405
704-783-1555
www.cabarruscollege.edu

Caldwell Community College and Technical Institute
2855 Hickory Boulevard
Hudson, NC 28638-2397
828-726-2200
www.cccti.com

Cape Fear Community College
411 North Front Street
Wilmington, NC 28401-3993
910-251-5100
www.cfcc.wilmington.net

Carolinas College of Health Sciences
PO Box 32861, 1200 Blythe Blvd
Charlotte, NC 28232-2861
704-355-5043
www.carolinascollege.org

Carteret Community College
3505 Arendell Street
Morehead City, NC 28557-2989
252-247-6000
gofish.carteret.cc.nc.us

Catawba Valley Community College
2550 Highway 70 SE
Hickory, NC 28602-9699
828-327-7000
www.cvcc.cc.nc.us

Cecils College
1567 Patton Avenue
Asheville, NC 28806
828-252-2486
www.cecilscollege.com

Central Carolina Community College
1105 Kelly Drive
Sanford, NC 27330-9000
919-775-5401
www.ccarolina.cc.nc.us

Central Piedmont Community College
PO Box 35009
Charlotte, NC 28235-5009
704-330-2722
www.cpcc.cc.nc.us

Cleveland Community College
137 South Post Road
Shelby, NC 28152
704-484-4000
www.cleveland.cc.nc.us

Coastal Carolina Community College
444 Western Boulevard
Jacksonville, NC 28546-6899
910-455-1221
www.coastal.cc.nc.us

College of The Albemarle
PO Box 2327
Elizabeth City, NC 27906-2327
252-335-0821

Craven Community College
800 College Court
New Bern, NC 28562-4984
252-638-4131
www.craven.cc.nc.us

Davidson County Community College
PO Box 1287
Lexington, NC 27293-1287
336-249-8186
www.davidson.cc.nc.us

Durham Technical Community College
1637 Lawson Street
Durham, NC 27703-5023
919-686-3300
www.dtcc.cc.nc.us

Edgecombe Community College
2009 West Wilson Street
Tarboro, NC 27886-9399
252-823-5166
www.edgecombe.cc.nc.us

Fayetteville Technical Community College
PO Box 35236
Fayetteville, NC 28303-0236
910-678-8400
www.fayetech.cc.nc.us

Forsyth Technical Community College
2100 Silas Creek Parkway
Winston-Salem, NC 27103-5197
336-723-0371
www.forsyth.tec.nc.us

Gaston College
201 Highway 321 South
Dallas, NC 28034-1499
704-922-6200
www.gastoncollege.org

Guilford Technical
Community College
PO Box 309
Jamestown, NC 27282-0309
336-334-4822
technet.gtcc.cc.nc.us

Halifax Community College
PO Drawer 809
Weldon, NC 27890-0809
252-536-2551
www.hcc.cc.nc.us

Haywood Community
College
185 Freedlander Drive
Clyde, NC 28721-9453
828-627-2821
www.haywood.cc.nc.us

Isothermal Community
College
PO Box 804
Spindale, NC 28160-0804
828-286-3636
www.isothermal.cc.nc.us

James Sprunt Community
College
PO Box 398
Kenansville, NC 28349-0398
910-296-2400
www.sprunt.com

Johnston Community
College
PO Box 2350
Smithfield, NC 27577-2350
919-934-3051
www.johnston.cc.nc.us

Lenoir Community College
PO Box 188
Kinston, NC 28502-0188
252-527-6223
lenoir.cc.nc.us

Louisburg College
501 North Main Street
Louisburg, NC 27549-2399
919-496-2521
www.louisburg.edu

Martin Community College
1161 Kehukee Park Road
Williamston, NC 27892
252-792-1521
www.martin.cc.nc.us

Mayland Community College
PO Box 547
Spruce Pine, NC 28777-0547
828-765-7351
www.mayland.cc.nc.us

McDowell Technical
Community College
Route 1, Box 170
Marion, NC 28752-9724
828-652-6021
www.mcdowelltech.cc.nc.us

Mitchell Community College
500 West Broad
Statesville, NC 28677-5293
704-878-3200
www.mitchell.cc.nc.us

Montgomery Community
College
PO Box 787
Troy, NC 27371-0787
910-576-6222
www.montgomery.cc.nc.us

Nash Community College
PO Box 7488
Rocky Mount, NC
27804-0488
252-443-4011
www.nash.cc.nc.us

Pamlico Community College
PO Box 185
Grantsboro, NC 28529-0185
252-249-1851

Piedmont Community
College
PO Box 1197
Roxboro, NC 27573-1197
336-599-1181
www.piedmont.cc.nc.us

Pitt Community College
Highway 11 South,
PO Drawer 7007
Greenville, NC 27835-7007
252-321-4200
www.pitt.cc.nc.us

Randolph Community
College
PO Box 1009
Asheboro, NC 27204-1009
336-633-0200

Richmond Community
College
PO Box 1189
Hamlet, NC 28345-1189
910-582-7000
www.richmond.cc.nc.us

Roanoke-Chowan
Community College
109 Community College Rd
Ahoskie, NC 27910
252-862-1200
www.roanoke.cc.nc.us

Robeson Community College
Highway 301 North,
PO Box 1420
Lumberton, NC 28359-1420
910-738-7101
www.robeson.cc.nc.us

Rockingham Community
College
PO Box 38
Wentworth, NC 27375-0038
336-342-4261
www.rcc.cc.nc.us

Rowan-Cabarrus Community
College
PO Box 1595
Salisbury, NC 28145-1595
704-637-0760
www.rccc.cc.nc.us

Sampson Community
College
PO Box 318
Clinton, NC 28329-0318
910-592-8081
www.sampson.cc.nc.us

Sandhills Community
College
3395 Airport Road
Pinehurst, NC 28374-8299
910-692-6185
www.sandhills.cc.nc.us

South Piedmont Community
College
PO Box 126
Polkton, NC 28135-0126
704-272-7635
www.southpiedmont.org

Southeastern Baptist
Theological Seminary
PO Box 1889
Wake Forest, NC
27588-1889
919-556-3101
www.sebts.edu

Southeastern Community
College
PO Box 151
Whiteville, NC 28472-0151
910-642-7141
www.southeastern.cc.nc.us

Southwestern Community
College
447 College Drive
Sylva, NC 28779
828-586-4091
www.southwest.cc.nc.us

Stanly Community College
141 College Drive
Albemarle, NC 28001-7458
704-982-0121
www.stanly.cc.nc.us

Surry Community College
PO Box 304
Dobson, NC 27017-0304
336-386-8121
www.surry.cc.nc.us.

Tri-County Community
College
4600 East US 64
Murphy, NC 28906-7919
828-837-6810
www.tccc.cc.nc.us

Vance-Granville Community
College
PO Box 917
Henderson, NC 27536-0917
252-492-2061
www.vgcc.cc.nc.us

Wake Technical Community
College
9101 Fayetteville Road
Raleigh, NC 27603-5696
919-662-3400
www.wake.tec.nc.us

Wayne Community College
PO Box 8002
Goldsboro, NC 27533-8002
919-735-5151
www.wayne.cc.nc.us

Western Piedmont
Community College
1001 Burkemont Avenue
Morganton, NC 28655-4511
828-438-6000
www.wp.cc.nc.us

Wilkes Community College
1328 Collegiate Drive, PO
Box 120
Wilkesboro, NC 28697
336-838-6100
www.wilkes.cc.nc.us

Wilson Technical Community College
902 Herring Avenue,
PO Box 4305
Wilson, NC 27893-3310
252-291-1195
www.wilsontech.cc.nc.us

North Dakota

Bismarck State College
PO Box 5587
Bismarck, ND 58506-5587
701-224-5400
www.bismarckstate.com

Cankdeska Cikana Community College
PO Box 269
Fort Totten, ND 58335-0269
701-766-4415

Fort Berthold Community College
PO Box 490
New Town, ND 58763-0490
701-627-4738
www.fort-berthold.cc.nd.us

Lake Region State College
1801 College Drive North
Devils Lake, ND 58301-1598
701-662-1600
www.lrsc.nodak.edu

Minot State University–Bottineau Campus
105 Simrall Boulevard
Bottineau, ND 58318-1198
701-228-2277
www.misu-b.nodak.edu

North Dakota State College of Science
800 North Sixth Street
Wahpeton, ND 58076
701-671-2401
www.ndscs.nodak.edu

Sitting Bull College
1341 92nd Street
Fort Yates, ND 58538-9701
701-854-3861
www.sittingbull.edu

Turtle Mountain Community College
Box 340
Belcourt, ND 58316-0340
701-477-7862
www.turtle-mountain.cc.nd.us

United Tribes Technical College
3315 University Drive
Bismarck, ND 58504-7596
701-255-3285

Williston State College
Box 1326
Williston, ND 58802-1326
701-774-4200
www.wsc.nodak.edu

Ohio

Antonelli College
124 East Seventh Street
Cincinnati, OH 45202-2592
513-241-4338
www.antonellic.com

The Art Institute of Cincinnati
1171 East Kemper Road
Cincinnati, OH 45246
513-751-1206
www.theartinstituteofcincinnati.com

Belmont Technical College
120 Fox Shannon Place
St. Clairsville, OH 43950-9735
740-695-9500
www.belmont.cc.oh.us

Bohecker's Business College
326 East Main Street
Ravenna, OH 44266
330-297-7319

Bowling Green State University–Firelands College
One University Drive
Huron, OH 44839-9791
419-433-5560
www.bgsu.edu/colleges/firelands

Bradford School
6170 Busch Boulevard
Columbus, OH 43229-2507
614-846-9410
www.bradfordschoolcolumbus.com

Bryant and Stratton College
27557 Chardon Road
Willoughby Hills, OH 44092
440-944-6800
www.bryantstratton.edu

Bryant and Stratton College
12955 Snow Road
Parma, OH 44130-1013
216-265-3151
www.bryantstratton.edu

Central Ohio Technical College
1179 University Drive
Newark, OH 43055-1767
740-366-1351
www.cotc.tec.oh.us

Chatfield College
20918 State Route 251
St. Martin, OH 45118-9705
513-875-3344
www.chatfield.edu

Cincinnati College of Mortuary Science
645 West North Bend Road
Cincinnati, OH 45224-1462
513-761-2020
www.ccms.edu

Cincinnati State Technical and Community College
3520 Central Parkway
Cincinnati, OH 45223-2690
513-569-1500
www.cinstate.cc.oh.us

Clark State Community College
570 East Leffel Lane,
PO Box 570
Springfield, OH 45501-0570
937-325-0691
www.clark.cc.oh.us

Cleveland Institute of Electronics
1776 East Seventeenth Street
Cleveland, OH 44114-3636
216-781-9400
www.cie-wc.edu

College of Art Advertising
4343 Bridgetown Road
Cincinnati, OH 45211-4427
513-574-1010

Columbus State Community College
Box 1609
Columbus, OH 43216-1609
614-287-2400
www.cscc.edu

Cuyahoga Community College
700 Carnegie Avenue
Cleveland, OH 44115-2878
216-987-6000
www.tri-c.cc.oh.us

Davis College
4747 Monroe Street
Toledo, OH 43623-4307
419-473-2700

Edison State Community College
1973 Edison Drive
Piqua, OH 45356-9253
937-778-8600
www.edison.cc.oh.us

Education America, Remington College, Cleveland Campus
14445 Broadway Avenue
Cleveland, OH 44125
216-475-7520

ETI Technical College
1320 West Maple Street, NW
North Canton, OH 44720-2854
330-494-1214
www.etitech.com

ETI Technical College of Niles
2076 Youngstown-Warren Rd
Niles, OH 44446-4398
330-652-9919
www.eti-college.com

Gallipolis Career College
1176 Jackson Pike, Suite 312
Gallipolis, OH 45631
740-446-4367
www.gallipoliscareercollege.com

Hocking College
3301 Hocking Parkway
Nelsonville, OH 45764-9588
740-753-3591
www.hocking.edu

Hondros College
4140 Executive Parkway
Westerville, OH 43081-3855
614-508-7277
www.hondroscollege.com

International College of Broadcasting
6 South Smithville Road
Dayton, OH 45431-1833
937-258-8251
www.icbroadcasting.com

ITT Technical Institute
1030 North Meridian Road
Youngstown, OH 44509-4098
330-270-1600
www.itt-tech.edu

ITT Technical Institute
4750 Wesley Avenue
Norwood, OH 45212
513-531-8300
www.itt-tech.edu

ITT Technical Institute
14955 Sprague Road
Strongsville, OH 44136
440-234-9091
www.itt-tech.edu

ITT Technical Institute
3325 Stop 8 Road
Dayton, OH 45414-3425
937-454-2267
www.itt-tech.edu

Jefferson Community College
4000 Sunset Boulevard
Steubenville, OH
43952-3598
740-264-5591
www.jeffersoncc.org

Kent State University, Ashtabula Campus
3325 West 13th Street
Ashtabula, OH 44004-2299
440-964-3322
www.ashtabula.kent.edu

Kent State University, East Liverpool Campus
400 East 4th Street
East Liverpool, OH
43920-3497
330-385-3805
www.kenteliv.kent.edu

Kent State University, Geauga Campus
14111 Claridon-Troy Road
Burton, OH 44021-9500
440-834-4187
www.geauga.kent.edu

Kent State University, Salem Campus
2491 State Route 45 South
Salem, OH 44460-9412
330-332-0361
www.salem.kent.edu

Kent State University, Stark Campus
6000 Frank Avenue, NW
Canton, OH 44720-7599
330-499-9600
www.stark.kent.edu

Kent State University, Trumbull Campus
4314 Mahoning Avenue, NW
Warren, OH 44483-1998
330-847-0571
www.trumbull.kent.edu

Kent State University, Tuscarawas Campus
330 University Drive, NE
New Philadelphia, OH
44663-9403
330-339-3391
www.tusc.kent.edu

Kettering College of Medical Arts
3737 Southern Boulevard
Kettering, OH 45429-1299
937-296-7201
www.kcma.edu

Lakeland Community College
7700 Clocktower Drive
Kirtland, OH 44094-5198
440-953-7000
www.lakeland.cc.oh.us

Lima Technical College
4240 Campus Drive
Lima, OH 45804-3597
419-221-1112
www.ltc.tec.oh.us

Lorain County Community College
1005 Abbe Road, North
Elyria, OH 44035
440-365-5222
www.lorainccc.edu

Marion Technical College
1467 Mount Vernon Avenue
Marion, OH 43302-5694
740-389-4636
www.mtc.tec.oh.us

Mercy College of Northwest Ohio
2221 Madison Avenue
Toledo, OH 43624
419-251-1279
www.mercycollege.edu

Miami University–Hamilton Campus
1601 Peck Boulevard
Hamilton, OH 45011-3399
513-785-3000
www.ham.muohio.edu

Miami University–Middletown Campus
4200 East University Boulevard
Middletown, OH 45042-3497
513-727-3200
www.mid.muohio.edu

Miami–Jacobs College
PO Box 1433
Dayton, OH 45401-1433
937-461-5174
www.miamijacobs.edu

Muskingum Area Technical College
1555 Newark Road
Zanesville, OH 43701-2626
740-454-2501
www.matc.tec.oh.us

North Central State College
2441 Kenwood Circle, PO Box 698
Mansfield, OH 44901-0698
419-755-4800
www.ncstate.tec.oh.us

Northwest State Community College
22-600 State Route 34
Archbold, OH 43502-9542
419-267-5511
www.nscc.cc.oh.us

Ohio Business College
1907 North Ridge Road
Lorain, OH 44055
440-277-0021
www.obc-lorain.com

Ohio Institute of Photography and Technology
2029 Edgefield Road
Dayton, OH 45439-1917
937-294-6155
www.oipt.com

The Ohio State University Agricultural Technical Institute
1328 Dover Road
Wooster, OH 44691
330-264-3911
www.ati.ohio-state.edu

Ohio Valley Business College
16808 St. Clair Avenue, PO Box 7000
East Liverpool, OH 43920
330-385-1070

Owens Community College
PO Box 10000
Toledo, OH 43699-1947
419-661-7000
www.owens.cc.oh.us

Owens Community College
300 Davis Street
Findlay, OH 45840
419-423-6827
www.owens.cc.oh.us

Professional Skills Institute
20 Arco Drive
Toledo, OH 43607
419-531-9610
www.proskills.com

RETS Tech Center
555 East Alex Bell Road
Centerville, OH 45459
937-433-3410
www.retstechenter.com

Sinclair Community College
444 West Third Street
Dayton, OH 45402-1460
937-512-2500
www.sinclair.edu

Southeastern Business College
1855 Western Avenue
Chillicothe, OH 45601-1038
740-774-6300
www.careersohio.com

Southern Ohio College, Cincinnati Campus
1011 Glendale-Milford Road
Cincinnati, OH 45215
513-771-2424
www.socaec.com

Southern Ohio College, Findlay Campus
1637 Tiffin Avenue
Findlay, OH 45840
419-423-2211

Southern Ohio College, Northeast Campus
2791 Mogadore Road
Akron, OH 44312-1596
330-733-8766

Southern State Community College
100 Hobart Drive
Hillsboro, OH 45133-9487
937-393-3431
soucc.southern.cc.oh.us

Southwestern College of Business
9910 Princeton-Glendale Rd
Cincinnati, OH 45246-1122
513-874-0432

Southwestern College of Business
631 South Breiel Boulevard
Middletown, OH 45044-5113
513-423-3346

Southwestern College of Business
632 Vine Street, Suite 200
Cincinnati, OH 45202-4304
513-421-3212

Southwestern College of Business
225 West First Street
Dayton, OH 45402-3003
937-224-0061

Stark State College of Technology
6200 Frank Avenue, NW
Canton, OH 44720-7299
330-494-6170
www.stark.cc.oh.us

Stautzenberger College
5355 Southwyck Boulevard
Toledo, OH 43614
419-866-0261
www.stautzen.com

Technology Education College
288 South Hamilton Road
Columbus, OH 43213-2087
614-759-7700
www.teccollege.com

Terra State Community College
2830 Napoleon Road
Fremont, OH 43420-9670
419-334-8400
www.terra.cc.oh.us

Trumbull Business College
3200 Ridge Road
Warren, OH 44484
330-369-3200
www.tbc-trumbullbusiness.com

The University of Akron–Wayne College
1901 Smucker Road
Orrville, OH 44667-9192
330-683-2010
www.wayne.uakron.edu

University of Cincinnati Clermont College
4200 Clermont College Drive
Batavia, OH 45103-1785
513-732-5200

University of Cincinnati Raymond Walters College
9555 Plainfield Road
Cincinnati, OH 45236-1007
513-745-5600

University of Northwestern Ohio
1441 North Cable Road
Lima, OH 45805-1498
419-227-3141
www.unoh.edu

Virginia Marti College of Fashion and Art
11724 Detroit Avenue, PO Box 580
Lakewood, OH 44107-3002
216-221-8584
www.virginiamarticollege.com

Washington State Community College
710 Colegate Drive
Marietta, OH 45750-9225
740-374-8716
www.wscc.edu

West Side Institute of Technology
9801 Walford Avenue
Cleveland, OH 44102-4797
216-651-1656

Wright State University, Lake Campus
7600 State Route 703
Celina, OH 45822-2921
419-586-0300
www.wright.lake.edu

Oklahoma

Bacone College
2299 Old Bacone Road
Muskogee, OK 74403-1597
918-683-4581
www.bacone.edu

Carl Albert State College
1507 South McKenna
Poteau, OK 74953-5208
918-647-1200
www.casc.cc.ok.us

Connors State College
Route 1 Box 1000
Warner, OK 74469-9700
918-463-2931
www.connors.cc.ok.us

Eastern Oklahoma State College
1301 West Main
Wilburton, OK 74578-4999
918-465-2361
www.eosc.cc.ok.us

Murray State College
One Murray Campus
Tishomingo, OK 73460-3130
580-371-2371
www.msc.cc.ok.us

Northeastern Oklahoma Agricultural and Mechanical College
200 I Street, NE
Miami, OK 74354-6434
918-542-8441
www.neoam.cc.ok.us

Northern Oklahoma College
1220 East Grand Avenue, PO Box 310
Tonkawa, OK 74653-0310
580-628-6200

Oklahoma City Community College
7777 South May Avenue
Oklahoma City, OK 73159-4419
405-682-1611
www.okc.cc.ok.us

Oklahoma State University, Oklahoma City
900 North Portland
Oklahoma City, OK 73107-6120
405-947-4421
www.osuokc.edu

Oklahoma State University, Okmulgee
1801 East Fourth Street
Okmulgee, OK 74447-3901
918-756-6211
www.osu-okmulgee.edu

Redlands Community College
1300 South Country Club Rd
El Reno, OK 73036-5304
405-262-2552
www.redlands.cc.net

Rose State College
6420 Southeast 15th Street
Midwest City, OK 73110-2799
405-733-7311
www.rose.cc.ok.us

Seminole State College
PO Box 351
Seminole, OK 74818-0351
405-382-9950

Southwestern Oklahoma State University at Sayre
409 East Mississippi Street
Sayre, OK 73662-1236
580-928-5533

Spartan School of Aeronautics
8820 East Pine Street, PO Box 582833
Tulsa, OK 74158-2833
918-836-6886
www.spartan.edu

Tulsa Community College
6111 East Skelly Drive
Tulsa, OK 74135-6198
918-595-7000
www.tulsa.cc.ok.us

Western Oklahoma State College
2801 North Main Street
Altus, OK 73521-1397
580-477-2000
www.western.cc.ok.us

Oregon

Blue Mountain Community College
2411 Northwest Carden Avenue, PO Box 1000
Pendleton, OR 97801-1000
541-276-1260
www.bmcc.cc.or.us

Central Oregon Community College
2600 Northwest College Way
Bend, OR 97701-5998
541-383-7700
www.cocc.edu

Chemeketa Community College
PO Box 14007
Salem, OR 97309-7070
503-399-5000
www.chemeketa.edu

Clackamas Community College
19600 South Molalla Avenue
Oregon City, OR 97045-7998
503-657-6958
www.clackamas.cc.or.us

Clatsop Community College
1653 Jerome
Astoria, OR 97103-3698
503-325-0910
www.clatsopcollege.com

Heald College, Schools of Business and Technology
625 SW Broadway, 2nd Floor
Portland, OR 97205
503-229-0492
www.heald.edu

ITT Technical Institute
6035 Northeast 78th Court
Portland, OR 97218-2854
503-255-6500
Fax: 503-255-6135
www.itt-tech.edu

Lane Community College
4000 East 30th Avenue
Eugene, OR 97405-0640
541-747-4501
www.lanecc.edu

Linn-Benton Community College
6500 Southwest Pacific Blvd
Albany, OR 97321
541-917-4999
www.lbcc.cc.or.us

Mt. Hood Community College
26000 Southeast Stark Street
Gresham, OR 97030-3300
503-491-6422
www.mhcc.cc.or.us

Pioneer Pacific College
27501 Southwest Parkway Ave
Wilsonville, OR 97070
503-682-3903
www.pioneerpacificcollege.com

Portland Community College
PO Box 19000
Portland, OR 97280-0990
503-244-6111
www.pcc.edu

Rogue Community College
3345 Redwood Highway
Grants Pass, OR 97527-9298
541-956-7500
www.rogue.cc.or.us

Southwestern Oregon Community College
1988 Newmark Avenue
Coos Bay, OR 97420-2912
541-888-2525
www.southwestern.cc.or.us

Treasure Valley Community College
650 College Boulevard
Ontario, OR 97914-3423
541-889-6493
www.tvcc.cc.or.us

Umpqua Community College
PO Box 967
Roseburg, OR 97470-0226
541-440-4600
www.umpqua.cc.or.us

Western Business College
425 Southwest Washington
Portland, OR 97204
503-222-3225

Pennsylvania

Academy of Medical Arts and Business
2301 Academy Drive
Harrisburg, PA 17112-1012
717-545-4747
www.acadcampus.com

Allentown Business School
1501 Lehigh Street
Allentown, PA 18103-3880
610-791-5100
www.chooseabs.com

Antonelli Institute
300 Montgomery Avenue
Erdenheim, PA 19038
215-836-2222
www.antonelli.org

Bradley Academy for the Visual Arts
1409 Williams Road
York, PA 17402-9012
717-755-2300
www.bradley-acad.com

The Art Institute of Philadelphia
1622 Chestnut Street
Philadelphia, PA 19103-5198
215-567-7080
www.aiph.artinstitutes.edu

The Art Institute of Pittsburgh
420 Boulevard of the Allies
Pittsburgh, PA 15219
412-263-6600
www.aip.aii.edu

Berean Institute
1901 West Girard Avenue
Philadelphia, PA 19130-1599
215-763-4833

Berks Technical Institute
2205 Ridgewood Road
Wyomissing, PA 19610-1168
610-372-1722
www.berkstech.com

Bradford School
707 Grant Street, Gulf Tower
Pittsburgh, PA 15219
412-391-6710
www.bradfordschoolpgh.com

Bucks County Community College
275 Swamp Road
Newtown, PA 18940-1525
215-968-8000
www.bucks.edu

Business Institute of Pennsylvania
335 Boyd Drive
Sharon, PA 16146
724-983-0700
www.biop.com

Butler County Community College
College Drive, PO Box 1203
Butler, PA 16003-1203
724-287-8711
bc3.cc.pa.us

Cambria County Area Community College
PO Box 68
Johnstown, PA 15907-0068
814-532-5300
www.ccacc.cc.pa.us

Cambria-Rowe Business College
221 Central Avenue
Johnstown, PA 15902-2494
814-536-5168
www.crbc.net

Central Pennsylvania College
College Hill Road
Summerdale, PA 17093-0309
717-732-0702
www.centralpenn.edu

CHI Institute, RETS Campus
1991 Lawrence Road, Suite 42
Broomall, PA 19008
610-353-7630

CHI Institute
520 Street Road
Southampton, PA 18966-3747
215-357-5100
www.chitraining.com

Churchman Business School
355 Spring Garden Street
Easton, PA 18042-3592
610-258-5345
www.churchman4u.com

Commonwealth Technical Institute
727 Goucher Street
Johnstown, PA 15905-3092
814-255-8200
www.hgac.org

Community College of Allegheny County
800 Allegheny Avenue
Pittsburgh, PA 15233-1894
412-323-2323
www.ccac.edu

Community College of Beaver County
One Campus Drive
Monaca, PA 15061-2588
724-775-8561
www.ccbc.cc.pa.us

Community College of Philadelphia
1700 Spring Garden Street
Philadelphia, PA 19130-3991
215-751-8000
www.ccp.cc.pa.us

Consolidated School of Business
2124 Ambassador Circle
Lancaster, PA 17603
717-394-6211
www.csb.edu

Consolidated School of Business
1605 Clugston Road
York, PA 17404
717-764-9550
www.csb.edu

Dean Institute of Technology
1501 West Liberty Avenue
Pittsburgh, PA 15226-1103
412-531-4433
home.earthlink.net/~deantech

Delaware County Community College
901 South Media Line Road
Media, PA 19063-1094
610-359-5000
www.dccc.edu

Douglas School of Business
130 Seventh Street
Monessen, PA 15062
724-684-3684
www.douglas-school.com

DuBois Business College
1 Beaver Drive
DuBois, PA 15801-2401
814-371-6920
www.dbcollege.com

Duff's Business Institute
110 Ninth Street
Pittsburgh, PA 15222-3618
412-261-4520
www.cci.edu

Electronic Institutes
19 Jamesway Plaza
Middletown, PA 17057-4851
717-944-2731
www.ei.tec.pa.us

Erie Business Center, Main
246 West Ninth Street
Erie, PA 16501-1392
814-456-7504
www.eriebc.com

Erie Business Center South
170 Cascade Galleria
New Castle, PA 16101-3950
724-658-9066
www.eriebc.com

Erie Institute of Technology
2221 Peninsula Drive
Erie, PA 16506-2954
814-838-2711
www.erieinst.com

Harcourt Learning Direct
Center for Degree Studies
925 Oak Street
Scranton, PA 18515
570-342-7701
www.harcourt-learning.com

Harcum College
750 Montgomery Avenue
Bryn Mawr, PA 19010-3476
610-525-4100
www.harcum.edu

Harrisburg Area Community College
1 HACC Drive
Harrisburg, PA 17110-2999
717-780-2300
www.hacc.edu

Hussian School of Art
1118 Market Street
Philadelphia, PA 19107-3679
215-981-0900
www.hussianart.edu

ICM School of Business & Medical Careers
10 Wood Street at Fort Pitt Blvd
Pittsburgh, PA 15222-1977
412-261-2647
www.icmschools.com

Information Computer Systems Institute
2201 Hangar Place
Allentown, PA 18103-9504
610-264-8029
www.icsinstitute.com

International Academy of Design & Technology
555 Grant Street
Pittsburgh, PA 15219
412-391-4197
www.iadtpitt.com

ITT Technical Institute
5020 Louise Drive
Mechanicsburg, PA 17055
717-691-9263
www.itt-tech.edu

ITT Technical Institute
105 Mall Boulevard
Monroeville, PA 15146
412-856-5920
www.itt-tech.edu

ITT Technical Institute
Eight Parkway Centre
Pittsburgh, PA 15220
412-937-9150
www.itt-tech.edu

Johnson Technical Institute
3427 North Main Avenue
Scranton, PA 18508-1495
570-342-6404
www.jti.org

Keystone College
One College Green
La Plume, PA 18440
570-945-5141
www.keystone.edu

Lackawanna College
501 Vine Street
Scranton, PA 18509
570-961-7810
www.ljc.edu

Lansdale School of Business
201 Church Road
North Wales, PA 19454-4148
215-699-5700
www.lsbonline.com

Laurel Business Institute
11-15 Penn Street
Uniontown, PA 15401
724-439-4900
www.laurelbusiness.net

Lehigh Carbon Community College
4525 Education Park Drive
Schnecksville, PA 18078-2598
610-799-2121
www.lccc.edu

Lincoln Technical Institute
5151 Tilghman Street
Allentown, PA 18104-3298
610-398-5300
www.lincolntech.com

Lincoln Technical Institute
9191 Torresdale Avenue
Philadelphia, PA 19136-1595
215-335-0800

Lord Fairfax Community College
PO Box 47
Middletown, VA 22645-0047
540-868-7000
www.lf.cc.va.us

Luzerne County Community College
1333 South Prospect Street
Nanticoke, PA 18634-9804
570-740-0300
www.luzerne.edu

Manor College
700 Fox Chase Road
Jenkintown, PA 19046
215-885-2360
www.manor.edu

McCann School of Business
Main and Pine Streets
Mahanoy City, PA 17948
717-773-1820
www.mccannschool.com

Median School of Allied Health Careers
125 7th Street
Pittsburgh, PA 15222-3400
412-391-7021
www.medianschool.com

Montgomery County Community College
340 DeKalb Pike
Blue Bell, PA 19422-0796
215-641-6300
www.mc3.edu

New Castle School of Trades
New Castle Youngstown Road, Route 422 RD1
Pulaski, PA 16143-9721
724-964-8811
www.ncstrades.com

Newport Business Institute
945 Greensburg Road
Lower Burrell, PA 15068-3929
724-339-7542
www.akvalley.com/newport

Newport Business Institute
941 West Third Street
Williamsport, PA 17701-5855
570-326-2869
www.akvalley.com/newport

Northampton County Area Community College
3835 Green Pond Road
Bethlehem, PA 18020-7599
610-861-5300
www.northampton.edu

Northwest Pennsylvania Technical Institute
150 East Front Street, Suite 200
Erie, PA 16507
814-452-1122
www.penn.org

Oakbridge Academy of Arts
1250 Greensburg Road
Lower Burrell, PA 15068
724-335-5336
www.akvalley.com/oakbridge

Orleans Technical Institute-Center City Campus
1845 Walnut Street, Suite 700
Philadelphia, PA 19103-4707
215-854-1853
www.jevs.org

Pace Institute
606 Court Street
Reading, PA 19601
610-375-1212
www.paceinstitute.com

Penn Commercial Business and Technical School
82 South Main Street
Washington, PA 15301-6822
724-222-5330
www.penn-commercial.com

Pennco Tech
3815 Otter Street
Bristol, PA 19007-3696
215-824-3200

Pennsylvania Institute of Culinary Arts
717 Liberty Avenue
Pittsburgh, PA 15222-3500
412-566-2433
www.paculinary.com

Pennsylvania Institute of Technology
800 Manchester Avenue
Media, PA 19063-4098
610-892-1500
www.pit.edu

The Pennsylvania State University Beaver Campus of the Commonwealth College
100 University Drive
Monaca, PA 15061
724-773-3500
www.psu.edu

The Pennsylvania State University Delaware County Campus of the Commonwealth College
25 Yearsley Mill Road
Media, PA 19063-5596
610-892-1350
www.psu.edu

The Pennsylvania State University DuBois Campus of the Commonwealth College
College Place
DuBois, PA 15801-3199
814-375-4700
www.psu.edu

The Pennsylvania State University Fayette Campus of the Commonwealth College
1 University Drive,
PO Box 519
Uniontown, PA 15401-0519
724-430-4100
www.psu.edu

The Pennsylvania State University Hazleton Campus of the Commonwealth College
Hazleton, PA 18201-1291
570-450-3000
www.psu.edu

The Pennsylvania State University McKeesport Campus of the Commonwealth College
4000 University Drive
McKeesport, PA 15132-7698
412-675-9000
www.psu.edu

The Pennsylvania State University Mont Alto Campus of the Commonwealth College
Campus Drive
Mont Alto, PA 17237-9703
717-749-6000
www.psu.edu

The Pennsylvania State University New Kensington Campus of the Commonwealth College
3550 7th Street Road, RT 780
New Kensington, PA 15068-1798
724-334-5466
www.nk.psu.edu

The Pennsylvania State University Shenango Campus of the Commonwealth College
147 Shenango Avenue
Sharon, PA 16146-1537
724-983-2814
www.psu.edu

The Pennsylvania State University Wilkes-Barre Campus of the Commonwealth College
PO PSU
Lehman, PA 18627-0217
570-675-2171
www.psu.edu

The Pennsylvania State University Worthington Scranton Campus of the Commonwealth College
120 Ridge View Drive
Dunmore, PA 18512-1699
570-963-2500
www.psu.edu

The Pennsylvania State University York Campus of the Commonwealth College
1031 Edgecomb Avenue
York, PA 17403-3298
717-771-4000
www.psu.edu

Pittsburgh Institute of Aeronautics
PO Box 10897
Pittsburgh, PA 15236-0897
412-462-9011
Fax: 412-466-0513
www.piainfo.org

Pittsburgh Institute of Mortuary Science, Incorporated
5808 Baum Boulevard
Pittsburgh, PA 15206-3706
412-362-8500
www.p-i-m-s.com

Pittsburgh Technical Institute
635 Smithfield Street
Pittsburgh, PA 15222-2560
412-809-5100
www.pittsburghtechnical.com

Reading Area Community College
PO Box 1706
Reading, PA 19603-1706
610-372-4721
www.racc.cc.pa.us

The Restaurant School
4207 Walnut Street
Philadelphia, PA 19104-3518
215-222-4200
www.therestaurantschool.com

Schuylkill Institute of Business and Technology
171 Red Horse Road
Pottsville, PA 17901
570-622-4835
www.sibtinpa.com

South Hills School of Business & Technology
508 58th Street
Atloona, PA 16602
814-944-6134
www.southhills.edu

South Hills School of Business & Technology
480 Waupelani Drive
State College, PA 16801-4516
814-234-7755
www.southhills.edu

Thaddeus Stevens College of Technology
750 East King Street
Lancaster, PA 17602-3198
717-299-7730
www.stevenstech.org

Thompson Institute
5650 Derry Street
Harrisburg, PA 17111-3518
717-564-4112
www.thompsoninstitute.org

Triangle Tech, Inc.–DuBois School
PO Box 551
DuBois, PA 15801-0551
814-371-2090
www.triangle-tech.com

Triangle Tech, Inc.–Erie School
2000 Liberty Street
Erie, PA 16502-2594
814-453-6016
www.triangle-tech.com

Triangle Tech, Inc.–Greensburg Center
222 East Pittsburgh Street, Suite A
Greensburg, PA 15601-3304
724-832-1050
www.triangle-tech.com

Triangle Tech, Inc.
1940 Perrysville Avenue
Pittsburgh, PA 15214-3897
412-359-1000
www.triangle-tech.com

Tri-State Business Institute
5757 West 26th Street
Erie, PA 16506
814-838-7673

University of Pittsburgh at Titusville
PO Box 287
Titusville, PA 16354
814-827-4400
www.upt.pitt.edu

Vale Technical Institute
135 West Market Street
Blairsville, PA 15717-9989
724-459-9500
www.educationamerica.com

Valley Forge Military College
1001 Eagle Road
Wayne, PA 19087-3695
610-989-1200
www.vfmac.edu

Western School of Health and Business Careers
421 Seventh Avenue
Pittsburgh, PA 15219-1907
412-281-2600
www.westernschool.com

Westmoreland County Community College
400 Armbrust Road
Youngwood, PA 15697-1895
724-925-4000
www.westmoreland.cc.pa.us

The Williamson Free School
of Mechanical Trades
106 South New Middletown Rd
Media, PA 19063
610-566-1776
www.libertynet.org/wiltech

York Technical Institute
1405 Williams Road
York, PA 17402-9017
717-757-1100
www.yti.edu

Yorktowne Business Institute
West Seventh Avenue
York, PA 17404
717-846-5000
www.ybi.edu

Rhode Island

Community College of
Rhode Island
400 East Avenue
Warwick, RI 02886-1807
401-825-1000
www.ccri.cc.ri.us

New England Institute of
Technology
2500 Post Road
Warwick, RI 02886-2244
401-739-5000
www.neit.edu

South Carolina

Aiken Technical College
PO Drawer 696
Aiken, SC 29802-0696
803-593-9231
www.aik.tec.sc.us

Central Carolina Technical
College
506 North Guignard Drive
Sumter, SC 29150-2499
803-778-1961
www.sum.tec.sc.us

Columbia Junior College
3810 Main Street
Columbia, SC 29203-6400
803-799-9082
cjcsc.com

Denmark Technical College
Solomon Blatt Boulevard,
Box 327
Denmark, SC 29042-0327
803-793-5100

Florence-Darlington
Technical College
PO Box 100548
Florence, SC 29501-0548
843-661-8324
www.flo.tec.sc.us

Forrest Junior College
601 East River Street
Anderson, SC 29624
864-225-7653
www.forrestcollege.com

Greenville Technical College
PO Box 5616
Greenville, SC 29606-5616
864-250-8000
www.greenvilletech.com

Horry-Georgetown Technical
College
2050 Highway 501,
PO Box 261966
Conway, SC 29528-6066
843-347-3186
www.hor.tec.sc.us

ITT Technical Institute
One Marcus Drive, Building 4
Greenville, SC 29615-4818
864-288-0777
www.itt-tech.edu

Midlands Technical College
PO Box 2408
Columbia, SC 29202-2408
803-738-1400
www.midlandstech.com

Northeastern Technical
College
PO Drawer 1007
Cheraw, SC 29520-1007
843-921-6900
www.northeasterntech.org

Orangeburg-Calhoun
Technical College
3250 St Matthews Road, NE
Orangeburg, SC 29118-8299
803-536-0311
www.octech.org

Piedmont Technical College
PO Box 1467
Greenwood, SC 29648-1467
864-941-8324
www.piedmont.tec.sc.us

Spartanburg Methodist
College
1200 Textile Road
Spartanburg, SC
29301-0009
864-587-4000
www.smcsc.edu

Spartanburg Technical
College
PO Box 4386
Spartanburg, SC
29305-4386
864-591-3600
www.spt.tec.sc.us

Technical College of the
Lowcountry
921 Ribaut Road,
PO Box 1288
Beaufort, SC 29901-1288
843-525-8324
www.tcl-tec-sc-us.org

Tri-County Technical College
PO Box 587, 7900 Highway 76
Pendleton, SC 29670-0587
864-646-8361

Trident Technical College
PO Box 118067
Charleston, SC 29423-8067
843-574-6111
tridenttech.org

University of South Carolina
Beaufort
801 Carteret Street
Beaufort, SC 29902-4601
843-521-4100
www.sc.edu/beaufort

University of South Carolina
Lancaster
PO Box 889
Lancaster, SC 29721-0889
803-313-7471
www.sc.edu/lancaster

University of South Carolina
Salkehatchie
PO Box 617
Allendale, SC 29810-0617
803-584-3446

University of South Carolina
Sumter
200 Miller Road
Sumter, SC 29150-2498
803-775-8727
www.uscsumter.edu

University of South Carolina
Union
PO Drawer 729
Union, SC 29379-0729
864-427-3681
web.csd.sc.edu:80/union/info.
html

Williamsburg Technical
College
601 Martin Luther King, Jr Ave
Kingstree, SC 29556-4197
843-355-4110
www.williamsburgtech.com

York Technical College
452 South Anderson Road
Rock Hill, SC 29730-3395
803-327-8000
www.yorktech.com

South Dakota

Kilian Community College
224 North Phillips Avenue
Sioux Falls, SD 57104-6014
605-336-1711
kcc.cc.sd.us

Lake Area Technical Institute
230 11th Street Northeast
Watertown, SD 57201
605-882-5284
www.lati.tec.sd.us

Mitchell Technical Institute
821 North Capital
Mitchell, SD 57301
605-995-3024
mti.tec.sd.us

Si Tanka College
435 North Elm Street,
Box 220
Eagle Butte, SD 57625
605-964-6044
www.sitanka.com

Sisseton-Wahpeton
Community College
Old Agency Box 689
Sisseton, SD 57262
605-698-3966
swcc.cc.sd.us/cc.htm

Southeast Technical Institute
2320 N. Career Ave.
Sioux Falls, SD 57107-1301
605-367-7624
sti.tec.sd.us

Western Dakota Technical
Institute
800 Mickelson Drive
Rapid City, SD 57703
605-394-4034
www.westerndakotatech.org

Tennessee

American Academy of Nutrition, College of Nutrition
1204 -D Kenesaw, Sequoyah Hills Center
Knoxville, TN 37919-7736
865-524-8079
www.nutritioneducation.com

Chattanooga State Technical Community College
4501 Amnicola Highway
Chattanooga, TN 37406-1097
423-697-4400
www.cstcc.cc.tn.us

Cleveland State Community College
PO Box 3570
Cleveland, TN 37320-3570
423-472-7141
www.clscc.cc.tn.us

Columbia State Community College
PO Box 1315
Columbia, TN 38402-1315
931-540-2722
www.coscc.cc.tn.us

Draughons Junior College
1860 Wilma Rudolph Blvd
Clarksville, TN 37040
931-552-7600

Draughons Junior College
340 Plus Park Boulevard
Nashville, TN 37217
615-361-7555
www.draughons.org

Dyersburg State Community College
1510 Lake Road
Dyersburg, TN 38024
731-286-3200
www.dscc.cc.tn.us

Education America, Southeast College of Technology, Memphis Campus
2731 Nonconnah Boulevard, Suite 160
Memphis, TN 38132-2131
901-291-4200
www.educationamerica.com

Electronic Computer Programming College
3805 Brainerd Road
Chattanooga, TN 37411-3798
423-624-0077

Hiwassee College
225 Hiwassee College Drive
Madisonville, TN 37354
423-442-2001
www.hiwassee.edu

ITT Technical Institute
1255 Lynnfield Road, Suite 92
Memphis, TN 38119
901-762-0556
www.itt.tech.edu

ITT Technical Institute
441 Donelson Pike
Nashville, TN 37214
615-889-8700
www.itt-tech.edu

ITT Technical Institute
10208 Technology Drive
Knoxville, TN 37932
865-671-2800
www.itt-tech.edu

Jackson State Community College
2046 North Parkway
Jackson, TN 38301-3797
901-424-3520
www.jscc.cc.tn.us

John A. Gupton College
1616 Church Street
Nashville, TN 37203-2920
615-327-3927
www.guptoncollege.com

Knoxville Business College
720 North Fifth Avenue
Knoxville, TN 37917
865-524-3043
www.kbcollege.edu

MedVance Institute
1065 East 10th Street
Cookeville, TN 38501-1907
931-526-3660
www.medvance.org

Mid-America Baptist Theological Seminary
PO Box 381528
Germantown, TN 38183-1528
901-751-8453
www.mabts.edu

Miller-Motte Business College
1820 Business Park Drive
Clarksville, TN 37040
931-553-0071

Motlow State Community College
PO Box 8500
Lynchburg, TN 37352-8500
931-393-1500
www.mscc.cc.tn.us

Nashville Auto Diesel College
1524 Gallatin Road
Nashville, TN 37206-3298
615-226-3990
www.nadcedu.com

Nashville State Technical Institute
120 White Bridge Road
Nashville, TN 37209-4515
615-353-3333
www.nsti.tec.tn.us

National College of Business & Technology
Suite 200, 5042 Linbar Drive
Nashville, TN 37211
615-333-3344
www.ncbt.edu

North Central Institute
168 Jack Miller Boulevard
Clarksville, TN 37042
931-431-9700
www.nci.edu

Northeast State Technical Community College
PO Box 246
Blountville, TN 37617-0246
423-323-3191
www.nstcc.cc.tn.us

Nossi College of Art
907 Two Mile Parkway, Suite E-6
Goodlettsville, TN 37072-2319
615-851-1088
www.nossi.com

Pellissippi State Technical Community College
PO Box 22990
Knoxville, TN 37933-0990
865-694-6400
www.pstcc.cc.tn.us

Roane State Community College
276 Patton Lane
Harriman, TN 37748-5011
865-354-3000
www.rscc.cc.tn.us

Southwest Tennessee Community College
PO Box 780
Memphis, TN 38101-0780
901-333-7822
www.stcc.cc.tn.us

Tennessee Institute of Electronics
3203 Tazewell Pike
Knoxville, TN 37918-2530
865-688-9422
www.tie1.com

Volunteer State Community College
1480 Nashville Pike
Gallatin, TN 37066-3188
615-452-8600
www.vscc.cc.tn.us

Walters State Community College
500 South Davy Crockett Parkway
Morristown, TN 37813-6899
423-585-2600
www.wscc.cc.tn.us

Watkins College of Art and Design
100 Powell Place
Nashville, TN 37204
615-383-4848
www.watkins.edu

Texas

Alvin Community College
3110 Mustang Road
Alvin, TX 77511-4898
281-331-6111
www.alvin.cc.tx.us

Amarillo College
PO Box 447
Amarillo, TX 79178-0001
806-371-5000
www.actx.edu

Angelina College
PO Box 1768
Lufkin, TX 75902-1768
409-639-1301
www.angelina.cc.tx.us

The Art Institute of Dallas
Two NorthPark, 8080 Park Lane, Suite 100
Dallas, TX 75231-9959
214-692-8080
www.aid.edu

The Art Institute of Houston
1900 Yorktown
Houston, TX 77056-4115
713-623-2040
www.aih.aii.edu

Austin Business College
2101 IH-35 South, Third Floor
Austin, TX 78741
512-447-9415
www.austinbusinesscollege.org

Austin Community College
5930 Middle Fiskville Road
Austin, TX 78752-4390
512-223-7000
www.austin.cc.tx.us

Blinn College
902 College Avenue
Brenham, TX 77833-4049
979-830-4000
www.blinncol.edu

Border Institute of Technology
9611 Acer Avenue
El Paso, TX 79925-6744
915-593-7328
www.bitelp.com

Brazosport College
500 College Drive
Lake Jackson, TX
77566-3199
979-230-3000
www.brazosport.cc.tx.us

Brookhaven College
3939 Valley View Lane
Farmers Branch, TX
75244-4997
972-860-4700
www.dcccd.edu/bhc/bhc-home.htm

Cedar Valley College
3030 North Dallas Avenue
Lancaster, TX 75134-3799
972-860-8201
www.dcccd.edu

Center for Advanced Legal Studies
3910 Kirby Drive, Suite 200
Houston, TX 77098-4151
713-529-2778
www.paralegalpeople.com

Central Texas College
PO Box 1800
Killeen, TX 76540-1800
254-526-7161
www.ctcd.cc.tx.us

Cisco Junior College
Box 3, Route 3
Cisco, TX 76437-9321
254-442-2567
www.cisco.cc.tx.us

Clarendon College
PO Box 968
Clarendon, TX 79226-0968
806-874-3571

Coastal Bend College
3800 Charco Road
Beeville, TX 78102-2197
361-358-2838
www.cbc.cc.tx.us

The College of Saint Thomas More
3020 Lubbock Street
Fort Worth, TX 76109-2323
817-923-8459
www.cstm.edu

College of the Mainland
1200 Amburn Road
Texas City, TX 77591-2499
409-938-1211

Collin County Community College District
4800 Preston Park Boulevard
Plano, TX 75093-8309
972-758-3800
www.ccccd.edu/ccccd.html

Commonwealth Institute of Funeral Service
415 Barren Springs Drive
Houston, TX 77090
281-873-0262
www.commonwealthinst.org

Computer Career Center
6101 Montana Avenue
El Paso, TX 79925
915-779-8031

Court Reporting Institute of Dallas
8585 North Stemmons Freeway, Suite 200 North
Dallas, TX 75247
214-350-9722
www.crid.com

Dallas Institute of Funeral Service
3909 South Buckner Boulevard
Dallas, TX 75227
214-388-5466

Del Mar College
101 Baldwin Boulevard
Corpus Christi, TX
78404-3897
361-698-1200
www.delmar.edu

Eastfield College
3737 Motley Drive
Mesquite, TX 75150-2099
972-860-7100
www.efc.dcccd.edu

Education America, Dallas Campus
1800 East Gate Drive
Garland, TX 75041
972-686-7878

Education America, Fort Worth Campus
300 East Loop 820
Fort Worth, TX 76112
817-451-0017

Education America, Houston Campus
9421 West Sam Houston Parkway
Houston, TX 77099
713-773-2500

El Centro College
Main and Lamar Streets
Dallas, TX 75202-3604
214-860-2037
www.ecc.dcccd.edu

El Paso Community College
PO Box 20500
El Paso, TX 79998-0500
915-831-2000
www.epcc.edu

Frank Phillips College
Box 5118
Borger, TX 79008-5118
806-274-5311
www.fpc.cc.tx.us

Galveston College
4015 Avenue Q
Galveston, TX 77550-7496
409-763-6551
www.gc.edu

Grayson County College
6101 Grayson Drive
Denison, TX 75020-8299
903-465-6030
www.grayson.edu

Hallmark Institute of Aeronautics
8901 Wetmore Road
San Antonio, TX 78216
210-826-1000

Hallmark Institute of Technology
10401 IH 10 West
San Antonio, TX 78230-1737
210-690-9000
www.hallmarkinstitute.com

Hill College of the Hill Junior College District
PO Box 619
Hillsboro, TX 76645-0619
254-582-2555
www.hill-college.cc.tx.us

Houston Community College System
3100 Main Street
Houston, TX 77002-9330
713-718-2000
www.hccs.cc.tx.us

Howard College
1001 Birdwell Lane
Big Spring, TX 79720
915-264-5000
www.hc.cc.tx.us

ITT Technical Institute
2222 Bay Area Boulevard
Houston, TX 77058
281-486-2630
www.itt-tech.edu

ITT Technical Institute
15621 Blue Ash Drive, Suite 160
Houston, TX 77090-5821
281-873-0512
www.itt-tech.edu

ITT Technical Institute
6330 East Highway 290, Suite 150
Austin, TX 78723-1061
512-467-6800
www.itt-tech.edu

ITT Technical Institute
551 Ryan Plaza Drive
Arlington, TX 76011
817-794-5100
www.itt-tech.edu

ITT Technical Institute
2950 South Gessner
Houston, TX 77063-3751
713-952-2294
www.itt-tech.edu

ITT Technical Institute
2101 Waterview Parkway
Richardson, TX 75080
972-690-9100
www.itt-tech.edu

ITT Technical Institute
5700 Northwest Parkway
San Antonio, TX 78249-3303
210-694-4612
www.itt-tech.edu

Jacksonville College
105 B J Albritton Drive
Jacksonville, TX 75766-4759
903-586-2518
www.grocities.com/collegepark/library/3135

KD Studio
2600 Stemmons Freeway, #117
Dallas, TX 75207
214-638-0484
www.kdstudio.com

Kilgore College
1100 Broadway Boulevard
Kilgore, TX 75662-3299
903-984-8531
www.kilgore.cc.tx.us

Kingwood College
20000 Kingwood Drive
Kingwood, TX 77339-3801
281-312-1600
kcweb.nhmccd.cc.tx.us

Lamar Institute of Technology
PO Box 10043
Beaumont, TX 77710
409-880-8321
theinstitute.lamar.edu

Lamar State College–Orange
410 Front Street
Orange, TX 77630-5899
409-883-7750
hal.lamar.edu/~orange

Lamar State College–Port Arthur
PO Box 310
Port Arthur, TX 77641-0310
409-983-4921
www.pa.lamar.edu/

Laredo Community College
West End Washington Street
Laredo, TX 78040-4395
956-722-0521
www.Laredo.cc.tx.us

Lee College
PO Box 818
Baytown, TX 77522-0818
281-427-5611
www.lee.edu

Lon Morris College
800 College Avenue
Jacksonville, TX 75766-2900
903-589-4000
www.lonmorris.edu

McLennan Community College
1400 College Drive
Waco, TX 76708-1499
254-299-8000
www.mclennan.cc.tx.us

Midland College
3600 North Garfield
Midland, TX 79705-6399
915-685-4500
www.midland.cc.tx.us

Montgomery College
3200 College Park Drive
Conroe, TX 77384
936-273-7000
wwwmc.nhmccd.edu

Mountain View College
4849 West Illinois Avenue
Dallas, TX 75211-6599
214-860-8600
www.mvc.dcccd.edu

MTI College of Business and Technology
1275 Space Park Drive
Houston, TX 77058
281-333-3363
www.mtitexas.com

MTI College of Business and Technology
7277 Regency Square Boulevard
Houston, TX 77036-3163
713-974-7181
www.mtitexas.com

Navarro College
3200 West 7th Avenue
Corsicana, TX 75110-4899
903-874-6501
www.nav.cc.tx.us

North Central Texas College
1525 West California Street
Gainesville, TX 76240-4699
940-668-7731
www.nctc.cc.tx.us

North Harris College
2700 W. W. Thorne Drive
Houston, TX 77073-3499
281-618-5400
www.nhmccd.edu

North Lake College
5001 North MacArthur Blvd
Irving, TX 75038-3899
972-273-3000
www.nlc.dcccd.edu

Northeast Texas Community College
PO Box 1307
Mount Pleasant, TX 75456-1307
903-572-1911
www.ntcc.cc.tx.us

Odessa College
201 West University Avenue
Odessa, TX 79764-7127
915-335-6400
www.odessa.edu

Palo Alto College
1400 West Villaret
San Antonio, TX 78224-2499
210-921-5000
www.accd.ed/pac/pacmain/pachp.htm

Panola College
1109 West Panola Street
Carthage, TX 75633-2397
903-693-2000
www.panola.cc.tx.us

Paris Junior College
2400 Clarksville Street
Paris, TX 75460-6298
903-785-7661
www.paris.cc.tx.us

Ranger College
College Circle
Ranger, TX 76470
254-647-3234
www.ranger.cc.tx.us

Richland College
12800 Abrams Road
Dallas, TX 75243-2199
972-238-6106

San Antonio College
1300 San Pedro Avenue
San Antonio, TX 78212-4299
210-733-2000

San Jacinto College Central Campus
8060 Spencer Highway, PO Box 2007
Pasadena, TX 77501-2007
281-476-1501
www.sjcd.cc.tx.us

San Jacinto College North Campus
5800 Uvalde Street
Houston, TX 77049-4599
281-458-4050
www.sjcd.cc.tx.us

San Jacinto College South Campus
13735 Beamer Road
Houston, TX 77089-6099
281-484-1900
www.sjcd.cc.tx.us

South Plains College
1401 South College Avenue
Levelland, TX 79336-6595
806-894-9611
www.spc.cc.tx.us

South Texas Community College
3201 West Pecan
McAllen, TX 78501
956-631-4922
www.stcc.cc.tx.us

Southwest School of Electronics
5424 Highway 290 West, Suite 200
Austin, TX 78735-8800
512-892-2640

Southwest Texas Junior College
2401 Garner Field Road
Uvalde, TX 78801-6297
830-278-4401
www.swtjc.cc.tx.us

St. Philip's College
1801 Martin Luther King Dr
San Antonio, TX 78203-2098
210-531-3200
www.accd.edu/spc

Tarrant County College District
1500 Houston Street
Fort Worth, TX 76102-6599
817-515-5100
www.tcjc.cc.tx.us

Temple College
2600 South First Street
Temple, TX 76504-7435
254-298-8282
www.templejc.edu

Texarkana College
2500 North Robison Road
Texarkana, TX 75599-0001
903-838-4541
www.tc.cc.tx.us

Texas Culinary Academy
6020 Dillard Circle
Austin, TX 78752
512-323-2511
www.txca.com

Texas Southmost College
80 Fort Brown
Brownsville, TX 78520-4991
956-544-8200

Texas State Technical College
300 College Drive
Sweetwater, TX 79556-4108
915-235-7300
www.sweetwater.tstc.edu

Texas State Technical College–Harlingen
1902 North Loop 499
Harlingen, TX 78550-3697
956-364-4000
www.harlingen.tstc.edu

Texas State Technical College–Waco
3801 Campus Drive
Waco, TX 76705-1695
254-799-3611
www.tstc.edu

Tomball College
30555 Tomball Parkway
Tomball, TX 77375-4036
281-351-3300
www.tc.nhmccd.cc.tx.us

Trinity Valley Community College
100 Cardinal Drive
Athens, TX 75751-2765
903-677-TVCC
www.tvcc.cc.tx.us

Tyler Junior College
PO Box 9020
Tyler, TX 75711-9020
903-510-2200
www.tyler.cc.tx.us

Universal Technical Institute
721 Lockhaven Drive
Houston, TX 77073-5598
281-443-6262
www.uticorp.com

Vernon Regional Junior College
4400 College Drive
Vernon, TX 76384-4092
940-552-6291
www.vrjc.cc.tx.us

Victoria College
2200 East Red River
Victoria, TX 77901-4494
361-573-3291
www.vc.cc.tx.us

Wade College
Suite M5120,
International Apparel Mart,
PO Box 586343
Dallas, TX 75258-6343
214-637-3530
www.wadecollege.com

Weatherford College
225 College Park Avenue
Weatherford, TX 76086-5699
817-594-5471
www.wc.edu

Western Technical Institute
1000 Texas Avenue
El Paso, TX 79901-1536
915-532-3737
www.wti-ep.com

Western Technical Institute
4710 Alabama Street
El Paso, TX 79930-2610
915-566-9621
www.wti-ep.com

Western Texas College
6200 College Avenue
Snyder, TX 79549-6105
915-573-8511
www.wtc.cc.tx.us

Wharton County Junior College
911 Boling Highway
Wharton, TX 77488-3298
979-532-4560
www.wcjc.cc.tx.us

Utah

Certified Careers Institute
1455 West 2200 South,
Suite 200
Salt Lake City, UT 84119
801-973-7008
www.cciutah.edu

College of Eastern Utah
451 East 400 North
Price, UT 84501-2699
435-637-2120
www.ceu.edu

Dixie State College of Utah
225 South 700 East
St. George, UT 84770-3876
435-652-7500
www.dixie.edu

ITT Technical Institute
920 West Levoy Drive
Murray, UT 84123-2500
801-263-3313
www.itt-tech.edu

LDS Business College
411 East South Temple Street
Salt Lake City, UT
84111-1392
801-524-8100
www.ldsbc.edu

Mountain West College
3280 West 3500 South
West Valley City, UT 84119
801-840-4800
www.mwcollege.com

Salt Lake Community College
PO Box 30808
Salt Lake City, UT
84130-0808
801-957-4111
www.slcc.edu

Snow College
150 East College Avenue
Ephraim, UT 84627-1203
435-283-7000
www.snow.edu

Stevens-Henager College
2168 Washington Boulevard
Ogden, UT 84401-1420
801-394-7791
www.stevenshenager.com

Utah Career College
1902 West 7800 South
West Jordan, UT 84088
801-304-4224
www.utahcollege.com

Utah Valley State College
800 West 1200 South Street
Orem, UT 84058-5999
801-222-8000
www.uvsc.edu

Vermont

Community College of Vermont
PO Box 120
Waterbury, VT 05676-0120
802-241-3535
www.ccv.vsc.edu

Landmark College
River Road South
Putney, VT 05346
802-387-4767
www.landmarkcollege.org

New England Culinary Institute
250 Main Street
Montpelier, VT 05602-9720
802-223-6324
www.neculinary.com

Woodbury College
660 Elm Street
Montpelier, VT 05602
802-229-0516
www.woodbury-college.edu

Virginia

Blue Ridge Community College
PO Box 80
Weyers Cave, VA 24486-0080
540-234-9261
www.br.cc.va.us

Bryant and Stratton College, Richmond
8141 Hull Street Road
Richmond, VA 23235-6411
804-745-2444
www.bryantstratton.edu

Bryant and Stratton College, Virginia Beach
301 Centre Pointe Drive
Virginia Beach, VA
23462-4417
757-499-7900
www.bryantstratton.edu

Central Virginia Community College
3506 Wards Road
Lynchburg, VA 24502-2498
804-832-7600
www.cv.cc.va.us

Dabney S. Lancaster Community College
100 Dabney Drive,
PO Box 1000
Clifton Forge, VA 24422
540-863-2800
www.dl.cc.va.us

Danville Community College
1008 South Main Street
Danville, VA 24541-4088
804-797-2222
www.dc.cc.va.us

Dominion College
933 Reservoir Street
Harrisonburg, VA 22801
540-433-6977
www.dominioncollege.com

Dominion College
5372 Fallowater Lane,
Suite B
Roanoke, VA 24014
540-776-8381
www.dominioncollege.org

Eastern Shore Community College
29300 Lankford Highway
Melfa, VA 23410-3000
757-787-5900
www.es.cc.va.us

ECPI Technical College
800 Moorefield Park Drive
Richmond, VA 23236
804-330-5533
www.ecpi.edu

ECPI Technical College
5234 Airport Road
Roanoke, VA 24012
540-563-8080
www.ecpi.edu

ECPI College of Technology
1919 Commerce Drive
Hampton, VA 23666
757-838-9191
www.ecpi.edu

ECPI College of Technology
5555 Greenwich Road
Virginia Beach, VA 23462
757-671-7171
www.ecpi.edu

Germanna Community College
2130 Germanna Highway
Locust Grove, VA 22508-2102
540-727-3000
www.so.cc.va.us

ITT Technical Institute
863 Glenrock Road, Suite 100
Norfolk, VA 23502-3701
757-466-1260
www.itt-tech.edu

ITT Technical Institute
300 Gateway Centre Parkway
Richmond, VA 23235
804-330-4992
www.itt-tech.edu

Johnson & Wales University
2428 Almeda Avenue,
Suite 316
Norfolk, VA 23513
757-853-3508
www.jwu.edu

John Tyler Community College
13101 Jefferson Davis Hwy
Chester, VA 23831-5316
804-796-4000
www.jt.cc.va.us

J. Sargeant Reynolds Community College
PO Box 85622
Richmond, VA 23285-5622
804-371-3000
www.jsr.cc.va.us

Mountain Empire Community College
PO Drawer 700
Big Stone Gap, VA
24219-0700
540-523-2400
www.me.cc.va.us

National College of Business & Technology
100 Logan Street,
PO Box 629
Bluefield, VA 24605-1405
540-326-3621
www.ncbt.edu

National College of Business & Technology
51 B Burgess Road
Harrisonburg, VA 22801-9709
540-432-0943
www.ncbt.edu

National College of Business & Technology
734 Main Street
Danville, VA 24541-1819
804-793-6822
www.ncbt.edu

National College of Business & Technology
300A Piedmont Avenue
Bristol, VA 24201
540-669-5333
www.ncbt.edu/index2.shtml

National College of Business & Technology
104 Candlewood Court
Lynchburg, VA 24502-2653
804-239-3500
www.ncbt.edu/index2.shtml

National College of Business & Technology
1819 Emmet Street
Charlottesville, VA 22901
804-295-0136
www.ncbt.edu

National College of Business & Technology
10 Church Street, PO Box 232
Martinsville, VA 24114
540-632-5621
www.ncbt.edu

National College of Business & Technology
1813 East Main Street
Salem, VA 24153
540-986-1800
www.ncbt.edu/index2.shtml

New River Community College
PO Box 1127
Dublin, VA 24084-1127
540-674-3600
www.nr.cc.va.us

Northern Virginia Community College
4001 Wakefield Chapel Road
Annandale, VA 22003-3796
703-323-3000
www.nv.cc.va.us

Patrick Henry Community College
PO Box 5311
Martinsville, VA 24115-5311
540-638-8777
www.ph.cc.va.us

Paul D. Camp Community College
PO Box 737,
100 North College Drive
Franklin, VA 23851-0737
757-569-6700
www.pc.cc.va.us

Piedmont Virginia Community College
501 College Drive
Charlottesville, VA
22902-7589
804-977-3900
www.pvcc.cc.va.us

Rappahannock Community College
12745 College Drive
Glenns, VA 23149-2616
804-758-6700
www.rcc.cc.va.us

Richard Bland College of The College of William and Mary
11301 Johnson Road
Petersburg, VA 23805-7100
804-862-6100
www.rbc.edu

Southside Virginia Community College
109 Campus Drive
Alberta, VA 23821-9719
804-949-1000
www.sv.cc.va.us

Southwest Virginia Community College
PO Box SVCC
Richlands, VA 24641-1101
540-964-2555
www.sw.vccs.edu

Stratford University
7777 Leesburg Pike,
Suite 100 South
Falls Church, VA 22043
703-821-8570
www.stratford.edu

Thomas Nelson Community College
PO Box 9407
Hampton, VA 23670-0407
757-825-2700
www.tncc.cc.va.us

Tidewater Community College
121 College Place
Norfolk, VA 23510
757-822-1122
www.tc.cc.va.us

Virginia Highlands
Community College
PO Box 828
Abingdon, VA 24212-0828
540-676-5484
www.vh.cc.va.us

Virginia Western Community
College
PO Box 14007
Roanoke, VA 24038
540-857-7311
www.vw.cc.va.us

Wytheville Community
College
1000 East Main Street
Wytheville, VA 24382-3308
540-223-4700
www.wd.dd.va.us

Washington

Bates Technical College
1101 South Yakima Avenue
Tacoma, WA 98405-4895
253-596-1500
www.bates.ctc.edu

Bellevue Community College
3000 Landerholm Circle, SE
Bellevue, WA 98007-6484
425-564-1000
www.bcc.ctc.edu

Bellingham Technical College
3028 Lindbergh Avenue
Bellingham, WA 98225
360-738-0221
www.beltc.ctc.edu

Big Bend Community
College
7662 Chanute Street
Moses Lake, WA 98837-3299
509-762-5351
www.bbcc.ctc.edu

Cascadia Community College
Suite 102, 19017 120th Ave,
NE
Bothell, WA 98011
425-398-5400
www.cascadia.ctc.edu

Centralia College
600 West Locust
Centralia, WA 98531-4099
360-736-9391
centralia.ctc.edu

Clark College
1800 East McLoughlin Blvd
Vancouver, WA 98663-3598
360-992-2000
www.clark.edu

Clover Park Technical College
4500 Steilacoom Blvd, SW
Lakewood, WA 98499
253-589-5678
www.cptc.ctc.edu

Columbia Basin College
2600 North 20th Avenue
Pasco, WA 99301-3397
509-547-0511
www.cbc2.org

Court Reporting Institute
929 North 130th Street,
Suite 2
Seattle, WA 98133
206-363-8300

Crown College
8739 South Hosmer
Tacoma, WA 98444-1836
253-531-3123
www.crowncollege.edu

Edmonds Community
College
20000 68th Avenue West
Lynnwood, WA 98036-5999
425-640-1500
www.edcc.edu

Everett Community College
2000 Tower Street
Everett, WA 98201-1327
425-388-9100
www.evcc.ctc.edu

Grays Harbor College
1620 Edward P Smith Drive
Aberdeen, WA 98520-7599
360-532-9020
ghc.ctc.edu

Green River Community
College
12401 Southeast 320th Street
Auburn, WA 98092-3699
253-833-9111
www.greenriver.ctc.edu

Highline Community College
PO Box 98000
Des Moines, WA 98198-9800
206-878-3710
www.hcc.ctc.edu

ITT Technical Institute
2525 223rd Street, SE,
Canyon Park East
Bothell, WA 98021
425-485-0303
www.itt-tech.edu

ITT Technical Institute
12720 Gateway Drive,
Suite 100
Seattle, WA 98168-3333
206-244-3300
www.itt-tech.edu

ITT Technical Institute
1050 North Argonne Road
Spokane, WA 99212-2682
509-926-2900
www.itt-tech.edu

Lake Washington Technical
College
11605 132nd Avenue NE
Kirkland, WA 98034-8506
425-739-8100

Lower Columbia College
PO Box 3010
Longview, WA 98632-0310
360-577-2300
lcc.ctc.edu

North Seattle Community
College
9600 College Way North
Seattle, WA 98103-3599
206-527-3600
nsccux.sccd.ctc.edu

Northwest Aviation College
506 23rd, NE
Auburn, WA 98002
253-854-4960
www.afsnac.com

Northwest Indian College
2522 Kwina Road
Bellingham, WA 98226
360-676-2772
www.nwic.edu

Olympic College
1600 Chester Avenue
Bremerton, WA 98337-1699
360-792-6050
www.oc.ctc.edu/~oc

Peninsula College
1502 East Lauridsen Blvd
Port Angeles, WA
98362-2779
360-452-9277
www.pc.ctc.edu

Pierce College
9401 Farwest Drive, SW
Lakewood, WA 98498-1999
253-964-6500
www.pierce.ctc.edu

Pima Medical Institute
1627 Eastlake Avenue East
Seattle, WA 98102
206-322-6100
www.pimamedical.com

Renton Technical College
3000 NE Fourth Street
Renton, WA 98056-4195
425-235-2352
www.renton-tc.ctc.edu

Seattle Central Community
College
1701 Broadway
Seattle, WA 98122-2400
206-587-3800
edison.sccd.ctc.edu/sccc.html

Shoreline Community
College
16101 Greenwood Avenue N
Seattle, WA 98133-5696
206-546-4101
www.shoreline.ctc.edu

Skagit Valley College
2405 College Way
Mount Vernon, WA
98273-5899
360-416-7600
www.svc.ctc.edu

South Puget Sound
Community College
2011 Mottman Road, SW
Olympia, WA 98512-6292
360-754-7711
www.spscc.ctc.edu

South Seattle Community
College
6000 16th Avenue, SW
Seattle, WA 98106-1499
206-764-5300
www.sccd.ctc.edu

Spokane Community College
1810 North Greene Street
Spokane, WA 99217-5399
509-533-7000
www.scc.spokane.cc.wa.us

Spokane Falls Community
College
3410 West Fort George
Wright Drive
Spokane, WA 99224-5288
509-533-3500
www.sfcc.spokane.cc.wa.us

Tacoma Community College
6501 South 19th Street
Tacoma, WA 98466
253-566-5000
Fax: 253-566-5376
www.tacoma.ctc.edu

The Art Institute of Seattle
2323 Elliott Avenue
Seattle, WA 98121-1642
206-448-0900
www.ais.edu

Walla Walla Community College
500 Tausick Way
Walla Walla, WA 99362-9267
509-522-2500
www.wallawalla.cc

Wenatchee Valley College
1300 Fifth Street
Wenatchee, WA 98801-1799
509-662-1651
www.wvc.ctc.edu

Whatcom Community College
237 West Kellogg Road
Bellingham, WA 98226-8003
360-676-2170
Fax: 360-676-2171
www.whatcom.ctc.edu

Yakima Valley Community College
PO Box 22520
Yakima, WA 98907-2520
509-574-4600
www.yvcc.cc.wa.us

West Virginia

Huntington Junior College of Business
900 Fifth Avenue
Huntington, WV 25701-2004
304-697-7550
www.htgnjrcollege.com

Mountain State College
1508 Spring Street
Parkersburg, WV 26101-3993
304-485-5487
www.mountainstate.org

National Institute of Technology
5514 Big Tyler Road
Cross Lanes, WV 25313-1390
304-776-6290

Potomac State College of West Virginia University
Fort Avenue
Keyser, WV 26726-2698
304-788-6800
www.pscvax.psc.wvnet.edu

Southern West Virginia Community and Technical College
PO Box 2900
Mount Gay, WV 25637-2900
304-792-7098
www.southern.wvnet.edu

West Virginia Business College
1052 Main Street
Wheeling, WV 26003
304-232-0361

West Virginia University at Parkersburg
300 Campus Drive
Parkersburg, WV 26101-9577
304-424-8000
www.wvup.wvnet.edu

West Virginia Junior College
1000 Virginia Street East
Charleston, WV 25301-2817
304-345-2820
www.wvjc.com

West Virginia Junior College
148 Willey Street
Morgantown, WV 26505-5521
304-296-8282

West Virginia Northern Community College
1704 Market Street
Wheeling, WV 26003-3699
304-233-5900
www.northern.wvnet.edu

Wisconsin

Blackhawk Technical College
PO Box 5009
Janesville, WI 53547-5009
608-758-6900
www.blackhawktech.org

Bryant and Stratton College
1300 North Jackson Street
Milwaukee, WI 53202-2608
414-276-5200
www.bryantstratton.edu

Chippewa Valley Technical College
620 West Clairemont Avenue
Eau Claire, WI 54701-6162
715-833-6200
www.chippewa.tec.wi.us

College of Menominee Nation
PO Box 1179
Keshena, WI 54135
715-799-5600
www.menominee.com

Fox Valley Technical College
1825 North Bluemound, PO Box 2277
Appleton, WI 54912-2277
920-735-5600
www.foxvalley.tec.wi.us

Gateway Technical College
3520 30th Avenue
Kenosha, WI 53144-1690
262-656-6900
www.gateway.tec.wi.us

Herzing College
5218 East Terrace Drive
Madison, WI 53718
608-249-6611
www.herzing.edu

ITT Technical Institute
6300 West Layton Avenue
Greenfield, WI 53220-4612
414-282-9494
www.itt-tech.edu

ITT Technical Institute
470 Security Boulevard
Green Bay, WI 54313
920-662-9000
www.itt-tech.edu

Lac Courte Oreilles Ojibwa Community College
13466 West Trepania Road
Hayward, WI 54843-2181
715-634-4790
www.geocities.com/athens/acropolis/4551

Lakeshore Technical College
1290 North Avenue
Cleveland, WI 53015-1414
920-458-4183
www.gotoltc.com

Madison Area Technical College
3550 Anderson Street
Madison, WI 53704-2599
608-246-6100
madison.tec.wi.us

Madison Media Institute
2702 Agriculture Drive, Suite 1
Madison, WI 53718
608-829-2728
www.madisonmedia.com

Mid-State Technical College
500 32nd Street North
Wisconsin Rapids, WI 54494-5599
715-422-5300
www.midstate.tec.wi.us

Milwaukee Area Technical College
700 West State Street
Milwaukee, WI 53233-1443
414-297-6600

Moraine Park Technical College
235 North National Ave, PO Box 1940
Fond du Lac, WI 54936-1940
920-922-8611
www.mptc.tec.wi.us

Nicolet Area Technical College
Box 518
Rhinelander, WI 54501-0518
715-365-4410
www.nicoletcollege.com

Northcentral Technical College
1000 West Campus Drive
Wausau, WI 54401-1899
715-675-3331
www.northcentral.tec.wi.us

Northeast Wisconsin Technical College
2740 W Mason Street, PO Box 19042
Green Bay, WI 54307-9042
920-498-5400
www.nwtc.tec.wi.us

Southwest Wisconsin Technical College
1800 Bronson Boulevard
Fennimore, WI 53809-9778
608-822-3262
www.southwest.tec.wi.us

University of Wisconsin–Baraboo/Sauk County
1006 Connie Road
Baraboo, WI 53913-1015
608-356-8351
www.baraboo-sauk.uwc.edu

University of Wisconsin–
Barron County
1800 College Drive
Rice Lake, WI 54868-2497
715-234-8176
www.barron.uwc.edu

University of Wisconsin–
Fond du Lac
400 University Drive
Fond du Lac, WI 54935
920-929-3600
www.fdl.uwc.edu

University of Wisconsin–
Fox Valley
1478 Midway Road
Menasha, WI 54952
920-832-2600
www.fox.uwc.edu

University of Wisconsin–
Manitowoc
705 Viebahn Street
Manitowoc, WI 54220-6699
920-683-4700

University of Wisconsin–
Marathon County
518 South Seventh Avenue
Wausau, WI 54401-5396
715-261-6100
mthwww.uwc.edu

University of Wisconsin–
Marinette
750 West Bay Shore
Marinette, WI 54143-4299
715-735-4300
www.uwc.edu/mnt

University of Wisconsin–
Marshfield/Wood County
2000 West 5th Street
Marshfield, WI 54449
715-389-6500

University of Wisconsin–
Richland
1200 Highway 14 West
Richland Center, WI 53581
608-647-6186
richland.uwc.edu

University of Wisconsin–
Rock County
2909 Kellogg Avenue
Janesville, WI 53546-5699
608-758-6565
rock.uwc.edu

University of Wisconsin–
Sheboygan
1 University Drive
Sheboygan, WI 53081-4789
920-459-6600
www.sheboygan.uwc.edu

University of Wisconsin–
Washington County
400 University Drive
West Bend, WI 53095-3699
262-335-5200
washington.uwc.edu

University of Wisconsin–
Waukesha
1500 University Drive
Waukesha, WI 53188-2799
414-521-5200
waukesha.uwc.edu

Waukesha County Technical
College
800 Main Street
Pewaukee, WI 53072-4601
414-691-5566
www.wctconline.com

Western Wisconsin Technical
College
304 6th Street North,
PO Box C-908
La Crosse, WI 54602-0908
608-785-9200
www.western.tec.wi.us

Wisconsin Indianhead
Technical College, Ashland
Campus
2100 Beaser Avenue
Ashland, WI 54806-3607
715-682-4591
www.witc.tec.wi.us

Wisconsin Indianhead
Technical College,
New Richmond Campus
1019 South Knowles Avenue
New Richmond, WI
54017-1738
715-246-6561
www.witc.tec.wi.us

Wisconsin Indianhead
Technical College, Rice Lake
Campus
1900 College Drive
Rice Lake, WI 54868-2435
715-234-7082
www.witc.tec.wi.us

Wisconsin Indianhead
Technical College, Superior
Campus
600 North 21st Street
Superior, WI 54880-5207
715-394-6677

Wyoming

Casper College
125 College Drive
Casper, WY 82601-4699
307-268-2110
www.cc.whecn.edu

Central Wyoming College
2660 Peck Avenue
Riverton, WY 82501-2273
307-855-2000
www.cwc.cc.wy.us

Eastern Wyoming College
3200 West C Street
Torrington, WY 82240-1699
307-532-8200
ewcweb.cc.wy.us

Laramie County Community
College
1400 East College Drive
Cheyenne, WY 82007-3299
307-778-5222
lccc.cc.wy.us

Northwest College
231 West 6th Street
Powell, WY 82435-1898
307-754-6000
www.nwc.cc.wy.us

Sheridan College
PO Box 1500
Sheridan, WY 82801-1500
307-674-6446
www.sc.cc.wy.us

Western Wyoming
Community College
PO Box 428
Rock Springs, WY
82902-0428
307-382-1600
www.wwcc.cc.wy.us

Wyoming Technical Institute
4373 North Third Street
Laramie, WY 82072-9519
307-742-3776
www.wyotech.com

ESCUELAS VOCACIONALES Y TÉCNICAS

Alabama

Charles Academy of Beauty Culture
2986 Eslava Creek Pky
Mobile, AL 36606
251-478-6401

Chattahoochee Valley Community College
2602 College Drive
Phenix City, AL 36869-7928
334-291-4939

Education America, Southeast College of Technology, Mobile Campus
828 Downtowner Loop West
Mobile, AL 36609-5404
251-343-8200 Ext. 221

Gadsden Business College
1805 Hillyer Robinson Industrial Parkway Suite B
Anniston, AL 36207
256-831-3838

Gadsden Business College
3225 Rainbow Drive, Suite 246
Rainbow City, AL 35906
256-442-2805

Gadsden State Community College
PO Box 227
Gadsden, AL 35902-0227
256-549-8210

Gaither and Company Beauty College
414 East Willow Street
Scottsboro, AL 35768
256-259-1001

Herzing College
280 West Valley Avenue
Birmingham, AL 35209-4816
205-916-2800

Holland School for Jewelers
1034 Dawson Avenue, PO Box 882
Selma, AL 36701

ITT Technical Institute
500 Riverhills Business Park
Birmingham, AL 35242
205-991-5410

Jefferson State Community College
2601 Carson Road
Birmingham, AL 35215-3098
205-856-7991

Medical Institute
914 N. Mckenzie St.
Foley, AL 36535
251-970-1460

Northwest-Shoals Community College
PO Box 2545
Muscle Shoals, AL 35662
256-331-5462

Snead State Community College
220 N Walnut Street, PO Drawer D
Boaz, AL 35957-0734
256-840-4107

South University
122 Commerce Street
Montgomery, AL 36104
334-263-1013

Spring Hill College
4000 Dauphin Street
Mobile, AL 36608-1791
251-380-3092

Virginia College at Birmingham
PO Box 19249
Birmingham, AL 35219-9249
205-802-1200 Ext. 207

Wallace Community College-Sparks Campus
PO Drawer 580
Eufaula, AL 36027
334-687-3543 Ext. 4270

Alaska

Alaska Vocational Institute
210 Ferry Way, Suite 200
Juneau, AK 99801

Alaska Vocational Technical Center
PO Box 889
Seward, AK 99664
907-224-4153

Career Academy
1415 East Tudor Road
Anchorage, AK 99507-1033
907-563-7575

Charter College
2221 East Northern Lights Boulevard, Suite 120
Anchorage, AK 99508-4140
907-777-1341

Shear Allusions 2000, A Training Salon
44539 Sterling Highway
The Blazy Mall
Soldotna, AK 99669
907-262-6525

Arizona

Academy of Radio Broadcasting
4914 East McDowell Rd, #107
Phoenix, AZ 85008
602-267-8001

Alta Center For Communication Arts
9014 North 23rd Avenue, Suite 1
Phoenix, AZ 85021
888-729-4954

Apollo College-Phoenix, Inc.
8503 North 27th Avenue
Phoenix, AZ 85051
602-864-1571

Apollo College-Tri-City, Inc.
630 West Southern Avenue
Mesa, AZ 85210-5004
480-831-6585

Apollo College-Tucson, Inc.
3870 North Oracle Road
Tucson, AZ 85705
520-888-5885

Apollo College-Westside, Inc.
2701 West Bethany Home Rd
Phoenix, AZ 85017
602-433-1333 Ext. 251

Arizona Automotive Institute
6829 North 46th Avenue
Glendale, AZ 85301
623-934-7273

Arizona College of Allied Health
1940 West Indian School Rd
Phoenix, AZ 85015
602-222-9300

Arizona Paralegal Training Program
111 West Monroe Street, Suite 800
Phoenix, AZ 85003
602-252-2171

The Art Institute of Phoenix
2233 West Dunlap Avenue
Phoenix, AZ 85021
800-474-2479

The Bryman School
2250 West Peoria Avenue
Phoenix, AZ 85029
602-274-4300

Chaparral College
4585 East Speedway Boulevard, Suite 204
Tucson, AZ 85712
520-327-6866

Charles of Italy Beauty College
1987 McCulloch Boulevard
Lake Havasu City, AZ 86403

Collins College: A School of Design and Technology
1140 South Priest Drive
Tempe, AZ 85281-5206
480-966-3000

Conservatory of Recording Arts and Sciences
2300 East Broadway Road
Tempe, AZ 85282
800-562-6383

DeVoe College of Beauty
750 Bartow Drive
Sierra Vista, AZ 85635
520-458-8660

Education America, Tempe Campus
875 West Elliot Road
Tempe, AZ 85284
480-834-1000

GateWay Community College
108 North 40th Street
Phoenix, AZ 85034-1795
602-392-5194

High-Tech Institute
1515 East Indian School Road
Phoenix, AZ 85014-4901
602-279-9700

High-Tech Institute
2250 West Peoria Avenue
Phoenix, AZ 85029
602-279-9700

International Academy of Hair Design
4415 South Rural Road, Suite 2
Tempe, AZ 85282

International Import/Export Institute
2432 West Peoria, Suite 1026
Phoenix, AZ 85029
602-648-5750

ITT Technical Institute
1455 West River Road
Tucson, AZ 85704
520-408-7488

ITT Technical Institute
4837 East McDowell Road
Phoenix, AZ 85008-4292
602-231-0871

Metropolitan College of Court Reporting
4640 East Elwood Street, Suite 12
Phoenix, AZ 85040
602-955-5900

Mohave Community College
1971 Jagerson Avenue
Kingman, AZ 86401
520-757-0898

Motorcycle Mechanics Institute
2844 West Deer Valley Road
Phoenix, AZ 85027-2399
623-869-9644

Northern Arizona College of Health Careers
5200 East Cortland Boulevard, Suite A19
Flagstaff, AZ 86004
928-526-0763

Northland Pioneer College
PO Box 610
Holbrook, AZ 86025-0610
928-536-6257

Pima Medical Institute
957 South Dobson
Mesa, AZ 85202
480-345-7777

The Refrigeration School
4210 East Washington Street
Phoenix, AZ 85034
602-275-7133

Rhodes College
2525 West Beryl Avenue
Phoenix, AZ 85021-1641
602-942-4141

Scottsdale Culinary Institute
8100 East Camelback Road, Suite 1001
Scottsdale, AZ 85251-3940
602-990-3773

Universal Technical Institute
3121 West Weldon Avenue
Phoenix, AZ 85017
602-264-4164

University of Phoenix-Phoenix Campus
4605 East Elwood Street
Phoenix, AZ 85040
480-557-2000

University of Phoenix-Southern Arizona Campus
5099 East Grant Road, #120
Tucson, AZ 85712
520-881-6512

Arkansas

Arkansas College of Barbering and Hair Design
200 Washington Avenue
North Little Rock, AR 72114-5615

Cossatot Technical College of the University of Arkansas
PO Box 960
DeQueen, AR 71832
870-584-4471

Crowley's Ridge Technical Institute
PO Box 925
Forrest City, AR 72336-0925
870-633-5411 Ext. 13

East Arkansas Community College
1700 Newcastle Road
Forrest City, AR 72335-2204
870-633-4480 Ext. 219

Education America, Southeast College of Technology, Little Rock Campus
8901 Kanis Road
Little Rock, AR 72205
501-312-0007

Fayetteville Beauty College
1200 North College Avenue
Fayetteville, AR 72703
501-442-5181

ITT Technical Institute
4520 South University Ave
Little Rock, AR 72204-9925
501-565-5550

Mid-South Community College
2000 West Broadway
West Memphis, AR 72301
870-733-6722

Northwest Technical Institute
PO Box A
Springdale, AR 72765-2000
501-751-8824 Ext. 105

Ouachita Technical College
PO Box 816, One College Cr
Malvern, AR 72104
501-332-3658 Ext. 1118

Ozarka College
PO Box 10
Melbourne, AR 72556
870-368-7371 Ext. 209

Quapaw Technical Institute
PO Box 3950
Hot Springs, AR 71914
501-767-3534

Searcy Beauty College
1004 South Main Street
Searcy, AR 72143
501-268-6300

Southern Arkansas University Tech
SAU Tech Station
Camden, AR 71701
870-574-4558

California

Academy of Art College
79 New Montgomery Street
San Francisco, CA 94105
415-263-7757

Academy of Radio Broadcasting
16052 Beach Boulevard, Suite 263
Huntington Beach, CA 92647
714-842-0100

The Advanced Career College
41765 N. 12th St. Ste. B.
West Palmdale, CA 93551
661-948-4141

American Career College, Inc.
4021 Rosewood Avenue
Los Angeles, CA 90004
323-666-7555

American InterContinental University
12655 West Jefferson Blvd
Los Angeles, CA 90066
888-248-7390

Andon College
1201 North El Dorado Street
Stockton, CA 95202
209-462-8777

Andon College
1700 McHenry Village Way
Modesto, CA 95350
209-571-8777

Antelope Valley College
3041 West Avenue K
Lancaster, CA 93536-5426
661-722-6338

The Art Institute of California
10025 Mesa Rim Road
San Diego, CA 92121-2913
866-275-2422 Ext. 3117

The Art Institute of Los Angeles
2900 31st Street
Santa Monica, CA 90405-3035
310-752-4700

Art Institute of Los Angeles–Orange County
3601 West Sunflower Avenue
Santa Ana, CA 92704
888-549-3055

Art Institutes International at
San Francisco
1170 Market Street
San Francisco, CA 94102
888-493-3261

Asian-American International
Beauty College
7871 Westminster Boulevard
Westminster, CA 92683
714-891-0508

Bethany College of the
Assemblies of God
800 Bethany Drive
Scotts Valley, CA 95066-2820
831-438-3800 Ext. 1400

Brooks College
4825 East Pacific Coast Hwy
Long Beach, CA 90804
800-421-3775 Ext. 271

Brooks Institute of
Photography
801 Alston Road
Santa Barbara, CA
93108-2399
805-966-3888

Bryman College
1045 West Redondo Beach
Boulevard, Suite 275
Gardena, CA 90247
310-527-7105 Ext. 102

Bryman College
12446 Putnam Street
Whittier, CA 90602
562-945-9191

Bryman College
1245 South Winchester
Boulevard, Suite 102
San Jose, CA 95128
408-246-4171

Bryman College
22336 Main Street
Hayward, CA 94541
510-582-9500

Bryman College
3000 South Robertson
Boulevard, 3rd Floor
Los Angeles, CA 90034
310-840-5777

Bryman College
3208 Rosemead Boulevard,
Suite 100
El Monte, CA 91731
626-573-5470

Bryman College
3460 Wilshire Boulevard,
Suite 500
Los Angeles, CA 90010
213-388-9950

Bryman College
511 North Brookhurst Street,
Suite 300
Anaheim, CA 92801
714-953-6500

Bryman College
520 North Euclid Avenue
Ontario, CA 91762-3591
909-984-5027

Bryman College
814 Mission Street, Suite 500
San Francisco, CA 94103
415-777-2500

Bryan College of Court
Reporting
2333 Beverly Boulevard
Los Angeles, CA 90057
213-484-8850

California College for Health
Sciences
2423 Hoover Avenue
National City, CA 91950-6605
619-477-4800 Ext. 301

California College of
Technology
4330 Watt Avenue, Suite 400
Sacramento, CA 95660
916-649-8168

California Motel Training
801 Riverside Avenue,
Suite 104
Roseville, CA 95678

California Paramedical and
Technical College
4550 La Sierra Avenue
Riverside, CA 92505-2907
909-687-9006

California Paramedical and
Technical College
3745 Long Beach Boulevard
Long Beach, CA 90807-3377
562-427-4217

California School of Culinary
Arts
521 East Green Street
Pasadena, CA 91101
888-900-2433 Ext. 1352

California Vocational College
3951 Balboa Street
San Francisco, CA 94121
415-668-0103

Career Networks Institute
986 Town & Country Road
Orange, CA 92868-4714
714-568-1566

Central Coast College
480 South Main Street
Salinas, CA 93901
831-753-6660

City College of San Francisco
50 Phelan Avenue
San Francisco, CA
94112-1821
415-239-3285

Coleman College
1284 West San Marcos Blvd
San Marcos, CA 92069
760-747-3990

Coleman College
7380 Parkway Drive
La Mesa, CA 91942
619-465-3990 Ext. 131

Computer Training Academy
235 Charcot Avenue
San Jose, CA 95131
408-441-6990 Ext. 112

Concorde Career Institute
570 W. 4th St. Ste. 107
San Bernardino, CA 92401
714-884-8891

Concord University School of
Law
1133 Westwood Boulevard,
Suite 2010
Los Angeles, CA 90024
800-439-4794

De Anza College
21250 Stevens Creek Blvd
Cupertino, CA 95014-5793

Dell'Arte School of Physical
Theatre
PO Box 816
Blue Lake, CA 95525
541-488-9180

Detective Training Institute
PO Box 909
San Juan Capistrano, CA
92693

Education America
University
123 Camino De La Reina,
Suite 100
San Diego, CA 92108
619-686-8600 Ext. 202

Empire College
3035 Cleveland Avenue
Santa Rosa, CA 95403
707-546-4000

Galen College of California,
Inc.
1604 Ford Avenue, Suite 10
Modesto, CA 95350
209-527-5084

Galen College of California,
Inc.
3908 West Caldwell Avenue,
Suite A
Visalia, CA 93277
559-732-5200

Galen College of California,
Inc.
1325 North Wishon Avenue
Fresno, CA 93728
559-264-9700

Gemological Institute of
America, Inc.
550 South Hill Street,
Suite 901
Los Angeles, CA 90013
213-833-0115

Gemological Institute of
America, Inc.
5345 Armada Drive
Carlsbad, CA 92008
760-603-4001

Glendale Career College
1015 Grandview Avenue
Glendale, CA 91201
818-243-1131

Glendale Career College-
Oceanside
Tri-City Medical Center,
4002 Vista Way
Oceanside, CA 92056
760-945-9896

Harbor Medical College
1231 Cabrillo Avenue,
Suite 201
Torrance, CA 90501
310-320-3200

Heald College, Schools of Business and Technology
255 West Bullard Avenue
Fresno, CA 93704-1706
559-438-4222 Ext. 4134

High-Tech Institute
1111 Howe Avenue, #250
Sacramento, CA 95825
916-929-9700

Institute for Business and Technology
2550 Scott Boulevard
Santa Clara, CA 95050
408-727-1060

International Air Academy, Inc.
2980 Inland Empire Boulevard
Ontario, CA 91764-4804
909-989-5222 Ext. 224

ITT Technical Institute
630 East Brier Drive, Suite 150
San Bernardino, CA 92408-2800
909-889-3800

ITT Technical Institute
9680 Granite Ridge Drive
San Diego, CA 92123-2662
858-571-8500

ITT Technical Institute
10863 Gold Center Drive
Rancho Cordova, CA 95670-6034
916-851-3900

ITT Technical Institute
Lake Marriott Business Center, 5104 Old Ironside
Santa Clara, CA 95054
408-496-0655

ITT Technical Institute
20050 South Vermont Avenue
Torrance, CA 90502
310-380-1555 Ext. 105

ITT Technical Institute
12669 Encinitas Avenue
Sylmar, CA 91342-3664
818-364-5151

ITT Technical Institute
2051 North Solar Drive, Suite 150
Oxnard, CA 93030
805-988-0143

ITT Technical Institute
525 North Muller Avenue
Anaheim, CA 92801
714-535-3700

ITT Technical Institute
3979 Trust Way, Britannia Point Eden
Hayward, CA 94545
510-785-8522 Ext. 23

ITT Technical Institute
16916 South Harlan Road
Lathrop, CA 95330
209-858-0077

ITT Technical Institute
1530 West Cameron Avenue
West Covina, CA 91790-2767
626-960-8681

Kensington College
2428 North Grand Avenue, Suite D
Santa Ana, CA 92705

Las Positas College
3033 Collier Canyon Road
Livermore, CA 94550-7650
501-373-5800

Loving Hands Institute of Healing Arts
639 11th Street
Fortuna, CA 95540-2346
707-725-9627

Maric College
3666 Kearny Villa Road, Suite 100
San Diego, CA 92123
858-279-4500

Maric College
2030 University Drive
Vista, CA 92083
760-630-1555

Marinello School of Beauty
1226 University Avenue
San Diego, CA 92103
800-648-3413

Martinez Adult School
600 F Street
Martinez, CA 94553-3298
925-228-3276 Ext. 230

Mendocino College
PO Box 3000
Ukiah, CA 95482-0300
707-468-3101

Modern Technology College
6180 Laurel Canyon Boulevard, #101
North Hollywood, CA 91606
818-763-2563 Ext. 223

MTI Business College of Stockton Inc.
6006 North El Dorado Street
Stockton, CA 95207-4349
209-957-3030 Ext. 314

National Career Education
6060 Sunrise Vista Drive
Citrus Heights, CA 95610
916-969-4900

National Institute of Technology
236 East Third Street
Long Beach, CA 90802
562-437-0501

New School of Architecture & Design
1249 F Street
San Diego, CA 92101-6634
619-235-4100 Ext. 103

North-West College
134 W. Holt Avenue
Pomona, CA 91768
626-960-5046

North-West College
2121 W. Garvey Avenue
West Covina, CA 91790
626-960-5046

North-West College
530 E. Union Street
Pasadena, CA 91101

North-West College
124 S. Glendale Avenue
Glendale, CA 91205
818-242-0205

Orange Coast College
2701 Fairview Road, PO Box 5005
Costa Mesa, CA 92628-5005
714-432-5773

Pacific College of Oriental Medicine
7445 Mission Valley Road, Suite 105
San Diego, CA 92108
619-574-6909

Pacific School of Massage and Healing Arts
44800 Fish Rock Road
Gualala, CA 95445
707-884-3138

Platt College
3700 Inland Empire Blvd
Ontario, CA 91764
909-941-9410

Platt College
3901 MacArthur Boulevard
Newport Beach, CA 92660
949-833-2300

Platt College-Los Angeles, Inc
7470 North Figueroa Street
Los Angeles, CA 90041-1717
323-258-8050

Platt College San Diego
6250 El Cajon Boulevard
San Diego, CA 92115-3919
619-265-0107

Rhodes College
9616 Archilbald Avenue, Suite 100
Rancho Cucamonga, CA 91730
909-484-4311

Sacramento City College
3835 Freeport Boulevard
Sacramento, CA 95822-1386
916-558-2438

San Joaquin Valley College
10641 Church Street
Rancho Cucamonga, CA 91730
909-948-7582

San Joaquin Valley College
295 East Sierra Avenue
Fresno, CA 93710-3616
559-229-7800

San Joaquin Valley College
8400 West Mineral King Ave
Visalia, CA 93291-9283
559-651-2500

San Joaquin Valley College
4985 East Anderson Avenue
Fresno, CA 93727
559-453-0123

Santa Barbara Business College
5266 Hollister Avenue
Santa Barbara, CA 93111
805-967-9677

Santa Barbara Business College
305 East Plaza Drive
Santa Maria, CA 93454
805-922-8256

Santa Barbara Business College
211 South Real Road
Bakersfield, CA 93309
805-835-1100

Silicon Valley College
2800 Mitchell Road
Walnut Creek, CA 94598
925-280-0235

Silicon Valley College
41350 Christy Street
Fremont, CA 94538
510-623-9966

Silicon Valley College
6201 San Ignacio Avenue
San Jose, CA 95119
408-360-0840

Simi Valley Adult School
3192 Los Angeles Avenue
Simi Valley, CA 93065
805-579-6200

Skadron College
295 East Caroline, Suite D
San Bernardino, CA 92408
909-783-8810

Spectrum Community Services, Inc.
1435 Grove Way
Hayward, CA 94546
510-881-0300 Ext. 227

Travel-World College and Agency
2990 South Sepulveda Boulevard, Suite 205
West Los Angeles, CA 90064
310-479-6093

United Education Corp
3380 Shelby Street, Suite 150
Ontario, CA 91764
909-476-2424

United Education Corporation
7335 Van Nuys Boulevard
Van Nuys, CA 91405
818-756-1200

United Education Corp
1323 6th Avenue
San Diego, CA 92101
619-544-9800

United Education Corporation
6812 Pacific Boulevard
Huntington Park, CA 90255
323-277-8000

United Education Corporation
310 3rd Avenue, Suite C6/C7
Chula Vista, CA 91910
619-409-4111

United Education Corporation
295 East Caroline Street, Suite E
San Bernardino, CA 92408
909-554-1999

United Education Corporation
3727 West 6th Street
Los Angeles, CA 90020
213-427-3700

Universal Technical Institute
15530 6th Street, Suite #110
Rancho Cucamonga, CA 91730
909-484-1929

University of Phoenix-Northern California Campus
7901 Stoneridge Drive, Suite 100
Pleasanton, CA 94588
877-478-8336

University of Phoenix-Sacramento Campus
1760 Creekside Oaks Drive, #100
Sacramento, CA 95833
800-266-2107

University of Phoenix-San Diego Campus
11682 El Camino Real, 2nd Floor
San Diego, CA 92130
888-867-4636

University of Phoenix-Southern California Campus
10540 Talbert Avenue, #120
Fountain Valley, CA 92708
800-468-6867

Valley Travel College
1368 W. Herndon Ste. 101
Fresno, CA 93711
559-436-1027

Western Career College
380 Civic Drive, Suite 300
Pleasant Hill, CA 94523
925-609-6650

Western Career College
8909 Folsom Boulevard
Sacramento, CA 95826
916-361-1660 Ext. 615

Westwood College of Aviation Technology-Los Angeles
8911 Aviation Boulevard
Inglewood, CA 90301
310-642-5440 Ext. 203

Westwood College of Technology-Anaheim
2461 West La Palma Avenue
Anaheim, CA 92801
714-226-9990 Ext. 100

Westwood College of Technology-Inland Empire
20 West 7th Street
Upland, CA 91786
909-931-7550 Ext. 100

Westwood College of Technology-Los Angeles
3460 Wilshire, Suite 700
Los Angeles, CA 90010
213-739-9999 Ext. 100

Colorado

Americana Beauty College II
3650 Austin Bluffs Parkway, Suite 174
Colorado Springs, CO 80918
719-598-4188

The Art Institute of Colorado
1200 Lincoln Street
Denver, CO 80203
800-275-2420

Bel-Rea Institute of Animal Technology
1681 South Dayton Street
Denver, CO 80231-3048
303-751-8700

Cambridge College
12500 East Iliff Avenue
Aurora, CO 80014
303-338-9700

CollegeAmerica
1385 South Colorado Boulevard, 5th Floor
Denver, CO 80222
303-691-9756

Colorado School of Trades
1575 Hoyt Street
Lakewood, CO 80215-2996
303-233-4697 Ext. 16

Denver Automotive and Diesel College
460 South Lipan Street, PO Box 9366
Denver, CO 80223-9960
303-722-5724

Denver Career College
1401 19th Street
Denver, CO 80202-1213
303-295-0550

Education America, Colorado Springs Campus
6050 Erin Park Drive, Suite 250
Colorado Springs, CO 80918-3401
719-532-1234

Education America, Denver Campus
11011 West 6th Avenue
Lakewood, CO 80215-5501
303-445-0500

Institute of Business and Medical Careers
1609 Oakridge Drive, Suite 102
Fort Collins, CO 80525

International Guide Academy Inc.
PMB 318, 2888 Bluff Street
Boulder, CO 80301
303-530-3420

ITT Technical Institute
500 East 84 Avenue
Thornton, CO 80229-5338
303-288-4488

Johnson & Wales University
7150 Montview Boulevard
Denver, CO 80220
303-256-9300

Otero Junior College
1802 Colorado Avenue
La Junta, CO 81050-3415
719-384-6831

Parks College
9065 Grant Street
Denver, CO 80229
303-457-2757

Parks College
6 Abilene Street
Aurora, CO 80011
303-367-2757

Platt College
3100 South Parker Road, Suite 200
Aurora, CO 80014-3141
303-369-5151

Real Estate College of Colorado
33 Inverness Place
Durango, CO 81301

Rocky Mountain College of Art & Design
6875 East Evans Avenue
Denver, CO 80224-2359
303-753-6046

Sage Technical Services
365 South Main Street
Brighton, CO 80601
800-867-9856

Sage Technical Services
764 Horizon Drive, Suite 201
Grand Junction, CO 81506

Technical Trades Institute
2315 East Pikes Peak Avenue
Colorado Springs, CO 80909-6030
719-632-7626

T. H. Pickens Technical Center
500 Airport Boulevard
Aurora, CO 80011
303-344-4910 Ext. 27935

Trinidad State Junior College-Valley Campus
1011 Main Street
Alamosa, CO 81101
719-589-1513

University of Phoenix-Colorado Campus
10004 Park Meadows Drive
Lone Tree, CO 80124
303-755-9090

University of Phoenix-Southern Colorado Campus
5475 Tech Center Drive, Suite 130
Colorado Springs, CO 80919
719-599-5282 Ext. 114

Westwood College of Aviation Technology-Denver
10851 West 120th Avenue
Broomfield, CO 80021-3465
303-466-1714

Westwood College of Technology-Denver North
7350 North Broadway
Denver, CO 80221-3653
303-426-7000 Ext. 100

Westwood College of Technology-Denver South
3150 South Sheridan Blvd
Denver, CO 80227
303-934-1122 Ext. 100

Connecticut

Academy of Learning-Waterbury
720 Wolcott Street
Waterbury, CT 06705-1335
203-574-4342

Connecticut Center for Massage Therapy
25 Sylvan Road, South
Westport, CT 06880
877-292-2268

Connecticut Culinary Institute
Talcott Plaza, 230 Farmington Avenue
Farmington, CT 06032
800-762-4337

Connecticut Institute of Hair Design
1000 Main Street
East Hartford, CT 06108
860-528-5032

Katherine Gibbs College
148 East Avenue
Norwalk, CT 06851
203-838-4173 Ext. 301

Naugatuck Valley Community College
750 Chase Parkway
Waterbury, CT 06708-3000
203-575-8078

Norwalk Community College
188 Richards Avenue
Norwalk, CT 06854-1655
203-857-7060 Ext. 7060

St. Vincent's College
2800 Main Street
Bridgeport, CT 06606-4292
203-576-5519

University of Bridgeport
380 University Avenue
Bridgeport, CT 06601
203-576-4552

Westlawn Institute of Marine Technology, Inc.
733 Summer Street
Stamford, CT 06901

Worldtek Travel School
111 Water Street
New Haven, CT 06511

Delaware

Delaware College of Art and Design
600 N. Market St.
Wilmington, DE 19801
302-622-8867 Ext. 110

Harrison Career Institute
631 West Newport Pike
Wilmington, DE 19804
302-999-7827

Schilling-Douglas School of Hair Design
70 Amstel Avenue
Newark, DE 19711
302-737-5100 Ext. 11

District of Columbia

Harrison Center for Career Education (YWCA)
624 Ninth Street, NW, Fourth Floor
Washington, D.C. 20001

Potomac College
4000 Chesapeake Street, NW
Washington, D.C. 20016
202-686-0876

Strayer University
1025 15th Street, NW
Washington, D.C. 20005
202-408-2400

Strayer University at Takoma Park
6830 Laurel Street, NW
Washington, D.C. 20012
202-722-8100

Florida

The Academy
3131 Flightline Drive
Lakeland, FL 33811

Advanced Career Training
7660 Phillips Highway, Suite 14
Jacksonville, FL 32256
904-737-6911

American Institute of Diamond Cutting, Inc.
1287 East Newport Center Dr, #202
Deerfield Beach, FL 33442
954-574-0833

American InterContinental University
8151 West Peters Road, Suite 1000
Plantation, FL 33324
888-757-4422

American Travel Institute
2908 Lakeview Drive
Fern Park, FL 32730
407-331-7443 Ext. 209

The Art Institute of Fort Lauderdale
1799 Southeast 17th Street
Fort Lauderdale, FL 33316-3000
954-463-3000 Ext. 420

ATI Career Training Center
1 Northeast 19th Street
Miami, FL 33132
305-573-1600

ATI Career Training Center
3501 Northwest 9th Avenue
Oakland Park, FL 33309-5900
954-563-5899

ATI Career Training Center
Electronics Campus
2880 Northwest 62nd Street
Fort Lauderdale, FL 33309-9731
954-973-4760

ATI Health Education Center
Plaza Executive Center, 1395 Northwest 167th Street,
Miami, FL 33169-5745
305-628-1000

Atlantic Coast Institute
5225 West Broward Boulevard
Fort Lauderdale, FL 33317
954-581-2223

Atlantic Vocational-Technical Center
4700 Coconut Creek Parkway
Coconut Creek, FL 33063
954-977-2083

Barbara Brennan School of Healing
500 Northeast Spanish River Boulevard, Suite 108
Boca Raton, FL 33431-4559
800-924-2564

Charles F. Chapman School of Seamanship, Inc.
4343 SE St. Lucie Boulevard
Stuart, FL 34997-9982
800-225-2841

ConCorde Career Institute
1960 Arlington Expressway, Suite 120
Jacksonville, FL 32211-7429
904-725-0525

Daytona Beach Community College
PO Box 2811
Daytona Beach, FL 32120-2811
386-255-8131 Ext. 5537

Education America, Tampa Technical Institute, Jacksonville Campus
7011 A.C. Skinner Parkway, Suite 140
Jacksonville, FL 32256
904-296-3435

Education America, Tampa Technical Institute, Pinellas Campus
8550 Ulmerton Road, Unit 100
Largo, FL 33771
727-532-1999

Education America, Tampa Technical Institute, Tampa Campus
2410 East Busch Boulevard
Tampa, FL 33612
800-992-4850 Ext. 211

First Coast Technical Institute
2980 Collins Avenue
St. Augustine, FL 32095-1919
904-829-1056

Florida College of Natural Health
1751 Mound Street, Suite G-100
Sarasota, FL 34236
941-954-8999

Florida College of Natural Health
2001 West Sample Road, Suite 100
Pompano Beach, FL 33064
954-975-6400

Florida College of Natural Health
7925 Northwest 12th Street, Suite 201
Miami, FL 33126
305-597-9599

Florida College of Natural Health
887 East Altamonte Drive
Altamonte Springs, FL 32701
407-261-0319

Florida Computer & Business School
1321 Southwest 107th Avenue, Suite 201B
Miami, FL 33174
305-553-6065

Florida Metropolitan University-Brandon Campus
3924 Coconut Palm Drive
Tampa, FL 33619
813-621-0041

Florida Metropolitan University-Fort Lauderdale Campus
1040 Bayview Drive
Fort Lauderdale, FL 33304
954-568-1600 Ext. 68

Florida Metropolitan University-Jacksonville Campus
8226 Phillips Highway
Jacksonville, FL 32256
904-731-4949

Florida Metropolitan University-Lakeland Campus
995 East Memorial Boulevard, Suite 110
Lakeland, FL 33801-1919
863-686-1444 Ext. 101

Florida Metropolitan University-Melbourne Campus
2401 North Harbor City Blvd
Melbourne, FL 32935
321-253-2929 Ext. 11

Florida Metropolitan University-North Orlando Campus
5421 Diplomat Circle
Orlando, FL 32810
407-628-5870 Ext. 108

Florida Metropolitan University-Pinellas Campus
2471 McMullen Booth Road
Clearwater, FL 33759
725-2688 Ext. 146

Florida Metropolitan University-South Orlando Campus
2411 Sand Lake Road
Orlando, FL 32809
407-851-2525

Florida Metropolitan University-Tampa Campus
3319 West Hillsborough Avenue
Tampa, FL 33614
813-879-6000

Florida School of Dog Grooming, Inc.
2315 North A Street
Tampa, FL 33609
813-254-2213

Florida School of Massage
6421 SW 13th Street
Gainesville, FL 32608-5419

Florida Technical College
1450 South Woodland Blvd
DeLand, FL 32720
386-734-3303

Florida Technical College
1819 North Semoran Blvd
Orlando, FL 32807
407-678-5600

Florida Technical College
298 Havendale Boulevard
Auburndale, FL 33823
863-967-8822

Florida Technical College
8711 Lone Star Road
Jacksonville, FL 32211
904-724-2229

Full Sail Real World Education
3300 University Boulevard
Winter Park, FL 32792-7429
407-679-0100

Herzing College
1595 South Semoran Boulevard, Suite 1501
Orlando, FL 32792-5509
407-478-0500

High-Tech Institute
1000 Woodcock Road
Orlando, FL 32803
407-673-9900

Hillsborough Community College
PO Box 31127
Tampa, FL 33631-3127
813-253-7022

Indian River Community College
3209 Virginia Avenue
Fort Pierce, FL 34981-5596
561-462-4745

Institute of Legal & Medical Professions
1600 Sarno Road, Suite 107
Melbourne, FL 32935
321-242-7555

International Academy of Design & Technology
5225 Memorial Highway
Tampa, FL 33634
813-881-0007 Ext. 8036

International Academy of Design & Technology
5959 Lake Ellenor Drive
Orlando, FL 32809
877-753-0007

International School of Beauty, Inc.
7127 US Highway 19
New Port Richey, FL 34652

ITT Technical Institute
2600 Lake Lucien Drive, Suite 140
Maitland, FL 32751-9754
407-660-2900 Ext. 18

ITT Technical Institute
3401 South University Drive
Fort Lauderdale, FL 33328
954-476-9300

ITT Technical Institute
4809 Memorial Highway
Tampa, FL 33634-7350
813-885-2244

ITT Technical Institute
6600 Youngerman Circle,
Suite 10
Jacksonville, FL 32244
904-573-9100

ITT Technical Institute
7955 Northwest 12th Street,
Suite 119
Miami, FL 33126
305-477-3080 Ext. 120

Johnson & Wales University
1701 Northeast 127th Street
North Miami, FL 33181
305-892-7600

Keiser Career Institute
12520 Pines Boulevard
Pembroke Pines, FL 33027
954-252-0002

Keiser Career Institute
9468 South US 1
Port St. Lucie, FL 34952
561-398-9990

Keiser College
1500 Northwest 49th Street
Fort Lauderdale, FL
33309-9722
954-776-4456

Keiser College
1700 Halstead Boulevard
Tallahassee, FL 32309
850-906-9494

Keiser College
1800 Business Park Blvd
Daytona Beach, FL 32114
904-274-5060

Keiser College
3515 Aviation Drive
Lakeland, FL 33811
863-701-7789

Keiser College
6151 Lake Osprey Drive
Sarasota, FL 34240
941-907-3900

Keiser College
8505 Mills Drive
Miami, FL 33183
305-596-2226

La Belle Beauty School
775 West 49th Street, Bay 5
Hialeah, FL 33012
305-558-0562

Manatee Community College
5840 26th Street West,
PO Box 1849
Bradenton, FL 34206-7046
941-752-5031

Marine Mechanics Institute
9751 Delegates Drive
Orlando, FL 32837-9835
407-240-2422

National School of
Technology, Inc.
4410 West 16th Avenue,
Suite 52
Hialeah, FL 33012
305-558-9500

National School of
Technology, Inc.
16150 Northeast 17 Avenue
North Miami Beach, FL
33162
305-949-9500

National School of
Technology, Inc.
9020 Southwest 137th Ave,
Suite 200
Miami, FL 33186
305-386-9900 Ext. 112

New England Institute of
Technology at Palm Beach
1126 53rd Court
West Palm Beach, FL 33407

North Florida Community
College
1000 Turner Davis Drive
Madison, FL 32340-1602
850-973-1622

Pasco-Hernando Community
College
10230 Ridge Road
New Port Richey, FL
34654-5199
727-816-3261

Phoenix East Aviation, Inc.
561 Pearl Harbor Drive
Daytona Beach, FL 32114
904-258-0703

Regional Airline Academy
Deland Airport, 1200
Flightline Boulevard, Suite 10
Deland, FL 32724
866-709-4892

South University
1760 North Congress Avenue
West Palm Beach, FL 33409
561-697-9200

Southwest Florida College
10210 Highland Manor Drive,
Suite 200
Tampa, FL 33610
813-630-4401

Southwest Florida College
1685 Medical Lane
Fort Myers, FL 33907
941-939-4766

Sunstate Academy of Hair
Design
2418 Colonial Boulevard
Fort Myers, FL 33907-1491
941-278-1311

Tulsa Welding School
3500 Southside Boulevard
Jacksonville, FL 32216
904-646-9353

Ultrasound Diagnostic
School
10255 Fortune Parkway,
Unit 501
Jacksonville, FL 32256
904-363-6221

Ultrasound Diagnostic
School
4780 North State Road 7,
#100-E
Lauderdale Lakes, FL
33319-5860
954-942-6551

Ultrasound Diagnostic
School
5701 East Hillsborough Ave
Tampa, FL 33610
813-621-0072

University of Phoenix-Fort
Lauderdale Campus
600 North Pine Island Road,
Suite 500
Plantation, FL 33324
954-382-5303

University of Phoenix-
Jacksonville Campus
8131 Baymeadows Circle
West, Suite 101
Jacksonville, FL 32256
904-636-6645

University of Phoenix-
Orlando Campus
2290 Lucien Way, Suite 400
Maitland, FL 32751
407-667-0555

University of Phoenix-Tampa
Campus
100 Tampa Oaks Boulevard,
Suite 200
Tampa, FL 33637
813-977-1449

Webster College
2221 Southwest 19th Avenue
Ocala, FL 34474
352-629-1941

Webster College
2127 Grand Boulevard
Holiday, FL 34691
727-942-0069

Webster Institute of
Technology
3910 US Highway 301 North,
Suite 200
Tampa, FL 33619-1259
813-620-1446

Georgia

Advanced Career Training
1 Corporate Square,
Suite 110
Atlanta, GA 30329
404-321-2929

Advanced Career Training
7165 Georgia Highway 85
Riverdale, GA 30274
770-991-9356

American InterContinental
University
3330 Peachtree Road, NE
Atlanta, GA 30326
888-999-4248

American InterContinental
University
6600 Peachtree-Dunwoody
Road, 500 Embassy Row
Atlanta, GA 30328
800-353-1744

The Art Institute of Atlanta
6600 Peachtree Dunwoody
Road, 100 Embassy Row
Atlanta, GA 30328
770-394-8300

Bauder College
Phipps Plaza,
3500 Peachtree Rd
Atlanta, GA 30326
404-237-7573 Ext. 223

Beauty College of America
1171 Main St.
Forest Park, GA 30297
404-361-4098

Coastal Georgia Community College
3700 Altama Avenue
Brunswick, GA 31520-3644
912-264-7253

Cobb Beauty College, Inc.
3096 Cherokee Street
Kennesaw, GA 30144-2828
770-424-6915

Columbus Technical College
928 Manchester Expressway
Columbus, GA 31904-6572
706-649-0652

Computer-Ed Institute
2359 Windy Hill Road
Marietta, GA 30067-8550
770-226-0056

Computer-Ed Institute
5675 Jimmy Carter Boulevard, Suite 100
Norcross, GA 30071
678-966-9411 Ext. 230

Georgia Medical Institute
101 Marietta Street, NW, 6th Floor
Atlanta, GA 30303
404-525-1111

Georgia Medical Institute–Jonesboro
6431 Tara Boulevard
Jonesboro, GA 30236
770-603-0000

Georgia Medical Institute–Marietta
1395 South Marietta Parkway, Building 500, Suite 202
Marietta, GA 30067
770-428-6303

Grady Health System
80 Butler Street, SE,
PO Box 26095
Atlanta, GA 30335-3801
404-616-3611

Gwinnett College
4230 Highway 29, Suite 11
Lilburn, GA 30047

Herzing College
3355 Lenox Road, Suite 100
Atlanta, GA 30326
404-816-4533

Kerr Business College
2528 Centerwest Parkway, Building A
Augusta, GA 30909
706-738-5046

Lacarme School of Cosmetology
6254 Memorial Drive, Suite M
Stone Mountain, GA 30083
770-879-6673

Medix School
2108 Cobb Parkway
Smyrna, GA 30080
770-980-0002

National Center for Montessori Education-Atlanta
2175 Norcross-Tucker Road
Norcross, GA 30071
770-434-5931

National Institute of Technology
1706 Northeast Expressway
Atlanta, GA 30329
404-327-8787

NCPT, Inc.
100 Embassy Row
Atlanta, GA 30328
770-730-8553 Ext. 2532

North Georgia Technical College
Georgia Highway 197, North, PO Box 65
Clarkesville, GA 30523
706-754-7725

Roffler-Moler Hairstyling College
1311 Roswell Road
Marietta, GA 30062
770-565-3285

Southeastern Beauty School
PO Box 12483
Columbus, GA 31917-2483
706-687-1054 Ext. 1

South University
709 Mall Boulevard
Savannah, GA 31406-6912
912-691-6000

Ultrasound Diagnostic School
1140 Hammond Drive, Suite 1150-A
Atlanta, GA 30328
770-350-0009

Hawaii

Education America, Honolulu Campus
1111 Bishop Street, Suite 400
Honolulu, HI 96813
808-942-1000

Hawaii Business College
33 South King Street, 4th Floor
Honolulu, HI 96813
808-524-4014

Hawaii Institute of Hair Design
71 South Hotel Street
Honolulu, HI 96813-3112
808-533-6596

Heald College, Schools of Business and Technology
1500 Kapiolani Boulevard
Honolulu, HI 96814-3797
808-955-1500 Ext. 512

Hollywood Beauty College
99-084 Kauhale Street, Building A
Aiea, HI 96701

Honolulu Community College
874 Dillingham Boulevard
Honolulu, HI 96817-4598
808-845-9129

Institute of Body Therapeutics
PO Box 11777
Lahaina, HI 96761

Kauai Community College
3-1901 Kaumualii Highway
Lihue, HI 96766-9591
808-245-8225

New York Technical Institute of Hawaii
1375 Dillingham Boulevard
Honolulu, HI 96817-4415
808-841-5827

Travel Institute of the Pacific
1314 Sourth King Street, Suite 1164
Honolulu, HI 96814-4401
808-591-2708

University of Phoenix-Hawaii Campus
827 Fort Street
Honolulu, HI 96813
866-236-7655

Idaho

Aero Technicians, Inc.
Rexburg Airport, PO Box 7
Rexburg, ID 83440
208-245-4446

American Institute of Health Technology
1200 North Liberty Street
Boise, ID 83704
208-377-8080 Ext. 22

Eastern Idaho Technical College
1600 South 25th East
Idaho Falls, ID 83404-5788
208-524-3000 Ext. 3371

Headmasters School of Hair Design II
602 Main Street
Lewiston, ID 83501
208-743-1512

ITT Technical Institute
12302 West Explorer Drive
Boise, ID 83713-1529
208-322-8844

Mr. Juan's College of Hair Design
577 Lynwood Mall
Twin Falls, ID 83301
208-733-7777

Sage Technical Services
207 South 34th Avenue
Caldwell, ID 83605
800-858-6304

Sage Technical Services
1420 East 3rd Avenue
Post Falls, ID 83854
800-400-0079

The School of Hairstyling
257 North Main Street
Pocatello, ID 83204

Shadow Mountain Business Careers
11911 Ustick Road
Boise, ID 83706

Illinois

The Academy of Dog Grooming Arts
1900 South Arlington Heights Road
Arlington Heights, IL 60005
847-228-5700

Altamore School of Cosmetology
7904 North Second Street
Machesney Park, IL 61115

American Academy of Art
332 South Michigan Avenue
Chicago, IL 60604
312-461-0600

American InterContinental University Online
2895 Greenspoint Parkway, Suite 400
Hoffman Estates, IL 60195
847-585-3709

Cain's Barber College
365 East 51st Street
Chicago, IL 60615-3510
773-536-4441 Ext. 18

Career Colleges of Chicago
11 East Adams Street, 2nd Floor
Chicago, IL 60603-6301
312-895-6317

The Chubb Institute
270 West North Avenue
Villa Park, IL 60181
630-993-6121

College of DuPage
425 22nd Street
Glen Ellyn, IL 60137-6599
630-942-2800

College of Lake County
19351 West Washington St
Grayslake, IL 60030-1198
847-543-2061

The Cooking and Hospitality Institute of Chicago
361 West Chestnut
Chicago, IL 60610-3050
877-828-7772

Coyne American Institute
1235 West Fullerton Avenue
Chicago, IL 60614-2186
773-935-2520 Ext. 230

Educators of Beauty
211 East Third Street
Sterling, IL 61081
815-625-0247

Environmental Technical Institute
1101 West Thorndale Avenue
Itasca, IL 60143-1334
630-285-9100 Ext. 206

Environmental Technical Institute-Blue Island Campus
13010 South Division Street
Blue Island, IL 60406-2606
708-385-0707

Fox College
4201 West 93rd Street
Oak Lawn, IL 60453
708-636-7700

Illinois Eastern Community Colleges, Olney Central College
305 North West Street
Olney, IL 62450
618-395-7777 Ext. 2005

The Illinois Institute of Art
350 North Orleans, Suite 136
Chicago, IL 60654-1593
800-351-3450

The Illinois Institute of Art-Schaumburg
1000 Plaza Drive
Schaumburg, IL 60173
800-314-3450

International Academy of Design & Technology
1 North State Street, #400
Chicago, IL 60602-9736
312-980-9200

ITT Technical Institute
7040 High Grove Boulevard
Burr Ridge, IL 60527
630-455-6470

ITT Technical Institute
1401 Feehanville Drive
Mount Prospect, IL 60056
847-375-8800

ITT Technical Institute
600 Holiday Plaza Drive
Matteson, IL 60443
708-747-2571

John A. Logan College
700 Logan College Road
Carterville, IL 62918-9900

La' James College of Hairstyling
485 42nd Avenue
East Moline, IL 61244
309-755-1313

Lake Land College
5001 Lake Land Boulevard
Mattoon, IL 61938-9366
217-234-5377

Lewis and Clark Community College
5800 Godfrey Road
Godfrey, IL 62035-2466
618-468-5100

Lincoln Technical Institute
8317 West North Avenue
Melrose Park, IL 60160

MacCormac College
506 South Wabash Avenue
Chicago, IL 60605-1667
312-922-1884 Ext. 204

Midwest Institute of Technology
3712 West Montrose Avenue
Chicago, IL 60618
773-478-0119

Moraine Valley Community College
10900 South 88th Avenue
Palos Hills, IL 60465-0937
708-974-2110

Oakton Community College
1600 East Golf Road
Des Plaines, IL 60016-1268
847-635-1629

Olympia College
9811 Woods Drive
Skokie, IL 60077
847-470-0277

Parkland College
2400 West Bradley Avenue
Champaign, IL 61821-1899
217-351-2236

Professionals Choice Hair Design Academy
2719 West Jefferson Street
Joliet, IL 60435

Rockford Business College
730 North Church Street
Rockford, IL 61103
815-965-8616 Ext. 13

Sanford-Brown College
3237 West Chain of Rocks Rd
Granite City, IL 62040
618-931-0300

Southwestern Illinois College
2500 Carlyle Road
Belleville, IL 62221-5899

Triton College
2000 5th Avenue
River Grove, IL 60171-9983
708-456-0300 Ext. 3130

Undergraduate School of Cosmetology
300 West Carpenter Street
Springfield, IL 62702

Universal Technical Institute, Inc.
601 Regency Drive
Glendale Heights, IL 60139-2208
630-529-2662

The Vanderschmidt School
4825 North Scott Street, Suite 76
Schiller Park, IL 60176

Westwood College
7125 Janes Avenue, Suite 100
Woodridge, IL 60517
630-434-8244 Ext. 100

Westwood College of Technology-O'Hare
4825 North Scott Street, Suite 100
Schiller Park, IL 60176
847-928-1710 Ext. 100

Westwood College of Technology-River Oaks
80 River Oaks Center, Suite 102
Calumet City, IL 60409
708-832-1988 Ext. 100

Indiana

Alexandria School of Scientific Therapeutics
809 South Harrison Street, PO Box 287
Alexandria, IN 46001
800-622-8756

Honors Beauty College, Inc.
1315 E. 86th
Indianapolis, IN 46240
317-465.9837

Horizon Career College
8315 Virginia Street, A
Merrillville, IN 46410
219-756-6811

Indiana Business College
2222 Poshard Drive
Columbus, IN 47203
812-379-9000

Indiana Business College
6413 North Clinton Street
Fort Wayne, IN 46825
219-471-7667

Indiana Business College
4601 Theater Drive
Evansville, IN 47715
812-476-6000

Indiana Business College
802 North Meridian
Indianapolis, IN 46204
317-264-5656

Indiana Business College
2 Executive Drive
Lafayette, IN 47905-4859
765-447-9550

Indiana Business College
830 North Miller Avenue
Marion, IN 46952
765-662-7497

Indiana Business College
8150 Brookville Road
Indianapolis, IN 46239
317-375-8000

Indiana Business College
411 West Riggin Road
Muncie, IN 47303-6413
765-288-8681

Indiana University Northwest
3400 Broadway
Gary, IN 46408-1197
219-980-6991

Indiana University-Purdue University Indianapolis
355 North Lansing
Indianapolis, IN 46202-2896
317-274-4591

International Business College
7205 Shadeland Station
Indianapolis, IN 46256
317-841-6400

International Business College
3811 Illinois Road
Fort Wayne, IN 46804
219-459-4513

ITT Technical Institute
4919 Coldwater Road
Fort Wayne, IN 46825-5532
219-484-4107

ITT Technical Institute
9511 Angola Court
Indianapolis, IN 46268-1119
317-875-8640

ITT Technical Institute
10999 Stahl Road
Newburgh, IN 47630
812-858-1600

Ivy Tech State College-Central Indiana
1 West 26th Street, PO Box 1763
Indianapolis, IN 46206-1763
317-921-4612

Ivy Tech State College-Columbus
4475 Central Avenue
Columbus, IN 47203-1868
812-372-9925 Ext. 129

Ivy Tech State College-Eastcentral
4301 South Cowan Road, PO Box 3100
Muncie, IN 47302-9448
765-289-2291

Ivy Tech State College-Kokomo
1815 East Morgan St, PO Box 1373
Kokomo, IN 46903-1373
765-459-0561 Ext. 318

Ivy Tech State College-Northeast
3800 North Anthony Blvd
Fort Wayne, IN 46805-1430
219-482-9171

Ivy Tech State College-Northwest
1440 East 35th Avenue
Gary, IN 46409-1499
219-981-1111 Ext. 420

Ivy Tech State College-Southeast
590 Ivy Tech Drive, PO Box 209
Madison, IN 47250-1883
812-265-2580 Ext. 4114

Ivy Tech State College-Southwest
3501 First Avenue
Evansville, IN 47710-3398
812-426-2865

Ivy Tech State College-Wabash Valley
7999 US Highway 41, South
Terre Haute, IN 47802
812-299-1121

Oakland City University
143 North Lucretia Street
Oakland City, IN 47660-1099
812-749-1222

Olympia College
707 East 80th Place, #200
Merrillville, IN 46410
562-437-0501

Professional Careers Institute
7302 Woodland Drive
Indianapolis, IN 46278-1736
317-299-6001

Sawyer College-Southlake
3803 East Lincoln Highway
Merrillville, IN 46410
219-736-0436

Vincennes University
1002 North First Street
Vincennes, IN 47591-5202
812-888-4313

Iowa

AIB College of Business
2500 Fleur Drive
Des Moines, IA 50321-1799

College of Hair Design
Squires Square, 722 Water Street, Suite 201
Waterloo, IA 50703
319-232-9995

Hair Tech School of Technology
402 West Montgomery Street
Creston, IA 50801
641-782 6537 Ext. 20

Hamilton Technical College
1011 East 53rd Street
Davenport, IA 52807-2653

Hawkeye Community College
PO Box 8015
Waterloo, IA 50704-8015
319-296-2320 Ext. 4000

Iowa Western Community College
2700 College Road, Box 4-C
Council Bluffs, IA 51502
712-325-3289

Kaplan College
1801 East Kimberly Road, Suite 1
Davenport, IA 52807
563-355-3500 Ext. 40

La' James College of Hairstyling
227 East Market Street
Iowa City, IA 52240
319-338-3926

La' James College of Hairstyling
6336 Hickman Road
Des Moines, IA 50322
515-278-2208

La' James College of Hairstyling
6322 University Avenue
Cedar Falls, IA 50613
319-277-2150

La' James College of Hairstyling
211 West 53rd Street
Davenport, IA 52807
319-386-7700

Marshalltown Community College
3700 South Center Street
Marshalltown, IA 50158-4760

Mercy College of Health Sciences
928 Sixth Avenue
Des Moines, IA 50309-1239
515-643-6605

Muscatine Community College
152 Colorado Street
Muscatine, IA 52761-5396
563-288-6012

North Iowa Area Community College
500 College Drive
Mason City, IA 50401-7299
515-422-4104

Professional Cosmetology Institute
627 Main Street
Ames, IA 50010
515-232-7250 Ext. 2

Vatterott College
6100 Thornton, Suite 290
Des Moines, IA 50321
515-309-9000

Kansas

American Institute of Baking
1213 Bakers Way
Manhattan, KS 66502

The Brown Mackie College
126 South Santa Fe
Salina, KS 67401-2810

Butler County Community College
901 South Haverhill Road
El Dorado, KS 67042-3280
316-322-3396

Colby Community College
1255 South Range
Colby, KS 67701-4099
913-462-4690 Ext. 200

Cowley County Community College and Area Vocational-Technical School
125 South Second, PO Box 1147
Arkansas City, KS 67005-1147
800-593-2222 Ext. 5368

Garden City Community College
801 Campus Drive
Garden City, KS 67846-6399
316-276-9531

Labette Community College
200 South 14th Street
Parsons, KS 67357-4299

Lawrence Career College
3300 Clinton Parkway Court
Lawrence, KS 66047
785-841-9640 Ext. 21

North Central Kansas Technical College
Box 507 Highway 24
Beloit, KS 67420
785-738-2276

Pittsburg State University
1701 South Broadway
Pittsburg, KS 66762
800-854-PITT

Pratt Community College and Area Vocational School
348 NE State Route 61
Pratt, KS 67124-8317
620-672-5641 Ext. 217

Salina Area Technical School
2562 Scanlan Avenue
Salina, KS 67401
785-825-2261 Ext. 424

Seward County Community College
Box 1137
Liberal, KS 67905-1137
620-629-2714

Southwest Kansas Technical School
2215 North Kansas
Liberal, KS 67905-1599
620-626-3819

Vatterott College
6130 East Central Avenue
Wichita, KS 67208-9771
316-686-7355

Vernons Kansas School of Cosmetology-Central
501 E. Pawnee Ste. 525
Wichita, KS 67211

Washburn University of Topeka
1700 SW College Avenue
Topeka, KS 66621
785-231-1010 Ext. 1391

Kentucky

Cumberland Valley Technical College-Harlan
164 Ball Park Road
Harlan, KY 40831
606-573-1506 Ext. 2225

Cumberland Valley Technical College-Middlesboro
1300 Chichester St.
Middlesboro, KY 40965
606-242-2145 Ext. 2073

Daymar College
250 Sturgis Road
Marion, KY 42064
270-926-4040

Daymar College
3361 Buckland Square
Owensboro, KY 42301
270-926-4040

Decker College
981 South Third Street, Suite 106
Louisville, KY 40203

Draughons Junior College
2424 Airway Court
Bowling Green, KY 42103
270-843-6750

The Hair Design School
3968 Park Drive
Louisville, KY 40216
502-459-8150

The Hair Design School
4160 Bardstown Road
Louisville, KY 40218
502-499-0070

The Hair Design School
7285 Turfway Road
Florence, KY 41042
859-283-2690

ITT Technical Institute
10509 Timberwood Circle, Suite 100
Louisville, KY 40223-5392
502-327-7424 Ext. 21

Jenny Lea Academy of Cosmetology
114 North Cumberland Ave
Harlan, KY 40831
606-573-4276

Kaufman's Beauty School
701 East High Street
Lexington, KY 40502
859-266-2024

Louisville Technical Institute
3901 Atkinson Square Drive
Louisville, KY 40218-4528
502-456-6509

Meade County Area Technology Center
110 Greer Street
Brandenburg, KY 40108

National College of Business & Technology
139 South Killarney Lane
Richmond, KY 40475
859-623-8956

National College of Business & Technology
288 South Mayo Trail, Suite 2
Pikeville, KY 41501
606-432-5477

National College of Business & Technology
3950 Dixie Highway
Louisville, KY 40216
502-447-7634

National College of Business & Technology
407 Marquis Avenue
Lexington, KY 40502-2140
859-253-0621

National College of Business & Technology
7627 Ewing Boulevard
Florence, KY 41042
859-525-6510

Pat Wilsons Beauty College
326 North Main
Henderson, KY 42420

Rowan Technical College
100 Vo-Tech Drive
Morehead, KY 40351
606-783-1538 Ext. 314

Spencerian College
4627 Dixie Highway, PO Box 16418
Louisville, KY 40256-0418
502-447-1000

Sullivan University
3101 Bardstown Road
Louisville, KY 40205
502-456-6505

Tri-State Beauty Academy, Inc.
219 West Main Street
Morehead, KY 40351
606-784-9335

Western Kentucky University
One Big Red Way
Bowling Green, KY 42101-3576
270-745-4241

Louisiana

Ayers Institute, Inc.
PO Box 3941
Shreveport, LA 71133-3941
318-635-0280

Baton Rouge School of Computers
9255 Interline Avenue
Baton Rouge, LA 70809-1971
225-923-2525

Career Technical College
1611 Louisville Avenue
Monroe, LA 71201
318-323-2889

Cloyd's Beauty School #1
603 Natchitoches Street
West Monroe, LA 71291-3131
318-322-5465

Cloyd's Beauty School #2
1311 Winnsboro Road
Monroe, LA 71202
318-322-5314

Cloyd's Beauty School #3
2514 Ferrand Street
Monroe, LA 71201-3539
318-322-5465

Crescent City Bartending School
209 N. Broad St.
New Orleans, LA 70119
504-822-3362

Delta School of Business & Technology
517 Broad Street
Lake Charles, LA 70601
337-439-5765

Education America, Remington College, Baton Rouge Campus
1900 North Lobdell
Baton Rouge, LA 70806
225-922-3990

Education America, Remington College, Lafayette Campus
303 Rue Louis XIV
Lafayette, LA 70508
337-981-4010

Education America, Southeast College of Technology, New Orleans Campus
321 Veterans Memorial Blvd
Metairie, LA 70005
504-831-8889

Elaine P. Nunez Community College
3710 Paris Road
Chalmette, LA 70043-1249
504-680-2472

Guy's Shreveport Academy of Cosmetology
3954 Youree Drive
Shreveport, LA 71105
318-865-5591 Ext. 26

Herzing College
2400 Veterans Boulevard, Suite 410
Kenner, LA 70062
504-733-0074

ITT Technical College
13944 Airline Highway
Baton Rouge, LA 70817-5998
225-752-4230

ITT Technical Institute
140 James Drive, East
St. Rose, LA 70087
504-463-0338

Louisiana Technical College-Natchitoches Campus
PO Box 657
Natchitoches, LA 71458-0657
318-357-7007

Louisiana Technical College-Slidell Campus
1000 Canulette Road
Slidell, LA 70459-0827
504-646-6430 Ext. 116

Nick Randazzo Vocational Training Institute
1415 Whitney Avenue
Gretna, LA 70053
504-366-5409

University of Phoenix-New Orleans
1 Galleria Boulevard, Suite 725
Metairie, LA 70001
504-461-8852

Maine

Central Maine Medical Center School of Nursing
300 Main Street
Lewiston, ME 04240-0305
207-795-2843

Eastern Maine Technical College
354 Hogan Road
Bangor, ME 04401-4206
207-941-4680

Headhunter II School of Hair Design
1041 Brighton Avenue
Portland, ME 04102

Landing School of Boat Building and Design
PO Box 1490
Kennebunkport, ME 04046-1490

Maine Medical Center School of Surgical Technology
Smtc Fort Road
South Portland, ME 04106
207-767-9402

Mid-State College
88 East Hardscrabble Road
Auburn, ME 04210-8888
207-783-1478

Northern Maine Technical College
33 Edgemont Drive
Presque Isle, ME 04769-2016
207-768-2786

Maryland

Aaron's Academy of Beauty
340 Post Office Road
Waldorf, MD 20602
301-645-3681

AccuTech Business Institute
5310 Spectrum Drive
Frederick, MD 21703
301-694-0211

Allegany College of Maryland
12401 Willowbrook Road, SE
Cumberland, MD 21502-2596
301-784-5199

Anne Arundel Community College
101 College Parkway
Arnold, MD 21012-1895
410-777-2827

Baltimore School of Massage
6401 Dogwood Road
Baltimore, MD 21207
410-944-8855

Bennett School of Travel
8659 Baltimore National Pike
Ellicott City, MD 21043
410-465-8555 Ext. 219

Broadcasting Institute of Maryland
7200 Harford Road
Baltimore, MD 21234
410-254-2770

Carroll Community College
1601 Washington Road
Westminster, MD 21157
410-386-8405

Chesapeake College
PO Box 8
Wye Mills, MD 21679-0008

Fleet Business School
2530 Riva Road, Suite 201
Annapolis, MD 21401

Hagerstown Business College
18618 Crestwood Drive
Hagerstown, MD 21742
800-422-2670

International Fabricare Institute
12251 Tech Road
Silver Spring, MD 20904

L'Academie de Cuisine
16006 Industrial Drive
Gaithersburg, MD 20877
800-664-CHEF

Lincoln Technical Institute
9325 Snowden River Pkwy
Columbia, MD 21046
410-290-7100

Medix School
700 York Road
Towson, MD 21204-2511
410-337-5155

The Omega Studios' School of Applied Recording Arts and Sciences
5609 Fishers Lane
Rockville, MD 20852
301-230-9100

RETS Technical Training Center
1520 South Caton Avenue
Baltimore, MD 21227-1063
410-644-6400

Smart I.T. Training
1502 Woodlawn Drive
Baltimore, MD 21207
410-944-4444 Ext. 220

Strayer University at Anne Arundel Campus
1111 Benfield Boulevard, Suite 100
Millersville, MD 21108
410-923-4500

Strayer University at Montgomery Campus
20030 Century Boulevard, Suite 300
Germantown, MD 20874
301-540-8066

Strayer University at Prince George's County
4710 Auth Place, 1st Floor
Suitland, MD 20746
301-423-3600

TESST College of Technology
803 Glen Eagles Court
Towson, MD 21286
410-296-5350

Ultrasound Diagnostic School
8401 Corporate Drive, Suite 500
Landover, MD 20785
301-918-8221

University of Phoenix-Maryland Campus
8830 Stanford Blvd, #100
Columbia, MD 21045
410-872-9001

Massachusetts

Assabet Valley Regional Vocational-Technical
215 Fitchburg Street
Marlborough, MA 01752-1288
508-485-9430

Bancroft School of Massage Therapy
333 Shrewsbury Street
Worcester, MA 01604
508-757-7923

Bristol Community College
777 Elsbree Street
Fall River, MA 02720-7395
508-678-2811 Ext. 2177

Bryman Institute
1505 Commonwealth Avenue
Brighton, MA 02135
617-783-9955

The Cambridge School of Culinary Arts
2020 Massachusetts Avenue
Cambridge, MA 02140-2124
617-354-2020 Ext. 130

Cape Cod Community College
2240 Iyanough Road
West Barnstable, MA 02668-1599
508-362-2131 Ext. 4311

Catherine E. Hinds Institute of Esthetics
300 Wildwood Avenue
Woburn, MA 01801
781-935-3344 Ext. 247

Computer-Ed Institute
375 Westgate Drive
Brockton, MA 02301-1818

Computer-Ed Institute
5 Middlesex Avenue
Somerville, MA 02145
617-776-3500 Ext. 267

Computer-Ed Institute
100 Sylvan Road, G 500
Woburn, MA 01801
617-776-3500 Ext. 233

Computer-Ed Institute
211 Plain Street
Lowell, MA 01852
978-458-4800 Ext. 208

Computer-Ed Institute
477 Washington Street
Boston, MA 02111
617-348-9857

Elizabeth Grady School of Esthetics
55 North St.
Medford, MA 02155
781-391-9380 Ext. 14

Funeral Institute of the Northeast
77 University Avenue
Westwood, MA 02090
781-461-9080

Henri's School of Hair Design
276 Water Street
Fitchburg, MA 01420
978-342-6061

ITT Technical Institute
333 Providence Highway
Norwood, MA 02062
781-278-7200 Ext. 231

ITT Technical Institute
10 Forbes Road
Woburn, MA 01801
781-937-8324

Katharine Gibbs School
126 Newbury Street
Boston, MA 02116
617-578-7100

Learning Institute for Beauty Sciences
384 Main Street
Malden, MA 02148
781-324-3400

Massachusetts School of Barbering and Men's Hairstyling
152 Parkingway Street
Quincy, MA 02169-5058
617-770-4444

Mount Wachusett Community College
444 Green Street
Gardner, MA 01440-1000
978-632-6600 Ext. 238

Muscular Therapy Institute
122 Rindge Avenue
Cambridge, MA 02140
617-576.1300 Ext. 3021

New England Institute of Art & Communications
10 Brookline Place, West
Brookline, MA 02445
800-903-4425

North Shore Community College
1 Ferncroft Road
Danvers, MA 01923-4093

RETS Technical Center
965 Commonwealth Avenue
Boston, MA 02215
617-783-1197

Rittner's School of Floral Design
345 Marlborough Street
Boston, MA 02115

Rob Roy Academy, Inc.
150 Pleasant Street
Worcester, MA 01609
508-799-2111

Ultrasound Diagnostic School
365 Cadwell Drive, 1st Floor
Springfield, MA 01104-1739
413-739-4700

University of Phoenix-Boston Campus
150 Grossman Drive
Braintree, MA 02184
480-927-0099 Ext. 1216

Michigan

Alpena Community College
666 Johnson Street
Alpena, MI 49707-1495

Baker College of Cadillac
9600 East 13th Street
Cadillac, MI 49601
231-876-3100

Baker College of Clinton Township
34950 Little Mack Avenue
Clinton Township, MI 48035
810-791-6610

Baker College of Jackson
2800 Springport Road
Jackson, MI 49202
517-788-7800

Baker College of Muskegon
1903 Marquette Avenue
Muskegon, MI 49442
231-777-5200

Baker College of Owosso
1020 South Washington St
Owosso, MI 48867
989-729-3350

Baker College of Port Huron
3403 Lapeer Road
Port Huron, MI 48060
810-985-7000 Ext. 102

Bayshire Beauty Academy
917 Saginaw Street
Bay City, MI 48708
989-894-2431

Conlin Hallissey Travel School, Inc.
3270 Washtenaw Avenue
Ann Arbor, MI 48104
734-677-1562

David Pressley Professional School of Cosmetology
1127 South Washington St
Royal Oak, MI 48067
248-548-5090 Ext. 10

Detroit Business Institute-Southfield
23077 Greenfield Road
Ste. LI28
Southfield, MI 48075
248-552-6300 Ext. 16

Dorsey Schools
31542 Gratiot Avenue
Roseville, MI 48066
810-296-3225

Dorsey Schools
30821 Barrington Avenue
Madison Heights, MI 48071
248-588-9660

Dorsey Schools
34841 Veteran's Plaza
Wayne, MI 48184
734-595-1540

Dorsey Schools
15755 Northline Road
Southgate, MI 48195
734-285-5400

Flint Institute of Barbering
3214 Flushing Road
Flint, MI 48504-4395
810-232-4711

Gogebic Community College
E-4946 Jackson Road
Ironwood, MI 49938
906-932-4231 Ext. 306

ITT Technical Institute
1522 East Big Beaver Road
Troy, MI 48083-1905
248-524-1800

ITT Technical Institute
4020 Sparks Drive, SE
Grand Rapids, MI
49546-6197
616-956-1060

Lawton School
20755 Greenfield Road,
Suite 300
Southfield, MI 48075
248-569-7787

Michigan College of Beauty
15233 South Dixie Highway
Monroe, MI 48161
734-241-8877

Michigan School of Canine Cosmetology
3022 South Cedar Street
Lansing, MI 48910

Mott Community College
1401 East Court Street
Flint, MI 48503-2089
810-762-0242

National Institute of Technology-Dearborn
23400 Michigan Avenue,
Suite 200
Dearborn, MI 48124
248-799-9933

North Central Michigan College
1515 Howard Street
Petoskey, MI 49770-8717
231-348-6605

Northwestern Michigan College
1701 East Front Street
Traverse City, MI 49686-3061
231-995-1058

Olympia Career Training Institute
2620-2630 Remico Street, SW
Wyoming, MI 49509-9990
616-364-8464

Olympia Career Training Institute
1750 Woodworth Street, NE
Grand Rapids, MI 49525
616-364-8464 Ext. 34

Professional Drivers Institute
18266 W. US 12 W.
New Buffalo, MI 49117
800-222-1782

Specs Howard School of Broadcast Arts Inc.
19900 West Nine Mile Road
Southfield, MI 48075-3953
248-358-9000

Travel Education Institute-Warren Campus
30100 Van Dyke Avenue,
Suite 200
Warren, MI 48093
810-751-5634

University of Phoenix-Grand Rapids Campus
318 River Ridge Drive,
Suite 200
Grand Rapids, MI 49544
888-345-9699

University of Phoenix-Metro Detroit Campus
5480 Corporate Drive,
Suite 240
Troy, MI 48098
248-924-4100

Washtenaw Community College
4800 E Huron River Dr,
PO Box D-1
Ann Arbor, MI 48106
313-973-3676

Minnesota

Academy College
3050 Metro Drive, Suite 200
Minneapolis, MN 55425
952-851-0066

The Art Institutes International Minnesota
15 South 9th Street
Minneapolis, MN 55402
800-777-3643

Brown Institute
1440 Northland Drive
Mendota Heights, MN
55120-1004
651-905-3419

Capella University
222 South 9th Street,
20th Floor
Minneapolis, MN 55402
888-227-3552 Ext. 8

Cosmetology Careers Unlimited-Duluth
121 West Superior Street
Duluth, MN 55802
218-722-7484

Cutting Edge Pet Grooming School
4902 France Avenue N.
Minneapolis, MN 56429
763-537-3669

Dakota County Technical College
1300 East 145th Street
Rosemount, MN 55068
651-423-8301

Duluth Business University
412 West Superior Street
Duluth, MN 55802
218-722-3361

Globe College
7166 North 10th Street
Oakdale, MN 55128
651-730-5100

Hazelden Foundation
Box 11
Center City, MN 55012
651-213-4175

Hennepin Technical College
9000 Brooklyn Boulevard
Brooklyn Park, MN 55445
763-550-2115

Herzing College, Minneapolis Drafting School Campus
5700 West Broadway
Minneapolis, MN
55428-3548
763-535-3000

High-Tech Institute
5701 Shingle Creek Parkway
Brooklyn Center, MN 55430
612-560-9700

Itasca Community College
1851 Highway 169 East
Grand Rapids, MN 55744
218-327-4464 Ext. 4464

Lakeland Medical-Dental Academy
1402 West Lake Street
Minneapolis, MN 55408
612-827-5656

McConnell School, Inc.
1201 Marquette Avenue,
Suite 100
Minneapolis, MN
55403-2456
612-332-4238

Minneapolis Business College
1711 West County Road B
Roseville, MN 55113
651-636-7406

Minneapolis School of Massage and Bodywork, Inc.
85 22nd Avenue, NE
Minneapolis, MN 55418
612-788-8907

Minnesota Cosmetology Education Center, Inc.
704 Marie Avenue
South St. Paul, MN 55075

Minnesota School of Business
1401 West 76th Street
Richfield, MN 55423
612-861-2000

NEI College of Technology
825 41st Avenue, NE
Columbia Heights, MN 55421-2974
763-782-7330

Normandale Community College
9700 France Avenue South
Bloomington, MN 55431-4399
952-487-8200

NTI School of CAD Technology
11995 Singletree Lane
Eden Prairie, MN 55344-5351
952-944-0080

Oliver Thein Beauty School
150 Cobblestone Lane
Burnsville, MN 55337

Rasmussen College Eagan
3500 Federal Drive
Eagan, MN 55122
651-687-9000

Rasmussen College Mankato
501 Holly Lane
Mankato, MN 56001-6803
507-625-6556

Rasmussen College Minnetonka
12450 Wayzata Boulevard, Suite 315
Minnetonka, MN 55305-1928
952-545-2000

Rasmussen College St. Cloud
226 Park Avenue, South
St. Cloud, MN 56303-3091
320-251-5600

Rochester Community and Technical College
851 30th Avenue, SE
Rochester, MN 55904-4999
507-285-7219

St. Cloud Technical College
1540 Northway Drive
St. Cloud, MN 56303-1240
320-654-5089

Sister Rosalind Gefres School of Professional
400 Selby Avenue Ste. G.
St. Paul, MN 55102
651-554-3010

Mississippi

Meridian Community College
910 Highway 19 North
Meridian, MS 39307
601-484-8895

Virginia College at Jackson
5360 I-55 North
Jackson, MS 39211
601-977-0960

Missouri

Allied Medical College
500 Northwest Plaza Tower, Suite 400
St. Ann, MO 63074
314-739-4450

Bryan Career College
1700 South Campbell, Suite L
Springfield, MO 65807
417-862-5700

Crowder College
601 Laclede
Neosho, MO 64850-9160
417-455-5466

East Central College
PO Box 529
Union, MO 63084-0529
636-583-5195 Ext. 2220

Hickey College
940 West Port Plaza
St. Louis, MO 63146
314-434-2212

ITT Technical Institute
13505 Lakefront Drive
Earth City, MO 63045-1416
314-298-7800

ITT Technical Institute
1930 Meyer Drury Drive
Arnold, MO 63010
636-464-6600

Kansas City College of Legal Studies
402 East Bannister Road, Suite A
Kansas City, MO 64131
816-444-2232

Metro Business College
1407 Southwest Boulevard
Jefferson City, MO 65109
573-635-6600

Metro Business College
1202 East Highway 72
Rolla, MO 65401
314-364-8464

Metro Business College
1732 North Kingshighway
Cape Girardeau, MO 63701
573-334-9181

Missouri Tech
1167 Corporate Lake Drive
St. Louis, MO 63132-2907
314-569-3600

Moberly Area Community College
101 College Avenue
Moberly, MO 65270-1304
660-263-4110 Ext. 239

Neosho Beauty College
116 North Wood Street
Neosho, MO 64850
417-451-7216

Nevada Regional Technical Center
900 West Ashland
Nevada, MO 64772
417-448-2090

Patricia Stevens College
330 North Fourth Street
St. Louis, MO 63102

Patsy and Rob's Academy of Beauty
18 NW Plaza
St. Ann, MO 63074
314-298-8808

Research Medical Center
2316 East Meyer Boulevard
Kansas City, MO 64132
816-276-4068

Rhodes College
1010 West Sunshine
Springfield, MO 65807
417-864-7220

Rockhurst University
1100 Rockhurst Road
Kansas City, MO 64110-2561
816-501-4767

Rolla Technical Institute
1304 East Tenth Street
Rolla, MO 65401-3699

Saint Charles Community College
4601 Mid Rivers Mall Drive
St. Peters, MO 63376-0975
636-922-8229

Sanford-Brown College
3555 Franks Drive
St. Charles, MO 63301
636-949-2620

Sanford-Brown College
520 East 19th Avenue
North Kansas City, MO 64116-3614
816-472-0275

Sanford-Brown College
75 Village Square
Hazelwood, MO 63042
314-731-1101

Sanford-Brown College
1203 Smizer Mill Road
Fenton, MO 63026
636-349-4900

University of Phoenix-Saint Louis Campus
Riverport Executive Center II,
13801 Riverport Drive
St. Louis, MO 64043
314-298-9755

Vatterott College
12970 Maurer Industrial Drive
St. Louis, MO 63127
314-843-4200

Vatterott College
3925 Industrial Drive
St. Ann, MO 63074-1807
314-428-5900 Ext. 205

Vatterott College
3131 Frederick Boulevard
St. Joseph, MO 64506
816-364-5399

Vatterott College
1258 East Trafficway
Springfield, MO 65802
417-831-8116

Vatterott College
8955 East 38th Terrace
Kansas City, MO 64129
816-861-1000

Vatterott College
5898 North Main
Joplin, MO 64801
417-781-5633

Montana

Jerry Malson's Montana Guide Training Center
22 Swamp Creek Road
Trout Creek, MT 59874
406-847-5582

Miles Community College
2715 Dickinson
Miles City, MT 59301-4799
406-234-3518

Rocky Mountain College
1511 Poly Drive
Billings, MT 59102-1796
406-657-1148

Sage Technical Services
3044 Hesper Road
Billings, MT 59102
406-652-3030

Nebraska

Bahner College of Hairstyling
1660 North Grant
Fremont, NE 68025
402-721-6500

College of Hair Design
304 South 11th Street
Lincoln, NE 68508-2199
402-477-4040

ITT Technical Institute
9814 M Street
Omaha, NE 68127-2056
402-331-2900

Lincoln School of Commerce
1821 K Street
Lincoln, NE 68508
402-474-5315

Metropolitan Community College
PO Box 3777
Omaha, NE 68103-0777
402-457-2418

Nebraska College of Business
3350 North 90th Street
Omaha, NE 68134
402-572-8500

Nebraska Methodist College
8501 West Dodge Road
Omaha, NE 68114-3426
402-354-4879

Northeast Community College
801 East Benjamin Ave, PO Box 469
Norfolk, NE 68702-0469
402-844-7260

Vatterott College
5318 South 136th Street
Omaha, NE 68137
402-891-9411

Vatterott College
5141 F Street
Omaha, NE 68117
402-731-3636

Nevada

Computer-Ed Institute
2290 Corporate Circle Drive, Suite 100
Henderson, NV 89074
702-269-7600 Ext. 201

ITT Technical Institute
168 North Gibson Road
Henderson, NV 89014
702-558-5404

Las Vegas College
4100 West Flamingo Road, #2100
Las Vegas, NV 89103
702-368-6200

Nevada Career Institute
3025 East Desert Inn Road, Suite 11
Las Vegas, NV 89121
702-893-3300

Prestige Travel School
6175 West Spring Mountain Rd
Las Vegas, NV 89146
702-251-5552

Southern Nevada School of Real Estate
3441 West Sahara Avenue, Suite C1
Las Vegas, NV 89102-6059

Truckee Meadows Community College
7000 Dandini Boulevard
Reno, NV 89512-3901
775-673-7041

University of Phoenix-Nevada Campus
333 North Rancho Drive, #300
Las Vegas, NV 89106
702-638-7868

New Hampshire

Continental Academie of Hair Design
311 Lincoln Street
Manchester, NH 03101
603-222-5851

McIntosh College
23 Cataract Avenue
Dover, NH 03820-3990
800-624-6867

Portsmouth Beauty School of Hair Design
138 Congress Street
Portsmouth, NH 03801-4084

St. Joseph Hospital-School of Health Occupations
5 Woodward Avenue
Nashua, NH 03060
603-594-2567 Ext. 63943

St. Joseph School of Practical Nursing
5 Woodward Avenue
Nashua, NH 03060
603-594-2567 Ext. 63943

New Jersey

Berdan Institute
265 Route 46 West
Totowa, NJ 07512-1819
973-256-3444

Berkeley College
430 Rahway Avenue
Woodbridge, NJ 07095
732-750-1800

Berkeley College
100 West Prospect Street
Waldwick, NJ 07463
201-652-0388 Ext. 114

Brookdale Community College
765 Newman Springs Road
Lincroft, NJ 07738-1597
732-224-2375

The Chubb Institute
8 Sylvan Way
Parsippany, NJ 07054-0342
973-682-4950

The Chubb Institute
651 US Route 1 South
North Brunswick, NJ 08902
732-448-2642

The Chubb Institute
40 Journal Square
Jersey City, NJ 07306-4009
201-876-3810

The Chubb Institute
2100 Route 38 and Mall Drive
Cherry Hill, NJ 08002
856-755-4825

The Cittone Institute
160 East Route 4
Paramus, NJ 07652
201-845-6868

The Cittone Institute
1000 Howard Blvd, 2nd Floor
Mt. Laurel, NJ 08054-3414
856-722-9333

Computer Insight Learning Center
3301-C Route 66
Neptune, NJ 07753
732-922-2700

County College of Morris
214 Center Grove Road
Randolph, NJ 07869-2086
973-328-5100

Dover Business College
East 81 Route 4, W
Paramus, NJ 07652
201-843-8500

Engine City Technical Institute
2365 Route 22 West
Union, NJ 07083-8517
908-964-1450

Financial Supermarkets
100 North Sixth Street, PO Box 3066
Paterson, NJ 07509-3066
973-427-0065

Gibbs College
50 Church Street
Montclair, NJ 07042
201-744-6962

Harrison Career Institute
1386 South Delsea Drive
Vineland, NJ 08360-6210
856-696-0500

Harrison Career Institute
2105 Highway 35
Oakhurst, NJ 07755
732-493-1660

Harrison Career Institute
2 Carnegie Road
Lawrenceville, NJ 08648
609-406-1505

Harrison Career Institute
4000 Route 130 North,
2nd Floor, Suite A
Delran, NJ 08075
856-764-8933

Harrison Career Institute
The Plaza at Deptford,
1450 Clements Bridge Road
Deptford, NJ 08096
856-384-2888

Harrison Career Institute
600 Pavonia Avenue
Jersey City, NJ 07306
201-222-1700

Harrison Career Institute
525 South Orange Avenue
South Orange, NJ 07079
973-763-9484

Harris School of Business
654 Longwood Avenue
Cherry Hill, NJ 08002
856-662-5300

HoHoKus School
10 South Franklin Turnpike
Ramsey, NJ 07446
201-327-8877

Joe Kubert School of
Cartoon and Graphic Art Inc.
37 Myrtle Avenue
Dover, NJ 07801-4054
973-361-1327

Katharine Gibbs School
180 Centennial Avenue
Piscataway, NJ 08854
732-885-1580

Gibbs College
50 Church Street
Montclair, NJ 07042
201-744-6962

Lincoln Technical Institute
70 McKee Drive
Mahwah, NJ 07430
201-529-1414

Lincoln Technical Institute
2299 Vauxhall Road
Union, NJ 07083-5032
908-964-7800

Medical Technology Institute
300 McGaw Drive
Edison, NJ 08837
732-346-1900

Natural Motion Institute of
Hair Design
2800 Kennedy Boulevard
Jersey City, NJ 7306
201-659-0303

Ocean County College
College Drive, PO Box 2001
Toms River, NJ 08754-2001
732-255-0304

Pennco Tech
99 Erial Road, PO Box 1427
Blackwood, NJ 08012-9961
856-232-0310

RETS Institute
103 Park Avenue
Nutley, NJ 07110-3505
973-661-0600

Technical Institute of Camden
County
343 Berlin-Cross Keys Road
Sicklerville, NJ 08081-4000
856-767-7002 Ext. 5267

Teterboro School of
Aeronautics, Inc.
Teterboro Airport,
80 Moonachie Avenue
Teterboro, NJ 07608-1083
201-288-6300

Ultrasound Diagnostic
School
675 US Route 1, 2nd Floor
Iselin, NJ 08830
732-634-1131

Worldwide Educational
Services
24 Commerce Street,
12th Floor
Newark, NJ 07102
973-242-1260

Worldwide Educational
Services, Inc.
121-125 Newark Avenue
Jersey City, NJ 07302
201-435-5111

Worldwide Educational
Services, Inc.-Passaic
1410 Main Avenue
Clifton, NJ 07011
973-772-9393

New Mexico

Clovis Community College
417 Schepps Boulevard
Clovis, NM 88101-8381
505-769-4021

ITT Technical Institute
5100 Masthead Street, NE
Albuquerque, NM
87109-4366
505-828-1114

Mesa Technical College
911 South Tenth Street
Tucumcari, NM 88401
505-461-4413 Ext. 103

Metropolitan College of
Court Reporting
1717 Louisiana, NE, Suite 207
Albuquerque, NM
87110-4129
505-888-3400

New Mexico State
University-Alamogordo
2400 North Scenic Drive
Alamogordo, NM
88311-0477

New Mexico State
University-Carlsbad
1500 University Drive
Carlsbad, NM 88220-3509
505-234-9220

Phoenix-New Mexico
Campus
7471 Pan American Fwy, NE
Albuquerque, NM 87109
505-821-4800

New York

Apex Technical School
635 Avenue of the Americas
New York, NY 10011
212-645-3300

Berkeley College
3 East 43rd Street
New York, NY 10017
212-986-4343

Briarcliffe College
1055 Stewart Avenue
Bethpage, NY 11714-3545
516-918-3600

The Chubb Institute
22 Cortlandt Street
New York, NY 10007
212-266-5007

The Chubb Institute
190 East Pond Road
White Plains, NY 10601
914-683-8306

The Chubb Institute
1400 Old Country Road
Westbury, NY 11590
516-997-1400

Clinton Community College
136 Clinton Point Drive
Plattsburgh, NY 12901-9573
518-562-4170

The Culinary Institute of
America
1946 Campus Drive
Hyde Park, NY 12538-1499
845-451-1327

Elmira Business Institute
303 North Main Street
Elmira, NY 14901

Erie 2 Chautauqua-
Cattaraugus BOCES
8685 Erie Road
Angola, NY 14006
716-549-4454 Ext. 4026

Finger Lakes Community
College
4355 Lakeshore Drive
Canandaigua, NY
14424-8395
716-394-3500 Ext. 7278

Five Towns College
305 North Service Road
Dix Hills, NY 11746-6055
631-424-7000 Ext. 110

The French Culinary Institute
462 Broadway
New York, NY 10013
212-219-8890

Gemological Institute of America, Inc.
580 5th Avenue, Suite 300
New York, NY 10036-4794
212-944-5900

Institute of Audio Research
64 University Place
New York, NY 10003-4595
212-777-8550

ITT Technical Institute
13 Airline Drive
Albany, NY 12205
518-452-9300

ITT Technical Institute
2295 Millersport Highway, PO Box 327
Getzville, NY 14068-0327
716-689-2200

ITT Technical Institute
235 Greenfield Parkway
Liverpool, NY 13088-6651
315-461-8000

Jamestown Business College
7 Fairmount Avenue, PO Box 429
Jamestown, NY 14702-0429
716-664-5100

Jamestown Community College
525 Falconer Street
Jamestown, NY 14701-1999
800-388-8557 Ext. 2239

Katharine Gibbs School
200 Park Avenue
New York, NY 10166
212-867-9300

Katharine Gibbs School
320 South Service Road
Melville, NY 11747
516-370-3300

Learning Institute for Beauty Sciences
3272 Hempstead Turnpike
Levittown, NY 11756
516-731-8300

Long Island Business Institute
6500 Jericho Turnpike
Commack, NY 11725
631-499-7100

Mandl School
254 West 54th Street
New York, NY 10019-5516
212-247-3434

Modern Welding School
1842 State Street
Schenectady, NY 12304
518-374-1216

Monroe College
434 Main Street
New Rochelle, NY 10801-6410
914-632-5400

Monroe College
Monroe College Way
Bronx, NY 10468
718-933-6700

Monroe Community College
1000 East Henrietta Road
Rochester, NY 14623-5780
716-292-2200

National Tractor Trailer School, Inc.
PO Box 208
Liverpool, NY 13088-0208
315-451-2430

New School of Radio and Television
50 Colvin Avenue
Albany, NY 12206
518-438-7682 Ext. 10

New York Career Institute
15 Park Row
New York, NY 10038
212-962-0002

New York Restaurant School
75 Varick Street, 16th Floor
New York, NY 10013
212-226-5500 Ext. 6005

New York School for Medical/Dental Assistants
116-16 Queens Boulevard
Forest Hills, NY 11375-2330
718-793-2330

New York School of Interior Design
170 East 70th Street
New York, NY 10021-5110
212-472-1500 Ext. 202

North Country Community College
20 Winona Avenue, PO Box 89
Saranac Lake, NY 12983-0089
518-891-2915 Ext. 285

Oswego County BOCES
Country Route 64
Mexico, NY 13114
315-963-4256

Paul Smith's College of Arts and Sciences
Routes 86 and 30
PO Box 265
Paul Smiths, NY 12970-0265
518-327-6227

Plaza Business Institute
74-09 37th Avenue
Jackson Heights, NY 11372
718-779-1430

Ridley-Lowell Business and Technical Institute
116 Front Street
Binghamton, NY 13905
607-724-2941

Rochester Business Institute
1630 Portland Avenue
Rochester, NY 14621
716-266-0430

Rochester Education Opportunity Center SUNY Brockport
305 Andrews
Rochester, NY 14604
716-232-2730 Ext. 235

Sessions.Edu
476 Broome Street
New York, NY 10013
800-258-4115 Ext. 21

State University of New York College of Agriculture and Technology at Cobleskill
Cobleskill, NY 12043
800-255-8588

State University of New York College of Agriculture and Technology at Morrisville
PO Box 901
315-684-6046

TCI-The College for Technology
320 West 31st Street
New York, NY 10001
212-594-4000 Ext. 437

Ultrasound Diagnostic School
120 East 16th Street, 2nd Fl
New York, NY 10003
212-460-8567

Ultrasound Diagnostic School
1 Old Country Road, LL1
Carle Place, NY 11514
516-248-6060

Ultrasound Diagnostic School
2269 Saw Mill River Road
Elmsford, NY 10523
914-347-6817

Westchester Business Institute
325 Central Avenue
White Plains, NY 10606
914-948-4442

Wood Tobe-Coburn School
8 East 40th Street
New York, NY 10016-0190
212-686-9040

North Carolina

American Institute of Applied Science
PO Box 639
Youngsville, NC 27596-0639
919-554-2500

Art Institute of Charlotte
Three LakePointe Plaza, 2110 Water Ridge Parkway
Charlotte, NC 28217-4536
800-872-4417 Ext. 5872

Brookstone College of Business
7815 National Service Road, Suite 600
Greensboro, NC 27409-9423
336-668-2627 Ext. 18

Carolina School of Broadcasting
7003 Wallace Road, Suite 100
Charlotte, NC 28212

Carolinas College of Health Sciences
PO Box 32861, 1200 Blythe Boulevard
Charlotte, NC 28232-2861
704-355-5043

Center For Employment Training-Research Triangle Pk
4022 Stirrup Creek Dr.
Ste. 325
Research Triangle Pk, NC 27703-9000
919-686-4153

Coastal Carolina Community College
444 Western Boulevard
Jacksonville, NC 28546-6899
910-938-6246

ECPI College of Technology
4800 Airport Center Parkway, #100
Charlotte, NC 28208-5886
704-399-1010

ECPI College of Technology
7802 Airport Center Drive
Greensboro, NC 27409-9654
336-665-1400

ECPI Technical College
4509 Creedmoor Road
Raleigh, NC 27612
919-571-0057

Fayetteville Technical Community College
PO Box 35236
Fayetteville, NC 28303-0236
910-678-8274

Gaston College
201 Highway 321 South
Dallas, NC 28034-1499
704-922-6214

Haywood Community College
185 Freedlander Drive
Clyde, NC 28721-9453
704-627-4505

King's College
322 Lamar Avenue
Charlotte, NC 28204
704-372-0266 Ext. 5509

Martin Community College
1161 Kehukee Park Road
Williamston, NC 27892
252-792-1521 Ext. 268

Miller-Motte Business College
606 South College Road
Wilmington, NC 28403
910-392-4660

Rockingham Community College
PO Box 38
Wentworth, NC 27375-0038

Rowan-Cabarrus Community College
PO Box 1595
Salisbury, NC 28145-1595
704-637-0760 Ext. 212

Wilkes Community College
1328 Collegiate Drive,
PO Box 120
Wilkesboro, NC 28697
336-838-6141

Winston-Salem Barber School
1531 Silas Creek Parkway
Winston-Salem, NC 27127-3757
336-724-1459

North Dakota

Aakers Business College
4012 19th Avenue Southwest
Fargo, ND 58103
701-277-3889

Bismarck State College
PO Box 5587
Bismarck, ND 58506-5587
701-224-5766

Josef's School of Hair Design, Inc.
627 North P. Avenue
Fargo, ND 58102
701-235-0011

Lake Region State College
1801 College Drive North
Devils Lake, ND 58301-1598
701-662-1600 Ext. 512

Minot State University-Bottineau Campus
105 Simrall Boulevard
Bottineau, ND 58318-1198
701-228-5451

Ohio

American School of Technology
2100 Morse Road,
Number 4599
Columbus, OH 43229
614-436-4820

Bradford School
2469 Stelzer Road
Columbus, OH 43219
614-416-6200

D-E3, Inc.
18234 South Miles Parkway
Cleveland, OH 44128-4232
216-663-1500

Education America, Remington College, Cleveland Campus
14445 Broadway Avenue
Cleveland, OH 44125
216-475-7520

Gallipolis Career College
1176 Jackson Pike, Suite 312
Gallipolis, OH 45631-2600
740-446-4367

Hamrick Truck Driving School, Inc.
1156 Medina Road
Medina, OH 44256-9615
330-239-2229

Health Occupations Program-Columbus Public School
100 Arcadia Avenue
Columbus, OH 43202
614-365-5241

Hobart Institute of Welding Technology
400 Trade Square East
Troy, OH 45373
800-332-9448 Ext. 5215

International College of Broadcasting
6 South Smithville Road
Dayton, OH 45431
937-258-8251 Ext. 202

ITT Technical Institute
1030 North Meridian Road
Youngstown, OH 44509-4098
330-270-1600 Ext. 14

ITT Technical Institute
14955 Sprague Road
Strongsville, OH 44136
440-234-9091

ITT Technical Institute
3325 Stop Eight Road
Dayton, OH 45414-3877
937-454-2267

ITT Technical Institute
4750 Wesley Avenue
Norwood, OH 45212
513-531-8300

Jefferson Community College
4000 Sunset Boulevard
Steubenville, OH 43952-3598

Madison Local Schools-Madison Adult Education
600 Esley Lane
Mansfield, OH 44905
419-589-6363

Marion Technical College
1467 Mount Vernon Avenue
Marion, OH 43302-5694
740-389-4636 Ext. 237

Marymount School of Practical Nursing
12300 McCracken Road
Garfield Heights, OH 44125
216-587-8160

Northern Institute of Cosmetology
667-669 Broadway
Lorain, OH 44052

Northwest State Community College
22-600 State Route 34
Archbold, OH 43502-9542
419-267-5511 Ext. 318

Ohio Business College
4020 Milan Road
Sandusky, OH 44870-5894

Ohio Valley Business College
16808 St. Clair Avenue,
PO Box 7000
East Liverpool, OH 43920
330-385-1070

Practical Nurse Program of Canton City Schools
1253 Third Street, SE
Canton, OH 44707-4798

RETS Tech Center
555 East Alex Bell Road
Centerville, OH 45459
937-433-3410

Sanford-Brown Institute
17535 Rosbough Drive,
Suite 100
Middleburg Heights, OH 44130
440-239-9640

Sinclair Community College
444 West Third Street
Dayton, OH 45402-1460
937-512-3060

Southeastern Business College
3879 Rhodes Avenue
New Boston, OH 45662
740-456-4124

Southeastern Business College
1855 Western Avenue
Chillicothe, OH 45601
740-774-6300

Southeastern Business College
504 McCarty Lane
Jackson, OH 45640
740-286-1554

Stautzenberger College
5355 Southwyck Boulevard
Toledo, OH 43614
419-866-0261

TDDS, Inc.
1688 North Pricetown Road, SR 534, , PO Box 506
Lake Milton , OH 44429
330-538-2216

Technology Education College
288 South Hamilton Road
Columbus, OH 43213-2087
614-759-7700

Total Technical Institute
6500 Pearl Road
Parma Heights, OH 44130
216-485-0900

University of Phoenix-Ohio Campus
5005 Rockside Road, Suite 325
Independence, OH 44131
216-447-8807

Virginia Marti College of Fashion and Art
11724 Detroit Road
Lakewood, OH 44107
216-221-8584

Oklahoma

Broken Arrow Beauty College
400 South Elm Place
Broken Arrow, OK 74012

City College, Inc.
2620 South Service Road
Moore, OK 73160
405-329-5627

Dickinson Business School/Career Point Business School
3138 South Garnett Road
Tulsa, OK 74146-1933

Metro Area Vocational Technical School District 22
1900 Springlake Drive
Oklahoma City, OK 73111
405-605-4436

Metropolitan College
1900 NW Expressway, R302
Oklahoma City, OK 73118
405-843-1000

Metropolitan College
4528 South Sheridan Road, Suite 105
Tulsa, OK 74145
918-627-9300

Northeastern Oklahoma Agricultural and Mechanical College
200 I Street, NE
Miami, OK 74354-6434

Northwest Technology Center
1801 South 11th Street
Alva, OK 73717
405-327-0344

Northwest Technology Center
801 Vo-Tech Drive
Fairview, OK 73737

Platt College
3801 South Sheridan Road
Tulsa, OK 74145-1132
918-663-9000

Rogers State University
1701 West Will Rogers Blvd
Claremore, OK 74017-3252
918-343-7565

Spartan School of Aeronautics
8820 East Pine St, PO Box 582833
Tulsa, OK 74158-2833
918-831-5208

State Barber and Hair Design College Inc.
2514 South Agnew
Oklahoma City, OK 73108-6220
405-631-8621

Tulsa Welding School
2545 East 11th Street
Tulsa, OK 74104-3909
918-587-6789 Ext. 240

University of Phoenix-Oklahoma City Campus
6501 North Broadway Extension, Suite 100
Oklahoma City, OK 73116
405-842-8007

University of Phoenix-Tulsa Campus
10810 East 45th Street, #103
Tulsa, OK 74146
918-622-4877

Vatterott College
4629 Northwest 23rd Street
Oklahoma City, OK 73127
405-945-0088

Vatterott College
555 South Memorial
Tulsa, OK 74112
918-835-8288

Western Technology Center
621 Sooner Drive, PO Box 1469
Burns Flat, OK 73624
580-562-3181 Ext. 2213

Oregon

Apollo College
2600 Southeast 98th Avenue
Portland, OR 97266
503-761-6100

The Art Institute of Portland
2000 Southwest Fifth Avenue
Portland, OR 97201
888-228-6528

College of Hair Design Careers
3322 Lancaster Drive, NE
Salem, OR 97305-1354

ITT Technical Institute
6035 Northeast 78th Court
Portland, OR 97218-2854
800-234-5488

Linn-Benton Community College
6500 Southwest Pacific Blvd
Albany, OR 97321
541-917-4817

Northwest Nannies Institute, Inc.
11830 SW Kerr Parkway, Suite 100
Lake Oswego, OR 97035
503-245-5288

Oregon Institute of Technology
3201 Campus Drive
Klamath Falls, OR 97601-8801
541-885-1000

Portland Community College
PO Box 19000
Portland, OR 97280-0990
503-977-4519

University of Phoenix-Oregon Campus
13221 Southwest 68th Parkway, Suite 500
Portland, OR 97223
503-670-0590

Western Business College
425 Southwest Washington St
Portland, OR 97204
503-222-3225

Western Culinary Institute
1201 Southwest 12th Avenue, Suite 100
Portland, OR 97205
503-223-2245 Ext. 335

Pennsylvania

Allentown Business School
1501 Lehigh Street
Allentown, PA 18103
610-791-5100

Allentown School of Cosmetology, Inc.
1921 Union Boulevard
Allentown, PA 18103-1629
610-437-4626

Antonelli Medical and Professional Institute
1700 Industrial Highway
Pottstown, PA 19464-9250
610-323-7270

The Art Institute of Philadelphia
1622 Chestnut Street
Philadelphia, PA 19103-5198
215-567-7080

Baltimore School of
Massage, York Campus
170 Red Rock Road
York, PA 17402
866-699-1881

Berks Technical Institute
2205 Ridgewood Road
Wyomissing, PA 19610-1168
610-372-1722

Bradley Academy for the
Visual Arts
1409 Williams Road
York, PA 17402-9012
717-755-2300

Bucks County Community
College
Swamp Road
Newtown, PA 18940-1525
215-968-8122

Bucks County School of
Beauty Culture, Inc.
1761 Bustleton Pike
Feasterville, PA 19647
215-322-0666

Business Institute of
Pennsylvania
335 Boyd Drive
Sharon, PA 16146
724-983-0700

Butler Beauty School
233 South Main Street
Butler, PA 16001

Cambria-Rowe Business
College
221 Central Avenue
Johnstown, PA 15902-2494

Cambria-Rowe Business
College
422 South 13th Street
Indiana, PA 15701
724-463-0222

Career Training Academy-
Monroeville Campus
105 Mall Boulevard, West,
Suite 300
Monroeville, PA 15146

CHI Institute
Lawrence Park Shopping
Center, 1991 Sproul Road,
Broomall, PA 19008
610-353-7630

CHI Institute
520 Street Road
Southampton, PA 18966
215-357-5100

Chubb Institute-Keystone
School
Marple Crossroads Mall,
400 South State Road
Springfield, PA 19064-3957
610-338-2419

The Cittone Institute
3600 Market Street
Philadelphia, PA 19104
215-382-1553 Ext. 204

The Cittone Institute
1 Plymouth Meeting,
Suite 300
Plymouth Meeting, PA 19462
610-941-0319 Ext. 129

The Cittone Institute
2180 Hornig Road, Building A
Philadelphia, PA 19116
215-969-0869 Ext. 210

Clarion University of
Pennsylvania
Clarion, PA 16214
814-393-2306

Computer Learning Network
1110 Fernwood Avenue
Camp Hill, PA 17011-6996
717-761-1481

Computer Learning Network
2900 Fairway Drive
Altoona, PA 16602-4457
814-944-5643

Computer Learning Network
401 East Winding Hill Road,
Suite 101
Mechanicsburg, PA
17055-4989
717-761-1481

Consolidated School of
Business
1605 Clugston Road
York, PA 17404
717-764-9550

Consolidated School of
Business
2124 Ambassador Circle
Lancaster, PA 17603-2389
717-394-6211

Crawford County Area
Vocational Technology
School-Practical Nursing
Program
860 Thurston Road
Meadville, PA 16335
814-724-6028

Douglas School of Business
130 7th Street
Monessen, PA 15062-1097
724-684-3684

Duff's Business Institute
Kossman Building, 100
Forbes Avenue, Suite 1200
Pittsburgh, PA 15222
412-261-4520

Erie Business Center, Main
246 West 9th Street
Erie, PA 16501
814-456-7504 Ext. 12

Erie Business Center South
170 Cascade Galleria
New Castle, PA 16101-3950
800-722-6227

Great Lakes Institute of
Technology
5100 Peach Street
Erie, PA 16509
814-864-6666 Ext. 242

Hanover Public School
District-Practical Nursing
Program
403 Moul Avenue
Hanover, PA 17331

Harrison Career Institute
844 West Market Street
Kingston, PA 18704
717-331-2006

Harrison Career Institute
2101 Union Boulevard
Allentown, PA 18109-1633
610-434-9963

Harrison Career Institute
1619 Walnut Street, 3rd Floor
Philadelphia, PA 19103
215-640-0177

Hazleton Area Career Center
Practical Nursing Program
1451 West 23rd Street
Hazleton, PA 18201
570-459-3178

Hussian School of Art
1118 Market Street
Philadelphia, PA 19107-3679
215-981-0900

ICM School of Business &
Medical Careers
10 Wood Street
Pittsburgh, PA 15222
412-261-2647 Ext. 222

ICT School of Welding
100 Pennsylvania Avenue
Selinsgrove, PA 17870-9339
570-743-5500

Immaculata College
1145 King Road, Box 500
Immaculata, PA 19345-0500
610-647-4400 Ext. 3015

Information Computer
Systems Institute
2201 Hangar Place
Allentown, PA 18103-9504

International Academy of
Design & Technology
555 Grant Street,
Oliver Avenue Entrance
Pittsburgh, PA 15219
800-447-8324

ITT Technical Institute
8 Parkway Center
Pittsburgh, PA 15220
412-937-9150

ITT Technical Institute
105 Mall Boulevard,
Suite 200E
Monroeville, PA 15146
412-856-5920

ITT Technical Institute
3330 Tillman Drive
Bensalem, PA 19020
215-244-8871

ITT Technical Institute
5020 Louise Drive
Mechanicsburg, PA 17055
717-691-9263

JNA Institute of Culinary Arts
1212 South Broad Street
Philadelphia, PA 19146
215-468-8801

Katharine Gibbs School
2501 Monroe Boulevard
Norristown, PA 19403
866-724-4227

Keystone College
One College Green
La Plume, PA 18440
570-945-5141 Ext. 2403

Lansdale School of Business
201 Church Road
North Wales, PA 19454
215-699-5700 Ext. 112

Lebanon County Career School
18 East Weidman Street
Lebanon, PA 17046
800-694-8804

Le Cordon Bleu at International Culinary Academy
555 Grant Street,
Oliver Avenue Entrance
Pittsburgh, PA 15219
412-471-9330

Lincoln Technical Institute
9191 Torresdale Avenue
Philadelphia, PA 19136
215-335-0800

Lincoln Technical Institute
5151 Tilghman Street
Allentown, PA 18104-3298
610-398-5300

Manor College
700 Fox Chase Road
Jenkintown, PA 19046
215-884-2216

Montgomery County Community College
340 DeKalb Pike
Blue Bell, PA 19422-0796
215-641-6550

New Castle School of Trades
Route 422 Newcastle-Youngstown Road
Pulaski, PA 16143
724-964-8811

Northampton County Area Community College
3835 Green Pond Road
Bethlehem, PA 18020-7599
610-861-5500

Northern Tier Career Center-Practical Nursing Program
RR 1, Box 157A
Towanda, PA 18848-9731
570-265-8113

Orleans Technical Institute
1330 Rhawn Street
Philadelphia, PA 19111-2899
215-728-4700

Orleans Technical Institute-Center City Campus
1845 Walnut Street, 7th Floor
Philadelphia, PA 19103
215-854-1842

Penn Commercial Business and Technical School
82 South Main Street
Washington, PA 15301-6822
724-222-5330 Ext. 1

Pennco Tech
3815 Otter Street
Bristol, PA 19007-3696
215-824-3200

Pennsylvania Academy of Cosmetology and Sciences
2445 Bedford Street
Johnstown, PA 15904

Pittsburgh Beauty Academy
415 Smithfield Street
Pittsburgh, PA 15222

Pittsburgh Institute of Mortuary Science, Incorporated
5808 Baum Boulevard
Pittsburgh, PA 15206-3706
412-362-8500 Ext. 101

Pittsburgh Technical Institute
635 Smithfield Street
Pittsburgh, PA 15222
412-809-5100

Pittsburgh Technical Institute-Boyd School Division
1111 McKee Road
Oakdale, PA 15071
412-809-5350

Pruonto's Hair Design Institute
705 12th Street
Altoona, PA 16602

Randy Rick Beauty Academy
450 Penn Street
Reading, PA 19602
610-378-1005

The Restaurant School
4207 Walnut Street
Philadelphia, PA 19104-3518
215-222-4200

St. Josephs Medical Center School of Radiation Technology
12th and Walnut St.
Reading, PA 19603
610-378-2230 Ext. 2234

Schuylkill Institute of Business and Technology
171 Red Horse Road
Pottsville, PA 17901
570-622-4835

Stroudsburg School of Cosmetology
100 North Eighth Street
Stroudsburg, PA 18360-1720
570-421-3387

Thompson Institute
University City Science Center, 3440 Market Street
Philadelphia, PA 19104
215-387-1530

Thompson Institute
5650 Derry Street
Harrisburg, PA 17111
717-564-4112 Ext. 846

Thompson Institute
2593 Philadelphia Avenue
Chambersburg, PA 17201
717-709-9400

Triangle Tech, Inc.-DuBois School
PO Box 551
DuBois, PA 15801-0551
814-371-2090

Tri-State Business Institute
5757 West 26th Street
Erie, PA 16506
814-838-7673

Ultrasound Diagnostic School
5830 Ellsworth Avenue, Suite 102
Pittsburgh, PA 15232
412-362-9404

Ultrasound Diagnostic School
3 Neshaminy Interplex, Suite 117
Trevose, PA 19053
215-244-4906

University of Phoenix-Philadelphia Campus
170 South Warner Road, Suite 200
Wayne, PA 19087
610-989-0880

University of Phoenix-Pittsburgh Campus
Penn Center West 4, Suite 100
Pittsburgh, PA 15276
412-747-9000

University of Pittsburgh
4200 Fifth Avenue
Pittsburgh, PA 15260
412-624-7488

West Virginia Career Institute
PO Box 278
Mount Braddock, PA 15465
724-437-4600

Wilma Boyd Career Schools, Inc.
1412 Beers School Road
Moon Township, PA 15108-2549
412-809-5316

Wyoming Technical Institute
135 West Market Street
Blairsville, PA 15717
877-523-5132

York County Area Vocational Tech School-Practical Nursing Program
2179 South Queen Street
York, PA 17402
717-741-0820 Ext. 2313

York Technical Institute
1405 Williams Road
York, PA 17402-9017
717-757-1100

Rhode Island

Computer-Ed Institute
622 George Washington Highway
Lincoln, RI 02865

The International Yacht Restoration School
449 Thames St.
Newport, RI 2840
401-848-5777

Johnson & Wales University
8 Abbott Park Place
Providence, RI 02903-3703
401-598-2310

Katharine Gibbs School
178 Butler Avenue
Providence, RI 02906
401-861-1420

New England Institute of Technology
2500 Post Road
Warwick, RI 02886-2266
800-736-7744 Ext. 3308

South Carolina

Academy of Hair Technology
3715 East North Street, Suite F
Greenville, SC 29615
864-322-0300

Bob Jones University
1700 Wade Hampton Blvd
Greenville, SC 29614
800-252-6363

Charleston Cosmetology Institute
8484 Dorchester Road
Charleston, SC 29420
843-552-3670

Columbia Beauty School
1824 Airport Boulevard
Cayce, SC 29033
803-796-5252

Columbia Junior College
3810 North Main Street
Columbia, SC 29203
803-799-9082

ECPI College Of Technology
15 Brendan Way, #120
Greenville, SC 29615-3514
864-288-2828

Forrest Junior College
601 East River Street
Anderson, SC 29624
864-225-7653 Ext. 204

ITT Technical Institute
Patewood Business Center, 1 Marcus Drive, Building
Greenville, SC 29615
864-288-0777 Ext. 21

Johnson & Wales University
701 East Bay Street
Charleston, SC 29403
803-763-0200
Midlands Technical College
PO Box 2408
Columbia, SC 29202-2408
803-738-7764

Miller-Motte Technical College
8085 Rivers Avenue
Charleston, SC 29406
843-574-0101

North American Institute of Aviation
Conway-Horry County Airport, PO Box 680
Conway, SC 29528-0680
843-397-9111 Ext. 423

Northeastern Technical College
PO Drawer 1007
Cheraw, SC 29520-1007
803-921-6933

Orangeburg-Calhoun Technical College
3250 St Matthews Road, NE
Orangeburg, SC 29118-8299

Piedmont Technical College
Emerald Road, PO Box 1467
Greenwood, SC 29648-1467
864-941-8603

Southern Methodist College
541 Broughton Stret, PO Box 1027
Orangeburg, SC 29116-1027
803-534-7826

Spartanburg Technical College
PO Box 4386
Spartanburg, SC 29305-4386
864-591-3817

Trident Technical College
PO Box 118067
Charleston, SC 29423-8067
843-574-6383

South Dakota

Kilian Community College
224 North Phillips Avenue
Sioux Falls, SD 57104-6014
605-336-1711

Tennessee

Arnold's Beauty School
1179 South Second Street
Milan, TN 38358

Chattanooga Barber College
405 Market Street
Chattanooga, TN 37402-1204
423-266-7013

Chattanooga State Technical Community College
4501 Amnicola Highway
Chattanooga, TN 37406-1097
423-697-2478

Cleveland State Community College
PO Box 3570
Cleveland, TN 37320-3570
423-478-6212

Draughons Junior College
340 Plus Park Boulevard
Nashville, TN 37217
615-361-7555

Draughons Junior College
1860 Wilma Rudolph
Clarksville, TN 37040
931-552-7600

Education America, Southeast College of Technology, Memphis Campus
2731 Nonconnah Boulevard, Suite 160
Memphis, TN 38132-2199
901-345-1000

High-Tech Institute
2710 Old Lebanon Road, Suite 12
Nashville, TN 37214
615-902-9705

ITT Technical Institute
10208 Technology Drive
Knoxville, TN 37932-3343
865-671-2800

ITT Technical Institute
1255 Lynnfield Road, Suite 192
Memphis, TN 38119
901-762-0556

ITT Technical Institute
441 Donelson Pike
Nashville, TN 37214-8029
615-889-8700

Jackson State Community College
2046 North Parkway
Jackson, TN 38301-3797
731-425-2601

Knoxville Business College
720 North 5th Avenue
Knoxville, TN 37917
865-524-3043

Massage Institute of Memphis
3445 Poplar Avenue, Suite 4
Memphis, TN 38111
901-324-4411

Miller-Motte Technical College
1820 Business Park Drive
Clarksville, TN 37040-6023

Nashville Auto Diesel College
1524 Gallatin Road
Nashville, TN 37206-3298
615-226-3990

Nashville State Technical Institute
120 White Bridge Road
Nashville, TN 37209-4515
615-353-3214

North Central Institute
168 Jack Miller Boulevard
Clarksville, TN 37042
931-431-9700

Tennessee Institute of Electronics
3203 Tazewell Pike
Knoxville, TN 37918-2530
865-688-9422

Tennessee Technology Center at Athens
1635 Vo-Tech Drive
Athens, TN 37303
423-744-2814 Ext. 204

Tennessee Technology Center at Hartsville
716 McMurry Boulevard
Hartsville, TN 37074
615-374-2147 Ext. 15

Tennessee Technology Center at Jacksboro
Elkins Road
Jacksboro, TN 37757
423-566-9629 Ext. 10

Tennessee Technology
Center at Livingston
740 Airport Road, PO Box 219
Livingston, TN 38570
931-823-5525 Ext. 136

Tennessee Technology
Center at Murfreesboro
1303 Old Fort Parkway
Murfreesboro, TN
37129-3312
615-898-8010 Ext. 114

Tennessee Technology
Center at Shelbyville
1405 Madison Street
Shelbyville, TN 37160
931-685-5013 Ext. 108

Vatterott College
6152 Macon Road
Memphis, TN 38134
901-761-5730

William R. Moore School of
Technology
1200 Poplar Avenue
Memphis, TN 38104

Texas

American Commercial
College
2007 34th Street
Lubbock, TX 79411
806-747-4339

American Commercial
College
2115 East 8th Street
Odessa, TX 79761
915-332-0768

American Commercial
College
3177 Executive Drive
San Angelo, TX 76904
915-942-6797

American Commercial
College
402 Butternut Street
Abilene, TX 79602
915-672-8495

American School of Business
4317 Barnett Road
Wichita Falls, TX 76310
940-691-0454

The Art Institute of Dallas
2 North Park East,
8080 Park Lane, Suite 100
Dallas, TX 75231-9959
800-275-4243 Ext. 620

The Art Institute of Houston
1900 Yorktown
Houston, TX 77056
800-275-4244

ATI-American Trades Institute
6627 Maple Avenue
Dallas, TX 75235-4623
214-352-2222

ATI-Career Training Center
10003 Technology Blvd, West
Dallas, TX 75220
214-902-8191

ATI-Career Training Center
235 Northeast Loop 820,
Suite 110
Hurst, TX 76053-7396
817-284-1141

Austin Business College
2101 South IH 35, Suite 300
Austin, TX 78741
512-447-9415

Border Institute of
Technology
9611 Acer Avenue
El Paso, TX 79925-6744
915-593-7328 Ext. 24

Career Centers of Texas
8360 Burnham Road,
Suite 100
El Paso, TX 79907
915-595-1935

Career Point Business School
485 Spencer Lane
San Antonio, TX 78201
210-732-3000 Ext. 252

Cisco Junior College
Box 3, Route 3
Cisco, TX 76437-9321
915-673-4567

Coastal Bend College
3800 Charco Road
Beeville, TX 78102-2197
361-354-2245

Collin County Community
College District
4800 Preston Park Boulevard
Plano, TX 75093-8309
972-881-5174

Commonwealth Institute of
Funeral Service
415 Barren Springs Drive
Houston, TX 77090
281-873-0262

Conlee College of
Cosmetology
402 Quinlan
Kerrville, TX 78028
830-896-2380

Court Reporting Institute of
Dallas
8585 North Stemmons
Freeway, Suite 200N
Dallas, TX 75247-3821
214-350-9722

Culinary Institute
7070 Allensby
Houston, TX 77022
713-692-0077

Dallas Institute of Funeral
Service
3909 South Buckner Blvd
Dallas, TX 75227
800-235-5444

Del Mar College
101 Baldwin Boulevard
Corpus Christi, TX
78404-3897
361-698-1248

Eastfield College
3737 Motley Drive
Mesquite, TX 75150-2099
972-860-7105

Education America, Dallas
Campus
1800 Eastgate Drive
Garland, TX 75041
972-686-7878

Education America, Fort
Worth Campus
300 East Loop 820
Fort Worth, TX 76112
817-451-0017

Education America, Houston
Campus
9421 West Sam Houston Pwy
Houston, TX 77099
713-773-2500 Ext. 203

Hallmark Institute of
Aeronautics
10401 IH-10 West
San Antonio, TX 78230
210-690-9000 Ext. 212

High-Tech Institute
4250 North Beltline Road
Irving, TX 75038
972-871-2824

Institute of Cosmetology
7011 Harwin Drive, Suite 100
Houston, TX 77036
713-783-9988

International Aviation and
Travel Academy
4846 South Collins Street
Arlington, TX 76018
817-784-7000

International Business
College
1155 North Zaragosa,
Suite 100
El Paso, TX 79907-1806
915-859-3986

International Business
College
4121 Montana Avenue
El Paso, TX 79903-4699
915-566-8643

ITT Technical Institute
15621 Blue Ash Drive,
Suite 160
Houston, TX 77090-5818
281-873-0512

ITT Technical Institute
2101 Waterview Parkway
Richardson, TX 75080
972-690-9100

ITT Technical Institute
2222 Bay Area Boulevard
Houston, TX 77058
281-486-2630

ITT Technical Institute
2950 South Gessner Road
Houston, TX 77063-3751
713-952-2294

ITT Technical Institute
551 Ryan Plaza Drive
Arlington, TX 76011
817-794-5100

ITT Technical Institute
5700 Northwest Parkway
San Antonio, TX 78249-3303
210-694-4612

ITT Technical Institute
6330 Highway 290 East,
Suite 150
Austin, TX 78723
512-467-6800

Jacksonville College
105 B J Albritton Drive
Jacksonville, TX 75766-4759
903-586-2518 Ext. 225

Joe G. Davis School of Vocational Nursing-Huntsville Memorial Hospital
485 Interstate Highway 45 South, PO Box 4001
Huntsville, TX 77340
409-291-4545

Lamar State College-Orange
410 Front Street
Orange, TX 77630-5899
409-882-3362

Lamar State College-Port Arthur
PO Box 310
Port Arthur, TX 77641-0310
409-984-6165

Lamar University
4400 Martin Luther King Pwy
Beaumont, TX 77710
409-880-8321

Lincoln Technical Institute
2501 East Arkansas Lane
Grand Prairie, TX 75052
972-660-5701

MTI College of Business and Technology
7277 Regency Square Blvd
Houston, TX 77036-3163
713-974-7181

National Education Center-National Institute of Technology
3622 Fredricksburg Road
San Antonio, TX 78201-3841
210-733-6000

National Institute of Technology
4150 Westheimer Road, Suite 200
Houston, TX 77027
713-629-1637 Ext. 102

National Institute of Technology
3622 Fredericksburg Road
San Antonio, TX 78201
210-733-6000

National Institute of Technology-Greenspoint
255 Northpoint, Suite 100
Houston, TX 77060
281-447-7037 Ext. 102

National Institute of Technology-Hobby
7151 Office City Drive, Suite 200
Houston, TX 77087
713-645-7404

Panola College
1109 West Panola Street
Carthage, TX 75633-2397
903-693-2055

PCI Health Training Center
8101 John W. Carpenter Fwy
Dallas, TX 75247-4720
214-630-0568 Ext. 305

San Antonio College of Medical and Dental
4205 San Pedro Avenue
San Antonio, TX 78212
210-733-0777 Ext. 1543

San Jacinto College South Campus
13735 Beamer Road
Houston, TX 77089-6099
281-484-1900 Ext. 3350

School of Automotive Machinists
1911 Antoine Drive
Houston, TX 77055-1803
713-683-3817

Southeastern Paralegal Institute
5440 Harvest Hill, #200
Dallas, TX 75230
972-385-1446

South Texas Community College
3201 West Pecan
McAllen, TX 78501
956-668-6495

Texas Christian University
2800 South University Drive
Fort Worth, TX 76129-0002
817-257-7130

Texas Culinary Academy
6020 Dillard Circle
Austin, TX 78752
888-553-2433

Texas School of Business
711 East Airtex Drive
Houston, TX 77073
281-443-8900

Texas School of Business Friendswood
17164 Blackhawk Boulevard
Friendswood, TX 77546
281-648-0880

Texas School of Business Southwest
6363 Richmond, Suite 500
Houston, TX 77057
713-975-7527

Texas State Technical College
300 College Drive
Sweetwater, TX 79556-4108
915-235-7349

Texas State Technical College-Waco
3801 Campus Drive
Waco, TX 76705-1695
254-867-2360

Trinity Valley Community College
500 South Prairieville Street
Athens, TX 75751-2765
903-675-6306

Tyler Junior College
PO Box 9020
Tyler, TX 75711-9020
903-510-2398

Ultrasound Diagnostic School
10500 Forum Place Drive, Suite 200
Houston, TX 77036
713-779-1110

Ultrasound Diagnostic School
2998 North Stemmons Blvd
Dallas, TX 75247
214-638-6400

Universal Technical Institute
721 Lockhaven Drive
Houston, TX 77073-5598
281-443-6262

Universal Technical Institute, Inc.
721 Lockhaven Dr.
Houston, TX 77073
281-443-6262

University of Phoenix-Dallas/Ft. Worth Campus
Churchill Tower,
12400 Coit Rd, Suite 100
Dallas, TX 75251
480-927-0099 Ext. 1216

University of Phoenix-Houston Campus
11451 Katy Freeway, Suite 200
Houston, TX 77079
480-927-0099 Ext. 1216

Vernon Regional Junior College
4400 College Drive
Vernon, TX 76384-4092
940-552-6291 Ext. 2205

Virginia College at Austin
6301 East Highway 290
Austin, TX 78723
512-371-3500

Western Technical Institute
1000 Texas Avenue
El Paso, TX 79901-1536
915-532-3737

Western Technical Institute
4710 Alabama Street
El Paso, TX 79930
915-566-9621

Westwood College of Aviation Technology-Houston
8880 Telephone Road
Houston, TX 77061
713-644-7777

Westwood Institute of Technology-Ft. Worth
8721 Airport Freeway
North Richland Hills, TX 76180
817-605-8111

Utah

Bon Losee Academy of Hair Artistry
2230 North University Pkwy, Building 5
Provo, UT 84604
801-375-8000

Bridgerland Applied Technology Center
1301 North 600 West
Logan, UT 84321
435-750-3250

Cameo College of Beauty Skin and Electrolysis
1600 South State Street
Salt Lake City, UT 84115

Center for Travel Education
9489 South 700 East
Sandy, UT 84088

Certified Careers Institute
1455 West 2200 South,
Suite 103
Salt Lake City, UT
84119-7218
801-973-7008

Certified Careers Institute
775 South 2000 East
Clearfield, UT 84015
801-774-9900

ITT Technical Institute
920 West Levoy Drive
Murray, UT 84123-2500
801-263-3313

LDS Business College
411 East South Temple Street
Salt Lake City, UT 84111-1392
801-524-8144

Mountain West College
3280 West 3500 South
West Valley City, UT 84119
801-840-4800

Provo College
1450 West 820 North
Provo, UT 84601
801-375-1861

Stevens-Henager College
2168 Washington Boulevard
Ogden, UT 84401
800-977-5455

Stevens-Henager College of
Business-Provo
25 E. 1700 S.
Provo, UT 84606-6157
801-375-5455

Stevens-Henager College-
Provo
25 East 1700 South
Provo, UT 84606
800-977-5455

Stevens-Henager College-
Salt Lake City
635 West 5300 South
Salt Lake City, UT 84123
800-977-5455

Uintah Basin Applied
Technology Center
1100 East Lagoon 124-5
Roosevelt, UT 84066
435-722-4523

University of Phoenix-Utah
Campus
5251 Green Street
Salt Lake City, UT 84123
800-224-2844

Weber State University
1001 University Circle
Ogden, UT 84408-1001
801-626-6067

Western Governors
University
2040 East Murray Holladay,
Suite 106
Salt Lake City, UT 84117
801-274-3280 Ext. 15

Vermont

Distance Learning
International, Inc.
80 North Main Street,
PO Box 846
Saint Albans, VT 05478-0846
802-524-2223

New England Culinary
Institute
250 Main Street
Montpelier, VT 05602-9720
802-223-6324

New England Culinary
Institute at Essex
48 1/2 Park Street
Essex Junction, VT 05452
802-223-9295

Vermont Technical College
PO Box 500
Randolph Center, VT
05061-0500
802-728-1245

Virginia

Advanced Technology
Institute
5700 Southern Boulevard
Virginia Beach, VA 23462
757-490-1241

Applied Career Training
1100 Wilson Boulevard,
Mall Level
Arlington, VA 22209
703-527-6660

The Art Institute of
Washington
1820 North Fort Myer Drive
Arlington, VA 22209
877-303-3771

Beta Tech
7914 Midlothian Tpk
Richmond, VA 23235
804-330-0111

Blue Ridge Community
College
PO Box 80
Weyers Cave, VA 24486-0080
540-234-9261 Ext. 2329

Bryant and Stratton College,
Virginia Beach
301 Centre Pointe Drive
Virginia Beach, VA
23462-4417
757-499-7900

Central Virginia Community
College
3506 Wards Road
Lynchburg, VA 24502-2498

The Chubb Institute
1741 Business Center Drive
Reston, VA 20190-5300
703-438-2804

Community Hospital of
Roanoke Valley-College of
Health Sciences
PO Box 13186
Roanoke, VA 24031-3186
888-985-8483

Dabney S. Lancaster
Community College
100 Dabney Drive,
PO Box 1000
Clifton Forge, VA 24422
540-863-2819

Danville Community College
1008 South Main Street
Danville, VA 24541-4088
804-797-8420

ECPI College of Technology
1919 Commerce Drive, #200
Hampton, VA 23666-4246
757-838-9191

ECPI College of Technology
21010 Dulles Town Circle,
#200
Dulles, VA 20166
703-421-9191

ECPI College of Technology
5555 Greenwich Road,
Suite 300
Virginia Beach, VA
23462-6542
757-490-9090

ECPI Technical College
800 Moorefield Park Drive
Richmond, VA 23236
804-330-5533

ECPI Technical College
4305 Cox Road
Glen Allen, VA 23060
804-934-0100

ECPI Technical College
5234 Airport Road
Roanoke, VA 24012
540-563-8080

Gibbs School of Northern
Virginia
1980 Gallows Road
Vienna, VA 22182
703-556-8888 Ext. 145

Henrico County-Saint Marys
Hospital School of Practical
Nursing
201 E. Nine Mile Road
Highland Springs, VA 23075
804-328-4095

Hicks Academy of Beauty
Culture
436 Boush Street
Norfolk, VA 23510
757-399-2400 Ext. 202

ITT Technical Institute
300 Gateway Centre Parkway
Richmond, VA 23235
804-330-4992

ITT Technical Institute
863 Glenrock Road
Norfolk, VA 23502-3701
757-466-1260

J. Sargeant Reynolds
Community College
PO Box 85622
Richmond, VA 23285-5622
804-371-3029

Kee Business College
803 Diligence Drive
Newport News, VA 23606
757-873-1111

Kee Business College-
Chesapeake
825 Greenbrier Circle,
Suite 100
Chesapeake, VA 23320-2637
757-361-3900

Medical Careers Institute
5501 Greenwich Road,
Suite 100
Virginia Beach, VA 23462
757-497-8400

Medical Careers Institute
11790 Jefferson Avenue
Newport News, VA
23606-2571
757-873-2423

National College of Business
& Technology
PO Box 6400
Roanoke, VA 24017
540-986-1800

National College of Business
& Technology
1819 Emmet Street
Charlottesville, VA 22901
434-295-0136

National College of Business
& Technology
51 B Burgess Road
Harrisonburg, VA 22801
540-986-1800

National College of Business
& Technology
300A Piedmont Avenue
Bristol, VA 24201
540-669-5333

National College of Business
& Technology
100 Logan Street,
PO Box 629
Bluefield, VA 24605
540-326-3621

National College of Business
& Technology
734 Main Street
Danville, VA 24541
800-664-1886

National College of Business
& Technology
104 Candlewood Court
Lynchburg, VA 24502
804-239-3500

National College of Business
& Technology
10 Church Street
Martinsville, VA 24114
540-632-5621

New River Community
College
PO Box 1127
Dublin, VA 24084-1127
540-674-3603

Paul D. Camp Community
College
PO Box 737,
100 North College Drive
Franklin, VA 23851-0737
757-569-6725

Potomac Academy of Hair
Design
350 South Washington Street
Falls Church, VA 22046
703-532-5050 Ext. 110

Potomac Academy of Hair
Design
8255 Shopper's Square
Manassas, VA 20111
703-361-7775

Potomac College
1029 Herndon Parkway
Herndon, VA 20170
703-709-5875

Southwest Virginia
Community College
PO Box SVCC
Richlands, VA 24641-1510
540-964-7294

Stratford University
7777 Leesburg Pike,
100 South
Falls Church, VA 22043
703-821-8570

Stratford University
13576 Minneville Road
Woodbridge, VA 22192
703-821-8570

Strayer University at
Alexandria Campus
2730 Eisenhower Avenue
Alexandria, VA 22314
703-329-9100

Strayer University at
Arlington Campus
3045 Columbia Pike
Arlington, VA 22204
703-892-5100

Strayer University at
Chesterfield Campus
2820 Waterford Lake Drive,
Suite 100
Midlothian, VA 23112
804-763-6300

Strayer University at
Fredericksburg Campus
4500 Plank Road
Fredericksburg, VA 22407
540-785-8800

Strayer University at Henrico
Campus
11501 Nuckols Road
Glen Allen, VA 23059
804-527-1000

Strayer University at
Loudoun Campus
45150 Russell Branch
Parkway, Suite 200
Ashburn, VA 20147
703-729-8800

Strayer University at
Manassas Campus
9990 Battleview Parkway
Manassas, VA 20109
703-330-8400

Strayer University at
Woodbridge Campus
13385 Minnieville Road
Woodbridge, VA 22192
703-878-2800

TESST College of
Technology
6315 Bren Mar Drive
Alexandria, VA 22312
703-548-4800

Virginia School of
Technology
100 Constitution Drive,
Suite 101
Virginia Beach, VA 23462
757-499-5447

Washington County Adult
Skill Center
848 Thompson Drive
Abingdon, VA 24210

Washington

Apollo College
1101 North Fancher Avenue
Spokane, WA 99212
509-532-8888

The Art Institute of Seattle
2323 Elliott Avenue
Seattle, WA 98121
206-239-2242

Bellingham Beauty School
211 West Holly Street
Bellingham, WA 98225
360-739-1494

Big Bend Community College
7662 Chanute Street
Moses Lake, WA 98837-3299
509-762-5351 Ext. 226

Bryman College
17900 Pacific Highway South,
Suite 400
Seatac, WA 98188
206-241-5825

Clover Park Technical College
4500 Steilacoom Blvd, SW
Lakewood, WA 98499
253-589-5541

Columbia Basin College
2600 North 20th Avenue
Pasco, WA 99301-3397
509-547-0511 Ext. 2761

Eton Technical Institute
209 East Casino Road
Everett, WA 98208
425-353-4888

Gene Juarez Academy of
Beauty
2222 South 314th Street
Federal Way, WA 98003
206-368-0210

Glen Dow Academy of Hair
Design
309 West Riverside Avenue
Spokane, WA 99201
509-624-3244

International Air Academy
2901 East Mill Plain Blvd
Vancouver, WA 98661-4899
360-695-2500 Ext. 319

ITT Technical Institute
Argonne Office Park, North
1050 Argonne Road
Spokane, WA 99212-2610
509-926-2900

ITT Technical Institute
Canyon Park East,
2525 223rd Street, SE
Bothell, WA 98021
425-485-0303

ITT Technical Institute
12720 Gateway Drive,
Suite 100
Seattle, WA 98168-3333
206-244-3300

North Seattle Community College
9600 College Way North
Seattle, WA 98103-3599

Pierce College
9401 Farwest Drive, SW
Lakewood, WA 98498-1999
253-964-6501

Pierce College-Puyallup
1601 39th Avenue SE
Puyallup, WA 98374
253-840-8470

Pima Medical Institute
1627 Eastlake Avenue East
Seattle, WA 98102
206-324-6100 Ext. 28

Renton Technical College
3000 Fourth Street, NE
Renton, WA 98056
425-235-2463

Seattle Midwifery School
2524 16th Avenue S. Rm 300
Seattle, WA 98144
206-322-8834

Skagit Valley College
2405 College Way
Mount Vernon, WA
98273-5899
360-416-7620

Tacoma Community College
6501 South 19th Street
Tacoma, WA 98466
253-566-5120

University of Phoenix-Washington Campus
7100 Fort Dent Way,
Suite 100
Seattle, WA 98188
877-877-4867

Western Business College
Stonemill Center,
120 Northeast 136th Avenue
Vancouver, WA 98684
360-254-3282

West Virginia

Computer Tech
2000 Green River Drive
Fairmont, WV 26554
304-534-5677

Huntington Junior College of Business
900 5th Avenue
Huntington, WV 25701
304-697-7550

National Institute of Technology
5514 Big Tyler Road
Cross Lanes, WV 25313
304-776-6290

Opportunities Industrialization Center-Tri-State
1448 Tenth Avenue,
PO Box 2105
Huntington, WV 25701
304-525-9178 Ext. 10

Real Estate Career Center
523 11th Street
Huntington, WV 25701
304-525-7765

Roane-Jackson Technical Center
4800 Spencer Road
Leroy, WV 25252-9700

Valley College of Technology
330 Harper Park Drive
Beckley, WV 25801

Valley College of Technology
616 Harrison Street
Princeton, WV 24740

West Virginia Junior College
148 Willey Street
Morgantown, WV 26505
304-296-8282

West Virginia Junior College
176 Thompson Drive
Bridgeport, WV 26330
304-363-8824

West Virginia Junior College
1000 Virginia Street, East
Charleston, WV 25301
304-345-2820

West Virginia Junior College
148 Willey Street
Morgantown, WV 26505
304-296-8282

West Virginia Northern Community College
1704 Market Street
Wheeling, WV 26003-3699

West Virginia University at Parkersburg
300 Campus Drive
Parkersburg, WV 26101-9577
304-424-8218

Wisconsin

Diesel Truck Driver Training School
7190 Elder Lane
Sun Prairie, WI 53590
608-837-7800

Gill-Tech Academy of Hair Design
423 West College Avenue
Appleton, WI 54911

Herzing College
5218 East Terrace Drive
Madison, WI 53718
608-663-0846

ITT Technical Institute
6300 West Layton Avenue
Greenfield, WI 53220-4612
414-282-9494

ITT Technical Institute
470 Security Boulevard
Green Bay, WI 54313
920-662-9000

Lakeshore Technical College
1290 North Avenue
Cleveland, WI 53015-1414
920-693-1627

Lakeside School of Massage Therapy
1726 North 1st Street
Milwaukee, WI 53212
414-372-4345

Lakeside School of Massage Therapy
6121 Odana Road
Madison, WI 53719
608-274-2484

Madison Area Technical College
3550 Anderson Street
Madison, WI 53704-2599
608-246-6262

State College of Beauty Culture
5271/2 Washington Street
Wausau, WI 54403

Western Wisconsin Technical College
304 6th Street North,
PO Box C-908
La Crosse, WI 54602-0908
608-785-9834

Wisconsin Indianhead Technical College
1019 South Knowles Avenue
New Richmond, WI 54017
715-468-2815 Ext. 2280

Wisconsin School of Professional Pet Grooming, Inc.
PO Box 175, N51 W34917
Wisconsin Avenue
Okauchee, WI 53069
262-569-9492

Wyoming

Casper College
125 College Drive
Casper, WY 82601-4699
307-268-2213

Central Wyoming College
2660 Peck Avenue
Riverton, WY 82501-2273
307-855-2231

Laramie County Community College
1400 East College Drive
Cheyenne, WY 82007-3299
307-778-1212

Northwest College
231 West 6th Street
Powell, WY 82435-1898

Sage Technical Services
2368 Oil Drive
Casper, WY 82604
307-234-0242

Wyoming Technical Institute
4373 North 3rd Street
Laramie, WY 82072-9519
307-742-3776

Bibliografía

RECURSOS ADICIONALES

LIBROS PUBLICADOS POR PETERSON'S Y ARCO

100 Best Careers for the 21st Century, 2nd Edition, by Shelly Field. Arco

Careers without College (Building, Cars, Computers, Emergencies, Entertainment, Fashion, Fitness, Health Care, Kids, Money, Music, Office, Sports, and *Travel).* Peterson's

Campus Life Exposed: Advice from the Inside, by Harlan Cohen. Peterson's

Christian Colleges & Universities, 8th Edition. Peterson's

College Applications & Essays, 4th Edition, by Susan D. Van Raalte. Arco

College Money Handbook 2003. Peterson's

Colleges for Students with Learning Disabilities and Attention Deficit Disorders, 6th Edition, Peterson's

College Survival, 6th Edition, by Greg Gottesman and Daniel Baer. Arco

Culinary Schools 2003. Peterson's

Game Plan for Getting into College, by K. Patricia Aviezer. Peterson's

Guide to Career Colleges 2003. Peterson's

Guide to College Visits 2002. Peterson's

Honors Programs & Colleges, 3rd Edition. Peterson's

The Insider's Guide to Writing the Perfect Resume, by Karl Weber and Rick Kaplan. Peterson's

The Insider's Guide to Paying for College, by Don Betterton. Peterson's

Nursing Programs 2003. Peterson's

Peterson's College and University Almanac 2001. Peterson's

Peterson's Competitive Colleges 2002–2003. Peterson's

Peterson's Complete Guide to Financial Aid 2003

Peterson's 2-Year Colleges–2003. Peterson's

Peterson's 4-Year Colleges–2003. Peterson's

Peterson's Sports Scholarships and Athletic Programs. Peterson's

Peterson's Vocational and Technical Schools 2003. Peterson's

Professional Degree Programs in the Visual & Performing Arts 2003. Peterson's

Reading Lists for College-Bound Students, 3rd Edition, by Doug Estell, Michele L. Satchwell, and Patricia S. Wright. Arco

Scholarships, Grants & Prizes 2003. Peterson's

Smart Parents Guide to College, 5th Edition, by Ernest L. Boyer and Paul Boyer. Peterson's

Study Abroad 2003. Peterson's

Summer Jobs in the USA 2003. Peterson's

Summer Opportunities for Kids and Teenagers 2003. Peterson's

The Ultimate College Survival Guide, 2nd Edition, by Janet Farrar Worthington and Ronald Farrar. Peterson's

The Ultimate High School Survival Guide, by Julianne Dueber. Peterson's

Winning Money for College, 4th Edition, by Alan Deutschman. Peterson's

You're Hired! Secrets to a Successful Job Search, by Sharon McDonnell. Arco

ORGANIZACIONES

ACT Assessment, P.O. Box 414, Iowa City, Iowa 52243-0414 (teléfono: 319-337-1270)

Air Force Recruiting Services, Air Force Opportunity Center, P.O. Box 3505, Capitol Heights, Maryland 20791-9988 (teléfono: 800-423-USAF)

Alcoholics Anonymous, 475 Riverside Drive, 11th Floor, New York, New York 10115 (teléfono: 212-870-3400)

American Association of Community Colleges, One Dupont Circle, NW, #410, Washington, D.C. 22206-1176 (teléfono: 202-728-0200)

American Cancer Society, 1599 Clifton Rd. NE, Atlanta, Georgia 30329 (teléfono: 800-ACS-2345)

Amer-I-Can Program, Inc., 1851 Sunset Plaza Drive, Los Angeles, California 90069 (teléfono: 310-652-7884).

Association on Higher Education and Disability, P.O. Box 21192, Columbus, Ohio 43221-0192 (teléfono: 614-488-4972)

Brighten Your Future, P.O. Box 991, Logan, Ohio 43138 (teléfono: 740-385-5058)

Career College Association, 10 G Street, NE, Ste. 750, Washington, D.C. 20002 (teléfono: 202-336-6800)

Cleveland Scholarship Programs, Inc., 850 Euclid Avenue, Suite 1000, Cleveland, Ohio, 44114 (teléfono: 216-241-5587)

Crime Prevention Association of Philadelphia, Suite 4E, 230 South Broad Street, Philadelphia, PA, 19102 (teléfono: 215-545-5230)

Department of Veterans Affairs, 1120 Vermont Ave, NW, Washington, D.C. 20421 (teléfono: 202-691-3030)

Disabilities Organizational Development Services, 5984 Pinerock Place, Columbus, Ohio 43231-2334 (teléfono: 614-895-0238)

Educational Testing Service, Rosedale Road, Princeton, New Jersey 08541 (teléfono: 609-921-9000)

Enlisted Association of the National Guard of the United States, P.O. Box 261, Groveport, Ohio 43125 (teléfono: 800-642-6642)

Federal Trade Commission, 600 Pennsylvania Avenue NW, Washington, D.C. 20580 (teléfono: 877-FTC-HELP)

Gender Issues Education, 5625 SE 38th Avenue, Portland, Oregon 97202 (teléfono: 503-775-6533)

Higher Education Council of Columbus, c/o Ohio State University, Mount Hall, Room 204, 1050 Carmack Road, Columbus, Ohio 43210 (teléfono: 614-688-4610)

Hispanic Scholarship Fund, 1 Sansome Street, Suite 1000, San Francisco, California 94104 (teléfono: 877-HSF-INFO)

NAACP, National Offices, 4802 Mount Hope Drive, Baltimore, Maryland 21215 (teléfono: 877-622-2798)

Narcotics Anonymous, P.O. Box 9999, Van Nuys, California 91409 (teléfono: 818-773-9999)

National Association of Anorexia Nervosa and Associated Disorders, P.O. Box 7, Highland Park Illinois 60035 (teléfono: 847-831-3438)

National Association of College Admission Counselors, 1631 Prince Street, Alexandria, Virginia 22314-2818 (teléfono: 703-836-2222)

National Association of Intercollegiate Athletics, 6120 South Yale Avenue, Suite 1450, Tulsa, Oklahoma 74136 (teléfono: 918-494-8828)

...ccess Network, 204 East ..., Fourth Floor, Baltimore, ...1202 (teléfono: 410-244-7218)

...onal Collegiate Athletic Association ...learinghouse, P.O. Box 4043 , Iowa City, Iowa 52243-4043 (teléfono: 319-339-3003)

National Institute on Drug Abuse, Community Drug Alert Bulletin-Club Drugs
6001 Executive Blvd., Bethesda, Maryland 20892 (teléfono: 301-443-1124)

North-American Interfraternity Conference, 3901 West 86th Street, Suite 390, Indianapolis, Indiana 48268 (teléfono: 317-872-1112)

Peterson's Education Services, 2000 Lenox Drive, P.O. Box 67005, Lawrenceville, New Jersey 08648 (teléfono: 800-338-3282)

The College Fund/UNCF, 8260 Willow Oaks Corporate Drive, P.O. Box 10444, Fairfax, Virginia 22031 (teléfono: 703-205-3400)

The Compelling Communications Group, 15 Sausalito Blvd., Sausalito, California (teléfono: 415-331-6336)

The Education Resource Institute, 330 Stuart St., Ste. 500, Boston, Massachusetts 02116 (teléfono: 800-255- 8374)

U.S. Department of Education, Federal Student Aid Information Center, P.O. Box 84, Washington, D.C. 20044 (teléfono: 800-4-FEDAID)

Vocational Instructional Materials Laboratory, The Ohio State University, Columbus, Ohio

NOTAS

NOTAS

NOTAS